데이터법

인하대학교 법학연구소 AI·데이터법 센터

세창출판사

머리말

4차 산업혁명 시대에 데이터(Data)가 원유에 버금가는 가장 중요한 경제자원으로 부상하였다. 이제 데이터가 생산공정의 스마트화를 통해 기업의 생산능률과 서비스서의 품질을 높이는 중요한 요소가 되고 있다. 데이터는 맞춤형 마케팅을 위한 지침을 제공하고 금융과 의료산업의 혁신을 가져오며 자율주행 자동차 등 미래기술을 선도하고 국가행정의 나아갈 바를 제시하기도 한다.

나아가 가령 교통신호 조절, 농산물 수확 최적화 혹은 원격 헬스케어와 같이 일상생활의 편익증진에 큰 잠재력을 가진 다양한 응용을 가능하게 함으로써 시장참여자들로 하여금 데이터의 가치를 향유할 수 있게 해 준다. 바야흐로 데이터 자체가 주요자산으로 취급되고 거래대상이 되면서 모든 사회경제적 제도와 시스템이 데이터 기반으로 움직이는 데이터경제(data economy) 시대가 본격적으로 시작되었다.

이에 따라 데이터 경제를 구성하고 있는 데이터 생태계와 참여자들의 이해관계를 조율하고 진취적 정책방향을 설계하여 효과적인 규율체제를 구축해 나가는 것도 긴요한 일이다. 데이터법은 아직 형성 중에 있으며 내적 갈등이 존재하고 통합적 법체계를 이루기 위한 여러 과제를 안고 있다. 이를 위해서는 데이터의 수집·가공 및 분석에 관한 인센티브와 광범위한 데이터 사용으로 인한 이점 간의 균형을 적절하게 맞추어 갈 필요가 있다. 구체적으로는 데이터 거버넌스 체제를 재정립하고 데이터에 관한 권리의 성격 및 귀속 관계를 분명히 하여야 하며 나아가 데이터의 이용 및 활용에 관한 국내외 법 체제를 합리적으로 검토할 것이 요구된다.

이러한 상황에서 데이터 활용과 보호를 위한 법적 이슈 및 현재 데이터 관련 법

규율 체제를 정리해 보고자 본서를 기획하게 되었다. 또한 본서는 아직 형성과정에 있지만 향후 데이터법제의 체계적 발전은 물론 데이터 법제에 대한 출판을 통해 교육 과정에 반영하는 것이 중요하다고 보아 시도된 것이다. 인하대학교 법학연구소 AI· 데이터법 센터가 이를 주도할 수 있었던 것은 교육부와 한국연구재단에서 후원하는 '데이터경제, 데이터 주도 혁신시대의 법과 윤리의 재정립'이라는 프로젝트의 지원이 있었기 때문이기도 하다.

　본서의 특징은 다음 몇 가지로 정리해 볼 수 있다.

　첫째, 본서는 기존의 발표논문을 적절히 배치해 엮어 구성한 편집물이 아니라 국내 최초로 체계서로서의 데이터법 집필을 시도한 점이다. 데이터 생태계에 대한 법적 규율을 보호, 진흥, 규제의 세 가지 관점에서 접근해 체계를 잡아보려고 하였으며 Data 거버넌스와 데이터 정책적 관점도 견지하였다.

　둘째, 본서는 데이터법이 전문법 영역인 점을 고려하여 전체 체계를 먼저 잡은 후, 세부 챕터의 집필을 담당할 최고의 전문가를 선별해 집필을 의뢰하여 완성한 것이다.

　셋째, 본서는 서론과 총론과 각론의 구성 형식을 취하면서 서론에서는 데이터법의 체계화를 종합적으로 시도하고 총론에서는 데이터법의 공통주제나 바탕이 될 수 있는 이슈를 종합적으로 엮어 보려 하였다. 각론에서는 개인정보보호, 데이터의 보호와 규제, 데이터의 산업적 활용에 따른 관련 법률을 세부적으로 고찰해 보려고 시도하였다.

　넷째, 본서는 대학이나 대학원에서 데이터 법제에 대한 교육이 필수적으로 요구될 것이라는 점을 염두에 두고 수업교재로 활용할 수 있도록 고려하였다. 가능한 정리도표, 비교도표 등을 활용해 개념의 비교평가, 기술내용의 집약도를 높였다. 만연체 문장을 지양하고 타 전공학생도 이해할 수 있도록 가능한 쉽고 간명하게 작성하도록 노력하였다.

　본서의 내용을 좀 더 자세히 보자면 다음과 같이 크게 다섯 파트로 나누어 볼 수 있다.

제1부 서론에서는 데이터 경제 생태계 및 데이터법의 범주와 체계에 대하여 살펴보았다. 제1장에서는 데이터 경제의 정의 및 데이터 벨류체인을 따라 생성되는 다양한 산업·서비스 영역 및 그 영향을 다룬 '데이터 경제와 데이터 생태계'를, 제2장에서는 데이터의 범주와 형성·발전 과정, 데이터에 대한 법적 규율 체계, Data 거버넌스, 데이터 정책 등을 다룬 '데이터법 서설'을 포함하였다.

제2부 데이터법 총론에서는 데이터 경제와 생태계의 가장 중요하며 본질적인 공통적 주제 6개를 선정하여 세부 각론의 규율체계를 알아보기 전에 먼저 큰 줄기를 이해할 수 있도록 구성하였다. 제3장에서는 국가 전체에서의 효율적 데이터 관리체계를 미국·EU·중국·일본과 비교 고찰해 보는 '데이터 거버넌스(Data Governance)'를, 제4장에서는 데이터 오너십론의 법적 의미와 배경, 현행법상 데이터 오너십 인정 여부 및 입법론 등을 다룬 '데이터의 법적 성질과 오너십(ownership)'을, 제5장에서는 데이터 수집에 관한 법률과 관련 분쟁, 데이터 가공 및 권리 귀속, 데이터 결합 시점에서의 동의 필요 여부 등을 다룬 '데이터 수집·가공·결합의 법률문제'를, 제6장에서는 데이터 거래의 법적 쟁점(권리귀속, 데이터 제공과 대금지급, 가치평가, 데이터 보증과 품질관리 등)과 유형별 데이터 거래 계약(제공형, 창출형, 오픈마켓형, 공유형) 등을 다룬 '데이터 거래의 법률관계'를, 제7장에서는 데이터 보안의 내용과 특성, 미국·EU·중국 등 주요국에서의 입법 동향, 우리나라에의 시사점 등을 다룬 '데이터와 보안'을, 제8장에서는 심층학습과 인공지능, 인공지능 학습용 데이터셋의 의미와 유형, AI 데이터 관련 법적 쟁점을 다룬 '인공지능과 데이터'를 포함하였다.

제3부 개인정보 보호법제에서는 개인정보보호 법제를 총괄적으로 살펴볼 수 있도록 관련 주제를 엮어 3개 장으로 구성하였다. 제9장에서는 데이터 3법을 중심으로 한 개인정보 보호법제 연혁과 일원화된 규율체계 정립 및 개인정보보호위원회 위상 재정립 등을 다룬 '개인정보 보호법제의 과거, 현재 그리고 미래'를, 제10장에서는 개인정보자기결정권 및 사전동의 제도, 개인정보 소유권 논쟁, 개인정보 이동권과 마이데이터 등을 다룬 '정보주체의 권리'를, 제11장에서는 전통적 프라이버시 보호 개념의 한계, OECD 가이드라인 및 수정 사항에 관한 논의, 개인정보 규범이 갖추어야 할 방향성(원칙 기준) 등을 다룬 '디지털전환시대의 개인정보 활용을 위한 기준과 원칙'으로

구성하였다.

　제4부 데이터의 보호와 규제에서는 채권법, 지식재산권법에 의한 데이터의 보호와 독점규제 및 공정거래법, 디지털 통상법 등에서의 데이터 규제에 대해 살펴보았다. 제12장에서는 계약법과 불법행위법에 의한 데이터의 보호 및 다양한 이해관계자 사이에서의 상대적 효력 및 한계 등을 다룬 '채권법에 의한 데이터의 보호'를, 제13장에서는 저작권법상 편집물·데이터베이스로서의 법적 보호, 특허법상 물건발명으로서의 인정 여부, 부정경쟁방지법상 일반조항(파목)과 데이터 부정이용 금지조항(카목)에 의한 보호여부 등을 다룬 '지식재산권법에 의한 데이터의 보호'를, 제14장에서는 데이터 독점의 의미와 배경, 미국·EU·일본 등 주요국가의 입법동향, 합리적 규제 방안 등을 다룬 '경쟁법에 의한 데이터의 독점 규제'를, 제15장에서는 데이터의 국제 이동, WTO에서의 디지털 데이터 통상, 광역 FTA(CPTT, DEPA, KSDPA)의 논의 등을 다룬 '데이터와 디지털 국제통상'을 포함하였다.

　제5부 주요 영역과 산업에서의 데이터 활용 법제에서는 개별법에서의 데이터 규율 내용에 대해 살펴보았다. 제16장에서는 데이터산업법의 위상, 구성체계, 주요내용, 타법과의 관계 그리고 영향 및 시사점 등을 다룬 '데이터산업법'을, 제17장에서는 공공데이터 활용의 법·정책적 근거, 공공데이터 이용범위와 제한, 공공데이터의 법적 쟁점과 개선과제 등을 다룬 '공공데이터의 전략적 활용과 법'을, 제18장에서는 금융거래정보와 금융실명법, 일반 신용정보와 신용정보법, 개인신용정보와 신용정보법, 신용평가정보와 자본시장법에서의 개별 기준과 적용사례 등을 다룬 '데이터와 금융산업'을, 제19장에서는 데이터 폭증에 따른 망이용료 문제, 데이터방송의 한계와 개선, 전자상거래에서의 데이터, 데이터 이용범죄 대책 등을 다룬 '데이터와 통신산업'을, 제20장에서는 보건의료데이터 및 보건의료빅데이터 활용과 관련하여 각각 활용 양상, 법적 규율 체제, 문제점 등을 다룬 '데이터와 보건의료산업'을 서술하였다.

　본서의 집필에는 연구프로젝트 참여진뿐만 아니라 외부의 교수님들과 연구원, 변호사 등 다양한 전문가들이 함께해 주셨다. 먼저 정보통신정책연구원 정용찬 센터장, 서울대학교 법학전문대학원 이동진 교수, 법무법인 율촌 이용민 변호사, 한국지식재산연구원 손승우 원장, 경북대학교 법학전문대학원 차상육 교수, 경인대학교 입법학센터 심우민 교수, 서울과학기술대학교 IT정책전문대학원 김현경 교수, 한국법제연구원 정원준 부연구위원, 한밭대학교 김창화 교수, 법무법인 로고스 전응준 변호사, 법무법인 태평양 이상직 변호사 등 외부 전문가 여러분들의 수고에 깊은 감사를 드린다. 그리고 인하대학교 법학전문대학원의 정영진 교수, 손영화 교수, 정찬모 교수, 성희활 교수, 백경희 교수 등 내부 교수님들께도 심심한 감사의 인사를 올린다. 그 외에도 AI·데이터법센터의 책임연구원 세 분(이종호 박사, 이상우 박사, 정윤경 박사)이 참여해 적극 도와주었기에 성공적인 출판이 가능하였다고 보여진다.

또한 이 책이 나오기까지 많은 수고와 지원을 해 주신 세창출판사 임길남 상무님과 출판을 흔쾌히 허락해 주신 이방원 대표님께도 고마운 마음을 전한다.

야심찬 의도와 집필 노력에도 불구하고 첫 시도인 만큼 여러 가지 부족한 점들도 많이 보인다. 미비점들은 계속 절차탁마하여 각계각층에서 사랑받는 전문서적이 될 수 있도록 가꾸어 나갈 것이다. 독자 여러분들의 애정 어린 비평을 구한다. 마지막으로 본서의 출간을 계기로 데이터 법제 분야의 연구와 교육이 한층 도약하는 발판이 되기를 기대해 보면서 머리말에 갈음하고자 한다.

2022. 8.

저자를 대표하여

김 원 오

| 차례 |

제1부 서 론

제1장　데이터 경제와 데이터 생태계 · 이종호　　　　　　　　　3

제2장　데이터법 서설 · 김원오　　　　　　　　　　　　　　　23

제2부 데이터법 총론

제3장 데이터 거버넌스 · 정용찬   65

제6장　데이터 거래의 법률관계 · 손승우　141

제7장　데이터와 보안 · 이상우　169

제8장   인공지능과 데이터 · 차상육   197

제3부 개인정보 보호법제

제9장　개인정보 보호법제의 과거, 현재 그리고 미래 · 심우민　　　　229

제10장 정보주체의 권리 · 김현경　　　　　　　　　259

제11장 디지털 경제 시대의 개인정보 활용 및 보호를 위한
　　　　　기준과 원칙 · 정원준　　　　　　　　　　　　285

제4부 데이터의 보호와 규제

제12장 채권법에 의한 데이터의 보호 · 정영진   323

제15장 데이터와 통상협정 · 정찬모   395

제5부 주요 영역과 산업에서의 데이터 활용 법제

제19장 데이터와 통신산업 · 이상직   519

제20장 데이터와 보건의료 · 백경희   545

제1부

—

서 론

제1장 데이터 경제와 데이터 생태계

이종호
(인하대학교 AI·데이터법센터 책임연구원, 경제학 박사)

I. 데이터 경제란?

1. 데이터 경제의 등장

지금 우리가 살고 있는 시대는 4차 산업혁명 시대라고 불린다. 여기서 혁명이라는 단어를 사용하는 것은 무언가 급격한 변화가 있었기 때문이다. 그러나 4차 산업혁명이라고 하면 기존 산업혁명 시대와 비교하여 무엇이 달라졌는지 명확하게 떠오르는 것은 없다. 하지만 우리의 삶 속에는 분명히 큰 변화가 나타나고 있다.

세계사 관점에서 보면 우리는 총 4번의 산업혁명을 경험하였다. 첫 번째인 1차 산업혁명은 "증기기관 기반의 기계화 혁명"이라고 정의할 수 있다. 18세기에 증기기관이 등장함에 따라 노동력이 수작업에서 기계작업으로 바뀌게 되는 역사적인 현상을 말한다. 이러한 기계의 등장으로 인하여 농사나 수공업이 중심이던 시대에서 공장이 세워지고 제품을 대량생산하게 되는 시대로 바뀌게 된 것이다. 가장 대표적인 예는 면직물 생산에서 천을 짜는 방직기가 등장하고 증기기관을 이용한 자동화가 도입되기 시작했다는 것이다. 두 번째인 2차 산업혁명이 일어난 시점은 19세기 중후반부터 20세기 초를 말한다. 2차 산업혁명은 "전기 에너지 기반의 대량생산 혁명"이라고 정의할 수 있는데 기술 진보와 생산 방법의 변화를 통해서 생산성 향상을 나타나게 하였다. 헨리 포드가 컨베이어 시스템을 채택하여 대량생산의 기틀을 마련하게 된 것이 대표적이다.

3차 산업혁명은 "컴퓨터와 인터넷 기반의 지식정보 혁명"이라고 할 수 있다. 3차 산업혁명은 1970년대에 등장하게 되는데, 저명한 미래학자인 앨빈 토플러가 제3의 물결이라고 부르기도 하였다. 3차 산업혁명을 대표하는 것은 전자기술 및 IT를 활용, 즉 컴퓨터의 사용이 대표적이다. 컴퓨터는 꾸준히 개선되면서 그 성능이 고도화되었고 1990년대에 들어서면서는 정보화 혁명으로 이어졌다. 2차 산업혁명 시대를 대표하는 것이 내연기관과 전기제품인 하드웨어가 주도했던 시대라면, 3차 산업혁명 시대는 컴퓨터의 대중화로 인해서 소프트웨어가 주목받기 시작하였다고 볼 수도 있다.

그리고 4차 산업혁명은 2016년 다보스 포럼에서 클라우스 슈밥이 최초로 언급되면서 등장하게 되었다. 4차 산업혁명이 무엇인지에 대해서는 의견이 분분하긴 하지만 "IoT/CPS/인공지능 등 기반의 초지능 혁명"이라고 정의한다. 슈밥이 언급하기 이전에 이미 '인더스트리 4.0'이라는 용어를 사용해 온 독일은 "기술의 진보를 통하여 IT와 설비가 만나고 사이버 물리 시스템으로 통합되었다"라고 정의한 바 있다. 기존 3차 산업

〈그림 1-1〉 1차~4차 산업혁명의 키워드

출처: IRS Global(2019) 재구성

혁명이 IT혁명이라면 4차 산업혁명은 ICT 혁명이라고 얘기할 수 있다.

우리가 이제 이야기하는 데이터 경제는 2010년대 들어 특히 주목받기 시작하였다. 데이터 경제(Data Economy)는 글로벌 성장의 새로운 기회로 등장하고 있으며 미국, EU와 중국 등 주요 국가와 Alphabet, Meta, Alibaba 같은 글로벌 기업들은 그 기회를 잡기 위해 전략적으로 접근하고 있다.

지금 우리 시대는 4차 산업혁명시대이기도 하지만 지식기반경제 사회라고 불린다. 지식기반경제(Knowledge based economy)는 지식의 생성 및 활용에 기반을 둔 경제라는 뜻으로 활용되고 있다. 상품과 요소들의 생산 및 제조에 기반한 과거의 산업경제 시대와는 구별이 된다. 국민 경제 차원에서 보면 풍부한 지식의 생성과 신속한 유통 그리고 손쉬운 활용으로 인하여 국가, 산업, 그리고 기업에서 경쟁력을 결정하는 핵심요소가 노동이나 자본이 아닌 지식이 되는 경제를 의미한다. 한편, 산업 구조 측면에서 보면, 컴퓨터, 전기전자, 우주항공과 같은 하이테크 산업과 교육, 정보통신 산업과 같은 지식 집약 서비스의 비중이 증대하는 가운데 기존 산업의 고부가가치화가 추구되는 경제를 뜻한다. 21세기에 지식기반경제 시대가 열리게 된 것은 산업 기술 혁명에 의해 산업 시대가 열린 것처럼 디지털 혁명이라 일컬어지고 있는 정보통신기술의 급속한 발전 때문이다. 정보통신기술의 급속한 발전은 연구 학습 체계의 혁신, 지식의 형식지화, 세계화 현상을 가속화하고 심화시켜 지식 기반 경제의 성립을 가능케하는 직접적인 원동력이 되고 있다. 선진국들을 중심으로 기초 과학 연구에 대한 투자가 급증하고 기업의 R&D 투자도 증가하여 지식 기반이 확장되고 기술 혁신이 가속화되고 있는 것이다.

20세기 중반인 1994년에 WWW(World Wide Web)이라고 불리는 인터넷 서비스의 등장은 물리적 공간에 한계를 두지 않고 전 세계가 '가상공간'에서 만나는 하나의 단일망을 구성하게 되는 계기가 되었다. 한편, 디지털 기술은 기존 기술들과 비교하여 다음과 같은 특성을 갖고 있다. 첫째, 빛과 같은 속도로 정보를 전달한다. 둘째, 반복 사용해도 정보가 줄어들거나 질이 변하지 않는다. 셋째, 정보 가공이 쉽고 다양한 형태로 변형이 가능하다. 넷째, 정보 처리량이 방대하고 쌍방향 전달이 용이하다 (이언호, 2000).[1] 이러한 특성으로 인해 디지털 기술은 정보의 생산, 가공, 교환, 유통 등에 있어서 아날로그 기술을 대체하면서 주류 기술로 정착하게 되었다.

우리가 주목하고 있는 데이터 경제는 1990년대 중반쯤 시작된 디지털 경제에 포함되며 더 구체화된 개념이다. 디지털 경제의 핵심은 소프트웨어(Software: SW)이며, SW는 알고리즘을 구현한 프로그램과 해결 대상 문제의 특성을 표현한 데이터로 구성된다. 그러한 알고리즘이 고도화된 것이 AI이고, 데이터의 양(volume), 다양성(variety), 실시간성(velocity)이 향상된 것이 빅데이터이다. 태동초기부터 약 10년 이상이 지난 지금 시점에서 보면 데이터 경제는 기술적으로 빠르게 고도화되고 가성비도 좋아진 것으로 나타나고 있다. 그러나 개인, 기업, 정부 등이 데이터를 수집·분석하고 이를 기반으로 의사결정을 하는 행위와 그 산물인 데이터, 데이터의 수요·공급생태계, 관련 제도·문화 등은 여전히 보완할 점이 많은 것으로 관련 연구들에서 평가받고 있다.

데이터 경제는 3차 산업혁명과 4차 산업혁명에 걸쳐서 존재하는 개념으로서 기존 산업혁명과 떨어져 생각할 수 없다. 우리가 흔히 접하는 텔레비전, 라디오, 컴퓨터, 스마트폰, 스마트워치 등의 각종 IT기기들은 일방향 또는 양방향 통신을 이용하기도 하며, 결국 다양한 데이터를 생성해서 저장하고 있다. 이러한 데이터를 이용하기 위해서는 데이터 경제가 등장하게 된 것이다. 물론 데이터 경제가 더욱 주목받기 시작한 것은 스마트폰의 등장이라고 할 수 있다. 2007년 아이폰이 갑작스럽게 등장하면서 외계인 혹은 미래에서 가져온 것이 아닌가라는 의문이 던져지기도 하였다.[2] 고성능 휴대 IT기기의 보급과 대중화는 데이터의 양을 극적으로 증대시켰으며 이 데이터를 이용하기 위한 데이터 경제라는 용어도 2010년대 들어 등장하게 되었다.

---

1) 이언호(2000), 디지털경제와 과학기술정책, 과학기술정책 포럼, 과학기술정책연구원.

2) 최초의 스마트폰은 이미 1992년 우리가 컴퓨터 제조기업으로 알고 있는 미국의 IBM(International Business Machines Corporation)에서 처음 선보인 바 있다. '사이먼'이라고 불리는 휴대전화는 초기에 스마트폰으로 불리지는 않았지만 PC(Personal Computer)의 기능을 접목하였다는 점에서 최초의 스마트폰이라고 부를 수 있다. 지금의 휴대폰과 달리 크기와 무게 때문에 휴대성은 떨어지고 PDA(personal digital assistant)처럼 펜으로 화면에 입력하는 방식을 채택한 기기였다. 또한 고가의 제품인 탓에 인기를 끌지 못하였고 2년 만에 시장에서 사라지게 된다.

데이터 경제의 디딤돌인 스마트폰의 등장

2007년 1월 9일에 지식기반경제, 디지털경제 그리고 데이터 경제로 이어진 시대적 변화에서 가장 주목할 만한 사건이 벌어진다. 혁신가의 아이콘이라고 불리는 애플의 CEO인 스티브 잡스가 미국 샌프란시스코에서 열린 맥월드 연단에서 새로운 IT기기를 선보인 것이다. 어디에서도 볼 수 없었던 새로운 제품 '아이폰'의 등장이었다. 그로부터 5개월 뒤인 6월 29일에 정식으로 출시된 아이폰은 휴대전화의 개념을 바꿔 놓았다. 스마트폰 이전 시대의 휴대전화인 플립폰, 폴더폰 등에서는 통화와 문자 메시지가 가장 중요한 기능이었다. 그러나 아이폰은 휴대전화에서 이메일, 일정 관리, 게임 등을 모두 활용할 수 있는 PC와 별 차이 없는 성능을 보이는 새로운 개념의 제품이었다. 아이폰이 진짜 최초의 스마트인 '사이먼'을 제치고 '최초의 스마트폰'이면서 '혁신'으로 인식되는 이유이다.

아이폰을 시작으로 스마트폰이라는 용어는 대중화되었다. 영국의 Financial Times는 아이폰을 역사상 가장 성공한 전자기기라고 평가한 바 있다. 한국에는 2009년에 세 번째 모델인 3GS가 대중에게 공개되었다. 아이폰의 국내 도입은 피처폰(스마트폰 이전시대의 일반적인 휴대전화를 가리킴)을 주로 쓰던 한국 시장에 큰 영향을 미쳤다. 2010년 기준으로 애플은 한국시장에서 1조 5천억 원 이상의 매출을 올린 것으로 나타났다. 한국 휴대폰 제조업체들도 위기를 맞았으며 스마트폰을 중심으로 휴대폰 시장이 재편되었다. 각 통신사들의 콘텐츠 유통 시장도 애플과 안드로이드 중심으로 재편되었고 기존 통신시장에서 1위를 지키고 있던 SKT에 이어 KT도 약진하게 되는 계기가 되었다.

물론 아이폰과 대항하여 옴니아와 갤럭시A 등을 출시한 경험이 있는 삼성전자는 갤럭시S 시리즈 개발에 박차를 가하였고 갤럭시 S1이 2010년 3월 23일에 대중에게 공개되었다. 세계 스마트폰 시장에서 애플과의 양자대결 구도가 형성되기 시작하는 시기였다. 그러나 애플은 이듬해 2011년 4월 갤럭시가 아이폰의 디자인을 표절했다며 소송을 제기하였다. 갤럭시의 외관 디자인과 화면 내 애플리케이션 배치 등을 카피했다고 주장하였는데, 이 소송은 스마트폰의 디자인을 두고 고유 디자인이 가능한가에 대한 의문을 던지는 소송이라고 볼 수 있었다. 사각형 TV가 어느 한 업체만의 디자인이 아니라는 것이 삼성의 주장이었다. 기존 쿼티 자판을 탑재한 휴대폰은 대중에게 큰 인기를 끌지 못했는데 풀 터치스크린 방식으로 손가락을 이용해 모든 기능을 사용할 수 있도록 한 아이폰은 혁신적인 제품이었다. 즉, 이후로 스마트폰이라는 형태는 아이폰과 유사한 형태로 기본 모습이 굳어졌다. 그러나 애플에서 주장하는 것처럼 둥근 모서리와 볼록한 뒷면 등의 모습을 나타내는 스마트폰은 아이폰이 처음은 아니다. 이전에 출시된 LG의 '프라다폰', 삼성의 'F700' 등에서도 유사한 디자인이 사용된 바 있다. 그럼에도 불구하고 2018년 미국 소송에서 삼성이 패소하여 거액의 배상금을 지불하게 되었다.

스마트폰은 인간의 생활을 혁신적으로 변화시켰다. 우리 생활의 대부분이 스마트폰 속에 있다. 메시지, SNS, 음악 청취, TV 시청, 쇼핑, 음식 배달 서비스, 택시 탑승 및 길찾기 등 대다수의 서비스가 스마트폰을 통해 이뤄지고 있다. 이런 서비스는 대면으로 처리해야 했던 일들의 비중을 줄이게 되면서 시간과 비용을 절감시켰고 빠르고 정확한 정보를 소비자에게 제공해서 더 좋은 의사결정을 할 수 있도록 했다. 이런 과정에서 축적되는 데이터는 데이터 경제의 핵심자원 즉 연료 또는 원료로서 중요한 역할을 수행할 수 있다.

다만 스마트폰 등장으로 인하여 사라진 상품과 기업들도 존재한다. 2000년대 초반에 등장하여 휴대용 음향기기로 주목받던 MP3플레이어를 생산하던 아이리버는 애플의 성공과는 반대로 내리막길을 걸었다. 그리고 두꺼운 사전을 대신해 수험생들의 필수품이었던 전자사전은 스마트폰이 그 기능을 흡수하면서 구시대의 유물이 되어 버렸다. 그리고 게임기 시장의 독보적인 업체인 닌텐도도 시대의 흐름을 따라가지 못하고 낮은 성과에 머물던 시기가 있었다. 그리고 저출산 시대가 길어지고 스마트폰의 사용연령이 점차 내려가면서 실제 장난감을 갖고 노는 아이들도 줄어들면서 세계 최대 장난감 업체인 토이저러스도 파산하며 스마트폰이 전통적 장난감을 대체하고 있다.

　　2017년 미국 월스트리트 저널은 "아이폰이 지난 10년간 우리 삶을 바꿨다면, 10년 뒤의 스마트폰은 아예 '휴대전화'가 아닐 수도 있다"고 보도하였다.[3) 4차 산업혁명의 확장으로 글로벌 IT업체의 기술 개발 경쟁이 심화되어 웨어러블 기기에서 혁신이 일어날 것으로 기대되고 있다. 실제 사례로 애플은 가상의 모니터를 통하여 대화와 영상 통화가 가능하게 하는 기술을 개발하고 있다. 또한 스마트폰을 천으로 만들어 옷처럼 입을 수 있고, 태양광 충전도 가능하도록 하는 특허도 출원한 바 있다. Alphabet(구 Google)은 증강현실(AR) 기술을 이용해 스마트폰 카메라로 촬영한 대상의 모든 정보를 제공하는 '구글 렌즈' 서비스를 개발하고 있으며, Meta(구 Facebook)도 뇌파로 사람의 생각을 읽어 다른 사람의 스마트폰에 문자 메시지로 전달하는 '텔레파시' 기술을 개발 중이다.

2. 데이터 경제의 개념와 범위

(1) 데이터 경제의 정의

　　데이터 경제(Data Economy)는 2011년 데이비드 뉴먼(David Newman)이 쓴 가트너(Gartner) 보고서(How to Plan, Participate and Prosper in the Data Economy)에서 처음 등장하였고, 2014년부터 유럽 집행위원회(European Comminitee)가 경제성장과 일자리 창출 동력으로 데이터 경제 개념을 도입하면서 조명을 받기 시작하였다. 그러나 데이터 경제, 데이터 주도 경제 등 다양한 용어가 사용되고 있으며, 개념에 대한 정의도 기관마다 그리고 점차 연구가 진행됨에 따라 다양하게 해석되고 있다.

　　일반적으로 전통적인 경제학에서는 토지, 노동, 자본이 핵심 자산으로 구별되었다면 데이터는 최근 들어 새로운 형태의 자산으로 주목받고 있다. 즉, 아주 간단히 말

---

3) 월스트리트 저널(2017.06.25.), https://www.wsj.com/articles/in-10-years-your-iphone-wont-be-a-phone-anymore-1498395600

하면 데이터라는 자산으로 구성된 경제가 데이터 경제라고 할 수 있다. 데이터 경제가 무엇인지에 대하여는 다양하게 논의되고 있지만 가트너의 말을 빌리면 다음과 같이 정의할 수 있다. 데이터 경제는 "응용 프로그램, 소프트웨어, 하드웨어의 경제가 아닌 빅데이터, 오픈데이터, 연결데이터 등 데이터로 파생되는 경제가 경쟁우위를 이끌어 가는 시대"이다. 즉, 데이터의 경제는 새로운 시대의 경쟁 우위를 주도하는 한 부분임을 의미하며, 우리는 데이터 경제의 단계를 이해하고 정보 공유를 통하여 정보 고립을 극복해야 한다는 것이다.

앞서 이야기한 것처럼 2014년부터 유럽 집행위원회가 디지털 싱글 마켓 전략의 일환으로 'Data-driven Economy' / 'Data Economy' 개념을 도입하면서 집중 조명받았다. 새로운 디지털 기회를 열고 디지털 경제의 글로벌 리더로서 유럽의 입지를 강화하기 위해 경제성장과 일자리의 원동력으로 데이터 경제를 표방한 것이다. 유럽 집행위원회는 데이터 경제를 데이터를 다루는 주체들이 만들어 내는 생태계라고 말하며, 데이터의 생성, 수집, 저장, 처리, 분배, 전달 등을 모두 포함하는 개념이다라고 하였다.

2016년 이후 IBM[4]은 데이터 경제라는 것이 기업 내부 및 외부에서 데이터를 이용하여 가치를 창출하는 데 사용하는 것을 의미한다고 하며, 이용가능한 데이터의 양이 증가하고 데이터에 기반한 의사결정이 증가하고 또한 기업 간 데이터가 더 많이 교환됨으로써 활성화된다고 설명한다. MIT[5]는 데이터라는 것은 재화와 서비스를 생산하는 데 필요한 재료며, 기존의 자산처럼 경제적 가치를 갖고 있다고 이야기한다.

물론 우리나라의 한국지능정보사회진흥원(구 한국정보화진흥원, NIA)도 데이터경제에 대하여 정의하고 있다. NIA는 '모든 데이터가 활용하기 쉽게 자유롭게 흘러 타 산업 발전의 촉매 역할을 하면서, 혁신적 비즈니스와 서비스를 창출하는 경제'라고 정의한다. 이들은 다양한 데이터 경제 개념에서 주요 키워드를 추출하고 포괄적인 의미를 끌어내어 데이터 경제를 새롭게 정의하였다. 그 과정은 기존에 논의되거나 정의되

---

4) IBM, The Rise of the Data Economy, 2016.
5) MIT, The Rise of Dapa Capital, 2016.

고 있는 다양한 데이터 경제 개념과 범위를 분석한 후 공통된 요소와 의미, 현상 등을 도출해서 정리하고, 다양한 데이터 경제의 개념에서 주요 키워드를 도출해 지향 목표, 주요 영향, 생산 요소, 참여 주체로 구분한 것이다.

〈표 1-1〉 데이터 경제의 주요 키워드

지향 목표	혁신, 신경제·산업 육성, 경제·사회에 이익, 가치 창출, 수익 창출
주요 영향	데이터를 의사결정 도구로 활용, 조직 효율성 향상, 새롭고 혁신적 제품·서비스·비즈니스 모델 창조, 이종 서비스 간 협력 및 합병, 비용 절감, 중소기업 및 일자리 창출
생산 요소	데이터 수집·생성, 저장·관리, 가공·유통, 분석·활용
참여 주체	정부·기업·개인 (※ 각 주체는 데이터 보유자, 중개자, 사용자로 분류 가능)

자료: 한국지능정보사회진흥원(NIA)

NIA는 주요 키워드에서 포괄적 의미를 도출해 데이터 경제의 개념을 다시 정의하였다. 이 개념은 데이터 수집·생성 → 저장·관리 → 가공·유통 → 분석·활용의 밸류체인을 통해 직접적으로 파생되는 다양한 산업 및 서비스 영역과, 데이터 활용으로 인해 기업·공공·개인에게 간접적으로 영향을 미치는 경제적 가치와 영향을 모두 포괄하는 개념이다. 물론 이러한 개념은 고정된 것이 아니며 향후 지속적으로 발전·확대될 것이라고 제시하였다.

데이터 경제의 범위는 직접적 및 간접적으로 영향을 미치는 범위를 모두 포함한다. 여기서 데이터 경제의 직접적 범위는 데이터의 '수집·생산 → 저장·관리 → 가공·유통 → 분석·활용' 과정에서 파생되는 전 산업 분야를 포함한다. 당연히 데이터가 지속적으로 축적·활용되면 그 범위는 확대될 수 있다. 현재 데이터 수집·생성 과정에서 다양한 스마트 기기·설비[6]들과 저장·관리를 위한 솔루션 및 서비스[7]들이 활발히 등장하고 있다. 가공·유통[8] 단계에서는 데이터를 거래·공유하는 신산업이 발

---

6) CCTV, 자동차, 가전, 의료건강, 기반시설, 모바일 기기, 미디어 매체, 위치정보 등.
7) 데이터 센터, 스토리지 장비, 정보 저장·처리·관리 솔루션·유지보수 등.

〈그림 1-2〉 데이터 경제의 직접적 범위

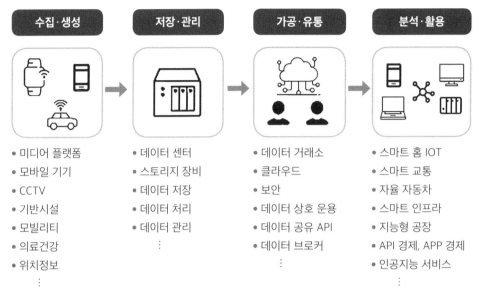

자료: 한국지능정보사회진흥원(NIA) 재구성

생하고 분석·활용 단계에서 산업별로 [8]새로운 경제적 가치[9]가 발생한다. 그리고 데이터가 지속적으로 축적됨으로써 기존의 예측 가능한 범위를 넘어 광범위하고 빠르게 경제적 범위가 확대되고 파급이 가속화될 전망이다.

그리고 데이터 경제의 간접적 범위에는 데이터를 활용하는 것으로 인해 기업과 공공, 그리고 개인에게 나타나는 각종 부가적 이익과 효율화 등도 포함된다. 기업이 (정보통신, 제조, 도·소매, 숙박·음식, 출판·영상, 교육 등 전 업종) 데이터를 활용함으로써 나타나는 간접적인 이익과 신부가가치[10]가 그것이다. 시기에 적합한 공공서비스 제공, 맞춤형 공공 서비스 제공 및 행정 업무 효율화를 통한 예산·시간 절약 같은 사회적 비용 절감으로 인한 간접적인 경제 효과도 당연히 포함된다. 개인이 스스로 데이

---

8) 데이터 거래소, 클라우드, 보안, 데이터 상호운용, 데이터 공유 API 산업 등.

9) 스마트 공장(생산비용 절감), 자율자동차·스마트 교통(교통사고 감소), 스마트 홈(생활 편의성 향상), 스마트 헬스케어(의료비 감소), 스마트 인프라(안정적 에너지 수급) 등.

10) 새로운 시장·고객 확보, 프로세스 효율화·최적화, 글로벌 경쟁력 향상 등.

〈그림 1-3〉 데이터 경제의 간접적 범위

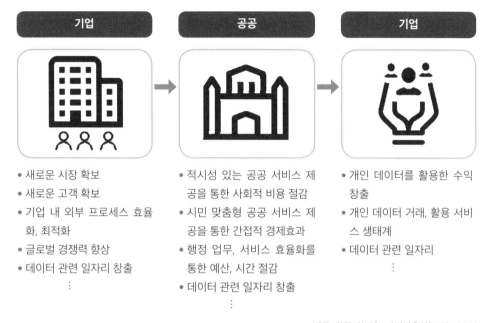

자료: 한국지능정보사회진흥원(NIA) 재구성

터를 생성하고 자신의 데이터를 거래, 활용해서 수익을 창출함으로써 발생하는 이익과 관련 서비스 생태계도 이에 포함된다.

4차 산업혁명의 진전에 따라 데이터는 사람, 자본 등 기존의 생산요소를 능가하는 핵심 자원으로 부상하고 있으며, 전체 산업의 혁신성장(기존산업 혁신, 신산업 창출 등)을 가속화하고 있다.

(2) 데이터 경제의 특징

데이터 경제가 다음과 같은 특징을 갖는다고 정의할 수 있다.[11] 첫 번째는 데이터가 중심이 되는 경제라는 것이다. 데이터가 중심이 된다는 것은 민간, 정부 및 기업 모두가 데이터를 의사결정의 기반에 둔다는 것이다. 과거에 직관이나 경험에 의한 의

---

11) 김덕현, 데이터 경제의 범위와 추진전략 고찰, 2020.

사결정이 이루어졌다는 것과 전혀 다른 방식의 접근이다. 두 번째는 데이터 경제의 유효성은 핵심 요소인 데이터와 이를 처리하는 과정, 그리고 산출물인 또 다른 데이터와 이 산출물이 다시 투입되는 밸류체인의 유효성으로 결정된다. 이러한 네트워크가 원활하게 돌아간다면 데이터 경제의 유효성은 높다고 이야기할 수 있다. 세 번째는 데이터 밸류체인은 크게 보면 생산, 관리, 유통, 소비의 4단계로 구성된다. 세부적으로 보면, 데이터 수집·획득, 분류, 저장, 관리, 검색·조회, 가공, 배포, 사용, 보호·보안 등으로 구성된다는 것이다. 네 번째는 데이터 경제 밸류체인에는 다수의 참여자가 있어야 하는데, 생산자, 유통(중개)자, 지원자, 소비자 등의 역할을 담당하는 플레이어 또는 액터(Actor)가 참여한다. 또한 경제 주체인 개인, 기업, 정부 등이 액터가 된다. 다섯 번째, 데이터는 무료로 제공되거나 교환될 수도 있고 유료로 구매·판매될 수도 있다. 무형인 데이터는 기본적으로 복사·복제, 전파가 용이하고 확대 및 재생산이 가능한 재화이다. 단, 데이터의 가치는 상황에 따라 달라질 수 있기에 획일화된 기준으로 산정하기 어렵다. 마지막으로 데이터는 데이터가 추출된 객체(예: 개인, 기업, 국가, 지능화된 사물, 공간)의 안전이나 권익이 보호되어야 하므로 무조건, 무제한 공유되거나 거래될 수는 없기에 적절한 수준에서 통제되어야 한다

3. 기술혁신과 산업발전에서 데이터의 중요성

데이터는 21세기 경제의 핵심 자본이다. 기존 산업혁명 시대의 원유와 같은 역할을 수행하고 있다고 인식되고 있으며 토지, 노동, 자본에 밀리지 않는 원자재로서 부각되고 있다. 데이터는 자원으로 인식되고 있음에도 불구하고 경제이론의 핵심인 희소성(소모성)이 적용되지 않는다. 즉, 데이터는 고갈되지 않는다. 데이터를 삭제하지 않고 보관하고 있는 한 영구히 보존이 가능하다. 하나의 데이터를 경쟁하지 않고 다수가 함께 사용할 수 있는 특성도 있다. 이러한 면에서 기존의 고정자산들과 큰 차이를 나타낸다.

데이터가 혁신의 대표 키워드가 되면서 전 세계 기업과 국가의 관심이 커지고 있다. 데이터가 상품 또는 서비스의 경쟁력을 좌지우지하게 됨으로써 산업 생태계의 대

변혁을 초래하고 있다. 데이터를 적극적으로 활용하고 있는 기업인 아마존은 월마트를 추월하였고, 에어앤비는 힐튼호텔을 능가하였으며, 우버는 Hertz나 현대차의 가치를 추월한 바 있다. 데이터를 생산, 축적 및 활용하는 것이 미래 기업의 가치와 경쟁력을 평가하는 중요 지표가 되고 경쟁의 핵심이 되어 가고 있다.

또한 4차 산업혁명 기술이 발전하면서 데이터가 급증하고 있다는 점에서 그 중요성이 더욱 부각된다. 주요기술인 사물인터넷, 인공지능, 빅데이터, 로봇 등은 유기적으로 결합하고 상호작용하면서 시너지를 발휘할 수 있다. 이 과정에서 핵심적인 요소는 데이터이다. 데이터는 AI 관련 기술에서 핵심적인 역할을 수행한다. AI 시스템은 훈련과 학습을 수행하기 위해서 다량의 데이터를 필요로 한다. 데이터가 많으면 많을수록 성능이 좋아진다.

아침에 일어날 때마다 혁신적 변화가 나타나는 4차 산업혁명 시대에 데이터는 중요한 생산요소이다. 2020년 글로벌 시장조사업체인 Markets and Markets에 따르면 세계 빅데이터 시장은 2020년 1,388억 달러에서 연평균 성장률 10.6%로 증가하여 2025년에는 2,294억 2,300만달러에 이를 것으로 전망하였다. 데이터를 효율적으로 활용하면 생산성이 증대되고 새로운 서비스와 일자리가 창출된다. 예를 들어, 맞춤형 정밀진단, 최첨단 스마트공장, 자율주행차, 스마트 팜 등 지능화 기반의 산업혁신뿐만 아니라, 교통신호 제어, 치매 예측, 인공지능 기반 범죄분석, 합리적인 신용 대출 등 광범위한 분야에 활용될 수 있다.

전 세계 빅데이터 시장에서 주요 기업은 Microsoft(미국), AWS(미국), Oracle(미국), Alphabet(미국), IBM(미국) 등이 있다. Microsoft는 지능형 클라우드 및 지능형 에지 시대에 경쟁할 소프트웨어, 서비스, 장치 및 솔루션을 개발하고 있으며, Microsoft의 제품에는 고객에게 소프트웨어, 플랫폼, 콘텐츠를 제공하고 솔루션 지원 및 고객을 위한 컨설팅 서비스를 제공하는 클라우드 기반 솔루션이 포함된다. AWS는 Amazon의 자회사이며 주로 웹 서비스 형태로 클라우드 컴퓨팅 서비스를 제공하고 있다. Amazon의 제품 포트폴리오는 컴퓨팅, 스토리지, 데이터베이스, 네트워크 및 콘텐츠 제공, 개발자 도구, 관리 도구, 미디어 서비스, 분석 등으로 구성된다. Oracle은 플랫폼, 애플리케이션 및 인프라와 같은 기업 IT 환경의 요구 사항을 충족하도록 설계된 광범위한 제품, 솔루션 및 서비스를 제공하고 있다. Oracle의 제품 포트폴리오는 자율 데이터베이스, 개발자 도구, 엔지니어링 시스템, IT 인프라, Java 및 미들웨어로 구성된다. Alphabet의 제품 혁신은 서비스 사용을 증가시켰으며 세계에서 가장 인정받는 브랜드 기업 중 하나이다. 핵심 제품 및 플랫폼에는 Android, Chrome, Gmail, Google 드라이브, Google 지도, Google Play, 검색 및 YouTube가 포함되며 각 제품에는 매달 10억 명 이상의 활성 사용자가 있는 것으로 알려져 있다. IBM은 실험기반에서 디지털 재창조에 초점을 맞춘 하이브리드 클라우드 기반, AI 기반 애플리케이션으로 개발을 전환하였다. IBM의 제품 포트폴리오에는 분석 클라우드 플랫폼, 블록체인 플랫폼, Watson 사물인터넷(IoT) 플랫폼 및 Watson Customer가 포함된다. 이처럼 글로벌 데이터 기업들은 자신들만의 제품과 서비스를 확보하고 데이터 경제에 적응해 나가고 있다.

II. 데이터 생태계란?

1. 데이터 생태계의 개념과 범위

(1) 데이터 생태계의 정의

데이터 생태계를 간단히 정의하면 수많은 공급자의 데이터를 결합하고 처리된 데이터를 사용하여 가치를 구축하는 플랫폼이라고 할 수 있다. 물론 크게 보면 데이터 경제를 구성하고 있는 요소들과 시스템, 참여자들 모두를 총괄하여 데이터 생태계라고 할 수 있다. 어떻게 생각하건 데이터 생태계라는 것은 모든 요소와 참여자를 포함한다. NIA는 데이터 기반의 새로운 서비스들은 기존 경제의 가치사슬(데이터 생태계)들을 더욱 복잡하고 거대한 생태계로 바꿔 놓을 것으로 예상하고 있다. 스마트 기기가 증가함에 따라 생성된 수많은 데이터들이 저장소에 저장되고, 기업이 데이터를 거래하면서 서비스 간 융합이 발생하게 되는 복잡한 생태계를 형성할 것으로 전망할 수 있다.

〈그림 1-4〉 데이터 생태계

수집·생성	새로운 생산·수집·거래 등을 통해 데이터를 획득하는 단계
저장·관리	수집·생산 데이터 및 분석 데이터를 데이터센터·클라우드 서비스 등을 이용해 보관하고 관리하는 단계
가공·유통	분석을 위해 데이터를 수정·보완·융합하고 원데이터 및 가공데이터, 분석결과 등을 거래하는 단계
분석·활용	데이터를 분석하고 결과를 서비스나 비즈니스 모델 개발에 적용하는 단계

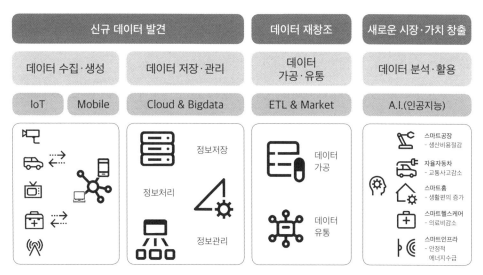

자료: 한국지능정보사회진흥원(NIA) 재구성

　　데이터 생태계가 성공적이려면 두가지 중요한 요건이 있다. 첫 번째는 낮은 진입 장벽을 통해 참가자를 유치하여 규모의 경제를 구축해야 한다는 것이다. 또한 생태계는 장기적으로 높은 출구 장벽을 설정하기 위해 핵심 제품을 넘어 명확한 고객 혜택과 종속성을 생성해야 한다. 그래야 현재 플랫폼에서 이탈하지 않게 된다. 그리고 두 번째는 유사한 관심사를 가진 다수의 당사자(예: 앱 개발자)가 힘을 합쳐 유사한 목표를 추구하도록 동기를 부여하는 협업 네트워크를 육성해야 한다. 생태계의 주요 이점 중 하나는 여러 범주의 플레이어(예: 앱 개발자 및 앱 사용자)의 참여를 통하여 이루어진다.

(2) 데이터 생태계의 유형

그렇다면 데이터 생태계의 유형은 어떻게 구별할 수 있을까? 데이터 생태계는 발전함에 따라 5가지 유형으로 등장하였다. 물론 데이터 집계 방식, 제공되는 서비스 유형 및 생태계에서 다른 참가자 참여 방법에 따라 다르게 나타난다.

유형 1: 데이터 유틸리티. 데이터 유틸리티는 데이터 집합을 집계하여 다른 비즈니스에 부가가치 도구와 서비스를 제공한다. 이 범주에는 신용 조사 기관, 소비자 조사 회사 및 보험 청구 플랫폼 등이 포함된다.

유형 2: 운영 최적화 및 효율성 센터의 우수성. 이 유형은 기업 안에서와 그리고 더 넓은 밸류체인 내에서 데이터를 수직으로 통합하여 운영 효율성을 달성한다. 예를 들어, 공급망에 있는 기업의 데이터를 통합하여 더 큰 투명성과 관리 기능을 제공하는 생태계가 있다.

유형 3: 한줄 횡단 플랫폼(end-to-end cross-sectional platform). 여러 파트너 활동과 데이터를 통합함으로써 이 유형은 단일 플랫폼을 통해 고객 또는 비즈니스에 한줄 서비스를 제공한다. 자동차 재판매, 테스트 플랫폼 및 공유 충성도 프로그램을 통한 파트너십 네트워크가 이러한 원형을 보여 준다.

유형 4: 마켓플레이스 플랫폼. 이러한 플랫폼은 공급업체와 소비자 또는 기업 간의 전달자로서 제품과 서비스를 제공한다. 아마존과 알리바바가 대표적이다.

유형 5: B2B 인프라(비즈니스로서의 플랫폼). 이 유형은 다른 회사가 생태계 비즈니스를 구축할 수 있는 핵심 인프라 및 기술 플랫폼을 구축한다. 이러한 비즈니스의 예로는 데이터 관리 플랫폼 및 지불 인프라 제공업체가 있다.

2. 성공적인 데이터 생태계를 위한 요소

데이터 생태계는 상당한 가치를 창출할 수 있는 잠재력을 가지고 있다. 그러나 생태계 구축에 대한 진입 장벽은 일반적으로 높기 때문에 기업은 환경과 잠재적 장애물을 이해해야 한다. 일반적으로 파악하기 가장 어려운 부분은 사령탑의 수익을 창출하고 참여를 보장하는 최상의 비즈니스 모델을 찾는 것이다.

시장에 이미 크고 확고한 참여자가 있는 경우 기업은 포지션을 확보하기 어려울 수 있다. 올바른 파트너를 선택하려면 경영진이 제공할 수 있는 가치를 정확히 파악한 다음 전략적 야망을 보완하고 지원하는 협력자를 선택해야 한다. 마찬가지로 기업은 최종 고객과 다른 협력자를 끌어들이기 위해 고유한 가치 제안과 탁월한 고객 경험을 창출하는 방법을 모색해야 한다. 제3자와 협력하려면 잠재적 파트너와의 협력을 협상하고 구성하기 위해 법률 전문가가 지원하는 협상 팀과 같은 추가 리소스가 필요한 경우도 많다. 이상적으로 파트너십은 생태계 리더와 다른 참가자 사이에 상호 이익이 되는 협정이어야 한다.

기업이 데이터 풀링 및 데이터 풀링이 생성할 수 있는 이점을 활성화하려고 할 때 경쟁에 관한 법률을 알고 있어야 한다. 데이터에 대한 접근, 기술, 및 수집 방법에 대한 액세스를 공유하는 데 동의하는 회사는 다른 회사의 액세스를 제한하므로 반경쟁 문제가 발생할 수 있다. 또한 경영진은 지역에 따라 다를 수 있는 개인 정보 보호 문제를 해결해야 한다.

생태계를 만들고 구축하려면 다른 기능과 리소스가 필요하다. 예를 들어, 전문가와 기술 인재를 찾고 채용하기 위해서 조직은 경력 기회와 환영하는 환경을 만들어야 한다. 데이터 이전 프로젝트 및 생태계 유지 관리 비용을 충당하기 위해 상당한 투자가 필요할 것이다.

생태계 참여자가 데이터에 액세스할 수 있도록 보장

회사가 데이터 생태계 유형을 선택하면 경영진은 운영을 지원하는 올바른 인프라를 세팅하는 데 집중해야 한다. 생태계는 데이터에 대한 액세스를 보장하지 않고 참가자에게 약속을 이행할 수 없으며, 그 중요한 요소는 데이터 아키텍처의 설계에 달려 있다. 기존 기업이 데이터 생태계를 설정할 때 해결해야 하는 5가지 질문을 확인해 보자.

생태계의 파트너 간에 데이터를 어떻게 교환하는가?

예를 들어 cookie handshakes(키 교환방식)와 같은 파트너 간의 표준 데이터 교환 메커니즘이 효과적일 수 있다. 데이터 교환은 일반적으로 보안 연결 설정, 브라우저와 클라이언트를 통한 데이터 교환, 필요할 때 중앙 집중식 결과 저장의 3단계를 따른다.

ID와 액세스를 어떻게 관리하는가?

기업은 신원 관리 시스템을 선택하고 구현하기 위해 두 가지 전략을 추구할 수 있다. 보다 일반적인 접근 방식은 Okta, OpenID 또는 Ping과 같은 솔루션을 통해 ID 관리를 중앙 집중화하는 것이다. 새로운 접근 방식은 예를 들어 블록체인 원장 메커니즘을 사용하여 ID 관리를 분산하고 연합하는 것이다. 어떤 것이 유리한지는 개별 기업의 선택이다.

데이터 도메인과 스토리지를 어떻게 정의할 수 있는가?

전통적으로 생태계 사령탑은 각 도메인 내에서 데이터를 중앙 집중화한다. 데이터 자산 관리의 최근 경향은 개방형 데이터-메시-아키텍처를 선호한다. 데이터 메시

〈그림 1-5〉 데이터 생태계를 위한 IT 아키텍쳐

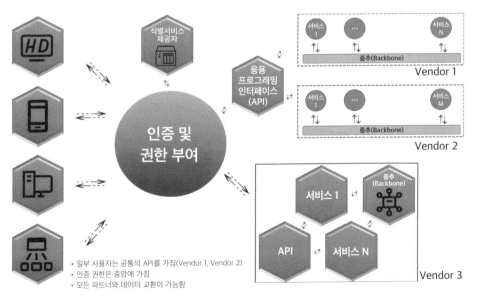

자료: McKinsey & Company(2021) 재구성

는 각 사용 사례 또는 제품을 기반으로 각 당사자 내의 기존 정의 및 도메인 자산을 사용하여 한 당사자 내 데이터 소유권의 기존 중앙 집중화에 도전한다. 특정 사용 사례에는 여전히 중앙 저장소가 있는 중앙 집중식 도메인 정의가 필요할 수 있다. 또한 데이터 자산의 상호 운용성을 보장하기 위해 글로벌 데이터 거버넌스 표준을 정의해야 한다.

비국지적 데이터 자산에 대한 엑세스를 어떻게 관리하고 어떻게 통합할 수 있는가?

대부분의 사용 사례는 API(응용 프로그래밍 인터페이스)를 통해 주기적인 데이터 로드로 구현할 수 있다. 이 접근 방식은 대부분의 사용 사례에서 분산된 데이터 저장소를 갖게 된다. 이 환경을 추구하려면 접근 방식의 일관성을 보장하기 위해 사용 가능한 모든 API를 정의하는 중앙 API 카탈로그와 데이터 공유를 위한 강력한 그룹 거버넌스라는 두 가지 인에이블러가 필요하다.

이질적이고 느슨하게 결합된 특성을 고려할 때 생태계를 어떻게 확장할 수 있는가?

데이터 또는 데이터 출력에 대한 신속하고 분산된 액세스를 가능하게 하는 것은 생태계 확장의 핵심이다. 이 목표는 생태계의 모든 참가자가 다음을 수행하도록 하는 강력한 거버넌스를 통해 달성할 수 있다. 데이터 자산을 검색 가능하고, 주소 지정 가능하고, 버전 관리하고, 정확성 측면에서 신뢰할 수 있도록 한다. 데이터 교환을 위한 자체 설명 의미론 및 개방형 표준을 사용한다. 세분화된 수준에서 액세스를 허용하면서 보안 교환을 지원한다.

데이터 생태계 전략의 성공 여부는 데이터 가용성 및 디지털화, 통합을 가능하게 하는 API 준비, GDPR(일반 데이터 보호 규정)과 같은 데이터 개인 정보 보호 및 규정 준수, 분산 설정에서의 사용자 액세스에 달려 있다. 이 속성 범위를 사용하려면 회사에서 이 모든 확인란을 선택하도록 데이터 아키텍처를 설계해야 한다.

기존 기업이 데이터 생태계 구축을 고려할 때 공통 과제를 구체적으로 해결하는 로드맵을 개발할 것을 권장할 수 있다. 그런 다음 참가자와 자신에 대한 이점이 결실을 맺을 수 있도록 아키텍처를 정의해야 한다. 좋은 소식은 생태계에 대한 데이터 아키텍처 요구 사항이 복잡하지 않다는 것이다. 우선 순위 구성 요소는 ID 및 액세스 관리, 데이터 및 분석을 관리하기 위한 최소 도구 세트, 중앙 데이터 저장소이다.

3. 데이터 경제 활성화와 생태계 구축 시 법적 이슈

데이터 활용의 중요성과 데이터의 경제적 가치는 추가적인 논의가 필요 없을 만큼 이미 널리 인정되고 있다. 이렇게 중요한 데이터를 활용함에 있어서 우리나라의 데이터 관련 법제는 데이터 정보주체의 기본권을 보호하는 한편, 그 틀 안에서 데이터의 경제적 가치를 극대화하고 이를 활용하기 위한 법적 고려로 구성된다고 볼 수 있다. 데이터라는 자산의 특수성을 생각해 보면, 기존의 규제 틀로는 담을 수 없고 저촉되는 것이 없는지를 검토해 보아야 한다. 이 관점에서 기존의 독점규제 관련 규정에서 데이터 활용을 동반되는 경제 활동을 어떻게 담을 수 있을 것인지도 검토가 필요할 수 있다. 데이터의 특수성을 고려하여 시장 획정 방식을 확장할 필요가 있으며, 시장지배적 지위를 결정하는 요건 역시 수정이 필요할 수 있다. 이어서 시장에서 데이터 활용을 확대하고 더욱 공정하게 관리하기 위한 여러 쟁점들을 검토해 볼 필요도 있다.

데이터는 대다수가 개인의 활동으로부터 생산되지만 실제 수집은 기업들에 의하여 이루어지고 있다. 그리고 데이터의 활용도 기업차원에서 대다수 이루어지고 있다. 개인은 데이터를 생산하면서도 소유권과 사용권에 대한 권리를 거의 행사하지 않고 있는바 이에 대한 균형적 접근도 필요해 보인다. 즉, 데이터 경제에서 데이터가 가지는 중요성을 감안하여, 데이터를 실질적으로 점유하고 있지 못하는 경제주체들을 위한 데이터 접근권에 대한 논의도 필요한 것이다. 정보보호 법제와 경제규제 법제의 연관성도 검토해야 할 문제 중 하나로 거론되고 있으며, 규범적 차원이 아닌 거버넌스 관점에서의 규제를 어떤 방식으로 관철해야 할지도 데이터와 관련하여 논의가 필요하다.

제2장　데이터법 서설

김원오

(인하대학교 법학전문대학원 교수, 법학연구소장)

I. 데이터법의 범주와 형성·발전과정

1. Data와 데이터법의 의의와 특징

(1) 규율 대상 데이터의 정의와 특징

가. 인접 개념과 비교

데이터의 개념은 유사 개념과 비교를 통해 더 명확해질 수 있다. DIKW(Data, Information, Knowledge, Wisdom) 피라미드 계층구조에 기반해서 발전적 단계개념으로 이해하는 것이 도움이 된다. 데이터(Data)는 존재형식을 불문하고 타 데이터와 상관관계가 없는 가공하기 전의 순수한 수치나 기호를 의미한다. 정보(Information)는 데이터의 가공 및 상관관계 분석을 통해 패턴을 인식하고 의미를 부여한 것이다. 지식(Knowledge)은 상호 연결된 정보 패턴을 이해하여 이를 토대로 예측한 결과물이다. 지혜(Wisdom)는 최상위 단계로 근본원리에 대한 깊은 이해를 바탕으로 도출되는 창의적 아이디어이다.[1]

---

[1] Ackoff, R. L., "From Data to Wisdom", Journal of Applies Systems Analysis, Volume 16, 1989, pp.3-9.

법적 규율이란 측면에서 바라보면, 원시데이터의 생성 또는 데이터의 수집이 이루어지고 다음으로 수집된 원시데이터의 데이터베이스(Database) 구축, 원시데이터로부터 데이터의 구조화나 가공을 통한 데이터셋(Dataset)의 구축, 그 가공된 데이터셋의 AI 학습 등을 통하여 부가가치 창출이 혁신적으로 발생하고 있어 이들 개념에 대한 차별적 접근이 필요하다. 나아가 기존 방식이나 방법, 도구로 수집, 저장, 분석, 시각화하기 어려울 정도로 큰 규모의 자료로서 비정형 데이터(Unstructured Data)[2]를 의미하는 빅데이터(Big Data)라는 개념이 각각 법적 의미가 있는 용어로 사용되고 있다.

나. 규율대상인 데이터의 특성

피라미드 구조하에서 엄밀히 데이터와 정보는 구별이 가능한 개념이지만 서로 혼용되어 사용되기도 하며 데이터는 정보의 속성을 거의 그대로 보유한다. 디지털 정보도 상품(commodity)으로 취급될 수 있으나, 통상의 상품에 비해 비경합성(non-rivalrous),[3] 비배타성(non-excludable),[4] 한계비용제로(zero marginal cost)[5]라는 세 가지 특수한 속성을 지니고 있다. 한편 정보의 속성을 겸비한 데이터는 비경합성이라는 속성과 함께 비대체성(non-fungible)[6]과 경험적 상품(experience goods)[7]이라는 고유한 속성을 보유하고 있다. 요컨대 재산으로서 데이터는 다른 상품과 비교해 비경합성, 비

---

2) 일정한 규칙이나 형태를 지닌 숫자데이터와 달리 그림이나 영상, 문서처럼 형태와 구조가 다른 구조화되지 않은 데이터를 말한다.

3) 한 개 이상의 개체가 동일한 데이터(정보)를 소유할 수 있음을 의미한다.

4) 데이터(정보)는 쉽게 공유할 수 있으나, 그러한 공유를 제한하려는 노력(예, 지적재산권 협약 등)이 존재한다는 것을 의미한다.

5) 일반 유형적 상품도 한계생산비체감의 법칙에 따라 단위당 생산비용은 점차 줄어들기는 하지만 데이터는 일단 데이터(정보)가 생산되어 활용할 수 있게 되면, 이와 관련한 재생산 비용은 거의 무시할 수준을 의미한다.

6) 석유와 같은 상품은 다른 에너지 상품으로 대체될 수 있는 성격이 있다. 그러나 가격이나 개별적 인식 관련 데이터는 다른 데이터로 대체할 수 없다는 의미이다.

7) 책이나 영화와 같은 것들을 보통 경험적 제품으로 지칭하는데, 이것들의 가치는 직접 경험을 통해서만 실현된다. 그래서 그러한 제품의 가치를 찾기 위한 시간, 비용, 그리고 관심은 항상 어느 정도의 불확실성을 내포하게 된다.

배타성, 한계비용제로, 비대체성, 그리고 경험적 상품이라는 5가지의 독특한 속성을 보유한 것으로 볼 수 있다. 이러한 5가지 특성으로 인하여 적절한 보호가 주어지지 않을 때 공유재의 성격으로 인한 시장실패(market failure)[8] 및 공유지의 비극(tragedy of commons)[9]에 대응하는 반공유지의 비극(tragedy of anticommons)[10]이 초래될 수 있다. 예컨대 데이터 권리자의 허가 없이, 혹은 정당한 사용료를 지불하지 않은 채 머신러닝 모델을 학습시키는 데에 무단으로 활용될 수 있다. 또한 구매자가 데이터를 재판매하여 저작권자 등의 권리를 침해하고 부당한 이윤을 취할 수 있다. 이를 방지하기 위해서는 자구책으로 데이터 보안과 보호조치가 요구되며, 정책적으로는 인위적인 인센티브의 부여, 불법 복제와 무단 사용의 금지 등 데이터 보안의 취약점을 법적으로 뒷받침해 주어야 한다.

(2) 법적인 정의와 법령에서의 정의

법적인 규율대상으로서 데이터는 개인정보(Personal information)를 포함한다. 데이터는 법적 정보개념의 구분에서 유추해 볼 때 내용/의미론적 정보, 표시·기호/구문론적 정보, 물리적·유형적 실현물/구조적 정보의 3층위가 있으며, 데이터 경제에

---

8) 시장경제에 있어서 자원의 배분은 애덤 스미스의 '보이지 않는 손'. 즉 가격기구에 의해 효율적으로 이루어진다. 그러나 시장 여건의 불완전성이나 재화와 서비스의 특성 등으로 가격기구가 제대로 작동하지 못하여 자원의 배분이 효율적으로 이루어지지 않는 일이 종종 생기는데. 이 경우 시장이 효율적인 자원배분에 실패한다는 의미에서 시장실패(market failure)라고 한다.

9) 공유지의 비극은 미국의 생물학자 가렛 하딘(Garrett Hardin)에 의해 만들어진 개념으로, 환경을 파괴하게 만드는 메커니즘을 설명하기 위해 사용했다. 공유지의 비극은 "초지·삼림·공기·물고기·지하자원과 같이 공동체 모두가 사용해야 할 자원은 시장기능에 맡겨 두면 이를 당 세대에서 남용해 자원이 고갈될 위험이 있다"는 내용을 담고 있다(Garrett Hardin, The Tragedy of the Commons, New Series, Vol. 162, No. 3859 (Dec. 13, 1968), pp. 1243~1248).

10) 반공유지의 비극(The Tragedy of the Anticommons)은 공유지의 비극이 이용자가 과다하여 과다이용으로 인한 총가치의 하락이 문제임에 반하여, 권리자가 과다하여 과소이용이 문제되어 총가치가 하락하는 점이 문제이다(Michael Heller, "The Tragedy of the Anticommons: Property in the Transition from Marx to Markets"111 Harv. L. Rev.(1998) 참고). 데이터의 경우 그 특성으로 인해 과다이용의 문제에서 자유롭지만 권리자가 과다할 경우 과소이용에 있어 총가치의 하락의 문제점이 발생할 수 있다. 새로운 데이터 자산의 규율 방향은 이 점을 염두해 두고 설계되어야 한다.

서 말하는 데이터는 원(源)정보 중 필요한 부분을 정해진 규칙에 따라 기호화, 즉 코딩(coding)한 것으로 구문론적 정보를 가리킨다.[11]

한편 실정법에서도 규율대상인 데이터를 그 법목적에 맞추어 다양하게 정의하고 있다. 「데이터기반행정 활성화에 관한 법률(약칭: 데이터기반행정법)」 제2조 제1호에서는 데이터를 "정보처리능력을 갖춘 장치를 통하여 생성 또는 처리되어 기계에 의한 판독이 가능한 형태로 존재하는 정형 또는 비정형의 정보"라고 정의하고 있다. 「데이터 산업진흥 및 이용촉진에 관한 기본법(약칭: 데이터산업법)」은 "다양한 부가가치 창출을 위하여 관찰, 실험, 조사, 수집 등으로 취득하거나 정보시스템 및 「소프트웨어 진흥법」 제2조 제1호에 따른 소프트웨어 등을 통하여 생성된 것으로서 광(光) 또는 전자적 방식으로 처리될 수 있는 자료 또는 정보"로 정의하고 있다. 또한 「공공데이터의 제공 및 이용 활성화에 관한 법률(약칭: 공공데이터법)」 제2조 제2호[12]에 따른 공공데이터는 전자적 방식으로 처리된 것에 한정되어 있는 반면, 데이터산업법 제2조 제3호의 민간데이터[13]의 경우 이러한 제한이 없다. 최근 입법된 「부정경쟁방지 및 영업비밀보호에 관한 법률(약칭: 부정경쟁방지법)」 제2조 제1호상의 데이터는 소위 '한정제공 데이터' 개념이며, 부정사용행위의 대상이 되는 부정경쟁방지법상 제2조 제1호[14] 데이터는 앞서 언급한 데이터기본법상 데이터 또는 데이터자산보다 더 제한적인 개념으로 i) 업으로서 제공될 것, ii) 특정인 또는 특정 다수에게 제공될 것, iii) 상당량 축적·관리되고 있을 것, iv) 비밀로서 관리되고 있지 않을 것, 마지막으로 v) 기술상 또는 영업

---

11) 이동진, "데이터 소유권(Data Ownership), 개념과 그 실익", 정보법학 제22권 제3호, 2018, 221-222면 참조.

12) 공공데이터법 제2조(정의) 이 법에서 사용하는 용어의 뜻은 다음과 같다.
    2. "공공데이터"란 데이터베이스, 전자화된 파일 등 공공기관이 법령 등에서 정하는 목적을 위하여 생성 또는 취득하여 관리하고 있는 광(光) 또는 전자적 방식으로 처리된 자료 또는 정보로서 다음 각 목의 어느 하나에 해당하는 것을 말한다.(각호 생략)

13) 3. "민간데이터"란 국가기관, 지방자치단체 또는 공공기관(「지능정보화 기본법」 제2조 제16호에 따른 공공기관을 말한다. 이하 같다)이 아닌 자가 생성 또는 취득하여 관리하고 있는 데이터를 말한다.

14) 「데이터 산업진흥 및 이용촉진에 관한 기본법」 제2조 제1호에 따른 데이터 중 업으로서 특정인 또는 특정 다수에게 제공되는 것으로, 전자적 방법으로 상당량 축적·관리되고 있으며, 비밀로서 관리되고 있지 아니한 기술상 또는 영업상의 정보를 말한다.

상의 정보일 것을 요건으로 한다.

이러한 데이터는 개별데이터, 빅데이터 등 집적 정도에 따른 법적 취급에 차이가 있을 수 있다.[15] 또한 가명 처리된 개인정보, 데이터셋(Dataset), 데이터베이스(DB)처럼 가공이나 분석 또는 구조화된 정도에 따라 법적 취급이나 쟁점이 달라진다.

(3) 데이터 규율과 데이터법의 이론적 의미

가. 기술에 의한 규율과 법률에 의한 규율

통상 데이터에 관한 규율은 법률에 의한 규율을 의미하지만 기술자체에 의한 규율도 동시에 이루어지고 있다. 일찍이 디지털 전환이 시작되면서 데이터와 콘텐츠에 대한 보안기술을 통해 스스로 보호하고자 하는 자구책이 강구되어 왔다. 디지털 데이터 등이 유통가능한 유료 상품이 되기 위해서는 접근이나 복제를 통제하는 기술적 보호조치가 필수적이다. 디지털 저작물은 디지털권리관리시스템(DRM)을 통해 상품으로 관리되어 왔다. DRM이 한계에 부딪히자 최근에는 보안성이 뛰어난 블록체인 기술에 의존하는 경우도 증가하고 있다. NFT[16]도 블록체인 기반으로 디지털콘텐츠의 유일성을 담보해 주면서 DRM을 대체하거나 보완하는 중요기술로 부각되고 있다. 저작권법 등에서는 이러한 기술적 보호조치를 무력화하는 행위를 불법으로 규정하여 처벌하는 규정을 두고 있다. 미국에서 등장한 기술적 공정이용 개념과 데이터마이닝(TDM)에 대한 저작권 침해 면책도 로봇과 기술을 통한 데이터 규율 체제를 뒷받침하기 위한 것으로 보인다.

나. 데이터법, 데이터 규율의 핵심쟁점과 그 의미

법률에 의한 데이터 규율은 다각도로 조명해 볼 수 있지만 통상 (i) 데이터 생태계

---

15) 제20장에서 의료데이터와 의료빅데이터의 차별적 취급 부분 참조.

16) 대체 불가능 토큰(Non-fungible token: NFT)이란 블록체인 기술을 이용해서 디지털 자산의 소유주를 증명하는 가상의 토큰(token)이다.

와 거버넌스 차원에서 적절한 균형과 조정이 이루어지는지 (ii) 누가 데이터를 지배할 수 있는 권리를 보유하는지 (iii) 어느 범위에서 데이터의 자유로운 수집과 이용을 허용할 것인지 (iv) 데이터를 둘러싼 공정한 경쟁질서는 무엇인지? (v) 데이터 기반과 환경조성을 위해 필요한 제도적 장치는 무엇인지? (vi) 데이터의 역외이전과 디지털 통상 등 데이터에 관한 국제적 규범은 어떻게 형성되고 있는지가 가장 근본적 화두로 대두된다.

한편, 데이터에 관한 규율은 크게 세 가지 의미를 지닌다.[17] 즉 '보호'와 '진흥' 및 '규제'의 3가지 관점에서 바라볼 수 있다. 먼저 (i) '보호'는 데이터보안과 프라이버시 보호 차원에서 데이터생산자의 개인정보자기결정권을 존중해 주고 데이터에 대한 해킹, 임의 사용 등과 같은 위법사용으로부터 보호한다는 의미를 지닌다. 동시에 집적화, 구조화된 데이터 자산을 재산권으로 보호하여 제3자의 불법침해로부터 보호한다는 의미도 지닌다. 전자의 역할을 수행하는 대표적인 법으로 「개인정보보호법」과 「정보통신망 이용촉진 및 정보보호 등에 관한 법률 (약칭: '정보통신망법')」을 들 수 있으며, 후자의 역할은 부정경쟁방지법과 저작권법과 같은 지식재산권법(Intellectual Property Law: 이하 약칭 'IP법')이 일응 그 역할을 담당하고 있다.

나아가 (ii) '진흥'은 데이터를 보유, 활용, 제공, 거래할 수 있도록 법이 지원하여 관련 산업을 진흥한다는 의미를 지닌다. 데이터 인프라와 기반 조성을 위한 데이터 정책 지원법들과 데이터산업법, 공공데이터법 등 데이터 활용 법제들이 그 역할을 담당한다. 나아가 의료, 통신, 전자상거래 등 관련 개별 산업의 진흥과 기술혁신을 지원하기 위한 다양한 진흥 법제가 별도로 존재한다.

마지막으로 (iii) '규제'는 공정한 거래질서와 공익적 목적으로 자율에 의존할 때 발생하는 데이터 독점과 같은 부작용을 방지하고자 하는 차원에서 통제하고 한계를 설정하는 접근을 이른다. 「독점규제 및 공정거래에 관한 법률」(이하 독점규제법) 등 경쟁법적 규율이 대표적이다. 그 외에도 데이터보안 및 통신데이터 규제와 관련된 「통신비밀보호법」 및 「전기통신사업법」을 비롯하여 「금융실명법」, 「생명윤리법」과 「의

---

17) 규율의 의미를 보호와 지원이란 2가지 관점에서 바라보기도 한다. 이성엽(편), 데이터와 법, 36면.

료법」도 규제적 성격이 많은 법률이다.

(4) 데이터에 관한 권리와 데이터법의 특징

가. 관련 권리와 규율 법률

데이터는 그 유형이 다양하고 그 보호와 규제도 다양한 법률에 의해서 이루어지고 있다. 이에 따라 데이터에 관한 권리도 〈표 2-1〉과 같이 다양하게 분포된다. 먼저 개인정보를 포함한 데이터는 프라이버시권 내지 개인정보자기결정권이 관계되며 주로 개인정보보호법의 보호대상이 된다.[18] 수집·가공·분석된 데이터는 그 집적의 정도 및 결합과 배열구조 등 차이에 따라 기존 IP법의 보호대상인 저작물, 데이터베이스(DB), 영업비밀, 발명, SW 등과 유사한 구조와 성격을 가져 지식재산의 하나로 저작권법이나 부정경쟁방지법, 특허법 등에 의해 보호될 수 있다.[19] 다만, 개별 소재 데이터 그 자체는 사실이나 아이디어에 불과하므로 개인정보보호법의 보호 대상이 될 수 있을지라도 IP의 보호 대상이 될 수는 없다. 데이터가 저작권법상 보호받을 수 없는 경우에도, 부정경쟁방지법 또는 콘텐츠산업진흥법[20]의 보호대상으로 될 수도 있다. 또한, 데이터의 유형을 불문하고 경제적 가치를 가진 데이터로서 비밀로 관리된 데이터라면 영업비밀로 보호될 수 있다. '특정 구조를 가진 데이터'는 특허법의 보호대상이 될 수 있다. 다만 대부분의 데이터는 객관적인 자료나 사실에 해당하여 발명의 정의에 부합하기 어려울 뿐만 아니라,[21] 신규성이나 진보성 요건도 만족하기 어려운

---

18) 자세한 것은 제10장 정보주체의 권리 부분 참조.

19) 자세한 것은 제13장 지식재산권법에 의한 데이터의 보호 부분 참조.

20) 콘텐츠산업진흥법상 '콘텐츠'는 "부호·문자·도형·색채·음성·음향·이미지 및 영상 등(이들의 복합체를 포함한다)의 자료 또는 정보"로 정의되어 데이터와의 관계가 문제될 수 있다. 콘텐츠의 정의가 최광의로 규정되어 있기는 하지만, 콘텐츠는 법 제23조에 따른 콘텐츠 식별체계에 따라 분류되고 있고 콘텐츠 산업은 출판, 만화, 음악, 게임, 영화, 애니메이션, 방송, 광고, 캐릭터, 지식정보, 콘텐츠 솔루션에 한정되어 콘텐츠는 실제로는 협의의 개념이라고 할 수 있다.

21) 특허법 제2조 제1호 ('발명'이란 "자연법칙을 이용한 기술적 사상의 창작으로서 고도한 것을 말한다.")에서 자연법칙 이용성과 창작요건 모두 충족하기 어렵다.

경우가 많다.

　이와 같이 개별데이터가 저작물 또는 개인정보와 같이 배타적 권리의 목적이 되어 있는 경우에는 원칙적으로 저작권자나 정보주체의 동의를 얻어 활용하여야 한다(계약적 이용). 경우에 따라서는 법률상의 권리뿐만 아니라 계약상의 권리에 의해서도 데이터를 지배하고 그 수집과 이용을 제약할 수 있다.[22] 구글과 같은 인터넷 플랫폼은 라이선스에 기반하여 이용자들이 업로드한 콘텐츠들을 학습데이터로 사용하고 있지만,[23] 스크래핑(scraping)이나 크롤링(crawling) 등의 방법[24]으로 타인의 저작물을 복제하는 경우에는 저작권 침해의 개연성이 커진다. 인공지능이 정보주체 또는 권리자의 허락 없이 기계적으로 데이터를 수집해서 이용한 경우에 권리침해 내지 법위반 여부에 관한 법해석상 어려운 문제가 제기될 수 있다.[25] 이러한 데이터와 텍스터 마이닝으로 인한 저작권 침해 우려에 대해서는 주요국들은 저작권법을 개정하여 책임을 면책해 주는 경향을 보이고 있다.

　한편 데이터 수집에 있어 독점적 지위를 누리고 있는 플랫폼 기업들은 경쟁법적 규제를 받을 수 있다. 특히 플랫폼 중개서비스와 검색서비스 사업자는 모두 플랫폼의 특징으로 인하여 간접적 네트워크효과,[26] 다면시장의 특질, 무료서비스, 높은 진입장벽, 데이터의 집적 등의 특징이 있고, 록인효과(lock-in effect) 등이 발생하여 이른바 승

---

22) 예컨대, 데이터를 확보한 웹사이트가 크롤러(crawler), 스파이더(spider) 등의 로봇에 의한 데이터 접근 및 이용을 금지하는 약관을 두거나 그 루트 디렉토리에 'robots.txt'와 같은 로봇배제표준(robot exclusion standard)을 채택할 수 있다. 자세한 것은 제12장 채권법에 의한 데이터의 보호 부문 참조.

23) Benjamin Sobel, "Artificial Intelligence's Fair Use Crisis", 41 Colum. JL & Arts 45, 2017, p. 62.

24) 스크래핑(scraping)은 컴퓨터 프로그램이 다른 프로그램에서 생성된 결과물로부터 데이터를 추출하는 기법을 말한다. 데이터 스크래핑은 애플리케이션을 이용해 웹사이트에서 중요한 정보를 추출하는 과정을 말하는 웹 스크래핑에서 나타나는 경우가 많다. 크롤링(crawling)은 수많은 컴퓨터에 분산되어 있는 정보를 특정 키워드 등을 활용해 긁어모아 검색 대상의 색인으로 포함시키는 기술을 말한다.

25) 자세한 것은 제5장 데이터 수집·가공·결합의 법률문제 부문 참조.

26) 네트워크효과는 직접적 네트워크효과(direct effects)와 간접적 네트워크효과(indirect effects)로 분류된다. 직접적 네트워크효과란 전화의 이용자가 많을수록 이용자의 만족도가 증대한다고 하는 효과를 말한다. 간접적 네트워크효과란 게임기의 소프트웨어 등 보완재가 많을수록 이용자의 만족도가 증대하는 효과이다.

자독식의 문제가 데이터시장에도 발생한다.[27]

〈표 2-1〉 데이터와 관계되는 법적 권리들

구분	내용		
소유권 유사 권리 (Ownership-like rights)	영업비밀(Trade secrets), 부정이용 금지		
	지식재산 (Intellectual Property)	데이터베이스권(Database rights)	
		저작권(Copyright)	
		특허권(Patents)	
개인의 권리 (Individuals' rights)	소비자 권리(Consumer rights)		
	개인정보 (Privacy)	개인정보자기결정권	
		개인정보(EU 일반데이터 보호규칙: GDPR) 정보주체의 권리	
계약상의 권리	약관이나 표준	로봇 배제 표준 (robot exclusion standard)	
	라이선스, 양도 계약	계약의 구속력, 채권적 권리	
경쟁법적 권리 및 의무 (Competition rights & obligations)	지배 및 필수설비(Dominance & essential facilities)		
	인수합병(Merger & acquisitions)		
	기업 간 약정(Agreements between undertakings)		

나. 데이터법의 특징

첫째, 통일된 법전이 없다. 데이터법이라는 별도의 법전이 없어서 데이터법의 범위는 데이터의 종류, 규율 목적, 활용 분야별로 매우 광범위한 스펙트럼이 존재한다고 할 수 있다. 따라서 관점에 따라 데이터법의 범주는 상당히 확대되거나 반대로 축소해 볼 수도 있다. 이에 주민등록법, 금융실명법, 통계법 등도 데이터법의 범주에 포함시켜 볼 수 있다.

둘째, 정비된 전통적 법체계가 없다. 전통적 법체계는 공법(公法)과 사법(私法)으로 이분화되어 있었으나 사회변화에 따라 사회법 등 더욱 복잡하고 다양한 영역으로 분

---

27) 자세한 것은 제14장 경쟁법에 의한 데이터 독점 규제 부분 참조.

화되어 왔다. 데이터법도 현대사회의 복잡하고 혁신적인 변화, 특히 정보화와 디지털 전환에 발맞추어 법체계가 내적으로 분화되면서 등장한 법 영역이다. 이로 인해 공법과 민사법, 형사법이 명확하게 구별되는 전통적인 '판덱텐 법'과는 달리 데이터법에서는 데이터에 대한 규율을 중심으로 하여 공법과 사법, 민사법과 형사법, 실체법과 절차법 등이 구획되지 않고 병존한다.[28]

셋째, 전문법 영역의 법들이 많다. 데이터법은 데이터라는 소통 매체이자 새로운 생산요소와 관련을 맺는 전문영역을 규율대상으로 한다. 금융산업, IT산업, 의료산업 등 주요 산업영역별로 특화된 문제를 다루기 위한 전문법들이 산재해 있다.

넷째, 아직 형성 중인 법제이다. 데이터법제는 현재 시행 중인 법률 뿐만 아니라 입안 중인 법안[29]들이 많이 있고, 계속해서 새로운 법과 제도가 등장하고 있다. 최근 데이터가 AI학습의 주요한 소재가 되고 디지털 전환이 촉진되면서 관련 입법들이 속출하고 있다.

2. Data법의 범주와 체계

데이터법은 데이터 산업의 기반조성과 진흥, 다양한 유형의 데이터 이·활용과 데이터의 보호, 데이터에의 접근 촉진과 독점을 규제하는 일체의 법규범이라고 할 수 있다.[30] 이러한 데이터법은 〈표 2-2〉와 같이 그 주요 역할과 목적에 따른 범주별로 (i) 데이터경제 기반 구축과 거버넌스 법제 (ii) 데이터 유통과 거래 및 활용 지원에 관한 법제 (iii) 개인정보 보호관련 법률 (iv) 데이터의 보호와 지배권 관련 법률 (v) 데이

---

28) 이성엽 편, 데이터와 법, 박영사 (2021), 39면.

29) 최근 산업의 디지털 전환 및 지능화 촉진에 관한 법률안, 발의정보 : 고민정 의원 등 12인 | 제2104509 (2020. 10. 14.)이 입법완료되었고 2022. 07 현재 입안중인 법률로는 [2103284] 중소기업 스마트제조혁신 지원에 관한 법률안(송갑석 의원 등 12인); 중소기업 스마트제조혁신지원법(제조데이터, 중기부) 허은아 의원(국민의힘)이 대표발의한 '데이터의 이용촉진 및 산업진흥에 관한 법률안' 21대 국회에서 인공지능(AI)과 관련한 법률도 4건(2021.2월 현재, 각각 이상민, 양향자, 송갑석, 민형배 의원 대표 발의) 발의되었다.

30) 이성엽 편, 앞의 책, 9면.

터 규제에 관한 법률 (vi) 개별 산업 진흥과 규제 관련 법률 등으로 구분해 볼 수 있다.
다만, 이러한 분류는 상대적이며 후술하는 바와 같이 데이터법의 체계는 「지능정보화
기본법」, 「데이터산업법」 등을 묶어 '데이터 기본법'으로 재분류해 볼 수 있는 등 다양
한 기준에 의해 분류하거나 접근해 볼 수 있다.

〈표 2-2〉 데이터법의 주요 범주별 분류

구분	현행 법률
데이터경제 기반 구축과 거버넌스 법제	「지능정보화기본법」「전자정부법」「산업 디지털 전환 촉진법」「데이터기반행정 활성화에 관한 법률」
데이터의 유통과 거래 및 활용 지원에 관한 법제	「공공데이터법」「클라우드컴퓨팅법」「통계법」「데이터산업법」
개인정보 보호관련 법률	「개인정보 보호법」「신용정보법」「정보통신망법」「위치정보법」「주민등록법」「간염병예방관리법」「의료법」 등
데이터의 보호와 지배권 관련 법률	「저작권법」「특허법」「부정경쟁방지법」「민법」
데이터 규제에 관한 법률	「독점규제 및 공정거래에 관한 법률」 데이터보안 「통신비밀보호법」「금융실명법」「생명윤리법」「의료법」「전기통신사업법」「주민등록법」
개별 산업 진흥과 규제 관련 법률	「신용정보법」「의료법」「클라우드컴퓨팅법」「위치정보법」

3. Data법의 형성과 발전

(1) 초기 고유식별정보 구축 관리와 정보공개법

데이터법의 출발은 주민등록번호, 여권번호 등 고유식별정보[31]의 구축과 활용에
서부터 시작되었다고 할 수 있다. 현행 「주민등록법」[32]은 그 연혁[33]상 1962년으로 거

---

31) 고유식별정보에는 주민등록번호, 여권번호, 운전면허번호, 외국인등록번호 등이 있다. 「주민등록법」상의 주민등록자료 열람·교부가 직·간접적으로 개인정보보호와 관련이 깊다. 최근에는 공공, 민간 부문에서 주민등록번호와 같은 고유식별정보가 관행적으로 광범위하게 수집되고 있으며 개인정보 유출에 대한 위험도 계속 높아지고 있기 때문에, 개인정보보호법에서는 민감정보와 마찬가지로 고유식별정보 역시 원칙적으로 그 처리를 제한한다.

슬러 올라간다. 「여권법」의 연혁도 비슷한 시기이다. 이 시기에는 정부가 국민의 고유식별정보의 부여를 통해 행정의 효율성을 기하기 위한 목적으로 시행된 법령들이다. 이들 식별정보를 기반으로 한 국가통계의 활용이 요구되면서 과거의 유사법령을 통폐합[34]하여 1962년 제정[35]된 「통계법」도 초기의 데이터 법제로 분류될 수 있다.[36]

　　반대로 정부가 지닌 공적 정보에 대해서는 국민의 알 권리 차원과 정보활용의 산업적 필요성으로 인해 정보나 기록의 구축과 공개가 요청됨에 따라 관련법령이 등장하기 시작하였다. 「공공기관의 기록물관리에 관한 법률」, 「공공기관의 정보공개에 관한 법률(이하 '정보공개법'이라 함)」 등이 대표적으로 이에 해당한다. 동시에 실명화시대가 열리면서 실명제와 관련된 법정비도 이루어졌다. 대표적인 것이 금융실명제와 인터넷실명제[37]이다. 전자는 금융실명법[38]에 근거해, 후자는 정보통신망법[39]에 근거해 시행되었으나 후자는 논란을 겪다가 위헌결정으로 폐지[40]되었다. 헌법재판소는 과잉금지원칙에 위배하여 인터넷게시판 이용자의 표현의 자유, 개인정보자기결정권 및 인터넷게시판을 운영하는 정보통신서비스 제공자의 언론의 자유를 침해한다고 보았다.

---

32) [시행 2022. 1. 21.] [법률 제18304호, 2021. 7. 20. 42차 개정].

33) [시행 1962. 6. 20.] [법률 제1067호, 1962. 5. 10. 제정].

34) 통계법이 시행되면서 '인구조사법', 1939년 11월 칙령 제327호 자원조사법을 조선 등에 시행하는 건, 1947년 6월 21일 군정법령 제143호 농업통계보고령은 이를 폐지함.

35) [시행 1962. 1. 15.] [법률 제980호, 1962. 1. 15. 제정] 【제정이유】현대국가에 있어서 정책의 수립 및 집행 결과의 판단을 위하여 통계제도의 정비가 시급한바, 통계의 정확성과 통계제도의 효율성을 도모함에 필요한 사항 등을 정하려는 것임.

36) 통계법과 통계거버넌스에 대해서는 제3장 데이터 거너번스 후반부 참조.

37) 제한적 본인 확인제(制限的本人確認制)로 불리며 일정 규모 이상의 사이트를 운영하는 정보통신서비스 제공자가 게시판을 운영할 때에 이용자의 본인 여부를 확인하도록 하는 제도로 정보통신망법에 근거해 2007년 시행됨.

38) 「금융실명거래 및 비밀보장에 관한 법률」의 약칭으로서, 1993년 8월 12일 20시에 공포되었던 「금융실명거래 및 비밀보장에 관한 긴급재정경제명령」을 대체하는 후속 법률이다.

39) 정보통신서비스 제공자 등이 게시판을 설치·운영하려면 그 게시판 이용자의 본인 확인을 위한 방법 및 절차의 마련 등 대통령령으로 정하는 필요한 조치("본인확인조치")를 하여야 한다.(제44조 5항)

40) 싸이월드 해킹 사건 등 개인정보 유출로 인한 사건이 일어나 시민들의 헌법소원을 헌법재판소에 청구하였고 그 결과 2012년 8월 23일, 위헌 판결이 나서 사실상 폐지되었다

(2) 정보와 데이터 보호를 위한 입법의 형성과 발전

데이터법은 초기에 데이터(개인정보) 보호법으로 발전했다고 할 수 있다. 개인정보보호를 위한 법제정비도 순차적으로 이루어졌다. 초기 「공공기관의 개인정보보호에 관한 법률」[41]이 1994년 제정되어 목적외 정보사용을 통제하기 시작했다. 개인정보 중 신용정보의 보호 필요성이 가장 먼저 부각되면서 신용정보보호법[42]이 1995년도에 제정되어 개인정보 보호의 주된 역할을 하고 있었다. 한편, 현행 「정보통신망법」의 전신인 「전산망보급확장과 이용촉진에 관한 법률」[43]이 1987년에 시행되었다. 동법의 제정목적은 인터넷상의 개인정보 보호가 아니라 정보화사회의 기반조성과 인프라구축에 있었다. 동법이 정보통신망법[44]으로 개칭하며 정비된 것은 1999년이다. 이때부터 비로소 목적조항[45]에 개인정보 보호 문제가 포함되었다. 즉 1단계의 진전은 정보통신망 확충을 주된 과업으로 하던 정보통신망법을 개정해 정보통신서비스제공자에게 엄격한 개인정보 보호의무와 책임을 부여하고 위반하는 경우에 제재, 형사처벌 근거조항을 추가하며 이루어졌다. 또한 방송통신위원회는 2003년부터 "위치기반서비스 산업육성계획"을 수립, 위치정보 관련 산업의 활성화 근간 마련을 목적으로 위치

---

41) 우리나라에 개인정보자기결정권의 제반 요소를 구체화하여 조문화된 법제가 처음으로 도입된 것은 1994년에 제정되고 1995년부터 시행되기 시작한 「공공기관의 개인정보보호에 관한 법률」이다. 2011년 개인정보보호법이 제정되면서 폐지되었다.

42) 동법은 1977년에 제정된 신용조사사업법과 그 전신인 1961년의 '흥신업단속법'을 계승한 것이다.

43) [시행 1987. 1. 1.] [법률 제3848호, 1986. 5. 12. 제정]【제정이유】① 전기통신과 전자계산조직의 균형적인 발전 및 효율적인 이용을 촉진하여 정보화사회의 기반조성과 고도화에 필요한 사항을 규정함으로써 국가경쟁력우위확보는 물론 다가온 정보화사회의 물결을 능동적으로 수용함으로써 국가선진화의 목표를 달성하고 국민생활의 향상과 공공복리의 증진에 기여하려는 것임. ② 체신부장관은 기본적이고 종합적인 시책을 강구하도록 전산망개발보급과 이용 등에 관한 기본계획을 수립하도록 함.

44) [시행 1999. 7. 1.] [법률 제5835호, 1999. 2. 8. 전부개정].

45) 제1조 (목적) 이 법은 정보통신망의 이용을 촉진하고 안정적인 관리·운영을 도모하며, 정보통신서비스를 이용하는 자의 개인정보를 보호하여 정보사회의 기반을 조성함으로써 국민생활의 향상과 공공복리의 증진에 이바지힘을 목적으로 한다.
동법의 개정이유를 보면, 정보통신망을 통하여 수집·처리·보관·유통되는 개인정보의 오·남용에 대비하여 개인정보에 대한 보호규정을 신설하고, 수신자의 의사에 반하여 광고성 정보를 전송하는 행위를 금지하며, 현행 제도의 운영상 나타난 일부 미비점을 개선·보완하려는 것임.

정보를 대상으로 한 법률 제정을 추진하여 2005년 「위치정보의 보호 및 이용 등에 관한 법률」[46)](이하 '위치정보법'이라 한다)이 제정·공포되기에 이르렀다.

2단계로 2011년 「공공기관의 개인정보보호에 관한 법률」을 폐지하고 개인정보를 보다 통합적 차원에서 규율하는 「개인정보보호법」을 제정하였다. 이로써 공공과 민간의 규율을 통합하고 오프라인의 개인정보처리자에게도 개인정보 보호의무와 책임을 부과하였다.

3단계로 데이터 3법(개인정보보호법, 정보통신망법, 신용정보법)의 중복 유사 조항을 통합, 정리하면서 가명정보 등 산업적 연구를 위한 활용기회를 제공하고, 개인정보보호법을 개인정보에 관한 기본법으로 만드는 입법을 단행하고 독립된 규제기관으로 개인정보보호위원회를 설치하였다.[47)] 통신에 있어서의 개인정보보호는 데이터3법 개정을 통하여 개인정보보호법으로 많이 수렴되었으나 클라우드컴퓨팅에 있어서만은 별도의 입법인 「클라우드컴퓨팅 발전 및 이용자 보호에 관한 법률」에 의하여 보호하고 있다. 정보통신망법도 수차례 개정을 거쳐 방송통신위원회[48)]와 과학기술정보통신부[49)]가 공동 관장하는 법령으로 자리잡고 있다.

(3) 전자정부화가 진행된 '정보화시대'

데이터법의 발전은 정보의 디지털화에 기인한다. 정보화시대가 열리면서 국가의 정보화 인프라 구축을 위한 기본계획의 수립 등 본격적으로 전자정부화를 추진하면서 현행 「지능정보화기본법」의 토대가 되는 「정보화촉진기본법」이 1995년 제정되었다. 몇 년 후 「전자정부법」의 토대가 되는 「전자정부구현을 위한 행정업무 등의 전자화촉진에 관한 법률」이 2001년 제정[50)]되었다. 동법은 2007년 「전자정부법」으로 개칭

---

46) 위치정보법과 위치정보산업에 대해서는 제19장 데이터와 통신산업 부분 참조.

47) 개인정보보호법제의 발전과정에 대해서는 제9장 개인정보보호법제의 과거 현재 미래 부분 참조.

48) 방송통신위원회(인터넷이용자정책 총괄 + 스팸 + 인터넷윤리팀; 불법정보 및 청소년보호 관련 + 본인확인제 관련업무).

49) 과학기술정보통신부(통신정책기획과; 통신과금관련 업무) + (사이버침해대응과: 해킹 등 침해대응 관련 업무).

50) [시행 2001. 7. 1.] [법률 제6439호, 2001. 3. 28. 제정] 제1조 (목적) 이 법은 행정업무의 전자적 처리

하면서 한국전산원의 설립에 관한 사항 등을 「정보화촉진기본법」[51]으로 이관하는 등 정보화촉진기본법과의 관계를 재정비하였다. 한편, 전자의 정보화촉진기본법은 폐지되고 「국가정보화기본법」으로 승계되었으며, 최근 「국가정보화기본법」은 지능정보화사회로의 변천에 부응하기 위하여 「지능정보화기본법」으로 다시 태어났다. 이러한 추세는 2020년 「데이터기반 행정법」[52]의 제정으로 이어지고 있다.

한편 사이버보안의 중요성도 부각되면서 형성된 현행 데이터 보안 법체계[53]는 i) 공공부문, ii) 민간부문, iii) 공공·민간부문을 포괄하는 정보통신 인프라 보호에 관한 규정으로 나누어 볼 수 있다. 공공부문에 대한 법제는 2005년에 제정된 「국가사이버안전관리규정」(대통령훈령 제316호)과 2021년부터 시행중인 「사이버안보업무규정」(대통령령 제31356호), 민간부문은 「정보통신망법」, 그리고 공공·민간 공통부문의 주요 기반시설에 관한 규정인 「정보통신기반보호법」이 있다.

(4) 데이터법의 분화

데이터법이 어떻게 발전 및 분화되고 있는지는 데이터 이용법이 논의의 초점이 된다. 뿐만 아니라 법체계 자체가 내적 분화를 겪는 것처럼 데이터법 역시 내적 분화의 과정을 통해 다양한 발전을 하고 있는데 때로는 서로 충돌하고 조정, 융화하면서 데이터법 체계를 형성해 나가고 있다. 특히 데이터법이 '데이터 보호법'과 '데이터 이용법'으로 형성 및 분화되기 시작하면서 데이터법이 다원적 구조로 발전하기 시작하

를 위한 기본원칙·절차 및 추진방법 등을 규정함으로써 전자정부의 구현을 위한 사업을 촉진시키고, 행정기관의 생산성·투명성 및 민주성을 높여 지식정보화시대의 국민의 삶의 질을 향상시키는 것을 목적으로 한다.

51) [시행 1996. 1. 1.] [법률 제4969호, 1995. 8. 4. 제정] 제1조 (목적) 이 법은 정보화를 촉진하고 정보통신산업의 기반을 조성하며 정보통신기반의 고도화를 실현함으로써 국민생활의 질을 향상하고 국민경제의 발전에 이바지함을 목적으로 한다.

52) [시행 2020. 12. 10.] [법률 제17370호, 2020. 6. 9. 제정] ; 제1조(목적) 이 법은 데이터를 기반으로 한 행정의 활성화에 필요한 사항을 정함으로써 객관적이고 과학적인 행정을 통하여 공공기관의 책임성, 대응성 및 신뢰성을 높이고 국민의 삶의 질을 향상시키는 것을 목적으로 한다.

53) 자세한 사항은 제6장 데이터와 보안 부분 참조.

였다. '데이터 이용법'의 등장 배경은 대체로 i) 플랫폼 사업의 등장, ii) 빅데이터의 분석과 활용, iii) 데이터 시장의 성장[54]과 맥을 같이 한다. 최근 디지털전환시대를 맞이하여 데이터가 디지털화되면서 수집과 분석이 용이해진 환경과 AI 발전에 수반한 데이터 수요의 증가[55]로 인해 더욱 촉발되고 있다. 데이터 이·활용법은 공공데이터부터 먼저 시작하여 민간 데이터에로 확산되고 있다. 2013년 10월 31일 「공공데이터법」[56]이 시행되면서 공공기관은 다른 법률에 특별한 규정이 있는 경우를 제외하고 공공데이터를 영리적 이용이 가능하도록 국민에게 제공을 의무화하였다. 공공데이터의 활용촉진법은 후술하듯이 일반법에서 특별법으로 다시 분화되면서 다수의 특별법이 제정되었거나 입안 중에 있다. 민간데이터도 2021년 마찬가지로 '데이터산업법'[57]의 제정을 통하여 본격적인 데이터 활용정책을 적극 추진할 수 있게 되었다.

(5) 데이터 규제법의 등장

상대적으로 가장 늦게 부각된 법이 데이터 경쟁법이다. 독점규제법 등 데이터 경쟁법의 목적은 데이터의 독과점을 방지하고, 특정 기업이 데이터와 관련하여 부당하게 유리한 지위를 차지하지 않도록 경계함으로써, 데이터의 이동과 활용을 활발히 일으키고 소비자의 후생을 증대시키는 것이다. 이를 위해 첫째로, 데이터의 특성을 고려하여 데이터의 이동 가능성을 보장하여야 한다. 둘째로, 경쟁법상 시장지배력의 유무와 남용 기준 역시 데이터의 특성을 고려하여 변경할 필요가 있다. 셋째로, 감독 기능에 대한 고려도 필요하며, 마지막으로 인격권 측면에서의 개인정보 보호도 도외시되어서는 안 된다.[58]

한편 데이터는 국경을 넘어 다국적 디지털 기업과 국내 기업 간의 역차별, 다국적 기업들의 경쟁법 위반 가능성, 개인정보 침해, 사이버안보 및 국가안보 이슈 등 다양

---

54) 자세한 사항은 이성엽 편, 앞의 책, 양천수 집필부분, 47~50면 참조.
55) 자세한 사항은 제8장 인공지능과 데이터 부분 참조.
56) 자세한 사항은 제17장 공공데이터의 전략적 활용과 법 부분 참조.
57) 자세한 사항은 제16장 데이터산업법 부분 참조.
58) 자세한 것은 제14장 경쟁법에 의한 데이터 독점규제 부분 참조.

한 부작용들이 양산되고 있다. 이러한 부작용을 최소화하고자 각국은 새로운 규제조치를 내놓고 있다. 그러나 이러한 충돌을 조화롭게 규율할 수 있는 국제규범이 아직은 부재하다. 대신 FTA 차원에서 디지털 교역 규범이 적극적으로 수립되어 왔다.[59]

(6) 데이터법의 과제

아직 형성 중에 있는 데이터 법제는 내적 갈등이 상존하고 통합적 법체계를 이루어 내기 위한 여러 가지 과제를 안고 있다.

첫째는 데이터 거버넌스 체제의 재정립이 필요하다. 데이터청 설립문제를 비롯하여 복잡하게 얽혀 있는 데이터 규율 관련 정부 조직의 재정비, 특히 산재되어 있는 위원회들의 통폐합과 역할 재분배가 요청된다. 아울러 플랫폼별로 별도 규제[60]를 해 오던 미디어콘텐츠에 관한 정책 컨트롤타워를 재조율할 필요가 있다.

둘째, 데이터 이·활용에 대한 법적 토대를 견고히 마련하는 것이다. 공공데이터는 공공데이터법, 민간데이터는 데이터산업법이 각각 기본법 역할을 수행하고 있다. 이로부터 파생되는 다양한 특별법들이 체계적으로 정립되어야 한다. 2020년 1월 개인정보보호법 개정으로 정보주체의 동의 없이 가명처리된 정보를 이용할 수 있는 방법을 마련하였지만 여전히 가명정보 규정에 대한 명확한 규정과 해석이 필요하다. 저작권법 면책규정 개정을 통해 빅데이터 처리를 원활하게 할 수 있도록 뒷받침할 필요도 있다.

셋째는 데이터에 관한 권리의 성격을 규명하고 그 귀속관계를 확정하는 것이다. 개인데이터와 산업데이터는 각각 누구 소유인지에 관한 데이터 오너십과 그 권리의 재산권적 성격에로의 변화도 주목 대상이다. 정보주체인 개인이 적극적으로 '자신의 데이터'를 관리통제할 수 있도록 하는 '마이데이터'를 전산업 영역에로 확대 정착하는 것도 과제이다. 이는 개인정보 시스템에서 수동적 보호대상에 머물던 개인정보 주체

---

59) 자세한 것은 제15장 데이디와 국제통상 부분 참조.
60) 과학기술정보통신부의 유료방송, 방송통신위원회의 지상파방송, 종편방송, 문화체육관광부의 콘텐츠, 공정거래위원회의 경쟁규제로 나뉘어 산업진흥과 행위, 공정경쟁 규제가 복잡하게 얽혀 있다.

의 지위를 능동적 보호 활동의 주체로 위상 재정립을 하는 과정이기도 하다.

넷째는 데이터 정책은 수집, 가공 및 분석에 대한 인센티브와 광범위한 데이터 사용으로 인한 이점 간의 균형을 적절하게 유지해야 한다. 데이터 접근 및 이동과, 재사용 및 공유도 제도화해 나가야 한다. 인공지능 시대 데이터의 산업적 활용의 필요성이 증대하고 있다. 데이터의 비경쟁적, 비경합적 본질과 데이터 결합의 효용성에 비추어 데이터에의 접근은 널리 허용하되 불법이용은 통제하는 접근성 강화정책이 요구된다. 텍스트 및 데이터 마이닝의 자유허용은 물론 데이터에의 강제 액세스와 강제 공유, 데이터에 대한 정부 액세스 및 공익 목적 사용의 한계설정 등 연관 과제도 산적해 있다.

다섯째, 데이터 통상과 역외이전 등에 관한 국제적 규범 형성이 원만히 이루어져야 한다. 디지털전환에 앞서 있는 데이터 강국과 후진국 간 국제 정치적 갈등이 해소되고 미국과 중국 간 데이터 주권에 대한 시각이 조율되어야 한다.

II. 데이터에 대한 법적 규율체계

1. 데이터 법제 체계의 개요

상술한 범주별 기초 분류 외에도 아직 형성 중인 데이터 법제는 데이터의 유형을 기준으로 하거나 그 법적 보호 수단 등 전통적 법학 분류의 체계 및 법제의 주요 목적과 성격을 중심으로 다양하게 분류하여 그 체계를 세워 볼 수 있다. 이러한 데이터법의 체계에 대한 상세한 고찰은 항을 달리하여 정리해 본다(〈표 2-3〉).

2. Data 거버넌스와 데이터 정책

(1) 국가 데이터 거버넌스

데이터 거버넌스는 기업차원에서도 중요하게 사용되는 개념이지만[61] 국가 데이

〈표 2-3〉 데이터법의 분류와 체계[62]

기준	데이터 영역	근거 법률
민간데이터와 공공데이터	민간(산업)데이터	데이터산업법
	공공데이터	공공데이터법; 데이터기반행정법; 통계법, 공공기관정보공개법, 국가공간정보 기본법
공법과 사법	데이터 공법	지능정보화기본법; 전자정부법; 공공데이터법; 개인정보보호법
	데이터 사법	저작권법, 부정경쟁방지법 민법, 특허법
기본법(일반법)과 특별법	기본법	지능정보화기본법; 데이터산업법, 공공데이터법, 개인정보보호법
	특별법	대부분의 관련법
국내규율과 국제규율	국내 보호, 활용, 규제	대부분의 관련법
	디지털통상 데이터보안	국제조약은 없음(가이드라인 존재)
데이터보호법과 데이터활용법	데이터 보호	개인정보보호법; 신용정보법; 위치정보법, 지식재산권법
	데이터 활용	데이터산업법; 공공데이터법
개인데이터와 집적데이터	개인정보(개인데이터) 위치정보 금융데이터	개인정보보호법/정보통신망법 위치정보법 신용정보보호법
	집적(빅)데이터	저작권법; 부정경쟁방지법
데이터의 이·활용법	산업적 활용	데이터산업법
	통계적 이용	통계법
조정 거버넌스	충돌, 조정	정보통신융합법
		4차산업혁명위 설치규정

---

61) DG(데이터 거버넌스)는 데이터 사용을 제어하는 내부 데이터 표준 및 정책을 기반으로 기업시스템의 데이터의 가용성, 유용성, 무결성 및 보안을 관리하는 프로세스이다(가트너 정의).

62) 데이터와 법 (박영사 2021), 이성엽 집필 부문, 데이터법의 의의와 체계, 15면 도표를 참고로 수정 보완하여 완성함.

터 거버넌스(Data Governance)는 국가 전체의 데이터 관리체계와 정부 내에서의 데이터 관리·활용 체계로 구분할 수 있다. 먼저 광의의 국가 데이터 거버넌스는 데이터 경제와 관련한 국가 전반의 데이터 생태계 관리체계를 의미하며 데이터의 생애주기 전반에 대한 정책과 개별 법령에 규정되어 있는 데이터 관련 체계를 포함한다. 협의의 국가 데이터 거버넌스는 정부 내에서의 데이터 관련 조직 체계 및 전략을 주로 의미한다.

(2) 현행 거버넌스 체제의 개요

〈표 2-4〉와 같이 현행 개인정보나 공공 및 민간 데이터 관련 규율은 여러 법제에 흩어져 있고 관리기관도 중복되거나 온라인과 오프라인기준으로 구분되어 있는 등 복잡한 체계로 되어 있다. 이렇게 분절된 운영은 여러 가지 행정의 비효율을 초래할 우려가 있으므로 데이터 거버넌스 추진체계의 정비 및 체계적 통일화와 창구단일화가 요구되었다. 최근 개정된 데이터 3법은 개인정보보호위원회를 국무총리 소속 중앙행정기관으로 격상하고 현행법상 행정안전부 기능을 개인정보보호위로 이관하여 거버넌스를 일원화하는 시도를 보여 주었다. 이에 따라 그 대척점에 서서 데이터의

〈표 2-4〉 데이터 영역별 국내 담당 기구·조직과 근거법률

데이터 영역	담당 기구와 조직	근거 법률
전 영역	국가정보화전략위원회	지능정보화기본법
민간(산업)데이터	과학기술정보통신부(정책실) 데이터정책위원회	데이터산업법
공공데이터	행정안전부(디지털정부국)	공공데이터법, 데이터기반행정법
	공공데이터전략위원회	
개인정보(개인데이터)	개인정보보호위원회	개인정보보호법
금융데이터	금융위원회(금융데이터정책과)	신용정보법
위치정보(위치데이터)	방송통신위원회/위치정보심의위원회	위치정보법
(공공데이터) 데이터 통계	통계청	통계법
충돌,조정	정보통신전략위원회	정보통신융합법
	4차산업혁명위원회	4차산업혁명위 설치규정

유통과 거래 활성화를 통한 데이터기반 산업 육성차원에서 견제와 균형을 이루어 나
갈 기구(개인정보보호위원회의 파워에 대응)와 법령의 제정이 요청되었다. 그 결과 제정
된 법이 2021년 발효된 데이터산업법이며 '국가데이터정책위원회'를 설치하여 운영
하고 있다. 요컨대 현재로서는 개인정보보호라는 한 축과(강화된 개인정보보호위원회),
데이터이용 활성화 기구(과기정통부, 데이터정책위원회)를 2원적으로 운영하면서 양자
가 충돌하거나 조정이 필요한 사항은 제3의 상부 위원회(대통령 주재 4차산업혁명위원
회)에서 조정하는 방식으로 운영되고 있다. 공공데이터는 후술하는 바와 같이 공공데
이터법(행정안전부)을 기본법으로 하여 다른 부처에서 다양한 특별법이 보충적으로 운
영되고 있다.

3. Data 유형별 규율 체제의 차이

(1) 공공데이터와 민간데이터

공공데이터는 행정안전부가 주무부처인 '공공데이터법'을 기본법으로 하여 규율
되고 있다. 타 부처들은 부처의 관장업무와 관련된 특정 분야 공공데이터의 활용 촉
진을 도모하기 위하여 〈그림 2-1〉과 같이 별도의 법률을 제정하여 운용 중이거나[63]
입안 중[64]에 있다.

민간데이터를 규율하는 기본법이 존재하지 않다가 「데이터산업법」이 2021년 제
정되면서 민간데이터의 기본법 역할을 수행하고 있다. 특별법으로 '산업데이터'에 관
한 법령[65]이 2022년 1월에 제정되었고 '제조데이터'에 관한 활용 촉진법안[66]이 별도로
상정되기도 하였다.

---

63) 물품목록정보 관리 및 이용에 관한 법률(약칭:물품목록법; 조달청); 지능형 해상교통정보서비스 제
공 및 이용 활성화에 관한 법률(약칭: 지능형해상교통정보법; 해수부); 국가지식정보 연계 및 활용촉진
에 관한 법률(약칭 국가지식정보법; 과기정통부); 공간정보의 구축 및 관리 등에 관한 법률(약칭: 공간정
보관리법: 국토교통부).
64) 의안번호 13079호 (2021. 11월 발의) 산업재산 정보 활용 및 이용 촉진에 관한 법률안(특허청).
65) 앞의 각주 29의 산업디지털전환촉진법(산업데이터, 산자부).
66) 앞의 각주 29의 중소기업 스마트제조혁신지원법(제조데이터, 중기부).

〈그림 2-1〉 민간데이터 v. 공공데이터 활용 촉진법

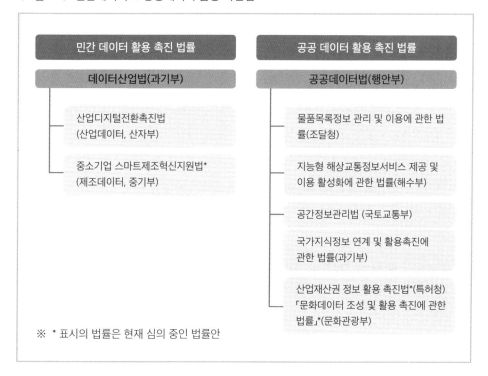

(2) 민감 데이터와 산업데이터

가. 민감정보와 데이터

개인정보에는 이름, 주소, 전화번호 등과 같은 개인에 대한 객관적인 신상정보도 포함이 되지만, 개인의 정치관, 사상 또는 종교관 등 신상정보와 구별되는 개념의 개인정보도 있다. 자칫 이와 같은 정보들은 개인정보에 해당하지 않는 것으로 인식되기 쉬우며, 그만큼 정보주체의 프라이버시 침해 가능성도 높다고 볼 수 있다. 이에따라 개인정보보호법 제23조[67]에서는 이러한 정보들도 '민감정보'[68](Sensitive info.)로 규정

---

[67] 제23조(민감정보의 처리 제한) 개인정보처리자는 사상·신념, 노동조합·정당의 가입·탈퇴, 정치적 견해, 건강, 성생활 등에 관한 정보, 그 밖에 정보주체의 사생활을 현저히 침해할 우려가 있는 개인

하여 일반 개인정보와 구분하여 그 처리를 보다 엄격하게 규정하고 있는데, 민감정보는 원칙적으로 그 처리가 금지되며, 극히 예외적으로만 처리[69]가 가능하다.

나. 산업데이터

개인정보가 포함된 데이터의 경우 정보주체의 권리처리 문제로 산업적 활용에 한계가 있지만 IoT데이터 등 산업데이터의 경우는 이러한 제약이 없어 산업활용이 용이하여 규율을 달리할 필요가 있다. 이러한 필요에서 최근 제정된 법이 「산업 디지털 전환 촉진법」(이하 '산업디지털전환법'이라고 한다)이다. 이 법은 최근 인공지능, 빅데이터와 같은 기술이 산업 전반에 응용되는 디지털 전환 추세가 확산됨에 따라 벨류체인을 혁신하고 산업의 고부가가치화를 위한 종합적 정책을 추진하고자 2022년 1월 제정되어 동년 7월부터 시행되고 있다. 동법은 산업데이터 생성·활용의 활성화 및 지능정보기술의 산업 적용을 통해 산업의 디지털 전환을 촉진함으로써 경쟁력을 확보하고 국민 삶의 질을 향상하고 국가 경제발전에 이바지함을 목적으로 하고 있다(동법 제1조).[70]

(3) 집적도와 구조화 정도에 따른 차이

수집·가공·분석된 데이터는 그 집적의 정도 및 결합과 배열구조 등 차이에 따라 기존 IP법에 의한 보호의 접근방법에 차이가 생길 수 있다. 수집과 분석 과정을 거쳐

정보로서 대통령령으로 정하는 정보(이하 "민감정보"라 한다)를 처리하여서는 아니 된다. 다만, 다음 각 호의 어느 하나에 해당하는 경우에는 그러하지 아니하다. (이하 생략)

[68] 민감정보란 ① 사상·신념, ② 노동조합·정당의 가입·탈퇴, ③ 정치적 견해, ④ 건강, 성생활 등에 관한 정보, ⑤ 그 밖에 정보주체의 사생활을 현저히 침해할 우려가 있는 개인정보로서 대통령령이 정하는 정보를 의미. 동법 시행령 제18조는 유전정보, 범죄경력에 관한 정보도 민감정보에 해당한다고 규정하고 있다.

[69] 제23조 단서 : ① 정보주체의 별도 동의가 있는 경우: 다른 개인정보의 처리와 분리하여 민감정보 처리에 대해 정보주체가 이를 명확히 인지하고 명시적으로 자신의 동의 의사를 밝힌 경우 ② 다른 법률에서 명시적으로 민감정보 처리를 요구하거나 허용하는 경우: 다른 법령에서 민감정보의 처리를 구체적으로 언급하고 있거나 해석상 요구되는 경우 포함.

[70] 산업 디지털 전환 촉진법 [시행 2022. 7. 5.] [법률 제18692호, 2022. 1. 4. 제정].

집적된 정형화된 데이터세트나 빅데이터는 특단의 사정이 없는 한 저작권법상 데이터베이스(DB)에 해당하여 '데이터베이스 제작자의 권리'[71]에 의해 보호될 수 있을 것으로 보인다. 동시에 편집물로서 그 소재의 선택·배열 또는 구성에 창작성이 있으면 편집저작물[72]에 해당하여 저작권을 향유할 수도 있다. '특정 구조를 가진 데이터'는 특허법의 보호대상이 될 수 있다. 인공지능의 학습과 데이터가 연계되면서 데이터셋의 지적재산권 보호 논의[73]가 본격화되기 시작하였다. 한정데이터는 영업비밀과 유사하게 부정경쟁방지법에 의한 보호가 가능하다.

4. 데이터 규율의 일반법과 특별법

법률적용이 상충할 때의 우선순위는 통상 '특별법 우선의 원칙'과 '신법우선의 원칙'이 적용된다. 다만 일반법과 특별법의 관계는 획일적, 절대적으로 정해지기보다는 상대적으로 결정되는 개념이라 할 수 있다.

(1) 개인정보보호에 관한 일반법과 특별법

개인정보 보호에 관한 가장 보편적인 일반법은 「개인정보보호법」이다. 개인정보보호법은 첫째로 동의에 기반한 정보의 수집이란 원칙하에 정보주체의 권리를 규정하고 있다. 둘째로 수집 목적 범위 내에서의 정보 이용이라는 원칙하에 데이터처리자의 권리의무를 규율하고 있다. 2011년 개인정보법이 제정되기 전까지는 개인정보에 대한 법적 규율이 미비하고 여러 법에 산재해 있어 '신용정보법'이 개인정보에 대한 일차적 규율 법으로서 기능하기도 하였다. 그러나 이제 개인정보보호법이 제정된

---

71) 저작권법 제2조 20호(정의) 및 제4장 데이터베이스제작자의 보호(제91조 이하); 임원선, 『실무자를 위한 저작권법(제6판)』, 한국저작권위원회, 2021, 307-312면.

72) 저작권법 제2조 제18호(편집저작물) 정의조항.

73) 저작권법에 의한 보호를 다룬 것으로는 이규호, "인공지능 학습용 데이터세트에 대한 저작권법과 부정경쟁방지법상 보호와 그 한계", 「인권과 정의」 Vol. 494, 대한변호사협회, 2020. 12 ; 차상육, "인공지능 개발에 필요한 데이터셋의 지적재산법상 보호―저작권법을 중심으로", 「인권과 정의」 제494호, 2020 등.

후에는 개인정보보호법이 개인정보에 대한 기본법으로서 적용되고, 신용정보법은 상거래 관련 신용정보라는 특별한 개인정보에 적용되는 특별법이 되었다. 마찬가지로 「위치정보의 보호 및 이용 등에 관한 법률」(이하 '위치정보법'이라 한다)도 개인정보보호법보다 먼저 제정·공포되어 위치정보[74]의 역기능적 측면인 사생활 침해의 가능성은 최소화하되 위치정보를 매개로 하는 신성장 산업을 촉진·육성할 수 있는 법제도로 운영되면서 개인정보보호법의 특별법적 기능을 담당하고 있다.

의료정보도 개인정보 중 민감정보에 해당하며 개인정보 보호에 관하여 다른 법률에 특별한 규정이 있는 경우 「개인정보보호법」적용이 배제된다.(동법 제6조), 의료정보의 경우 「보건의료기본법」, 「의료법」, 「응급의료에 관한 법률」, 「국민건강보험법」, 「의료급여법」, 「감염병 예방 및 관리에 관한 법률」 등을 통해 보호되는 별도의 규정이 있기 때문에 이들 규정은 「개인정보보호법」의 특별법으로 우선하여 적용된다.[75] 따라서 현행법상 개인의 보건의료데이터는 이에 대한 개별법이 마련되어 있지 않으므로 「보건의료기본법」이나 「의료법」 등의 관련 규정을 통하여 의료정보를 보호하는 방식을 취하고 있다.

(2) 공공데이터의 제공과 활용에 관한 일반법과 특별법

가. 일반법 : 공공데이터법

공공데이터는 행정안전부가 주무 부처인 '공공데이터법'을 기본법으로 하여 규율되고 있으며 공공데이터법이 일반법 역할을 담당한다.

---

74) "위치정보"라 함은 이동성이 있는 물건 또는 개인이 특정한 시간에 존재하거나 존재하였던 장소에 관한 정보로서 전기통신기본법 제2조 제2호 및 제3호의 규정에 따른 전기통신설비 및 전기통신회선설비를 이용하여 수집된 것을 말한다(동법 제2조 1호).

75) 이한주, "개인정보보호법상 의료정보 적용의 문제점과 해결방안―개인의료정보보호법 제정방향을 중심으로", 「헌법연구」 제3권 제2호, 헌법이론실무학회, 2016, 106면.

나. 공공데이터 관련 특별법

앞서 공공데이터와 민간데이터의 구분에서 설명한 바와 같이 「공공데이터법」의 특별법적 성격으로 운용되고 있는 여러 법제가 있다.[76] 그중 「물품목록법」에서 말하는 "물품목록정보"란 물품의 생산·수급·관리 및 운용의 모든 분야에서 물품에 관한 정보를 효과적으로 얻고 이용할 수 있도록 물품정보에 관한 자료를 목록화하고 전산화함으로써 그 결과 얻어지는 물품에 관한 종합적·체계적인 정보를 말한다. 해양수산부가 관장하는 「지능형해상교통정보법」이 규율하는 "지능형 해상교통정보서비스"란 해상교통의 관리를 과학화·고도화하기 위하여 해양수산부장관이 정보통신기술을 기반으로 해상무선통신망을 이용하여 선박에 해상교통정보를 제공하는 것을 말한다. 「공간정보관리법」은 측량의 기준 및 절차와 지적공부(地籍公簿)·부동산종합공부(不動産綜合公簿)의 작성 및 관리 등에 관한 사항을 규정함으로써 국토의 효율적 관리 및 국민의 소유권 보호에 기여함을 목적으로 제정된 국토교통부 소관 법이다. 국가지식정보법은 가장 최근에 제정[77]된 법으로 국민이 자유롭고 편리하게 국가지식정보[78]를 이용할 수 있도록 국가지식정보의 연계 및 활용을 촉진하는 데에 필요한 사항을 정함으로써 국민의 지식재산 창출 및 활용 역량을 제고하고 국가경쟁력의 강화에 이바지하기 위한 목적으로 제정된 법이다.

5. Data에 대한 국내법적 규율과 국제법적 규율

(1) 국내법과 국제법

국내법의 역외적용이 문제되기도 하지만 한 국가의 법령은 국내법으로 영토 내

---

76) 「산업재산권 정보 활용촉진법」(특허청)과 「문화데이터 조성 및 활용 촉진에 관한 법률」(문화관광부)은 입안 중에 있다.

77) [시행 2021. 12. 9.] [법률 제18197호, 2021. 6. 8. 제정].

78) "국가지식정보"란 국가기관, 지방자치단체 및 「지능정보화 기본법」 제2조 제16호에 따른 공공기관(이하 "국가기관 등"이라 한다)이 생산·보유·관리하고 있는 과학기술, 교육학술, 문화예술, 사회경제, 행정 등에 관한 정보 중 지식의 활용 및 교육을 목적으로 국가적 이용가치가 있는 디지털화된 정보나 디지털화의 필요성이 인정되는 정보로서 제9조에 따라 국가지식정보위원회의 지정을 받은 정보

에서 자국 국민에 대해서만 효력이 미친다. 외국인에 대한 적용은 국제조약에 의한다. 조약(條約)이라 함은 널리 국가와 국가 사이 또는 국가와 국제기구 사이의 법적 효력이 있는 합의를 말하는데 조약·협정·협약·기타 명칭 여하를 불문한다. 조약과 국내법 사이의 효력관계에 관하여 우리 헌법 제6조 제1항은 국제주의의 정신에 입각하여 "헌법에 의하여 체결·공포된 조약과 일반적으로 승인된 국제법규는 국내법과 같은 효력을 가진다"고 규정하고 있다. 이 규정의 해석을 두고 국내법우위설, 국제법우위설, 국제법·국내법이분설 등으로 견해가 나뉘어져 있고 국가에 따라 그 취급도 상이하다. 그러나 조약의 효력은 헌법보다는 하위이고 법률과 동등한 지위로 보아 상호 충돌이 있는 경우 신법우선의 원칙, 특별법우선의 원칙에 의하여 적용법규를 정함이 통설로 되어 있다. 이와 같이 조약은 데이터법의 중요한 법원(法源)의 하나임과 동시에 데이터법제의 개정에 중대한 영향을 미칠 수 있다.

(2) 데이터에 대한 국제법적 규율 현황

디지털 무역의 범위가 확대되면서 데이터 거래의 국제규칙[79] 마련도 필요하며, 국경을 넘는 데이터 역외이전,[80] 데이터 주권, 클라우드 컴퓨팅이 야기하는 문제 등 국제적 합의를 요하는 사항이 상당하다. 그동안 데이터의 국제적 보호와 이용에 관해서는 간간이 UN[81]과 OECD의 프라이버시 가이드라인,[82] 오픈 거번먼트 데이터 헌

를 말한다(동법 제2조 제1호).

79) 2019년 세계무역기구(WTO)가 데이터 이용 비즈니스에 관한 국제 규정 제정을 추진한다. 규정에는 국가가 개인이나 기업의 정보를 검열하는 등 지나친 개입으로 경쟁환경이 왜곡되는 걸 막기 위해 국가에 의한 데이터 공개요구를 금지하는 내용이 담길 것으로 보인다. 데이터 관리를 강화하고 있는 중국 등을 염두에 둔 조치다.

80) 국제적으로 자유이동 입장을 취하는 미국과 EU의 GDPR은 개인정보 철저보호 조건부이고, 중국은 네트워크안전법에서 안보를 이유로 국외이동을 제한하는 등 다양한 입장을 견지하고 있다; 김일환, "개인정보 국외이전에 대한 국제적 기준과 내용에 관한 고찰", 미국헌법연구, 24(1) (2013), 125-154면 참조.

81) UN은 1990년 12월 4일 총회의 결의로 전산처리된 개인정보 파일의 규제를 위한 가이드라인(Guideline for the Regulation of Computerized Personal Data Files)을 채택·공포하였다.

82) OECD 가이드라인은 국내적용 기본원칙(Basic Principles of National Application)과 국제적용 기본원칙

장(Open Government Data Charter)[83]을 통해 강제력 없는 가이드라인이 마련되거나, FTA 등[84]을 통해 일정 국가들의 합의가 도출되고 있지만 아직 규범성 있는 국제조약으로까지 발전하지 못하고 있다.

한편, 데이터 시장의 개방과 관련해 다국적 디지털 기업들의 경쟁법 위반 가능성, 개인정보 침해, 사이버안보 및 국가안보 이슈 등 다양한 부작용들이 양산되고 있으나 이러한 충돌을 조화롭게 규율할 수 있는 국제규범 역시 부재하다. 그 대신 FTA등 지역무역협정에서 디지털 교역 관련 규범을 부분적으로 형성해 가고 있다.

6. Data 공법과 Data 사법

(1) 공법과 사법의 일반적 구분

로마법 이래로 이어져 온 가장 대표적인 법의 구별인 공법과 사법은 국가와 사회라는 전체 사회의 분화에 대응하여 법이 내적으로 분화된 결과라 말할 수 있다. 이로써 공법과 사법은 상이한 기능을 수행하고 있다. 사법은 사적자치의 원칙에서 출발하여 사인 상호 간의 법률관계를 규율하며 이익충돌이 생길 경우에 이를 조정하고 해결하는 것을 목적으로 한다. 반면 공법은 공익과 사익을 조정하고 주된 공권력 주체인 국가를 대상으로 하여 그의 권한을 획정하고 제한하는 기능을 수행한다. 또한 공법관

(Basic Principles of International Application)을 따로 규정하고 있는바, 그중 국내적용 기본원칙에 해당하는 8가지의 원칙인 ① 수집제한의 원칙 ② 정확성 확보의 원칙 ③ 목적 명시의 원칙 ④ 이용제한의 원칙 ⑤ 안전성 확보의 원칙 ⑥ 공개의 원칙 ⑦ 개인 참여의 원칙 ⑧ 책임성의 원칙을 통상적으로 OECD 개인정보보호 8원칙 또는 OECD 프라이버시 원칙이라고 한다.

83) Daniel Castro and Travis Korte, "Open Data in the G8: A Review of Progress on the G8 Open Data Charter" (Information Technology and Innovation Foundation, Center for Open Data, March 17, 2015), http://www2.datainnovation.org/2015-open-data-g8.pdf.

84) 데이터사업과 관련한 국제 규정은 현재 특정 지역을 묶는 자유무역협정(FTA) 등에만 적용되고 있다. 미국을 제외한 11개국이 참여한 환태평양경제동반자협정(CPTPP)이나 미국·멕시코·캐나다협정(USMCA)에서는 데이터의 자유로운 유통을 보장하는 규칙이 있다. 인터넷을 통해 유통되는 데이터는 국경을 쉽게 넘나들기 때문에 일부 국가만 참여하는 무역협정으로는 관리가 제대로 이뤄질 수 없다.

계인가 사법관계인가에 따라 적용될 법규와 법원칙을 달리하고 있다. 공법과 사법의 구별은 절차법적으로 분쟁해결을 위한 쟁송수단의 결정을 위하여도 필요하다. 우리나라에 있어서 공법상의 분쟁은 헌법소송을 제외하고는 행정소송절차에 따라 해결되며, 일심 관할법원을 행정법원으로 하고 있다. 공법과 사법의 구별기준에 대한 여러 가지 학설이 존재한다. 공·사법의 구별과 관련하여 행정주체에 따라 판단한다는 주체설, 행정주체가 우월적 지위에 있는지에 따라 판단한다는 성질설, 관계되는 법익이 공익인지 사익인지에 따라 분류한다는 이익설 등이 주장되어 왔으나 오늘날에는 여러 기준을 모두 종합하여 고려하는 것이 통설이자 판례의 태도이다.

(2) 데이터 공법과 데이터 사법의 구분

행정주체가 우월적 지위에서 바람직한 데이터에 기반한 행정이나 공익적 목적을 달성하기 위해 시행되고 있는 법률들이 주로 데이터 공법에 속한다. 지능정보화기본법, 공공데이터법, 감염범예방법 등이 이에 해당한다. 가장 최근 제정된 데이터 공법은 「산업 디지털 전환 촉진법」(이하 '산업디지털전환법'이라고 한다)이다. 동법은 산업데이터 생성·활용의 활성화 및 지능정보기술의 산업 적용을 통해 산업의 디지털 전환을 촉진함으로써 산업 경쟁력을 확보하고 국민 삶의 질을 향상하고 국가 경제발전에 이바지함을 목적으로 한다(동법 제1조).[85] 이 법은 최근 인공지능, 빅데이터와 같은 기술이 산업 전반에 응용되는 디지털 전환 추세가 확산됨에 따라 벨류체인을 혁신하고 산업의 고부가가치화를 위한 종합적 정책을 추진하고자 2022년 1월 제정되어 동년 7월부터 시행되고 있다.[86] 민법(채권법에 의한 데이터보호)과 지적재산권법 등 데이터 보호법제는 대표적인 사법에 해당한다.

---

[85] 산업 디지털 전환 촉진법 [시행 2022. 7. 5.] [법률 제18692호, 2022. 1. 4. 제정].

[86] 「산업 디지털 전환 촉진법」은 산업데이터 활용 과정에서의 법적 불확실성을 해소하기 위해 산업데이터의 활용과 보호에 관한 원칙을 제시하고 산업의 디지털 전환을 뒷받침하기 위한 지원 근거를 명시하였으며 체계적인 정책수립과 시행을 위한 추진체계도 포함하였다(대한민국 정책브리핑, "'산업디지털전환촉진법 제정안' 국회 본회의 통과", 〈https://www.korea.kr/news/pressReleaseView.do?newsId=156485561〉, (2022. 4. 20. 최종방문)).

7. Data 보호법제와 Data 활용법제

(1) 데이터 보호법제의 개요

가. 민 법

데이터의 경우 「민법」상 물건에 해당하지 않아 소유권이 인정되기 어렵다. 아직 데이터 오너십 문제는 논란 중에 있으나 민법은 데이터 보호의 가장 기본적 법률이 된다. 특히 채권법상의 불법행위 규정과 계약의 구속력에 의한 보호가 가능하다.

나. 개인정보의 특별한 보호

전술한 바와 같이 개인정보보호법뿐 아니라 신용정보법, 위치정보법, 의료법 등에서 개인신상정보 및 민감정보에 대한 권리처리 의무부여를 통해 개인정보를 특별히 보호하고 있다.

다. 지식재산으로 보호하는 법률

수집·가공·분석된 데이터는 그 집적의 정도 및 결합과 배열구조 등 차이에 따라 기존 IP법의 보호대상인 저작물, 데이터베이스(DB), 영업비밀, 발명, SW 등과 유사한 구조와 성격을 지닌다. 이로써 지식재산으로서 데이터는 저작권법이나, 특허법, 영업비밀에 해당할 경우 부정경쟁방지법 등에 의해 보호될 수 있다.

라. 부정이용으로부터의 보호

2021년 12월 7일 부정경쟁방지법 개정법률은 데이터 보호 규정을 신설하여 상당량의 데이터를 수집하는 데에 들인 투자와 노력을 누군가 무임승차 하려는 행위를 제재할 수 있게 되었다(제2조 제1호 카목). 이 법은 보호 대상 데이터를 "업(業)으로서 특정인 또는 특정 다수에게 제공되는 것"으로 규정하고 있어서 '거래·유통을 위한 데이터'만을 보호 대상으로 한정하고 있다.

(2) 데이터 이·활용의 근거 법

가. 우리나라에서 데이터의 활용에 관한 내용을 규정하고 있는 법률로는 '공공데이터법', 「공공기관의 정보공개에 관한 법률(이하 '정보공개법'이라 함)」, 「전자정부법」, 「기상법」, 「통계법」 등이 있다. 「공공데이터법」은 공공기관이 보유·관리하는 공공데이터의 제공 및 그 이용 활성화에 관한 사항을 규정하고 있고(제1조), 「정보공개법」은 국민의 알 권리를 보장하고 국정에 대한 국민의 참여와 국정 운영의 투명성을 확보하기 위하여 공공기관이 보유·관리하는 정보를 국민에게 공개하도록 규정하고 있다(제1조). 「정보공개법」 제9조 제1항은 비공개 대상 정보로, "다른 법령 등에 따라 비공개 사항으로 규정된 정보(제1호)", "국가안전보장·국방 등에 관한 사항으로서 공개될 경우 국가의 중대한 이익을 현저히 해칠 우려가 있다고 인정되는 정보(제2호)", "개인정보보호법에 따른 개인정보로서 공개될 경우 사생활의 비밀 또는 자유를 침해할 우려가 있다고 인정되는 정보(제6호)" 등을 규정하고 있으므로 데이터 활용의 제한에 관한 법률로도 볼 수 있다.[87]

나. 데이터산업법

앞서 본 바와 같이 민간데이터 활용촉진 관련법제의 기본법역할을 담당하는 법이 2021년 제정된 데이터산업법이다. 공공데이터의 활용과 제공은 2011년 제정된 공공데이터법이 그 기본역할을 담당한다.

데이터산업법은 데이터의 고유한 특성과 그동안 논의된 데이터 생태계의 실정을 감안하여 선제적 입법을 시도한 것으로, 데이터의 생산, 보호, 이용, 거래 활성화와 관련해 다양한 주체들의 이해관계와 상호작용을 반영하여 적절한 정책방향을 제시하고 있다.

다. 저작권법의 공정이용과 데이터마이닝 면책

TDM(Text and Data Mining)이란[88] 데이터 속에 숨겨져 있는 통계적 규칙이나 패턴

---

87) 김정현, 위의 논문 113면.

을 분석하여 유용한 상관관계를 발견하여 가치 있는 정보를 추출하는 과정 또는 모든 자동화된 분석 기술을 말한다.[89] 데이터는 저작권의 대상인 저작물을 포함할 수 있으며, 이 경우 권리자의 동의 없이 이용하게 되면 저작권 침해의 문제[90]가 발생할 수 있다. 여기서 저작물인 데이터의 보호와 데이터의 이용이 충돌하게 되고, 이에 대한 조정이 필요하다. 이른바 TDM 저작권 침해 면책 문제[91]가 부각되는 것은 이러한 이유이다. 최근 해외 주요 국가들이 데이터 마이닝을 위한 저작권 침해 면책을 인정하고 있고, 우리도 이러한 추세에 따라 저작권법 개정을 시도하고 있다.[92]

Ⅲ. 이 책의 구성 체제와 그 개요

1. 구성체제 개요

본서는 5부 20개 장으로 구성되어 있다.

제1부 서론	제4부 데이터의 보호와 규제
제1장 데이터 경제와 데이터 생태계	제12장 채권법에 의한 데이터의 보호
	제13장 지식재산권법에 의한 데이터의 보호
제2장 데이터법 서설	제14장 경쟁법에 의한 데이터 독점규제
	제15장 데이터와 통상협정

---

88) '텍스트/데이터 마이닝('Text and Data Mining)의 이니셜이다.
89) 'EU DSM 지침' 제2조 제2항은 데이터 마이닝을 "패턴, 경향 그리고 상관관계 등의 정보를 생성하기 위해 디지털 형태의 텍스트와 데이터를 분석하는 것을 목적으로 하는 모든 자동화된 분석기술"이라고 정의한다.
90) 데이터가 저작권의 대상인 저작물인 경우 복제권, 전송권 또는 2차적 저작물 작성권 등의 권리가 침해될 수 있다.
91) 데이터나 데이터셋의 수집과 이용과정을 보면, 그 데이터 등이 타인이 저작권을 가지는 저작물(예컨대 화상, 음성, 문장)인 경우 그 데이터 등을 심층학습 내지 기계학습을 위해 AI프로그램에 입력하는 것이 과연 저작권 침해로 평가될 수 있는지, 그렇지 않으면 저작재산권 행사가 제한될 수 있는지 여부가 중요한 쟁점 내지 현안으로 떠오르고 있다.

제2부 데이터법 총론	제5부 주요영역과 산업에서 데이터 활용 법제
제3장 데이터 거버넌스	제16장 데이터산업진흥및이용촉진기본법
제4장 데이터의 법적성질과 오우너십	
제5장 데이터 수집·가공·결합의 법률문제	제17장 공공데이터의 활용과 법적 쟁점
제6장 데이터 거래의 법률관계	
제7장 데이터와 보안	제18장 데이터와 금융산업
제8장 인공지능과 데이터	
제3부 개인정보 보호법제	제19장 데이터와 통신산업
제9장 개인정보 보호법제의 과거, 현재 그리고 미래	
제10장 정보주체의 권리	제20장 데이터와 보건의료산업
제11장 개인정보 활용을 위한 기준과 원칙	

2. 취급 내용 개요

(1) 제1부 서론

서론은 본서의 가장 기초와 전제가 되는 2개 주제로 2개의 장으로 구성되어 있으며 제1장 데이터 경제와 데이터 생태계에서는 데이터 경제의 정의와 주요 키워드(영향, 생산요소, 참여주체)를 분석한다. 데이터 수집·생성→저장·관리→가공·유통→분석·활용의 밸류체인을 통해 직접적으로 파생되는 다양한 산업 및 서비스 영역과, 데이터 활용으로 인해 기업·공공·개인에게 간접적으로 영향을 미치는 데이터 경제와 이를 구성하고 있는 요소들과 시스템, 참여자들 모두를 총괄하여 부르는 데이터 생태계에 대해 자세히 정리하고 있다.

제2장 데이터법 서설에서는 아직 형성과정에 있는 데이터법의 범주와 체계 및 그 형성·발전과정에 대해서 기술한다. 이어서 데이터에 대한 법적 규율(보호, 진흥, 규제) 체계와 Data 거버넌스와 데이터정책에 대해 자세히 기술하고 있다. 특히 Data 유형별

---

92) 김창화, "데이터 마이닝과 저작권 면책의 범위 및 한계", 계간 저작권 제34(2), 한국저작권위원회 2021. 5.

규율의 관점, 국내법적 규율과 국제법적 규율, Data 공법과 Data 사법, Data 보호법제와 Data 활용법제로 구분하여 체계화를 시도하면서 데이터 법제 전반의 체계화를 시도하고 있다.

(2) 제2부 데이터법 총론

총론에서는 데이터 경제와 생태계의 가장 중요하며 본질적인 공통적 주제 6개를 선정하여 세부 각론의 규율체계를 알아보기 전에 먼저 공부할 수 있도록 구성한 것이다.

먼저 제3장에서는 '데이터 거버넌스(Data Governance)' 이슈를 다루고 있다. 이 장에서는 국가 전체의 데이터 관리체계와 데이터 관리·활용 체계의 현재 모습과 외국의 사례를 소개하면서 상호 비교해 보고 바람직한 거버넌스 체제구축을 위한 방향성과 과제는 무엇인지에 대해 자세히 기술하고 있다.

제4장 '데이터의 법적 성질과 오너십(ownership)'에서는 우선 데이터 오너십론의 의미(데이터의 의미와 법적 성격; 데이터 오너십의 의미; 데이터 오너십론의 배경)를 규명한다. 둘째, 데이터 오너십의 인정 여부를 현행법상 데이터 오너십의 문제와 데이터 오너십의 입법론으로 구분해 기술한다. 셋째, 데이터 오너십의 장래를 부분적 데이터 오너십 보호와 '데이터 접근권' 차원에서 기술한다.

제5장 '데이터 수집·가공·결합의 법률문제'에서는 우선 데이터 수집의 법률문제 및 관련 분쟁 현황을 자세히 소개한다. 둘째, 데이터 가공의 법률문제를 (i) 데이터 가공행위 자체의 법률문제와 (ii) 가공된 데이터에 대한 권리 귀속문제로 구분하여 설명한다. 셋째 데이터 결합의 법률문제도. 데이터 결합 시점에서의 법률문제(동의 필요 여부 등)와 결합한 데이터에 대한 권리 귀속문제를 취급한다.

제6장 '데이터 거래의 법률관계'에서는 우선 데이터 거래 가이드라인에 제공하는 ① 데이터 제공형, ② 데이터 창출형, ③ 데이터 오픈마켓형 등 3가지 유형의 표준계약을 소개한다. 데이터를 거래하고자 할 때 계약체결에 앞서 고려해야 할 사항들도 자세히 기술하고 있다. 나아가 데이터 거래의 법적 쟁점으로 i) 권리귀속 ii) 데이터 제공과 대금지급 iii) 가치평가 iv) 데이터 보증과 품질관리 이슈를 다룬다. 이어서 데이

터 거래중개와 관련해 국내외 중개기관의 현황과 그 역할 및 책임과 면책에 대해 소개하고 데이터거래사 및 계약의 특수 유형으로 데이터 에스크로 계약과 데이터신탁 계약을 소개하고 있다.

제7장 '데이터와 보안'에서는 최근 사이버환경하에서 데이터보안의 개념을 인접개념과 비교하여 데이터 보안 위협의 특성을 설명한다. 나아가 데이터 보안이 전통적 국가안보개념과 다른 차원의 국가안보와 직결되며 헌법적 가치 보장과도 연결됨을 보여 준다. 이어서 미국, EU, 중국 등 주요국의 데이터 보안 입법 동향을 자세히 소개하고 있다. 마지막으로 우리나라 데이터 보안 법제와 거버넌스 동향과 법제도적 대응에 관한 이슈를 설명하고 바람직한 데이터 보안 입법의 정립 방향에 대한 제언하고 있다.

제8장 '인공지능과 데이터'에서는 우선 심층학습(Deep learning)을 통한 인공지능의 진화과정을 익힌다. 둘째, 인공지능 학습용 데이터인 데이터(셋)의 의미와 유형을 살펴보고 데이터셋을 이용한 인공지능 생성물의 창작과정과 데이터셋의 보호필요성도 상술한다. 데이터셋 수준을 넘어서는 빅데이터의 의미와 특징 및 빅데이터 기술에 대해서도 언급하고 있다.

셋째, AI-Data 관련 법적 쟁점을 저작권법, 특허법, 부정경쟁방지법 등 지식재산권법적 관점과 데이터산업법상 법적 쟁점으로 나누어 설명하고 있다.

(3) 제3부 개인정보 보호법제

3부는 개인정보보호 법제를 총괄적으로 살펴볼 수 있도록 관련 주제를 엮어 3개 장으로 구성하고 있다.

제9장 '개인정보호 보호법제의 과거, 현재 그리고 미래'에서는 데이터 3법(개인정보보호법, 신용정보보호법, 정보통신망법)을 중심으로 개인정보 보호법제 연혁을 살펴보면서 과거를 정리한다. 최근 분산적 개별법 체계에서 통합적 개인정보보호법 제정의 과정과 최근 데이터 3법 개정내용(개인정보 개념 명확화 및 가명정보 개념 도입) 체계 일원화를 위한 법제 정비와 개인정보보호위원회 위상 재정립 과정에 대해 소상히 기술하고 있다. 마지막으로 향후 개인정보보호 법제의 개선을 위한 입법정책 방향을 제시하

며 마무리하고 있다.

제10장 '정보주체의 권리'에서는 정보주체 권리의 발전과정을 3단계로 구분하여 현행법의 태도인 2단계 정보주체의 권리의 근간인 인격권으로서 개인정보자기결정권에 대해 자세히 소개하고 있다. 동시에 법적 성격이 재산권적 성격과 사용, 수익을 취할 수 있는 권리로 변화가 논의된다. 둘째, 정보주체의 권리의 내용을 현행법상 권리로서 동의권, 열람권, 정정·삭제권, 처리정지권에 대해 소개하고 새로운 권리로서 개인정보 이동권과 잊힐 권리에 대해 자세히 소개하면서 공공부문과 민간부문의 차이점도 밝히고 있다. 마지막으로 향후 쟁점으로 사전 동의의 실효성 문제와 개인정보 소유권 논쟁 및 개인정보 이동권과 마이데이터에 대해 언급하고 있다.

제11장 '디지털경제시대의 개인정보 활용을 위한 기준과 원칙'에서는 우선 개인정보의 보호 법익으로서 개인정보자기결정권과 전통적인 프라이버시 보호 개념이 일정 부분 한계가 있다는 점을 연혁적인 검토를 통해 확인하고, 디지털 환경에 적합한 개인정보 규범이 필요하다는 점을 논증한다(Ⅱ). 이어서 1980년 OECD 가이드라인의 기본 원칙을 비롯 국제기구에서의 개인정보 보호 원칙과 그 수정에 관한 논의를 비롯해 기존에 논의되어 온 개인정보 보호에 관한 기본 원칙들(수집 제한의 원칙과 목적 구체성의 원칙 등)이 갖는 한계와 문제점에 대하여 지적하고(Ⅲ), 이를 바탕으로 개인정보 규범이 갖추어야 할 타당한 방향성에 기초해 디지털 시대에 강조되어야 할 새로운 원칙과 기준를 제안한다(Ⅳ). 끝으로 이러한 법적 한계를 극복함에 있어서 개인정보 활용과 이용의 조화 방안과 우리 현행법상 고려되어야 할 개선사항에 대하여 제안함으로써 본 연구의 결론을 내리고 있다(Ⅴ).

(4) 제4부 데이터의 보호와 규제

제4부는 데이터의 보호 및 규제와 관련한 4개장으로 구성되어 있다. 데이터의 보호는 채권법에 의한 보호(12장)와 지식재산권법에 의한 보호(13장)를, 데이터의 규제에 대해서는 경쟁법에 의한 데이터 독점규제(제14장)와 디지털 통상 관련 규제(15장)로 구분해 취급한다.

제12장 '채권법에 의한 데이터의 보호'에서는 크게 계약법에 의한 보호와 불법행

위법에 의한 보호로 나누어 설명하되 불법행위법에 의한 데이터 보호를 계약법에 의한 보호에 앞서 검토하고 있다. 데이터 생태계에 참여하는 다양한 이해관계자 간에는 사적자치의 원칙이 적용되는 계약으로 데이터를 규율하게 되면, 이해관계자의 다양한 요구에 유연하게 대응할 수 있는 장점이 있다.[93] 다만 계약의 상대적 효력으로 인해, 계약당사자 외의 제3자에게는 계약상의 권리를 주장할 수 없는 한계가 있다. 이에 지식재산권의 보호대상이 아닌 데이터의 귀속 또는 보유에 대한 침해는 불법행위법에 의하여 보호되어야 할 당위성이 있음을 상세히 설명하고 있다.

제13장 '지식재산권법에 의한 데이터의 보호'에서는 주요 지식재산권법에 의해 데이터가 어떻게 보호될 수 있는지를 구분하여 설명하고 있다. i) 단순한 자료의 집합물로서의 데이터는 편집물로서 저작권법상 저작물로 보호되지는 못하나, 창작성이 있는 경우 저작물로 저작권법에 의해 보호될 수 있다. ii) 집적된 정형 데이터는 데이터베이스로서 창작성이 없더라도 저작권법에 의해 보호될 수 있다. iii) 특허법은 구조화된 데이터를 방법발명의 카테고리로 하여 청구범위를 기재하는 경우 특허의 대상으로 인정하고 있으며, '데이터 매체 청구항' 방식으로 물건 발명으로 인정여지가 있다. iv) 특정 데이터는 부정경쟁방법 일반조항(파목)과 데이터 부정이용 금지조항(카목)에 의하여 보호될 수 있다. 이 밖에도 지식재산권에 의한 보호의 예외나 한계에 대해서도 설명하고 있으며, 오픈 데이터, 공정이용에 의한 자유이용 보장, TDM 면책규정, 데이터 (강제)공유 등을 설명한다.

제14장 '경쟁법에 의한 데이터의 독점 규제'에서는 먼저 데이터 독점에 대한 경쟁법상의 관심이 커지게 된 배경과 데이터 독점에 의한 경쟁제한성에 대해 설명한다. 특히 플랫폼 기업의 등장에 의하여 데이터 독점의 가능성은 더욱 커지게 된 점과 이에 따라 각국이 플랫폼 기업을 중심으로 데이터 독점에 대한 규율체계를 새로이 정립하고자 하는 노력을 우리나라를 비롯하여 미국, EU 그리고 일본의 입법을 간략히 소개하며 보여 주고 있다. 마지막으로 데이터 독점에 대한 합리적인 규세 방향을 i) 진입장벽 ii) 인수 및 합병 iii) 배제적 행위 iv) 가격차별행위 v) 개인정보보호라는 관점

---

93) 최경진, "데이터 채권법 시론", 외법논집 제46권 제1호(2022), 36면.

에서 소상히 소개하고 있다.

제15장에서는 '데이터와 디지털 국제통상'을 주제로 삼아 데이터의 국제이동, 디지털 데이터 거래가 통상법 이슈로 대두된 배경과 WTO에서의 데이터 통상 관련 논의를 소개한다. 아직 다자조약에 의한 데이터 통상규범이 정립되지 못한 현실 속에서 한미 FTA와 RCEP 등 다양한 FTA에서 규정한 데이터 이슈 및 곧 도래가 예견되는 주요 광역 FTA(CPTT, DEPA, KSDPA)에서 어떤 내용이 디지털 통상규범의 이슈로 포함되어 있는지를 자세히 소개한다. 마지막으로 데이터 통상의 자유와 안보위협 문제를 언급하고 있다.

(5) 제5부 주요 영역과 산업에서의 데이터 활용 법제

제5부는 주요 영역과 산업에서의 데이터 활용 법제와 관련된 5개 장으로 구성되어 있다. 먼저 제16장 '데이터산업법'에서는 민간데이터 활용의 기본법 역할을 수행하는 '데이터산업법'의 제정 배경과 입법 과정에 대해서 소개하고 있다. 둘째, 데이터산업법의 위상을 민간데이터 기본법으로서의 성격과 데이터산업 진흥법으로서의 성격으로 구분해 살펴보고 공공데이터의 기본법인 공공데이터법 등 타법과의 관계에 대해서 기술한다. 셋째, 데이터산업법의 구성체계 및 주요 내용으로 i) 데이터 생산 및 보호 ii) 데이터 이용 활성화 iii) 데이터 유통·거래 촉진 iv) 데이터 산업의 기반 조성 v) 분쟁조정, 손해배상, 벌칙 내용을 소개한다. 넷째, 데이터산업법의 영향 및 시사점으로 데이터 생산·거래·활용의 3가지 측면에서 정리하고 있다.

제17장 '공공데이터의 활용과 법적 쟁점'에서는 공공데이터법의 역할과 위상을 소개한 후 공공데이터에 대한 접근과 활용의 법적 근거와 정책적 근거 및 그 한계에 관한 국내·국외 입법[94]을 상세히 소개한다. 또한, 공공데이터법의 법적 쟁점과 개선 과제로서 i) 개인정보보호법과 공공데이터법(정보공개법) 간의 정합성[95] ii) 저작권법

---

94) (1) EU의 Data Governance Act, Data Act, PSI Directive; (2) 미국의 OPEN Government Data Act 등.

95) - 정보공개법은 '개인정보로서 사생활 비밀을 침해할 우려가 있는 정보'에 대해 비공개를 인정하고 있으므로, 엄밀히 보면 개인정보 전부가 공공데이터법(정보공개법)의 비공개 정보가 되는 것은 아님.

상 공공저작물 규정과 공공데이터법 간의 정합성 iii) 데이터 신청인에 대한 적절한 이용조건의 부과 문제 [96] iv) 가명처리, 마이데이터 방식의 활용 문제 등을 다루고 있다.

제18장 '데이터와 금융산업'에서는 금융산업과 관련된 핵심 정보(데이터)와 이를 규율하는 법령과 일대일로 매칭시켜 직접 해설하는 방식으로 기술하고 있다. 첫 번째는 금융거래정보를 규율하는 '금융실명법'의 내용과 적용기준, 적용사례를 상술하고 있다. 두 번째는 일반 신용정보를 규율하는 '신용정보법'에 대해 상세히 해설함과 동시에 개인신용정보에 대해서는 또 다른 관점에서 신용정보법을 해설하고 있다. 마지막으로 신용평가정보를 규율하는 '자본시장법'에 대한 해설도 추가하고 있다.

제19장 '데이터와 통신산업'에서는 우리나라가 전기통신사업법과 정보통신망법 등을 근거로 한 초고속 정보통신망 정책추진과 산업계의 지속적인 투자로 일찍 ICT, 인터넷 강국이 된 배경 속에서 통신산업에서의 데이터와 개인정보의 가치를 종합적 시각에서 기술한다. 이어 데이터에 기반한 한국판 뉴딜정책이 진행되어 온 통신산업에서의 데이터 활용과 보호와 관련해 i) 통신산업의 위기와 기회를 살피고 ii) 협력정보시대의 데이터 활용과 개인정보 보호대책이란 새로운 관점도 제시한다. 나아가 통신산업에서의 데이터 소유와 데이터 노동 문제를 심도있게 다룬다. 또한 온라인에 공개된 데이터, 해킹·불법으로 얻은 개인정보 이용 범죄의 심각성과 대책을 피싱 범죄를 중심으로 다룬다. 플랫폼과 데이터의 현황과 플랫폼별로 별도 규제를 하여 산업진흥과 행위, 공정경쟁 규제가 혼재된 미디어정책의 문제점과 거버넌스개선을 촉구하고 있다. 한편 관련 산업의 문제로 클라우드컴퓨팅 산업과 위치정보 산업의 문제를 취급하면서 개인정보보호 법제와 모순, 충돌되지 않도록 운용의 묘 또는 입법 정비를 촉구하고 있다. 마지막으로 데이터방송의 한계와 개선점을 데이터홈쇼핑 방송을 중

- 가명정보와 관련하여, 정보공개법 제9조 제1항 제6호의 해석에서 가명처리가 '사생활 비밀의 침해 우려'를 방지할 수 있는 수단인지 문제 됨.
- 개인정보보호법상 가명정보의 처리는 통계작성, 과학적 연구, 공익적 기록보존 등에 한하여 가능하므로 데이터 이용목적의 제한이 없는(영리적 목적 가능) 공공데이터 제공에서도 가명정보 형태의 공공데이터 제공에 대하여 이론이 있을 수 있음.

96) 현행 공공데이터법은 데이터 신청인에 대해 적절한 이용조건을 부과하여 데이터를 엄격한 범위내에서 개방하는 절차를 완벽하게 구비하고 있지 아니함. 분쟁조정에서는 가능.

심으로 상술하고 있다.

제20장 '데이터와 보건의료산업'에서는 우선 4차 산업혁명시대를 맞이한 보건의료산업의 실태와 의료데이터 활용의 긴요성을 보건의료데이터와 보건의료빅데이터의 구별하에 접근하고 있다. 먼저 보건의료데이터의 법적 규제와 그 활용과 관련 하여서는 그 법적 규율의 근거법으로 개인정보보호법과 보건의료기본법 및 의료법을 들어 해설하고 있다. 보건의료데이터의 활용 양상으로 진료기록과 원격의료를 소개하고 보건의료데이터 활용으로 인한 문제점도 짚어 주고 있다. 한편 보건의료빅데이터의 법적 규제와 그 활용과 관련하여서는 그 법적 규율의 근거법으로 공공데이터법과 보건의료기본법 및 보건의료기술진흥법에 대해서 상술하고 있다. 보건의료빅데이터의 활용 양상으로 감염병위기/왓슨의 예를 들면서 보건의료빅데이터 활용으로 인한 문제점도 잘 정리하고 있다.

제2부

—

데이터법 총론

제3장　데이터 거버넌스

정용찬
(정보통신정책연구원 데이터분석예측센터장)

I. 데이터 거버넌스의 정의와 의미

1. 데이터 거버넌스의 정의

'민관 거버넌스', '인공지능 거버넌스'처럼 행정 관련 용어로 자주 사용되는 용어인 거버넌스(governance)란 국가 업무를 관리하기 위해 정치·경제 및 행정적 권한을 행사하는 국정관리 체계를 의미한다.[1] 거버넌스는 '국가경영' 또는 '공공경영'으로 번역할 수 있는데, 국가·정부의 통치기구 등의 조직체를 가리키는 'government'와 구별하여 지역사회에서부터 국제사회에 이르기까지 여러 공공조직에 의한 행정서비스 공급체계의 복합적 기능에 중점을 두는 포괄적인 개념으로, 통치·지배라는 의미보다는 경영의 뉘앙스가 강하다.[2]

국어사전은 거버넌스를 "공동의 목표를 달성하기 위하여, 주어진 자원 제약하에서 모든 이해 당사자들이 책임감을 가지고 투명하게 의사 결정을 수행할 수 있게 하

---

[1] 시사경제용어사전, "거버넌스", 네이버지식백과, https://terms.naver.com/entry.naver?docId=300487&cid=43665&categoryId=43665, (2022. 5. 29. 확인).

[2] 이해하기 쉽게 쓴 행정학용어사전, "거버넌스", 네이버지식백과, terms.naver.com/entry.naver?docId=75398&cid=42152&categoryId=42152, (2022. 5. 29. 확인).

는 제반 장치"로 정의하고 있다. 거버넌스를 '민관 협력', '협치'로 풀어쓰는 이유도 여기에 있다.

'데이터 거버넌스(Data Governance)'는 통상 기업에서 사용하는 데이터의 가용성, 유용성, 통합성, 보안성을 관리하기 위한 정책과 프로세스를 다루며 프라이버시, 보안성, 데이터품질, 관리규정 준수를 강조하는 개념으로 정의한다.[3] 넓게 해석하면 데이터 거버넌스는 데이터 자산 관리에 대한 권한, 통제 및 공유된 의사 결정의 행사를 의미한다.[4] 따라서 데이터 거버넌스란 '공공과 민간 데이터를 포괄한 국가 전체 데이터 자산 관리에 대한 권한, 통제, 의사 결정체계'로 정의할 수 있다.[5]

데이터 거버넌스는 왜 중요한가? 이는 데이터의 속성과 밀접한 관련이 있다. 이름, 주민등록번호, 전화번호 등은 활용 측면에서 가치가 높지만 보호해야 할 개인정보이기 때문에 생성에서부터 수집, 처리, 저장, 관리, 활용 과정에서 주의를 기울여야 한다. 또한 그 과정에서 생성 주체(사람, 사물)와 처리자, 관리자가 달라질 수 있어 이와 관련된 관리체계 정립이 필요하다.

의료 데이터의 예를 들어 보자. 병원에서 진료를 받고 약국에서 약을 구매한 주체는 개인이지만 이 데이터는 병원과 약국에서 진료와 처방을 위해 보유하고 처리할 뿐 아니라 국민건강보험공단이라는 공공 기관이 보험료 산정 등을 위해 수집하고 분석, 저장하게 된다. 또 의료 데이터는 비식별화를 거처 다른 데이터와 결합하거나 보험회사와 같은 제3자가 새로운 보험 상품 개발을 목적으로 활용할 수도 있다.

소비자가 신용카드로 상품을 구매하는 과정에서 생성되는 데이터도 마찬가지다. 구매자, 판매회사, 온라인쇼핑몰, 카드회사, 신용조회회사 등의 다양한 관계자가 고객 데이터를 공유하거나 활용하게 된다. 이렇듯 데이터의 수집과 처리, 활용 과정에

---

3) 정용찬, "4차산업 혁명 시대의 데이터 거버넌스 개선", KISDI Premium Report 18-05, 정보통신정책연구원, 2018. 8. 7, 13면. 원 출처는 Laudon, Kenneth C. and Laudon, Jane P.(2014), *Management Information Systems*(13th Edition), Pearson Education Limited, p. 266.

4) 정용찬, "4차산업 혁명 시대의 데이터 거버넌스 개선", KISDI Premium Report 18-05, 정보통신정책연구원, 2018. 8. 7, 13면. 원 출처는 Ladley, John, *Data Governance*, Morgan Kaufmann, 2012.

5) 정용찬, "4차산업 혁명 시대의 데이터 거버넌스 개선", KISDI Premium Report 18-05, 정보통신정책연구원, 2018. 8. 7, 13면.

서 데이터의 생산자와 이용자, 처리자, 보관자 등 다수의 이해관계자가 관여하고 있어 이들의 권리와 의무를 명확히 하는 것은 데이터 생태계의 활성화를 위해 매우 중요한 사안이기 때문에, 데이터와 관련된 관리 체계를 뜻하는 데이터 거버넌스의 중요성이 부각되고 있다.

〈표 3-1〉 의료데이터와 구매데이터의 이해관계자

구분	이해 관계자
의료데이터	환자, 의사, 병원, 검사소, 건강보험심사평가원, 국민건강보험공단
구매데이터	구매자, 판매회사, 온라인쇼핑몰, 카드회사, 신용조회회사

데이터 거버넌스는 데이터 자산 관리에 대한 의사결정 체계로 정의할 수 있기 때문에 데이터의 소유와 관리의 주체인 개인이나 기업, 국가 관점에서 다양하게 해석할 수 있다. 개인 데이터는 헌법상 기본권(인격권)이므로 개인 데이터에 대한 권한과 통제의 관점에서 개인 데이터의 소유권과 이동권이 주요한 사안이다. 기업차원에서는 기업이 보유하고 있는 고객 데이터의 안전한 활용을 통한 부가가치 창출과 관련

〈표 3-2〉 개인, 기업, 국가 관점의 데이터 거버넌스

구분	정의 및 주요 이슈
개인	[정의] 개인 데이터 관리에 대한 권한, 통제 및 의사 결정의 행사 [이슈] 개인정보보호, 개인 데이터에 대한 소유권, 이동권(마이데이터), 데이터 노동에 대한 대가 산정, 알고리듬에 의한 피해 방지
기업	[정의] 기업이 보유하고 있는 데이터의 가용성, 통합성, 보안성을 관리하기 위한 정책과 프로세스 [이슈] 플랫폼 기업의 데이터 독점에 따른 공정경쟁, 국내 기업과 글로벌 데이터 기업과 규제 형평성
국가	[정의] 전략적 자산인 데이터의 공유와 활용을 통해 경제 성장과 공공 서비스 개선을 달성하기 위한 국가 차원의 전략과 관리체계 [이슈] 공공데이터 공유와 이용 활성화, 민간 데이터 유통 활성화, 국경간의 데이터 이동

* 출처: 정용찬, "포스트 코로나19 시대의 데이터 주권과 데이터 거버넌스", KISDI Premium Report 20-10, 정보통신정책연구원, 2020. 12. 14, 23면의 [표 12] 내용을 거버넌스 관점에서 재구성.

된 의사결정 체계가 중요하다. 국가 차원에서는 데이터 경제 시대의 생존 전략 차원에서 자국이 보유한 공공 및 민간 데이터의 공유와 활성화가 중요한 이슈로 등장하고 있다.

2. 데이터법과 데이터 거버넌스

데이터 거버넌스와 관련된 현행 법령 중에서 가장 대표적인 것은 「개인정보보호법」과 「공공데이터의 제공 및 이용 활성화에 관한 법률」, 「데이터 산업진흥 및 이용촉진에 관한 기본법」이다. 개인정보보호법은 개인 정보(데이터)의 보호 관점에서 데이터 거버넌스 체계가 어떻게 설계되어 있는지를 확인할 수 있는 법이다. 공공데이터의 제공 및 이용 활성화에 관한 법률과 데이터 산업진흥 및 이용촉진에 관한 기본법은 각각 공공기관이 보유하고 있는 데이터와 민간에서 유통되는 데이터에 관한 거버넌스 체계를 정비한 법이다.

개인정보보호법은 개인정보 보호를 위한 법체계를 일원화하고 개인의 권익 보호를 강화하기 위해 2011년 새로 제정되었다. 당사자의 동의 없이 개인정보를 수집, 활용하거나 제3자에게 제공하는 것을 금지하는 등 개인정보보호를 강화한 내용을 담아 보호에 방점을 두던 개인정보보호법은 데이터가 새로운 자산으로 등장하면서 활용 측면을 감안하여 개정된다.

2020년 개정법은 개인정보의 활용을 위해서 그간 논란이 되었던 개인정보의 개념을 명확하게 하고 가명정보와 익명정보 개념을 도입하였으며 당초 수집 목적과 관련된 범위 내에서 개인정보를 활용할 수 있도록 규정을 개정했다.[6] 개인정보보호법은 개인정보 보호에 관한 사무를 독립적으로 수행하기 위하여 국무총리 소속으로 개인정보 보호위원회를 두도록 규정하고 있다.

개인정보 보호위원회는 개인정보의 보호와 정보주체의 권익 보장을 위하여 3년마다 개인정보 보호 기본계획을 관계 중앙행정기관의 장과 협의하여 수립하고, 중

---

6) 정용찬, 『데이터법 이해』, 커뮤니케이션북스, 2021, 3면.

앙행정기관의 장은 기본계획에 따라 매년 개인정보 보호를 위한 시행계획을 작성하여 보호위원회에 제출하고, 보호위원회의 심의·의결을 거쳐 시행하도록 규정하고 있다.

공공기관이 보유하고 있는 데이터를 민간이 자유롭게 활용하도록 제공해서 고부가가치 신산업이 발전할 수 있는 기반을 마련하고, 새로운 일자리를 만들며, 정부의 행정 혁신으로 국민 삶의 질을 높이기 위한 목적으로 제정된 법이 「공공데이터 제공 및 이용활성화법」이다.[7] 이 법은 공공데이터에 관한 정부의 주요 정책과 계획을 심의·조정하고 그 추진사항을 점검·평가하기 위하여 국무총리 소속으로 공공데이터 전략위원회를 두도록 규정하고 있다. 공공데이터를 편리하게 이용하려면 어디에 어떤 데이터가 있는지에 대한 정보와 편리하게 데이터를 이용할 수 있는 시스템이 필요한데 이를 위해 이 법은 공공데이터목록 등록과 공공데이터포털 운영에 관해 규정하고 있다.

한편 공공이 아닌 민간에서 유통되는 데이터에 관한 거버넌스 체계를 제시한 법으로 「데이터 산업진흥 및 이용촉진에 관한 기본법」이 있다. 이 법은 데이터 생산, 거래 및 활용을 촉진하고 데이터산업의 기반을 조성하기 위하여 정부가 3년마다 데이터산업의 진흥을 위한 기본계획을 수립하고, 매년 시행계획을 수립하도록 규정하고 있으며, 이를 심의하기 위하여 국무총리 소속으로 국가데이터정책위원회를 둘 것을 명시하고 있다.

여기서 소개한 세 종류의 법은 공통적으로 국무총리 소속으로 위원회를 두어 해당 사무를 수행하도록 규정하고 있다. 이는 데이터를 활용하기 위해서는 해당 분야의 데이터를 주관하고 있는 부처 간의 이해관계를 조정하기 위한 상위 차원의 거버넌스 체계가 필요하기 때문에 만들어진 조항이라 할 수 있다. 각각의 위원회가 개인정보 보호, 공공데이터 정책, 데이터 거래와 활용 촉진이라는 고유 목적을 위한 전담 조직이라는 점에서 역할이 기대되나 공공과 민간을 아우르는 국가 전반의 데이터 전략을 책임지는 주체는 부재하므로 이를 보완하기 위한 노력이 필요하다.

---

7) 정용찬, 『데이터법 이해』, 커뮤니케이션북스, 2021, 37면.

〈표 3-3〉 데이터법의 데이터 거버넌스 관련 조항

구분	관련 조문
개인정보 보호법	제7조(개인정보 보호위원회) ① 개인정보 보호에 관한 사무를 독립적으로 수행하기 위하여 국무총리 소속으로 개인정보 보호위원회를 둔다. 제9조(기본계획) ① 보호위원회는 개인정보의 보호와 정보주체의 권익 보장을 위하여 3년마다 개인정보 보호 기본계획(이하 "기본계획"이라 한다)을 관계 중앙행정기관의 장과 협의하여 수립한다. 제10조(시행계획) ① 중앙행정기관의 장은 기본계획에 따라 매년 개인정보 보호를 위한 시행계획을 작성하여 보호위원회에 제출하고, 보호위원회의 심의·의결을 거쳐 시행하여야 한다.
공공데이터의 제공 및 이용 활성화에 관한 법률	제5조(공공데이터전략위원회) ① 공공데이터에 관한 정부의 주요 정책과 계획을 심의·조정하고 그 추진사항을 점검·평가하기 위하여 국무총리 소속으로 공공데이터전략위원회를 둔다. 제7조(공공데이터의 제공 및 이용 활성화에 관한 기본계획) ① 정부는 공공데이터의 제공 및 이용 활성화에 관한 기본계획(이하 "기본계획"이라 한다)을 수립하여야 한다. 제8조(공공데이터의 제공 및 이용 활성화에 관한 시행계획) ① 국가와 지방자치단체의 장은 기본계획에 따라 매년 공공데이터의 제공 및 이용 활성화에 관한 시행계획(이하 "시행계획"이라 한다)을 수립하여야 한다.
데이터 산업진흥 및 이용촉진에 관한 기본법	제4조(기본계획) ① 정부는 데이터 생산, 거래 및 활용을 촉진하고 데이터산업의 기반을 조성하기 위하여 3년마다 관계 중앙행정기관의 장과 협의를 거쳐 데이터산업 진흥 기본계획을 수립하여야 한다. 제5조(시행계획) ① 과학기술정보통신부장관은 기본계획에 따라 연차별 데이터산업 진흥 시행계획(이하 "시행계획"이라 한다)을 수립하여야 한다. 이 경우 공공데이터에 관한 사항에 대해서는 행정안전부장관과 협의하여야 한다. 제6조(국가데이터정책위원회) ① 데이터 생산, 거래 및 활용 촉진에 관한 다음 각 호의 사항을 심의하기 위하여 국무총리 소속으로 국가데이터정책위원회를 둔다.

* 출처: 법제처 국가법령정보센디 www.law.go.kr (2022. 6. 5. 확인).

3. 데이터 거버넌스와 증거기반 의사결정

데이터가 중요한 자산으로 부각되고 있는 데이터 경제 시대에 경쟁력 확보를 위해서는 개인이건 조직이건 데이터 거버넌스 관점의 사고 전환이 요구된다. 데이터 거버넌스 확립을 위해 가장 중요한 요소 중의 하나는 의사결정 체계의 혁신이다. 즉 일하는 방식의 변화가 필요하다. 이는 기존의 관행과 직관에 기반한 의사결정 방식에서 증거(데이터)에 근거한 새로운 패러다임으로의 전환을 의미한다. 데이터에 기반한 의사결정이 확산되기 위해서는 정부를 포함한 사회 전반의 의사결정 문화와 관행의 변화가 필요하며, 공공뿐 아니라 민간의 데이터를 공유, 활용하기 위한 새로운 데이터 거버넌스 전략 수립이 필수적이다.[8]

　　민간 기업은 1990년대부터 데이터의 중요성을 인식하고, 고객 데이터를 축적, 분석하여 다양한 마케팅 활동을 추진하는 고객관계관리(CRM: Customer Relationship Management)를 도입했다.[9] 이후 데이터가 기업경쟁력을 좌우하는 핵심 자원이라는 것을 자각하고 데이터 전담부서를 두고 데이터로부터 인사이트를 발견하는 등 부가가치 창출에 힘쓰고 있다.

　　공공부문도 이러한 흐름에서 예외는 아니다. 정부가 보유한 공공데이터를 개방하고 민간의 데이터 유통을 활성화하기 위해 노력하고 있다. 데이터가 중심이 되는 미래 사회를 대비하기 위해서는 산업사회에서 통용되던 낡은 틀을 깨는 패러다임의 변화가 필요하다. 정부를 포함한 사회 전반에서 데이터에 기반한 의사결정이 뿌리내릴 수 있도록 조직 문화와 관행을 과감히 바꾸어야 한다.[10]

　　데이터가 중요하며 공유와 활용이 필요하다는 공감대는 형성되어 있지만 공유 범위와 수준에 대해서는 사회적 합의가 필요하다. 특히 개인정보와 관련된 데이터의 민간 활용의 경우 가명화, 익명화를 통한 방법이 제시되고 있지만 공개의 범위와 함께 충분한 보호가 가능한지에 대해서 이견이 존재한다.[11] 데이터 공유와 활용이 정착하기 위해서는 사회적 합의를 위한 충분한 논의가 필요하다. 이런 점에서 구글과 캐나다 토론토시가 스마트 도시 개발을 위해 결성한 공공-민간 파트너십은 반면교사

---

8) 정용찬, "4차산업 혁명 시대의 데이터 거버넌스 개선", KISDI Premium Report 18-05, 정보통신정책연구원, 2018. 8. 7, 27면.

9) 정용찬, "빅데이터 산업과 데이터 브로커", KISDI Premium Report 15-04, 정보통신정책연구원, 2015. 5. 8, 3면.

10) 정용찬, "포스트 코로나19 시대의 데이터 주권과 데이터 거버넌스", KISDI Premium Report 20-10, 정보통신정책연구원, 2020. 12. 14, 43면.

11) 정용찬, "포스트 코로나19 시대의 데이터 주권과 데이터 거버넌스", KISDI Premium Report 20-10, 정보통신정책연구원, 2020. 12. 14, 43면.

로 삼을 만하다. 축적된 개인 데이터의 처리와 활용과정에서 민간 기업과 공공 기관의 거버넌스 체계에 대해 시민단체를 설득하지 못하고 결국 사업이 중단되었기 때문이다.

II. 주요국의 데이터 거버넌스

1. 미국의 데이터 거버넌스

(1) 연방 데이터 전략

미국은 1787년 제정된 헌법에 10년마다 인구총조사(Census)를 시행할 것을 명시하고 있을 정도로 데이터의 중요성을 일찍부터 간파한 나라다. 데이터 경제 시대를 맞이하여 미국은 정부가 데이터를 자산으로 활용하기 위해서는 연방 차원의 준비가 필요하다고 자각했다.

2018년 3월 발표한 대통령 경영 안건(President's Management Agenda)은 '데이터를 전략적 자산으로 활용하기 위한 연방 데이터 전략 개발 및 구현'을 목표로 제시했다. 이에 근거한 '연방 데이터 전략(Federal Data Strategy)'은 데이터 자산의 활용을 위한 정부의 전략을 선언한 공식 문서다. 미국 연방데이터전략을 소개하는 웹사이트의 공식 슬로건도 "데이터를 전략적 자산으로 활용함(leveraging data as a strategic asset)"이다.[12] 또한 데이터 공유와 활용은 정부의 책임성과 투명성을 달성할 수 있는 기반이라고 설명하면서 연방 데이터 전략은 미래를 위한 데이터 전략과 인프라를 창조하는 것으로 설명한다.

2020년 발표한 '연방 데이터 전략'은 미국의 데이터 거버넌스를 파악할 수 있는 기초 문서다. 연방 데이터 전략은 10대 원칙, 40대 실천 과제로 구성되어 있다. 40대 실천 전략은 10대 원칙 실현을 위한 5~10년간의 중장기 전략으로, 데이터의 가치를

---

12) https://strategy.data.gov/ (2022. 6. 5. 확인).

육성하고 공공 부문에의 활용을 촉진하기 위한 실천 전략, 데이터의 관리와 보호를 위한 실천 전략, 효율적이고 적절한 데이터 활용 촉진을 위한 실천 전략으로 구성되어 있다.[13]

연방 데이터 전략은 40대 실천 전략의 실행을 위해 각 전략별로 실행할 20개의 과제를 제시하고 달성 시점을 명시하고 있다. 데이터 거버넌스와 직접적으로 관련된 전략은 '데이터 거버넌스 우선순위 결정'으로 이를 위해 다양한 데이터 거버넌스 기구 구성(실천과제 2), 담당자의 데이터 역량 강화 위한 기회 식별(실천과제 4), 연방 최고 데이터책임관위원회 발족(실천과제 7) 등 7개의 실천과제를 제시하고 2020년 12월까지 완료할 것을 명시했다.

〈표 3-4〉 연방 데이터 전략의 데이터 거버넌스 관련 실천 전략과 실천 과제

실천전략	구분	실천 과제
11. 데이터 거버넌스 우선순위 결정	기관별 실천과제	2. 다양한 데이터 거버넌스 기구 구성 4. 담당자의 데이터 역량 강화 위한 기회 식별
	기관간 커뮤니티 실천과제	7. 연방 최고 데이터책임관위원회 발족 10. 지리공간 데이터를 연방 데이터 엔터프라이즈에 통합
	공유 실천과제	11. 연방 기업 데이터 리소스의 저장소 개발 12. OMB 연방 데이터 정책 위원회 만들기 14. 데이터 윤리 프레임워크 개발

* 출처: 정용찬, "포스트 코로나19 시대의 데이터 주권과 데이터 거버넌스", KISDI Premium Report 20-10, 정보통신정책연구원, 2020. 12. 14, 28면의 [표 13], 29-30면의 [표 14] 내용을 재구성. 원 출처는 Federal Data Strategy Development Team, "2020 Federal Data Strategy Action Plan", 2019.

(2) 증거기반정책법

2019년 1월 제정된 증거기반정책법(Foundations for Evidence-Based Policy Act of 2018)은 연방정부의 증거에 기초한 정책 평가를 위한 조직과 절차를 명시한 법이다. 이

---

13) 정용찬, "포스트 코로나19 시대의 데이터 주권과 데이터 거버넌스", KISDI Premium Report 20-10, 정보통신정책연구원, 2020. 12. 14, 27면.

법은 '증거'를 통계목적을 위하여 행한 통계활동의 결과로 생성되는 정보로 정의하여 정부 의사결정과 정책 평가에서 연방정부가 생산하는 통계가 필수 요소임을 밝혔다.[14]

증거기반정책법은 연방정부의 증거구축활동을 규정하고(Title 1), 연방정부가 생산하는 공공데이터의 활용에 초점을 맞춘 OPEN(Open, Public, Electronic, and Necessary) 정부데이터법(Title 2)과 비밀정보보호와 통계적 효율성(Title 3)으로 구성하여 데이터와 통계의 유기적인 연계를 강조했다.[15]

연방정부의 증거구축활동을 위해 정부 주요 기관은 평가관(evaluation officer)과 통계관(statistical official)을 임명하는데, 평가관은 기관의 평가정책, 평가계획을 수립하고 집행하며 기관의 평가역량을 제고하기 위해 노력하며, 통계관은 통계 관련 정책과 기술, 절차 등을 담당한다.[16] 미국의 증거기반정책의 핵심은 정책 평가이며 이를 위한 근거가 연방정부가 생산하는 통계임을 알 수 있다.

이 법은 증거구축을 위한 데이터자문위원회로 ACDEB(Advisory Committee on Data for Evidence Building) 설치를 명시했다. 위원회의 위원은 정부 기관의 최고정보책임관(Chief Information Officer), 최고프라이버시책임관(Chief Privacy Officer), 최고성과책임관(Chief Performance Officer), 최고데이터책임관(Chief Data Officer), 평가관(Evaluation Officer) 등을 대통령실 OMB 장이 임명하며 의장은 대통령실 국가통계수석(Chief Statistician of the United States)이 맡는다. 또한 의사결정에 필요한 데이터의 효율적인 사용을 위해 정부 기관의 최고데이터책임관으로 구성된 최고데이터책임관 위원회(Chief Data Officer Council) 설치도 규정하고 있다.

---

14) PUBLIC LAW 115-435-JAN. 14, 2019, 44 USC 3561. Definitions "(6) EVIDENCE.—The term 'evidence' means information produced as a result of statistical activities conducted for a statistical purpose.
   https://www.congress.gov/115/plaws/publ435/PLAW-115publ435.pdf (2022. 6. 5. 확인).

15) 정용찬, "포스트 코로나19 시대의 데이터 주권과 데이터 거버넌스", KISDI Premium Report 20-10, 정보통신정책연구원, 2020. 12. 14, 25면

16) 정용찬·고동환·심동녁·유선실·정부연·이선희·노희윤·윤건(2020), 『ICT 정책지원을 위한 빅데이터 분석 및 예측모형 개발』, 경제·인문사회연구회, 18면.

증거기반정책법은 정부 부처 간의 데이터 공유를 의무화하기 위한 제도도 규정하고 있다. DSA(Designated Statistical Agencies)는 미상무부(Department of Commerce)의 인구조사국과 경제분석국, 노동부(Department of Labor)의 노동통계국이 공동으로 비즈니스 데이터를 공유하기 위한 제도다. 연방정부 간의 데이터 요청을 위한 문서업무를 줄이고 경제통계의 비교가능성과 정확성을 향상시켜 경제지표의 신뢰성을 높이는 것을 목적으로 한다.[17]

(3) 연방 최고데이터책임관 위원회

미국은 별도의 데이터 전담 기관을 두고 있지 않고 각 기관별로 최고 데이터 책임관(CDO: Chief Data Officers)을 두고 있다. 백악관 과학기술정책국(White House Office of Science and Technology Policy)에도 최고 데이터 과학자(US Chief Data Scientist)를 두는 방식이다. '연방 최고데이터책임자 위원회(Federal CDO Council)'는 이러한 정부기관의 최고데이터책임자로 구성된 조직으로 증거기반정책법에 기초하여 설립되었다.

연방 최고데이터책임관 위원회는 교육부, 국방부, 국토안보부 등 정부부처와 NASA 등의 정부 관할의 공공기관, 독립 법정 기구 등 84개 조직과 대통령실 관리예산처(OMB: Office of Management and Budget)의 최고정보책임관(Office of the Chief Information Officer)으로 구성되어 있다.[18]

위원회는 비전을 정부의 의사결정과 운영 과정에 데이터의 관리, 이용, 보호, 보급 및 생성을 개선함으로써 정부임무의 성과를 개선하고 국가에 대한 혜택을 증대시키는 것으로 선언하며 조직 설립 목적을 다음과 같이 제시한다.[19]

- 위원회는 다음의 목적을 위해 정기적으로 회의를 개최한다.

---

17) 정용찬·고동환·심동녘·유선실·정부연·이선희·노희윤·윤건(2020), 『ICT 정책지원을 위한 빅데이터 분석 및 예측모형 개발』, 경제·인문사회연구회, 23-24면.

18) https://www.cdo.gov/about-us/ (2022. 6. 5. 확인).

19) https://www.cdo.gov/about-us/ (2022. 6. 5. 확인).

- 데이터의 관리, 사용, 보호, 배포 및 생성을 위한 정부 차원의 모범사례 확립
- 기관 간의 데이터 공유 협약을 촉진하고 장려하며, 기관이 정책 수립에 사용할 증거의 작성에 대해 개선할 수 있는 방법을 찾고 이를 대중과 협의
- 연방정부의 데이터 자산에 대한 접근을 개선하는 방법에 대해 정부 데이터의 민간 사용자 및 기타 이해당사자와 협력
- 데이터 수집 및 사용을 개선하기 위한 새로운 기술 솔루션을 식별하고 평가

- 위원회는 정보 기술, 통계, 정보 보안, 평가, 프라이버시, 정보의 자유 및 기타 정부 목표에 초점을 맞춘 활동을 포함하여 데이터 관련 활동을 수행하고 영향을 미치는 다른 위원회와 책임을 공유한다.
- 위원회는 이러한 활동이 상호 보완적이며 효율적이고 효과적으로 수행되도록 하기 위해 위원회와 참여 주체들과 활동을 조정한다.

2. EU의 데이터 거버넌스

(1) 유럽 데이터 전략

유럽연합(EU)은 구글, 페이스북, 아마존 등 글로벌 데이터 거대 기업에 힘입은 미국의 데이티 패권에 대응하기 위해 개인정보보호법(GDPR: General Data Protection Regulation 2018)을 통한 개인정보보호와 함께 데이터 경제 활성화를 목표로 단일한 유럽 데이터 시장의 실현을 추진 중이다.

유럽 연합은 데이터 경제 활성화를 위해 해결해야 할 과제로 데이터의 가용성(availability of data), 시장 지배력의 불균형(Imbalances in market power), 데이터 품질과 상호운용성(Data interoperability and quality), 데이터 거버넌스(Data governance), 데이터 인프라와 기술(Data infrastructures and technologies), 개인의 권리 실현을 위한 권한 강화(Empowering individuals to exercise their rights), 데이터 리터러시(Skills and data literacy), 사이버 안보(Cybersecurity) 등을 제시하고 있다.[20] 또한 단일한 유럽 데이터 시장의 실현을

위해 유럽 데이터 전략(A European strategy for data, 2020)을 발표하고 구체적인 실행계획
과 일정을 명시했다.

〈표 3-5〉 유럽 데이터 전략과 실행 계획

A. 데이터 접근과 활용을 위한 거버넌스 프레임워크
- 유럽 공동 데이터 스페이스 거버넌스 입법 체계 제시(2020 4분기) - 고부가치 데이터세트 구현을 위한 법률 제안(2021 1분기) - 데이터법(Data Act) 제안(2021) - 디지털 경제에서 데이터의 중요성 분석, 디지털 서비스법(Digital Services Act)의 관점에서 기존 정책 프레임워크의 검토(2020 4분기)
B. 데이터에 대한 투자와 데이터 호스팅, 처리 및 사용을 위한 EU의 역량 및 인프라 강화
- 유럽 데이터 공유 공간(European data spaces) 관련 영향력이 큰 프로젝트에 투자(2022) - 클라우드 연방(cloud federation)에 대한 회원국과 양해각서(MOU) 체결(2020 3분기) - 유럽 클라우드 서비스 마켓플레이스 출범(2022 4분기)
C. 개인 데이터의 결정권 강화, 개인 역량 및 중소기업 분야의 투자
D. 공유와 활용을 위한 9대 분야별 데이터 공유 공간(data space) 확충
- 9대 분야: 산업(제조), 그린 딜(green deal), 운송, 건강, 재정, 에너지, 농업, 공공행정, 업무역량(skills)

* 출처: 정용찬, "데이터 경제와 데이터 주권", 글로벌 디지털 거버넌스 포럼, 2020. 10. 22, 10면의 〈표 9〉. 원 출처는 European Commission, "A European strategy for data.", 2020.

(2) 데이터거버넌스법

유럽연합의 데이터거버넌스법(Data Governance Act)은 유럽데이터전략의 일환으로
제안되었는데, 유럽연합 회원국 국민과 기업이 데이터를 쉽게 활용할 수 있도록 데이
터 공유를 확산시키는 것이 목적이다. 데이터 경제의 장벽이 되는 요소를 제거하고,
공공 부문 데이터의 재사용, 데이터 중개자의 데이터 공유 서비스 신뢰성 확보, 이타
적 목적으로 제공하는 데이터의 수집 및 처리와 관련하여 유럽연합 전역에 걸친 거버

---

20) 정용찬, "데이터 경제와 데이터 주권", 글로벌 디지털 거버넌스 포럼, 2020. 10. 22, 10면.

넌스 프레임워크를 구축하는 것을 목적으로 한다.[21] 이 법은 유럽데이터혁신위원회 (European Commission of European Data Innovation Board) 구성을 제안하였는데, 이를 통해 표준 개발, 데이터 공유 서비스의 상호운용성 향상, 국가 간의 조정 역할을 담당할 예정이다.

3. 중국의 데이터 거버넌스

(1) 네트워크 안전법

2017년 빅데이터산업발전규획(2016-2020) 발표를 계기로 빅데이터기술제품 연구 개발과 제조 빅데이터 혁신응용 심화, 업계 빅데이터 응용 발전, 빅데이터 산업 주체 육성, 빅데이터 표준 제정 및 확산에 주력하고 있는 중국은. 2019년부터 인공지능, 디지털 경제, 개인정보 보호 등 정책과의 연계성을 강화하고, 데이터 '강국'으로의 도약 정책을 추진하고 있다.[22]

구글을 비롯하여 페이스북, 유튜브 등 전 세계적으로 시장점유율이 높은 서비스를 사용하지 못하도록 차단하고 있는 중국은 자국 국민의 개인정보와 서비스 이용 데이터의 국외 유출에 대해서도 엄격하게 통제하고 있다.

중국은 형법을 비롯하여 각종 규정 등에 분산되어 있던 네트워크 보호 및 개인정보보호 관련 법률 조항을 통합한 네트워크 안전법(网络安全法)을 2016년 제정했다. 중국 내에서의 네트워크 구축, 운영, 유지와 사용 및 네트워크 안전의 감독 관리를 목적으로 한 네트워크 안전법은 네트워크 운영 안전, 개인정보보호, 불법 정보 단속, 네트워크 제한 조치, 법률 책임 등을 다루고 있다. 네트워크안전법과 별도로 데이터의 반출 시 평가 방법을 규정한 '개인정보와 중요 데이터 경외 반출 안전 평가 방법'이 있다.

네트워크 안전법은 중국 안에서 운영 중인 정보인프라 시설에서 수집하고 생성

---

21) 정용찬·윤건·장익현·이동희·김규성·고세란·노희용·김윤화·오윤석, 『국가통계 발전전략 수립을 위한 기초연구』, 통계청, 2021, 36면.

22) 박소영, "중국의 빅데이터 시장 트렌드와 시사점", Trade Focus, 2020년 43호, 한국무역협회, 2020. 11, 6-8면.

한 개인정보와 중요 업무 데이터는 반드시 중국 내에 저장하도록 명시하고 있으며 업무의 필요로 중국 외부에 제공할 경우 안전 평가를 받도록 규정하고 있다.

〈표 3-6〉 네트워크 안전법의 데이터 관련 조항

구분	내용
네트워크 안전법	• 개인정보 및 중요 업무 데이터 중국 내 저장(법 제37조) • 핵심 정보 인프라 시설 사업자는 중국 경내에서 운영 중 수집하고 생성한 개인정보와 중요 업무 데이터를 반드시 경내에 저장 • 업무의 필요에 의해 반드시 해외에서 저장 또는 해외 기관 또는 개인에게 제공해야 할 경우, 국가 네트워크 정보 부문이 국무원의 유관 부문과 함께 제정한 방법에 따라 안전 평가 진행
네트워크 안전법	• 네트워크 사업자의 개인정보 보호 조치(제40~42조) • 이용자 정보보호제도를 정착, 수집한 이용자 정보 비밀 유지 • 개인정보 수집·사용 시, 합법·정당·필요의 원칙을 준수하고 목적·방식·범위 등을 공지하고 대상자의 동의를 받음 • 수집한 개인정보를 유출·변조·훼손·타인에게 제공 금지
개인정보와 중요데이터 경외반출 안전 평가방법	• 네트워크 사업자의 개인정보 및 중요 데이터 경외 제공 시 안전 평가(제2조): 네트워크 사업자(网络运营者)는 중화인민공화국 경내에서 수집하거나 생산한 개인정보와 중요 데이터를 경내에 저장. 업무의 필요로 인해 경외(境外)에 제공할 필요가 있을 경우, 안전 평가(安全评估) 진행

* 출처: 정용찬, "데이터 경제와 데이터 주권", 글로벌 디지털 거버넌스 포럼, 2020. 10. 22, 11면의 〈표 3〉.

(2) 데이터 안전법

2021년 제정된 데이터 안전법(中华人民共和国数据安全法)은 데이터의 안전과 보호, 데이터 개발과 이용 활성화를 동시에 촉진하는 내용을 담고 있으며, 그 과정에서 데이터 주권, 개인 및 조직의 권익보호 등을 강조하고 있다.[23] 국가의 역할로 '빅데이터 전략 실시와 데이터 인프라 구축'을 명시하고 있으며 데이터가 다양한 업계와 분야에서

---

23) 정용찬·김성옥·고동환, "미.중 데이터 패권 경쟁과 대응전략", KISDI Premium Report 21-09, 정보통신정책연구원, 2021. 11. 30, 23-24면의 내용 요약.

혁신적으로 응용될 수 있도록 장려하고 지원할 것을 명확히 했다.

이 법은 데이터의 왜곡, 파괴, 유출, 불법 이용 등으로 국가 안전, 공공의 이익 또는 개인, 조직의 권익 침해 정도에 따라 국가가 데이터 등급 분류 보호 제도를 시행할 것을 명시하였는데, 국가 안전이나 중대한 공공의 이익 등과 관련된 데이터를 국가 핵심데이터로 지정하여 엄격한 관리를 시행할 것을 선언했다. 또한 중국 내에서 수집한 중요 데이터의 국외 이전은 네트워크 안전법에 따르도록 했다. 이러한 법체계의 정비는 해당 영토 안에서 발생하는 데이터에 대한 국가의 독자적 통제권의 관점에서 데이터 주권의 개념을 국가법으로 편입한 것이라 해석할 수 있다.[24]

〈표 3-7〉 데이터 안전법의 주요 내용

구분	내용
데이터 보호와 산업발전의 균형	(제13조) 국가는 발전과 안전을 통합하여 데이터 개발 및 이용과 산업 발전을 통해 데이터 안전을 촉진하고, 데이터 안전으로 데이터 개발 이용 및 산업 발전을 보장한다.
데이터 전략과 인프라 구축	(제14조) 국가는 빅데이터 전략을 실시하여 데이터 인프라 구축을 추진하고 데이터가 각 업계 및 각 분야에서 혁신적으로 응용될 수 있도록 장려하고 지원한다.
데이터 등급제와 국가핵심 데이터	(제21조) 국가는 데이터 등급 분류 보호 제도를 마련한다. 경제 사회 발전에서의 데이터의 중요도 및 왜곡, 파괴, 유출 또는 불법 획득, 불법 이용으로 인한 국가 안전, 공공의 이익 또는 개인, 조직의 합법적인 권익 침해 정도에 따라 데이터에 대한 등급 분류 보호를 실시한다(…)국가 안전, 국민 경제의 명맥, 중요한 민생, 중대한 공공의 이익 등과 관련된 데이터는 국가 핵심데이터로 더욱 엄격한 관리제도를 시행한다.
데이터 국외 이전	(제31조) 핵심 정보 인프라의 운영자가 중화인민공화국 내에서 운영 중 수집 및 발생한 중요 데이터의 경외 이전 안전 관리에는 〈중화인민공화국 네트워크 안전법〉의 규정을 적용한다(…)

* 출처: 개인정보보호위원회 개인정보보호 국제협력센터. 데이터안전법(중한).
https://www.privacy.go.kr/pic/reference.do. (2022. 6. 6. 확인).

---

24) 가오푸핑, "중국의 데이터 거버넌스", 한중일 데이터 거버넌스 국제컨퍼런스, 인하대 법학연구소, 2021. 10. 21.

Ⅲ. 데이터 거버넌스와 통계거버넌스

1. 데이터와 통계의 법적 정의

현행 통계법은 통계자료를 "통계작성기관이 통계의 작성을 위하여 수집.취득 또는 사용한 자료"로, 행정자료는 "통계자료를 제외한 것으로서 공공기관이 직무상 작성.취득하여 관리하고 있는 문서.대장 및 도면과 데이터베이스 등 전산 자료"로 정의하여 통계자료와 행정자료를 배타적으로 구분하고 있다. 이는 통계법이 통계작성을 위한 목적으로 행정자료를 활용할 수 있다는 조항(제24조 행정자료의 제공)과 배치된다.

〈표 3-8〉 통계법의 통계자료와 행정자료의 정의

구분	정의
통계	제3조(정의) 1. 통계란 통계작성기관이 정부정책의 수립.평가 또는 경제.사회현상의 연구.분석 등에 활용할 목적으로 산업.물가.인구.주택.문화.환경 등 특정의 집단이나 대상 등에 관하여 직접 또는 다른 기관이나 법인 또는 단체 등에 위임.위탁하여 작성하는 수량적 정보를 말한다
통계자료	제3조(정의) 4. 통계작성기관이 통계의 작성을 위하여 수집.취득 또는 사용한 자료 (데이터베이스 등 전산자료를 포함한다)
행정자료	제3조(정의) 7. 통계자료를 제외한 것으로서 공공기관이 직무상 작성.취득하여 관리하고 있는 문서.대장 및 도면과 데이터베이스 등 전산 자료
행정자료 제공	제24조(행정자료의 제공) ①중앙행정기관의 장 또는 지방자치단체의 장은 통계의 작성을 위하여 필요한 경우에는 공공기관의 장에게 행정자료의 제공을 요청할 수 있다.

* 출처: 법제처 국가법령정보센터 www.law.go.kr (2022. 6. 5. 확인).

정부의 정책 의사결정 과정에서 중요한 증거로 활용되는 국가통계는 기업이나 가구를 대상으로 조사하거나(조사통계), 행정 과정에서 자동적으로 산출되고(보고통계) 있는데 지금까지는 조사통계가 대부분을 차지하고 있다. 최근 행정업무 전산화 등으로 빅데이터의 속성을 지니는 행정데이터(의료비 지출 정보, 건강보험 관련 정보 등)가 폭발적으로 증가하고 있으며 부처가 보유하고 있는 문서, 이미지 등 다양한 유형의 빅

〈그림 3-1〉 통계자료와 행정자료, 빅데이터 관계도

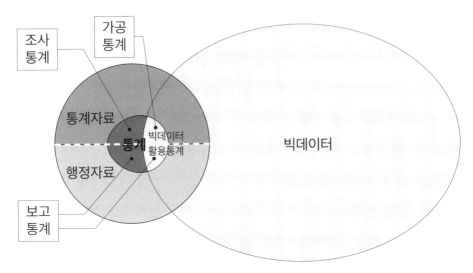

* 출처: 정용찬·신지형·심동녘·김윤화·오윤석·장동익·정경오, 『빅데이터 활용 통계의 국가통계 승인관리방안 연구』, 통계청, 2019, 48면의 [그림 2-7]

데이터와 민간 데이터(신용카드 데이터, 통신데이터 등)를 활용한 국가통계 생산이 불가피한 상황을 감안하면 통계자료와 행정자료, 빅데이터를 포괄한 국가 데이터 거버넌스 체계 개선이 불가피하다. 특히 국가통계는 통계청이, 공공데이터는 행정안전부가 각각 담당하는 현재의 정부 조직과 업무 분장은 빅데이터 시대를 맞이하여 조정이 필요한 상황이다.

2. 데이터 거버넌스와 통계거버넌스 연계

국가 차원의 데이터 거버넌스의 한 축은 증거기반정책을 위한 공공 부문 데이터 거버넌스이며, 다른 한 축은 데이터 유통을 통한 부가가치 창출과 경제 활성화를 위한 민간 부문의 데이터 거버넌스로 정의할 수 있으며, 공공 부문의 데이터 거버넌스 확립은 국가통계 거버넌스와 연계한 설계가 필요하다.[25] 미국의 증거기반정책법에서 데이터 담당관과 통계담당관의 연계를 강조하고 있는 이유도 이 때문이다.

주요국은 자국의 특성을 반영하여 다양한 형태의 통계 거버넌스와 데이터 거버넌스 체계의 연계를 마련하고 있다. 캐나다는 데이터를 관장하는 전담 조직이 없으며 국가데이터전략 수립에 통계청이 주도적으로 참여하는 특징을 보이고 있다. 캐나다는 통계청이 국가통계의 대부분을 작성하는 집중형 통계생산 국가이므로 국가 데이터 전략 수립에 통계청이 참여하고, 통계청이 자체적인 데이터 전략(Statistics Canada Data Strategy 2019 to 2022)을 수립하는 방식이 자연스러워 보인다.[26]

데이터와 통계 업무의 연계를 강조하는 대표적인 국가는 미국이다. 앞에서 살펴본 '증거구축을 위한 데이터위원회' 의장이 백악관 통계수석이라는 것에서 알 수 있듯이 증거생산을 위한 기관 간의 데이터 공유를 위한 협력과 조정이 원활하게 작동되도록 설계했다. 이러한 방식은 각 부처가 필요한 통계를 생산하고 총괄 조정은 백악관 통계수석(Chief Statistician)이 담당하는 분산형 통계 생산 국가에 부합하는 데이터 거버넌스 체계로 평가할 수 있다.

호주는 2018년 총리내각부 산하에 데이터 전담 조직인 국가데이터국(Office of the National Data Commissioner)을 신설했다는 점에서 특징적이다. 국가데이터국은 국가 데이터 운영 계획을 감독하고 데이터 처리와 공유를 위한 모범사례를 촉진하는 역할을 담당한다. 국가데이터국은 조직의 목적을 공공 부문 데이터의 활용성을 촉진함으로써 공공의 이익에 봉사, 개인 정보 보호법과 적절한 보안 조치에 부합하는 공공 부문 데이터의 공유 확산, 공공 부문 데이터 공유의 무결성 및 투명성 제고, 공공 부문 데이터 사용에 대한 신뢰 구축, 공공부문 데이터 공유를 위한 제도적 장치 마련으로 명시하고 있다.[27] 호주는 2019년 국가데이터자문위원회(NDAC: National Data Advisory Council)를 설치했다. 정부대표, 산업대표, 시민사회대표로 각각 3명의 위원을 구성하는데, 정부대표로 통계청장(Australian Statistician)이 참여하여 통계와 데이터의 연계를

---

25) 정용찬, "포스트 코로나19 시대의 데이터 주권과 데이터 거버넌스", KISDI Premium Report 20-10, 정보통신정책연구원, 2020. 12. 14, 37면.

26) 정용찬·윤건·장익현·이동희·김규성·고세란·노희용·김윤화·오윤석, 『국가통계 발전전략 수립을 위한 기초연구』, 통계청, 2021, 64면.

27) https://datacommissioner.gov.au/about/our-purpose, (2022. 6. 6. 확인).

강화하고 있다.[28]

한국은 공공데이터 제공과 데이터기반행정활성화는 행정안전부가, 데이터산업 활성화는 과학기술정보통신부가, 국가통계는 통계청이 각각 담당하는 병립형 체계를 채택하고 있다. 해당 조직 간의 협력과 조정이 원활하게 이루어지려면 미국의 통계수석이나 영국의 통계위원회(UK Statistics Authority)와 같은 거버넌스 체계로 개선이 필요하다.

〈표 3-9〉 주요국의 통계 거버넌스와 데이터 거버넌스 유형 분류

구분	특징
적극 협업형	국가데이터전략 수립에 통계청장이 CIO와 공동 참여(캐나다)
업무 연계형	데이터 관련 위원회에 통계책임자와 CIO, CDO 참여(미국) 국가데이터자문위원회 정부측 위원으로 통계청장(Australian Statistician) 참여(호주) 정부 부처 간 데이터 공유를 위한 디지털경제법(Digital Economy Act 2017) 개정. 연구 목적과 통계 작성을 위한 국세 정보 등 중앙과 지방정부, 공공기관의 정보 공개와 통계위원회의 포괄적 정보접근권을 법제화(영국) 공공데이터 연구네트워크 권역별 4대 ADRC(Adminitrative Data Research Centre) 설치. 국가통계위원회 (UK Statistics Authority) 가 ADRN 이사회 설립 (영국)
병립형	데이터 관련 업무와 담당조직, 통계 업무와 담당조직의 연계 미흡(한국)

* 출처: 정용찬·윤건·장익현·이동희·김규성·고세란·노희용·김윤화·오윤석, 『국가통계 발전전략 수립을 위한 기초연구』, 통계청, 2021, 64면의 〈표 2-37〉.

현행 통계법의 통계기반정책과 「데이터기반행정 활성화에 관한 법률」의 데이터기반 행정은 '증거기반정책'의 관점에서 지향하는 목표가 다르지 않다. 개별법에서 각각 '통계'와 '데이터'를 구분하여 정의하고 규율 대상을 분리하여 규정하고 있지만 정책수립을 위한 근거인 통계와 데이터는 동전의 앞뒷면처럼 서로 뗄 수 없는 관계다.

그동안 정부승인통계가 주로 기업이나 가구, 개인을 대상으로 하는 조사통계 위주로 생산되었지만 조사 거부, 불응, 프라이버시와 영업비밀 보호 등을 이유로 조사 환경이 점점 악화되고 있는 상황에서 행정자료와 민간자료를 활용한 통계생산은 불

---

28) 나머지 두 명의 정부대표는 정보국장(Information Commissioner)과 과학수석(Australian Chief Scientist).

가피하므로, 이러한 상황을 감안하면 두 법의 발전적인 융합이 필요하다.[29]

〈표 3-10〉 통계법과 데이터기반행정법의 관련 조항 비교

통계법	데이터기반행정법
국가통계위원회	데이터기반행정활성화위원회
행정자료활용통계작성(제18조) 행정자료의 제공(제24조) 사법기관 자료제공(제24조의2) 통계기반정책평가(제12조2) 통계책임관(제6조)	데이터의 등록 등(제8조) 데이터 제공 요청(제10조) 민간데이터 제공요청(제14조) 데이터기반행정책임관(제19조)
통계정보시스템구축(제7조의2)	데이터통합관리플랫폼(제18조) 데이터분석센터(제20조)

* 출처: 정용찬, 『데이터법 이해』, 커뮤니케이션북스, 2021, 95면의 [표 9-1].

3. 국가데이터전략과 데이터 거버넌스[30]

미국, EU 등의 데이터 거버넌스 개혁의 특징은 정부 부처의 증거기반 행정 강화를 위해 통계 거버넌스와 데이터 거버넌스의 연계를 강화한다는 점에서 공통점이 있다. 미국의 연방 데이터 전략과 증거기반정책법은 부처별 데이터 거버넌스 기구 구성, 담당자의 데이터 역량 강화, 연방 데이터 정책 위원회 출범, 연방 최고데이터책임관회의 운영 등 필요 기구 정비는 물론 관련 담당자 간의 효율적인 업무 연계를 위한 세부 프로세스 설계에 역점을 둔다는 점에서 시사하는 바가 크다.[31] 특히 독립된 통계법이 존재하지 않는 미국은 2019년 증거기반정책법의 Title 3을 '비밀정보보호와 통

---

29) 정용찬, 『데이터법 이해』, 커뮤니케이션북스, 2021, 94-96면.

30) 정용찬, "포스트 코로나19 시대의 데이터 주권과 데이터 거버넌스", KISDI Premium Report 20-10, 정보통신정책연구원, 2020. 12. 14, 38-41의 주요 내용을 요약함.

31) 정용찬, "포스트 코로나19 시대의 데이터 주권과 데이터 거버넌스", KISDI Premium Report 20-10, 정보통신정책연구원, 2020. 12. 14, 35면.

계적 효율성'으로 구성하여 법 체계상으로도 데이터와 통계의 유기적인 연계를 강조하고 있다.

한국은 미국, 영국, EU 등과 달리 독립된 국가데이터전략은 존재하지 않는다. 2019년 12월 발표한 '인공지능(AI) 국가전략'에서 국가데이터전략을 개략적으로 확인할 수 있다. 인공지능 국가전략에 따르면 'AI 인프라 확충' 분야에서 양질의 데이터 자원 확충을 위한 공공 데이터 전면 개방, 데이터 생산·유통·활용을 지원할 공공-민간 데이터 지도의 연계를 제시하고 있다. '산업 전반의 AI 활용 전면화'에서는 공공영역이 보유하고 있는 대규모 데이터 기반 대형 AI 융합 프로젝트 확대를 강조하고 있는 상황이다.

국가 데이터 거버넌스 체계 정립은 데이터 생산·공유·활용 체계 개선, 데이터역량 강화와 조화를 이루어야 한다. 우선순위로 보면 국가 데이터 전략과 시행계획 수립이 가장 시급하며 통계 및 데이터 관련 법령 재정비와 전담 조직, 인력 재정비를 통해 통계 거버넌스를 포괄한 데이터 거버넌스의 기반 구축이 필요하다.[32]

〈표 3-11〉 데이터 거버넌스 확립을 위한 핵심 과제

구분	핵심 과제
국가 데이터 거버넌스 체계 정립	국가 데이터 전략, 시행계획 수립 통계 거버넌스를 포괄한 데이터 거버넌스 설계 통계 및 데이터 관련 법령 재정비 통계 및 데이터 관련 전담 조직, 인력 재정비 지방분권 지원을 위한 데이터 거버넌스 확립
데이터 생산, 공유, 활용 체계 개선	행정데이터와 통계 생산의 유기적 연계 공공정책 지원을 위한 공공데이터 공유, 활용 강화 공공데이터 민간개방 확대, 민간데이터의 공유, 활용 활성화
데이터 역량 강화	데이터 공유 활용을 위한 공감대 형성 개인정보보호와 데이터 활용의 조화 공공의 데이터 분석 역량 강화 정책지원을 위한 데이터 공유 활성화

* 출처: 정용찬, "포스트 코로나19 시대의 데이터 주권과 데이터 거버넌스", KISDI Premium Report 20-10, 정보통신정책연구원, 2020. 12. 14, 38-39면의 [표 15].

　　국가통계 거버넌스와 연계한 국가 차원의 데이터 거버넌스 설계를 위해서는 데이터 관련 법령 정비가 필요하다. 미국의 증거기반정책법을 벤치마킹하여 서로 배타적인 개념으로 설계된 「통계법」과 「공공데이터의 제공 및 이용 활성화에 관한 법률」, 「데이터기반행정 활성화에 관한 법률」의 유기적인 연계가 필요하며, 「데이터 산업진흥 및 이용촉진에 관한 기본법」을 포괄하는 상위 차원의 데이터법 제정도 필요하다.

　　국가 데이터 전략은 민간의 데이터 경제 활성화뿐 아니라 데이터 기반 정책 강화를 위해 필수적이나 미국이나 영국 등에 비해 우리나라는 준비가 미흡하다. 데이터 활용 촉진을 목적으로 데이터 산업진흥 및 이용촉진에 관한 기본법에서 규정한 국가 데이터정책위원회 기능을 포괄하는 독립적 국가데이터 전담기구의 구성과 함께 국가 데이터전략과 시행 계획의 수립이 시급하다.

---

32) 정용찬, "포스트 코로나19 시대의 데이터 주권과 데이터 거버넌스", KISDI Premium Report 20-10, 정보통신정책연구원, 2020. 12. 14, 38면.

제4장　데이터의 법적 성질과 오너십

이동진

(서울대학교 법학전문대학원 교수)

I. 데이터와 데이터 오너십론의 의미

1. 데이터의 의미와 분류

한동안 데이터 오너십(data ownership)의 도입 또는 인정이 논의되었다. 데이터 오너십은 데이터에 대한 법적 권리부여이므로, 데이터 오너십론을 이야기하려면 그 대상인 데이터가 무엇인지부터 분명하게 규정하여야 한다.

정보(information)는 데이터(data)의 상위 개념이다. 데이터라고 하여야 할 경우에 정보라고 하는 일도 있으나,[1] 정보의 내포는 데이터를 뛰어넘는다.

오늘날 법학에서는 정보를 크게 세 의미로 쓸 수 있다는 인식이 널리 받아들여지고 있다. 내용층위(content layer), 표시 내지 기호층위(code layer), 그 물리적 실현물 내지 매체(physical layer)가 그것이다.[2] 내용층위는 우리가 이해하는 바이다. 음악이라면 우리가 듣는 음악 자체, 소설이라면 우리가 읽고 이해한 소설의 내용 그 자체를 말한다.

---

1) 가령 개인정보 보호법에서 말하는 개인정보는 개인 데이터이다.
2) Benkler, "From Consumers to Users: Shifting the Deeper Structures of Regulation", 52 Federal Communications L. J. 561, 562 (2000); Lessig, The Future of Ideas: The Fate of the Commons in a Connected World, 2002, p. 23.

표시 내지 기호층위는 그것을 기록하기 위하여 일정한 방식을 적용한 것이다. 음악을 악보에 기입하는 데는 오선지와 음표가, 음원파일로 기록하는 데는 이진코드가 쓰인다. 이들 기록에는 그로부터 내용을 풀어낼 수 있는 일정한 규칙이 적용되곤 한다. 책에는 문자와 각종 인쇄규약이 동원된다. 표시 내지 기호층위에 코드(code)라는 표현을 쓰는 이유이다. 그 물리적 실현물 내지 매체는 악보나 책을 기록한 종이, 음원파일을 기록한 CD 등을 가리킨다.

데이터는 그중에서 표시 내지 기호층위, 즉 코드를 뜻한다. 어떤 사람이 어떤 날 차를 운전해 돌아다닌 경로 데이터를 생각해 보자. 이것이 데이터라는 데는 아무런 의문이 없다. 그런데 정확히 그중 어떤 부분, 어떤 측면을 데이터라고 하는 것일까? 경로 데이터가 기록된 SD카드 자체는 데이터가 아니라 그 저장매체이다. 누가 그날 어디 어디를 어떻게 갔는지 우리가 알게 되었고, 대화 중에 그 이야기를 하였다 하더라도 그것만으로는 데이터를 주고받았다고 하지는 아니한다. 데이터를 주고받았다고 하려면 그 경로가 어떤 방식, 가령 이진기호로 코딩된 자료를 전송하여야 한다.

물론 세 층위는 서로 관련되어 있다. SD카드를 건네주면 거기에 담긴 데이터도 건네주는 셈이고, 그 경로를 읽어 이해하면 내용도 알게 된다. 그럼에도 불구하고 세 층위를 나누는 이유는 크게 두 가지이다. 첫째, 세 층위가 서로 분리되는 경우가 있다. 내용이 완전히 같다 하더라도 코딩하는 방법은 다를 수 있다. 음악을 이진코드로 기입하는 것과 악보에 음표로 기입하는 것은 같은 내용이라 하더라도 다른 코드, 다른 데이터이다. 운행경로를 듣고 지도에 주석을 붙여 표시하면 데이터가 되지만, 같은 내용을 SD카드에 기입한 이진기호와 같은 데이터는 아니다. 같은 이진기호가 다른 매체에 기입될 수도 있다. SD카드에 기입될 수도 있고, CD에 기입될 수도 있으며, 하드디스크드라이브(HD)에 저장될 수도 있다. 그럼에도 그 내용이 같다거나, 코드가 같다고 하려면 각각의 층위를 구분해주어야 한다. 둘째, 각 층위에 서로 다른 권리가 설정될 수 있다. 지적재산권 중 특허권은 내용층위를, 저작권이나 컴퓨터프로그램저작권, 부정경쟁방지 및 영업비밀보호에 관한 법률의 성과모방(成果模倣)은[3] 주로 표시

---

3) 부정경쟁방지 및 영업비밀보호에 관한 법률 제2조 제1호 파목은 "그 밖에 타인의 상당한 투자나 노

내지 기호층위를 보호한다. 물리적 실현물은 대개 민법상 소유권이나 — 어떤 사람의 초상이나 음성, DNA 등의 경우 — 인격권의 보호대상이다. 각 층위에 다른 권리가 설정될 수 있는 이상, 그 권리자가 서로 다를 수도 있다. 뱅크시(Banksy)가 어떤 사람의 건물 외벽에 그래피티(graffiti) 작품을 남겼다면 그 작품의 저작권은 뱅크시에게 있지만, 그 작품이 붙은 건물 외벽의 소유권은 여전히 건물 소유자에게 있는 것이다. 마찬가지로 어떤 사람이 다른 사람의 SD카드에 무단으로 자기의 데이터를 기입하였다면 그 데이터는 기입한 사람의 "것"일지 몰라도 기입된 SD카드의 소유권은 여전히 당초의 소유자에게 있다.

나아가 데이터 오너십에서 데이터는 그 기입방식, 즉 코드가 디지털(digital)인 경우를 염두에 두고 있다. 디지털은 연속적이지 아니한, 비연속적 내지 이산적(離散的)인 정보 처리방법으로, 연속적인 정보 처리방법인 아날로그(analog)와 구분된다. 원래의 정보가 아날로그일 때에도 오늘날에는 디지털로 변환하여 코딩하는 일이 흔하다. 가령 한 음에서 다른 음으로 연속적으로 옮겨가는 소리는 CD나 스트리밍 서비스를 위하여 음원파일로 변경될 때 비연속적인, 그러나 매우 짧고 적은 변화만을 포함하는 여러 개의 음의 계속으로 바뀐다.[4] 충분히 잘게 쪼갠다면 우리의 귀는 둘의 차이를 구별하지 못한다.

왜 디지털 데이터가 문제인가? 디지털 데이터에는 여러 장점이 있다. 첫째, 디지털 데이터는 반복하여 사용하거나 복제하여도 손상되지 아니한다. 아날로그로 녹음된 LP판과 디지털로 녹음된 CD 음원을 비교해 보자. LP판은 자주 틀면 음질이 조금씩 상할 수 있고, 복제할 때 완전하게 그대로 복제된다는 보장도 없다. 반면 CD는 그렇지 아니하다.[5] 둘째, 디지털 데이터는 컴퓨터로 처리하기 쉽다. 오늘날 데이터가

력으로 만들어진 성과 등을 공정한 상거래 관행이나 경쟁질서에 반하는 방법으로 자신의 영업을 위하여 무단으로 사용함으로써 타인의 경제적 이익을 침해하는 행위"를 부정경쟁행위 중 하나로 규정하고 있는데, 이를 성과모방이라고 한다. 그 외에도 같은 법에는 성과모방에 해당하는 부정경쟁행위 유형이 몇 있다.

4) 근래에는 플레이어에서 다시 이 미세한 차이의 비연속적 음의 계속을 읽고 이를 연속적인 변화로 변환하는 경우도 있다.

5) 사실 CD도 반복하여 읽거나 복제하는 과정에서 일부 손상이 일어난다. 그러나 그 데이터는 어차피

중요해진 이유가 바로 엄청나게 발전한 컴퓨터의 데이터 처리능력 때문인데, 컴퓨터는 주로 디지털 데이터를 처리하는 것이다.

주의할 점은 법에서 데이터를 언급할 때 늘 디지털 데이터만을 데이터라고 하지는 않는다는 사실이다. 가령 개인정보 보호법은 개인정보, 즉 개인 데이터를 규율대상으로 하는데, 이때에는 디지털 데이터뿐 아니라 아날로그 데이터도 규율대상에 들어간다. 그러나 데이터를 언급하는 다수의 법률은 디지털 데이터만을 데이터라고 규정하고 있고,[6] 심지어 개인정보 보호법조차도 현실적으로 염두에 두고 있는 것은 개인 디지털 데이터이다.

마지막으로 데이터 또는 데이터 오너십을 이야기할 때 데이터는 그것이 생산요소, 즉 원료로 쓰이는 경우를 염두에 두고 있다는 점도 중요하다. 데이터의 쓰임은 다양하다. 스트리밍 서비스로 음원 또는 영상 데이터를 전송받아 곧바로 재생하거나 구글(Google) 독스(Docs)로 문서를 작성하는 경우에도 데이터가 오간다. 이때 데이터는, 일정한 디코딩(decoding) 과정을 거쳐, 소비 내지 향유의 대상이 된다. 그러나 법에서는 이러한 경우를 디지털 콘텐츠(digital contents)로 구분한다.[7] 법에서 데이터라고 할 때에는 대개 데이터를 처리하여 맞춤형 광고를 제공하는 데 필요한 광고 수용자 구분 기준을 "생산"하는 데 쓰일 수용자의 행태 데이터, 자율주행자동차를 운행할 인공지능을 "생산"하는 데 쓰일 운행 데이터, 새로운 치료방법을 "생산"하는 데 쓰일 유전체 데이터와 같이 생산의 주된 또는 부수적 투입요소가 될 만한 데이터를 염두에 둔다. 데이터 오너십 논의도 같다. 데이터 오너십이 인정되는 경우 그 파급효과가 이러한 맥락, 즉 생산요소로 쓰이는 경우에 국한된다는 보장은 없고, 데이터가 소비 내지 향

---

0 또는 1이므로, 0에 가까운지 1에 가까운지에 따라 복구 내지 보정할 수 있다.

6) 예컨대 공공데이터의 제공 및 이용 활성화에 관한 법률 제2조 제2호의 "공공데이터", 산업 디지털 전환 촉진법 제2조 제1호의 "산업데이터" 및 데이터 산업진흥 및 이용촉진에 관한 기본법 제2조 제1호의 "데이터"는 모두 "…광(光) 또는 전자적 방식으로 처리된 자료 또는 정보"이고, 데이터기반행정 활성화에 관한 법률 제2조 제1호의 "데이터"는 "정보처리능력을 갖춘 장치를 통하여 생성 또는 처리되어 기계에 의한 판독이 가능한 형태로 존재하는 … 정보"이다.

7) 콘텐츠산업 진흥법 제2조 제1호는 이를 "부호, 문자, 도형, 색채, 음성, 음향, 이미지 및 영상 등(이들의 복합체를 포함한다)의 자료 또는 정보를 말한다"고 규정한다.

유의 대상이 되는 경우에도 영향이 있을 수 있다. 그러나 이 논의가 당초 이러한 경우를 염두에 둔 것이 아니라는 점은 기억해 둘 필요가 있다.

데이터는 여러 가지로 분류될 수 있다. 그러나 그중 데이터 오너십과 관련하여 가장 중요한 구분은 개인정보와 비개인정보이다. 개인정보는 개인정보 보호법이 포괄적으로 규율하는 대상으로, 어떤 데이터가 살아 있는 특정 개인(정보주체)에 관계되고, 그가 누구인지를 그 데이터만으로 또는 다른 데이터와 결합하여 식별할 수 있는 경우를 말한다.[8] 비개인정보는 개인정보가 아닌 모든 데이터를 말하는데, 크게 둘로 나누어 볼 수 있다. 하나는 날씨 정보, 기계에서 생성된 작동정보와 같이 애초에 어떤 살아 있는 특정 개인과도 무관한 정보이고, 다른 하나는 당초 살아 있는 특정 개인에 관한 정보였으나 그 특정 개인이 누구인지 식별할 수 없게 처리한 정보이다. 뒤의 처리를 익명화(anonymization)라고 하고, 그러한 처리가 된 정보를 익명정보(anonymized data)라고 한다.[9] 그 외에 정형데이터(structured data)와 비정형데이터(unstructured data)의 구분도 데이터 오너십과 관련하여 약간의 의미가 있다.[10] 정형데이터는 데이터 내의 수치 등의 위치, 구조만으로 그 의미를 파악할 수 있는 데이터로, 종래 데이터베이스(database)라고 불리던 컴퓨터 소프트웨어(Microsoft Access 등)가 관리하는 데이터가 전형적이다. 그리고 그러한 정형화된 구조를 따르지 아니한 데이터가 비정형데이터이다. 오늘날 데이터 과학의 중요한 한 측면은 비정형데이터를 다루는 기법의 비약적 발전이다. 이는 데이터를 입력하는 작업에 사람이 개입할 필요를 크게 줄인다는, 데이터의 수집이 고도로 자동화될 수 있다는 점에서 의미가 있다.

---

8) 개인정보 보호법 제2조 제1호. 가령 홍길동과 그의 주민등록번호, 얼굴처럼 특정 개인을 식별하는 측면이 강한 정보도, 그가 어떤 학교를 다녔고 누구와 친한지, 어제 SNS에 올린 글의 내용은 무엇인지와 같이 그의 상태, 관계, 행동에 관한 것이지만 그 주체가 누구인지 알 수 있는 정보도 모두 개인정보가 된다.

9) 개인정보 보호법 제58조의2, 제3조 제7항 참조.

10) 데이터기반행정 활성화에 관한 법률 제2조 제1호는 "데이터"를 "… 정형 또는 비정형의 정보"라고 하여 양자를 포괄함을 명확히 한다.

2. 데이터 오너십의 의미와 배경

데이터 오너십(data ownership) 내지 데이터 소유권을 명확히 하여야 한다는 주장이 한때 전개되었다. 관련 논의는 지금도 어느 정도 이어지고 있다. 이 논의에는 몇 가지 서로 다른 배경이 있고, 논자마다 다른 측면을 염두에 두고 논의하고 있기도 하다.

2022년 3월 기준 전 세계 시가총액 1위 기업은 애플(Apple), 3위 기업은 마이크로소프트(Microsoft), 4위 기업은 구글(Google)을 서비스하는 ABC, 5위 기업은 아마존(Amazon)이다. 이들 기업 중 구글은 거의 전적으로 데이터 기업이고, 나머지 세 기업도 데이터 기업으로서의 성격이 강할 뿐 아니라 더 강해지고 있다.[11] 이들 기업의 가장 큰 자산이 이들이 보유한 막대한 데이터(data)라는 말은 결코 단순한 수사(修辭)가 아니다. 이들은 각자 자신의 플랫폼(platform)을 구축하고 이용자들이 플랫폼 위에서 활동하도록 하면서 생성되고 교환되는 데이터의 길목을 잡음으로써 막대한 수익을 내고 영향력을 확보하고 있다. 이처럼 데이터의 자산가치가 커지면, 사람들이 이처럼 큰 가치가 있는 자산에 대하여 재산권이 없을 수 있는가, 이 가치 있는 데이터는 '누구의 것'인가 하는 소박한 의문을 갖게 마련이다. 바로 이러한 소박한 의문이 데이터 오너십론의 첫 번째 배경 내지 동기이다.

다른 한편, 유럽연합(European Union)은 오늘날의 경제는 데이터 주도 경제(data-driven economy)이고, 데이터는 원본의 가치손상 없이 복제하여 활용할 수 있으며, 유럽연합 역내(域內)에도 이미 충분한 데이터가 있음에도 불구하고 유럽연합의 데이터의 공유(sharing)는 미국에 비하여 지지부진하다는 문제의식하에 디지털 단일시장 전략(Digital Singel Market Strategy: DSM Strategy)을 수립하고, 2016년 12월 유럽연합 역내에서 데이터의 자유로운 흐름(free flow of data)을 촉진하기 위한 수단 중 하나로 데이터 오너십을 검토하였다.[12] 여기에서는, 그 연구가 로펌에 맡겨진 데서도 알 수 있듯, 처음부

---

11) 시가총액 5위까지 사이에 유일하게 데이터 기업이 아닌 것은 아람코(Aramco)인데, 근래 국제정세 등으로 인하여 순위가 급상승하였다.

12) 유럽연합집행위원회(European Commission)의 의뢰로 Osborne Clarke LLP가 수행한 연구의 최종보고서는 European Commission, Legal Study on Ownership and Access to Data — Final Report, 2016으로

터 법적인 의미의 재산권 문제가 중심에 섰다. 데이터 오너십론의 두 번째 배경이다.

마지막으로 영미에서는 데이터 오너십 또는 데이터 소유권(property right to data)을 개인정보에 대한 정보주체의 권리 강화를 위한 담론으로 전개하는 흐름이 꾸준히 있었다. 이는 개인정보에 대하여 정보주체에게 부여된 권리를 의미하고, 개인정보를 이용하여 얻은 수익에 대한 권리, 즉 재산적 이익에 대한 권리를 포함하기도 한다.

첫 번째 논의는 데이터의 귀속만을 문제 삼는 반면, 두 번째 논의는 권리의 구체적 내용을 문제 삼는다. 이들 중 우리의 맥락에서 법적인 담론으로서 데이터 오너십은 두 번째이다. 세 번째 논의는 영미에서 인격권이나 개인정보자기결정권과 같은 권리가 인정되지 아니한 데서 비롯된 것으로서, 이미 그러한 권리가 널리 인정되고 있는 유럽이나 우리나라의 논의에서는 별 의미를 가지기 어렵다.

그렇다면 이러한 의미의 데이터 오너십은 구체적으로 무엇을 의미하는가? 이는 간단히 말하여 데이터에 대한 배타적, 독립적인 재산권을 뜻한다.

첫째, 데이터 오너십은 데이터에 대한 배타적 재산권을 가리킨다. 오너십(ownership), 즉 소유권은 무엇인가를 배타적으로 지배하는 권리이다. 민법상으로도 그러하지만 이 개념이 일상적으로 환기하는 의미도 그러하다. 데이터 오너십도 같다. 법학에서는 권리자가 자기의 권리를 누구에 대해서든 주장할 수 있는 권리를 절대권이라고 하고, 특정인에게만 주장할 수 있는 권리를 상대권이라고 한다. 채권이 상대권의 대표적인 예라면, 소유권은 절대권의 대표적인 예이다. 데이터 오너십은 데이터에 대한 절대권의 인정 문제이다.[13]

둘째, 데이터 오너십은 데이터에 대한 독립적인 재산권을 가리킨다. 개인 데이터에 대하여는 헌법상 기본권으로서 개인정보자기결정권이 인정되고, 이는 인격권의 일부로 이해되고 있다.[14] 개인정보자기결정권은 정보주체에 관한 개인 데이터가 잘 정의된 정당한 목적을 위하여 필요한 범위에서 법적 근거를 갖추어 처리되게 함으로

발간되었다.

13) Zech, Information als Schutzgegenstand, 2012, S. 344 ff.

14) 가령 대법원 2014. 7. 24. 선고 2012다49933 판결.

써 그의 프라이버시(privacy)를 보호한다. 그러나 그 과정에서 정보주체의 동의나 다른 법적 근거 없이 개인 데이터를 처리하는 것이 금지되어 정보주체가 동의할지 여부를 정할 권한을 갖는다. 개인 데이터도 경제적 가치를 가지므로 정보주체는 직접적, 간접적 대가를 받고 개인 데이터를 제공할 수 있다. 실제로 인터넷 쇼핑몰 등에서 제공하는 각종 할인쿠폰은 보험사 등에게 개인 데이터를 제공하는 데 대한 대가이다. 이와 같이 개인 데이터가 경제적 가치를 가지고 있고 정보주체가 인격권으로서 개인정보자기결정권을 행사하는 과정에서 그 가치를 누릴 수 있다면, 나아가 개인 데이터의 경제적 가치를 개인정보자기결정권의 보호 대상에 포함시켜도 되지 않을까 생각할 수 있다. 이를 인격권의 '재산적' 보호범위라고 한다.[15] 그러나 데이터 오너십은 이러한 경우를 포괄하지 아니한다. 인격권의 재산적 보호범위에서는 인격주체와 재산적 이익의 귀속주체가 분리될 수 없다. 내 개인정보로 돈을 벌 수 있는 기회는 프라이버시 보호를 위하여 내 개인정보의 이용을 통제할 수 있는 권리와 동전의 양면의 관계에 있기 때문이다. 반면 데이터 오너십은 인격권과 분리된 독립적인 재산권이다. 데이터 오너십을 개인정보에 대한 권리 강화의 수단으로 보는 세 번째 접근이 우리에게 부적절한 이유이기도 하다.[16]

데이터 오너십론은 애초에 비개인정보, 특히 산업 데이터(industrial data)를 염두에 두고 전개되었다. 나아가 데이터 오너십론은 암묵적으로 비개인정보를 모아 코딩한 사람에게, 즉 정보를 데이터로 바꾼 사람에게 오너십, 즉 소유권을 부여하는 것을 전제하곤 했다.[17] 근래 우리의 논의도 대체로 그러하다. 그러나 데이터 일반에 오너십을 인정한다면 개인정보도 그 대상이 될 수 있다.

---

15) 이는 이른바 퍼블리시티(publicity)를 별개의 재산권으로 보호할 것인가, 아니면 인격권, 특히 인격표지에 관한 인격권의 재산적 보호범위로 다룰 것인가와 같은 맥락의 문제이다.

16) Purtova, "Property in Personal Data: a European Perspective on the Instrumentalist Theory of Propertisation", European J. Leg. Stud. 2 (2010), 3.

17) 명시적인 것으로, Heymann, "Der Schutz von Daten bei der Cloud Verarbeitung", CR 2015, 807, 810; Specht, "Ausschließlichkeitsrechte an Daten — Notwendigkeit, Schutzumfang, Alternativen. Eine Erläuterung des gegenwärtigen Meinungsstands und Gedanken für eine zukünftige Ausgestaltung", CR 2016, 288, 294 f.

한때 우리나라에서는 이 점에 착안하여 데이터 오너십이 인정되면 그 권리자, 가령 코딩한 사람이 개인정보를 그 정보주체의 동의 없이 이용할 수 있는 것 아닌가 하는 기대를 갖고 이 논의에 관심을 보이는 예가 있었다. 개인정보 보호법에 따를 때 개인정보를 이용하는 데 많은 제약이 있었기에 생긴 관심이었다. 그러나 진실은 그 반대이다. 개인정보자기결정권은 개인정보가 그 정보주체의 인격의 자유로운 발현과 프라이버시에 미칠 악영향을 고려하여 정보주체에게 준 통제권으로서 인격권인 반면, 데이터 오너십은 데이터에 대한 재산권이다. 개인정보의 경우 두 권리는 동일한 데이터를 대상으로 하지만, 목적과 평면은 서로 다르다. 그리하여 두 권리는 병존할 수 있고 또 병존함이 원칙이다. 결국 데이터 오너십이 인정되는 경우 개인정보에는 두 권리자가 존재하게 된다. 하나는 그 데이터가 지시하는 정보주체의 개인정보자기결정권, 즉 인격권이고 다른 하나는 그 데이터를 코딩한 사람의 데이터 오너십, 곧 재산권이다. 뱅크시의 그림이 다른 사람의 건물 벽에 그려지면 그림의 저작권은 뱅크시에게 있지만 그림과 분리할 수 없는 건물의 소유권은 건물주에게 있고, 어느 권리도 원칙적으로는 다른 권리를 배제하지 못한다. 마찬가지로 개인정보에 대하여 두 권리가 병존하는 경우 어느 권리도 다른 권리를 배제하지 못한다. 데이터 오너십은 동의 없는 개인정보 처리를 위한 대안이 아니다. 오히려 권리자가 여럿이 되어 데이터를 이용하려면 모두의 동의를 받아야 하는, 즉 여러 명이 비토(veto)권을 가지는 부담이 생길 수 있다. 데이터 오너십이 개인정보도 대상으로 함에도 주로 비개인정보를 염두에 두고 논의된 이유가 여기에 있다.

II. 데이터의 법적 성질과 데이터 오너십의 인정 여부

1. 데이터의 법적 성질과 현행법상 데이터 오너십

데이터에는 오너십이 있는가? 법적인 의미의 오너십, 즉 소유권은 우리가 '내 것'이라고 말하는 소박한 개념과는 거리가 있다. 무엇을 소유의 대상으로 하는지는 나라마다 다른데,[18] 우리의 경우 민법상 소유권의 대상은 "물건"으로 제한되어 있다. 흥미를 끄는 점은 민법상 소유권의 대상인 "물건"이 유체물(tangible thing), 즉 손으로 만질 수 있는 것에 제한되어 있지 아니하다는 것이다. 민법은 특이하게도 "전기 기타 관리할 수 있는 자연력"도 "물건"에 포섭한다.[19]

이처럼 "전기 기타 관리할 수 있는 자연력"을 "물건"으로 파악하는 것은 다른 나라에서는 흔하지 않은 접근이다. 이는 지난 세기 초반 전기가 중요한 자산으로 대두하였을 때 권리자를 보호하기 위하여 둔 규정인데, 실제로는 별 의미가 없었다. 어차피 전선을 통하여 흐르는 전기에 대하여 소유권이나 각종 제한물권을 관념하여 보호하기 쉽지 않았고, 이미 침해가 이루어지면 손해배상을 받으면 충분한데, 손해배상을 청구하기 위하여 소유권이 전제되어야 하는 것도 아니었기 때문이다.

그러나 근래 데이터의 중요성이 강조되면서 이 규정을 활용하여 데이터 오너십을 인정할 가능성이 논의되었다. 그러나 결론적으로 이 규정을 활용하여 데이터 오너십을 인정할 수는 없다는 것이 일반적인 이해이다. 데이터에는 경제학에서 공유재의 속성으로 이야기하는 비배제적(non-exclusive), 비경합적(non-rival) 성질이 있기 때문이다.

본래의 의미의 물건이 유체물이라는 데는 의문이 없다. 유체물이기만 하면, 법에서 개인이 소유할 수 없는 것으로 따로 정한 유체물이 아닌 한, 당연히 소유권의 대상이 되고 담보권 등 제한물권의 대상이 된다. 어느 나라에서나 그렇다. 왜 그러한가? 유체물은 공간에서 부피를 차지하고 만질 수 있는 대상이다. 어떤 유체물이 이느 한 곳에 존재하면 그 유체물은 그와 동시에 다른 곳에 존재할 수 없다. 그 유체물을 누군가가 점유(占有; possess)하면 다른 사람이 동시에 그 유체물을 점유할 수 없다.[20] 유체물

---

18) 누군가의 것이라면 온갖 대상에 대하여 "소유"라는 말을 쓰는 나라도 있지만, 그렇지 않은 나라도 있다. 우선, Van Erp, "Ownership of Data: The Numerus Clausus of Legal Objects", 6 Bringham-Kanner Prop. Rts. Conf. J. 235 (2017).

19) 민법 제98조: "본법에서 물건이라 함은 유체물 및 전기, 기타 관리할 수 있는 자연력을 말한다."

20) 물론 이러한 설명은 지나치게 단순하고, 좀 더 복잡한 경우를 생각해 보면 잘 들어맞지 않는다. 예를 들어 부피가 매우 큰 유체물은 여러 사람이 부분부분 점유할 수 있고, 여러 사람이 의논하여 한 유체물을 공동으로 점유하는 경우도 있을 수 있다. 그러나 어느 한 사람이 단독으로 점유하고 있

에 배타적 재산권이 없어도 유체물은 누군가가 사실상 배타적으로 지배하기 쉬운 것이다. 그러므로 차라리 그 사람에게 배타적 재산권을 부여하는 것이 더 효과적이다.

민법상 유체물에 대한 소유권이 이러한 이유에서 인정된 것이라면, "전기 기타 관리할 수 있는 자연력"도 비슷한 조건을 충족하는 경우에 인정되어야 할 것이다. 그러므로 관리할 수 있다는 것은 배타적으로 지배할 수 있음을, 즉 경합성(rivalry), 배제성(exclusivity) 및 존립성(독자적 존재 가능성)이 있음을 뜻한다.[21] 경합성과 배제성은 각각 한 사람이 이용하면 다른 사람의 동시 이용이 필연적으로 배제되고, 한 사람이 다른 사람의 이용을 배제할 수 있어야 한다는 뜻이고, 존립성은 그 대상이 어느 누구의 의사나 협력에 의하여 존재하는 것이 아니라 그 자체 독자적으로 존재한다는 뜻이다.[22] 그런데 데이터에는 이와 같은 성질이 없다. 데이터, 특히 디지털 데이터는 표시/기호 층위, 즉 코드를 가리키므로, 데이터 오너십도 코드 자체의 보호를 의미할 수밖에 없다. 디지털 코드의 중요한 특징 중 하나는 손상 없이 복제할 수 있다는 점이다. 같은 데이터를 여러 사람이 동시에 사용할 수 있다. 일단 복제가 이루어지면 누군가가 다른 사람의 동시 사용을 배제하기는 어렵다. 또 데이터 중에는 내 것이라 하더라도 클라우드(cloud)에 저장된 경우와 같이 다른 누군가의 서비스의 계속에 그 존속이 달려 있는 것도 있다. 일반적으로 데이터는 유체물에 준하는 성질을 가지지 아니한다. 데이터는 적어도 민법상 소유권의 대상은 되지 못한다.[23]

그렇다면 지적재산권의 보호대상은 되는가? 이 점과 관련하여 우선 분명히 하

는 유체물을 다른 사람이 그 점유를 방해하지 않으면서 동시에 단독으로 점유하는 것은 불가능하다.

21) 위와 같은 정식화(定式化)는 무엇보다도 백대열, "데이터 물권법 시론(試論) ─암호화폐를 비롯한 유체물-동등 데이터를 중심으로─", 민사법학 제6호, 133면 이하.

22) 존립성은 데이터 이전에 물건인지, 소유의 대상이 되는지 여부가 먼저 문제 된 게임 아이템의 예를 생각해 보면 된다. 게임 아이템은 종종 상당한 경제적 가치를 가져 게임회사가 거래를 허용하지 아니하여도 게임 밖에서 매매되곤 하였고, 때문에 게임 이용자의 이익을 보호하기 위하여 소유권을 인정할 수 있는지가 논의되었다. 그러나 게임 아이템의 존재는 게임회사의 결정에 달려 있다는 점이 문제되었다.

23) 이동진, "데이터 소유권(Data Ownership), 개념과 그 실익", 정보법학 제22권 제3호(2018), 225-226면; Amstutz, "Dateneigentum. Funktion und Form", AcP 218 (2018), 438, 543 ff.

여야 하는 것은 모든 경제적 가치 있는 무형의 자산이 재산권의 보호대상이 되는 것은 아니라는 점이다. 오히려 그 반대가 원칙이다. 경합성과 배제성이 없는 지식 (knowledge)과 정보(information)는 누군가가 만든 것이라 하더라도 원칙적으로 자유롭게 공유할 수 있는 공유재(common good)이다. 그러한 공유가 역사와 진보를 가능하게 한다. 우리가 하는 모든 말과 행동에는 정보가 필요하고 우리가 하는 모든 말과 행동은 정보를 생산하며 우리의 상호작용은 정보의 교환을 수반한다. 누군가가 만든 정보라 하여 그 사람에게 그 정보를 혼자 이용할 수 있게 해 준다면 표현의 자유도, 알 권리도, 사회생활도 불가능하다. 그러나 다른 한편 어떤 정보의 생산에는 상당한 노력과 비용투입이 필요하다. 기껏 만든 정보를 아무나 쓸 수 있다면 애초에 노력을 하고 비용을 투입할 유인이 줄어든다. 정보가 비경합적이고 비배제적이어서 무임승차자 (無賃乘車者; free rider)가 생기는 것이다. 그 결과 아예 투자를 하지 아니하거나 이를 모두 비밀로 유지할 가능성이 생긴다. 그럴 바에는 예외적으로 상당한 투자의 결과에 대하여는 일정한 배타적 보호를 제공하는 것이 나을지 모른다. 지적재산권은 그러한 경우를 보호하기 위하여 개별적으로 도입된 제도이다.

그런데 하나하나의 데이터가 '상당한' 노력과 비용투입의 결과인 경우는 드물다. 데이터가 되기 위해서는 정보를 코딩(coding)하여야 하나, 그러한 코딩에는 어떤 창작성도, 어떤 고도의 비용도 소요되지 아니하는 경우가 흔하다. 그러므로 데이터가 현행 지적재산권법이 보호하는 개별 지적재산권 중 어느 하나에 해당하는 경우는 극히 드물다. 데이터가 정형데이터이고 동종(同種)의 데이터가 상당량 모이면 데이터베이스로 보호될 수 있으나 이는 개개의 데이터의 보호와는 차이가 있다. 그 이외에 데이터 일반에 대하여 인정될 수 있는 지적재산권은 거의 생각할 수 없다. 우리나라에서도, 유럽연합에서도 관련 전문가들은 이러한 결론에 동의한다.[24]

---

24) 가령 박준석, "빅데이터 등 새로운 데이터에 대한 지적재산권법 차원의 보호가능성", 산업재산권 제58호(2018), 104면 이하. 다만, 같은 문헌, 109면 이하는 부정경쟁행위로 다루어 데이터를 보호할 것을 제안하면서 이를 "지적재산권"으로 보호하는 것이라고 하나, 부정경쟁방지법적인 보호는 일반적으로 재산권법이 아닌 불법행위법적 보호로 봄이 타당하고, 그것이 지배적인 이해이기도 하다. 또한 Drexl, Designing Competitive Markets for Industrial Data — Between Propertisation and Access,

2. 데이터 오너십의 입법론

현행법에는 데이터 오너십, 즉 데이터 일반에 대한 배타적 독립적 재산권이 없다. 그러나 법을 고쳐 그러한 권리를 만들 수는 있다. 문제는 그러한 권리를 만들어야 하는가 하는 점이다. 이 질문에 답을 하려면 데이터 오너십이 있으면 뭐가 달라지는지를 알아야 한다. 이는 다시 데이터 오너십이 없을 때 데이터의 법률관계가 어떻게 되는지를 알아야 답할 수 있다.

먼저, 데이터는 많은 경우 어떤 유체물에 기입되어 있다. 데이터를 하드디스크드라이브나 CD, DVD, usb 등 매체에 저장하는 일이 흔하다. 이때 매체에 기입된 데이터를 훼손하면 그 매체의 '소유권'을 침해한 것이 된다. 동상을 매수하였는데 그 동상을 녹여 형체가 사라지면 그 재료가 그대로 있다 하더라도 동상 소유권을 침해한 것이 된다. 데이터도 다를 바 없다.[25] 소유물의 가치는 그것이 가지는 기능과 무관할 수 없고, 저장매체의 경우 그 기능은 데이터에 있기 때문이다.

물론 데이터는 종종 유체물과 분리된다. 다른 사람의 매체에 내 데이터를 기입하는 경우 그 매체의 소유자가 내 데이터까지 가진다고 할 수는 없다. 내 데이터를 클라우드에 업로드하고 필요할 때 전송(電送)받아 쓸 수 있지만 하드디스크드라이브와 같이 고정저장매체에 저장하지는 아니하고 그때그때 메모리에서 처리만 하는 경우도 데이터가 지속적으로 특정 유체물에 기입되어 있다고 하기 어렵다. 그러나 이러한 데이터가 침해될 때에도 불법행위법에 따른 보호는 여전히 가능하다. 우리 불법행위법은 위법성을 요구할 뿐 불법행위가 성립하기 위하여 침해의 대상에 권리가 설정되어 있어야 한다고 하지 아니한다. 대단히 유연한 형태이다. 데이터 오너십이 인정되든 그렇지 아니하든 누군가의 데이터를 부당한 방법으로 침해한다면 이는 이미 불법행위이고, 손해배상책임을 발생시킨다. 판례는 불법행위의 중지를 구하는 것도 가능

2016, pp. 19 ff.

25) 이동진(주 23), 229-230면; Spickhoff, "Der Schutz von Daten durch das Deliktsrecht", Leible/Lehmann/Zech (hrsg) Unkörperliche Güter im Zivilrecht, 2011, S. 236; Zech(주 13), S. 266 ff.

하다고 하므로,[26] 침해금지청구를 할 수도 있다. 데이터가 영업비밀로 관리된다면 그 침해에 대하여는 부정경쟁방지 및 영업비밀보호에 관한 법률에 터 잡은 손해배상청구와 침해금지청구도 가능하지만, 그렇지 아니하다 하더라도 일반 불법행위책임이 당연히 배제되는 것은 아니다.

데이터 오너십이 없다고 데이터 거래가 불가능한 것도 아니다. 데이터를 공유하거나 필요한 데이터를 주문에 따라 만들어 내는 거래는 지금도 세계 곳곳에서 일어나고 있다. 데이터를 사실상 관리하고 있는 측은 그 데이터를 다른 사람이 복제할 수 있도록 공개하지 않고 대가를 받은 뒤에야 이를 제공하며, 제공할 때에도 허락 없이 당초 목적을 넘어서 데이터를 이용하거나 제3자에게 다시 넘기는 것을 계약으로 금지하여 자신의 이익을 지킬 수 있다. 데이터를 전송할 때 기술적 보호조치를 취하여 무단이용이 어렵게 할 수도 있다.[27]

데이터 오너십이 없어도 데이터가 보호되고 거래될 수 있다면, 데이터 오너십 도입은 과연 무엇을 바꾸는가? 가장 분명한 차이는 데이터가 이미 어떤 경위로 유출되었을 때 그 복제 및 이용을 금지할 수 있는지 여부이다. 불법행위법과 사실상의 지배를 통한 데이터 보유자의 이익 보호는 데이터 보유자가 자기 데이터를 관리하고 있는 동안만, 그리고 그 범위에서만 유지된다. 일단 데이터가 유출되거나 공개되면 적어도 그 경위를 잘 알지 못하는 제3자는 그 데이터를 마음대로 이용하거나 복제할 수 있고, 그러한 행위에 대하여 책임을 지지도 아니한다. 반면 데이터 오너십이 인정된다면 그와 같은 이용이나 복제는 데이터 오너십을 침해하는 행위이고, 상대방이 그러한 사정을 알았든 몰랐든 침해를 중단해달라고 요구할 수 있을 뿐 아니라, 그에게 손해배상을 구하거나 부당이득반환을 구할 수 있게 된다. 또 다른, 좀 덜 분명한 차이로는 데이터에 대한 강제집행이나 담보설정이 가능해진다는 점을 들 수도 있다.[28]

그런데 이들 중 전자(前者)는 중요하지 아니할 뿐 아니라 오히려 문제일 수 있다.

---

26) 대법원 2018. 8. 25.자 2008마1541 결정.
27) 이동진(주 23), 232면 이하; Schur, Die Lizenzierung von Daten, 2020, S. 111 ff.
28) 이동진(주 23), 235-236면.

데이터 오너십이 없어도 데이터 보유자는 대개의 경우 사실상 자신의 이익을 지킬 수 있다. 이러한 사실상의 지위는 경제(학)적으로는 이미 재산권(property)과 별로 다르지 아니하다. 데이터 공유가 활성화되지 아니하는 상황이 데이터 오너십의 부재(不在) 때문이라고 할 수는 없는 것이다. 가치 있는 데이터가 잘 공유되지 않는 것은 오히려 데이터의 가치가 크고 공유의 파급효과가 큰데다 가늠하기 어려워 데이터 보유자가 데이터를 내놓기를 꺼리고, 거래에 필요한 가치평가의 노하우(Knowhow)가 축적되지 아니하였기 때문이다.[29] 데이터 오너십이 도입된다고 이러한 상황이 개선되기는 어렵다. 나아가 데이터 오너십은 데이터 공유를 저해할 위험마저 있다. 인터넷에 떠돌아 다니는 (명백히 창작성이 높지 아니한) 풍경 사진을 무단으로 썼다고 갑자기 저작권 침해를 주장하며 소송을 하는 것이 사회적 선(善)과 별 관계가 없어 보이는 것처럼, 별다른 투자 없이 일정한 프로그램을 투입하여 작업하면 거의 똑같이 코딩될 데이터에 대하여 비밀로 관리하였는지 여부와 관계없이 복제를 금하는 것이 더 나은 길이라고 보이지는 아니한다. 마지막으로 데이터 오너, 즉 그 권리자를 어떻게 정할 것인지가 커다란 문제로 대두한다. 데이터 오너십의 주장자들은 암묵적으로 데이터를 생성한 사람이 데이터 오너십을 일단 취득할 것을[30] 전제하였으나, 데이터의 가치가 올라가고 자동화로 인하여 여러 사람의 노동 기회와 소득이 감소하는 시대에, 개인이 무의식적으로라도 데이터 생산에 기여한 몫을 누려야 한다는 주장도 — 아직까지는 다분히 정치적, 이념적인 수준에 머물러 있고 법적인 담론이라고 하기는 어렵지만 — 제기되고 있다. 데이터 오너십을 정면에서 도입하려고 하는 경우 이러한 문제에 대한 논쟁에 휘말리기 쉽다.[31] 유럽에서 데이터 오너십론이 가장 염두에 둔 산업 데이터는 자동차 관련 데이터였는데, 정작 독일의 자동차 업계는 데이터 오너십론에 부정적인 입장이었다.[32]

---

29) 데이터 거래가 활발한 매우 드문 예인 미국의 경우 데이터 브로커(data broker)가 그러한 역할을 한다고 알려져 있다.
30) 법에서는 이를 원시(原始)취득이라고 하여, 그 사람으로부터 다음 사람, 그다음 사람에게 넘어가는 승계취득과 구분한다.
31) 이동진(주 23), 236-239면.

후자(後者), 즉 담보 설정 가능성은 좀 더 진지하게 고려될 필요가 있다. 데이터의 가치가 크다면, 그리하여 데이터를 노린 기업인수합병이 일어나고 기업가치평가에서 데이터의 가치가 중요하게 고려된다면, 데이터를 기초로, 또는 데이터를 담보로 투자를 받거나 돈을 빌릴 수도 있어야 할 것이다. 그러나 담보는 배타적 재산권이 없어도 만들 수 있다.[33] 데이터를 매개로 한 금융을 활성화하기 위하여 데이터 오너십을 도입하는 것은 과도한 조치이다.

일반적인 데이터 오너십을 도입하려는 시도는, 유럽에서는, 사실상 폐기되었다. 최종보고서는 다수의 국가에서 전문가들이 이에 반대하였음을 확인하고 있고,[34] 유럽연합 집행위원회(European Commission)도 2017. 1. 10. 채택한 문서에서 데이터에 대한 배타적 재산권(a right *in rem*, exclusive right) 설정, 즉 오너십(ownership) 도입에 반대한다는 점을 명확히 하였으며,[35] 아래에서 보는 최근의 데이터 접근권의 입법시도 또한 데이터 오너십의 폐기를 전제한다고 이해되고 있다.

데이터에 관심이 많아지면서 데이터에 대하여 어떤 권리를 부여하거나 데이터 보호를 목적으로 하는 법률 규정이 앞다투어 신설되고 있다. 먼저, 2021. 10. 19. 제정되어 2022. 4. 20. 시행된 데이터 산업진흥 및 이용촉진에 관한 기본법[36] 제12조는[37] 데

---

32) Żdanowiecke, "Recht an Daten", Bräutigam/Klindt (hrsg) Disitalisierte Wirtschaft/Industrie 4.0, 2015, S. 18-28.

33) 이동진, "동산·채권 등기담보, 일괄담보, 기업담보", 법률신문 2020. 9. 28.자.

34) European Commission(주 12), p. 95 f.

35) European Commission, Staff Working Document Accompanying The Communication "Building a European data economy", 2017, pp. 33 ff.

36) 소관부서는 과학기술정보통신부이다.

37) 데이터 산업진흥 및 이용촉진에 관한 기본법
   제12조(데이터자산의 보호) ① 데이터생산자가 인적 또는 물적으로 상당한 투자와 노력으로 생성한 경제적 가치를 가지는 데이터(이하 "데이터자산"이라 한다)는 보호되어야 한다.
   ② 누구든지 제1항에 따른 데이터자산을 공정한 상거래 관행이나 경쟁질서에 반하는 방법으로 무단 취득·사용·공개하거나 이를 타인에게 제공하는 행위, 정당한 권한 없이 데이터자산에 적용한 기술적 보호조치를 회피·제거 또는 변경하는 행위 등 데이터자산을 부정하게 사용하여 데이터생산자의 경제적 이익을 침해하여서는 아니 된다.
   ③ 제2항에 따른 데이터자산의 부정사용 등 행위에 관한 사항은 「부정경쟁방지 및 영업비밀보호에

이터자산의 보호라는 표제하에 데이터생산자가 인적 또는 물적으로 상당한 투자와 노력으로 생성한 경제적 가치를 가지는 데이터를 공정한 상거래 관행이나 경쟁질서에 반하는 방법으로 무단 취득, 사용, 공개하거나 제공한 경우 등에는 부정경쟁방지 및 영업비밀보호에 관한 법률에 따라 보호할 것임을 밝히고 있다. 이 규정은 2022. 12. 7. 일부 개정되어 데이터 산업진흥 및 이용촉진에 관한 기본법 시행일과 같은 날인 2022. 4. 20. 시행된 부정경쟁방지 및 영업비밀보호에 관한 법률[38] 제2조 제1호 카목으로 이어지는데, 같은 목은 특정인 또는 특정 다수에게 제공되는 관리되는 데이터를 부정한 방법으로 또는 약정에 반하여 무단 이용하는 행위 등을 부정경쟁행위로 정한다.[39]

다른 한편, 2022. 1. 4. 제정되어 2022. 7. 5. 시행된 산업 디지털 전환 촉진법은[40] 제2조로 산업활동 과정에서 인적 또는 물적으로 상당한 투자와 노력을 통하여 기존에 존재하지 아니하였던 산업데이터가 새롭게 발생하는 것을 산업데이터 생성으로 정의하고, 제9조에서 산업데이터를 생성한 자는 해당 산업데이터를 사용·수익할 권

관한 법률」에서 정한 바에 따른다.

38) 소관부서는 산업통상자원부의 외청인 특허청이다.

39) 부정경쟁방지 및 영업비밀보호에 관한 법률

　제2조(정의) 이 법에서 사용하는 용어의 뜻은 다음과 같다.

　1. "부정경쟁행위"란 다음 각 목의 어느 하나에 해당하는 행위를 말한다.

　카. 데이터(「데이터 산업진흥 및 이용촉진에 관한 기본법」 제2조 제1호에 따른 데이터 중 업(業)으로서 특정인 또는 특정 다수에게 제공되는 것으로, 전자적 방법으로 상당량 축적·관리되고 있으며, 비밀로서 관리되고 있지 아니한 기술상 또는 영업상의 정보를 말한다. 이하 같다)를 부정하게 사용하는 행위로서 다음의 어느 하나에 해당하는 행위

　1) 접근권한이 없는 자가 절취·기망·부정접속 또는 그 밖의 부정한 수단으로 데이터를 취득하거나 그 취득한 데이터를 사용·공개하는 행위

　2) 데이터 보유자와의 계약관계 등에 따라 데이터에 접근권한이 있는 자가 부정한 이익을 얻거나 데이터 보유자에게 손해를 입힐 목적으로 그 데이터를 사용·공개하거나 제3자에게 제공하는 행위

　3) 1) 또는 2)가 개입된 사실을 알고 데이터를 취득하거나 그 취득한 데이터를 사용·공개하는 행위

　4) 정당한 권한 없이 데이터의 보호를 위하여 적용한 기술적 보호조치를 회피·제거 또는 변경(이하 "무력화"라 한다)하는 것을 주된 목적으로 하는 기술·서비스·장치 또는 그 장치의 부품을 제공·수입·수출·제조·양도·대여 또는 전송하거나 이를 양도·대여하기 위하여 전시하는 행위. 다만, 기술적 보호조치의 연구·개발을 위하여 기술적 보호조치를 무력화하는 장치 또는 그 부품을 제조하는 경우에는 그러하지 아니하다.

40) 소관부서는 산업통상자원부이다.

리를 가진다고 규정한다.[41]

데이터 산업진흥 및 이용촉진에 관한 기본법 제12조와 부정경쟁방지 및 영업비밀보호에 관한 법률 제2조 제1항 카목은 제3자에 의한 데이터 무단 이용으로부터 데이터생산자를 보호한다. 주목할 만한 점은 첫째, 보호대상이익의 주체가 데이터생산자로 상정되고 있고, 둘째, 모든 데이터를 모든 침해로부터 보호하는 것이 아니라 데이터생산자가 인적 또는 물적으로 상당한 투자와 노력을 통하여 생성한 데이터에 한하여 공정한 상거래 관행이나 경쟁질서에 반하는 특정한 방법의 무단 이용으로부터만 보호한다는 사실이다. 데이터생산자의 이익을 보호한다는 점에서는 데이터 오너십의 관심과 상통하는 점이 있다. 그러나 데이터 일반이 아닌 특히 보호할 만한 가치

---

41) 산업 디지털 전환 촉진법

제2조(정의) 이 법에서 사용하는 용어의 뜻은 다음과 같다.

2. "산업데이터 생성"이란 산업활동 과정에서 인적 또는 물적으로 상당한 투자와 노력을 통하여 기존에 존재하지 아니하였던 산업데이터가 새롭게 발생하는 것(산업데이터의 활용을 통하여 독자성을 인정할 수 있는 새로운 산업데이터가 발생하는 경우를 포함한다)을 말한다.

제9조(산업데이터 활용 및 보호 원칙) ① 산업데이터를 생성한 자는 해당 산업데이터를 활용하여 사용·수익할 권리를 가진다.

② 산업데이터를 2인 이상이 공동으로 생성한 경우 각자 해당 산업데이터를 활용하여 사용·수익할 권리를 가진다. 다만, 당사자 간의 약정이 있는 경우에는 그에 따른다.

③ 산업데이터가 제3자에게 제공된 경우 산업데이터를 생성한 자와 제3자 모두 해당 산업데이터를 활용하여 사용·수익할 권리를 가진다. 다만, 당사자 간의 약정이 있는 경우에는 그에 따른다.

④ 누구든지 산업데이터를 생성하거나 제공받은 자의 제1항부터 제3항까지의 권리를 공정한 상거래 관행이나 경쟁질서에 반하는 방법으로 침해하여서는 아니 된다. 이 경우 공정한 상거래 관행이나 경쟁질서에 반하는 방법인지 여부를 판단할 때에는 산업데이터 활용의 목적 및 성격, 산업데이터의 활용이 그 산업데이터의 현재 또는 잠재적 가치에 미치는 영향 등을 종합적으로 고려하여야 한다.

⑤ 산업데이터 생성 또는 활용에 관여한 이해관계자들은 산업데이터의 원활한 활용과 그에 따른 이익의 합리적인 배분 등을 위한 계약을 체결하도록 노력하여야 하며, 합리적인 이유 없이 지위 등을 이용하여 불공정한 계약을 강요하거나 부당한 이익을 취득하여서는 아니 된다.

⑥ 산업데이터를 사용·수익할 권리를 가지는 자는 산업데이터의 무결성·신뢰성을 확보하고 산업데이터가 분실·도난·유출·위조·변조 또는 훼손되지 아니하도록 하며, 산업데이터를 활용한 제품·서비스가 위해를 발생시키지 아니하도록 노력하여야 한다.

⑦ 고의 또는 과실에 의하여 제4항 전단 및 제6항을 위반하여 타인에게 손해를 입힌 자는 손해를 배상할 책임을 진다.

가 있는 데이터에 한하여 보호하고, 그나마도 데이터생산자가 부주의로 유출한 것을 무단 이용하는 경우에는 보호하지 아니하며 침해방법이 특히 위법한 때에 한하여 보호한다는 점에서 재산권 내지 소유권 설정이 아닌 불법행위법적 보호이다. 이 규정은 간접적으로 데이터 오너십을 도입하지 아니함을 전제하는 셈이다.

이 규정은 규율대상인 행위의 형식과 구조가 부정경쟁방지 및 영업비밀보호에 관한 법률 제2조 제2호, 제3호의 영업비밀 침해행위와[42] 비슷하다. 그러나 영업비밀이 되려면 비밀로 관리되어야 하는 반면, 데이터는 특정인 또는 특정 다수에게 제공되는 것으로 비밀로 관리되고 있지 아니한 것도 보호된다는 점에 차이가 있다. 이는 일본 부정경쟁방지법(不正競争防止法) 제2조 제11호 이하의 한정제공 데이터 부정취득 등을 모범으로 한 것으로, 데이터를 제한적으로 공유(data sharing)하더라도 여전히 데이터생산자의 이익이 보호될 수 있음을 분명히 한다. 그러나 이 규정이 없다 하여 이러한 행위가 불법행위가 될 수 없는 것은 아니다.

---

42) 부정경쟁방지 및 영업비밀보호에 관한 법률

　제2조(정의) 이 법에서 사용하는 용어의 뜻은 다음과 같다.

　2. "영업비밀"이란 공공연히 알려져 있지 아니하고 독립된 경제적 가치를 가지는 것으로서, 비밀로 관리된 생산방법, 판매방법, 그 밖에 영업활동에 유용한 기술상 또는 경영상의 정보를 말한다.

　3. "영업비밀 침해행위"란 다음 각 목의 어느 하나에 해당하는 행위를 말한다.

　가. 절취(竊取), 기망(欺罔), 협박, 그 밖의 부정한 수단으로 영업비밀을 취득하는 행위(이하 "부정취득행위"라 한다) 또는 그 취득한 영업비밀을 사용하거나 공개(비밀을 유지하면서 특정인에게 알리는 것을 포함한다. 이하 같다)하는 행위

　나. 영업비밀에 대하여 부정취득행위가 개입된 사실을 알거나 중대한 과실로 알지 못하고 그 영업비밀을 취득하는 행위 또는 그 취득한 영업비밀을 사용하거나 공개하는 행위

　다. 영업비밀을 취득한 후에 그 영업비밀에 대하여 부정취득행위가 개입된 사실을 알거나 중대한 과실로 알지 못하고 그 영업비밀을 사용하거나 공개하는 행위

　라. 계약관계 등에 따라 영업비밀을 비밀로서 유지하여야 할 의무가 있는 자가 부정한 이익을 얻거나 그 영업비밀의 보유자에게 손해를 입힐 목적으로 그 영업비밀을 사용하거나 공개하는 행위

　마. 영업비밀이 라목에 따라 공개된 사실 또는 그러한 공개행위가 개입된 사실을 알거나 중대한 과실로 알지 못하고 그 영업비밀을 취득하는 행위 또는 그 취득한 영업비밀을 사용하거나 공개하는 행위

　바. 영업비밀을 취득한 후에 그 영업비밀이 라목에 따라 공개된 사실 또는 그러한 공개행위가 개입된 사실을 알거나 중대한 과실로 알지 못하고 그 영업비밀을 사용하거나 공개하는 행위

산업 디지털 전환 촉진법 제9조가 규율하는 것은 제3자의 무단 이용 등으로부터의 보호, 즉 대외적 측면이 아닌, 데이터생산자의 데이터 사용수익권, 즉 내부적 측면이다. 같은 조 제4항, 제7항이 정하는 보호도 제3자의 무단 이용 등으로 인한 손해가 아닌 생산자의 사용수익에 대한 방해로 인한 손해를 대상으로 한다. 통상 데이터를 생산한 자는 데이터를 자기 스스로 관리하게 마련이다. 그러므로 그가 데이터를 사용수익하는 데 법의 도움은 필요하지 아니하다. 그가 데이터를 관리하면서 사용수익하는 것을 제3자가 방해한다면, 방해의 방법이 공정한 상관행이나 경쟁질서에 반하는 한, 통상 불법행위가 성립한다. 이 점에서 이 규정도 확인적 성격을 갖는다.

그러나 하나의 데이터 생산에 상당한 기여를 한 사람이 여럿인 경우에는 그들 모두가 생산된 데이터를 스스로 관리하지는 못할 수 있다. 최종생산물을 관리하는 자는 한 명이 되는 일이 흔하다. 산업 디지털 전환 촉진법 제9조는 이러한 경우 데이터를 사실상 관리하는 자 이외에 데이터의 생산에 상당한 정도 기여한 자는 사용수익권을 가짐이 원칙임을 선언한다. 어떤 재화의 가치 증가에 기여한 사람에게는 보상이 주어져야 한다. 이러한 보상은 금전적일 수도 있고, 원물(原物)의 일정 지분일 수도 있는데,[43] 산업 디지털 전환 촉진법 제9조는 그중 후자, 즉 데이터생산에 상당한 정도 기여한 자는 원칙적으로 사용수익권 자체를 가짐을 밝힌다. 이 규정은 이 한도에서는 의미가 있다. 아마도 데이터생산에 상당한 정도로 기여하였음에도 최종산물에 접근할 수 없는 사람은 데이터를 관리하는 자에게 사용수익을 방해하지 아니하고 사용수익에 협조해 달라는 요구를 하고, 데이터를 관리하는 자가 응하지 아니하면 그로 인한 손해에 대하여 금전배상을 구할 수 있을 것이다. 사용수익의 방해를 중단해 달라는 청구도 가능할지 모른다. 그러나 데이터 제공을 강제할 수 있을지는 분명하지 아니하다.

이러한 규정이 있는 한 최종산물인 데이터를 관리할 사람은 데이터생산에 상당한 기여를 한 사람들과 어떻게 보상할지, 누가 이용할지를 약정으로 미리 정할 유인

---

43) 민법 제256조 이하의 첨부(添附)에 관한 규정이 이러한 이해관계조정의 원형이다.

을 갖는다. 그리고 바로 그러한 약정을 촉진하는 데 이 규정의 진정한 의도가 있다.[44]

Ⅲ. 데이터 오너십의 장래

1. 부분적 데이터 오너십 보호

데이터 오너십을 일반적으로 도입하려는 시도는 무엇보다도 데이터가 본질상 비경합적, 비배제적이라는 점에 부딪혀 좌절되었다. 비경합적, 비배제적인 정보에 배타적 재산권을 설정하는 것은 어디까지나 예외이고 그럴 만한 이유가 있어야 하는데 데이터 일반은 그러한 요건을 충족하지 못하였던 것이다. 그런데 최근 블록체인(block-chain) 기술의 발전으로 경합성, 배제성 및 특히 존립성이 확보된[45] 데이터가 나타났다. 특히 블록체인상의 비대체적 토큰(Non-Fungible Token: NFT)의 경우 각 토큰에 특정성이 있고 동시에 한 토큰의 권리자로 한 사람이 존재할 수 있을 뿐이어서 유체물이 아닐 뿐 물건과 비슷한 성질을 갖고 있다.

그리하여 학설상 이러한 데이터를 '유체물-동등 데이터'로 규정하고 이러한 데이터는 '물건'으로 보아 소유권을 인정하고 기타 물권법을 원칙적으로 그대로 적용할 수 있다는 견해가 주장되었고,[46] 2020. 11. 2. 조정훈 의원이 대표발의한 민법 일부개정법률안도[47] 제98조 중 "전기 기타 관리할 수 있는 자연력을" 부분을 "전기 기타 관리할 수 있는 자연력, 법률 또는 기술에 의해 배타적 지배권과 독립성이 확보된 정보를"로 개정할 것을 제안하고 있다.

근래 사법통일을 위한 국제기구(International Institute for the Unification of Private Law:

---

44) 산업 디지털 전환 촉진법 제9조 제2항 단서, 제3항 단서, 제5항 참조.
45) P2P 방식의 블록체인은 중앙서버에 저장되어 있지 아니하여 참여자의 수가 충분하다면 사실상 그 자체 독립적으로 존속한다고 볼 여지가 있다.
46) 백대열(주 21), 132면 이하.
47) 의안번호 4799호.

UNIDROIT)가[48] 일본 가쿠슈인(学習院) 대학의 간다 히데키(新田秀雄) 교수를 의장으로 한 탐구워킹그룹(Exploratory Working Group)을 결성하여 디지털자산의 사법(私法)적 측면의 연구를 위임하였고,[49] 위 워킹그룹은 디지털자산의 물권법적 측면, 즉 점유, 양도, 선의취득, 담보 설정, 도산절차에서의 지위, 그리고 국제사법적 측면에 관한 원칙들을 성안(成案)하고 있다. 이 원칙들 또한 디지털자산의 지배를 다른 사람에게 이전해 줄 수 있는 배타적 능력, 다른 사람이 디지털자산으로부터 발생하는 편익의 전부를 실질적으로 획득하는 것을 방지할 수 있는 배타적 능력을 갖고 있는 경우로 그 규율대상을 제한한다.[50]

이들 시도 중 가상자산, 특히 암호화폐에 초점을 맞춘 규제는 가상자산이 상당한 경제적 가치를 가진 현실에서 이미 가상자산에 대한 투자유치, 집행, 도산 등 몇몇 법률문제가 발생한 데 대한 대응이고, 가상자산의 '데이터'로서의 성격에 주목한 것은 아니다. 그러므로 이를 데이터 오너십의 일종으로 볼 필요는 없을지도 모른다. 그러나 다른 한편 암호화폐의 배경을 이루는 블록체인 기술이 일정한 데이터에 경합성, 배제성, 존립성을 부여할 수 있다는 점은 부정할 수 없고, 그러한 한 이를 물건(物件)에 준하여 물권(物權)의 대상으로 삼는 것도 생각할 수 있다. 누군가 사실상 배타적으로 지배할 수 있는 대상에 대하여는 법적으로 배타적으로 지배할 권리를 부여하는 것이 자연스럽다는 점에 비추어 본다면 이러한 경우에 제한된 데이터 오너십을 도입하는 것이 기술 발전의 귀결일 수도 있다. 현재로서는 특히 경제적 가치가 높고 법률문제가 자주 발생하는 몇몇 경우에 국한하여 ― 데이터 오너십의 관점이 아닌 ― 개별 사산에 대한 권리 설정으로 나아가게 될지, 일정한 요건을 충족한 데이터에 대하여 일반적인 오너십 설정으로 나아가게 될지 예측하기는 어렵다. 그러나 어느 방향으로든 특정 데이터에 대하여 배타적 재산권이 도입되는 것은 시간문제일 것이다.

---

48) 국제연맹의 부속기구로 1926년 설립되어 현재에 이르기까지 사법(私法)의 통일을 위하여 협약이나 모델법, 모델조항을 제정하는 독립적 국제기구로 우리나라를 포함하여 63개국이 가입되어 있다.

49) 이 프로젝트는 이후 Digital Assets and Private Law로 명명되었다. 우선 천창민, "가상자산 거래의 물권법적 측면에 관한 연구", 서울대학교 법학 제63권 제1호(2022), 57-58면.

50) 관련 규정과 그 내용에 대하여는 천창민(주 49), 60면 이하.

2. 이른바 데이터 점유

데이터 오너십을 일반적으로 도입하기 어려운 이유가 데이터의 비경합성, 비배제성이라는 말은 데이터 오너십이 데이터의 표시/기호측면에 대한 배타적 권리, 즉 복제된 코드의 사용을 통제하는 권리임을 전제한다. 그렇다면 복제된 코드 전부에 대하여 통제하는 것이 아닌 그중 내가 관리하는 하나의 카피(copy)에 대한 권리는 어떠한가?

최근 독일에서는 데이터 점유(Datenbesitz)가 주목받고 있다.[51] 점유는 어떤 재화에 대한 사실상의 지배로, 법적인 권리를 요하지 아니한다.[52] 그러므로 데이터 점유자는 그 데이터의 복제본을 가지고 있는, 자신의 지배를 벗어난 제3자에 대하여는 어떤 법적 지위도 주장하지 못한다. 그러나 데이터 점유자는 자신이 관리하는 복제본의 점유에 대하여는 방해를 물리칠 권리를 갖는다. 데이터의 사실상 관리자가 제3자의 침해로부터 불법행위법으로 보호받을 수 있는 것도 그러한 사실상의 지위에 근거한다고 할 수 있다.

데이터가 엄밀한 의미에서 민법이 정하는 '점유'의 대상이 되는지에 대하여는 학설상 논란이 있다.[53] 그러나 보다 중요한 점은 데이터를 사실상 관리하고 지배하는 사람이 있게 마련이고, 그러한 한 그 사람에게 — 오너십에 이르지는 아니하더라도 — 일정한 법적 지위가 보장된다는 사실이다. 여기에서 데이터를 사실상 관리하고 지배하는 사람이 누구인가 하는 문제가 제기되는데, 민법상 점유가 그러한 것처럼 이는 사실상의 귀속에 근거하나, 규범적 평가를 요하는 측면도 있다. 가령 내 데이터를 회사 서버에 저장하여 내 단말기에서 불러내 쓴다면, 이 데이터를 불러내는 데 필요한 암호를 나만 알고 있다면, 이 데이터는 누구에게 속한 것인가? 이러한 문제에 대한

---

51) 가령 Hoeren, Datenbesitz statt Dateneigentum, MMR 2019, 5; Mich, „Datenbesitz" — ein grundrechtliches Schutzgut — NJW, 2019, 2729.

52) 민법 제192조 제1항 : "물건을 사실상 지배하는 자는 점유권이 있다."

53) 우선 권영준, "데이터 귀속·보호·거래에 관한 법리 체계와 방향", 비교사법 제28권 제1호(2021), 25면 참조.

답은 규범적 측면을 고려하여야 비로소 가능해질 것이고, 현 단계에서 포괄적인 답을 내놓기는 어렵다.[54]

　　이 문제는 어떻든 이미 현행법상 제기되고 있고, 데이터 오너십을 부정하더라도 이 문제에 대한 답을 피할 수는 없다. 예를 몇 개 들어 본다. 형사소송법 제106조 제2항은 "법원은 압수할 물건을 지정하여 소유자, 소지자 또는 보관자에게 제출을 명할 수 있다"고 정하고 있다. 근래 수사실무에서 가장 중요한 증거 중 하나가 이메일이나 파일이다. 대법원 2017. 11. 29. 선고 2017도9747 판결은 그중 이메일의 압수가 누구를 상대로 이루어져야 하는지를 다룬다. 같은 판결은 "인터넷서비스이용자는 인터넷서비스제공자와 체결한 서비스이용계약에 따라 인터넷서비스를 이용하여 개설한 이메일 계정과 관련 서버에 대한 접속권한을 가지고, 해당 이메일 계정에서 생성한 이메일 등 전자정보에 관한 작성·수정·열람·관리 등의 처분권한을 가지며, 전자정보의 내용에 관하여 사생활의 비밀과 자유 등의 권리보호이익을 가지는 주체로서 해당 전자정보의 소유자 내지 소지자라고 할 수 있다"면서, "인터넷서비스이용자인 피의자를 상대로 피의자의 컴퓨터 등 정보처리장치 내에 저장되어 있는 이메일 등 전자정보를 압수·수색하는 것은 전자정보의 소유자 내지 소지자를 상대로 해당 전자정보를 압수·수색하는 대물적 강제처분으로" 허용된다고 한다. 이메일은 그 수신자가 점유하고, 그에 대한 처분으로 압수할 수 있다는 뜻이다. 비슷한 문제는 다른 맥락에서도 제기되고 있거나 제기될 수 있다. 부정경쟁방지 및 영업비밀보호에 관한 법률상 데이터 무단 이용은 데이터 이용에 대하여 허락해 줄 권한이 있는 사람이 누구인지 가려야 판단할 수 있다. 하급심 판결 중에는 암호화폐의 인도를 명한 예가 있는데, 그 또한 암호화폐를 피고가 점유하고 있다는 판단을 전제한다.

　　이처럼 데이터의 사실상의 귀속이 이미 현행법상 존재하는 개념이라면, 그로부터 데이터에 대한 담보설정, 도산절차에서의 처리[55] 등 다른 몇몇 중요한 문제에 대

---

54) 이 점은 영업비밀이 누구에게 속하는가 하는 문제에 관하여도 다르지 아니하다.

55) 특히 암호화폐와 관련하여서는 중개자 등에게 맡겨 놓은 데이터를 중개자가 도산하였을 때 환취할 수 있는가 하는 점이 문제되고 있다.

한 해결책을 도출할 수도 있을 것이다.

3. 데이터 접근권

유럽에서 데이터 오너십 인정 여부를 검토한 가장 중요한 동기는 데이터 오너십의 설정이 데이터 거래, 즉 데이터 공유를 촉진할 수 있지 않을까 하는 기대였다. 명확한 재산권 설정은 종종 거래를 촉진할 수 있다. 그러나 데이터 거래가 일반적으로 그러한 경우였다고 할 수는 없다. 데이터에 배타적 재산권을 설정하는 데는 여러 문제가 있기도 하다.

그리하여 유럽연합에서는 데이터 소유권 대신 경쟁법적 접근, 즉 데이터를 이용한 독점의 규제에 기대하였다.[56] 그러나 전통적인 경쟁법적 규제의 대상은 극소수의 데이터 독점기업에 국한되기 쉽다. 보다 일반적인 장치가 필요하다.[57]

유럽연합의 개인정보보호에 관한 일반법인 2016년 유럽 일반정보보호규정(EU General Data Protection Regulation: GDPR) 제20조는 데이터 이동권(right to data portability)으로 불리는 독특한 권리를 정보주체에게 부여하였다. 이 권리는 정보주체가 동의 또는 계약에 터 잡아 처리자에게 '제공'한 개인정보에 대하여 정보주체가 처리자에게 자신에게 다운로드해 주거나 자신이 지정하는 제3자에게 전송(電送)해 줄 것을 구할 수 있게 한다. 이때 데이터는 처리자 스스로 쓰는 방식으로 코딩될 필요는 없고 오히려 다른 사람이 일반적으로 읽을 수 있는, 특히 기계가 읽을 수 있는 방식으로 코딩되어야 한다.[58] 우리나라에도 2020. 2. 4. 개정되어 2020. 8. 5. 시행된 신용정보의 이용 및 보호에 관한 법률 제33조의3이 같은 취지의 규정을 두었고, 2021. 9. 28. 정부에서 발의한 개인정보 보호법 일부개정법률안 제35조의2는 이를 개인신용정보를 넘어 일반적인 제도로 발전시키고 있다.

---

56) 이미 Drexl(주 24), pp. 41 ff.

57) Drexl, "Data Access and Control in the Era of Connected Devices", Study for the European Consumer Organization, 2018, pp. 4 and 36 ff.

58) 가령 텍스트를 전송한다면 pdf보다는 txt가 낫다.

이와 같은 데이터 접근권(right to access data)은 개인정보에 국한되지 아니한다. 유럽에서는 근래 들어 비개인정보에 대하여도, 부분적이기는 하나, 비슷한 권리를 도입하는 입법이 이루어지고 있다.[59] 유럽연합의 2019년 디지털 콘텐츠 및 디지털 서비스의 계약법적 측면에 대한 지침(Directive (EU) 2019/770 of the European Parliament and of the Council of 20 May 2019 on certain aspects concerning contracts for the supply of digital content and digital service) 제16조는 소비자를 상대로 한 디지털 콘텐츠 또는 디지털 서비스 계약에서는 비개인정보라 하더라도 소비자가 제공하거나 만들어 낸 것인 이상 소비자는 사업자에게 합리적인 시간 내에 일반적으로 이용되고 기계에서 읽을 수 있는 형식으로 전송해 줄 것을 구할 수 있다고 규정한다. Regulation (EU) 715/2007 of the European Parliament and of the Council of 20 June 2007 on Type Approval of Motor Vehicles with Respect to Emissions from Light Passenger and Commercial Vehicles (Euro 5 and Euro 6) and on Access to Vehicle Repair and Maintenance Information[60] 제7조는 자동차산업에서의 경쟁을 촉진하기 위하여 자동차제조업체가 부품에 관한 특정 정보에 대하여 제한 없고 표준화된 접근을 인정하고 있고,[61] Directive 2016/2366 on payment services in the intended market도 은행 보유 데이터에 대하여 지급서비스 제공자가 접근할 수 있게 해주고 있다. 그 외에도 비슷한 규정이 여럿 있고, 계속 증가하고 있다. 이러한 경향은 앞으로도 강화될 것으로 보인다. 우리나라에서는 아직 이러한 논의가 본격화되지 아니하였으나, 그 또한 시간문제일 것이다.

---

59) 이러한 방향의 진전에 긍정적인 것으로 Thouvenin and Tamò-Larrieux, "Data Ownership and Data Access Rights. Meaningful Tools for Promoting the European Digital Single Market?", Burri (ed) Big Data and Global Trade Law, 2021, pp. 329 ff. 다양한 데이터 접근권의 체계화에 관하여는 Früh, "Datenzugansrechte : Rechtsrahmen für einen neuen Interessenausgleich in der Datenwirtschaft", sic! 10 (2018), 521, 528 ff.

60) OJ L [2007] 171/1.

61) König, "Der Zugang zu Daten als Schlüsselgegenständen der digitalen Wirtschaft", Hennemann und Sattler (hrgs) Immaterialgüter und Digitalisierung: Junge Wissenschaft zum Gewerblichen Rechtsschutz, Urheber- und Medienrecht, 2017, S. 94.

제5장　데이터 수집·가공·결합의 법률문제

이용민
(법무법인 율촌 변호사)

I. 수집·가공·결합의 대상으로서의 데이터

데이터 수집·가공·결합의 법률문제를 살펴보기 위해서는 우선 그 대상이 되는 데이터가 무엇인지에 대한 검토가 선행되어야 하고, 구체적으로는 현행 법률에서 데이터를 어떻게 정의하고 있는지 짚고 넘어갈 필요가 있다.

먼저 최근 제정되어 2022. 4. 20.부터 시행 중인 「데이터 산업진흥 및 이용촉진에 관한 기본법」(이하 '데이터산업법')은 "데이터"를 "다양한 부가가치 창출을 위하여 관찰, 실험, 조사, 수집 등으로 취득하거나 정보시스템 및 「소프트웨어 진흥법」 제2조 제1호에 따른 소프트웨어 등을 통하여 생성된 것으로서 광(光) 또는 전자적 방식으로 처리될 수 있는 자료 또는 정보"라고 정의하고 있다(데이터산업법 제2조 제1호). 이에 더하여 데이터산업법은 "데이터생산자가 인적 또는 물적으로 상당한 투자와 노력으로 생성한 경제적 가치를 가지는 데이터"를 "데이터"와 별도로 "데이터자산"이라고 정의하여 그에 대한 보호에 대하여 정하고 있다(데이터산업법 제12조 제1항).

위 데이터산업법 시행에 따라 「부정경쟁방지 및 영업비밀보호에 관한 법률」(이하 '부정경쟁방지법')에도 데이터 부정사용행위를 부정경쟁행위의 한 유형으로 추가하는 개정이 이루어졌는바, 해당 조항에서는 "데이터"를 "「데이터 산업진흥 및 이용촉진에 관한 기본법」 제2조 제1호에 따른 데이터 중 업(業)으로서 특정인 또는 특정 다수에게 제공되는 것으로, 전자적 방법으로 상당량 축적·관리되고 있으며, 비밀로서 관리되고 있지 아니한 기술상 또는 영업상의 정보"라고 정의하고 있다(부정경쟁방지법 제2조 제1호 카목). 데이터산업법에서 "데이터자산"의 부정사용 등 행위에 관한 사항은 부정경쟁방지법에서 정한 바에 따른다고 하고 있으므로 부정경쟁방지법상 "데이터"와 데이터산업법상의 "데이터자산"은 두 법률의 관계상 동일한 개념을 지칭하는 것으로도 이해할 수 있으나 실제로 앞서 살펴본 각 법률의 정의에 따르면 양자는 동일한 개념이라고는 보기 어렵다.

한편, 데이터산업법 제정 이전부터 데이터베이스제작자의 권리를 보호하고 있었던 저작권법은 "데이터베이스"를 "저작물이나 부호·문자·음·영상 그 밖의 형태의 자료(이하 "소재"라 한다)의 집합물"을 의미하는 "편집물"에 포함되는 개념으로서 이해하면서(저작권법 제2조 제17호), "데이터베이스"를 "소재를 체계적으로 배열 또는 구성한 편집물로서 개별적으로 그 소재에 접근하거나 그 소재를 검색할 수 있도록 한 것"으로, "데이터베이스제작자"를 "데이터베이스의 제작 또는 그 소재의 갱신·검증 또는 보충에 인적 또는 물적으로 상당한 투자를 한 자"로 정의하고 있다(저작권법 제2조 제19호 및 제20호). 즉, 저작권법은 "데이터베이스"의 개념에 "인적 또는 물적으로 상당한 투자와 노력으로 생성한" 또는 "전자적 방법으로 상당량 축적·관리"라는 요건을 두고 있지 않은 대신, 저작권법상 데이터베이스제작자를 정의하면서 데이터베이스제작자로서 데이터베이스에 대한 권리를 갖기 위해서는 데이터베이스의 제작 등에 인적 또는 물적으로 상당한 투자를 하여야 한다고 하는 규정 형식을 취하고 있다.

위와 같은 데이터산업법상의 "데이터자산", 부정경쟁방지법상의 "데이터", 저작권법상의 "데이터베이스"의 개념을 표로 정리하여 보면 〈표 5-1〉과 같다.

〈표 5-1〉과 같이 데이터산업법상의 "데이터자산", 부정경쟁방지법상의 "데이터", 저작권법상의 "데이터베이스"의 개념은 서로 일치하지는 않는다. 다만, 데이터산업법상 "데이터자산"과 부정경쟁방지법상 "데이터"의 경우 데이터산업법상 "데이터"의 하위개념에 해당하고, 다소의 표현상 차이가 있어 해석상 다른 견해가 있을 수 있으나 부정경쟁방지법상 "데이터"는 데이터산업법상 "데이터자산"의 하위개념에 해당한다고 볼 수 있을 것이다.

〈표 5-1〉 각 법률상 데이터 관련 개념 정의 규정 대비

각 개념	데이터자산	데이터	(데이터베이스제작자 권리 대상으로서의) 데이터베이스
근거 법률	데이터산업법	부정경쟁방지법	저작권법
	○	△	○
상당한 투자 필요 여부	"상당한 투자와 노력으로 생성한 … 데이터"	"상당량 축적·관리"라고 하여 양적 개념밖에 없으나 상당량 축적·관리하기 위해 어느 정도의 투자를 전제하고 있는 것으로 이해됨	데이터베이스의 제작 또는 그 소재의 갱신·검증 또는 보충에 … 상당한 투자
특정인 또는 특정 다수 제공 요건	없음	있음	없음
체계적 배열·구성 및 개별 소재 접근·검색 가능성	요구하지 않음	요구하지 않음	요구함
비밀로서 관리되지 않아야 하는지 여부	그렇지 않음 (비밀로서 관리되는 것도 개념에 포함됨)	그러함 (비밀로서 관리되는 것이면 개념에서 제외됨)	그렇지 않음 (비밀로서 관리되는 것도 개념에 포함됨)
기술상 또는 영업상 정보에 한하는지 여부	그렇지 않음 (정보의 내용에 별도의 제한 없음)	그러함 (기술상 또는 영업상 정보가 아니라면 개념에서 제외됨)	그렇지 않음 (정보의 내용에 별도의 제한 없음)

그런데 특정인 또는 특정 다수에게만 제공되거나 비밀로서 관리되는 데이터는 그 속성상 해당 데이터에 접근할 수 있는 권한을 가지지 못한 자에게 있어서는 수집의 대상이 되기 어려울 것이고(즉, 불특정 다수에게 제공되는 비밀로서 관리되지 않는 데이터가 주로 수집의 대상이 될 것이다), 한편 수집의 대상이 되는 데이터를 기술상·영업상 정보에 한정하기도 어려우며, 수집의 대상이 되는 데이터가 반드시 체계적으로 배열·구성되어 개별 소재의 접근 내지 검색이 가능하도록 데이터베이스화되어 있어야 하

는 것도 아니므로, 이 장에서의 수집·가공·결합의 대상으로서의 데이터는 데이터산업법상 "데이터자산"에 해당하는 데이터로 이해하되, 필요한 경우 다른 개념에 대하여도 논하기로 한다.

II. 데이터 수집의 법률문제

1. 데이터 수집의 방법

데이터를 수집하는 기술적인 방법들에 대하여 살펴보기에 앞서 데이터 운영주체로부터 동의를 받아 데이터를 제공받는 수동적 데이터 수집과 그 반대의 경우인 능동적 데이터 수집을 구분할 필요가 있다. 수동적 데이터 수집은 기본적으로 데이터 운영주체로부터 허락을 받아 데이터를 수집하는 것으로서 데이터 운영주체가 제공하는 데이터를 직접 넘겨받는 방식이 있을 수 있고, 오픈 API(Open Application Programming Interface)를 활용하여 데이터를 제공받는 방식[1]이나 RSS와 같은 구독 형태[2]로 데이터를 수집하는 방법도 있을 수 있다. 이러한 수동적 데이터 수집은 데이터 운영주체의 의사에 부합하는 것이므로 뒤에서 살펴보는 능동적 데이터 수집에 비하여 법적인 위험이 발생하기 어렵다고 할 것이다.

이에 반해 능동적 데이터 수집은 주로 불특정 다수에게 공개된 비밀로 관리되지

---

1) 플랫폼 기능 또는 콘텐츠를 외부에서 웹 프로토콜(HTTP)로 호출하여 사용할 수 있게 개방한 API를 말한다. 여기서 API는 운영체제나 시스템, 애플리케이션, 라이브러리 등을 활용하여 응용 프로그램을 작성할 수 있게 하는 다양한 인터페이스를 의미하고, 오픈 API는 누구나 사용할 수 있도록 공개된 API를 의미한다(한국정보통신기술협회, "오픈 API, Open API", 정보통신용어사전, 최신 ICT 시사상식 2021, http://word.tta.or.kr/dictionary/dictionaryView.do?word_seq=177559-1, 2022. 5. 23. 최종 방문).

2) 'RDF site summary', 'rich site summary' 또는 'really simple syndication' 등의 머리글자를 딴 용어로, 웹 사이트 간에 자료를 교환하거나 배급하기 위한 XML(확장성 생성 언어) 기반의 포맷을 말한다[두산백과, "RSS", 네이버지식백과, https://terms.naver.com/entry.naver?docId=1977778&cid=40942&categoryId=32848 (2022. 5. 23. 최종 방문)].

않는 데이터를 데이터 운영주체의 의사와 무관하게 기계적인 방법으로 수집하는 것을 말한다.[3] 이러한 능동적 데이터 수집은 자동화된 시스템을 통하여 HTTP 등으로부터 이루어지게 되며, 스크래핑(scraping), 크롤링(crawling), 미러링(mirroring) 등의 방식을 그 예로 들 수 있다.

우선 스크래핑은 웹사이트에 있는 데이터들 중에서 필요한 데이터, 즉 원하는 데이터를 추출하는 기술을 말한다. 그에 반해 크롤링[4]은 원격에 위치한 리소스(원격 서버와 데이터 통신을 통해 액세스 가능한 웹페이지, 이미지, 텍스트 등)를 범용적인 TCP/IP 통신, 특히 HTTP(S) 통신을 통해 가져오는 기법을 의미하며, 인터넷상에서 불특정 다수에게 접근을 허용하는 서비스, 즉 웹서비스와 같이 개방성을 전제로 한 서비스상에 존재하는 리소스를 통신 프로토콜을 활용하여 수집하는 방식이므로, 기술적으로는 정상적인 리소스에 대한 요청과 특별히 다르지 않다.[5] 즉, 스크래핑은 웹페이지에서 원하는 정보만을 추출하는 기술이라고 이해할 수 있고, 그에 반해 크롤링은 정해진 규칙에 따라 복수 개의 웹페이지를 브라우징하는 기술이라고 이해할 수 있다.

한편 미러링은 특정 사이트 내지 웹페이지의 자료 전부를 그대로 복사해 오는 경우를 말하며, 우리나라에서는 리그베다위키/엔하위키미러 사건(대법원 2017. 4. 13. 선고 2017다204315 판결)에서 문제된 바 있고, 해당 사건의 1심 판결(서울중앙지방법원 2015. 11. 27. 선고 2014가합44470 판결)에서는 미러링을 "특정 인터넷 사이트에 집적된 자료 전부를 다른 인터넷 사이트로 그대로 복사하여 오는 것"이라고 설시한 바 있다.

---

3) 특정인 또는 특정 다수에게만 공개된 데이터를 데이터 운영주체의 의사에 반하여 수집하는 경우 「정보통신망 이용촉진 및 정보보호 등에 관한 법률」(이하 '정보통신망법')에서 정한 금지행위에 해당할 수 있는 등 법적인 위험이 수반될 수 있는바, 이에 대하여는 후술한다.

4) 잡코리아/사람인 사건의 항소심 판결(서울고등법원 2017. 4. 6. 선고 2016나2019365 판결)에서는 크롤링을 "크롤러라는 자동화된 방법으로 지정된 특정 웹사이트 또는 불특정 다수의 웹사이트를 방문하여 각종 정보를 기계적으로 복제한 후 이를 별도의 서버에 저장하는 기술"이라고 설시하고 있다.

5) 김휘강, "데이터수집 목적별 크롤링 활성화 제언", 한국콘텐츠학회지 제19권 제2호, 한국콘텐츠학회, 2021. 12, 13면.

2. 데이터 수집과 관련한 법률의 태도

(1) 데이터산업법

먼저 데이터산업법은 제12조 제1항에서 데이터산업법상 '데이터자산'은 보호되어야 한다는 선언적인 규정을 두고, 이어서 같은 조 제2항에서 데이터자산을 부정하게 사용하여 데이터생산자의 경제적 이익을 침해하여서는 아니 된다고 정하면서도 그 구체적인 내용은 같은 조 제3항에 따라 부정경쟁방지법에서 정한 바에 따른다고 하고 있다. 따라서 데이터산업법에 데이터 수집과 관련한 구체적인 내용은 존재하지 않는다.

(2) 부정경쟁방지법

현행 부정경쟁방지법 제2조 제1호 파목은 "그 밖에 타인의 상당한 투자나 노력으로 만들어진 성과 등을 공정한 상거래 관행이나 경쟁질서에 반하는 방법으로 자신의 영업을 위하여 무단으로 사용함으로써 타인의 경제적 이익을 침해하는 행위"를 부정경쟁행위의 한 유형으로 정하고 있다. 이러한 소위 기타 성과도용행위 조항은 새롭고 다양한 유형의 부정경쟁행위에 적절하게 대응하기 위하여 부정경쟁행위에 관한 보충적 일반조항[6]으로 도입된 것이다(2013. 7. 30. 법률 제11963호로 일부개정). 그런데 뒤에서 살펴볼 대부분의 데이터 수집과 관련된 분쟁들에서 데이터 운영주체가 상대방의 행위를 저작권법상의 데이터베이스제작자 권리 침해에 해당함과 동시에 부정경생방지법상 기타 성과도용행위라고 주장하였고, 일부 하급심 법원에서 데이터 운영주체의 기타 성과도용행위 주장을 받아들였는바, 이에 대하여도 살펴보지 않을 수 없다.

부정경쟁방지법상 기타 성과도용행위가 성립하기 위해서는 우선 (ㄱ) 타인의 상당한 투자나 노력으로 만들어진 성과 등이 존재하여야 하고, (ㄴ) 그 성과 등을 자신의 영업을 위하여 무단으로 사용하여야 하며, (ㄷ) 그러한 사용으로 인하여 타인의 경제적

---

[6] 기타 성과도용행위 조항의 성격에 대해서는 일부 다른 견해도 존재하나, 그러한 견해의 대립은 본 장의 내용과는 무관하므로 여기서는 논하지 아니한다.

이익이 침해되어야 하고, (ㄹ) 나아가 성과 등의 사용이 공정한 상거래 관행이나 경쟁질서에 반하는 방법에 의한 것이어야 한다.

그런데 크롤링, 미러링 등의 수단이 사용된 데이터 수집 관련 분쟁들의 경우 대부분 데이터 운영주체가 운영하고 있는 데이터를 성과로 볼 수 있었고, 그러한 데이터가 데이터 운영주체의 의사와 무관하게(혹은 의사에 반하여) 수집되었으므로 실제 사안들에서는 그러한 데이터 수집, 활용으로 실제로 경제적 이익이 침해되었는지의 요건과 과연 크롤링 등의 방식으로 데이터를 수집하여 활용하는 것이 공정한 상거래 관행이나 경쟁질서에 반하는 것인지의 요건이 문제되었다. 구체적인 판단에 대해서는 후술하는 사안들에서 살펴보기로 한다.

위와 같이 데이터 수집과 관련된 분쟁들에서 우리 법원이 부정경쟁방지법상 기타 성과도용행위 주장을 받아들이는 동안, 데이터 부정사용에 대해 별도의 부정경쟁방지법상 조항이 필요하다는 견해가 일부 존재하여 왔고, 데이터산업법 제정에 맞춰 데이터산업법 제2조 제3항에 따라 데이터산업법상 '데이터자산'의 부정사용 등에 대하여 부정경쟁방지법에서 구체적으로 정하게 되었는바, 해당 조항이 바로 아래의 부정경쟁방지법 제2조 제1호 카목의 데이터 부정사용행위 조항이다.

※ 부정경쟁방지법 제2조 제1호 카목

> 카. 데이터(『데이터 산업진흥 및 이용촉진에 관한 기본법』 제2조 제1호에 따른 데이터 중 업(業)으로서 특정인 또는 특정 다수에게 제공되는 것으로, 전자적 방법으로 상당량 축적·관리되고 있으며, 비밀로서 관리되고 있지 아니한 기술상 또는 영업상의 정보를 말한다. 이하 같다)를 부정하게 사용하는 행위로서 다음의 어느 하나에 해당하는 행위
>
> 1) 접근권한이 없는 자가 절취·기망·부정접속 또는 그 밖의 부정한 수단으로 데이터를 취득하거나 그 취득한 데이터를 사용·공개하는 행위

2) 데이터 보유자와의 계약관계 등에 따라 데이터에 접근권한이 있는 자가 부정한 이익을 얻거나 데이터 보유자에게 손해를 입힐 목적으로 그 데이터를 사용·공개하거나 제3자에게 제공하는 행위

3) 1) 또는 2)가 개입된 사실을 알고 데이터를 취득하거나 그 취득한 데이터를 사용·공개하는 행위

4) 정당한 권한 없이 데이터의 보호를 위하여 적용한 기술적 보호조치를 회피·제거 또는 변경(이하 "무력화"라 한다)하는 것을 주된 목적으로 하는 기술·서비스·장치 또는 그 장치의 부품을 제공·수입·수출·제조·양도·대여 또는 전송하거나 이를 양도·대여하기 위하여 전시하는 행위. 다만, 기술적 보호조치의 연구·개발을 위하여 기술적 보호조치를 무력화하는 장치 또는 그 부품을 제조하는 경우에는 그러하지 아니하다.

즉, 부정경쟁방지법은 '데이터'에 대하여 별도의 권리를 인정하는 것이 아니라 '데이터'의 부정사용행위 중 일부 행위(소위 데이터 부정사용행위)를 부정경쟁행위로 정하여, 그러한 행위의 금지 등을 구할 수 있도록 하고 있다.[7]

구체적으로 부정경쟁방지법은 데이터산업법상 '데이터' 중 (ㄱ) 업으로서 특정인 또는 특정 다수에게 제공되고, (ㄴ) 전자적 방법으로 상당량 축적·관리되고 있는 데이터 중에서 (ㄷ) 비밀로서 관리되고 있지 않은 (ㄹ) 기술상 또는 영업상 정보만을 부정경쟁방지법상 별도의 '데이터'로 정의한 뒤 그러한 '데이터'를 부정하게 사용하는 일정 행위만을 부정경쟁행위로 정하고 있다. 따라서 불특정인 또는 불특정 다수에게 제공되는 데이터, 전자적 방법으로 관리되고 있지 않은 데이터, 비밀로서 관리되고 있는 데이터, 기술상·영업상의 정보 외의 정보를 담고 있는 데이터는 이를 부정하게 사용하더라도 데이터 부정사용행위에 해당하지 않는다.

---

7) 이는 기타 성과도용행위 등 모든 부정경쟁행위에 대하여도 같다.

이에 더하여 부정경쟁방지법상 '데이터'를 부정한 목적으로 사용하더라도 모든 행위가 부정경쟁방지법 데이터 부정사용행위에 해당하는 것은 아니며, 그러한 행위가 부정경쟁방지법 제2조 제1호 카목에서 정하고 있는 어느 하나의 행위에 해당하는 경우에만 데이터 부정사용행위에 해당한다.

만약 어떠한 행위가 부정경쟁방지법상 데이터 부정사용행위에 해당할 경우 그로 인해 자신의 영업상의 이익이 침해되거나 침해될 우려가 있는 자는 법원에 그 행위의 금지 등을 청구할 수 있고(부정경쟁방지법 제4조), 고의 또는 과실에 의한 부정경쟁행위로 타인의 영업상 이익을 침해하여 손해를 입힌 자는 그 손해를 배상할 책임이 있으며(부정경쟁방지법 제5조), 또한 고의 또는 과실에 의한 부정경쟁행위로 타인의 영업상의 신용을 실추시킨 자에게는 영업상의 신용을 회복하는 데 필요한 조치가 명해질 수 있다(부정경쟁방지법 제6조).

또한, 부정경쟁방지법은 특허청장 등이 관계 공무원에게 부정경쟁방지법 제2조 제1호 카목의 부정경쟁행위를 확인하기 위하여 필요한 경우 영업시설 등에 출입하여 조사를 할 수 있도록 하고 있고, 그러한 행위가 있다고 인정되면 시정권고를 할 수 있도록 정하고 있기도 하다(부정경쟁방지법 제7조 및 제8조). 한편, 부정경쟁방지법 제2조 제1호 카목의 부정경쟁행위 중 기술적 보호조치를 무력화한 경우[8])에는 3년 이하의 징역 또는 3천만 원 이하의 벌금에 처해질 수 있기도 하다(부정경쟁방지법 제18조 제3항 제1호).

그런데 실제로 기타 성과도용행위 외에 데이터 부정사용행위가 부정경쟁행위로 추가되면서 과연 기존에 문제되었고, 최근 문제되고 있는 크롤링 등의 방식을 통한 데이터 수집행위들을 부정경쟁방지법상 데이터 부정사용행위, 나아가 기타 성과도용행위로 볼 수 있는지에 대하여는 의문이 있다.

즉, 부정경쟁방지법 데이터 부정사용행위의 대상이 되는 데이터는 기본적으로 업으로서 특정인 또는 특정 다수에게 제공되는 것이어야 하고, 불특정 다수에게 공개적으로 제공하는 데이터는 당연히 제외된다고 할 것인데, 리그베다위키/엔하위키미

---

8) 그 밖의 부정경쟁방지법 제2조 제1호 카목의 행위에 대하여는 형사처벌 규정이 존재하지 않는다.

러 사건(대법원 2017. 4. 13. 선고 2017다204315 판결)에서 미러링의 대상이 되었던 온라인 백과사전, 잡코리아/사람인 사건(대법원 2017. 8. 24. 선고 2017다224395 판결)에서 크롤링의 대상이 되었던 원고 웹사이트에 게재된 채용정보, 야놀자/여기어때 형사 사건(대법원 2022. 5. 12. 선고 2021도1533 판결)에서 크롤링의 대상이 되었던 원고 웹사이트에 게재된 숙박업소 정보 모두 불특정 다수에게 공개적으로 제공하는 데이터들이었다는 점에서 만약 부정경쟁방지법 제2조 제1호 카목의 부정경쟁행위가 기존부터 부정경쟁방지법에 포함되어 있었다고 하더라도 미러링 또는 크롤링 행위를 부정경쟁방지법상 데이터 부정사용행위로 판단하는 것은 가능하지 않았을 것이다. 즉, 부정경쟁방지법상 데이터 부정사용행위는 무엇보다도 업으로서 특정인 또는 특정 다수에게 제공되는 제한적이고 관리되고 있는 정보만을 보호하기 위한 조항으로 해석하는 것이 타당하다고 본다.

더 나아가 부정경쟁방지법이 데이터 부정사용행위를 부정경쟁행위로 추가한 것은 데이터의 부정 사용과 관련하여 부정경쟁방지법에서 정한 행위를 제외하고는 부정경쟁행위로 볼 수 없다는 것으로 해석될 수 있는데, 이러한 해석에 따르면 새로 도입된 데이터 부정사용행위에 해당하지도 않는 행위를 과연 보충적 일반조항이 기타 성과도용행위 조항으로 포섭하여 부정경쟁행위라고 인정하는 것이 과연 타당한지도 의문이라고 할 것이다.

(3) 저작권법

앞서 (2)항에서 살펴본 바와 같이 부정경쟁방지법상 데이터 부정사용행위의 대상에는 스크래핑, 크롤링 등의 대상이 되는 불특정 다수에게 공개된 데이터는 제외되고, 따라서 불특정 다수에게 공개된 데이터의 스크래핑, 크롤링 등에 대해서는 부정경쟁방지법이 적용된다고 보기 어려울 것이나, 만약 그러한 데이터가 저작권법상 데이터베이스로서의 요건을 충족시킨다면 저작권법은 적용될 여지가 있다.

저작권법은 부정경쟁방지법과 달리 '데이터베이스'를 정의하고, 그러한 데이터베이스의 제작 또는 소재의 갱신·검증 또는 보충에 인적 또는 물적으로 상당한 투자를 한 자를 '데이터베이스제작자'라고 정의한 뒤(저작권법 제2조 제19호 및 제20호), 데이터베이스제작자에게 복제권, 배포권, 방송권 및 전송권을 인정하고 있다. 다만 여기서의 복제 등은 해당 데이터베이스의 전부 또는 상당한 부분의 복제 혹은 그에 해당하지 않더라도 반복적이거나 특정한 목적을 위하여 체계적으로 이루어짐으로써 해당 데이터베이스의 통상적인 이용과 충돌하거나 데이터베이스제작자의 이익을 부당하게 해치는 경우에만 해당한다(저작권법 제93조).

위와 같은 데이터베이스제작자의 권리는 데이터베이스의 제작을 완료한 때로부터 발생하며, 그 다음 해부터 기산하여 5년간 존속하고, 만약 데이터베이스의 갱신 등을 위하여 인적 또는 물적으로 상당한 투자가 이루어진 경우에 해당 부분에 대한 데이터베이스제작자의 권리는 그 갱신을 한 때부터 발생하며, 역시 그 다음 해부터 기산하여 5년간 존속한다(저작권법 제95조). 즉, 저작권법은 데이터베이스를 저작물로서 보호하는 것이 아니라 일종의 독자적 권리(sui generis rights)로 보호한다고 할 수 있다.[9]

이러한 데이터베이스는 저작권법상 저작물이나 부호·문자·음·영상 그 밖의 형태의 자료의 집합물을 의미하는 '편집물' 중 소재를 체계적으로 배열 또는 구성하여 자료들에 접근하거나 그 자료를 검색할 수 있도록 한 것이므로, 그 개념상 부정경쟁방지법상의 '데이터'와 달리 기술상 정보 내지 영업상의 정보도 포함될 수 있으나, 어느 정도는 자료가 체계적으로 배열 또는 구성되어 있어야 하므로, 부정경쟁방지법상 '데이터'와는 그 개념에 차이가 있다. 다만 기술상 정보 내지 영업상의 정보가 소재의 검색 등이 가능하도록 체계적으로 배열 또는 구성되어 있는 경우와 같이 양 개념 사이에 중첩되는 부분이 존재하므로 일정한 경우(특히 불특정 다수에게 공개된 데이터의 경우) 저작권법과 부정경쟁방지법이 모두 적용될 수도 있을 것이다.[10]

데이터베이스제작자는 자신의 권리를 침해하는 자에 대하여 침해의 정지 등을 청구할 수 있고(저작권법 제123조), 고의 또는 과실로 침해한 자에 대해서는 손해의 배

---

9) 이해완, 저작권법, 제4판, 박영사, 2019, 1005면.

10) 물론 저작권법과 부정경쟁방지법이 모두 적용 가능하는 경우 어느 법률을 우선적으로 적용해야 하는지는 별도의 검토가 필요할 것이다.

상을 청구할 수 있으며(저작권법 제125조), 형사적으로도 데이터베이스제작자의 권리를 침해한 자는 3년 이하의 징역 또는 3천만 원 이하의 벌금에 처해질 수 있다(저작권법 제136조 제2항 제3호).

(4) 그 밖의 법률

그 밖에 스크래핑, 크롤링, 미러링 등 데이터 수집과 관련하여 적용될 수 있는 법률로서 「정보통신망 이용촉진 및 정보보호 등에 관한 법률」(이하 '정보통신망법')과 형법을 생각해 볼 수 있다.

먼저 정보통신망법은 제48조 제1항에서 "누구든지 정당한 접근권한 없이 또는 허용된 접근권한을 넘어 정보통신망에 침입하여서는 아니 된다."라고 하여 정보통신망 침해행위를 금지하고 있다. 이 조항은 이용자의 신뢰 내지 그의 이익을 보호하기 위한 규정이 아니라 정보통신망 자체의 안정성과 그 정보의 신뢰성을 보호하기 위한 것으로, 위 규정에서 접근권한을 부여하거나 허용되는 범위를 설정하는 주체는 정보통신서비스 제공자라 할 것이므로, 정보통신서비스 제공자로부터 권한을 부여받은 계정 명의자가 아닌 제3자가 정보통신망에 접속한 경우 그에게 위 접근권한이 있는지 여부는 정보통신서비스 제공자가 부여한 접근권한을 기준으로 판단하여야 한다(대법원 2010. 7. 22. 선고 2010도63 판결). 그런데 스크래핑이나 크롤링의 대상이 되는 데이터 내지 정보는 기본적으로 불특정 다수에게 공개되어 접근권한 제한을 하지 않는 데이터 내지 정보들이므로 특별한 사정이 없는 한 스크래핑이나 크롤링 행위 자체만으로 위 정보통신망법 제48조 제1항에서 말하는 정보통신망 침입에 해당된다고 보기는 어려울 것이다.

다음으로 형법은 제314조 제2항에서 "컴퓨터 등 정보처리장치 또는 전자기록 등 특수매체기록을 손괴하거나 정보처리장치에 허위의 정보 또는 부정한 명령을 입력하거나 기타 방법으로 정보처리에 장애를 발생하게 하여 사람의 업무를 방해한 자도 제1항의 형과 같다."라고 정하고 있다. 여기서 '허위의 정보 또는 부정한 명령의 입력'이란 객관적으로 진실에 반하는 내용의 정보를 입력하거나 정보처리장치를 운영하는 본래의 목적과 상이한 명령을 입력하는 것이고 '기타 방법'이란 컴퓨터의 정보처리에 장애를 초래하는 가해수단으로서 컴퓨터의 작동에 직접·간접으로 영향을 미치는 일체의 행위를 말하나, 위 죄가 성립하기 위해서는 위와 같은 가해행위의 결과 정보처리장치가 그 사용목적에 부합하는 기능을 하지 못하거나 사용목적과 다른 기능을 하는 등 정보처리의 장애가 현실적으로 발생하였을 것을 요한다(대법원 2010. 9. 30. 선고 2009도12238 판결, 대법원 2013. 3. 14. 선고 2010도410 판결, 대법원 2020. 2. 13. 선고 2019도12194 판결 참조). 따라서 크롤링 등으로 서버의 접속에 장애가 발생하였는지 여부 등에 따라 본 죄의 적용이 달라질 것으로 보인다.

3. 관련 분쟁 현황

최근 네이버가 부동산 중개 스타트업인 다윈중개를 상대로 데이터베이스제작자의 권리 침해를 이유로 본안 소송을 제기하는[11] 등 스크래핑, 크롤링 등의 방법으로 데이터를 수집하여 활용하는 행위와 관련한 분쟁이 계속되고 있다. 다만, 여기서는 관련 분쟁으로 주로 언급되는 사안들에 대하여만 살펴보기로 한다.

(1) 리그베다위키/엔하위키미러 사건(대법원 2017다204315 판결)

이 사건은 인터넷을 통하여 각 주제어별로 그에 관한 설명을 제공하는 온라인 백과사전 사이트인 '리그베다위키'를 운영하는 원고가 '리그베다위키'를 미러링 방식으로 전부 복제하여 '엔하위키미러' 사이트를 개설하여 운영하면서 구글 애드센스와 광고계약을 체결하여 광고도 게시한 피고에게 피고의 행위가 데이터베이스제작자의 권리 침해 및 부정경쟁방지법상 기타 성과도용행위에 해당한다고 주장하며 행위의 금지 및 손해배상 등을 구한 사건이다.

이 사건 제1심 법원[12]은 원고가 원고 사이트를 운영하기 위해 서버 유지, 관리에

---

11) 백봉삼, "네이버, '다윈중개' 상대 본안 소송 제기", 지디넷코리아, zdnet.co.kr/view/?no=20220510110528, 2022. 5. 25. 최종 방문.

12) 서울중앙지방법원 2015. 11. 27. 선고 2014가합44470 판결.

필요한 비용을 지출하고, 원고 사이트 관리를 위한 업무를 전담하고 있는 점, 피고는 원고 사이트의 개별 게시물을 복제하는 것을 넘어서 사이트 전체를 미러링 방식에 의하여 기계적으로 복제하여 피고 사이트에 게시하고 있을 뿐 그 내용을 관리하기 위한 업무를 수행하고 있지 아니한 것으로 보이는 점, 피고 사이트는 원고 사이트의 내용을 복제한 외에 피고 사이트 고유의 독자적인 내용은 거의 포함하고 있지 않은 점 등에 비추어, 피고가 원고 사이트의 게시물을 기계적인 방법을 사용하여 대량으로 복제하여 영리 목적으로 피고 사이트에 게시하는 행위는 원고 사이트에 집적된 게시물을 공정한 상거래 관행이나 경쟁질서에 반하는 방법으로 자신의 영업을 위하여 무단으로 이용하는 행위로 봄이 상당하고, 원고의 영업표지와 피고 사이트의 명칭에 대한 일반 수요자들의 오인·혼동가능성 등에 비추어 볼 때, 피고의 위와 같은 행위로 인해 인터넷 이용자들이 원고 사이트 대신 피고 사이트를 방문하게 됨으로써 원고의 광고 수입이 감소하는 등 경제적 이익이 침해되었다고 보아 위와 같은 피고의 행위를 부정경쟁방지법상 기타 성과도용행위라고 인정한 뒤, 그에 기초한 원고의 금지청구 등을 인용하였다.

다만 이 사건 제1심 법원은 원고가 데이터베이스를 구성하는 데이터의 수집, 배열, 구성 등을 위하여 행위의 주체로서 법률상 데이터베이스제작자로서 보호받기 위한 정도의 상당한 노력을 하였다고 보기 어렵고, 오히려 원고 사이트 게시물 등은 원고 사이트의 통상적인 운영 과정에서 개별 이용자들의 자발적인 행위에 의해 그들의 기호나 의사에 따라 작성·수정되고 배열되며 그 상대대로 공중의 이용에 제공되는 것이고, 원고는 그 과정에서 일반적인 인터넷 사이트 운영자로서 서버의 유지를 위한 비용을 들이는 등 관리를 위한 업무를 수행하여 온 것에 불과하다고 보아 원고의 데이터베이스제작 권리 침해 주장은 인정하지 아니하였다.

그런데 이 사건 항소심 법원[13]은 이 사건 제1심 법원과 달리 ① 원고가 2007년 초 구성의 체계성, 개별 소재의 접근성, 검색 기능 등을 테스트한 점, ② 원고가 2007. 3. 1. 상식 사전 사이트 데이터 10,000여 개를 직접 모두 업데이트한 점, ③ 원고가 서브

---

13) 서울고등법원 2016. 12. 15. 선고 2015나2074198 판결.

컬처 애호가와 일반상식을 궁금해하는 사람들 및 게임 팬들의 기호까지 모두 충족시킬 수 있는 통일되고 짜임새 있는 목차 구조(오덕/작품/인물/일반사회/사전/일반취미/V 등)와 페이지 작성 양식 등을 만들고, 그 후 '최근 변경내역', '바뀐 글 시스템' 등을 도입하여 개별 자료에의 접근성을 높인 점, ④ 원고가 2008. 12. 12. 오위키 엔진에서 모니위키 기반으로 엔진을 변경하였고, 그 후 모니위키 엔진을 원고 사이트 환경에 맞추어 검색 기능, 목록 표시 기능, 데이터와 데이터의 연결 표시 기능, 변경 내역 표시 기능 등을 추가 개발하고 원고 사이트의 체계성, 개별적인 접근 및 검색 가능성을 높여 플랫폼을 구축한 점 등 원고가 원고 사이트에 여러 기여를 했다는 점을 증거에 의해 인정한 뒤 원고는 데이터베이스에 해당하는 원고 사이트를 제작하기 위하여 인적 또는 물적으로 상당한 투자를 하였고, 그 소재의 갱신·검증 또는 보충을 위하여도 인적 또는 물적으로 상당한 투자를 한 자로서 원고 사이트에 대한 데이터베이스제작자에 해당한다고 봄이 타당하고 피고가 원고의 데이터베이스제작자로서의 권리를 침해하였다고 판시하였다.

다만 이 사건 항소심 법원은 이 사건 제1심 판결을 변경하면서도 이 사건 제1심 판결의 부정경쟁방지법상 기타 성과도용행위 판단에 대해서는 특별한 설시를 하지 않았고, 양 당사자가 모두 상고하였으나 대법원은 심리불속행 기각 판결을 선고하여 이 사건 항소심 법원 판결이 확정되었다.

이 사건은 개별 이용자들이 중심이 되어 수정 및 변경되는 백과사전 형태의 사이트에 대하여 사이트 운영자가 데이터베이스제작자로서의 권리를 가질 수 있는지 여부가 문제된 사건으로, 우리 법원은 구체적인 사실관계에 따라 이러한 형태의 사이트도 사이트 운영자를 데이터베이스제작자로 인정할 수 있다고 판시한 점에 의의가 있다. 다만 단순한 사이트 운영 자체만으로 데이터베이스제작자로서의 지위를 인정하여 준 판결로 해석하기에는 무리가 있다고 보인다.[14] 한편, 항소심 법원이 제1심 법원

---

14) 이에 대하여 원고 사이트의 서버 호스팅 비용 및 도메인 등록 비용을 납부하거나 서버를 수리한 것 등까지도 상당한 인적·물적 투자로 보고 있는데, 그렇게 되면 모든 웹사이트 운영자는 상당한 투자를 한 것이나 마찬가지가 된다는 점에서 비판적으로 볼 수 있다는 견해도 존재하는바(김현숙, "크롤링을 이용한 공개데이터 수집·활용의 법적 쟁점에 대한 비판적 검토", 강원법학 제61권, 강원대학교 비교법

의 부정경쟁방지법상 기타 성과도용행위 부분에 대해서는 아무런 판단을 하지 않은 점은 아쉽다고 할 수 있다.[15]

(2) 잡코리아/사람인 사건(대법원 2017다224395 판결)

이 사건은 채용정보 사이트를 운영하는 피고(주식회사 사람인)가 특정 웹사이드 또는 불특정 다수의 웹사이트를 방문하여 각종 정보를 기계적으로 복제한 후 별도의 서버에 해당 정보를 저장하는 크롤링 방식으로 역시 채용정보 사이트를 운영하는 원고(잡코리아 유한회사) 웹사이트에 게재된 채용정보를 그대로 복제하여 피고 웹사이트에 게재하자, 원고가 피고를 상대로 저작권 침해와 부정경쟁행위를 주장한 사안이다.

먼저 저작권과 관련하여 구체적으로 원고는 원고 웹사이트의 HTML 소스에 대한 전송권, 복제권, 2차적저작물작성권 침해를 주장하였는데, 이 사건 제1심 법원[16]은 위 HTML 소스에 창작성이 인정될 수 없다고 보아 원고의 저작권 침해 주장은 배척하였다.

그러나 이 사건 제1심 법원은 ① 원고가 마케팅 및 개발 비용 등을 지출하여 원고 웹사이트에 게재할 채용정보를 개별 구인업체들로부터 수집하고, 수집된 정보를 원고 웹사이트의 양식에 맞게 새롭게 작성하여 게재한 원고 웹사이트 HTML 소스가 원고의 상당한 투자와 노력을 통해 얻은 것이라는 점, ② 원고 웹사이트의 채용공고에 "본 정보는 개별 구인업체가 제공한 자료를 바탕으로 잡코리아가 편집 및 그 표현 방법을 수정하여 완성한 것으로 잡코리아의 동의 없이 무단 전재 또는 재배포, 재가공할 수 없다"고 기재되어 있는 점, ③ 원고가 정체를 숨기고 원고 웹사이트의 정보를 무차별적으로 복제한 후 출처를 삭제하여 이를 사용하는 피고와 같은 방식의 크롤링은 허용하지 않고 있는 점, ④ 피고는 가상사설망을 쓰는 VPN 업체를 통해 IP를 여러 개로 분산한 뒤 검색로봇의 User-Agent에 피고의 정체를 명시하지 아니하고, 크롤

학연구소, 2020. 10, 239면) 참고할 필요가 있다고 할 것이다

15) 이 판결은 대법원의 심리불속행 기각 판결로 그대로 확정되었다(대법원 2017. 4. 13. 선고 2017다 204315 판결).

16) 서울중앙지방법원 2016. 2. 17. 선고 2015가합517982 판결.

링해서는 안 되는 페이지를 설명하는 원고 웹사이트의 robots.txt를 확인하지도 아니한 채 원고 웹사이트의 HTML 소스를 크롤링하였는바, 이는 정상적인 크롤링방식과는 차이가 있는 점 등을 종합하여 피고가 원고 웹사이트의 HTML 소스를 기계적인 방법으로 대량복제하여 영리 목적으로 피고 웹사이트에 게재하는 행위는 원고가 마케팅 및 개발 비용을 투입하여 생성한 상당한 투자와 노력의 결과물인 원고 웹사이트의 HTML 소스를 공정한 상거래 관행이나 경쟁질서에 반하는 방법으로 자신의 영업을 위하여 무단으로 이용하는 행위로 봄이 상당하고, 원고와 피고가 채용정보를 이용한 동종의 영업을 하는 점에 비추어 볼 때, 피고의 위와 같은 행위로 인하여 피고는 마케팅비용을 절감하고 매출이 증대하는 등의 이익을 취득하였고, 원고는 마케팅 비용이 증가하고 비용과 시간을 들여 정리한 HTML 소스를 복제당하여 경제적 이익이 침해당하는 손해를 입었다고 판단한 뒤, 피고의 행위가 부정경쟁방지법상 기타 성과도용행위에 해당한다고 판시하였다.

그런데 원고는 항소심에 이르러 기존의 저작권 침해 주장을 데이터베이스제작자의 권리 침해 주장으로 변경하였고, 이 사건 항소심 법원[17]은 우선 원고 웹사이트가 여러 구인업체의 채용정보를 체계적으로 배열하여 수록함으로써 이용자가 원고 웹사이트로부터 각종 채용정보를 각 분류별로 자신이 원하는 기준에 따라 모아서 열람하거나 검색할 수 있도록 한 것으로서 저작권법상 데이터베이스에 해당하고, 원고가 개별 채용정보를 크게 직종, 업종, 지역, 구인업체의 기업종류로 나누고 세부적으로는 직급경력, 전공계열, 외국어, 우대조건, 자격증, 석박사급 등으로 분류하여, 구인업체들은 위 분류에 맞추어 효과적으로 채용정보를 올리고 구직자들은 위 검색체계에 맞추어 필요한 정보를 빠르게 쉽게 열람하며 검색할 수 있도록 원고 웹사이트의 체계를 구축하는 등 원고 웹사이트를 제작하기 위하여 인적 또는 물적으로 상당한 투자를 하였고, 그 소재의 갱신·검증 또는 보충을 위하여도 인적 또는 물적으로 상당한 투자를 한 자로서 데이터베이스제작자에 해당한다고 판단하였다.

이러한 판단을 전제로 이 사건 항소심 법원은 피고가 별도의 마케팅비용 등의 지

---

17) 서울고등법원 2017. 4. 6. 선고 2016나2019365 판결.

출 없이 피고의 영업에 이용할 목적으로 반복적, 체계적으로 원고 데이터베이스의 채용정보 부분을 복제하는 이 사건 게재행위를 함으로써 데이터베이스 제작자인 원고의 이익을 부당하게 해쳤다고 하면서, 따라서 피고의 행위에 의하여 원고의 데이터베이스제작자의 권리가 침해되었다고 판시하였다.

그러나 이 사건 항소심 법원 역시 "원고의 데이터베이스 제작지의 권리 침해를 인정하는 이상, 원고가 선택적으로 구하는 원고 웹사이트의 HTML 소스에 대한 전송권, 복제권, 2차적 저작물작성권 침해 주장이나 부정경쟁방지 및 영업비밀보호에 관한 법률 제2조 제1호 (차)목에 관한 주장[18]은 모두 따로 판단하지 않는다."라고 하여 이 사건 제1심 법원의 부정경쟁방지법상 기타 성과도용행위 주장에 대하여는 다시 판단하지 아니하였다.

이 사건 역시 항소심 법원이 제1심 법원의 부정경쟁방지법상 기타 성과도용행위 부분에 대해서는 아무런 판단을 하지 않은 점은 아쉽다고 할 것이다. 또한 피고는 원고 웹사이트에 게재되어 있던 채용정보 중 구인업체에게 별도의 동의를 구한 약 10%만을 선별하여 원고의 분류체계와는 다른 피고의 구성에 따라 피고 웹사이트에 다시 게재하였다고 주장하였고 이 사건 항소심 법원이 피고가 선별된 채용정보를 해당 구인업체로부터 동의를 받는 절차를 거쳐 피고 웹사이트에 게재하였다는 점을 인정하면서도 데이터베이스제작자 권리 침해의 다른 요건들 등에 대해 개별적으로 살펴보지 않았다는 점에서도 아쉬움이 있다고 할 것이다.[19]

(3) 야놀자/여기어때 형사 사건(대법원 2021도1533 판결)

이 사건은 모바일 애플리케이션이나 PC용 홈페이지를 통해 숙박업체 정보를 제공하고 숙박업체와 이용자 사이의 거래를 중개하는 주식회사 야놀자(이하 '야놀자')가 피고인인 주식회사 여기어때컴퍼니 및 그 임직원들(이하 '피고인들')을 정보통신망법위

---

18) 부정경쟁방지법상 기타 성과도용행위 주장을 말한다.
19) 이 판결은 대법원의 심리불속행 기각 판결로 그대로 확정되었다(대법원 2017. 8. 24. 선고 2017다224395 판결).

반, 저작권법위반, 컴퓨터등업무방해로 고소한 사건이다. 피고인들은 크롤링 프로그램을 개발하여 야놀자에서 운영하는 모바일 애플리케이션이나 PC용 홈페이지에 접속하여 API 서버로 정보를 호출하는 명령구문을 입력하는 방식으로 제휴 숙박업소 목록, 주소, 가격정보 등을 확인하고 영업을 위하여 이를 내부적으로 공유하였다. 이에 대하여 이 사건 제1심 법원은 정보통신망법위반, 데이터베이스제작자의 권리 침해를 이유로 한 저작권법위반 및 컴퓨터등업무방해 모두를 유죄로 인정하였다.[20]

그러나 이 사건 항소심 법원은 피고인들에게 모두 무죄를 선고하였는바 그 구체적인 판시이유는 아래와 같다.

먼저 정보통신망법위반에 대해 법원은 야놀자의 API 서버에 대하여 접근권한이 객관적으로 제한되었다거나 허용된 접근 외의 다른 접근을 차단하는 기술적 조치가 취해진 바 없고, 야놀자의 이용약관은 해당 서비스 회원에게만 적용되는 것이 명백하고 약관에 의하여도 피고인들이 이용한 패킷 캡처와 크롤링이 금지된 것이 아니라는 점, 이 사건 API 서버는 모바일 앱으로만 접근할 수 있었던 것이 아니라 PC 웹 브라우저로도 접근할 수 있었고, 영업상 중요한 정보를 저장하는 서버도 아니므로 접근권한이 제한될 이유도 없었다는 점을 근거로 하여 피고인들은 접근이 제한된 정보통신망에 침입하지 않았다고 보아 무죄를 선고하였다.

다음으로 저작권법위반에 대하여 법원은 피고인들이 야놀자의 데이터베이스의 일부 소재를 확인한 뒤 이를 엑셀 파일로 정리했을 뿐 데이터베이스 전부 또는 상당한 부분을 복제한 사실이 없고, 피고인들이 공소사실 기재 데이터베이스 항목을 수집한 것을 두고 피해자 회사가 데이터베이스를 통상적으로 이용하는 것과 충돌한다거나 피해자 회사의 이익을 부당하게 해침으로써 상당한 부분의 복제로 간주된다고 볼 수도 없다고 하면서 데이터베이스제작자의 권리 침해를 부정하고 무죄를 선고하였다.

마지막으로 컴퓨터등장애업무방해에 대하여도 법원은 이 사건 크롤링으로 인해 이 사건 API 서버의 정보처리에 장애가 발생한 사실이 없고, 야놀자의 숙박 예약 업무

---

20) 서울중앙지방법원 2020. 2. 11. 선고 2019고단1777 판결.

가 방해되지도 않았으며, 피고인들이 이 사건 크롤링을 통해 이 사건 API 서버 내 데이터 자체를 변경하지 않았으므로 피고인들은 야놀자의 업무를 방해하지 않았고,[21] 나아가 피고인들은 이 사건 API 서버로부터 피해자 회사의 숙박업소 정보를 수집함이 목적이었으므로 업무방해의 고의도 없었다고 보아 역시 무죄를 선고하였다.

이 사건 항소심 판결에 대하여는 검사가 상고하였으나 대법원 역시 피고인들에게 모두 무죄를 선고하였다.[22] 특히 대법원은 정보통신망법 위반과 관련하여 정보통신망에 대하여 서비스제공자가 접근권한을 제한하고 있는지 여부는 보호조치나 이용약관 등 객관적으로 드러난 여러 사정을 종합적으로 고려하여 신중하게 판단하여야 하는데 야놀자가 그러한 접근권한을 제한하였다고 보기 어렵다고 명시적으로 판단하였다.[23] 또한 저작권법상 데이터베이스제작자 권리 침해와 관련하여 대법원은 데이터베이스제작자 권리 침해가 인정되기 위해서는 데이터베이스의 전부 또는 상당한 부분의 복제가 있어야 하는데, 여기서 상당한 부분의 복제는 양적인 측면만이 아니라 질적인 측면도 함께 고려되어야 하고, 질적으로 상당한 부분인지 여부는 데이터베이스제작자가 그 복제 등이 된 부분의 제작 또는 그 소재의 갱신, 검증 또는 보충에 상당한 투자를 하였는지를 기준으로 보아야 한다고 하면서 이 사건에서 피고인들이 수집한 정보들은 야놀자의 데이터베이스의 일부에 불과하고, 피고인들이 수집한 정보들이 이미 상당히 알려진 정보로서 그 수집에 상당한 비용이나 노력이 들었을 것으로 볼 수 없을 뿐만 아니라,[24] 피고들의 복제가 야놀자의 데이터베이스의 통상적인 이용

---

21) 이 사건에서는 리버스엔지니어링을 통하여 API 호출 구문을 알아내는 등의 방법으로 데이터를 복제하였고 이에 대하여 항소심 법원은 그러한 방법이 서버의 본래 목적과 상이한 부정한 명령을 전송한 것으로 보기 어렵다고 판단한 것이며, 이에 대하여 뒤에 소개하는 대법원도 같은 입장을 취하였다는 점을 주목할 필요가 있다.

22) 대법원 2022. 5. 12. 선고 2021도1533 판결.

23) 즉, 대법원은 정보통신망 침입을 통한 정보통신망법 위반이 성립하기 위해서는 서버에 대한 접근권한이 객관적으로 제한되어 있어야 한다고 보는 것으로 이해되고, 해당 서버에 대한 접근권한이 객관적으로 제한되어 있지 않다면 접근 횟수 또는 형태와 무관하게 정보통신망 침입이 아니라고 보는 것으로 이해된다.

24) 개별 소재들이 이미 상당히 알려지거나 공개된 정보라는 점이 향후 데이터베이스제작자의 권리 침해 여부 판단에 중요한 역할을 할 수 있을 것으로 예상된다.

과 충돌하거나 그 이익을 부당하게 해치는 경우에 해당한다고 보기 어렵다고 판단하였다.

참고로 위 야놀자와 피고인 주식회사 여기어때컴퍼니(이하 '여기어때') 사이에는 현재 민사 소송도 진행 중이고, 민사 소송 제1심 법원은 야놀자의 부정경쟁방지법상 기타 성과도용행위 주장을 받아들여 부정경쟁행위의 금지 및 손해배상금 10억 원 지급을 명하는 판결을 선고한 바 있다(이 사건의 사건명이 "데이터베이스제작자의 권리침해금지 등"임에도 해당 판결에는 저작권법상 데이터베이스제작자 권리 침해에 대한 판시 부분은 전혀 존재하지 않는다).[25] 이에 대하여 여기어때가 항소하여 현재 항소심이 계속 중인바, 앞서 살펴본 형사 사건에서의 대법원 판결 선고에 따라 민사 소송 제1심 법원의 판결이 그대로 유지될 수 있을지 귀추가 주목된다. 아울러 크롤링에 대한 부정경쟁방지법상 기타 성과도용행위에 대한 판단이 아직 항소심에서는 이루어진 바 없고, 이 사건에 적용되지는 않겠으나 부정경쟁방지법에 데이터 부정사용행위 조항이 도입된 이후의 항소심 판결이라는 점에서도 중요한 판결이 될 것으로 보인다.

4. 소 결

이상 살펴본 바와 같이 데이터 수집은 공개된 데이터를 대상으로 하되 그 데이터를 관리 내지 운영하는 주체의 의사에 반하여 이루어지는 경우가 대부분이다. 이러한 데이터 수집에 대해서는 최근에 부정경쟁방지법에 추가된 데이터 부정사용행위 조항을 제외하면 기존에는 부정경쟁방지법상 기타 성과도용행위 조항과 저작권법상 데이터베이스제작자 권리 침해와 관련된 조항들이 적용될 수 있었고, 실제 법원에서도 두 조항들을 가지고 사안에 대하여 판단하여 왔음을 알 수 있다. 그런데 부정경쟁방지법상 기타 성과도용행위 조항의 경우 과연 크롤링 등을 통한 공개된 데이터 수집이 공정한 상거래 관행이나 경쟁질서에 반하는 방법인지 의문이고, 저작권법상 데이터베이스제작자 권리 침해 조항의 경우 누구나 수집할 수 있는 공개된 정보를 수집하는

---

25) 서울중앙지방법원 2021. 8. 19. 선고 2018가합508729 판결.

것이 과연 권리 침해로까지 의율할 수 있는 것인지는 의문이 있고, 따라서 이에 대하여는 신중하고 엄격한 판단이 필요하다고 생각된다. 이러한 점에서 크롤링을 통해 정보를 수집한 피고인들에 대하여 무죄를 선고한 최근 야놀자/여기어때 형사 사건의 대법원 판결은 큰 의의를 갖는다고 할 것이다. 다만 이러한 판결들이 시장에는 여러 방향으로 영향을 미칠 수 있으므로 이에 대한 세밀한 논의가 지속적으로 이루어져야 할 것으로 생각된다.

Ⅲ. 데이터 가공의 법률문제

1. 데이터 가공의 의미

'가공'이란 원자재나 반제품을 인공적으로 처리하여 새로운 제품을 만들거나 제품의 질을 높이는 것을 말하므로[26] '데이터 가공'이란 개별 데이터에 일정한 처리를 하여 데이터의 가치를 높이는 것도 포함될 수 있고, 다수의 데이터들에 일정한 처리를 하여 데이터들의 집합으로서의 가치를 높이는 것도 포함될 수 있을 것이다. 다만 여기서는 후자의 경우에 대하여 살펴보기로 한다.

2. 데이터 가공행위에 따른 데이터에 대한 권리 귀속

앞서 살펴본 바와 같이 데이터산업법은 "데이터생산자가 인적 또는 물적으로 상당한 투자와 노력으로 생성한 경제적 가치를 가지는 데이터"를 "데이터"와 별도로 "데이터자산"이라고 정의하고 있고, 그러한 "데이터자산" 중 일부에 대한 부정사용에 대하여 부정경쟁방지법에서 규율하고 있으며, 저작권법상 "데이터베이스"는 "소재를 체계적으로 배열 또는 구성한 편집물로서 개별적으로 그 소재에 접근하거나 그 소재를

---

26) 표준국어대사전, 국립국어원, "가공", https://stdict.korean.go.kr/main/main.do, 2022. 5. 29. 최종 방문.

검색할 수 있도록 한 것"을 말하고, "데이터베이스제작자"는 "데이터베이스의 제작 또는 그 소재의 갱신·검증 또는 보충(이하 "갱신 등"이라 한다)에 인적 또는 물적으로 상당한 투자를 한 자"를 말하므로, 다수의 데이터들에 인적 또는 물적으로 상당한 투자와 노력을 하여 일정한 처리를 한 자, 다수의 데이터들을 체계적으로 배열 또는 구성하고 검색할 수 있도록 한 자는 그에 대하여 일정한 권리를 확보할 수 있다.

즉, 다수 데이터들의 생성·가공에 부정경쟁방지법이나 저작권법에서 정한 일정한 기여를 한 자는 부정경쟁방지법에 따르면 그러한 데이터에 대한 제3자의 침해에 대하여 금지 등을 청구할 수 있고(부정경쟁방지법 제2조 제1호 카목, 제4조, 제5조, 제6조, 제18조 제3항 제1호), 저작권법에 따르면 데이터베이스제작자로서 그 데이터베이스의 전부 또는 상당한 부분에 대한 복제권, 배포권, 방송권 및 전송권을 가지게 된다(저작권법 제98조 등). 다만 저작권법상 데이터베이스제작자로서의 권리는 제작 완료 다음 해부터 기산하여 5년간만 존속하며(저작권법 제95조), 이에 비해 부정경쟁방지법상의 금지 청구권 등에는 특별한 법률상 행사 기간 등에 제한은 존재하지 않는다.

3. 그 밖에 데이터 가공행위 자체에 대한 법률 문제

제3자가 이미 생성하여 둔 부정경쟁방지법상 '데이터' 또는 저작권법상 '데이터베이스'에 제3자의 허락 없이 일정한 가공행위를 한 경우에는 어떻게 될 것인가가 문제된다. 그러나 부정경쟁방지법상 데이터 부정사용행위 조항 혹은 저작권법상 데이터베이스 관련 조항 모두 가공에 대하여는 별도의 내용을 담고 있지 않다. 이는 두 법률 모두 가공의 전 단계로서의 데이터의 취득 혹은 복제에 대하여 규율하거나 가공 후의 단계로서의 사용, 공개 또는 배포, 방송, 전송 등을 규율함으로써 데이터를 무단으로 가공하는 것에 대하여 통제를 할 수 있다고 보는 것으로 이해된다.

한편, 제3자가 이미 생성하여 둔 '데이터' 또는 '데이터베이스'에 제3자의 허락 없이 일정한 가공행위를 하였는데, 그로 인하여 새로이 생성된 '데이터' 또는 '데이터베이스'가 기존의 것과 전혀 다른 경제적 가치를 가지는 '데이터' 또는 '데이터베이스'가 된 경우 제3자의 권리 침해 문제와는 별도로 새로이 생성된 '데이터' 또는 '데이터베이스'에 대한 권리는 새로이 이를 생성한 자에게 귀속된다고 봄이 타당하다고 할 것이다.

IV. 데이터 결합의 법률문제

1. 데이터 결합의 개념

서로 다른 데이터들을 결합하여 보다 나은 목적 또는 완전히 새로운 목적을 달성할 수 있는 새로운 데이터가 만들어질 수 있다. 개인정보처리자 간의 가명정보의 결합에 대하여 일정한 제한이 있을 수 있으나(개인정보보호법 제28조의3) 개인정보가 포함되지 않은 데이터들이란 그러한 결합에 특별한 제약은 존재하지 않을 것이다. 이렇게 서로 다른 부정경쟁방지법상 '데이터' 또는 저작권법상 '데이터베이스'들을 일정한 정보처리 등을 통하여 합치는 것을 데이터 결합이라고 할 수 있다.

2. 데이터 결합 시점에서의 법률문제(동의 필요 여부 등)

제3자의 '데이터' 또는 '데이터베이스'에 자신의 '데이터' 또는 '데이터베이스'를 결합하여 새로운 가치를 갖는 '데이터' 또는 '데이터베이스'를 만드는 경우, 그러한 결합의 과정에서 제3자 '데이터' 또는 '데이터베이스'의 취득 내지 복제, 사용이 수반될 수밖에 없으므로 해당 제3자로부터의 동의는 필요할 것으로 보인다. 물론 그러한 취득 내지 복제, 사용이 양적으로 혹은 질적으로, 혹은 다른 조건의 결여로 부정경쟁방지법상 데이터 부정사용행위 등 부정경쟁행위 혹은 저작권법상 데이터베이스제작자 권리 침해 행위에 해당하지 않은 경우도 있을 수 있으나 법적인 위험성을 낮춘다는 측면에서는 제3자의 동의를 받는 것이 바람직하다고 할 것이다.

3. 결합한 데이터에 대한 권리 행사

제3자의 동의를 받아 제3자의 '데이터' 또는 '데이터베이스'와 자신의 그것을 결합하여 생성된 새로운 '데이터' 또는 '데이터베이스'에 대한 권리가 어떻게 귀속되는 것으로 보아야 하는지도 문제될 수 있다. 물론 제3자와의 계약을 통하여 그러한 권리의 귀속 및 향후 사용에 대하여 자세하게 정해 두는 것이 가장 바람직할 것이나, 그러한 협의가 전혀 없었던 경우 혹은 협의가 있었으나 그에 대한 입증이 어려운 경우 어떻게 처리하여야 하는지가 문제된다.

그런데 결합된 '데이터' 또는 '데이터베이스'는 개별 '데이터' 또는 '데이터베이스'가 단순히 결합되어 외형상 일체적으로 이용되는 것으로 보기는 어렵고, 2인 이상이 공동으로 창작한 것으로서 각자의 이바지한 부분을 분리하여 이용할 수 없는 경우가 대부분일 것이므로, 저작권법에 따르면 공동데이터베이스로서 취급되어야 할 것으로 보인다.

이와 관련하여 저작권법 제96조는 공동데이터베이스의 데이터베이스제작자의 권리행사에 관하여는 공동저작물의 저작재산권 행사에 관한 저작권법 제48조를 준용한다고 정하고 있다. 따라서 공동데이터베이스에 대한 데이터베이스제작자로서의 권리는 그 권리자 전원의 합의에 의하지 아니하고는 이를 행사할 수 없으며, 다른 데이터베이스제작자의 동의가 없으면 그 지분을 양도하거나 질권의 목적으로 할 수 없고, 다만 각 데이터베이스제작자는 신의에 반하여 합의의 성립을 방해하거나 동의를 거부할 수 없다고 할 것이고, 그 밖의 이익 배분 등에 대하여도 저작권법에서 정한 바에 따라야 할 것이다(저작권법 제48조).

제6장 데이터 거래의 법률관계

손승우
(한국지식재산연구원 원장)

I. 데이터 거래의 개념과 현황

1. 국내외 데이터 거래 현황과 법제 경향

영국의 시사주간지 〈이코노미스트〉는 데이터를 모든 산업에 필수적 자원이라는 의미에서 데이터를 햇빛에 비유했다. 글로벌 시가총액 순위에서 과거 상위권에 있던 석유회사들은 점차로 밀려나고 오늘날 그 자리를 애플, 마이크로소프트, 아마존, 구글 등과 같은 유수의 데이터 기업들이 차지하고 있다. 디지털 전환시대에서 데이터 산업과 거래는 급속히 성장하고 있다. 2021년 국내 데이터산업 시장 규모는 20조 원을 넘어섰고, 전체 산업계에 종사하는 데이터 인력은 15만 명이지만 산업계 수요가 계속 증가하고 있다.[1] 글로벌 빅데이터 시장은 2020년부터 2027년까지 연평균 19.4% 성장(CAGR)할 것으로 추정되고 2027년까지 2,434억 달러 규모에 이를 것으로 본다. 현재 데이터 거래가 가장 활발한 국가는 미국이며 약 170조 원의 데이터 브로커(Data Broker) 시장을 형성하고 있다.

디지털 전환이 빨라지면서 데이터 수요는 이전에 비해 폭발적으로 증가하고 있

---

1) 한국데이터산업진흥원, 「2021년 데이터산업 백서」, 2021 참조.

다. 특히 업종을 초월한 데이터 간 융합으로 혁신과 부가가치가 증대되고 있다. 데이터는 다른 데이터와의 결합을 통해서 새로운 가치를 만들어 내는 만큼 자유로운 이동과 거래가 보장되어야 진정한 데이터 경제를 실현할 수 있다. 이처럼 시장에서 데이터 거래 및 활용을 촉진하기 위하여 마련된 대표적인 법률이 2021년 10월 19일 제정된 「데이터 산업진흥 및 이용촉진에 관한 기본법」이다. 이 법은 데이터 간의 결합 촉진(제10조)은 물론 데이터의 합리적 유통 및 공정한 거래를 위하여 가치평가 지원(제14조)과 데이터 거래 관련 표준계약서[2]를 마련하도록 하고(제21조), 데이터 거래의 전문성을 가진 자를 '데이터거래사'로 등록하여 육성하도록 하고 있다(제23조). 한편, 2022년 1월 4일 제정된 「산업 디지털 전환 촉진법」에서도 산업데이터의 활용 및 보호 원칙을 준수하면서 계약의 체결을 촉진하기 위하여 산업데이터 활용 계약에 관한 지침을 마련하도록 하고 있다(제10조 제2항).

미국, 중국, 일본 등 주요국에서도 데이터의 거래와 활용을 촉진하기 위한 다양한 법·정책을 마련하고 있다. 미국은 시장 중심의 법체계를 갖추고 있어서 세계 최대 규모의 데이터 거래가 이루어지고 있다. 나아가 IPEF, CPTPP, USMCA 등 다국적 협력을 통하여 국경 간 데이터의 이동을 촉진하려고 시도하고 있다. 일본은 빅데이터 산업의 경쟁력 강화를 위하여 2017년과 2019년에 「개인정보 보호법」을 개정하여 '익명가공정보' 개념을 도입하였고, 또한 저작권법을 개정하여 데이터 분석에 대한 면책규정을 마련하였다. 특히 2018년에 산업계의 데이터 거래계약 실무를 지원하기 위하여 경제산업성은 「AI·데이터 이용에 관한 계약 가이드라인」을 제정하였다. 유럽의회는 2022년 4월 6일 데이터 공유에 대한 신뢰를 높이고 데이터 시장의 중립성에 대한 새로운 규칙을 수립하기 위하여 「데이터 거버넌스법(Data Governance Act: DGA)」을 승인하였다.

---

2) 과학기술정보통신부는 2019년 12월 「데이터 거래 가이드라인」을 제정하여 발표하였으며, 여기에 3가지 유형의 데이터 표준계약서를 포함하고 있다.

2. 데이터 거래의 개념

데이터 거래란 데이터가 재화로서 공급자와 수요자 사이에 온·오프라인 방식으로 데이터를 전송·사용·이전하는 행위를 말한다. 데이터 공급자 또는 판매자는 데이터에 대한 일정한 권리를 가지고 있는 자로서 데이터를 생산한 생산자이거나 데이터생산자로부터 권리를 양수한 자, 또는 데이터 권리자로부터 판매에 대한 대리권을 받은 자 등이다. 데이터 거래는 크게 양도계약과 라이선스계약 형태로 이루어지며 실제 거래에서는 양도계약보다는 권리 이전이 발생하지 않은 이용허락 형태의 라이선스계약이 더 많이 체결된다. 거래 당사자 일방이 데이터를 수요자에게 제공하는 거래가 주를 이루지만, 때에 따라 기업 또는 단체 상호 간에 필요로 하는 데이터를 교환하기도 한다.

거래의 대상이 되는 데이터는 크게 정형데이터, 비정형데이터, 개인데이터, 비개인데이터로 구분할 수 있으며, 또한 공공데이터와 민간데이터 등 다양한 형태로 분류할 수 있다. 데이터는 희소성과 부가가치 창출 효과가 높으므로 기업들은 다양한 기업활동에 데이터를 활용하고 있으며, 통신사, 은행 등 기업 내 데이터를 모아 제공하는 서비스플랫폼들도 지속해서 증가하고 있다.

기업은 다양한 목적으로 데이터 거래를 한다. 여기에는 신규 상품 및 서비스 개발, 시장확대, 수익 증대, 기업 유지 등이 있다. 주요 상품에 중대한 영향을 미치는 데이터의 경우 기업 자체적으로 수집할 수도 있으나 많은 시간과 노력이 들어간다는 점에서 완성된 데이터 세트를 구매하는 쪽을 선택한다. 또한 데이터 중심의 비즈니스를 하는 기업의 경우에는 데이터를 수익원으로 하는 데이터 상품화를 통해 거래에 내놓을 수도 있다.

II. 데이터 거래(계약)의 법적 기초와 주요 사항

1. 거래(계약)의 법적 기초

(1) 거래 실무와 계약 유형

데이터 계약은 보편적으로 체결되는 계약 형태가 아니며 그간 이와 관련된 계약 실무도 정착되지 못했다. 데이터 계약은 기존에 존재하지 않던 새로운 유형이므로 결정해야 할 내용이 복잡하고 그 형태가 다양하다. 오늘날 데이터 거래에 대한 수요가 급증하면서 정부 주도로 국내 실정에 맞는 데이터 거래 표준계약서가 마련되고 있다. 대표적으로 과학기술정보통신부·한국데이터산업진흥원이 마련한 데이터 거래 가이드라인에서는 ① 데이터 제공형, ② 데이터 창출형, ③ 데이터 오픈마켓형 등 3가지 유형의 표준계약서를 제공한다.

데이터 거래는 수요와 공급자가 직접 계약을 체결하여 거래하는 직접 거래(Direct transaction)가 가장 많다. 대표적으로 보유한 데이터를 양도하거나 이용허락(License)하는 방식으로서 첫 번째 유형이 여기에 속한다. 두 번째 유형인 '데이터 창출형 계약'은 단순 데이터 제공은 아니지만, 기본적으로 복수 당사자가 데이터를 창출한다는 점에서 직접 거래 형태라고 할 수 있다. 데이터 거래의 다른 형태는 거래를 전문적으로 중개하는 플랫폼을 통해 거래하는 것이다. 세 번째 유형인 '데이터 오픈마켓형'이 여기에 속한다.

'데이터 제공형' 계약은 가장 보편적인 형태의 계약으로서, 일반 당사자만 보유하고 있는 데이터를 상대방에게 제공할 때 해당 데이터에 대한 이용권한, 기타 제공 조건 등을 결정하는 계약 유형이다. 이 유형은 데이터에 대한 권리를 완전히 양도하거나, 또는 독점적 또는 비독점적으로 이용허락을 하는 일종의 라이선스계약 형태로 이루어진다. 데이터 이용자는 이용허락을 받은 데이터를 가공·분석 등의 처리를 하면서 파생데이터가 생성할 수 있는데, 이러한 파생데이터에 대한 권리관계를 구체적으로 규정한다.

'데이터 창출형' 계약은 2인 이상의 당사자가 관여하여 새로운 데이터를 창출하고, 해당 데이터를 상대방에게 판매할 때 창출에 관여한 당사자 간의 데이터 이용권한, 이익분배, 제3자 제공 등을 결정하는 계약 유형이다. 복수 당사자가 데이터를 창출하는 계약인만큼 대상데이터에 대한 권한 및 이익을 어떤 비율로 나눌지가 중요하며 실무적으로 교섭에 어려움을 겪을 수 있다.

'데이터 오픈마켓형' 계약은 오픈마켓이라는 중개 기능이 있는 플랫폼 위에서 데이터를 거래하는 유형으로 크게 '오픈마켓 운영자와 데이터 제공자 간', '데이터 제공자와 이용하는 소비자 간' 계약으로 나눌 수 있다. 따라서 데이터 거래 가이드라인은 2종류의 표준계약서를 제공한다. 오픈마켓형은 데이터스토어, KDX 등과 같이 데이터 제공자와 이용자를 매개하는 것을 주된 기능으로 하여 발생하는 권리, 의무 등을 정하는 계약 유형이다.

중개형 데이터 거래 유형 중에는 오픈마켓형와 같이 거래를 단순 매개하는 것에 머물지 않고 거래중개자가 적극적으로 거래에 개입하는 형태도 존재한다. 거래중개자가 수요자와 공급자를 발굴하고 연결하여 거래를 성사시키거나 지급대행, 가치평가, 품질보증 등 다양한 서비스를 제공하기도 한다. 이러한 적극적 형태의 거래 중개는 전문 플랫폼(Platform)이나 브로커(Broker)를 통해 이루어지기도 한다.

이 밖에도 플랫폼을 기반으로 하여 데이터를 공유하고 활용하는 특수한 형태의 거래도 존재한다. 소위 '플랫폼 기반 공유계약'은 특수한 목적으로 다수의 당사자가 관련된 데이터를 플랫폼에 각기 제공하고 플랫폼에 의해서 집합·결합·가공·분석 등이 된 데이터를 당사자들이 공동으로 활용하는 형태의 계약이다. 예를 들면, 해운 관련 플랫폼을 구축하고 컨테이너 선사, 조선사, 해상중개인 등이 각기 보유한 해상 관련 데이터를 플랫폼에 제공하여 집약하고 공동으로 이용하거나, 또는 복수의 영상 사업자가 각기 보유한 영상데이터를 플랫폼에 집약하고 상업적으로 이용하거나 도시계획 및 방재 등 공익적 목적으로 활용할 수 있다. 공유형 거래는 일정한 목적을 가진 복수의 당사자들 간에 데이터를 상호 공유한다는 점에서 중개를 중심으로 하는 오픈마켓형과 차이가 있다. 정부는 2019년부터 유통, 헬스케어, 환경, 금융, 통신, 소방안전, 중소기업 등 다양한 분야의 빅데이터 플랫폼을 구축하여 공공 및 민간 데이터를 수집·가공·분석·유통·활용하는 사업을 추진하고 있으며, 계속하여 빅데이터 분야

를 확대하는 동시에 플랫폼 간에도 연계한 통합 데이터 서비스를 제공하고 있다.[3]

한편, 데이터 거래는 거래 당사자가 민간이냐 공공이냐에 따라 공공데이터와 민간데이터 계약으로 구분할 수 있다. 특히 정부는 공공기관이 만들어 내는 공공데이터를 국민에게 개방하여 누구나 자유롭게 활용할 수 있도록 하고 있다. 2013년 10월 31일 「공공데이터의 제공 및 이용 활성화에 관한 법률」이 시행되면서 공공기관은 다른 법률에 특별한 규정이 있는 경우를 제외하고 공공데이터를 영리적 이용이 가능하도록 국민에게 제공하여야 한다.[4] 정부는 공공데이터를 쉽게 이용할 수 있도록 이용허락 조건을 표시하는 '공공저작물 자유이용 허락 표시제도(Korea Open Government License)'를 도입하였다. 즉 국가, 지방자치단체, 공공기관이 '출처표시', '상업적 이용금지', '변경금지' 등 4가지 공공누리 유형을 표시하도록 하고, 이용자는 별도의 이용허락 없이 데이터에 표시된 조건대로 이용하면 저작권 침해 없이 이용이 가능하다.[5] 현재 공공누리는 '출처표시'만을 원칙으로 하고, '상업적 이용금지'나 '변경금지' 표시는 필요한 경우에 예외적으로 하도록 한다.

〈그림 6-1〉 공공누리 유형

기본마크	이용허락조건 마크		
	출처표시(기본조건)	상업적 이용금지	변경금지
OPEN 공공누리 공공저작물 자유이용허락	출처표시	상업용금지	변경금지

---

3) 과기정통부, 빅데이터 플랫폼·센터 확대···양질 데이터 공급·활용 촉진, 아이뉴스24, 2022. 3. 29.
4) 「공공데이터의 제공 및 이용 활성화에 관한 법률」 제3조 제4항에서 "공공기관은 다른 법률에 특별한 규정이 있는 경우 또는 제28조 제1항 각 호의 경우를 제외하고는 공공데이터의 영리적 이용인 경우에도 이를 금지 또는 제한하여서는 아니 된다."고 규정하고, 제17조 제1항에서 "공공기관의 장은 해당 공공기관이 보유·관리하는 공공데이터를 국민에게 제공하여야 한다."라고 규정한다.
5) 공공누리 홈페이지 〈https://www.kogl.or.kr/info/introduce.do〉

(2) 거래 관점에서 소유권

데이터가 거래의 대상이 되기 위해서 우선적으로 전제되어야 하는 것은 데이터에 대한 권리가 특정 주체에게 귀속되어야 한다. 앞서 '제4장 데이터의 법적 성질과 오너십'에서 상술한 바와 같이, 데이터는 무체물이며 민법상 소유권의 대상이 되지 않기 때문에 데이터의 이용권한은 계약에 따라 당사자 사이에서 자유롭게 정해질 수 있다. 이처럼 데이터에 대한 보편적 소유권 또는 물권적 권리는 인정되지 않지만, 거래 대상이 되는 데이터에 관한 권한은 계약을 통해서 정할 수 있으며 당사자에 한해 그 효력이 미치게 된다. 따라서 '데이터 소유권' 또는 '데이터 오너십(Ownership)'이라는 용어는 민법상의 소유권을 의미하는 것이 아니라 계약상 '채권적 지위'를 가리키는 것으로 이해해야 한다.

거래 관점에서 데이터 보호를 살펴보면, 그간 데이터 보호에 대한 법적 기반이 충분하지 않아 기업은 상당한 노력과 투자로 생산한 데이터를 거래를 위하여 선뜻 내놓으려고 하지 않았다.[6] 즉 데이터 보호가 불충분하여 거래가 활발하지 못한 것이다. 여기서 말하는 데이터란 빅데이터 경제에서 가장 큰 비중을 차지하는 SNS 게시글, 이메일, 동영상, 사진, 목소리 정보 등 '비정형 데이터(Unstructured data)'[7](소재가 체계적으로 배열·구성되지 않은 데이터)를 말한다.

데이터는 이름 그대로 많은 양의 데이터를 의미하며, 그 속에는 타인의 작은 데이터들을 포함하는 경우가 많아서 '소유권'과 같은 권리를 부여하는 방식으로 보호하게 되면 명확한 권리범위의 획정이 어려워 분쟁이 발생하기 쉽고, 자유로운 데이터 거래·활용을 오히려 위축시킬 우려도 있다. 따라서 2022년 4월 20일 시행된 「부정경쟁방지 및 영업비밀보호에 관한 법률」에서는 상당량의 데이터를 수집하는 데 들인 투자

---

6) 손승우·이정훈, "Nature of Data Assets and Their Protection and Exemption Measures for Analysis", 「한국산업보안연구」 제11권 제2호, 한국산업보안연구학회, 2021. 8. 31. 참조.

7) '정형데이터(structured data)'의 대표적인 형태가 '데이터베이스'이며, 저작권법은 데이터베이스를 '저작물이나 부호·문자·음·영상 그 밖의 형태의 자료(소재)를 체계적으로 배열 또는 구성한 편집물로서, 개별적으로 그 소재에 접근하거나 그 소재를 검색할 수 있도록 한 것'으로 정의하고, 상당한 자본과 인정·기술적 투입을 한 데이터베이스제작자에게 복제·배포·방송 또는 전송할 권리를 5년간 부여한다(저작권법 제93조 제1항).

와 노력을 누군가 무임승차하려는 행위를 제재하는 방식으로 데이터를 보호하는 방안을 선택하였다. 이 법은 비정형 데이터 보호에 대한 입법 공백을 메워주어 데이터 거래 촉진에 기여할 것으로 여겨진다.

(3) 개인정보 보호 및 불공정거래 주의

거래의 대상인 데이터에 개인정보가 포함되는 경우에는 「개인정보 보호법」에 따라 개인정보처리자로서 개인정보 취급 시 통지, 안전관리조치, 제3자 제공제한 등을 준수하여야 한다. SNS에 공개된 정보, 신용카드 이용내역, 통신서비스 이용기록 등은 그 자체만으로는 개인정보로 보이지 않을 수 있지만 다른 정보와 결합하거나 사후적인 법률적 평가에 따라 개인정보로 인정될 수 있다. 대상 데이터가 민감정보인 경우에는 적절한 처리가 매우 중요하며 일반적인 데이터 제공형 계약이 아닌 데이터에 대한 접근이 물리적으로 제한되고 가명처리가 필수적으로 요구되는 형태의 계약 요건이 필요하다.

데이터 거래를 하는 목적은 보유하고 있는 데이터와 타 기관의 데이터를 결합하여 데이터의 활용성을 높이기 위한 경우가 많은데, 개인정보가 포함된 데이터는 반드시 비식별조치 후 영역별로 지정된 결합전문기관를 통해 결합해야 한다. 가명처리는 개인정보의 일부를 삭제하거나 일부 또는 전부를 대체하는 등의 방법으로 추가 정보가 없이는 특정 개인을 알아볼 수 없도록 처리하는 것을 말한다. 이렇게 처리된 가명정보는 통계작성, 과학적 연구, 공익적 기록보존 등을 위하여 정보주체의 동의 없이 처리할 수 있다(개인정보 보호법 제28조의2). 예를 들면, 연령 성별에 따른 체중관리 운동 시뮬레이션 프로그램 또는 운동관리 애플리케이션을 개발하기 위하여 웨어러블 기기를 이용하여 수집한 맥박, 운동량, 평균 수면시간 등에 관한 정보와 데이터 거래를 통하여 획득한 가명처리된 성별, 연령, 체중에 관한 정보를 결합하여 활용할 수 있다. 이 경우 기업은 '과학적 연구' 목적을 위하여 정보주체의 동의 없이도 전문기관의 승인을 거쳐 데이터를 결합할 수 있다.

한편, 데이터 거래에 있어서 불공정거래의 문제도 발생할 수 있으므로 주의가 필요하다. 제조업이나 유통업 등 공급사슬(Supply chain)에 있어서 대기업이 거래상 우월적 지위를 이용하여 중소기업인 하도급 업체로부터 일방적으로 제조기기나 소비자 성향 데이터 등을 제공하도록 요구하거나 이용권한을 설정하도록 하면 공정거래법상 시장지배적 지위의 남용이나 불공정거래행위가 될 수 있다. 최근 인공지능(AI) 기반 의 데이터 거래가 증가하면서 AI 개발계약에 있어서 AI가 생성한 데이터 및 알고리즘 에 대한 지식재산권을 일방 당사자가 우월적 지위를 이용하여 귀속시키는 사례가 종 종 발생하고 있다. 예를 들면, 금융데이터 개발사인 K사는 금융기관 A의 빅데이터 플 랫폼 고도화 업무를 수주하고 해당 기관의 데이터를 활용하여 AI 알고리즘을 개발하 여 납품하였다. 그런데 A기관은 프로젝트 종료 후 K사가 개발한 알고리즘을 자신의 명의로 특허로 출원하고 홍보까지 하였다.[8]

데이터산업법은 과학기술정보통신부장관으로 하여금 데이터를 거래함에 있어서 대기업과 중소기업 간의 공정한 경쟁 환경을 조성하고 상호 협력을 촉진하도록 해야 하고, 대기업인 데이터사업자가 합리적인 이유 없이 데이터에 관한 지식재산권의 일 방적인 양도 요구 등 그 지위를 이용하여 불공정한 계약을 강요하거나 부당한 이득을 취득하지 못하도록 규정하고 있다(제17조 제1항 및 제2항).

데이터 거래가 아직 일반적으로 정착된 계약 형태가 아니므로 데이터 거래계약 시에 공정거래법, 개인정보 보호법, 위치정보법, 저작권법, 부정경쟁방지법 등 관련 된 법규를 위반하지 않도록 세심한 주의가 필요하다.

(4) 데이터 유출 및 부정이용 방지 수단

보유한 데이터에 영업비밀이나 노하우 등이 포함된 경우 기업은 해당 데이터를 거래에 내놓기를 주저하게 된다. 데이터를 유통함으로써 영업비밀 등이 유출되거나 경쟁사에 넘어갈 수 있기 때문이다. 만일 중요한 데이터를 거래해야만 할 상황이 발 생한다면 데이터 유출방지를 위해 몇 가지 조치를 생각해 볼 수 있다.[9]

---

8) 김정선, 지식재산(IP) 관점에서 본 데이터 법·제도 이슈 세미나 토론문, 서울대학교 기술과 법 센터,
  한국데이터법정책학회, 2020. 8. 25, 45면.
9) 과학기술정보통신부, 「데이터 거래 가이드라인」, 2019, 8~9면.

첫째, 계약에 의한 보호 조치이다. 데이터에 포함된 영업비밀, 노하우 등 비밀정보가 제3자에게 유출되지 않도록 데이터 이용자에게 '비밀유지의무'를 부과하는 것이다. 비밀정보를 보호하기 위한 구체적인 의무를 부과할 필요가 있는데, 예를 들면, 해당 데이터에 접근할 수 있는 데이터 이용기업의 임직원을 제한하고 이들에게 비밀유지 서약서를 제출하게 하거나, 일정한 보인장치 및 관리를 하도록 의무를 부과하는 것이다. 또한 해당 데이터의 유출로 인한 손해에 대해서 손해배상을 하도록 하고, 구속력의 실효성을 높이기 위해 손해배상액의 예정을 적정한 수준으로 설정한다.

둘째, 기술적 보호 조치이다. 데이터의 부정이용 및 무단 유출을 방지하기 위하여 데이터 암호화, 접근 통제 조치, 워터마크 기술을 이용한 데이터 출처명시 등 다양한 데이터 보호 기술이 존재한다. 또한 데이터를 제공자의 서비스 형태로 제공하거나, 데이터 이용자의 분석 시스템이 들어간 서버를 제공자 기업 내에 설치하여 데이터 분석 결과를 제공하는 방법도 고려할 수 있다.

셋째, 비밀성이 있는 데이터는 부정경쟁방지법상 '영업비밀'로서 보호를 받을 수 있다. 이 법 제2조 제2항에서 "영업비밀"로 보호받기 위해서 ① 비밀관리성, ② 유용성, ③ 비공지성 3가지 요건을 충족해야 한다. 거래 데이터가 이 3가지 요건을 충족하게 되면 '영업비밀'로서 보호받을 수 있으며, 부당한 데이터 획득 및 공개 등 행위를 금지할 수 있고 이로 인한 피해에 대한 손해배상 및 형사구제를 신청할 수 있다.

2021년 12월 7일 부정경쟁방지법 개정법률은 데이터 보호 규정을 신설하여 상당량의 데이터를 수집하는 데 들인 투자와 노력을 누군가 무임승차하려는 행위를 제재할 수 있게 되었다(제2조 제1호 카목). 이 법은 보호 대상 데이터를 '업(業)으로서 특정인 또는 특정 다수에게 제공되는 것'으로 규정하고 있어서 '거래·유통을 위한 데이터'만을 보호 대상으로 한정함을 알 수 있다. 데이터를 불특정 다수가 아니라 '특정인(특정 다수)'에게 제공되는 데이터로 한정한 것은 데이터 유통 활성화를 위해 규제대상을 최소화한 것으로 풀이된다. 또한 보호 데이터는 '전자적 방법으로 상당량 축적·관리되며 비밀로서 관리되고 있지 않은 기술·영업상 정보'로 데이터 보호를 위해 비밀로 관리할 것을 요구하지 않으므로 그 보호 범위를 영업비밀에 비해 넓게 설정할 수 있다.[10]

2. 데이터 계약체결 시 고려사항

데이터를 거래하고자 하는 사람은 계약체결에 앞서 다음과 같은 사항을 고려해야 한다.

즉, ① 당사자 간에 설정해야 할 이용 조건, ② 대상 데이터의 범위·품질, ③ 이용목적의 설정, ④ 분석·가공 및 파생 데이터의 이용 권한, ⑤ 제3자 이용허락의 제한, ⑥ 데이터 내용 및 지속적 창출의 보증/비보증, ⑦ 수익 분배, ⑧ 비용·손실 부담, ⑨ 관리 방법, 보안, ⑩ 이용 기간 지역, ⑪ 계약 종료 시 취급, ⑫ 분쟁 발생 시 적용되는 재판의 준거법 및 재판관할법원, ⑬ 공정거래법 및 하도급법 저촉 여부 등을 고려해야 한다.

〈표 6-1〉 데이터 거래·계약 체결 시 고려사항

구분	주요 내용
목적	• 데이터 거래의 목적·범위
대상 데이터의 정의	• 제공·취득하는 대상 데이터(항목, 입도, 양, 파일형식 등), 가공 등 파생데이터
대상 데이터의 취득·수집방법	• 대상 데이터 취득·수집의 주체·방법·체계, 공유수단·방법
대상 데이터의 이용권한	• 대상 데이터별 이용권한[이용목적, 가공 등의 가부, 제3자 제공(양도 또는 이용허락) 제한] 배분, 접근 방법, 이용기간·지역, 대상데이터의 지식재산권 귀속 등
파생데이터의 이용권한	• 파생데이터의 이용권한의 배분, 파생데이터의 지식재산권의 귀속
제3자 제공 여부	• 제3자 제공의 금지 또는 제공 가능한 방법·범위(자회사 등에의 제공 가부)
대가·이익분배	• 대상 데이터 등의 제공·이용의 대가, 제3자 제공으로 생기는 이익 분배, 매출금액 등의 보고, 장부의 작성·보존·열람 등
대상 데이터의 보증·비보증	• 정확성·완전성·안전성·유효성, 제3자의 권리의 비침해, 악의·중과실 경우의 취급, 대상 데이터의 취득·이용권한의 적법성

10) 손승우, [시론] 데이터 거래·유통 '보호 길' 열린다, 한국경제, 2022. 4. 19.

구분	주요 내용
대상 데이터의 관리 및 보안	• 구분관리, 선관주의의무, 제3자 비공개의무, 영업비밀로서의 관리, 관리상황의 보고·시정요구
개인정보의 취급	• 개인정보 보호법의 절차의 이행, 안전관리조치
대상 데이터 등의 누설 시 대응·책임	• 상대방에의 통지, 원인조사·재발방지책, 금지청구, 위약금
비밀유지의무	• 비밀정보의 정의(비밀정보로부터 제외된 정보), 예외적인 개시 사유
손해배상·면책	• 제3자와의 분쟁 대응, 불가항력 면책
유효기간·해제	• 유효기간, 갱신 조건, 해제사유 및 잔존조항
계약종료 시의 대상 데이터의 취급	• 파기·삭제의 요부, 증명서의 요부
일반조항	• 비용부담, 권리의무의 양도금지, 준거법·분쟁해결(재판관할), 성실협의

출처: 과학기술정보통신부, 「데이터 거래 가이드라인」, 2019. 12, 11면(재구성).

Ⅲ. 데이터 거래의 주요 법적 쟁점

1. 권리귀속

데이터 거래에 있어서 데이터에 내한 권리를 누구에게 귀속시킬 것인지는 중요한 사항이다. 거래 당사자 중 데이터에 대한 권리를 누가 가져야 하는지에 대한 일률적인 기준은 정해진 바가 없으며, 거래의 목적, 데이터 종류, 산업 분야 등에 따라 다양한 모습이 존재할 수 있다. 다만, 그 권한을 정함에 있어서 데이터 창출에 대한 당사자의 기여율, 가치평가, 사업과의 관련성 등을 주요하게 고려할 수 있다. 앞서 소개한 데이터 표준계약서에서는 대상데이터 등에 관한 지식재산권 귀속에 관한 규정을 두고 있는데, 제공형 표준계약서는 기본적으로 데이터를 제공하는 자에게 권리를 귀속시키고 있다(제4조 제4항).

그리고 창출형 표준계약서에서는 당사자가 함께 창출한 데이터에 대한 권리는 공유하는 것으로 규정한다. 즉 갑과 을이 함께 창출한 경우에는 "대상데이터에 관한 저작권은 갑 및 을이 종전부터 가지는 것 및 본 계약의 범위 밖에서 창출, 취득 또는 수집한 것을 제외하고, 갑 및 을의 공유로 한다."고 규정하고 있다(제6조 제1항). 그리고 파생데이터에 관한 저작권의 귀속은 파생데이터의 종류에 따라서 상호 합의하여 권리 귀속을 정하도록 한다(제6조 제2항). 그리고 대상데이터를 기반으로 새롭게 창출한 특허권 기타 지식재산권(저작권 제외)은 해당 특허권 등을 창출한 자에게 권리를 귀속시킨다(제6조 제4항), 데이터 창출을 위해서 각 당사자가 각기 소유하고 있는 지식재산권을 상호 이용할 수 있도록 허용하는 것도 필요하다.

2. 데이터 제공과 대금 지급방법

(1) 데이터 제공방법

데이터 거래는 기본적으로 데이터를 제공하고 그 대가를 지급받으면 완성된다. 계약 당사자는 우선 데이터의 제공방법을 정해야 한다. 즉 대상 데이터를 제공할 파일의 형식(Format)과 전달방식, 제공데이터의 품질 수준과 제공주기 등을 결정해야 한다. 데이터 공급자는 최신성, 정확성 및 유효성을 갖춘 데이터를 제공해야 하고, 이를 위해 업데이트 주기를 상호 협의해야 한다. 계약 당사자는 이와 같은 데이터 제공방법에 대하여 계약에 부속하는 별도문서로 자세한 사항을 정할 수 있다.

(2) 대금 지급방법

데이터에 대한 가격 및 이용 대가는 어느 정도가 적정한가? 데이터 가격은 이론적으로 수요·공급의 원칙에 따라 결정된다. 그러나 제공된 데이터의 가격에 대한 신뢰가 아직 형성되어 있지 못하고 투명한 기준이 미흡한 것이 현실이다. 그로 인해 데이터 제공자와 수요자 간에 데이터 가격에 대한 인식 차이가 매우 크고, 이는 거래성립을 방해하는 요소가 된다. 데이터 제공자는 데이터의 가치를 높이 인정받으려 하는 반면, 수요자는 수익이 현실화되지 않은 비즈니스를 위해서 고정된 높은 가격을 지급하는 데 부담을 느낀다. 시장에서는 데이터 가치에 대한 객관적인 평가 없이 사안별

로 협상을 통해서 정해지고 있다.[11]

　　대금 지급은 정해진 고정금액으로 지급하는 방법이 있으나, 데이터 공급자와 수요자 간의 앞서 언급한 인식 차이를 해소할 수 있는 '로열티 지급방식'도 고민해볼 수 있다. 하나의 방안으로 지식재산권의 라이선스 계약에서 자주 사용되는 방법인 '러닝 로열티(Running royalty) 지급방식'을 생각해 볼 수 있다. 즉 대상 데이터를 비즈니스에 활용하여 발생한 매출액에 따라 그 기여분을 로열티로 매월 또는 정기적으로 지급하는 방식인데, 이는 거래 당사자가 갖는 위험을 적절하게 분배하는 효과를 가진다.

　　러닝 로열티 지급방법과 관련해서, 대금 전액을 매출액의 일정 비율을 지급하는 방식과 계약체결 시에 착수금(Initial payment)을 지급하고 나머지 대금에 대해서만 러닝 로열티를 지급하는 방법도 있다. 이 점에서 창출형 표준계약서 제8조 제2항에서 "갑 및 을은 제7조에 따른 대상데이터 등을 제3자 제공 등 하는 경우에는 상대방 당사자에게 해당 제3자 제공 등에 관한 이익의 분배로서, 매출금액의 0%에 상당하는 금액 [분배이익액(Revenue share)]을 지급하여야 한다."고 규정하고 있다.

　　앞서 언급한 바와 같이, 계약 쌍방이 각각 보유하고 있는 데이터를 상호 이용하기로 한 경우에는 무상으로 이용하거나, 데이터 가치에 대한 차이를 고려하여 차액을 지급하는 방식으로 이용할 수 있다.

3. 가치평가

(1) 개 념

　　앞서 설명한 바와 같이, 공신력 있는 데이터 가치평가 모델은 아직 마련되어 있지 않다. 국내는 물론 2014년 세계 최초로 빅데이터거래소를 개설한 중국도 아직 가격산정 모델이 정립되지 않은 상태로 개별 거래에서 각기 협상에 따라 가격을 정하고 있다. '데이터 가치'는 데이터의 교환과정에서 지급되는 가장 가능성이 높은 가격의 추정치 또는 데이터 생산, 유통, 거래, 활용 등에서 발생하는 경제적 효익에 대한 측정치

---

11) 이성엽 편[손승우(데이터 거래계약)], 「데이터와 법」, 박영사, 2021, 271~272면.

를 말한다. 그리고 '데이터 가치평가'란 사업화하려는 데이터나 사업화된 데이터가 그 사업을 통하여 창출하는 경제적 가치를 시장에서 일반적으로 인정된 가치평가 기법 및 모델에 따라 전문가의 판단, 조사, 비교 등으로 등급, 점수, 가액 등으로 평가하는 활동을 말한다.[12] 데이터의 가치와 가격이 항상 같은 것은 아니다. 가격은 원가, 경쟁, 고객, 환경 등 여러 가지 요인에 따라 변동되는 것인 반면 데이터 가치는 데이터를 활용해 미래에 기대하는 편익을 현재의 값으로 환산한 것이다.[13]

(2) 관련 법률의 내용

데이터 거래에 대한 수요가 증가하면서 산업계는 정부에 데이터 가치평가 모델을 만들어 달라고 요구하고 있다. 데이터산업법은 과학기술정보통신부장관으로 하여금 데이터에 대한 객관적인 가치평가를 촉진하기 위하여 데이터(공공데이터 제외) 가치의 평가 기법 및 평가 체계를 수립하여 이를 공표할 수 있도록 규정한다(제14조 제1항). 객관적인 가치평가 모델이 정립되면 데이터 거래는 물론 데이터 금융, 기업평가, 투자 등 다양한 분야에서 활용될 것으로 기대된다.

데이터 가치평가 모델을 만들기 위해서는 일정량의 데이터 거래가 확보되어야 한다. 한국데이터산업진흥원이 운영하는 '데이터스토어'나 민관 협력으로 구축한 빅데이터플랫폼, 그리고 민간 데이터거래소 등이 상호 협력하여 그간 거래된 데이터의 가격 테이블을 축적하여 분석한다면 어느 정도 신뢰할 수 있는 가치평가 기초 모델을 만들 수 있을 것이다. 그리고 만들어진 모델을 지속적으로 보완·개선하여 더욱 객관적인 평가를 할 수 있도록 하는 것이 필요하다. 또한 기존에 다양한 영역에서 가치평가 체계가 존재하므로 이와 완전히 다른 독자적인 모델로 설계하기는 쉽지 않은바 타분야 가치평가 체계와 균형을 맞추어 제도를 구성하는 것이 필요하다.

---

12) 조경선, 데이터 가치평가 제도 기획, 한국데이터산업진흥원, 2022. 3, 7면.

13) 한국데이터산업진흥원, 데이터가격책정 종합안내서(1권), 2020, 14면.

(3) 평가 방법

데이터 가치평가는 데이터의 유형 및 특성, 활용 목적 및 용도에 따라 다음과 같은 평가방법을 단독 또는 두 개 이상을 병합하여 사용한다.

〈표 6-2〉 데이터 가치평가 방법

평가기법	상세 내용
시장 접근법	1) 시장접근법은 대상 데이터와 동일 또는 유사한 데이터가 유통 시장에서 거래된 가치에 근거하여 비교·분석을 통하여 상대적인 가치를 산정하는 방법 2) 시장접근법을 사용하기 위해서는 시장에서 거래된 동일 또는 유사 데이터의 거래사례 중 거래조건, 데이터의 특성, 데이터의 품질 등을 대상 데이터와 비교하여 적용이 가능한지 여부를 판단 3) 시장접근법을 사용함에 있어 비교 가능한 거래사례로부터 얻을 수 있는 정보를 선택하는 경우, 거래사례에서의 거래조건 등이 다를 수 있으므로 비교 대상과 유의한 차이가 있을 때는 적절히 차이를 조정하여 평가하여야 하며, 유사성의 판단 기준과 차이를 조정한 경우에는 그 근거를 명시 4) 시장접근법은 대상 데이터에 대한 거래 사례가 없거나 유사 데이터에 대한 거래 사례가 부족한 경우에는 적용하지 않음 5) 시장접근법을 사용함에 있어 거래사례를 확인할 수 있고 가격에 대한 정보를 이용할 수 있더라도, 가격에 대한 적절한 조정이 어렵거나 대상 데이터의 차별화된 특성을 반영하는 데 필요한 조정률을 결정하는 것이 어려운 경우에는 다른 평가 방법을 적용하여 얻어진 평가결과를 비교 검토하기 위한 참조 방법으로 사용
수익 접근법	1) 수익접근법은 대상 데이터의 경제적 수명기간 동안 데이터 활용으로 인하여 발생될 미래 경제적 효익을 적정 할인율을 적용하여 현재가치로 환산하는 방법 2) 가치산정에는 데이터의 경제적 수명, 현금흐름, 할인율, 기여도 등의 추정 필요 3) 수익접근법을 이용한 가치산정은 대상 데이터의 활용으로 인해 발생하는 매출액의 추정으로부터 시작되며, 이는 평가 참여자의 합의를 바탕으로 함
원가 접근법	1) 원가접근법은 대상 데이터를 생산하는 데 지출된 금액을 기초로 데이터의 가치를 산정하거나 동일한 경제적 효익을 가지고 있는 데이터를 생산하거나, 구입하는 데 소요되는 지출된 금액을 추정하여 가치를 산정하는 방법 2) 원가접근법은 역사적 원가 접근 방식, 재생산 원가 접근 방식과 대체 원가 접근 방식 등으로 구분 3) 역사적 원가 접근 방식은 대상 데이터를 생산하는 데 지출되었던 과거의 제반 금액을 합산하여 평가하는 방법이며, 대상 데이터를 생산하는 데 지출한 금액을 산출할 수 있는 경우에 적용 4) 재생산 원가 접근 방식은 대상 데이터와 동일한 방법을 사용하여 동일한 데이터를 생산하는 데 소요되는 총금액을 의미, 대상 데이터를 복제하거나 구입에 소요되는 원가

5) 대체 원가 접근 방식은 평가 시점에 대상 데이터와 동일한 효용(유용성)을 가지는 대체 데이터를 생산하는 데 소요되는 총금액을 의미하며, 현재의 데이터로 대상 데이터의 효용을 재생하는 원가

6) 원가접근법을 사용하기 위해서는 역사적 원가, 재생산 원가, 대체 원가 등 상세한 원가 정보가 필요

출처: 조경선, 앞의 보고서, 8면.

한편, 데이터 가격을 결정 방식은 데이터 가치평가와는 다소 차이가 있다. 데이터 공급기업은 데이터 가격 결정 목표에 따라 고객, 원가, 경쟁 등 가격에 영향을 미치는 요인을 분석한 후 가격책정방법을 수립하고, 판매 및 가격 전략을 반영하여 최종적인 가격을 결정하게 된다.

〈그림 6-2〉 데이터 가격 결정절차

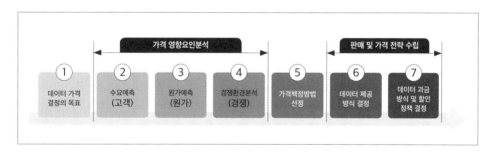

출처: 한국데이터산업진흥원, 데이터가격책정 종합안내서(1권), 2020, 15면.

(4) 데이터 가치평가기관

유통되는 데이터에 대한 가치평가를 전문적·효율적으로 하기 위해서는 가치평가기관이 필요하지만, 국내에서는 아직 전문 데이터 가치평가기관이 거의 없는 실정이다. 이에 정부는 데이터 거래·유통 활성화를 위하여 데이터 가치평가를 전문적으로 다룰 기관을 지정하고, 이들 기관이 적용할 가치평가모델도 개발하고 있다.[14] 가

---

14) 「데이터 산업진흥 및 이용촉진에 관한 기본법」 제14조(가치평가 지원 등) ① 과학기술정보통신부장

치평가기관은 전문인력과 데이터 가치평가 업무수행을 위하여 필요한 설비 및 조직, 가치평가 모델 및 기법, 가치평가에 관한 정보의 수집·관리·유통 등을 위한 정보통신망을 보유해야 한다(시행령 제14조).

4. 데이터 보증과 품질관리

(1) 보 증

하자 없는 데이터를 거래에 제공하는 것은 이용자로서는 당연한 일일 것이다. 계약상 목적을 실현할 수 없는 데이터의 결함은 향후 법적 분쟁을 일으키기 때문에 계약상 품질보증에 관한 조항을 두고 있다. 데이터 거래 표준계약서에서는 정확성, 완전성, 안전성, 유효성을 보증하지 않는 규정을 두고 있다. '정확성(Accuracy)'은 데이터 상품이 실제 메타데이터에서 정의한 대로 정확하게 입력되어 있으며 조작되거나 변형되지 않은 것이어야 한다. '완전성(Completeness)'은 데이터가 모두 갖추어져서 누락

관은 데이터에 대한 객관적인 가치평가를 촉진하기 위하여 데이터(공공데이터는 제외한다. 이하 이 조에서 같다) 가치의 평가 기법 및 평가 체계를 수립하여 이를 공표할 수 있다.

② 과학기술정보통신부장관은 제1항에 따른 평가 기법 및 평가 체계가 데이터 관련 거래·금융 등에 활용될 수 있도록 지원하여야 한다.

③ 과학기술정보통신부장관은 유통되는 데이터에 대한 가치평가를 전문적·효율적으로 하기 위하여 가치평가기관(이하 "평가기관"이라 한다)을 지정할 수 있다.

④ 데이터에 관한 가치평가를 받으려는 자는 제3항에 따라 지정된 평가기관에 신청할 수 있다.

⑤ 제4항에 따라 가치평가 신청을 받은 평가기관은 데이터에 대하여 가치평가를 하고 그 결과를 신청한 자에게 지체 없이 통보하여야 한다.

⑥ 평가기관은 경영·영업상 비밀의 유지 등 대통령령으로 정하는 특별한 사유가 있는 경우 외에는 해당 연도의 가치평가 정보를 다음 연도 1월 말까지 과학기술정보통신부장관에게 통보하여야 한다.

⑦ 평가기관의 장은 다음 각 호의 사항에 관하여 과학기술정보통신부장관과 협의하여야 한다.
   1. 평가 대상
   2. 평가 범위
   3. 평가 수수료

⑧ 평가기관의 지정기준·지정절차, 가치평가의 신청절차 등에 관하여 필요한 사항은 대통령령으로 정한다.

이나 부정합성이 없는 것을 말한다. '안전성(Safety)'은 데이터가 바이러스, 악성코드 등에 감염되지 않는다는 것을 말한다. '유효성(Validity)'은 데이터상품이 정의된 기준에 맞게 유효한 정보의 범위와 형석으로 되어 있으며, 데이터 기능이 계획한 대로 결과를 달성할 수 있어야 한다.[15]

그러나 대량의 데이터 안에서 작은 하자 내지는 결함, 또는 지식재산권 침해를 일일이 찾는 일은 매우 어려운 일이다. 데이터 거래의 목적과 유형은 다양하므로 상황에 따라 보증도 가능하겠으나 실제 완전한 보증이란 쉬운 일이 아니다. 제공형 표준계약서 제7조 1항에서 우선 "갑은 제공데이터가 적법하고 적절한 방법에 의해 취득되었음을 표명하고 보증한다."고 규정하고, 또한 "갑은 개인정보를 포함한 데이터를 을에게 제공하는 경우, 해당 데이터의 생성, 수집, 제공 등에 대해 개인정보보호 관계 법률에서 정한 요건과 절차를 준수하였음을 보증한다."고 규정한다. 그리고 제3항에서 "갑은 제공데이터의 정확성, 완전성, 안전성, 유효성을 보증하지 않는다."고 규정하고, 이어 제4항에서 "갑은 제공데이터가 타인의 지식재산권 및 기타 권리를 침해하지 않는다는 것을 보증하지 아니한다."고 규정한다. 이 규정이 의미가 있는 것은 데이터 제공자 입장에서 데이터에 대한 완전한 보증부담을 덜어 줌으로써 용이하게 데이터를 거래에 내놓고 제공할 수 있다는 것이다.[16]

다만, 담보책임의 면책특약은 고의·중과실의 경우에는 무효가 될 수 있으므로[17] 데이터에 제3자의 지식재산 보호 대상인 데이터가 포함되었거나 정확성, 완전성 등에 문제가 있음을 알게 된 경우에는 신속히 상대방에게 알리고 해당 제3자로부터의 이용허락을 받거나 또는 해당 데이터를 제거하는 등의 조치를 강구하도록 하였다(제5항). 만일 데이터의 정확성, 완전성, 안전성, 유효성의 어느 하나에 문제가 있거나, 제공데이터가 제3자의 지식재산권 기타 권리를 침해하는 것을 알고도 고의 또는 중대한 과실로 알리지 않는 경우에는 상대방의 손해를 배상하도록 하였다(제6항).

---

15) 한국데이터산업진흥원, 데이터품질평가 종합안내서(2권), 2020, 18~21면.

16) 이성엽 편[손승우(데이터 거래계약)], 앞의 책, 272~273면.

17) 일본 민법 제572조 유추적용, 東京地判平成15·5·16 判時1849号59頁 참조.

(2) 품질관리

데이터 거래가 활발해지기 위해서는 양질의 데이터를 확보하고, 데이터 품질이 적정하게 관리되어야 한다. 데이터 거래에 있어서 발생할 수 있는 리스크 중 하나가 바로 낮은 품질로 인하여 발생하는 오작동과 성능 저하일 것이다. 데이터 품질(Data quality)은 데이터의 최신성, 정확성, 상호연계성 등을 확보하여 이로써 이용자에게 유용한 가치를 줄 수 있는 정도여야 한다. 데이터 유통거래가 신뢰를 바탕으로 원활히 이루어지기 위해서는 데이터 품질에 대한 일정한 관리와 확인이 요구되지만, 국내는 아직 충분한 여건이 마련되어 있지 못하다. 데이터거래소에서 유통되는 데이터에 대한 품질이 관리되지 않는다면 해당 거래소에 대한 신뢰는 물론 거래도 잘 이루어지지 않을 것이다. 또한, 잘못된 품질은 생산성과 효율성을 저하하고 다양한 위험에 노출할 뿐만 아니라 이로 인한 분쟁이 발생할 수 있다.[18]

현재 국내 데이터 품질은 정형데이터를 중심으로 표준, 구조, 값, 관리체계 등에 대해 활동이 이루어지고 있으며, 비정형데이터의 경우 정성적 관점에서 육안으로 검사가 이루어지고 있는 정도이다. 현재 ISO8000, ISO/IEC 25024, 빅데이터플랫폼 및 센터 데이터 품질관리 가이드, 가공데이터 품질 가이드라인, 공공정보 데이터 품질관리 매뉴얼 등 다양한 품질기준이 제정되어 있다. 향후 데이터 품질에 대한 보다 객관적이고 신뢰성이 있는 공인된 평가 기준이 필요하며, 이 점에서 데이터산업법 제20조에서 데이터의 품질향상을 위하여 품질인증 등 품질관리에 필요한 사업을 추진할 수 있도록 규정하고 있다.

---

18) 손승우, "데이터 유통거래 활성화를 위한 법적 검토", 「인터넷 법제동향」 Vol. 158, 2020. 11. 75면.

IV. 데이터 거래 중개와 특수 유형의 계약

1. 중개기관의 현황과 역할

(1) 국내외 중개기관의 현황

전 세계적으로 데이터 거래시장이 가장 활발한 국가는 미국이다. 약 1700조 원의 민간 데이터거래 시장을 주도하는 것이 바로 '데이터브로커(Data Broker)'이다. 데이터 브로커는 데이터 전문기업으로서 데이터를 매입·가공·분석 등을 통해 맞춤형 서비스를 제공하고, 또 데이터를 판매하고자 하는 자와 구매하고자 하는 자 사이의 거래를 알선하기도 한다. 대표적인 기업으로 엑시움, 코어로직 등이 있다. 우리나라에서 데이터브로커 개념은 아직 생소하고 발전되어 있지 못하다.

중국은 2015년 빅데이터를 국가발전전략으로 채택하고 세계 최초 귀이양빅데이터거래소를 설립(민관혼합국유기업)하였으며, 2016년에 상해거래소도 설립하였다. 「네트워크 안전법(中华人民共和国网络安全法)」 제42조는 중국의 데이터 유통과 사용을 위한 법률적 근거를 제공한다. 이 거래소는 크게 데이터 공급자, 데이터 수요자, 플랫폼 운영자, 중개 서비스 제공자 등으로 구성되며, 중개 서비스 제공자는 소위 '브로커'라고 불리며, 플랫폼상에서 공급자와 수요자를 위한 서비스를 제공하며 거래 중개를 촉진한다. 운영자는 플랫폼을 관리운영 주체로서 회원 계좌 관리, 판매와 구매 연결, 결제 서비스 등을 제공한다.

덴마크 코펜하겐 시와 코펜하겐 지역은 2025년 탄소중립 목표 달성을 위하여 '도시 데이터 교환소(City Data Exchange: CDE)'를 2015년에 설립하였다. 과거 코펜하겐은 스마트 조명, 교통관리, 지능형 빌딩 관리 분야에서 스마트시티 프로그램을 시작하였으나 데이터는 공유되지 못하였다. 그러나 헬스케어, 공공안전, 에너지 및 비즈니스가 함께 작동하는 스마트시티 구축을 위해서는 도시 데이터의 통합이 필요하게 되었다. 이에 대학, 비영리 단체 및 다른 도시들과 협력하여 50개 이상의 회사가 공동으로 CDE를 설립하여 공공 및 민간이 데이터를 교환하고 일부 데이터 매매가 이루어지기도 한다. 그러나 데이터가 상품으로서 거래되는 것은 미미한 상태이다.

국내에는 약 40여 개의 데이터거래소가 존재하지만, 아직 거래량은 많지 않은 상태이다. 대표적인 민간데이터거래소로서, KDX, N클라우드 플랫폼, SK텔레콤 OPENAPI플랫폼, SK텔레콤 빅데이터허브, 오디피아, API스토어, KT BIGSIGHT, CJ QBIGX, 나이스, 직방 등이 있다. 공공분야에도 데이터거래소가 있는데, 데이터스토어, 빅데이터 플랫폼, 공공데이터포털, 금융데이터거래소, 도시데이터 통합관리 플랫폼 등이 있다. 데이터산업법은 데이터 유통 및 거래를 활성화하기 위하여 데이터 유통 및 거래 체계를 구축하고, 데이터 유통 및 거래기반 조성을 위해 필요한 지원을 할 수 있도록 규정하고 있다(제18조). 또한 정부는 데이터의 수집·가공·분석·유통 및 데이터에 기반한 서비스를 제공하는 플랫폼을 지원하는 사업을 할 수 있다(제19조).

(2) 중개기관의 역할

데이터 거래 중개기관은 거래 플랫폼을 통해서 거래가 이루어지므로 거래에 참여하는 주체의 신원확인을 위한 회원관리와 데이터 공급자 관점에서 상품관리 및 수요자 관점에서 상품구매를 지원해야 한다. 또한 안정적인 데이터 분석환경과 무엇보다도 시각화 및 대시보드를 통해서 데이터의 가치를 이해할 수 있도록 하여야 하며, 자동 수수료 정산기능도 제공해야 한다. 플랫폼은 공급자와 수요자 간의 계약체결을 지원하며, 데이터상품의 흐름을 추적하고 대금 지급 등의 계약 이행을 관리한다. 특히 개인정보의 적절한 비식별화를 관리하고, 거래 안정성을 담보하는 보안 능력을 갖추고 있어야 한다. 나아가 플랫폼 참여자 간 원활한 소통 및 데이터 분석 결과물 등을 공유, 게시할 수 있는 커뮤니티 공간도 제공한다.

데이터거래소가 데이터의 단순한 중개를 넘어 데이터 간 결합을 통해 새로운 데이터를 창출할 수도 있을 텐데, 이 경우 과연 데이터거래소가 가명정보 결합을 수행할 수 있을까? 현재 결합전문기관은 관련 부처별로 공공기관을 중심으로 지정되고 있으며, 거래소에 그 자격을 부여한 사례는 없다. 데이터거래소가 결합전문기관으로 지정을 받을 수 있다면 데이터 간 결합을 통해 새로운 파생데이터를 창출할 뿐만 아니라 새로운 서비스의 등장에도 기대할 수 있을 것이다.

만일 거래소가 전문기관으로서 지정되어 가명정보를 결합까지 할 수 있다고 한다면 몇 가지 쟁점을 검토해 볼 수 있다. 우선 소위 '셀프결합'의 문제가 있다. 즉 결합전문기관이 결합한 데이터를 스스로 사용할 수 있는지 여부에 대해 그간 많은 논의가 있었으며, 긍정설과 부정설로 나뉜다. 부정설은 가명정보의 셀프결합은 허용되지 않는다고 보는 반면, 긍정설은 자기가 이용할 목적으로 한 셀프결합은 허용되지 않으나 제공을 목적으로 하는 것은 가능하다는 입장이다. 긍정설에 따르면 데이터거래소가 스스로 이용할 목적이 아닌 데이터의 매개 또는 수요자에게 제공할 목적으로 데이터를 결합한다면 결합이 가능할 수도 있을 것이다.

두 번째는 데이터결합 및 반출 기준과 거래 효용의 문제가 있다. 거래소가 익명정보를 결합할 경우에는 법적 제약이 없으나, 비식별처리된 '가명정보'의 경우에는 몇 가지 점에서 검토가 필요하다. 비록 데이터거래소에서 데이터거래가 성사되고 결합을 통하여 수요기업에게 제공한다고 하더라도 수요기업이 가명정보를 처리할 수 있는 환경을 갖추었는지를 평가받아야 한다.[19] 앞서 설명한 바와 같이, 가명정보 결합은 통계작성, 과학적 연구, 공익적 기록보존으로 제한되고, 또 결합 및 반출을 위해서는 심사를 통해 정보의 안전한 처리가 되었는지를 확인하여야 한다. 가명정보의 결합 과정과 반출승인 등 절차 및 기준이 엄격하고 까다로운 현행 법제하에서 데이터의 신속하고 원활한 거래 목적을 달성하기는 쉽지 않은 것이 현실이다. 비록 결합의 엄격하고 번거로운 절차와 기준에도 불구하고, 개인정보(가명정보) 관련 데이터의 결합을 희망하는 수요기업이 존재할 것인데, 거래소가 아닌 외부 결합전문기관을 통해 결합을 해야 한다면 기업이 넘어야 할 절차가 첩첩산중(疊疊山中)이 될 것이다. 개인정보의 활용을 촉진하기 위해 도입된 '가명정보'가 '거래'라는 새로운 수요와 적절히 조화를 이루기 위해서는 거래소에 결합기능을 개인정보 보호라는 틀 속에서 어떻게 허용할 것인지에 대한 진지한 연구와 고민이 필요하다.

---

19) 박광배, "데이터결합 활성화를 위한 정책 방향과 제도 개선 방향", 뉴노멀 시대를 위한 데이터산업 혁신 성장 방향, 한국데이터산업진흥원(데이터산업포럼), 2020. 12. 17.

(3) 책임과 면책

데이터 거래 플랫폼은 거래를 중개하는 자에 불과하므로 공급자에 의해 제공되는 데이터가 개인정보 및 지식재산권을 침해하여 법적 분쟁이 발생하거나 거래소가 제공하는 품질평가 및 가치평가로 인하여 분쟁이 발생하는 경우에 일정한 면책 기준을 마련하는 것이 필요하다. 이러한 거래 매개자에 대한 면책은 저작권법(제102조 및 제103조)과 정보통신망법(제44조의2)에서도 찾아볼 수 있다. 즉 권리주장자가 불법복제물 또는 유해물의 복제·전송의 중단을 요청한 경우에 온라인서비스제공자가 즉시 삭제 등 적절한 조치를 취하고 권리주장자 및 침해자에게 그 사실을 통보할 경우 면책하도록 규정하고 있다.

현행 오픈마켓운영자와 데이터제공자 간 체결되는 오픈마켓형(마켓플레이스형) 표준계약서에서는 "오픈마켓운영자는 통신판매중개자로서 사이버몰을 기반으로 한 거래시스템만을 제공하고, 데이터제공자가 등록한 상품 등에 관한 정보 또는 데이터이용자와의 거래에 관하여 발생한 분쟁에 개입하지 아니하며, 해당 분쟁의 결과로 인한 모든 책임은 데이터제공자가 부담한다"고 규정한다(제18조 제1항). 만일 오픈마켓운영자가 제3자에게 손해를 배상하거나 기타 비용을 지출한 경우에는 오픈마켓운영자는 데이터제공자에게 구상권을 행사할 수 있어야 한다(제18조 제2항). 또한 오픈마켓운영자는 저작권자 또는 개인정보 주체 등 적법한 권리자의 요구가 있는 경우에는 해당 데이터상품에 관한 정보를 삭제하거나 수정할 수 있으며, 데이터제공자는 이에 대해 이의를 제기하거나 손해배상을 청구할 수 없다(제18조 제3항).

2. 데이터거래사

국내에선 데이터브로커 개념이 아직 생소하다. 데이터 수요가 증가하고 있고 거래소를 중심으로 데이터 거래가 활기를 띠기 시작하는 만큼 데이터브로커에 대한 수요도 늘어날 것으로 본다. 데이터브로커 또는 데이터큐레이터는 데이터상품을 수요자에게 추천·평가하며, 상품관리, 계약관리, 사후관리 등 다양한 임무를 수행한다. 현재 해외에서 활동하고 있는 데이터브로커는 데이터 전문기업으로서 데이터를 매입·가공·분석 등을 통하여 수요자 맞춤형 서비스를 제공하고, 데이터 공급자와 수요자 간 거래를 알선한다.

데이터산업법은 '데이터거래사업자'를 정의하고 이들을 양성하기 위한 등록 및 지원사항을 규정한다. '데이터거래사업자'는 "데이터사업자 중 데이터를 직접 판매하거나 데이터를 판매하고자 하는 자와 구매하고자 하는 자 사이의 거래를 알선하는 것을 업으로 하는 자"이다(제2조 제7호). 이 법 제23조는 '데이터거래사' 양성을 위하여 데이터 거래에 관한 전문지식이 있는 사람은 과학기술정보통신부장관에게 데이터거래사로 등록할 수 있도록 하고(제1항), 데이터 거래 업무의 수행에 필요한 정보 제공 및 교육 등 필요한 지원을 할 수 있도록 규정한다(제2항). 데이터거래사로 등록한 사람은 데이터 거래에 관한 전문적인 상담·자문·지도 업무 및 데이터 거래의 중개·알선 등 데이터 거래 등을 지원하는 업무를 수행한다(제3항).

3. 특수 유형의 데이터 계약

(1) 데이터 에스크로 계약

클라우드 컴퓨팅(Cloud computing)의 등장으로 이용자는 스마트폰, 태블릿 PC 등을 사용해 어느 곳에서나 실시간으로 인터넷에 접속하여 데이터를 이용할 수 있게 되었다. 이용자는 클라우드 서비스를 통해 이메일, 일정관리, 사무용 소프트웨어뿐만 아니라 음악, 영화, 사진, 문서 등 다양한 콘텐츠를 가상공간에서 이용한다.

그런데 만일 클라우드 서비스 사업자가 폐업, 파산, 천재지변, 재해, 시스템 장애 등으로 서비스를 더는 제공할 수 없게 된다면 이용자는 큰 피해를 보게 될 것이다. 과거 대형 인터넷포털이 제공하는 클라우드 서비스가 몇 차례 불통한 사건이 있었고, 또 대형 IT 기업이 제공하는 클라우드 서비스에 심각한 오류가 발생하여 데이터 손실과 접속 장애로 이용자들에게 큰 손해를 입힌 사례도 있었다. SaaS(Software-as-a-Service)는 소프트웨어를 웹 기반으로 제공하므로 애플리케이션과 기업 데이터를 항시 안정적으로 사용할 수 있는 '가용성(Availability)'이 중요하다.

이러한 문제를 해결할 방안으로 등장한 것이 '데이터 에스크로(Data Escrow)' 또는

'클라우드 에스크로(Cloud Escrow)' 서비스이다. 데이터 에스크로(임치)는 클라우드 서비스에 사용되는 애플리케이션과 이용자의 데이터를 제3의 기관에 임치(보관)해 두고 필요 시에 임치물(데이터)을 사용할 수 있도록 한다. 데이터 에스크로 기관은 예기치 못한 클라우드 서비스의 중단에 대비하여 클라우드 애플리케이션과 고객의 데이터를 실시간(real time)으로 자동 백업해 주는 서비스를 제공하여 예견치 못한 서비스 중단과 데이터 훼손·멸실에 대비할 수 있도록 한다.[20] 대표적인 기업으로 미국의 Iron Mountain사, 영국의 NCCGlobal사, 한국의 다우기술 등이 있다.

(2) 데이터 신탁계약

신탁은 일정한 목적에 따라 재산의 관리와 처분을 전문가에게 맡기는 것이다. 신탁계약은 위탁자가 자기 재산을 전문기관인 수탁자에 이전시키고 수탁자는 그 재산을 신탁목적에 따라 관리 또는 처분하며, 그 이익을 일정한 수익자에게 귀속시키는 계약이다(신탁법 제2조). 신탁은 위탁자, 수탁자, 수익자 3자 관계로 이루어지며, 신탁업의 대상이 되는 재산에는 금전, 증권, 동산, 부동산, 부동산 관련 권리뿐만 아니라 무체재산권 등도 포함된다(자본시장법 제103조). 신탁업은 금융투자업의 일종이므로 신탁업을 하고자 하는 자는 금융위원회의 인가를 받거나 등록하여야 한다(자본시장법 제8조).

데이터 신탁은 개인 또는 단체가 자신의 데이터를 수탁자에게 맡기고 이를 관리할 수 있는 권한을 부여한다. 수탁자는 개인정보 주체를 대신하여 개인정보 결정권을 대신 이행하므로 개인정보 보호 및 프라이버시 침해의 문제를 해소하는 방안이 마련되어야 한다. 데이터 신탁의 대표적인 예로서 일본의 정보은행이다. 일본 정부는 데이터의 유통 활성화를 위하여 초기 논의에서 민관이 보유한 데이터를 통합적으로 수집·관리하는 시스템인 PDS(Personal Data Store)를 운영하려고 하였으나 개인정보 침해의 우려가 있어서 이를 완화한 '정보은행' 모습을 갖추었다. 초기에는 '정보신탁'이라고 표현했는데, 수탁기관은 개인과 데이터 활용 계약을 체결한 후 PDS 시스템을 통해

---

20) 손승우, "클라우드 서비스와 SaaS의 법적 이슈", 「정보법학」 제14권 제2호, 2010. 8. 31.

개인정보를 관리하고, 위임권한에 따라 정보주체를 대신하여 정보 제공의 적절성을 판단하고 제3자에게 제공을 한다. 정보를 제공받은 기업은 제공받은 데이터를 사업에 활용하고 그로부터 발생된 수익의 일부를 금전, 포인트, 쿠폰, 할인권 등으로 정보주체에게 돌려주는 것이다. 개인은 자신의 데이터를 정보은행을 통해서 활용하게 하고 개인은 경제적 이익을 얻게 된다.[21]

　　개인정보의 활용 주체는 개인이 되어야 하지만 실제 기업이 주로 활용하는 것이 현실이다. 우리나라는 「신용정보의 이용 및 보호에 관한 법률」에 따라 소비자의 데이터를 기업들이 활용할 수 있는 '마이데이터(MyDate)' 제도를 도입하였다. 개인은 언제든 자신의 데이터에 접근할 수 있고 그 데이터를 제3자에게 이동·활용하게 할 수 있으며, 개인이 희망하는 경우 보유기관은 안전하게 데이터를 제공하고, 데이터 사용기관은 필요할 때마다 개인의 동의를 받아야 한다. 또한, 개인은 자신의 데이터가 어떻게 활용되고 있는지 확인할 수 있으며, 삭제도 요구할 수 있다. 이처럼 데이터를 전문기관에 위탁하고 활용하는 개념인 데이터 신탁은 엄밀한 의미에서 「신탁법」이나 「신탁업법」의 대상이 아니다. 현행 「신탁법」에 따르면 수탁기관은 금전, 증권, 금전채권 등 7가지 외 재산은 수탁할 수 없으며, 데이터는 여기에 포함되지 않는다. 데이터 신탁의 중심에는 '자기정보결정권'이 자리하고 있으며, 또 개인정보는 아직 재산으로서 법적 개념이 보편적으로 형성되지 않았다.

---

21) 장근재·이승용, "개인정보 자기결정권 확대를 위한 데이터 신탁제도 도입 방안 연구", 「지능정보연구」 제28권 제1호, 2022, 35~36면.

제7장 데이터와 보안

이상우

(인하대학교 AI·데이터법센터 책임연구원, 법학 박사)

I. 기본 개념의 이해

1. '데이터'와 '보안'의 개념

'데이터와 보안'의 개념을 명확히 정의하기 위해서는 '데이터'와 '보안'에 대한 개념을 먼저 이해해야 한다. 데이터법에서의 '데이터' 의미는 '제4장 데이터의 법적 성질과 오너십'에서 살펴본 바와 같이 개념이 확립되어 가는 과정에 있다. '보안' 또한 현실에 자주 사용되는 용어임에도 불구하고, 그 의미는 상당히 다양하며, 아직 명확한 개념 확립이 이루어져 있지 못한 실정이다. 사전적 의미로의 보안은 "안전을 유지함", "사회의 안녕과 질서를 유지함"을 뜻한다.[1] 이러한 관점에서 보면 보안의 영역은 매우 광범위해지는데, 예를 들어 국방·치안·소방·방재·해상안전·금융감독 등의 정부 활동 대부분이 보안 영역에 포함된다. 이와 함께 기업의 안전을 지키는 활동, 개인이 스스로 안전을 지키려는 자구(自救) 노력 또한 넓은 의미에서 보안에 포함된다고 볼 수 있다.[2]

---

1) 『표준국어대사전』.
2) 한국산업보안연구학회, 『산업보안학』, 박영사, 2022, 6-7면.

안전(safety)과 보안(security) 개념은 혼동하기 쉬운데, 두 개념의 주요 차이는 '인위성' 여부, 즉 위험이 의도적이나 우연한 것이냐에 따라 구분된다.[3] 안전은 우연한 피해(accidental harm)를 방지하고 탐지하며 대응하는 노력과 관련되는 데 비해, 보안은 악의적 피해(malicious harm)를 방지·탐지·대응하는 노력을 의미한다.[4] 우리나라는 2003년 국가 정보기반시설에 대한 국가안보 차원의 대응체계 구축을 위한 '국가 사이버 테러 대응체계 구축 기본 계획' 수립 과정에서 '보안'이라는 용어가 국민에게 일부 부정적으로 인식될 수 있다는 우려와 함께, 네트워크상에서의 보안 활동영역의 구분이 모호하기 때문에 좀 더 포괄적인 의미의 '안전'이라는 용어가 사용되기도 하였다.[5] 보안의 사전적 정의, 유사 개념과 학문적 개념을 종합해 보면, "보안이란 범죄로부터 생명·신체·재산을 보호하고 사회의 안녕과 질서를 지키는 제반 활동"이라고 정의할 수 있을 것이다.[6]

2. '데이터 보안'과 '사이버 보안'

보안의 개념은 이를 정의하는 연구 분야에 따라 다소 차이가 존재한다.[7] '데이터 보안(data security)'의 사전적 의미는 "사고나 고의적 수정, 파손, 또는 비(非)인가자에게 자료가 유출되는 것으로부터 보호하는 것"을 뜻한다.[8] 앞서 언급한 바와 같이 '데이터'의 법적 성질에 관하여 아직 통일된 개념이 정립되지 않았기 때문에 데이터법에서

---

3) 정창훈·윤대현·노성철, 『공공부문 정보보안 거버넌스』, 윤성사, 2021, 21면.
4) 이창무, "산업보안 개념의 비판적 고찰", 『한국경호경비학회지』 제50호, 한국경호경비학회, 2017, 292면.
5) '사이버 안전(cyber security)'이라는 용어가 최초로 등장하면서 이를 근거로 '국가사이버안전센터'가 설립되는 등 '보안'이라는 용어 대신 포괄적인 개념이 적용된 '안전'이라는 용어가 사용되는 계기가 되었다. 이연수·이수연·윤석구·전재성, "주요국의 사이버안전관련 법·조직체계 비교 및 발전방안 연구", 『국가정보연구』 제1권 2호, 한국국가정보학회, 2008, 43면.
6) 한국산업보안연구학회, 앞의 책, 9면.
7) 박광민·나원철, "보안에 대한 개념 정립에 관한 연구" 『한국산업보안연구』 제6권 제1호, 한국산업보안연구학회, 2016, 123-142면.
8) 『국방과학기술용어사전』.

의 '데이터 보안'의 개념은 변화할 수 있다. 다만 현재까지 논의된 데이터의 의미를 고려하면 이 장(章)에서 살펴보고자 하는 '데이터 보안'의 개념은 "사이버 공간[9]에서 정보의 기밀성·무결성·가용성을 유지하고 전자적 수단에 의해 이뤄지는 의도적·비의도적 공격으로부터 일어날 수 있는 모든 종류의 피해를 보호하는 활동"으로 정의되는 '사이버 보안' 또는 '사이버 안보'의 개념과 궤를 같이하는 것으로 볼 수 있다.[10]

〈표 7-1〉 분야별 보안의 개념

분류	정의
데이터 보안	사고나 고의적 수정, 파손, 또는 비(非)인가자에게 자료가 유출되는 것으로부터 보호하는 것
사이버 보안	사이버 공간에서 정보의 기밀성, 무결성, 가용성을 유지하고 전자적 수단에 의해 이뤄지는 의도적·비의도적 공격으로부터 일어날 수 있는 모든 종류의 피해를 보호하는 활동
기업 보안	기업의 수익성, 안전성, 지속성을 보장하기 위해 기업 내의 보안관리 체계를 구축하는 활동
산업 보안	악의적인 행위로부터 산업 전반의 유·무형의 모든 자산을 지키기 위해 손실을 예방하거나 최소화하는 활동

출처: 박광민·나원철, "보안에 대한 개념 정립에 관한 연구" 『한국산업보안연구』 제6권 제1호, 한국산업보안연구학회, 2016, 123-142면의 내용을 참고하여 저자 정리.

---

9) 사이버 공간(Cyberspace)에 대한 의미는 가상의 추상적인 영역에서의 인터넷 네트워크라는 점에 대해 공통적인 견해를 보이지만, 개념 정의에 있어서는 다소 차이를 나타내고 있다. 영국의 '사이버 안보 전략'에서는 디지털 네트워크의 상호작용적 공간으로 이해하고 있고, 미국은 이에 내장 프로세서와 제어기를 포함하고 있으며, 국제표준기구(ISO)는 네트워크 상호작용의 복합적 환경으로써 비물리적 환경을 강조하고 있다. 북대서양조약기구(NATO)는 물리적·비물리적 요소의 컴퓨터 네트워크 스펙트럼 환경으로 보고 있으며, 국제전기통신연합(ITU)은 컴퓨터 네트워크에 직·간접적으로 연결된 시스템 및 서비스로 정의하고 있다. 신성식·서봉성, "주요 국가의 사이버안보 법제 비교검토", 『한국테러학회보』 제13권 제4호, 한국테러학회, 2020, 29면.

10) 영문으로는 'Cybersecurity'로 번역되며, 외국법령 등에 'Cybersecurity'로 표기된 용어는 '데이터 보안', '데이터 안전', '데이터 보안', '사이버 보안', '사이버 안전', '사이버 안보' 등으로 다양하게 번역되고 있는바, 본고에서는 미국 「사이버안보법(Cybersecurity Act of 2015)」과 같이 국내에서의 번역이 통일된 경우에는 해당 용어를 사용하였으며, 그 밖의 경우에는 원문(인용문)의 용어를 그대로 사용하거나, 맥락에 적절한 용어로 변환하여 사용하였음을 밝힌다.

인터넷은 산업화 사회를 정보화 사회로 전환하는 데 획기적으로 기여하였으나, 다른 한편으로 사이버 공간에서 이루어지는 은밀성·신속성·광역성으로 인하여 사이버 공격에 의한 피해자는 돌이킬 수 없는 피해를 입게 되었다.[11] 이에 사이버 공간에서 일어나는 공격의 방어, 정보 보안, 개인정보 보호, 정보 자유의 보호가 국가의 중요한 역할이 되었다. 사이버 공격의 개념은 실정법상 용어가 아니기 때문에 이를 어떻게 설정할 것인지가 문제 될 수 있는데,「정보통신망 이용촉진 및 정보보호 등에 관한 법률」(이하 「정보통신망법」)상 침해사고의 개념을 참조하면, 해킹, 컴퓨터 바이러스, 논리폭탄, 메일폭탄, 서비스 거부 또는 고출력 전자기파 등의 방법으로 정보통신망 등을 공격하는 행위를 하여 발생한 사태를 의미한다.[12]

〈표 7-2〉 사이버 공격의 유형

유형	내용
해킹 (hacking)	컴퓨터 네트워크에 취약한 보안망에 불법적으로 접근하거나 정보시스템에 유해한 영향을 끼치는 행위
컴퓨터 바이러스 (computer virus)	컴퓨터 프로그램의 일종으로 사용자 몰래 스스로 복제하여 다른 프로그램을 감염시키고, 결과적으로 정상적인 프로그램이나 다른 데이터 파일 등을 파괴하는 악성 프로그램
논리 폭탄 (logic bomb)	해커나 크래커가 프로그램 코드의 일부를 조작해 이것이 소프트웨어의 어떤 부위에 숨어 있다가 특정 조건에 달했을 경우 실행되도록 하는 것
메일 폭탄 (mail bomb)	특정한 사람이나 특정한 시스템에 피해를 줄 목적으로 한꺼번에 또는 지속해서 대용량의 전자우편을 보내는 것
서비스 거부 (denial of service attack: DoS)	해커들이 특정 컴퓨터에 침투해 자료를 삭제하거나 훔쳐가는 것이 아니라 대량의 접속을 유발해 해당 컴퓨터를 마비시키는 수법
분산 서비스 거부 공격 (distributed denial of service attack: DDoS)	해킹 방식의 하나로서 여러 대의 공격자를 분산 배치하여 동시에 '서비스 거부 공격(denial of service attack: DoS)'을 함으로써 시스템이 더 이상 정상적 서비스를 제공할 수 없도록 만드는 것

출처: 한국사이버안보법정책학회 편, 『사이버안보와 법』, 박영사, 2021, 136-138면의 내용을 참고하여 저자 정리.

---

11) 한국사이버안보법정책학회 편, 『사이버안보와 법』, 박영사, 2021, 27면.
12) 한국사이버안보법정책학회 편, 위의 책, 134-136면.

데이터에 의해 제어되는 물리적 시스템이 존재하는 한, 공격과 피해가 실시간으로 이루어지는 것은 아닐지라도 사이버 공격은 '물리력을 가진 공격'과 동일하거나 그 이상의 피해를 일으킬 수 있다. 그러나 피해가 상당한 시간이 경과한 후에 탐지된다면, 마땅한 법적 대응수단을 찾기 어렵게 된다.[13] 이러한 사이버 공격은 인간에 의한 행위지만 공격의 주된 도구인 악성 소프트웨어는 전통적인 물리력의 행사와 구별되는 특징을 갖는다.[14]

〈표 7-3〉 사이버 공격의 특징

유형	내용
지능화·지속화	공격자가 원하는 때나 원하는 조건이 갖추어질 때, 사전 입력된 명령에 따라 또는 공격자의 실시간 명령에 따라 비정형적인 불법 활동을 수행
은밀성	다양한 형태로 변형·자기증식을 하면서 인터넷을 통하여 정보통신접속 기기를 감염시켜 좀비 상태로 만들면서도 공격자의 명령이나 일정한 조건이 갖추어지기 전까지는 증상을 나타내지 않음
초월성·비대칭성	자신을 숨긴 상태에서 실시간으로 또는 시간적 격차를 두고서 범해지는 시공간 초월성과 대응의 비대칭성을 가짐
형태의 우회성	스파이웨어 등 악성 소프트웨어가 내장된 전자모듈이나 정보통신부품 등을 시장에 정상적으로 유통시켜 대립 관계에 있는 자의 정보통신시스템을 자신의 통제하에 둠
탐지의 곤란성	표층웹(surface web)[15] 기반의 사이버 공격의 경우에도 그 공격을 탐지하는 데 장기간이 소요되며,[16] 다크웹(dark web)을 통한 사이버 공격의 경우 탐지가 어려울 뿐만 아니라, 탐지하더라도 공격자를 확인할 수 없어 대응 공격 자체가 불가능할 수 있음

출처: 한국사이버안보법정책학회 편, 『사이버안보와 법』, 박영사, 2021, 49면의 내용을 참고하여 저자 정리.

---

13) 정준현, "국제사이버안전법제의 방향에 관한 연구", 『법학논총』 제39권 제4호, 단국대학교 법학연구소, 2015, 297면.
14) 한국사이버안보법정책학회 편, 앞의 책, 49-50면.
15) 구글 크롬 등 브라우저를 통해 접속할 수 있는 통상의 웹사이트.
16) 2017년도에 해커 그룹들의 표적 네트워크에 대한 평균 점유 시간, 즉 최초 침투 이후 탐지되기까지의 시간은 평균 101일이었다. KISA, https://blog.naver.com/tmdtn6378/222066411625, (2022. 6. 6. 확인).

II. 헌법의 기본 가치와 데이터 보안

1. 국가안전보장

4차 산업혁명 시대의 핵심 기술이 실생활에 적용됨에 따라 메타버스(metaverse)와 같이 사이버 공간과 현실의 공간 구별이 어려워지거나, 또는 복합적으로 이루어지게 됨으로써 개인과 사회뿐만 아니라 국가의 안전까지도 다양한 형태로 위협받게 되었다.[17] 국가는 영토·영해·영공으로 구성되어 있다고 보는 것이 전통적인 견해였으나, 정보화 사회에서는 사이버 공간으로 확장되었으며, 국가안보를 위해 사이버 공간의 관리가 중요해졌다. 이러한 관점에서 보면 사이버 공간이라고 하더라도 국가수호 및 국민안전을 보장하고자 하는 안보는 「헌법」상 기본적 가치의 영역에 속하는 것으로 볼 수 있다.[18]

〈표 7-4〉 국가안전보장에 관한 헌법 규정

법조문	내용
전문	우리들과 우리들의 자손의 안전과 자유와 행복을 영원히 확보할 것을 다짐
제34조 제6항	국가는 재해를 예방하고 그 위험으로부터 국민을 보호하기 위하여 노력하여야 한다.
제37조 제2항	국민의 모든 자유와 권리는 국가안전보장·질서유지 또는 공공복리를 위하여 필요한 경우에 한하여 법률로써 제한할 수 있으며, 제한하는 경우에도 자유와 권리의 본질적인 내용을 침해할 수 없다.
제66조 제2항	대통령은 국가의 독립·영토의 보전·국가의 계속성과 헌법을 수호할 책무를 진다.

출처: 박인수, "헌법과 사이버 안보", 『법학논총』 제38권 제1호, 전남대학교 법학연구소, 2018, 45면의 내용을 참고하여 저자 정리.

그러나 데이터 보안에서의 국가안전보장은 그 적용대상이 국방에만 한정되는 것이 아니고 사회방위와 개인안전 보호도 포함하고 있다는 점에서 통상의 국가안보의

---

17) 박인수, "헌법과 사이버 안보", 『법학논총』 제38권 제1호, 전남대학교 법학연구소, 2018, 44면.
18) 박인수, 위의 논문, 40면.

개념과는 구별된다. 실제로 사이버 공격 때문에 발생하는 현실 공간에서의 안보 침해 사례는 다양한 형태로 나타나고 있으며, 인공지능(Artificial Intelligence: AI)의 활용이 활성화되면서 사이버 공격의 위험성은 국가뿐만 아니라 사회와 개인의 생활 전반에 미치고 있다.[19)]

⟨표 7-5⟩ 국내 주요 사이버 공격 사례

시기	사건	주요 내용
2004.6.	주요 국가기관 해킹 사건	국회, 한국국방연구원, 국방과학연구소, 공군대학, 원자력연구소 등 국가 전산망 마비
2009.7.	7.7 DDoS 공격대란	정부, 금융, 민간 22개 기관 DDoS 공격
2011.3.	3.4 DDoS 공격대란	정부, 금융, 민간 40개 기관 DDoS 공격
2011.4.	농협 전산망 장애 사건	농협 전산망 마비
2013.3.	3.20 방송금융 전산망 해킹 사건	주요 방송사·금융기관 전산 마비
2014.12.	한국수력원자력 문서유출	문서유출 및 자료공개 협박
2016.12.	국방망 해킹 사건	국방망을 통한 군사자료 해킹

출처: 유승화, "사이버안보 법제 개선방안 연구", 목포대학교 석사학위논문, 2020, 15-16면의 내용을 참고하여 저자 정리.

2. 국민의 기본권

기본권은 국민의 자유와 권리에 해당하는 가치이면서, 「헌법」이 이를 직접적으로 보장·확인함으로써 국가권력을 기속하는 규범을 말한다. 데이터 보안의 주요대상이 되는 기본권으로는 '인간의 존엄과 행복추구권', '재산권', '프라이버시권' 등을 들 수 있다. 「헌법」 제10조 제2문에서 "국가는 개인이 가지는 불가침의 기본적 인권을 확인하고 이를 보장할 의무를 진다"라고 규정하고 있으며, 헌법재판소는 이를 국가의 과소 보호 금지의무조항으로 해석하고 있다.[20)] 사이버 공격으로부터 개인의 불가침적

---

19) 박인수, 위의 논문, 41면.

20) 이러한 과소 보호 금지의무위반 여부에 대하여 헌법재판소는 2008년 7월 31일 2004헌바81 사건에

기본권을 보장하는 것은 국가의 책임이며, 국가가 적절하고 효율적인 최소한의 보호 조치를 취해야 하는 것이 국가의 과소 보호 금지의무에 해당한다.[21]

「헌법」 제37조 제2항은 "국민의 모든 자유와 권리는 국가안전보장·질서유지 또는 공공복리를 위하여 필요한 경우에 한하여 법률로써 제한할 수 있으며, 제한하는 경우에도 자유와 권리의 본질적인 내용을 침해할 수 없다"고 규정하여, 법률유보에 의한 기본권 제한 사유로서 '국가안전보장'과 '질서유지'를 들고 있다. 법률유보란 국민의 권리를 제한하거나 의무를 과하는 사항은 국회의 의결을 거친 법률로써 규정하여야 한다는 원칙으로서, 법률유보의 적용에 의해 기본권을 제한하고자 하는 경우에는 반드시 법률의 형식에 의한 제한이 필요하다. 현재 헌법적 차원에서 사이버 안보에 관한 명시적인 규정이 없으므로 국가안전보장 관점에서의 데이터 보안에 관한 기본법을 입법하는 경우에 기본권 보장 원칙을 먼저 천명하고 제한은 예외적으로 행할 수 있도록 규정하는 등의 신중한 접근 방법이 필요할 것이다.[22]

3. 프라이버시와 안보

프라이버시와 안보의 공존에 대해 옥스퍼드대학교 빅토어 마이어 쇤베르거 교수는 "안보와 프라이버시는 양립할 수 없다"라며 "9·11테러 이후 미국, 유럽 등에서도 프라이버시를 파괴하는 모습이 계속되고 있는데, 자유 없는 안보는 아무 의미가 없다는 것을 알아야 한다"고 주장했다.[23] 이에 대해 미국의 안보 정책 자문기관인 '스틸웰 연구센터'의 킴 타이페일 총괄이사는 "자유(프라이버시)는 안보가 있어야 지켜질 수 있다"며 "테러 단체들이 지속적으로 활동하면서 위협을 주고 있는데 이를 지킬 수 있는

서 "국가가 아무런 보호 조치를 취하지 않았든지 아니면, 취한 조치가 법익을 보호하기에 전적으로 부적합하거나 매우 불충분한 것임이 명백한 경우에 한하여 국가의 보호 의무의 위반을 확인하여야 한다"고 하여 명백성에 따른 통제를 하고 있다. 박인수, 위의 논문, 42면(주 7).

21) 박인수, 위의 논문, 41-42면.

22) 박인수, 위의 논문, 43면.

23) 조선일보, "[아시안리더십콘퍼런스] 스마트 시대, 프라이버시와 안보는 공존할 수 있나", https://www.chosun.com/site/data/html_dir/2015/05/20/2015052000384.html, (2022. 6 .3. 확인).

것이 바로 안보"라고 반박했다. 우리나라에서도 사이버 공간에서의 데이터 보안 기본법 제정의 반대이유로 프라이버시 침해 가능성이 거론된다.[24]

2016년 미국 캘리포니아주 연방지방법원은 테러범이 사용하던 아이폰 잠금장치를 해제할 것을 애플 측에 명령했으나 애플은 법원의 명령을 거부했다. 이에 대해 애플 CEO 팀 쿡은 "공공의 안전은 매우 중요하다고 생각하지만, 개인정보를 보호하는 것 역시 더할 나위 없이 소중하다"며 "(법원의 명령을 따르는 것은) 국민을 심각한 위험에 빠뜨릴 수 있다"는 거부 이유를 밝혔다.[25] 사이버 공간에서의 데이터 보안은 프라이버시와 안보라는 가치의 충돌을 어떻게 해결해야 할 것인지에 대한 문제이기도 하다. 즉, 국가입장에서는 국민의 생명·재산을 보호하여야 하는 의무와 국민의 기본권을 보호해야 하는 의무 간의 충돌이고, 국민입장에서는 프라이버시권이라는 기본권과 생명·신체·재산의 자유 등 자유권 간의 권리 충돌이라고 할 수 있다. 본질적으로 이 문제는 절대적 우열을 가릴 수 있는 문제가 아닌바, 우선적으로 법률유보의 원칙, 비례의 원칙에 입각한 입법·정책 집행이 요구된다.[26]

Ⅲ. 주요 국가의 데이터 보안 법제

1. 미 국[27]

사이버 안보 관점에서의 데이터 보안에 관한 미국 최초의 법률은 1987년 제정된 「컴퓨터보안법(Computer Security Act)」으로 연방정부의 컴퓨터 시스템 내의 기밀 정

---

24) 한국사이버안보법정책학회 편, 앞의 책, 115면.
25) 한국일보, "미국 정부 '테러 증거 찾게 아이폰 잠금 해제 응해야'… 애플은 또 거부", https://www.hankookilbo.com/News/Read/202001141577090759, (2022. 6. 3. 확인).
26) 한국사이버안보법정책학회 편, 앞의 책, 146-147면.
27) 이성엽, "미국의 사이버안보법상 개인정보보호에 관한 연구", 『행정법연구』 제54호, 행정법이론실무학회, 2018, 25-30면 참조.

보(unclassified information)의 보안 및 프라이버시 보호 등의 기능을 하였다.[28] 2001년 9.11 테러 발생으로 인하여 국토방위가 최우선순위로 부상하면서 미국 정부는 행정 체계 조직과 운영 방향에 개혁을 단행하게 되었는데,[29] 조직적으로 보면 국토안보부(Department of Homeland Security), 국가정보국(Director of National Intelligence), 사이버안보조정관(Cybersecurity coordinator)이 신설되었다. 국토안보부는 종래 연방수사국(Federal Bureau of Investigation: FBI)에 속해 있던 국가기반시설보호센터(National Infrastructure Protection Center: NIPC)뿐만 아니라 상무부의 중요기반보장국(Critical Infrastructure Assurance Office: CIAO) 등, 기존 부서들을 통합한 부처로서 물리적인 국토 및 기반시설 보호 업무 외에도 사이버 안보[30]의 총괄 조정업무를 담당하고 있다.[31]

현재 미국의 사이버 안보를 규율하는 3가지 중요한 법으로는 「국토안보법(Homeland Security Act)」, 「사이버안보정보공유법(Cybersecurity Information Sharing Act of 2015)」, 「사이버안보법(Cybersecurity Act of 2015)」이 있다. 첫째, 「국토안보법」은 국토안보부 설립의 근거가 되었으며, '정보의 분석과 기반보호에 관한 규정(제2장)' 및 '정보 보안에 관한 규정(제10장)' 등을 담고 있다. 또한, 개인정보의 남용으로 인한 프라이버시 침해 방지 제도와 관계 기관의 데이터 보안 강화를 강조하는 규정도 두고 있다.[32] 둘째, 「사이버안보정보공유법」은 사이버 안보 위협(cybersecurity threat)에 직면한 정보시스템에 대하여 방어조치(defensive measures)를 수행할 권한을 기업에 부여하고, 기업이 연방정부 및 민간기관 등과 자발적으로 사이버위협 지표(cyber threat indicators)

---

28) Nicholas Bruin, "*How the Computer Security Act Affects Cyber Crime and Cyber Security*", 2018, p. 5., https://www.researchgate.net/publication/325531099, (2022. 6. 7. 확인).

29) Michael Leiter, John Carlin, Ivan Fong, Daniel Marcus, Stephen Vladeck, "Ten Years after 9/11: The Changing Terrorist Threat American University National Security Law Brief", Vol. 2 Issue 1 Article 5, 2012, pp. 113-147 참조.

30) Security는 우리말로는 보안·안보로 혼용되어 번역되나, 이 절(節)에서는 개인·조직 차원의 통제 메커니즘이라면 '보안'이라는 용어를 사용하였고, 사회적·국가적 차원의 통제 메커니즘이라면 '안보'라는 용어를 사용하였다. 이성엽, 앞의 논문(주 27), 24면(주 1).

31) 권현준 외, "사이버보안 법제 선진화 방안 연구", 방송통신위원회 연구보고서 (2011. 12).

32) 조정은, "북미의 사이버안보 입법동향과 시사점", 『사이버안보법정책논집』 제2호, 한국사이버안보법정책학회, 2016, 419면.

와 방어조치를 공유하도록 장려하기 위한 보호조치 등을 규정하고 있다. 셋째, 총 4장으로 구성된 「사이버안보법」은 미국의 사이버 안보 관련 법률을 통합적으로 정비한 것으로서, 제1장은 대부분 사적영역 단체에게 적용하고자 하는 내용으로 사이버 안보 정보공유의 중앙관리체계를 확립하고 있다. 제2장은 「국가사이버안보보호법 (National Cybersecurity Protection Advancement Act of 2015)」으로 불리며, 국토안보부가 연방정부의 사이버 안보를 강화할 수 있는 권한을 부여하고 있다. 두 개의 절(subtitle)로 구성되어 있으며 제1절은 '국가 사이버 보안 및 통신통합센터(National Cybersecurity and Communication Integration Center)', 제2절은 「연방사이버보안증진법(Federal Cybersecurity Enhancement Act of 2015)」을 규정하고 있다. 제3장은 「연방사이버보안활동평가법 (Federal Cybersecurity Workforce Assessment Act of 2015)」으로 연방의 활동에 대하여 사이버 안보를 기준으로 평가하고자 하며, 제4장은 정보분석 및 정보망 위협에 대응하기 위한 권한을 부여한다.[33]

2. EU

EU는 2002년 개인정보·프라이버시를 안전하게 보호하고 통신네트워크의 안전성 확보를 목적으로 하는 「Directive 2002/21/EC(Framework Directive)」를 제정하고 각국 정부 규제기관과 유럽연합 집행위원회(European Commission: EC)가 일관적인 규제를 시행하도록 하였다. 「Regulation (EC) No 460/2004」를 근거로 하여 설립된 독립기관인 '유럽 네트워크 및 정보보안 기구(European Network and Information Security Agency: ENISA)'가 EU의 '사이버 안보원'으로 활동하고 있다. 또한 동 규칙은 유럽집행위와 회원국을 대상으로 네트워크 및 정보보안에 대한 전문지식을 제공하고, 회원국 간의 네트워크 및 정보보안 활동을 지원하며, 상호교류를 증대하기 위한 규정을 두고 있다.[34]

EU 회원국인 독일의 경우, 2015년부터 시행 중인 「IT 시스템의 안전 향상을 위한

---

33) 박인수, 앞의 논문, 47면.
34) 이연수·이수연·윤석구·전재성, 앞의 논문, 73면.

법률(Gesetz zur Erhöhung der Sicherheit informationstechnischer Systeme)」이 독일의 「사이버안보법(IT-Sicherheitsgesetz)」으로 불리고 있다.[35] 「사이버안보법」은 일차적으로 EU의 「규범과 기술적 규정 영역에서의 정보절차에 관한 지침(Richtlinie 98/34/EG des Europäischen Parlaments und des Rates vom 22. Juni 1998 über ein Informationsverfahren auf dem Gebiet der Normen und technischen Vorschriften)」을 독일의 국내법으로 관철하기 위한 차원에서 입법되었다.[36] 독일의 「사이버안보법」은 「사이버안전청 설립법」을 통합하고 있으며, 이에 따라 '사이버안전청'이 설립되었다. 이는 국민과 경제주체에 대해 국가의 보호책임이 있음을 의미하며, 디지털 환경에서 사이버 안전이 국내 안전의 핵심이 되었다는 점을 반영한 것으로 보고 있다.[37]

프랑스는 2013년 법률 No. 2013-1168을 통해 '국가정보안전원(Agence nationale de la sécurité des systèmes d'information: ANSSI)'을 '국가안전방위처(Secretariat-General for National Defence and Security: SGDSN)' 산하에 설립하였으며, 국가정보안전원이 사이버 안보에 대한 국가적 전략을 추진하고 있다. 동 기관이 수행하고 있는 주요 활동으로는 ① 사이버 위협 대응 활동, ② 정부와 민간을 위한 활동과 서비스 증진 유지, ③ 정보 제공과 자문, ④ 훈련, ⑤ 안전인증 등이 있다.[38]

3. 일 본[39]

데이터 보안 관련 주요 법률로서 1984년 제정된 「전기통신사업법」은 전기통신서

---

35) 독일에서는 일반적으로 '사이버 안보'라는 표현보다 'IT-안보(IT-Sicherheit)'라는 표현을 쓰고 있다. 연방 IT 보안청(Bundesamt für Sicherheit in der Informationstechnik)은 사이버 안보(Cyber-Sicherheit)는 "IT 분야에서의 안보의 모든 양상을 포괄하는 것"이라고 설명하면서, 전통적인 IT-안보의 적용 영역은 사이버 공간 전체라고 말하고 있는바, 사실상 사이버 안보와 IT 안보를 동일한 개념으로 보고 있다. 선지원, "디지털 전환 시대 사이버 안보법의 공법적인 의미 —독일법의 규율을 중심으로", 『법학논총』 제36집 제4호, 한양대학교 법학연구소, 2019, 513-514면.
36) 선지원, 위의 논문, 517면.
37) 김태오, "사이버안전의 공법적 기초", 『행정법연구』 제45호, 행정법이론실무학회, 2016, 125면.
38) 한국사이버안보법정책학회 편, 앞의 책, 41면.

비스의 원활한 제공을 확보하여 이용자의 이익을 보호하는 한편, 전기통신의 건전한 발달 및 국민 편의를 도모하여 공공복리를 증진하는 것을 목적으로 하고 있다. 2001년 시행된 「고도 정보통신 네트워크 사회 형성 기본법」은 데이터 보안 측면에서 정보통신 네트워크 안전성 및 신뢰성 확보 등에 관한 조치를 규정(제21조)하고 '고도 정보통신네트워크 사회 추진전략 본부'로 하여금 정보통신 네트워크의 안전성 및 신뢰성 확보 시책에 대한 중점 계획을 수립하도록 했다.[40]

　2013년 이후 일본의 사이버 안보 전략은 사이버 공간 고유의 문제에 초점을 맞추었던 점에서 확대하여, 국가안보와 긴밀하게 연관된 문제로 이해하는 인식의 전환기를 맞이하였다.[41] 이에 2014년 11월 6일 일본 중의원 본회의에서는 사이버 공격 대응에 관한 국가의 책무 등을 정한 「사이버 시큐리티 기본법」이 통과되었다. 동법은 사이버 안보에 관한 대응전략을 국가 차원에서 종합적·효과적으로 추진하는 것을 목적으로 하며, 사이버 안보에 대한 기본이념과 전략 및 국가의 책임을 정의하고 있다.[42] 또한 중앙·지방정부 및 기타 공공기관의 책임을 명시함으로써 사이버 안보 전략의 추진기반을 포괄적으로 마련했다는 평가를 받고 있다. 특히 이 법의 제정을 통해서 2015년 1월 컨트롤타워의 역할을 담당하는 '사이버 시큐리티 전략본부'와 그 산하에 전담지원기관의 역할을 수행할 '내각 사이버 시큐리티 센터(NISC)'를 설치하였다. 내각 사이버 시큐리티 센터는 사이버 안보의 전략안을 작성하고 '국가안전보장회의(NSC)'와 '고도 정보통신네트워크 사회 추진전략 본부'와 협력해 정부 차원의 사이버 안보 정책에 대한 조정과 통제뿐만 아니라, 정보시스템에 대한 부정활동을 감시·분석하여 대응하는 역할을 담당하고 있다.[43]

---

39) 신성식·서봉성, 앞의 논문, 36-37면.

40) 이연수·이수연·윤석구·전재성, 앞의 논문, 86면.

41) 이승주, "일본 사이버안보 전략의 변화: 사이버안보의 전통 안보화와 전통 안보의 사이버 안보화", 『국가안보와 전략』 제17권 제1호, 2017, 1-30면.

42) 한국사이버안보법정책학회 편, 앞의 책, 141면.

43) 박상돈, "일본 사이버시큐리티기본법에 대한 고찰: 한국의 사이버안보 법제도 정비에 대한 시사점을 중심으로", 『경희법학』 제50권 제2호, 2015, 144-175면.

4. 중 국

중국에서의 데이터 보안 개념은 '정보 안전(信息安全, information security)', '사이버 안전(网路安全, network security)', '사이버 공간의 안전(网路空间安全, security in cyberspace)'의 개념을 포괄하고 있다.[44] 중국 정부는 1987년 사이버 안보 담당 기관인 국가정보센터(国家信息中心), 1997년 정보안전평가센터(信息安全测评中心)를 설립하면서 정보 안전의 개념을 도입한 정부 기구가 본격적으로 등장하였다.[45] 2012년 중국 국무원은 '정보화 발전과 정보안전보장 실현을 위한 의견(国务院关于大力推进信息化发展和切实保障信息安全的若干意见)'을 공표하고 관련 법제정비와 정부의 관리체제 연구 등 정보 안전을 위한 원칙적 조치를 제시하였다.[46] 2012년 시진핑 체제 출범 이후에는 미국을 중심으로 한 서구의 사이버 안보 개념과 전략을 토대로 중국 스스로의 사이버 안전 개념과 전략을 정비하는 추세가 강화되었다.[47]

2015년 국가안전보호의 기본법인 「국가안전법」의 입법을 통해, 국가안보의 영역을 정치·국토·군사 등 전통적 안보 영역에서 사이버 공간이라는 비(非)전통적 안보 영역으로 확장하였다(제25조). 2016년 「네트워크안전법(网路安全法, Cyberscurity Law)」을 제정하여 사이버 공간에서의 데이터 보안을 구체화하였으나,[48] 동법은 '네트워크 안전'과 '네트워크 운영자'[49]의 안전보호 의무에 초점을 맞추었기 때문에 다양한 유형으

---

44) 王世伟·曹磊·罗天雨, "再论信息安全、网路安全、网路空间安全", 『中国图书馆学报』 2016年第05期, 2016, 20页。

45) 王世伟·曹磊·罗天雨, 위의 논문, 22页。

46) 차정미, "중국 특색의 '사이버 안보' 담론과 전략, 제도 분석", 『국가안보와 전략』 제18권 제1호, 국가안보전략연구원, 2018, 10면.

47) 刘勃然·黄凤志, "美国《网络空间国际战略》评析", 『东北亚论坛』 2012年第3期, 2012, 54-61页; 尹建国, "美国网络信息安全治理机制及其对我国之启示", 『法商研究』 2013年02期, 2013, 138-146页。

48) 2016년 「네트워크안전법」 제정 등, 중국의 사이버 안전 조치가 자국기업을 보호하고 발전시키기 위한 보호주의적 조치라고 반발하고 있으나, 중국은 사이버 주권과 내정불간섭, 반패권주의를 강조하면서 국가가 자국의 사이버 발전 노선과 정책을 결정하는 것은 주권적 결정 사항이라는 확고한 입장을 견지하고 있다. 차정미, 앞의 논문, 5-6면.

49) '네트워크 운영자'란 네트워크의 소유자, 관리자, 네트워크 서비스 제공자를 지칭한다. 중국 「네트워크안전법」 제76조 제3항.

로 존재하는 '데이터(数据)' 자체에 대한 보호 규정은 미흡하였다.[50] '데이터 경제 활성화'와 '국제적인 데이터 안보 갈등 완화'라는 과제를 안고 있던 중국은 데이터 안전 보장, 국민의 합법적인 권익 보호, 국가 주권·안전 및 개발이익 수호를 위해 「데이터안전법(数据安全法, Data Security Law)」 입법을 추진하게 되었고(제1조), 데이터 보안 분야의 기본법인 동법을 2021년 9월 1일부터 시행하였다.[51]

2017년 「네트워크안전법」, 2021년 '프라이버시와 개인정보의 보호'를 별도로 규정[52]하는 '장(章)'을 신설한 「민법전」(제4편 제6장), 그리고 2021년 11월부터 「개인정보보호법」을 시행하는 등, 과거 데이터·개인정보 관련 규정이 여러 법률에 분산되어 있었던 모습에서 벗어나, 「네트워크안전법」, 「데이터안전법」, 「개인정보보호법」을 데이터 보안 및 개인정보 보호에 관한 3법으로 하는 법체계를 구축하였다.[53] 「데이터안전법」은 데이터 보안과 발전(제2장), 데이터 보안 제도(제3장), 데이터 보안 의무(제4장) 정부·공공데이터의 보안과 개방(제5장) 등의 측면에서 규정을 마련하였으며, 특히 데이터의 유형·등급 구분에 의한 관리(제21조), 데이터 보안 관리제도 시행(제27조), 데이터 보안 리스크 평가(제29조), 리스크 평가 보고(제30조) 등 데이터 보안 관점에서의 세부 제도를 수립하고, 주체별 의무사항을 명시하였다.

IV. 우리나라 데이터 보안 법제와 거버넌스

1. 데이터 보안 법제 연혁 및 현황

다양한 법률들이 데이터 보안에 관한 사항을 다루고 있으나 국가안보 분야와 관

---

50) 이상우, "중국 데이터안전법의 주요내용과 시사점: 데이터 안전보호를 위한 중점 제도를 중심으로", 『중국지식네트워크』 제17호, 국민대학교 중국인문사회연구소, 2021, 453면.

51) 이상우, "중국 데이터 보안체계 구축에 관한 연구 —데이터안전법 심의과정에서의 쟁점사항을 중심으로", 『중국과 중국학』 제44호, 영남대학교 중국연구센터, 2021, 59면.

52) 申卫星, "论个人信息权的构建及其体系化", 『比较法研究』 2021年第5期, 2021, 2页。

53) 이상우, "중국 개인정보보호법의 시사점", 『KISO JOURNAL』 제45호, 인터넷자율정책기구, 2021.

런한 데이터 보안 업무는 「국가정보원법」에 근거한 「보안업무규정」, 「국가보안법」, 「군사기밀보호법」 등에 기반한 국가기밀 보호가 그 시작이라 볼 수 있다. 1980년대에 국가전산망 사업 등 정보화 사업이 추진되면서 정보화의 역기능이 발생하고 이를 통제하기 위한 관점에서 사업추진에 근거가 되었던 「전산망 보급확장과 이용촉진에 관한 법률」, 「정보화촉진기본법」 등과 같은 법률에 데이터 보안에 관한 사항을 일부 추가하였다. 데이터 보안의 문제들이 사회적 문제가 되자 「형법」을 통해 범죄행위로 다루기도 하였으며, 점차 데이터 보안에 관한 관심이 증대되자 「정보통신기반보호법」, 「정보통신망법」 등과 같이 데이터 보안을 중심으로 하는 내용의 법률이 마련되기 시작하였다.[54)]

우리나라의 현행 데이터 보안 법체계는 ① 공공부문, ② 민간부문, ③ 공공·민간 부문을 포괄하는 정보통신 인프라 보호에 관한 규정으로 나누어 볼 수 있다. 공공부문에 대한 법제는 2005년에 제정된 「국가사이버안전관리규정」(대통령훈령 제316호)과 2021년부터 시행중인 「사이버안보업무규정」(대통령령 제31356호), 민간부문은 「정보통신망법」, 그리고 공공·민간 공통부문의 주요기반시설에 관한 규정인 「정보통신기반보호법」이 있다.

(1) 공공부문

「국가사이버안전관리규정」은 국가 사이버 안전에 관한 조직체계 및 운영에 대한 사항을 규정하고 사이버 안전 업무를 수행하는 기관 간의 협력을 강화함으로써 국가안보를 위협하는 사이버 공격으로부터 국가정보통신망을 보호함을 목적으로 한다(제1조). 「사이버안보업무규정」은 「국가정보원법」 관련 규정[55)]에 따라 국가정보원의 직무 중 사이버 안보 관련 정보의 수집·작성·배포 및 사이버 공격 위협에 대한 예방·대응 업무의 수행에 필요한 사항을 규정함을 목적으로 한다(제1조).

---

54) 김법연·권헌영, "프라이버시 보호를 위한 합리적 사이버보안법제 마련의 쟁점과제와 입법방향", 『법학연구』 제28권 제4호, 연세대학교 법학연구원, 2018, 222면.
55) 우리나라 「국가정보원법」 제4조 제1항 제1호 마목, 동항 제4호 및 동조 제3항.

「사이버안보업무규정」은 '사이버 공격 위협'을 해킹, 컴퓨터 바이러스, 서비스 거부, 전자기파 등 전자적 수단에 의하여 정보통신기기, 정보통신망 또는 이와 관련된 정보시스템을 침입·교란·마비·파괴하거나 정보를 위조·변조·훼손·절취하는 행위 및 그와 관련된 위협으로 정의하며(제2조), 사이버 안보 기본대책의 수립·시행(제8조), 사이버 공격·위협 예방 조치 등을 위한 보안성 검토(제9조), 사이버 공격·위협에 대한 예방·대응 교육(제10조), 사이버 공격·위협 대응 훈련(제11조), 사이버 공격·위협에 대비한 진단·점검(제12조), 사이버 공격·위협에 대한 예방·대응 실태 평가(제13조), 사이버 공격·위협의 탐지·대응을 위한 보안관제 체계의 구축·운영(제14조), 사이버 안보업무 관련 전략 등의 연구·개발(제17조)을 규정하고 있다.

법규의 성질을 지닌 행정입법의 하나로 대통령이 발하는 명령인 '대통령령'이 하급관청의 활동에만 구속력이 있고 대외적으로 법규로서의 성질을 가지지 않는 '대통령훈령'보다 우선적 효력이 인정된다. 이에 대통령령인 「사이버안보업무규정」이 대통령훈령인 「국가사이버안전관리규정」보다 우선적 효력이 인정되기 때문에, 중복되는 규정은 「사이버안보업무규정」이 적용된다고 할 수 있으며, 그 외 부분은 여전히 「국가사이버안전관리규정」의 효력이 있다고 볼 수 있다.[56]

(2) 민간부문

민간부문의 대표적인 데이터 보안 법률인 「정보통신망법」은 정보통신서비스 제공자에게 정보통신망의 안정성 및 정보의 신뢰성을 확보하기 위한 보호조치(제45조 제1항) 및 새로이 정보통신망을 구축하거나 정보통신서비스를 제공하고자 하는 때에는 그 계획 또는 설계에 정보보호에 관한 사항을 고려하여야 함을 규정한다(제45조의2).

과학기술정보통신부(과기부) 장관은 침해사고에 대한 긴급조치를 수행하고, 필요한 경우 한국인터넷진흥원(KISA)이 해당 업무를 수행하도록 할 수 있으며(제48조의2 제

---

56) 이성엽, "국가 사이버안보 법제와 거버넌스의 바람직한 정립 방향", 『행정법연구』 제67호, 행정법이론실무학회, 제67호, 2022, 251면.

1항), 주요정보통신서비스 제공자 등은 침해사고 관련 정보를 과기부 장관이나 한국
인터넷진흥원에 제공하여야 한다(제48조의2 제2항). 정보통신서비스 제공자 등 정보통
신망을 운영하는 자는 침해사고가 발생하면 침해사고의 원인을 분석하고 피해의 확
산을 방지하여야 하고, 과기부 장관은 중대한 침해사고 발생 시, 피해 확산 방지, 사고
대응, 복구 및 재발 방지를 위해 정보보호에 전문성을 갖춘 민·관 합동조사단을 구성
하여 그 침해사고의 원인분석을 할 수 있다(제48조의4 제1항 및 제2항).

(3) 공통부문

「사이버안보업무규정」은 국가정보원의 사이버 공격 예방·대응 업무 수행 시, 해
당 중앙행정기관 등의 정보통신망이 「정보통신기반보호법」에 따른 주요정보통신기
반시설인 경우에는 「정보통신기반보호법」을 우선 적용해야 한다고 규정한바(제3조 제
3항), 이에 따라 공공·민간을 포함한 주요정보통신기반시설에 대한 데이터 보안에 대
해서는 「정보통신기반보호법」이 우선적으로 적용된다.[57]

2000년 제정된 「정보통신기반보호법」은 정보화로 인해 주요기반기설의 정보통
신시스템에 대한 의존도가 심화되면서 사이버 공격이 국가안보를 위협하는 새로운
요소로 대두됨에 따라 주요정보통신기반시설을 보호하기 위해 제정되었다.[58] 동법은
전자적 침해행위에 대비하여 주요정보통신기반시설의 보호를 목적으로 한다(제1조).
'정보통신기반시설'은 "국가안전보장·행정·국방·치안·금융·통신·운송·에너지
등의 업무와 관련된 전자적 제어 관리시스템 및 전기통신설비를 이용하거나 전기통
신설비와 컴퓨터 및 컴퓨터의 이용기술을 활용하여 정보를 수집·가공·저장·검색·
송신 또는 수신하는 정보통신체제인 정보통신망"을 말한다(제2조 제1호). '전자적 침해
행위'란 가. 해킹, 컴퓨터바이러스, 논리·메일폭탄, 서비스거부 또는 고출력 전자기
파 등의 방법, 나. 정상적인 보호·인증 절차를 우회하여 정보통신기반시설에 접근할

---

57) 이성엽, 위의 논문(주 56), 252면.
58) 김득수, "사이버테러 대응을 위한 법제도 구축에 관한 연구", 동아대학교 대학원, 박사학위논문,
    2020, 175-178면.

수 있도록 하는 프로그램이나 기술적 장치 등을 정보통신 기반시설에 설치하는 방법으로 정보통신 기반시설을 공격하는 행위를 말한다(제2조 제2호).

주요정보통신기반시설을 관리하는 기관의 장은 소관 주요정보통신기반시설의 취약점을 분석·평가하여야 하며, 그 결과에 따라 보호 대책을 수립·시행해야 한다(제5조의2 및 제9조). 관리기관의 장은 침해사고 발생 시 관계 행정기관 등에 그 사실을 통지하고(제13조), 복구 및 보호 조치에 필요한 지원을 요청할 수 있으며(제14조), '정보통신기반보호위원회'는 광범위한 침해사고 발생 시, '정보통신기반침해사고대책본부'를 둘 수 있다(제15조).

2. 데이터 보안 거버넌스

(1) 거버넌스의 개념

거버넌스의 개념은 연구자, 학문 영역, 주제에 따라서 다양한 입장에서 상이한 수준으로 정의되고 있으며,[59] 이러한 수준에 따라 '협의의 거버넌스'와 '광의의 거버넌스'로 구분할 수 있다. 협의의 거버넌스는 "공식적 권위 없이도 다양한 행위자들이 자율적으로 호혜적인 상호의존성에 기반을 두어 협력하도록 하는 제도 및 조종 형태"로 정의할 수 있으며,[60] 광의의 거버넌스 개념은 정부 중심의 공적 조직과 민간의 사적 조직의 경계가 무너지면서 나타나 새로운 상호 협력적인 조정 양식을 의미한다.[61] 이 장(章)에서 논의되고 있는 데이터 보안과 관련된 '보안 거버넌스(security governance)'는 "조직에 적합한 보안정책을 수립하고 수립된 보안정책에 의해 보안 관련 조직을 구성해 일련의 보안활동을 수행하는 것"으로 정의할 수 있다.[62] 아래에서 살펴볼 우리나

---

59) 라미경, "거버넌스 연구의 현재적 쟁점", 『한국거버넌스학회보』 제16권 제3호, 한국거버넌스학회, 2009, 91-108면.

60) KOOIMAN, J. & VLIET, M.V. 1993. Governance and Public Management. In: ELIASSEN, K.A. & KOOIMAN, J. (eds.) *Managing public organizations: lessons from contemporary European experience*, Sage Publisher, 1993, p. 64.

61) 정창훈·윤대현·노성철, 앞의 책, 28면.

62) 이상진, 『정보보안개론』, 인피니티북스, 2019, 536면.

라의 '데이터 보안 거버넌스'는 데이터 보안 업무와 관련된 정부의 입법정책 추진 및 대응체계로 이해될 수 있을 것이다.

(2) 우리나라 데이터 보안 거버넌스

현재 우리나라의 데이터 보안 거버넌스는 공공부문과 민간부문으로 분리되어 있는 등, 대응체계가 분산되어 있기 때문에 업무의 중첩·불명확성이 발생하고, 국가안보 차원의 사이버 공격에 대한 효과적인 대응이 어려운 상황이다.

제20대 대통령실은 대통령비서실과 국가안보실을 두고 있으며,[63] 사이버 공간에서의 데이터 보안 업무는 국가안보실 제2차장 아래 사이버안보비서관이 맡고 있다. 「헌법」과 「국가안전보장회의법」에 따라 설치된 '국가안전보장회의'는 대통령, 국무총리, 외교부장관, 통일부장관, 국방부장관 및 국가정보원장과 대통령령으로 정하는 위원(임명직 위원)으로서 행정안전부장관, 대통령비서실장, 국가안보실장, 국가안전보장회의 사무처장, 국가안보실의 제2차장이 위원이 되며, 대통령이 의장이 된다(제2조). 국가정보원장은 국가안전보장에 관련된 국내외 정보를 수집·평가하여 회의에 보고함으로써 심의에 협조해야 한다고 규정한다(제10조).

국가정보원은 「국가정보원법」, 「정보통신기반보호법」, 「전자정부법」 등 관계 법령에 근거하여 국가 정보보안 업무의 기획 조정, 보안정책 수립·시행 등 국가 공공기관에 대한 사이버 안보 업무를 총괄한다. 2020년 12월 개정된 「국가정보원법」은 해킹조직 등 사이버 안보에 관한 정보의 수집·작성·배포와 사이버 공격·위협에 대한 예방·대응 업무를 국가정보원의 직무 범위에 추가하여, 데이터 보안에 관한 권한을 명확히 하였다. 「국가사이버안전관리규정」은 국가 사이버 안전에 관한 중요사항을 심의하기 위하여 국가정보원장 소속하에 국가사이버안전전략회의를 두며, 의장은 국가정보원장이 된다.

---

63) 제20대 윤석열 대통령 비서실 조직으로 2실(대통령비서실, 국가안보실) 5수석 2기획관, 2차장이다. 대통령실 산하에 5수석(정무수석, 시민사회수석, 홍보수석, 경제수석, 사회수석)과 2기획관(정책조정기획관, 인사기획관)이 있으며, 국가안보실 산하에 1차장과 2차장으로 구성되어 있다.

과학기술정보통신부는 「정보통신망법」, 「지능정보화 기본법」, 「전자서명법」, 「정보통신기반 보호법」, 「정보보호산업의 진흥에 관한 법률」 등 관계 법령에 근거하여 정보보호업무를 수행한다. 공공부문의 데이터 보안을 국가정보원이 총괄하고 있는 것에 대응하여, 민간부문의 정보보호 및 정보보호산업 업무를 총괄하고 있다.[64]

3. 데이터 보안 관련 입법 동향

우리나라는 2003년 1월 25일 발생한 '인터넷 대란'을 계기로 본격적으로 사이버 공간에서의 데이터 보안에 관심을 갖게 되었다. 당시 노무현 정부는 국가적 차원에서 사이버 위기 대응을 위해 '국가 사이버 테러 대응체계 구축 기본계획'을 추진하였다. 앞서 우리나라 데이터 보안 법제 현황에서 살펴본 바와 같이, 2005년에 제정된 「국가사이버안전관리규정」은 공공기관에만 적용되는 대통령훈령으로서 민간부문을 포함한 종합적이고 체계적인 대응의 근거 법령으로서는 미흡하다는 지적이 있었는바,[65] 제17대 국회에서부터 여러 차례 사이버 안보에 관한 일반법 제정시도가 있었다. 그러나 사이버 위협에 관한 정보공유가 민간에 대한 감시 권한을 확대하는 수단으로 이용될 수 있다는 우려와 국가정보원의 권한 강화로 인한 부작용 우려가 시민단체로부터 제기되었고, 결국 국회에서 통과되지 못하였다.[66]

현재 제21대 국회에서는 '국가사이버안보법안'(김병기 의원 등 13인, 2021. 11. 4.)과 '사이버안보기본법안'(조태용 의원 등 27인, 2020. 6. 30.)이 발의되었다. 양 법안은 국가 차원의 종합적이고 체계적인 사이버 안보 업무 수행을 위해 국정원장 소속 '국가사이버안보센터'를 설치하는 내용을 담고 있다.[67] 김병기 의원안의 경우 국내외 사이버 안

---

64) 이성엽, 앞의 논문(주 56), 254면.

65) 개별법의 체계 정합성의 문제, 사물인터넷 시대에 대비한 융합보안 법제의 미비 문제 등이 있다. 김재광, "사이버안보 위협에 대한 법제적 대응방안", 『법학논고』 제58집, 경북대학교 법학연구소, 2017, 164-166면.

66) 신성식·서봉성, 앞의 논문, 37면.

67) 조태용 의원안은 사이버안보 컨트롤타워로 '국가사이버안보정책조정회의'의 의장을 대통령 또는 국가안보실장으로 하고 국정원에 '사이버안보대책회의'를 두고 있지만, 김병기 의원안은 국정원장

〈표 7-6〉 우리나라 주요 사이버 안보 법률안

기간	의안명	제안자	제안일자	의결현황
제17대 (2004-2008)	사이버위기예방 및 대응에 관한 법률안	공성진 의원 등 17인	2006.12.28	임기만료폐기
제18대 (2008-2012)	국가사이버위기관리법안	공성진 의원 등 17인	2008.10.28	임기만료폐기
제19대 (2012-2016)	국가사이버안전관리에 관한 법률안	하태경 의원 등 11인	2013.3.26	임기만료폐기
	국가사이버테러방지에 관한 법률안	서상기 의원 등 13인	2013.4.9	임기만료폐기
	사이버위협정보공유에 관한 법률안	이철우 의원 등 22인	2015.5.19	임기만료폐기
	사이버테러방지 및 대응에 관한 법률안	이노근 의원 등 13인	2015.6.24	임기만료폐기
	국가사이버테러방지 등에 관한 법률안	서상기 의원 등 24인	2016.2.22	임기만료폐기
제20대 (2016-2020)	국가사이버안보에 관한 법률안	이철우 의원 등 122인	2016.5.30	임기만료폐기
제21대 (2020-2024)	사이버안보기본법안	조태용 의원 등 27인	2020.6.30.	위원회 법안소위
	국가사이버안보법안	김병기 의원 등 13인	2021.11.4.	위원회 회부

출처: 에이티엔뉴스, "[사이버안보정책④] "이대로 좋은가, 민주적 감시와 통제 결여된 사이버안보법 추진(下)", http://www.atnnews.co.kr/news/articleView.html?idxno=60829, (2022. 6. 5. 확인)의 내용을 참고하여 저자 정리.

보 정보 수집에 관한 내용과 절차 관련 조항이 포함되어 있는데, 국정원은 법원 허가를 받아 '국내 디지털 정보 보관자'로부터 관련 정보를 취득·열람할 수 있다. '국내 디지털 정보 보관자'는 해당 정보를 저장한 매체의 "소유자, 소지자 또는 보관자"로 광범위하게 규정되어 있으며, "긴급한 사유가 있는 때"에는 법원 허가 없이도 국정원의 정보 수집을 허용한다(안 제20조 내지 제22조). 동 법안들은 국정원을 민간·공공부문 모두에 대한 명실상부한 사이버 안보 정책 심의, 집행 기관으로 둔다는 점에서 특색이

─────────────

이 위원장인 '사이버안보위원회'를 두고 있다. 이성엽, 앞의 논문(주 56), 257면.

있다. 정보기관이 민간 정보를 들여다보는 경우 기본권 침해 이슈가 있는 것은 물론 해외에서도 정보기관이 사이버안보 컨트롤 타워 기능을 하는 경우가 거의 없다는 점에서 찬·반의 주요쟁점으로 논의되고 있다.[68]

〈표 7-7〉 국가사이버안보법안(김병기 의원안) 찬·반 주요쟁점

찬성	쟁점	반대
타 기관보다 전문성 높고 지속적 인력 운영 가능	국정원이 사이버 안보 총괄 담당	유일한 정보기관의 컨트롤타워화 전례 없음
민간·공공부문 효율적 사이버 공격 예방·대응 가능	민간영역까지 디지털 수집 가능	해외정보기관인 국정원 대신 일반 행정부처가 해야 함
고등법원 수석판사 등의 통제 받음	정보수집 오·남용 통제 장치 충분한가	"긴급한 사유" 들어 법원 승인 없이 오·남용 가능

출처:한겨레, "국정원 권한 키우고 국민 사찰? 논란 휩싸인 사이버안보법", https://www.hani.co.kr/arti/society/society_general/1020445.html, (2022. 6. 5. 확인)의 내용을 참고하여 저자 정리.

시민단체는 동 법안에 대해 국가 사이버 보안에 있어서 국정원의 권한을 상세히 규정하면서, 컨트롤타워로서의 위상을 확고하게 하고 있으나, ① 사이버 보안 권한은 해외정보기관으로서 국정원이 담당해야 할 역할이 아님에도 국정원에게 민간의 정보통신망까지 관할하고 조사할 수 있는 권한을 부여하고 있다는[69] 점, ② 밀행성을 속성으로 하는 정보기관이 이 업무를 담당할 경우 민간 이해관계자와의 협력이 어려워져 오히려 국가 사이버 안보에 부정적인 영향을 미칠 수 있다는 점, ③ 국정원이 민간 정보통신망에 대한 사찰기구가 될 수 있다는 점을 들어 강하게 반대하고 있는바,[70]

---

68) 최진웅, "사이버위협 대응체계 현황과 개선과제", 『이슈와 논점』 제1882호, 국회입법조사처, 2021.

69) 투명사회를 위한 정보공개센터, "[공동성명] 국정원이 사이버 사찰 기구로 부활하는가, 국가사이버 안보법안(김병기안) 철회하라!", https://www.opengirok.or.kr/4965, (2022. 6. 5. 확인).

70) 기존에 국정원이 담당해 왔던 공공기관뿐만 아니라 정보통신기반시설, 국가핵심기술 보유기관, 방위산업체, 집적정보통신시설사업자, 전자금융기반시설 운영사업자 등 대다수 민간기업을 이 법의 관할 대상에 포함하고 있으며 시행령을 통해 그 범위를 확대할 수 있도록 하고 있다. 에이티엔뉴스, "[사이버안보정책④] "이대로 좋은가, 민주적 감시와 통제 결여된 사이버안보법 추진(下)", http://www.atnnews.co.kr/news/articleView.html?idxno=60829, (2022. 6. 5. 확인).

각계각층의 다양한 의견을 수렴하여 신중한 입법을 추진하는 것이 필요할 것이다.

V. 데이터 보안 법제의 입법정책 방향

1. 기본법 제정의 필요성

현재 우리나라는 데이터 보안에 관한 총괄 입법체계가 부재하여, 국가차원에서 사이버 공간에 대한 위기 관리업무를 체계적으로 수행할 수 있는 구체적 방법·절차가 정립되어 있지 않기 때문에,[71] 사이버 안보를 포괄하는 데이터 보안 기본법 입법 필요성이 제기되고 있다. 현행 조직체계는 법률이 아닌 대통령 훈령(행정규칙)에 근거하고 있는바, 사이버 보안 대응체계가 공공부문과 민간부문으로 분리되어 있어, 사이버 공격에 대한 체계적인 대응이 어렵다.[72] 또한 보안체제의 유지 과정에서 불가피하게 국민의 기본권을 침해할 가능성이 존재하므로 「국가사이버안전관리규정」이 아닌 법률의 형식을 띠고 있어야 할 필요가 있는 것이다.[73]

추진체계와 관련하여서도 '국가사이버전략회의', '국가사이버안전대책회의' 및 '국가사이버안전센터' 등, 사안별 임시적 성격을 가진 조직에서 관련 업무를 담당하고 있기 때문에, 결국 현행 법체계상 업무의 중첩과 불명확성이 발생하고, 이는 국가안보 차원의 사이버 공격에 대한 대응의 어려움을 야기하고 있다는 점을 고려하면, 데이터 보안 기본법의 입법 필요성은 그 어느 때보다 더욱 강조되고 있다.[74]

앞서 주요 국가의 데이터 보안 법제 현황에서 살펴본 바와 같이, 미국이 「사이버

---

71) 국회 정보위원회 수석전문위원, "국가 사이버테러 방지에 관한 법률안·국가 사이버안전 관리에 관한 법률안 검토보고서", 국회정보위원회, 2014, 3면.

72) 김법연·권헌영, 앞의 논문, 225면.

73) 육소영, "사이버보안법의 제정 필요성에 관한 연구 ─ 미국법과의 비교를 중심으로", 『공법학연구』 제11권 제2호, 한국비교공법학회, 2010, 326면.

74) 미래창조과학부, "사이버세상의 새로운 규범체계 정립방안 연구", 미래창조과학부 연구자료, 2014, 112면.

안보법」을 통해 정부기관과 민간부문을 통합하는 경보체계 및 정보공유 시스템을 구축한 사례와 일본이 「사이버 시큐리티 기본법」에 근거하여 대응체계를 일원화하고 국가 차원의 컨트롤타워를 설립한 것을 참고하여,[75][76] 공공·민간부문을 아우르는 통합 데이터 보안 기본법의 제정에 활용해야 할 것이다.[77] 이와 같이 비교법적 연구를 통해, 데이터 보안에 관한 국가 차원의 입법정책 방향을 제시하고,[78] 또한 지속적으로 관련 법제의 문제점을 살펴, 이를 개선하려는 노력을 기울여야 할 것이다.[79]

2. 데이터 보안과 개인정보 보호의 균형

데이터 보안 기본법에 관한 입법적 논의에 있어 데이터 보안 위협정보의 처리 과정에서 발생 가능한 개인정보 또는 프라이버시 침해에 관한 문제는 중요한 이슈이다.[80] '개인정보자기결정권', '프라이버시권', '통신비밀의 보호' 등과 같은 기본권에 대한 적절한 제한과 보호의 균형점 모색은 헌법적 과제라고도 할 수 있다.[81] 특히 국가

---

75) 김연준·김상진, "사이버테러대응방안에 관한 연구", 『융합보안 논문지』 제16권 제3호, 한국융합보안학회, 2015, 40면.

76) 이 외에도 데이터 보안에 있어 통합법적 입법이 필요하다는 견해로 심우민, "최근 전산망 마비사태와 사이버 테러 대응체계 개선방안 연구", 『이슈와 논점』 제640호, 국회입법조사처, 2013; 곽병선, "사이버테러 대응을 위한 법체계 검토", 『헌법연구』 제59집, 한국법학회, 2015; 이상현, "미국의 사이버보안 법제도", Internet and Information Security 제3권 제1호, 한국정보보호학회, 2012 등이 있다.

77) 기본법이라는 성격으로 사후 제정되는 경우 개별적으로 존재하는 법률과의 관계를 명확히 하는 것이 타당하다. 즉, 구법, 신법 관계로 보아 신법 우선 원칙이 적용될 가능성이 있고 만약 특별법, 일반법 관계로 보는 경우 특별법 우선의 원칙을 적용할 수 있을 것이다. 필요한 경우 개별법 조항 중 적용을 배제하고 기본법을 적용할 필요가 있는 경우를 부칙에 명시하는 것을 고려할 수 있다. 한국사이버안보법정책학회 편, 앞의 책, 147-148면.

78) 박노형, "미국의 사이버안전에 관한 법 제정 동향과 시사점", 『법제연구』 제46호, 한국법제연구원, 2014, 27면.

79) 권수진, "인공지능(AI) 시대에 사이버 안보와 관련된 법제연구", 『인권법평론』 제27호, 전남대학교 공익인권법센터, 2021, 64면.

80) 김법연·권헌영, 앞의 논문, 230면.

81) 김성준, "사이버안보를 위한 국가역할과 법적과제", 『국가안보와 전략』 제10권 제1호, 국가안보전

안전보장을 위한 정보수집 등과 관련한 행위는 「헌법」 제37조 제2항이 "국민의 모든 자유와 권리는 국가안전보장·질서 유지 또는 공공복리를 위하여 필요한 경우에 한하여 법률로써 제한할 수 있으며"라고 규정하여, 현행 「개인정보 보호법」의 적용 예외 대상이 된다(제58조 제2호). 즉 데이터 보안 기본법이 제정될 경우 개인정보·프라이버시 침해에 관한 우려가 커질 수밖에 없다.

이와 같이 국가안보와 개인정보 보호는 상호 충돌하는 모습을 보이지만, 결국 이들이 조화가 이루어질 때 사이버 공격으로부터 진정한 안전이 보장될 수 있다. 미국의 경우, 프라이버시 보호와 국가안보 이슈와의 충돌 이슈에 있어서, 시기에 따라 강조점을 달리하기는 하였으나, 기본적으로 양 이익의 조화를 위해 노력해 왔다고 할 수 있다.[82] 사이버 위협 정보를 공유하는 과정에서 발생되는 개인정보 침해 문제와 관련하여 미국의 사이버 안보법제는 엄격한 법령과 가이드라인을 운영하고 있는데, 「사이버안보정보공유법」을 위반하여 공유된 개인정보가 있는 경우 연방기관은 해당 정보주체에게 적시에 이를 통지하는 절차를 확보할 의무와, 동법에 허용된 사용 범위와 직접 관련이 없는 개인정보 등이 포함된 것을 알게 된 경우, 이를 즉시 파기하는 조치의 의무를 규정하여 개인정보 침해 피해를 최소화하였다.

종전에 제안된 국가사이버안보기본법안은 개인정보에 관한 특별한 규정을 포함하지 않고 있기 때문에, 데이터 보안이 국가안보 이슈로 되는 경우 개인정보 보호가 소홀히 된다는 우려가 제기되었다. 향후 논의될 데이터 보안 기본법은 미국 「사이버안보법」과 같이 개인정보 처리에 관한 특별한 규정을 포함하는 방안을 검토해 볼 수 있을 것이다.[83]

략연구원, 2010, 252면.

82) Alexander Moens, Seychelle Cushing, Alan W. Dowd, "*Cybersecurity Challenges for Canada and the United States*", Fraser institute, 2015, pp. 24-25.

83) 이성엽, 앞의 논문(주 27), 40면.

3. 국제사회에서의 협력

국제사회에서의 사이버 공간상의 데이터 보안(cybersecurity)에 관한 이슈는 1998년 러시아가 제출한 결의안이 UN총회에서 의제로 채택되면서 공론화되었다.[84)85)] 이에 따라 2004년 제1차 '국제안보 차원에서 정보통신 부문의 발전에 관한 UN정부전문가그룹(United Nations Group of Governmental Experts on Developments in the Field of Information and Telecommunications in the Context of International Security: UNGGE)'이 구성되었고, UNGGE는 현재 사이버 안보의 국제규범 논의에 있어서 가장 중요한 논의의 장(場)이 되었다.[86)] 또한 아세안(ASEAN)과 EU는 2019년 8월에 '사이버안보협력 공동선언서(ASEAN-EU Statement on Cybersecurity Cooperation)'를 발표하였는데, 동 공동선언서에서는 정부와 민간영역을 포함한 '중요 정보 인프라 보호(Critical Information Infrastructure Protection: CIIP)' 협력망 강화를 담고 있으며, 아시아와 유럽에서의 관련 규범 형성과 국제법 집행에 공동 노력을 기울이고, 나아가 기술적 협력 관계를 구축하는 것을 주요 골자로 하고 있다.[87)]

이처럼 국제사회는 데이터 보안 및 사이버 공격 위협에 대처하기 위해 공조를 강화하고 있다.[88)] 이를 통해 사이버 공격에 관한 정보 역량을 높일 수 있고, 대응방안 마련을 위해 보안기술의 공동 개발도 가능할 것이다. 우리나라도 유기적이고 효율적인

---

84) UN Document(1998), A/C.1/53/3.

85) UNGA, Resolution adopted by the General Assembly, A/RES/53/70 (1999. 1. 4.).

86) 박노형 · 정명현, "국제사이버법의 발전: 제5차 UNGGE활동을 중심으로", 『국회법학회논총』 제63권, 제1호, 대한국제법학회, 2018, 43-44면.

87) 한국사이버안보법정책학회 편, 앞의 책, 11면.

88) 이 밖에도 2007년 에스토니아가 사이버 공격을 받은 후, 사이버 공간에서 발생하는 국가에 대한 위협과 이에 대한 대응을 위해 '북대서양조약기구(North Atlantic Treaty Organization: NATO) 사이버방위센터(Cooperative Cyber Defence Center of Excellence: CCDCOE)'는 2013년 '탈린 매뉴얼(Tallinn Manual on the International Law Applicable to Cyber Warfare: Tallinn Manual)'을 발간하였다. '탈린 매뉴얼'은 국제 사회가 공식적으로 채택한 구속력 있는 문서는 아니지만, 사이버 공간에서의 주권, 국가 책임 등에 대해 다루고 있으며, 사이버 전쟁에 대한 국제적인 가이드라인의 역할을 해 왔다. 2017년에는 사이버 작전(cyber operation)에 적용이 가능한 국제법 등의 내용이 추가된 '탈린 매뉴얼 2.0'이 발간되었다.

국제협력 네트워크를 형성 및 참여하여,[89] 사이버 공격에 대해 국제사회와 함께 대응할 수 있는 기반을 마련해야 할 것이다.

4. 입법과정에서의 소통 강화

데이터 보안 기본법 입법의 핵심은 국민적 공감대 형성에 있다. 입법기관은 과거와 같이 입법자에 의해 결정된 규범적 사항을 수범자에게 통지하는 방식으로는 사이버 공간에서의 데이터 보안과 국가안보 이슈에 대하여 이해시키기 어렵다는 점을 인식하여야 한다. 과거 입법과정에서 나타난 바와 같이 이해관계자 간의 갈등상태가 극명한 경우, 법률이 중심적 역할을 하기 위해서는 입법과정에서 끊임없는 대화와 숙의를 통해서 사회적 합의를 이끌어내야만 한다.[90] 이는 사이버 안보 정책이 자칫 정부의 검열 또는 정보감시로 이어지지 않도록 하기 위해서도 매우 중요하다.[91]

모든 국민이 수용할 수 있는 법률은 입법과정의 민주성·효율성 제고를 통해서 만들어진다는 점을 명심하고,[92] 사회적 합의와 국민적 공감, 균형점을 찾는 노력을 해야 할 것이다. 편향되고 왜곡된 공론화 절차가 아닌 각계각층의 다양한 의견을 수렴한 법률만이 동법의 입법목적을 달성할 수 있을 것이다.

---

89) 김득수, 앞의 논문, 150-155면.
90) 김법연·권헌영, 앞의 논문, 248-249면.
91) 한국사이버안보법정책학회 편, 앞의 책, 150면.
92) 임중호, "입법과정의 개선 및 발전방향", 『공법연구』 제34집 제3호, 한국공법학회, 2006, 25면.

제8장　인공지능과 데이터

차상육

(경북대학교 법학전문대학원 교수)

　　데이터(셋)를 추출하여 심층학습이나 기계학습을 통해 만들어 내는 인공지능 생성물의 창작과 이용과정을 전체적인 틀에서 비추어 보면, 인공지능과 데이터 관련한 법적 쟁점이 문제될 수 있는 장면은 크게 다음과 같이 4가지 단계로 나눌 수 있다. 즉 ① 인공지능의 프로그램 자체의 보호가 문제되는 단계, ② 인공지능의 학습용 데이터(셋)의 보호가 문제되는 단계, ③ 학습완료모델(학습을 마친 모델)의 보호가 문제되는 단계, ④ 인공지능의 생성물에 대한 보호가 문제되는 단계이다.

I. 인공지능(AI) 프로그램 관련 법적 쟁점

1. 저작권법 관련 쟁점

　　저작권은 특허권과 달리, 무방식주의를 채용하고 있고 또 권리의 존속기간도 장기간이므로,[1] 프로그램의 보호면에서 특허법보다 저작권법이 두텁다고 할 수 있다.

---

1) 현행 저작권법에 따르면, 개인이 저작자인 경우에는 생존+사후 70년(§39①), 법인 기타 단체가 저작자인 경우(업무상저작물)에는 공표 후 70년(§41)이 저작재산권의 존속기간이다.

프로그램은 저작권법상 전형적 저작물의 예로서 규정되어 있고(저작권법 제4조 제1항 제9호), '프로그램' 자체의 정의에 관해서도 저작권법상 규정이 있다. 즉 우리 저작권법 제2조(정의) 제16호에 따르면, "컴퓨터프로그램저작물"은 특정한 결과를 얻기 위하여 컴퓨터 등 정보처리능력을 가진 장치(이하 "컴퓨터"라 한다) 내에서 직접 또는 간접으로 사용되는 일련의 지시·명령으로 표현된 창작물을 말한다고 규정하고 있다. 이러한 정의에 따라 프로그램이 저작물로서 보호되기 위해서는, '컴퓨터 등 정보처리능력을 가진 장치' 예컨대 컴퓨터에 대한 지시·명령일 것, 그리고, 그것을 직접 또는 간접으로 사용되는 일련의 지시·명령으로 표현된 창작물일 것을 요한다.

프로그램이 저작물로서 보호되기 위해서는 저작물의 일반적 요건으로서 창작성이 있을 것이 필요하다(저작권법 제2조 제1호). 창작성의 의의에 관해서는 논의가 있지만, 매우 짧은 것이나 평범하고 흔해 빠진 진부한 표현에 관해서는 창작성이 부정되는 것으로 해석되고 있다.[2] 그리고 프로그램은 컴퓨터에 대한 지시·명령을 기초로 '기능'을 실현하는 것에 본래의 목적이 있고, 하드웨어의 제약 등으로부터 일의적으로 그 사용방법이 결정되는 것도 있을 수 있다. 그러므로 짧고 극히 간단한 기술에 그치는 프로그램에 관해서는 창작성이 부정될 가능성이 있다.[3]

이상의 일반론적 해석에 기초하여 청소용 로봇에 탑재한 인공지능(AI) 프로그램에 관한 저작권법 쟁점을 검토해 보면, 집 내부의 형상, 장애물의 크기 및 위치 등으로부터 쓰레기가 모이기 쉬운 부분을 판단하고 효율적으로 실내를 청소하는 프로그램을 작성하여 탑재한 경우, 그 구체적 기술은 극히 복합한 것으로 되는 것이 예상되기 때문에 창작성이 인정될 가능성이 높을 것이다.

다만 프로그램을 저작물로서 보호하는 경우 어디까지나 보호 대상으로 되는 것은 프로그램의 기재 내지 기록된 표현이고, 프로그램의 아이디어 자체는 아니다. 그러한 아이디어 자체는 프로그램 발명으로서 특허법에 의해 보호될 여지는 있다. 따라서 프로그램 저작물을 권리행사의 수단으로서 설치하는 경우 침해품과 해당 프로그

---

2) 中山信弘,『著作權法』(第2版), 有斐閣, 2014, 62頁.

3) 加戸守行,『著作權法逐條講義』(6訂新版), 著作權情報センター, 2013, 126頁; 中山信弘, 前揭書, 119頁.

램의 아이디어가 유사하다는 것을 주장하더라도 의미는 없다. 그 의미에서 프로그램 저작물은 그 외부적 표현에 보호범위가 한정되고 결과적으로 보호범위가 좁게 해석될 가능성이 있다.[4]

또한 프로그램에는 범용적인 문법, 기재와 해당 프로그램 특유의 창작적 표현이 혼재되어 있는 것이 많다. 그 경우 다른 인공지능 프로그램과 비교하여 창작성 있는 부분의 특정을 하지 못하면 창작성 있는 부분을 이용하지 않는다고 하여 침해가 부정될 가능성도 있기 때문에 소송실무상 주의가 요구된다.[5]

2. 특허법 관련 쟁점

우선 발명해당성 여부가 문제된다. 프로그램을 작성하여 탑재하는 자는 프로그램의 작성 방법 자체가 아니라 그것이 야기하는 기능에 주목하는 것이 많다. 그 기능이 모방되는 것을 방지하기 위하여 특허권에 의한 보호를 검토할 필요가 있다.

특허법상 프로그램이 발명으로서 보호되기 위해서는 특허법상의 발명요건, 즉 "자연법칙을 이용한 기술적 사상의 창작으로서 고도(高度)한 것"(특허법 제2조 제1호)을 충족할 필요가 있다. 특허청의 개정 심사실무(2005)를 보면, 프로그램이 발명으로서 보호되기 위해서는 "소프트웨어에 의한 정보 처리가 하드웨어를 이용해 구체적으로 실현되고 있는 경우, 해당 소프트웨어와 협동해 동작하는 정보처리 장치(기계), 그 동작 방법 및 해당 소프트웨어를 기록한 컴퓨터로 읽을 수 있는 매체는 자연법칙을 이용한 기술적 사상의 창작에 해당된다고 설명하고 있다. 이러한 심사기준에 의하면 사실상 소프트웨어 자체가 방법발명 또는 물건방명으로 보호될 수 있음을 명확히 하고 있다. 그러나 개정 심사실무에 따른 심사기준이 마치 CD-ROM 등의 기록매체에 저장된 모든 프로그램리스트, 데이터 또는 소프트웨어를 포괄적으로 특허대상에 포함

---

4) 中山信弘, 前揭書, 2014, 122頁. 또 東京地判平成15・1・31 判時1820号 127頁 참조.

5) 島並良ほか, 『著作權法入門』(第2版), 有斐閣, 2016, 34頁. 또 東京高決平成元・6・20 平成元年(ラ)327号 [システム サイエンス事件].

시키는 것처럼 오해하면 문제가 있다. 결국 데이터구조나 컴퓨터프로그램을 저장한 기록매체가 기술적 사상에 해당되는 물건발명이나 방법발명이라고 볼 수 있는 경우에 특허를 받을 수 있는 발명으로 볼 수 있을 것이다.[6] 따라서 소프트웨어에 의한 정보처리가 하드웨어 자원을 이용하여 구체적으로 실현되고 있는 경우, 즉 소프트웨어와 하드웨어가 협력한 구체적 수단 또는 구체적 수순에 의하여 사용목적에 따른 특유한 정보의 연산 또는 가공이 실현되어 있는 경우 자연법칙을 이용한 기술적 사상의 창작에 해당한다는 취지의 심사기준을 채용하고 있다. 일본의 특허청 심사실무도 우리와 마찬가지이다.[7]

판례[8]에 따르면, 명칭을 "생활쓰레기 재활용 종합관리방법"으로 하는 출원발명은 전체적으로 보면 그 자체로는 실시할 수 없고 관련 법령 등이 구비되어야만 실시할 수 있는 것으로 관할 관청, 배출자, 수거자 간의 약속 등에 의하여 이루어지는 인위적 결정이거나 이에 따른 위 관할 관청 등의 정신적 판단 또는 인위적 결정에 불과하므로 자연법칙을 이용한 것이라고 할 수 없으며, 그 각 단계가 컴퓨터의 온라인(on-line)상에서 처리되는 것이 아니라 오프라인(off-line)상에서 처리되는 것이고, 소프트웨어와 하드웨어가 연계되는 시스템이 구체적으로 실현되고 있는 것도 아니어서 이른바 비즈니스모델 발명의 범주에 속하지도 아니하므로 이를 특허법 제29조 제1항 본문의 "산업상 이용할 수 있는 발명"이라고 할 수 없다고 한 사례가 있다.

다음으로, 인공지능(AI) 프로그램의 특허 청구항의 작성 관련 쟁점이다. 즉 인공지능(AI) 프로그램의 특허취득을 위한 청구항 작성 시 유의점이다. 프로그램 특허를 취득할 때에는 대응 테이블 및 규칙(rule) 붙임에 기초하여 청구하지 않고, 심층학습이나 기계학습을 구성요소로 하는 인공지능(AI)에 대응하는 특허를 취득하는 것이 필요하다.[9] 즉 인공지능(AI) 프로그램에 관하여 특허출원하는 경우 프로그램의 소스코드

---

6) 정상조 · 박준석, 『지식재산권법』 제5판, 홍문사, 2020, 74~76면.

7) (日本) 特許廳, "特許 · 実用新案審査ハンドブック付属書B 第1章 コンピュータソフトウェア関連発明"(平成30年 3月 14日 改訂), 52頁; (日本) 特許廳, "IoT関連技術等に関する事例について"(平成29年 3月22日 改訂) 참조.

8) 대법원 2003. 5. 16. 선고 2001후3149 판결 [거절사정(특)].

9) 河野英仁, "AI/IoT 特許入門 ~ AI/IoT 発明の発掘と権利化の勘所~", 一般財団法人経済産業調査会, 2018, 67~68頁.

를 그대로 기재하는 것이 아니라 인공신경망(ANN : artificial neural network)의 구조 자체 혹은 프로그램의 처리과정을 청구항으로 기재함으로써 특허를 취득하게 된다.

또 인공지능(AI) 프로그램에 관해서는 학습용 데이터를 취득하는 과정과 해당 학습용 데이터로부터 어떠한 과정에서 판단결과로서의 출력 데이터가 출력되는 것인지 여부 그리고 이들의 처리과정이 하드웨어에서 구체적으로 어떻게 실현되는 것인가를 기재해 나갈 필요가 있다.

이러한 유의점에 기초해 예컨대 청소용로봇에 탑재하는 인공지능(AI) 프로그램에 관해서 보면, 크게는 집 내부의 형상이나 가구의 배치 등의 데이터로부터 어떠한 장소를 중점적으로 청소해야 하는지 여부, 장애물에 충돌하지 않는지 여부 등을 학습하는 단계(step)와 이러한 학습을 기초로 실제로 집 내부의 청소를 계속하고 효율적으로 청소를 하는 방법을 추측·판단하는 단계(step)로 이루어진 프로그램을 가정할 수 있다. 물론 이러한 프로그램은 실내 청소용 로봇(하드웨어)를 가동시키기 위한 프로그램인 점도 분명히 해 두어야 할 것이다.

II. 인공지능(AI) 학습용 데이터(셋) 관련 법적 쟁점

1. 저작권법 관련 쟁점

(1) 데이터(셋)의 저작권법상 보호 대상 여부

데이터셋(데이터 집합물)을 구성하는 개개의 원시데이터(raw data, 이하 '원시데이터'라 함)가 저작권법 제2조 제1호의 정의규정에서 요구하는 저작물성 요건을 충족하면 저작권법상 저작물로서 보호할 수 있다. 다만 사물인터넷(IoT)이나 CCTV, 각종 센서, 또는 스마트폰 등의 각종 기기가 기계적으로 생성한 데이터나 화학물질 등의 소재 데이터 등과 같은 단순한 데이터의 경우 그러한 원시데이터(raw data)는 "인간의 사상 또는 감정"이라는 요건을 충족시키지 못하므로 그 원시데이터(raw data)는 개별적으로는 저작권법상의 "저작물"에 해당하지 않는 것으로 평가받을 수 있다. 다만 원시데이터

(raw data)의 집합물 즉 데이터셋이 우리 저작권법 제6조 제1항의 편집저작물에 해당하는 경우에는 저작권법상의 보호를 받을 수 있다.

나아가 원시데이터(raw data)의 집합물인 데이터셋이 창작성 요건을 구비하지 못하더라도, 우리 저작권법 제2조 제20호 소정의 데이터베이스제작자의 지위에 있는 자, 즉 데이터베이스의 제작 또는 그 소재의 갱신·검증 또는 보충(이하 "갱신 등"이라 한다)에 인적 또는 물적으로 상당한 투자를 한 자에 해당하는 경우에는 저작권법 제4장(제91조 내지 제98조)에 규정한 데이터베이스제작자의 보호 규정에 따라서 보호받을 수 있을 것이며, 이에 따라 데이터베이스 제작자의 권리(동법 제93조)를 가지게 될 것이다.

자동 수집된 데이터셋의 창작성 여부가 문제될 수 있다. 예컨대 사물인터넷(IoT) 등에 따라서 자동수집된 데이터의 집합물 즉 데이터셋에 관하여는 "데이터의 선택이나 체계적 구성"에 관하여 창작성을 인정할 수 있는지가 문제될 수 있다. 일본의 上野達弘 교수[10]에 따르면, 첫째, 정보의 선택에 관하여 정보의 수집자체는 자동적·기계적으로 이루어지더라도 세상 속의 막대한 정보가 존재하는 중에서 어떠한 종류의 정보가 자동집적 되었는가라는 설정의 단계 혹은 자동집적된 정보에 대한 가공의 단계에서 창작적인 선택이 이루어졌다고 평가할 수 있는 가능성이 있다고 한다. 둘째, 체계적 구성에 관해서도 어떠한 분류항목으로 정보가 자동집적 되도록 하는가 라는 설정의 단계 혹은 자동집적된 정보에 대한 가공의 단계에서 창작적인 선택이 이루어졌다고 평가할 수 있는 가능성이 있다고 한다. 셋째, 자동집적된 대량의 정보에 관하여 정보의 선택이나 체계적인 구성을 인간이 아니라 인공지능(AI) 프로그램이 행하였다고 평가되는 경우는 편집저작물성을 인정받기 어려울 것이지만, 다만 인공지능(AI)이 도구로서 이용되었다고 하더라도 어디까지나 인간이 정보의 선택이나 체계적 구성을 행하였다고 평가할 수 있는 경우에는 결과적으로 편집저작물로서 인정되는 경우도 가능하다고 한다.

---

10) 上野達弘, "自動集積される大量データの法的保護", 『パテント』70巻2号, 2017, 31頁.

(2) 데이터셋을 이용할 경우 이른바 'TMD' 면책 여부

심층학습 과정에서 '비표현적 이용의 항변' 가부 및 데이터마이닝(TDM)의 면책 문제가 쟁점이 된다. 즉, 심층학습(Deep Learning) 내지 기계학습(Machine Learning)을 통해 인공지능을 학습시키는 과정에서 투입된 학습용 데이터에 대한 이용이 저작권법상 아무런 문제가 없는지가 문제된다. 이른바 '비표현적 이용의 항변'(A "non-expressive use defense")이 허용되는지 여부의 문제라 할 수 있다.

이처럼 데이터제공자가 심층학습이나 기계학습에 필요한 데이터셋(데이터집합물)을 빅데이터나 데이터베이스 등으로부터 추출하여 작성할 때에 유의해야 할 법적 쟁점이 이른바 'TMD' 면책 쟁점이다. 제3자(저작권자)의 저작물 또는 그 복제물이 포함된 데이터셋을 제3자로부터 허락을 얻지 않고 데이터수령자에게 제공하여 데이터수령자가 심층학습 등에 그 데이터셋을 이용하는 행위는 저작권법상 복제권(법 제16조), 배포권(법 제20조), 또는 전송권(법 제18조) 등을 침해할 우려가 생길 수 있기 때문이다.

우선, 'TDM' 면책의 해석론(解釋論)을 검토한다. 우리 저작권법에서는 'TDM' 면책을 정면으로 허용하는 성문조항이 없다. 그래서 저작재산권의 제한 규정을 적용할 수 있는지 여부가 문제될 것이고, 결국 해석상 저작권법 제35조의5 규정(공정이용)의 적용여부 문제로 귀착될 것이다. 이에 대한 해석론으로서는 미국 법원의 '구글 북스 사건'(Authors Guild. Inc. v. Google Inc. 사건)[11]에서와 같이 정보검색서비스 사건 등에서 공정이용 규정을 적용하여 저작권 침해를 부정한 판결들이 하나의 지침이 될 수 있을 것이다.[12]

미국의 James Grimmelmann 교수는 변형적 공정이용 법리에 기초해 인공지능(로봇)이 이용하는 경우(robotic reading)에 저작권침해의 면책을 주장한다.[13] 우리의 경우에는 저작권법상 공정이용 조항(제35조의5)의 요건충족에 따라서 데이터마이닝 등의 허용 여부가 결정될 것으로 보인다. 데이터마이닝의 면책여부는 학문연구 등 비상

---

11) Authors Guild. Inc. v. Google Inc., 804 F.3d 202. (2d Cir. 2015).

12) 박성호, "텍스트 및 데이터 마이닝을 목적으로 하는 타인의 저작물의 수집·이용과 저작재산권의 제한", 『인권과 정의』(통권 제494호), 대한변호사협회, 2020.12, 494면.

13) James Grimmelmann, "Copyright for Literate Robots", 101 Iowa Law Review, 657, 670 (2015).

업적 목적에는 공정이용 조항이 적용여지가 높다. 그 경우에도 그 적용범위가 광범
위하여 저작자의 합법적 이익을 부당하게 해칠 우려가 없어야 하며 저작물의 통상적
이용과 충돌하지 않아야 할 것 등의 요건을 충족해야 할 것이다. 특히 미국 판례 중,
Authors Guild. Inc. v. Google Inc. 사건[14]과 Authors Guild v. HathiTrust 사건[15]의 각
사안의 개요와 판결 내용은 우리 저작권법상 공정이용 조항의 해석에서도 유사 사례
에서 유의미한 시사점을 줄 수 있다.

한편 일본의 경우에는, "저작물에 표현된 사상 또는 감정을 스스로 향수하거나 타
인에게 향수하게 할 목적으로 하지 않는 경우"의 권리제한규정인 일본저작권법 제30조
의4에 의해, 데이터 제공자는 인공지능(AI)을 학습시키기 위한 데이터집합물(데이터
셋)로서 해당 데이터집합물(데이터셋)을 제공하는 한, 원칙적으로 각 저작권자의 허락
을 얻을 필요 없이 해당 데이터집합물(데이터셋)을 제공할 수 있고, 데이터 수령자는
적법하게 데이터집합물(데이터셋)을 인공지능(AI)의 학습을 위하여 복제할 수 있다. 다
만 일본 저작권법 제30조의4에는 단서가 있는데, "저작권자의 이익을 부당하게 해하
는 경우"에는 동조의 적용이 배제된다. 여기서 어떠한 경우에 "저작권자의 이익을 부
당하게 해하게 되는 경우"에 해당하는 것인지가 문제되지만, 현 상태에서는 명확하지
않고, 앞으로의 논의상황을 주시할 필요가 있다.

다음으로, 'TDM' 면책의 입법론(立法論)을 검토한다. 현재 우리 저작권법에서는 심
층학습된 인공지능 창작물의 생성과정에서 이른바 'Text and Data Mining'(TDM) 면책
을 위한 입법론이 쟁점이 되고 있다. 인공지능은 학습과정을 위해 엄청난 양의 데이
터나 데이터셋을 필요로 한다. 즉 학습된 모델의 인공지능이 개발되려면 학습에 필요
한 데이터(데이터베이스, 데이터셋, 빅데이터 등)에 기반하여 심층학습 내지 기계학습을
거치는 것이 중요하다. 그런데 데이터나 데이터셋의 수집과 이용과정을 보면, 그 데
이터 등이 타인이 저작권을 가지는 저작물(예컨대 화상, 음성, 문장)인 경우 그 데이터 등
을 심층학습 내지 기계학습을 위해 인공지능 프로그램에 입력하는 것이 과연 저작권

---

14) Authors Guild, Inc. v. Google Inc., 804 F.3d 202. (2d Cir. 2015).

15) Authors Guild v. HathiTrust, 755 F.3d 87 (2d Cir. 2014).

침해로 평가될 수 있는지, 그렇지 않으면 저작재산권 행사가 제한될 수 있는지 여부가 중요한 쟁점 내지 현안으로 떠오르고 있다. 이른바 'Text and Data Mining'의 저작권 제한 문제이다.

비교법적 고찰에 따라 'Text and Data Mining'에 대한 면책방안을 살피면,[16] 정보분석(Text und Data Mining)에 관한 권리 제한을 위해 2014년 신설된 영국 저작권법(CDPA) 제29조A(Text and data mining for non-commercial research), 2017년 신설된 독일저작권법 제60d조(Text and Data Mining), 그리고 2018년 3월 개정된 일본저작권법(2019년 1월 1일 시행)상의 30조의4(저작물에 표현된 사상 또는 감정의 향수를 목적으로 하지 않는 이용) 규정은 모두 저작재산권의 개별적 제한규정을 신설함으로써 데이터마이닝을 일정한 요건 아래 허용하는 입법 유형으로 평가된다.

요컨대, '텍스트와 데이터마이닝'(TDM)의 면책을 위한 입법론(立法論)으로서는 영국저작권법 제29A조와 독일저작권법 제60d조와 같은 데이터마이닝 면책조항을 신설하는 방향이 바람직하다. 우리 저작권법에서도 데이터 이용 및 활성을 촉진하고 관련 이해관계자들의 법적안정성을 위해 저작재산권 제한의 개별규정으로서 신설할 필요가 있다. 특히 우리 저작권법 개정을 통해 '비상업적 목적'의 데이터 및 텍스트 마이닝(TDM)에 필요한 저작재산권 제한규정을 개별적으로 신설할 필요가 있다. 학술연구나 과학 및 기술 연구의 새로운 발전을 촉진하도록 비상업적 연구를 위한 데이터 분석에는 저작권법적으로 면책규정을 명문화할 것이 요구된다. 한편 일본 저작권법 30조의4(저작물에 표현된 사상 또는 감정의 향수를 목적으로 하지 않는 이용) 등은 상업적 또는 비상업적 목적에 상관없이 TDM 활동을 명시적으로 허용하는 것으로 해석될 여지가 있다. 즉, 일본의 TDM 예외규정은 상업적 및 비상업적 목적, 그리고 연구 및 기타 목적의 광범위한 TDM 예외를 포괄하는 것으로 보여서, 이 규정은 저작권자의 이익과 충돌할 수 있는 문제가 있다.

---

16) 차상육, "빅데이터의 지적재산법상 보호", 『법조』 67(2), 법조협회, 2018.4, 120~125면.

(3) 저작권법상 데이터베이스제작자의 법리에 의한 데이터 보호 문제

학습용 데이터셋이 편집물이자 데이터베이스라 하더라도 그 소재의 선택이나 체계적 구성에 창작성이 없는 데이터베이스에 해당하는 경우에는, 그 제작에 많은 자본과 노력을 투하한 제작자의 경우에 한하여 데이터베이스제작자에 속하는지 여부 등 보호 요건을 검토하는 작업이 남아 있게 된다. 이러한 데이터베이스제작자의 법리는 데이터의 분류에 따르면 정형데이터적인 데이터셋의 보호방안으로서 검토할 가치가 크다고 할 수 있다.

우리 저작권법상 데이터베이스제작자의 법리에 의하면, 누군가가 데이터베이스 제작을 위해 데이터베이스를 체계화시키고 관리해 오는 등 인적·물적으로 상당한 투자를 한 것이라 볼 수 있고, 그와 같은 방법으로 수집된 정보를 가공하는 작업 등을 거쳐야 했다면 그 누군가는 데이터베이스제작자에 해당한다고 할 수 있다.

우리나라의 현행 저작권법은 창작성이 있는 데이터베이스의 경우 편집저작물로서 보호하고, 이와 달리 창작성이 없는 데이터베이스의 경우 2003년 7월 1일부터 저작인접권 유사의 권리로서 저작권법 제4장에 데이터베이스제작자의 보호(저작권법 제91조~98조)라는 별도의 장을 두어 데이터베이스제작자의 권리라는 형태로 보호하고 있다. 데이터베이스제작자의 권리는 데이터베이스의 제작을 완료한 때부터 발생하며, 그 다음 해부터 기산하여 5년간 존속한다(저작권법 제95조).

데이터베이스제작자의 권리는 데이터베이스의 구성부분이 되는 소재의 저작권 그 밖에 이 법에 따라 보호되는 권리에 영향을 미치지 아니한다(제93조 제3항). 또 원칙상 데이터베이스제작자의 권리는 그 데이터베이스의 구성부분이 되는 소재(데이터) 그 자체에 대하여 미치는 것은 아니다(제93조 제4항).

보호가능성과 관련하여, 빅데이터의 경우는 데이터베이스의 정의규정(저작권법 제2조 제19호) 및 데이터베이스 제작자로서의 보호요건인 '상당한 투자' 여부(제2조 제20호) 등을 충족하기 어렵다고 평가하는 견해가 있다.[17] 그러나 사견(私見)으로는 빅

---

17) 박준석, "빅데이터 등 새로운 데이터에 대한 지적재산권법 차원의 보호가능성", 고학수·임용 편 『데이터오너십 : 내 정보는 누구의 것인가?』, 박영사, 2019, 163~164면.

데이터로부터 추출한 AI 학습용 데이터셋은 빅데이터 자체와 달리 거기에 창작성이 없더라도 저작권법상 데이터베이스의 법리로서 보호대상이 될 여지가 크다고 본다.

한편 일본의 경우 데이터베이스에 창작성이 없는 경우 즉, ① 정보의 선택에 있어서 창작성을 가지지 못하거나, 또는 ② 체계적인 구성에 있어서 창작성을 가지지 않으면, 적어도 일본 저작권법상으로는 집합물로서 보호를 받지 못하는 것에 주의할 필요가 있다.[18]

2. 부정경쟁방지법 관련 쟁점

(1) 영업비밀로서의 보호가능성과 한계

우선 영업비밀로서의 보호가능성 문제를 검토한다. 부정경쟁방지법 제2조 제2호에서는 "영업비밀"이란 공공연히 알려져 있지 아니하고(비밀성), 독립된 경제적 가치를 가지는 것으로서(경제적 가치성), 비밀로 관리된(비밀관리성), 생산방법, 판매방법, 그 밖에 영업활동에 유용한 기술상 또는 경영상의 정보(유용성)를 말한다고 규정하고 있다. 2019년 개정전 부정경쟁방지법에서는 영업비밀로서 보호받기 위해서 "상당한 노력" 내지 "합리적인 노력"으로 비밀로 관리될 것이 요구되었으나, 2019년 개정법(2019. 1. 8. 법률 제16204호 일부개정)에서는 그러한 요건을 삭제함으로써 영업비밀의 개념요건을 완화하였다.[19]

이에 따르면, 데이터셋(데이터집합물)은 ① 비밀성, ② 경제적 가치성, ③ 비밀관리성, ④ 유용성의 요건을 충족하는 경우, '영업비밀'로서 보호될 수 있다.

영업비밀에 해당하는 데이터셋(데이터집합물)에 대한 부정경쟁행위(법 제2조 제3호 가목 내지 바목)는 법상 6가지로 그 태양이 다양하다. 예컨대 부정취득행위 즉 절도, 기

---

18) 정보의 선택 또는 체계적인 구성에 있어서 창작성이 문제로 된 일본의 판례로서, 東京地判平成12年 3月17日 判時1714号128頁(NTTタウンページデータベース 事件: 中間判決).; 東京地判平成13年5月25日 判時1774号 132頁[翼システム 事件 : 中間判決].; 東京地判平成26年3月14日 裁判所ウェブサイト[旅程作成業務用データベース 事件] 등이 있다.

19) 정상조·박준석, 앞의 책, 706면.

망, 협박, 그 밖의 부정한 수단에 의한 취득 등을 할 수 없다(가목). 또 정당하게 취득한 것이더라도, 계약관계 등에 따라 영업비밀을 비밀로서 유지하여야 할 의무가 있는 자가 부정한 이익을 얻거나 그 영업비밀의 보유자에게 손해를 입힐 목적으로 그 영업비밀을 사용하거나 공개하는 행위를 할 수 없다(라목).

다만, 영업비밀로서 보호에는 한계가 있다. 데이터(셋)를 영업비밀로서 보호하는 방안은 인공지능(AI) 및 빅데이터 시대에는 데이터셋의 공개 및 활용을 장려한다는 견지에서 바람직하지 못한 면이 지적될 수 있다. 특히 빅데이터 플랫폼의 운용상 데이터거래의 활용을 장려하는 의미에서 보면 영업비밀로서의 보호방안은 유용한 접근방법이라 하기 어려웠다. 이에 따라 인공지능(AI)과 빅데이터 시대에는 데이터셋에 관한 권리자의 이익 보호뿐만 아니라 데이터셋의 이용 및 활용에 따른 이용자의 이익도 함께 보호하는 균형 있는 입법이 요구되었다.

그래서 비교법적으로 일본의 '한정제공데이터' 개념과 부정경쟁방지법상 보호태도는 빅데이터뿐만 아니라 그 구성요소인 데이터 나아가 데이터셋 그리고 데이터베이스까지 모두를 상정하는 개념이기 때문에, 장차 우리 지적재산법제에서도 데이터셋 보호에 있어 접근가능한 유용한 법제가 될 수 있어 입법론적으로 시사점이 적지 않다고 평가받았다.[20]

(2) 개정 부정경쟁방지법(2021년 12월)상 '데이터 보호 규정'의 신설

최근 데이터 부정사용행위의 규제조항이 입법되었다. 2021년 12월 개정된 부정경쟁방지법 제2조 제1호 카목에서는 데이터 보호 규정[2022년 4월 20일부터 시행된다(부칙 제1조)]이 신설되었다. 따라서 현행법에서는 데이터 부정사용행위를 규제대상인 부정경쟁행위의 유형으로 명문으로 규정하고 있다. 구체적인 보호대상이 되는 데이터로는, 데이터(「데이터 산업진흥 및 이용촉진에 관한 기본법」 제2조 제1호에 따른 데이터) 중에

---

20) 일본의 '한정제공데이터'에 관해서는, 차상육, 앞의 글("빅데이터의 지적재산법상 보호"), 133~136면; 심현주·이헌희, "데이터의 부정경쟁 유형으로의 보호에 관한 소고 : 일본의 부정경쟁방지법 개정을 중심으로", 『법학논총』 제35권 제4호, 한양대학교 법학연구소, 2018, 167면 이하 참조.

서, ① 업(業)으로서 특정인 또는 특정 다수에게 제공되는 것으로(한정제공성─특정대상과의 거래를 위한 것일 것), ② 전자적 방법으로 관리될 것(전자적 관리성), ③ 상당량 축적·관리량 축적될 것(상당량 축적성), ④ 비밀로서 관리되고 있지 아니한 기술상 또는 영업상의 정보일 것(비밀관리되는 정보 제외) 등의 요건을 갖춘 것으로 한정된다. 그 보호대상 데이터를 한정한 이유는 모든 데이터를 보호할 경우 과도한 규제가 될 수 있으며, 데이터 산업 발전과 국민의 이용 편익을 위해서 데이터 이용·유통이 활성화되어야 하기 때문이다.

개정 부정경쟁방지법은 데이터 부정사용행위를 부정경쟁행위의 한 유형으로 추가하였으며, 앞으로 데이터 부정사용행위에 대해 금지청구나 손해배상청구 등 민사적 구제조치가 가능해진다. 또 특허청의 행정조사·시정권고 등의 행정적 구제조치도 가능해지게 된다. 다만 형사적 구제조치는 제외하였다. 한편 데이터 부정사용행위 관련 유형 중, 데이터의 기술적 보호조치를 무력화하는 행위에 대해서는 형사벌까지 부과할 수 있도록 그 제제수단을 강화하였다.

다만, 데이터 부정사용행위의 규제조항의 신설에 따른 실무상 유의점이 있다. 데이터셋(데이터집합물)에 영업비밀 또는 데이터 부정사용행위의 규제대상(일본 부정경쟁방지법상 한정제공데이터와 유사한 개념)이 포함되어 있는 경우, 예컨대 영업비밀을 비밀로서 유지하여야 할 의무가 있는 자가 부정한 이익을 얻거나 그 영업비밀의 보유자에게 손해를 입힐 목적(도리가해목적)으로 사용 등을 할 수 없다. 다만, 신설된 데이터 부정사용행위의 규제대상인 데이터(카목)에 관해서는 특정인 등에게 한정제공되는 데이터에 대한 관리 임무를 위반하는 등으로 부정사용하는 행위에 한정된다. 데이터수령자는 해당 사용 등으로 평가될 위험을 감소시키기 위하여, 예컨대 별도의 계약에서 데이터제공을 받을 목적이나 이용권한의 범위를 명확하게 하여 두는 것이 바람직하다.

(3) 데이터산업기본법 관련 법적 쟁점

데이터는 4차 산업혁명시대와 디지털 시대의 근간으로 그 중요성이 날로 커지고 있으나, 이를 보호할 법적 기반이 미비하여 양질의 데이터가 원활하게 이용되거나 유통되지 못하고 있다는 지적이 데이터 관련 산업계에서 크게 대두되었다. 이에 따른 법적·제도적 뒷받침을 위하여 데이터 관련법을 제정하거나 개정하는 등 데이터 보호의 입법화 필요성이 제기되었다.

이러한 입법 필요성에 발맞추어, 데이터 보호를 위한 입법은 2021년 11월부터 국회에서 매우 속도감 있게 진행되었다. 우선 주무부처를 과학기술정보통신부로 하는 「데이터 산업진흥 및 이용촉진에 관한 기본법」(이하 "데이터산업기본법")이 제정되었다. 이 법에서는 데이터 보호의 일반원칙과 데이터 거버넌스를 정하는 등, 주로 정책적·제도적 데이터 보호 방안을 위주로 규정하고 있다. 신설된 데이터산업기본법은 2022년 4월 20일부터 시행되고 있다.

나아가 데이터산업기본법의 실효성을 제고하기 위하여, 구체적인 데이터 부정사용행위의 내용과 구제수단 등에 대해서는 특허청 소관의 「부정경쟁방지 및 영업비밀 보호에 관한 법률」(이하 "부정경쟁방지법")에 위임하도록 하였다. 이에 따라 개정 부정경쟁방지법은 2022년 4월 20일부터 데이터산업기본법과 동시에 시행되고 있다.

3. 특허법상 관련 쟁점

(1) 현행 특허법상 한계

특허제도는 '물건'이나 '방법'의 발명을 보호하는 제도이지만, 최근 4차산업혁명의 진전에 따라서, '데이터'가 커다란 역할을 하는 기술이 다수 창출되고 있다. 특허발명을 실효적으로 보호하기 위해서는 특허발명의 실시에 관련한 '데이터'의 취급에 관하여 새로운 관점에서 검토가 필요하다. 특히 최근 보호요구가 높아진 데이터로서는 예컨대, 인공지능(AI) 관련발명에 관한 학습(용)데이터, 학습을 마친 파라미터, 혹은 3D 프린팅 기술에 관련한 3D모델링 데이터 등이다.

현행 특허법 제2조에 의하면, 특허발명인 '데이터를 생성하는 방법'을 사용하는 행위는 침해로서 파악할 수 있지만(동법 제2조 제3호 나목), 해당 방법에 의해 생성된 데이터의 사용, 양도 등은 침해로서 파악할 수 없다(동법 제2조 제3호 다목). 왜냐하면 데이터는 물건에 해당하지 않기 때문이다. 이처럼 데이터의 사용, 양도 등에 관해서도 침해로서 파악할 수 있기 위해서는, 특허법 제2조 제3호 다목의 '물건을 생산하는 방법의 발명'에 '데이터를 생성하는 방법의 발명'도 포함시킬 것인지 여부에 관해 새로운 관점의 접근이 필요하다.

한편 특허법상 발명은 크게 물건의 발명과 방법의 발명(물건을 생산하는 방법의 발명인 경우 포함)으로 나눌 수 있는데(특허법 제2조 제3호), 현행법의 해석으로는 데이터나 데이터셋 자체는 여기에 해당하기 어렵다. 그래서 현행 특허제도나 현행 특허법상 특허권에 의한 데이터 보호 주장은 근본적으로 한계에 노정되어 있다. 결국 데이터를 현행 특허법상 근본적으로 보호하려면 우선 물건이나 방법의 정의규정을 혁신적으로 개정하여야 하는 어려운 과제가 남아 있다.

나아가 가사 특허법의 개정으로 발명의 개념에 데이터를 포함하더라도, 그 등록요건 및 보호범위의 면에서 살펴보면 데이터의 특성에 비추어 진보성 판단 내지 균등론 판단에 있어서 커다란 어려움이 예견된다. 결국 데이터나 데이터셋을 발명의 정의규정이나 범주에 포함시키는 취지의 특허법 개정이 이루어지더라도, 향후 해석론으로 매우 곤란한 과제가 남아 있다.

(2) 특허법상 데이터 보호를 위한 개정방안의 검토

데이터산업계에서는 '데이터를 이용함으로써 완성하는 발명'의 실효적인 보호를 도모할 필요성이 제기되고 있다. 그런데 위에서 본 대로 현행특허법상 발명의 정의규정을 변경하는 것과 같은 큰 틀에서의 개정이 사실상 쉽지 않다면, 현행법 틀 내에서 그 중간단계로서의 대안은 없을까. 즉 데이터 관련 특허발명을 실효적으로 보호하기 위해서는 특허발명의 실시와 관련한 '데이터'의 취급에 관하여 현행법 틀 내에서 실천 가능한 접근방법이 필요하다.

현행 특허법상 '특허제품의 생산'이나 '특허방법의 사용'에 이용된 데이터의 양도 등은 간접침해(법 제127조)에 조차 해당하지 않는다. 그래서 입법론으로 특허발명의 실시를 완성시키기 위해 사용되는 데이터의 제공 등도 침해로 자리매김하는 접근방법의 검토가 필요하다.

최근 학계에서는, 데이터를 특허법상 특허권에 의해 보호하려는 접근방법을 택하거나[21] 혹은 특별법(sui generis)을 두고서 그와 흡사한 배타적 독점권을 부여하는 보호방안을 고려하는 주장이 등장하고 있다. 그러나 이러한 주장에 대해서는, 데이터 시대에 있어서 기업 등이 데이터의 원활한 이용 및 활용면에서 심각한 장애 내지 규제로서 작용할 수 있다는 점과 권리자와 이용자의 법익균형의 면에서 적당하지 않은 불균형이 생길 우려가 없지 않기 때문에, 이들 방안에 대해서는 학계와 산업계의 의견을 충분히 반영하여 구체적 보호방안에 대해 신중하게 접근할 필요가 있다고 보인다.

요컨대 특허법상 데이터 보호를 위해서는 입법론상 데이터의 양도 등에 대해 간접침해 규정의 적용여부를 검토할 필요가 있다고 보인다. 다만, 데이터보호를 위한 간접침해 규정의 개정 시 필수적 고려사항으로는, ① 원활한 데이터 이용·유통의 요청과의 균형성 문제, ② 특허보호 대상이 되는 데이터 범위의 한정성 문제, ③ 직접침해와 간접침해에 따른 보호 차이를 어떻게 고려할지의 문제, ④ 침해의 입증 여부를 포함하여 실효적 권리보호의 가능성 문제, ⑤ 다른 법령(예컨대 부정경쟁방지법, 저작권법, 공공데이터법 등)과의 체계적 정합성이나, 주요국 법제와의 국제적 조화 문제 등을 들 수 있다. 이러한 고려사항을 종합적으로 검토하여 개정입법에 반영할 필요가 있다.

4. 계약법상 관련 쟁점

데이터셋(데이터집합물)은 저작권법의 저작물로서 또는 부정경쟁방지법의 영업비밀로서 보호 혹은 데이터 부정사용행위에 따른 부정경쟁행위로 규제함으로써 보호를 받을 가능성이 있다. 따라서 데이터수령자는 제공을 받는 데이터셋의 이용에 따라서 데이터제공자나 제3자의 권리를 침해하지 않고 자기의 목적이 달성될 수 있도록 하기 위해 데이터제공자와 사이에 계약을 체결하고 그 제공을 받는 데이터의 내용이나

---

21) 이규호, "인공지능 학습용 데이터세트 보호를 위한 특허법상 주요 쟁점 연구", 『산업재산권』 제64호, 한국지식재산학회, 2020. 7, 89~178면 참조.

이용권한 등을 명확하게 정하는 것이 바람직하다.

또 데이터셋이 저작권법이나 부정경쟁방지법의 보호를 받는지 여부에 관계없이, 데이터제공자는 계약에 따라 자기가 제공하는 데이터셋의 보호를 도모하는 것을 상정할 수 있다. 그러므로 데이터제공자로서도 해당 계약에서 자기의 목적이 달성되는 것인지에 대해 검토할 필요가 있다.

데이터 거래 제공과 관련된 계약의 내용을 검토할 때에는 다양한 유형이 있을 수 있지만, 기본적으로 '데이터 제공형 계약'(일방당사자로부터 타방당사자로 데이터의 제공)에 기초하여 계약의 내용으로서 유의해야 할 점이 있다.

계약의 내용으로서 유의해야 할 주요한 점을 정리하면, ① 제공데이터의 내용 문제, ② 계약의 유형(이용권한 범위 및 조건의 특정) 문제, ③ 제공데이터를 활용한 파생데이터 등의 이용권한의 유무 문제, ④ 제공데이터에 대한 하자담보책임 문제, ⑤ 제공데이터를 이용한 것에 기인하여 생긴 손해에 관한 부담 문제, ⑥ 제공데이터의 목적외 이용 문제, ⑦ TDM 면책 문제의 사전적 해결 방안과 이용허락계약 체결 문제, ⑧ 보증(保證) 문제, ⑨ 계약의 구속력과 약관의 불공정성 문제 등이다.

5. 불법행위법상 쟁점

데이터의 부정한 이용은 그 태양에 따라서는 불법행위(민법 750조)로서 손해배상청구의 대상이 될 수 있다. 예컨대 우리 판례 중에는 데이터의 데드카피(dead copy)에 관하여 불법행위에 따른 손해배상책임을 인정한 것이 있다. 이 판례는 노력과 비용을 투하하여 작성한 데이터베이스에 관하여 민법의 불법행위의 규정에 따라 보호될 가능성이 있다는 것을 보여 준다. 그래서 데이터베이스의 상당한 량을 데드카피 한 자에 대해서는 불법행위에 기하여 손해배상청구를 하는 것을 고려할 수 있다. 다만 불법행위에 기한 청구에 관해서는 우리 민법은 금전배상의 원칙을 취하고 있는 점에서 침해에 대한 금지청구를 하는 것은 곤란하다는 점도 유의할 필요가 있다.

6. 콘텐츠산업진흥법상 법적 쟁점

비정형데이터적인 데이터셋이나 개개 데이터 내지 데이터베이스에 있어서 저작물로서 창작성이 인정되지 않거나 매우 의심스러운 경우에는 콘텐츠산업진흥법의 보호대상인지 여부를 검토할 수 있다.[22]

콘텐츠산업진흥법은 부정경쟁방지 법리에 기초한 데이터베이스 보호를 관철한 특별법이라 할 수 있다.[23] 이 법에서는 "콘텐츠"란 부호·문자·도형·색채·음성·음향·이미지 및 영상 등(이들의 복합체를 포함한다)의 자료 또는 정보를 말한다고 규정하고 있다(동법 제2조 제1호). 이에 따라 이 법상 콘텐츠에는 영화, 음악, 게임, 출판, 인쇄, 방송영상물, 문화재, 만화, 캐릭터, 애니메이션, 에듀테인먼트, 모바일, 디자인, 광고, 공연, 미술품, 공예품, 디지털콘텐츠, 사용자제작콘텐츠, 멀티미디어콘텐츠 등 장르를 구분하지 않는다.[24] 따라서 이 법에서의 보호대상은 비정형데이터적인 데이터셋이나 개개 데이터에 가깝다고 할 수 있다. 다만, 콘텐츠산업진흥법의 보호대상이기 위해서는 콘텐츠 또는 그 포장에 제작연월일, 제작자명 및 이 법에 따라 보호받는다는 사실을 표시한 콘텐츠의 전부 또는 상당한 부분이어야 하므로(동법 제37조 제1항 본문), 비정형데이터적인 데이터셋이나 개개 데이터가 콘텐츠산업진흥법의 보호를 받는 데에는 커다란 한계가 있다고 할 수 있다. 또 보호기간도 콘텐츠를 최초로 제작하여 표시한 날부터 5년까지로 제한하고 있어 보호기간이 단기라는 한계가 있다. 즉 콘텐츠를 최초로 제작한 날로부터 5년이 경과한 때에는 금지청구권을 행사할 수 없다(동법 제37조 제1항 단서). 다만, 손해배상청구권은 소멸시효 기간이 도과되지 않은 한 콘텐츠를 최초로 제작한 날로부터 5년이 경과하더라도 행사할 수 있다(동법 제38조). 나아가 객체인 콘텐츠가 아니라 주체인 콘텐츠제작자[25]를 중심으로 규정되어 있다는

---

22) 콘텐츠산업진흥법 제4조 제2항에서는 "콘텐츠제작자가 「저작권법」의 보호를 받는 경우에는 같은 법을 이 법에 우선하여 적용한다."고 규정하고 있다.

23) 박준석, 앞의 글, 163면.

24) 콘텐츠분쟁조정위원회 웹페이지 〈https://www.kcdrc.kr/guid01.do〉 참조.

25) "콘텐츠제작자"란 콘텐츠의 제작에 있어 그 과정의 전체를 기획하고 책임을 지는 자(이 자로부터 적

점도 유의할 필요가 있다.[26]

Ⅲ. 인공지능(AI) 학습완료모델 관련 법적 쟁점

1. 저작권법상 프로그램 저작물로서의 보호 여부

학습완료모델에는 인공지능(AI) 프로그램 부분과 파라미터 부분의 양쪽이 포함된다고 생각하면, 상업용의 고도한 프로그램에는 창작성이 인정되는 것이 통상적이고,[27] 학습완료모델 전체는 저작권법상의 '프로그램 저작물'(우리 저작권법 제4조 제1항 제9호)에 해당한다.

다만 프로그램 저작물 중, 창작성이 인정되지 않는 부분이 유사한 것만으로는 저작권 침해로 되지 않기 때문에,[28] 학습완료모델 부분만이 무단으로 복제된 경우에 저작권 침해를 주장하기 위해서는 학습완료모델 파라미터 부분에 저작물성이 인정될 필요가 있다.

또한 공개 소프트웨어(open source software: OSS)를 이용하여 학습완료모델을 생성한 경우 등에서는 프로그램 부분은 스스로 창작한 것이 아니고, 자기가 저작권 침해를 주장할 수 있는 것은 학습완료 파라미터 부분에 한정된다. 그래서 저작권에 의한 보호에 관해서는 학습완료 파라미터 부분에 저작물성이 인정되는가의 검토도 필요하다.

학습완료 파라미터 부분은 단순한 수치행렬(數値行列)로서 표현되는 것이 통상적이고, 인간의 사상 또는 감정이라는 주관적 요소를 포함하지 않는 수치의 나열이다. 그러므로 '인간의 사상 또는 감정'(저작권법 제2조 제1호)의 창작적 표현이 아니어서 구

법하게 그 지위를 양수한 자를 포함한다)를 말한다(콘텐츠산업진흥법 제2조 제1항 제4호).

26) 윤선희, 『지적재산권법』 제17정판, 세창출판사, 2018, 640~642면.

27) 福岡眞之介 編著, 『AIの法律と論点』, 商事法務, 2018. 3, 45頁.

28) 東京高決平成元・6・20 平成元年(ラ)327号 [システムサイエンス事件].

체적으로는 저작물성은 인정되지 않을 것이다.

또한 개개의 정보가 창작적 표현이 아니더라도, 정보의 선택 또는 체계적 구성에 창작성이 있는 경우에는 편집저작물(저작권법 제6조)로서 보호될 수도 있을 것이다.

그런데 우리 저작권법 제2조 제19호의 데이터베이스의 정의규정에 따르면, "데이터베이스"는 소재를 체계적으로 배열 또는 구성한 편집물로서 개별적으로 그 소재에 접근하거나 그 소재를 검색할 수 있도록 한 것을 말한다고 규정하고 있다. 이러한 데이터베이스가 편집저작물로서 보호받기 위한 창작성이 있다고 평가받기 위해서는 컴퓨터에 의해 쉽게 검색할 수 있고 또 축적된 정보를 효율적으로 이용할 수 있도록 데이터베이스를 체계적으로 구성하는 데 있어 창작행위가 가미된 것에 있고, 이런 점이 일반 편집저작물과 다른 데이터베이스의 특성이라고 설명된다.[29] 즉 데이터베이스의 편집저작물성은 축적된 정보(데이터)의 효율적인 검색을 목적으로 그 소재(데이터)의 체계적 구성에 창작성이 있음에 특징이 있는 것이다. 그렇다면, 학습완료 파라미터 부분은 컴퓨터에 의해 쉽게 검색할 수 있고 또 축적된 정보를 효율적으로 이용할 수 있도록 하기 위한 것이 아니므로, 저작권법상 데이터베이스에 해당한다고 보기 어렵기 때문에, 따라서 특별한 사정이 없는 한, 편집저작물로서 보호받기 곤란한 것으로 해석될 것이다.

또 인공지능(AI) 프로그램에 읽혀질 수 있도록 학습용 데이터의 선택, 학습 순서, 학습 횟수, 학습의 조합, 파라미터의 조정 등의 작업에 있어서, 인간의 지적 정신활동이 개입하고, 파라미터 부분에 작성자의 창조적 개성(個性)이 나타나는 경우라면, 학습완료모델에 저작물성을 인정할 여지는 이론상 있다 할 것이다.

2. 특허법상 프로그램의 발명으로서의 보호 여부

학습완료모델은 프로그램 부분을 가진다.[30] 그래서 특허청의 심사기준(2005)에

---

29) 박성호, 『저작권법』 제2판, 박영사, 2017, 138~139면.
30) 한편 일본의 경우, 특허법 제2조 제4항의 '프로그램등'에 해당하므로, 명문으로 보호하고 있다.

의하면, 학습완료모델은 소프트웨어에 의한 정보처리가 하드웨어를 이용하여 구체적으로 실현되어 있는 경우에는 자연법칙을 이용한 기술적 사상의 창작에 해당할 수 있다.[31] 그래서 학습완료모델은 특허법상 물건의 발명으로서 보호하는 것이 가능할 수 있다. 실제로 일본 특허청의 자료에 따르면, "숙박시설의 평판에 관한 텍스터 데이터에 기초하여 숙박시설의 평판을 정량화한 수치를 출력하도록 컴퓨터를 기능하게 하기 위한 학습완료모델"에 관하여, 프로그램의 발명으로서 '발명'에 해당한다고 기재하고 있다.[32]

3. 부정경쟁방지법상 영업비밀로서의 보호 여부

학습완료모델을 생성하는 과정에서는 학습용 데이터의 선택, 학습 순서, 학습 횟수, 학습의 조합, 파라미터의 조정 등의 작업에 따라, 생성되는 학습완료모델의 출력 결과의 정밀도가 달라지므로, 그 노하우(know how)가 가치를 가지는 경우가 있다.[33] 학습완료모델뿐만 아니라, 이러한 학습완료모델을 생성하는 노하우(know how)에 관해서도 부정경쟁방지법 제2조 제2호[34]의 요건을 충족하는 한, '영업비밀'로서 보호하는 것이 가능하다.

부정경쟁방지법상의 영업비밀로서 보호되기 위해서는 ① 해당 정보가 공공연히 알려지지 않을 것(비공지성, 비밀성), ② 독립된 경제적 가치를 가질 것(경제적 가치성), ③ 비밀로서 관리되고 있을 것(비밀관리성), ④ 학습완료모델이 생산방법, 판매방법, 그 밖에 영업활동에 유용한 기술상 또는 경영상의 정보일 것(유용성)의 요건을 충족할

---

31) (日本) 特許廳, "特許·実用新案審査ハンドブック付属書B 第1章 コンピュータソフトウェア関連発明"(平成30年 3月 14日 改訂), 18頁.

32) (日本) 特許廳, "特許·実用新案審査ハンドブック付属書B 第1章 コンピュータソフトウェア関連発明"(平成30年 3月 14日 改訂), 102頁.

33) 知的財産戦略本部 検証·評価·企画委員会, "新たな情報財検討委員会報告書 －－ データ·人工知能(AI)の利活用 促進による産業競争力強化の基盤となる知財システムの構築に向けて－"(平成29年3月), 30頁.

34) "2. "영업비밀"이란 공공연히 알려져 있지 아니하고 독립된 경제적 가치를 가지는 것으로서, 비밀로 관리된 생산방법, 판매방법, 그 밖에 영업활동에 유용한 기술상 또는 경영상의 정보를 말한다."

필요가 있다(부정경쟁방지법 제2조 제2호). 통상적으로 학습완료모델 및 그 생성의 노하우(know how)에는 유용성이 인정될 것이다.

학습완료모델 그 자체에 관해서는 제품의 판매나 역분석(reverse engineering)에 의해 비밀관리성 및 비공지성이 잃게 될 가능성이 있다. 그래서 프로그램 및 파라미터의 암호화 등에 의해서 제품의 분석에 의한 정보의 인석을 곤란하게 하기 위한 조치 즉 기술적 보호조치를 설비할 필요가 있다.[35]

한편으로 학습완료모델을 생성하는 노하우(know how)에 관해서는, 제품의 판매나 역분석(reverse engineering)에 의해 구입자에게 알려질 가능성은 낮고, 통상 비공지성은 잃게 되기 어렵다고 생각된다. 비밀관리성에 관해서도 정보에 접근할 수 있는 자의 제한이나 정보가 비밀정보라고 인식할 수 있도록 표시 등에 따라 대처할 수 있을 것이다.

IV. 인공지능(AI) 생성물 관련 법적 쟁점

1. 인공지능 창작물의 저작물성 여부와 쟁점

(1) 저작권법상 저작물과 저작자

저자권법상 저작권의 객체인 저작물이란 "인간의 사상 또는 감정을 창작적으로 표현한 것"이다(저작권법 제2조 제1호). 그리고 여기서 '사상 또는 감정'은 인간 고유의 것을 전제로 하고 있으며, 인간이 지적·문화적 활동을 하는 경우 당연히 내재되는 것이다. 따라서 인간의 정신활동의 성과라 할 수 있어야 저작물이 될 수 있다고 해석된다.[36]

미국저작권청의 실무지침(Compendium of US Copyright Office Practices)에 따르면, 저

---

35) 福岡眞之介 編著, 前揭書, 108~110頁.

36) 박성호, 앞의 책, 33~35면; 中山信弘, 前揭書, 44頁; 加戶守行, 前揭書, 22頁.

작물등록기준은 인간(human being)에 의해 창작된 저작물만이 저작권을 가진다고 규정하고 있다. 실무지침(Compendium) 제306조에서는 인간이 아닌 컴퓨터가 만든 인공지능 저작물에 저작권 등록을 인정하지 않는다는 취지를 분명히 기술하고 있다.[37] 학계에서도 미국저작권법은 인간이 아닌 저작자를 인식하지 않고 있다고 보는 견해가 다수로 보인다.[38]

미국판례 중 2016. 1. 28. 선고된 미국 캘리포니아북부연방지방법원의 Naruto v. Slater 사건[39] 판결에서는 원숭이가 스스로 찍은 사진의 저작권귀속문제가 쟁점이 되었는데, 법원은 원숭이에게 저작권을 부여할 수 없다는 취지의 판단을 내렸다. 나아가 제9순회연방항소법원도 2018. 4. 23. 동물의 사진 저작권을 주장하는 소송을 제기할 수 없다는 취지로 판단하였다. 즉 연방항소법원은 미국저작권법은 사람들만 저작권과 관련된 소송을 제기할 수 있으므로, 원숭이(Naruto)에게는 저작권보호를 부인한다는 취지로 판단하였다.[40]

(2) 인공지능(AI)이 자율적으로 생성한 작품(강한 AI 창작물)

강한 인공지능(strong AI) 창작물, 즉 인공지능(AI)이 자율적으로 생성한 작품은 인간의 '사상 또는 감정'이 없으므로, 저작물에 해당하지 않는 것이라 할 수 있다. 그래서 저작권의 보호객체로 되지 않고 저작권법상으로 보호되지 않을 것이다. 예컨대, 이용자가 일정한 정보를 입력하면 자동적으로 디자인된 로고(logo)가 출력되는 인공지능(AI)에 의해 작성된 로고(logo)는 이용자가 인공지능(AI)에 대하여 간단한 지시를 하는 것만으로 생성된 물건(物)이고, 이용자의 창작적 기여는 인정되지 않는다고 평

---

37) "(306 The Human Authorship Requirement) The U.S. Copyright Office will register an original work of authorship, provided that the work was created by a human being." ⟨https://www.copyright.gov/comp3/chap300/ch300-copyrightable-authorship.pdf⟩.

38) Ralph D. Clifford, "Intellectual Property in the Era of the Creative Computer Program: Will the True Creator Please Stand Up?", 71 Tulane Law Review 1675, 1684 (June 1997).

39) Naruto v. Slater, Case No. 15-cv-4324 (N.D. Cal. 2016). 이 사건 관련 기사는 http://www.arnstein.com/newsletters/IP/Arnstein&Lehr-IP-Newsletter-Vol1-2017.pdf 참조.

40) Naruto v. Slater, 888 F.3d 418, 2018 WL 1902414 (9th Cir. Apr. 23, 2018).

가될 수 있으므로, 저작물에는 해당하지 않는다고 판단될 가능성이 있다. 따라서 인공지능(AI)이 자율적으로 생성한 작품을 이용하게 하는 서비스를 제공하는 경우, 해당 작품이 해당 서비스의 이용자 이외의 제3자에 의하여 이용되지 않도록 하기 위해서는 복제 등을 할 수 없도록 기술적 보호조치나 수단을 강구하거나 이용자와 사이에 계약이나 이용규약 내지 약관 등에서 작품의 이용범위나 조건을 설정하는 것이 필요할 것이다. 요컨대 강한 인공지능의 창작물과 같이, 인간의 추상적 지시에 따라 인공지능이 자율적으로 작성한 생성물은 현행 저작권법의 해석상 인공지능에게 저작자의 지위를 인정하기 어렵다 할 것이므로 저작물로서 보호할 수 없다.[41] 즉 현행 저작권법 아래에서는 저작물의 정의규정에 따르면 강한 인공지능이 자율적으로 생성한 창작물에 대해서는 저작물성 부정론이 불가피한 해석론이라고 본다.[42]

한편 인간이 제작한 작품과 거의 손색이 없는 고품질의 강한 인공지능 창작물이 유통에 놓이게 된 경우, 인간의 창작물과 구별되지 않으므로 저작자나 저작권자가 참칭(僭稱)될 우려가 있다.[43] 이로 인해 제3자가 인공지능(AI) 창작물을 이용하고자 하는 때에 저작물이라고 오인하여 이용을 삼가는 상황도 고려될 수 있다. 인공지능(AI) 창작물을 유통하려는 자는 군이 인공지능(AI) 창작물인 저작물이 아니라는 취지를 명시할 인센티브는 없다는 것을 감안하면, 인공지능(AI) 창작물에는 그 취지의 표시나 등록을 필요로 하는 등의 새로운 제도설계에 의한 대응이 필요하게 될 수 있다고 생각된다.[44]

(3) 인공지능(AI)을 도구로써 창작한 작품(약한 AI 창작물)

약한 인공지능(weak AI) 창작물, 즉 인간이 인공지능(AI)을 도구(道具)로써 이용하여

---

41) 박성호, 앞의 책, 35면.

42) 차상육, "인공지능 창작물의 저작권법상 보호 쟁점에 대한 개정방안에 관한 연구", 『계간저작권』 제129호, 한국저작권위원회, 2020. 3, 34~37면.

43) 知的財産戦略本部, "知的財産推進計画2017"(2017年5月), 12頁. 〈https://www.kantei.go.jp/jp/singi/titeki2/kettei/chizaikeikaku20170516.pdf〉.

44) 차상육, 앞의 글("인공지능 창작물의 저작권법상 보호 쟁점에 대한 개정방안에 관한 연구"), 59~60면.

생성된 작품은 인간의 '사상 또는 감정을 창작적으로 표현한 것'이라고 평가할 수 있으므로, 여기에 인간의 창작적 기여가 이루어지면 저작물에 해당하고 저작권법상의 보호객체로서 보호를 받을 가능성이 있다.[45] 예컨대, 소니 컴퓨터 사이언스 연구소가 2016년 'FlowMachines' 프로젝트에서 스타일과 곡의 길이를 지정하면 작곡을 하는 자동 작곡(作曲) 인공지능(AI)을 이용하여 생성한 악곡(樂曲)에, 작곡자가 작사·편곡하여 작곡한 비틀즈(The Beatles)풍의 'Daddy's Car'는 자동작곡 인공지능(AI)이 작곡한 악곡에 대하여 작곡가가 편곡 등을 함으로써 생성되었으므로, 작곡가의 창작의도 및 창작적 기여가 인정되고, 작곡가가 인공지능(AI)을 '도구'로써 이용하여 작품을 생성한 것으로 평가할 수 있다. 따라서 자동작곡 인공지능(AI)을 이용하여 생성된 'Daddy's Car'는 저작물에 해당할 가능성이 있다.

이 점에 대해 2017년 3월 공표된 일본의 '새로운 정보재 검토위원회 보고서'[46]에서, 인공지능(AI) 생성물의 저작물성은 컴퓨터 창작물의 저작물성[47]과 평형하게 논의되고 있다. 즉, "학습완료모델의 이용자에게 창작의도가 있고, 동시에 구체적인 출력이 있는 인공지능(AI) 생성물을 얻기 위한 창작적 기여가 있다면, 이용자가 사상·감정을 창작적으로 표현하기 위한 '도구'로써 인공지능(AI)을 사용하여 해당 인공지능(AI) 생성물을 만들어 낸 것이라고 생각되기 때문에 해당 인공지능(AI) 생성물에는 저작물성이 인정되고", "한편 이용자의 기여가 창작적 기여가 인정되지 않을 정도로 간단한 지시에 그치는 경우" "해당 인공지능(AI) 생성물은 인공지능(AI)이 자율적으로 생성한 'AI 생성물'이라고 정리하고, 현행의 저작권법상은 저작물로 인정되지 않는 것이다"고 기술하고 있다.

또한 인공지능(AI) 생성물이 저작물에 해당하지 않더라도 인공지능(AI) 생성물의

---

45) 차상육, 앞의 글("인공지능 창작물의 저작권법상 보호 쟁점에 대한 개정방안에 관한 연구"), 26~29면; 박성호, 앞의 책, 35면.

46) 知的財産戦略本部 検証·評価·企画委員会, "新たな情報財検討委員会報告書 − データ·人工知能(AI)の利活用促進による産業競争力強化の基盤となる知財システムの構築に向けて−"(平成29年3月), 35~36頁. 〈https://www.kantei.go.jp/jp/singi/titeki2/tyousakai/kensho_hyoka_kikaku/2017/johozai/houkokusho.pdf〉.

47) 文化庁, "著作権審議会第9小委員会(コンピュータ創作物関係)報告書"(平成5年11月), 〈https://www.cric.or.jp/db/report/h5_11_2/h5_11_2_main.html〉.

이용행위가 타인의 명예를 훼손하는 경우나, 영업방해에 해당하는 경우 등, '저작물의 이용에 의한 이익과 다른 법적으로 보호되는 이익을 침해하는 등의 특단의 사정'이 있는 경우에는 불법행위가 성립할 가능성이 있다.[48] 예컨대 딥페이크(Deepfake) 영상을 만들기 위해서는 원본 영상과 대중에게 공개된 오픈 소스 소프트웨어만 있으면 되므로, 이때 영상을 무단으로 사용할 경우 초상권 및 저작권 침해가 발생할 수 있다. 나아가 유튜브, 개인 방송 등 영상 공유 플랫폼에서 이러한 점에 대한 인식 없이 딥페이크 기술을 이용하여 영상을 게시할 경우에는 원본 데이터인 영상저작물에 대한 저작권 침해 문제가 발생할 수 있다.

2. 인공지능 발명의 발명자성 및 특허성 여부와 쟁점

(1) 인공지능(AI)이 자율적으로 발명한 경우

첫째, 인공지능(AI)의 발명자성 여부 쟁점이다. '인공지능(AI)을 이용한 신약의 개발'이 인공지능(AI)에 의하여 자율적으로 행해진 것인 경우 이러한 발명에 대해 현행 특허법에서 특허가 부여된다고 할 수 있는지 여부가 쟁점이 될 수 있다. 이에 대해 우리 특허법 제33조(특허를 받을 수 있는 자) 제1항은 "발명을 한 사람 또는 그 승계인은 이 법에서 정하는 바에 따라 특허를 받을 수 있는 권리를 가진다"고 규정하고 있다. 한편 특허법 제2조 제1호에서는, "발명"이란 자연법칙을 이용한 기술적 사상의 창작으로서 고도(高度)한 것을 말한다고 정의하고 있고, 동조 제2호에서는, "특허발명"이란 특허를 받은 발명을 말한다고 정의하고 있다. 나아가 그 발명이 특허(등록)를 받기 위해서는 특허요건을 충족해야 하는데, 산업상 이용할 수 있는 발명으로서 신규성과 진보성 요건을 충족하여야 한다(특허법 제29조 제1항 및 제2항).

이처럼 현행법 제33조 제1항 본문에 따르면 발명자로 될 수 있는 것은 사람, 즉 자연인만이라고 해석되고 있기 때문에,[49] 가사 인공지능(AI)이 자율적으로 발명하였

---

48) 最判平成23·12·8 民集65卷9号3275頁, 最判解說民事編 平成23年度727頁 참조.

49) 中山信弘, 『特許法』(第3版), 弘文堂, 2016, 43頁.

다고 해도 인공지능(AI) 자신이 발명자로 될 수 없다고 해석된다.

예컨대 인간이 단순히 "치매(癡呆)의 진행을 억제하는 새로운 의약품을 만들어 내라"고 하는 추상적 지시를 인공지능(AI)에게 입력한 후, 인공지능(AI)이 자율적으로 신규한 의약품을 만들어 낸 경우는 이것을 인간에 의한 발명이라고는 평가할 수 없다고 생각된다.[50] 인공지능(AI) 기술의 진전과 함께 인간의 기여 정도가 작은 발명이 향후 증가하는 것도 상정할 수 있는 것이어서, 향후 논의를 주시할 필요가 있다.

둘째, 출원이 이루어진 경우 쟁점이다. 가정적으로, 인공지능(AI)에 의한 발명에 관하여 인공지능의 이용자 내지 관리자인 자연인을 발명자로서 특허출원을 한 경우 해당 자연인은 특허를 받을 수 있는지가 쟁점이 된다. 이 점에 대해 어디까지나 발명을 한 것은 자율적인 인공지능(AI)이고 그 관리자인 자연인은 아니라고 하면 출원인은 "산업상 이용할 수 있는 발명을 한 자"에는 해당하지 않는다고 해석된다. 따라서 그 출원은 특허법 제34조 내지 제35조의 무권리자의 출원, 즉 발명자가 아닌 자로서 특허를 받을 수 있는 권리의 승계인이 아닌 자(이하 "무권리자"라 함)가 한 특허출원에 해당한다.[51] 무권리자의 출원은 특허법 제62조 제2호 소정의 특허거절이유에 해당하므로, 심사관은 그러한 특허출원에 대해 특허거절결정을 하여야 한다(법 제62조). 나아가 특허법 제33조 제1항 본문에 따른 특허를 받을 수 있는 권리를 가지지 아니하는 경우에는 특허무효사유가 되어, 이해관계인(특허법 제133조 제1항 제2호 본문의 경우에는 특허를 받을 수 있는 권리를 가진 자만 해당한다) 또는 심사관은 무효심판을 청구할 수 있다(특허법 제133조 제1항 제2호).[52]

다만 가사 이러한 무권리자 출원(모인출원)이 행해진 경우라도, 해당 발명은 인공지능(AI)에 의하여 자율적으로 행한 것이 아니라 인공지능(AI)은 어디까지나 자연인에 의해 도구(道具)로서 이용됨에 불과한 경우에는, 자연법칙을 이용한 기술적 사상을

---

50) 上野達弘, "人工知能による'發明'と'創作' −AI生成物に関する知的財産権−", Japio YEAR BOOK, 2017, 21頁

51) 무권리자의 출원은 종래 '모인출원'(冒認出願)이라고도 불렀다.

52) 한편 일본 특허법의 경우도 무권리자의 출원인 모인출원(冒認出願)에 해당하면 그러한 출원은 모인출원으로서 거절의 대상이 되고(일본 특허법 제49조 제7호), 또 무효(동법 제123조 제1항 제6호)이라고 해석된다.

창작(발명) 자체는 자연인이 행한 것으로서 출원이 이루어진 것이 다수라고 볼 수 있는데, 그렇다면 인공지능(AI)에 의한 발명인 것인지, 아니면 자연인에 의한 발명인 것인지를 공정하게 판단하는 것은 곤란을 수반하는 것이 예상된다. 결국 특허소송의 실무상으로는 그렇게 하여 발생한 특허권에 기초한 특허권침해소송에서 특허권침해를 다투는 피고에 의한 주장, 혹은 그러한 특허에 대한 특허무효심판에서 청구인에 의한 주장 등에 따라서 비로소 인공지능(AI)에 의한 발명에 해당하는지 여부가 구체적으로 검토되는 경우가 많을 것으로 보인다.

(2) 자연인이 인공지능(AI)을 도구로써 활용하여 발명한 경우

"인공지능(AI)을 이용한 신약의 개발"이 인공지능에 의하여 자율적으로 행해진 것이 아닌 경우, 즉 자연인이 인공지능(AI)을 도구로써 활용하여 발명한 경우는 발명자가 누구인지가 쟁점이 된다. 이 점에 대해 발명자는 "기술적 사상을 당업자가 실시할 수 있을 정도까지 구체적·객관적인 것으로서 구성하는 창작활동에 관여한 자"를 말하고,[53] 이와 달리 단순히 아이디어를 제시한 자이거나, 자금을 제공한 자, 보조적인 작업에 종사한 자에 관해서는 발명자로 되지 않는다고 할 것이다.

하지만 가사 인공지능(AI)이 발명에 관여한 경우라 해도, 인공지능(AI)은 자연인이 발명할 때에 도구(道具)로써 이용함에 불과한 경우, 어디까지나 자연인이 "기술적 사항을 당업자가 실시할 수 있을 정도로까지 구체적·객관적인 것으로서 구성하는 창작활동에 관여한 자"라고 할 수 있는 한, 해당 발명은 자연인에 의한 발명으로서 특허를 받을 수 있을 것이다. 오히려 현재의 인공지능 기술수준을 전제로 하면, 인공지능(AI)이 자율적으로 발명을 하는 것까지는 생각하기 어렵고, 인공지능(AI)이 발명에 관여한 것이라고 해도 자연인에 의한 발명이라고 할 수 있는 사안이 대부분일 것이라고 볼 것이다.

---

53) 知財高判平成20·5·29 判時2018号146頁.

(3) 인공지능(AI)에 의한 발명의 특허성

발명이 특허등록를 받기 위해서는 산업상이용가능성, 신규성과 진보성 요건을 충족해야 한다(특허법 제29조 제1항 및 제2항). 여기서 진보성 요건을 충족하려면, "그 발명이 속하는 기술 분야에서 통상의 지식을 가지는 자"가 선행발명에 기초하여 용이하게 발명을 할 수 없는 것이 필요하다(특허법 제29조 제2항[54]). 이 점에 관해서도 인간의 기여율이 거의 없는 강한 인공지능(AI)에 의한 발명에 관해서는 진보성 판단의 주체를 인간으로부터 인공지능(AI)으로 치환하는 작업이 필요하므로, 결국 강한 인공지능(AI)이 자율적으로 창작한 발명은 진보성이 없다고 할 수 있다. 이와 관련하여, "진보성의 판단에 창작 프로세스의 관점도 포함하여, 인공지능(AI)을 이용한 발명은 인공지능(AI)을 이용하는 곳에 새로움은 없다는 이유로, 진보성을 부정한다"는 제안도 있다.[55] 예컨대 강한 인공지능(AI)을 이용하면 누구라도 동일한 발명을 할 수 있는 경우에는 어떤 자가 타인에 선행하여 인공지능(AI)을 이용한 것만으로 그 자에게 특허를 독점하게 한다는 사태는 산업의 발전에 기여한다는 특허제도의 취지에 적합하지 않다고 할 것이다. 그래서 향후 인공지능(AI)에 의한 발명과 진보성의 관계도 인공지능(AI) 기술의 발달상황을 감안하면서 그 논의를 주시할 필요가 있을 것이다.

---

54) 제29조(특허요건) "② 특허출원 전에 그 발명이 속하는 기술분야에서 통상의 지식을 가진 사람이 제1항 각 호의 어느 하나에 해당하는 발명에 의하여 쉽게 발명할 수 있으면 그 발명에 대해서는 제1항에도 불구하고 특허를 받을 수 없다."

55) 一般財団法人知的財産研究教育財団, 「AIを活用した創作や3Dプリンティング用データの産業財産権法上の保護の在り方に関する調査研究報告書」(平成28年度特許庁産業財産権制度問題調査研究報告書)(2017年2月), 38頁.

제3부

—

개인정보 보호법제

제9장   개인정보 보호법제의 과거, 현재 그리고 미래

심우민

(경인교육대학교 입법학센터 교수)

각국의 개인정보 보호법제는, 개인정보 및 프라이버시 보호라는 공통의 지향점을 가지고 있기는 하지만, 또한 각기 다른 고유한 맥락도 가지고 있다. 따라서 한국사회의 개인정보 보호법제에 대한 이해를 위해서는 현행 개인정보 보호법제 지형에 이르게 된 과정 및 연혁을 확인해 보아야 할 필요가 있다.

우리나라의 개인정보에 대한 보호법제 형성과정에서는 1994년에 제정된 「공공기관의 개인정보보호에 관한 법률」과 2011년에 제정된 「개인정보보호법」이 커다란 분기점을 형성하고 있다. 또한 최근 2020년에는 소위 '데이터 3법 개정'이라는 이름으로 개인정보 보호법제 전반에 상당한 영향을 미치는 법제개선이 이루어진 바가 있었다.

이 글에서는 이러한 우리나라 개인정보 보호법제 발전 및 변화의 맥락을 고찰해 봄으로써, 현재 개인정보 보호법제가 어떤 내용을 가지는 것인지를 확인해 보고자 한다.

I. 개인정보 보호법제 체계 구성 연혁

1. 분산적 개인정보 보호법제 시기

(1) 「공공기관의 개인정보보호에 관한 법률」(1994)

우리나라에 개인정보자기결정권의 제반 요소를 구체화하여 조문화된 법제가 처음으로 도입된 것은 1994년에 제정되고 1995년부터 시행되기 시작한 「공공기관의 개인정보보호에 관한 법률」이다. 이 법률의 제정에는 1980년의 OECD 이사회 권고인 「프라이버시 보호 및 개인정보의 국경간 이전에 관한 OECD 지침(OECD Guidelines on the Protection of Privacy and Transborder Flows of Personal Data)」이 큰 영향을 미쳤다고 볼 수 있다.

「공공기관의 개인정보보호에 관한 법률」은 OECD 가이드라인의 기본 원칙들(Basic Principles of National application)이 대체적으로 망라되어 규정되었다. 공공기관에서 처리하는 개인정보에 대해서 적용되는 원칙이었지만, 민감정보의 수집 제한(제4조), 개인정보 보유의 필요성 원칙(제5조), 안전성 확보 의무, 정확성 및 최신성 확보 의무(제9조), 목적 외 이용·제공의 제한(제10조), 정보주체의 열람권과 정정권(제12조, 제14조) 등이 포함되었다.

한편 「공공기관의 개인정보보호에 관한 법률」은 "공공기관 외의 개인 또는 단체의 개인정보보호"라는 제목으로 "공공기관 외의 개인 또는 단체는 컴퓨터 등을 사용하여 개인정보를 처리함에 있어 공공기관의 예에 준하여 개인정보의 보호를 위한 조치를 강구하여야 한다"(제22조)는 규정을 두고 있었는데, 이는 공공기관 외의 개인 또는 단체가 개인정보 처리를 함에 있어서도 이 법의 의무에 준하는 개인정보 보호 조치 강구의무를 부여한 것이다. 아울러 이 법은 "관계중앙행정기관의 장은 개인정보의 보호를 위하여 필요한 때에는 공공기관 외의 개인 또는 단체에 대하여 개인정보의 보호에 관하여 의견을 제시하거나 권고를 할 수 있다"(제22조)는 규정을 통해서, 민간 부문에 대한 의견제시나 권고의 권한을 부여하였다.

이처럼 「공공기관의 개인정보보호에 관한 법률」은 민간부문에서 개인정보 보호를 위한 근거규정으로 기능할 수 있는 가능성은 열어 놓았지만, 민간 분야에 대해서는 법률로 명시한 개인정보 보호조치 의무나 개인정보주체의 권리도 없고, 개인정보 침해에 대한 형사처벌 조항도 존재하지 않는다는 측면에서 지속적인 문제제기가 이루어져 왔다. 따라서 민간부문의 개인정보 보호에 관한 법률 제정이 시급한 과제였다.

(2) 분야별 개인정보 보호법제의 산발적 제정과 혼선

민간 분야에도 개인정보 보호법제가 필요하다는 강력한 요구는 계속해서 있어 왔다. 예컨대 1994년에 지존파라는 희대의 범죄조직이 1천3백65명의 현대백화점 우수고객 개인신상정보(이름, 전화번호, 주소, 매출액 등)를 백화점 직원으로부터 넘겨 받아 범죄에 활용하였던 사실이 밝혀지면서, 민간 분야의 개인정보 보호가 사회적 관심사로 대두되기도 하였다. 이런 상황에서 민간 분야 개인정보 보호법제가 속속 제정되기에 이르렀다. 여기에서는 핵심적인 법률들만 살펴보기로 한다.

가. 「신용정보의 이용 및 보호에 관한 법률」(1995)

가장 먼저 민간 분야의 개인정보보호에 대한 규정을 체계적으로 갖춘 입법으로 제정된 것은 기존의 신용정보업법을 이름을 바꾸어서 1995년에 제정한 「신용정보의 이용 및 보호에 관한 법률」(이하 '신용정보법')이었다. 그런데 이 법률은 엄밀하게 보자면 개인정보 보호법제라기 보다는 신용정보업을 규율하는 법률에 신용정보의 보호에 관한 내용이 일부 포함된 법률이었다. 실제로 법률의 목적도 "신용정보업을 건전하게 육성하고 신용정보의 효율적 이용과 체계적 관리를 기하며 신용정보의 오용·남용으로부터 사생활의 비밀 등을 적절히 보호함으로써 건전한 신용질서의 확립에 이바지함을 목적으로 한다"고 규정하였다(제1조). 신용정보법은 신용정보업의 허가와 신용정보업의 업무 등 신용정보업에 대한 규율이 상당한 부분을 차지하고 있었다.

나. 「정보통신망 이용촉진 등에 관한 법률」(1999)

1999년에는 「전산망 보급확장과 이용촉진에 관한 법률」이 「정보통신망 이용촉진

등에 관한 법률」(이하 '정보통신망법')로 명칭도 변경되고, 전부개정되면서 정보통신망
서비스제공자가 서비스 이용자의 개인정보를 처리하는 것과 관련한 개인정보보호 의
무와 안전조치 의무, 개인정보주체의 권리 등 세 개의 조문이 도입되었다. 그 후 정보
통신망법은 개인정보 보호관련 규정을 수차례 개정을 통해서 보완해 나가게 되었다.
그리고 정보통신망법을 준용하는 사업자라는 의미로 '정부통신서비스 제공자'기 아
니지만 정보통신망법이 준용되는 '준용사업자'라는 별도의 규정을 통해서, 정보통신
망법의 적용범위를 시행령을 통해서 확장시킬 수 있는 구조를 갖추고 있었다. 실제로
수차에 걸쳐서 시행령으로 범위를 넓혀 나가기도 하였다.

다. 「위치정보의 보호 및 이용 등에 관한 법률」(2005)

2005년에는 위치정보사업자가 취급하는 위치정보를 규율하는 법률인 「위치정보
의 보호 및 이용 등에 관한 법률」(이하 '위치정보법')이 제정되었다. 이 법도 위치정보사
업자의 인허가에 대한 규율이 다수 포함되고, 위치정보사업에 대한 활성화 등의 내용
을 포함한 것으로 위치정보보호에 대한 법률이라기보다는 사업에 대한 규제 법률의
성격을 강하게 띠고 있었다. 그런데 정보통신망법처럼 위치정보사업자에 대해서 개
별적인 법률 조항들을 마련해 놓았다.

라. 일반법 부재와 영역별 개인정보보호법 분립에 따른 문제점 발생

이와 같이 일반법이 존재하지 않고, 개별 영역에 분산된 개인정보 보호법제가 마
련되어 적용되는 상황에서 많은 문제점들이 노정되었다.

첫째, 일반법은 없고, 특별한 영역에 대해서만 적용되는 특별한 법률은 적용범
위에 해당하지 않는 부문에서 개인정보 보호 공백이 발생하는 문제점을 야기하였
다. 일반법 부재와 특별법의 법제 미비로 개인정보보호 공백 때문에 나타나는 문제는
2008년에 발생한 GS칼텍스의 개인정보 유출사건[1]에서 단적으로 드러났는데, 대법원

---

1) GS 칼텍스 주식회사는 주유 관련 보너스카드 회원으로 가입한 고객들의 개인정보를 데이터베이스
로 구축하여 관리하고, 데이터베이스에서 추출한 개인정보를 이용하여 고객서비스센터를 운영하였

은 GS칼텍스에 대하여 정보통신망법이 아닌 민법을 적용하여 손해배상 책임이 발생하는지 여부를 판단하였고, 손해배상 책임을 부정하였다.[2]

둘째, 특정 영역에 대해서 개별적 법률들이 분산적으로 적용됨으로 인해서, 규율상 중복되는 영역이 발생하게 되고, 이 경우 수범자는 어떤 법률에 의해 어떤 의무를 부담하는지, 중복되는 법률상 의무를 준수해야 하는지 등 영역과 의무의 혼란으로 인한 문제가 발생하였다. 이는 신용정보법, 정보통신망법, 위치정보법 등과 「공공기관의 개인정보보호에 관한 법률」을 포함한 제반 법률들 간의 관계가 매우 복잡하였기 때문에 필연적으로 발생하는 문제였다. 정보통신망 서비스제공자이면서 신용정보제공, 이용자일 수도 있고, 개인정보이면서 신용정보일 수도 있는데, 이 경우 어떤 법률이 적용될지가 애매하였기 때문이었다.

이런 이유로 모든 영역에서 통합적으로 개인정보를 보호할 수 있도록 통합법을 제정해야 하고, 법률 적용의 일원화를 통해서 모순과 혼란을 해결해야 한다는 요구가 끊임없이 제기되어 왔다.

(3) 기본권으로서의 개인정보자기결정권 인식

과거 전통적인 프라이버시권 논의에 있어서는 개인의 사생활 보호를 목적으로 하는 다소 소극적인 정보의 보호와 통제에 그 초점을 두고 있었다.[3] 그러나 정보화의 진전으로 인하여 국가 공동체 운영에 있어 개인에 관한 정보들의 활용은 필수불가결한 상황이 되었다. 공동체 운영의 필수적 요소가 된 개인정보를 더 이상 사생활 보호라는 소극적 범주에 묶어 둘 수는 없는 상황이 되었다. 국가적 차원에서 개인에 관한

는데, 2008년 9월에 해당 업무를 위탁받은 자회사 직원이 고객정보를 무단 복제하여 외부로 유출하였다. 외부로 유출된 개인정보는 보너스카드 회원 11,517,125명의 성명, 주민등록번호, 주소, 전화번호, 이메일 주소 등이었다.

2) 대법원 2012. 12. 26. 선고 2011다59834, 59858, 59841 판결 등.

3) 적극적 프라이버시권 관념에 근거한 전통적인 정보통제권의 법리는 개인의 사생활 보호와 관련한 개인정보 프라이버시권과 국민의 정치권력에 대한 통제와 연계되어 있는 공공정보공개청구권을 두 축으로 하고 있다. 성낙인, "프라이버시와 개인정보보호를 위한 입법정책적 과제", 「영남법학」 제5권 제1·2호, 1999, 22면.

정보의 수집 및 유통 자체는 현대사회에서 효율적·민주적·복지적 관리를 위해 불가피하게 되었으며, 사인 간에 있어서도 개인적 복리와 편의를 위해서 자발적으로 자신에 관한 정보의 제공이 필요한 경우도 매우 자주 발생하고 있다. 따라서 정보의 활용 자체가 불가피한 측면이 있다면, 자신의 정보를 적극적으로 통제 및 관리할 수 있는 새로운 권리 관념의 형성이 필요하게 되었다.

바로 이러한 새로운 권리 관념이 현재 '개인정보자기통제권' 또는 '개인정보자기결정권' 등으로 지칭되고 있다. 이는 "자신에 관한 정보의 흐름을 스스로 결정하거나 자율적으로 통제할 수 있는 권리"를 뜻하는 것으로 공법학계와 법실무계에서는 이 용어가 사용되고 있다. '개인정보자기통제권'의 경우, 적극적 프라이버시 개념에 입각하여 "정보주체가 자신과 관련된 정보전파를 통제할 수 있는 능력"을 중시하는 미국의 '정보 프라이버시론'의 영향을 받은 용어이고, '개인정보자기결정권'은 일반적 인격권에 입각하여 "자기의 개인정보의 공개와 이용에 관하여 스스로 결정할 각자의 권한"을 중시하는 독일의 '인구조사판결'의 영향을 받은 용어로 이해할 수 있겠다.[4] 그러나 '개인정보자기통제권'이라는 용어를 사용하는 측에서도 자신에 관한 정보흐름의 통제능력 상실이 인격적 가치를 형해화시킬 수 있다는 점을 부인하지 않으며, '개인정보자기결정권'이라는 용어를 사용하는 경우에도 자신에 대한 정보의 수집과 처리과정에 적극적으로 관여하는 것을 중시하므로, 양자는 용어상의 차이일 뿐, 실질적 권리보장내용상의 차이는 아니라고 할 수 있다.

헌법재판소는 '개인정보자기결정권'이라는 용어를 사용하면서, 그 개념을 "자신에 관한 정보가 언제 누구에게 어느 범위까지 알려지고 또 이용되도록 할 것인지를 그 정보주체가 스스로 결정할 수 있는 권리 …, 즉 정보주체가 개인정보의 공개와 이용에 관하여 스스로 결정할 권리"[5]로 정의하고 있고, 대법원은 특정한 용어의 사용 없이 헌법 제10조와 제17조의 헌법규정이 사생활이 함부로 공개되지 아니할 소극적인 권리는 물론 "고도로 정보화된 현대사회에서 자신에 대한 정보를 자율적으로 통제할

---

4) 권건보, 『개인정보보호와 자기정보통제권』(경인문화사, 2005), 32-42면, 57-69면 참조.
5) 헌법재판소 2005. 5. 26. 99헌마513 결정.

수 있는 적극적인 권리"[6]도 보장하고 있는 것으로 파악하고 있다.

이러한 개인정보자기결정권이라는 기본권을 공식적으로 인식하기 시작하면서, 이러한 기본권을 공공부문과 민관부문을 포괄하여 보장할 수 있는 새로운 법제 정비의 요청이 이루어졌으며, 그 결과 「개인정보 보호법」이 탄생하게 된 계기가 형성되었다고 볼 수 있다.

2. 2011년 일반법으로서의 「개인정보 보호법」 제정

(1) 「개인정보 보호법」 제정취지와 내용

우리나라 개인정보 보호 입법의 가장 중요한 기점은 일반법으로서의 「개인정보 보호법」 제정 및 시행(2011년 3월 29일 제정·공포, 2011년 9월 30일부터 시행)이다. 이 법은 공공과 민간, 온라인과 오프라인을 포괄하는 법률로서 사회 전반의 개인정보 보호에 관한 원칙과 기준을 제시하여 개인정보 보호의 중요성에 대한 사회적 인식을 제고 및 개선하고자 하는 입법취지를 가지고 있다. 제정 당시 「개인정보 보호법」의 주요한 내용들만 간추려 보면 다음과 같다.

첫째, 이 법은 적용대상을 공공과 민간영역의 모든 개인정보처리자로 규정하고 있다는 점에 특징이 있다(제2조). 또한 전자적으로 처리되는 개인정보 외에 수기(手記) 문서까지 개인정보의 보호대상에 포함하고 있는데, 이는 관련 법률적용의 사각지대를 해소함으로써 국가사회 전반의 개인정보 보호수준을 제고하기 위한 것이다.

둘째, 동법은 개인정보를 수집·이용하거나 제3자에게 제공할 경우에는 정보주체의 동의 등을 얻도록 하고, 개인정보의 수집·이용 목적의 달성 등으로 불필요하게 된 때에는 지체 없이 개인정보를 파기하도록 규정하고 있다. 이뿐만 아니라, 개인정보의 수집·이용·제공·파기에 이르는 각 단계별로 개인정보처리자가 준수하여야 할 처리

---

6) 대법원 1998. 7. 24. 선고 96다42789 판결. 다만, 하급심 판결은 '정보관리통제권' 또는 '자기정보통제권'이라는 용어를 명시적으로 사용하고 있다. 각각 서울고등법원 1996. 8. 20. 선고 95나44148 판결; 서울중앙지방법원 2007. 7. 6. 선고 2006가합22413 판결 참조.

기준을 구체적으로 규정하고 있다(제15조~제22조).

셋째, 고유식별정보의 처리 제한을 강화하고 있다(제24조). 주민등록번호 등 법령에 의하여 개인을 고유하게 구별하기 위해 부여된 고유식별정보는 원칙적으로 처리를 금지하고, 별도의 동의를 얻거나 법령에 의한 경우 등에 한하여 제한적으로 예외를 인정했다. 이는 동법 제3조에서 규정한 위험성 있는 개인정보의 활용 최소화 원칙이 구체화된 것이다.

넷째, 개인정보의 열람청구권, 정정·삭제 청구권, 처리정지 요구권 등의 정보주체의 권리와 그 행사 방법 등을 규정하고 있다(제35조~제39조). 이는 그간 다양한 논의를 통해 제기되어 왔던 자기정보통제권 또는 개인정보자기결정권 등을 일반법에 명문화하여, 구체적인 권리로 보장하게 되었다는 점에서 정보주체의 권리 신장에 기여하도록 한 것이다.

마지막으로, 가장 중요한 점은 「개인정보 보호법」 제6조가 이 법률과 다른 법률과의 관계에 있어, "개인정보 보호에 관하여는 다른 법률에 특별한 규정이 있는 경우를 제외하고는 이 법에서 정하는 바에 따른다"고 규정하고 있다는 점이다.

개인정보 보호에 관하여 「정보통신망 이용촉진 및 정보보호 등에 관한 법률」(이하 '정보통신망법'), 「신용정보의 이용 및 보호에 관한 법률」(이하 '신용정보법') 등 다른 법률에 특별한 규정이 있는 경우에는 「개인정보 보호법」이 적용되지 않는다는 의미이다. 이를 일반법-특별법 관계라고 부른다. 예를 들어, 당시 정보통신망법은 개인정보 보호와 관련한 내용을 제4장 개인정보의 보호(제22조~제32조)에서 규정하고 있었는데, 이러한 규정들은 유사한 내용을 가지는 「개인정보 보호법」상의 규정보다 우선적으로 적용된다. 바로 우리나라 개인정보 보호법제의 문제점은 여기에 존재했다.

(2) 여전한 개인정보 보호법제의 분산

「개인정보 보호법」 제정 당시 개인정보 보호법제가 일반법-특별법 체계를 가지게 된 이유는 이미 기존에 각 영역별로 개인정보 보호법제가 운영되고 있었으며, 이를 단일 법제로 전환하는 경우 법체계상 혼선이 발생할 것이 예견되었기 때문이다.

일반법으로서의 「개인정보 보호법」이 포괄하는 정보통신 기술과 관련한 기존 개별 법률 중 대표적인 것으로는 정보통신망법과 위치정보법이 있다. 당시 이 두 법률은 개인정보 보호법과 유사한 개인정보 보호체계, 특히 개인정보자기결정권 보장 체계를 가지고 있었다.

당시 정보통신망법은 정보통신서비스 제공자를 규제 대상으로 하고 있으며, 「개인정보 보호법」과 마찬가지로 정보주체의 사전적 동의권을 전제로 하고 있다(동법 제22조). 또한 동법은 정보주체(이용자)가 동의 철회, 열람, 정정 등을 요구할 수 있는 권리를 보호하고 있다(동법 제30조).

위치정보법은 그 규제대상으로 위치정보사업자 또는 위치기반서비스사업자를 대상으로 하고 있다. 동법은 위 법률들과 마찬가지로 개인정보자기결정권을 보장하기 위한 동의권 등의 제도적 장치가 강구되어 있음은 물론이지만 구조적 측면에서 다소 차이가 있다. 즉 개인 식별이 가능한 개인정보에 해당한다고 할 수 있는 '개인위치정보'와 일반적인 '위치정보'를 구분하여 규율하면서, 개인위치정보에 대하여 더욱 엄격한 동의 및 그 철회권, 열람 및 정정 요구권을 보장하고 있는 특색이 있다(동법 제24조). 물론 동법상의 개인정보자기결정권 보장 체계도 기본적으로는 사전 동의를 전제로 하고 있다.

개인정보 보호의 중요성이 부각된 이유는 정보통신 기술의 발전과 궁극적으로 결부되어 있는 것은 사실이지만, 이러한 개인정보 보호 소요는 비단 이 영역에만 국한되는 것은 아니다. 예를 들어, 실제 최근 지속적으로 발생하고 있는 개인정보 유출의 문제는 신용정보법과 관련성을 가진다. 신용정보법은 기본적으로 개인정보 보호를 위한 법률이라기보다는 개인 및 법인의 신용정보를 이용하기 위한 법률적 근거를 제공하는 데에 그 초점이 있는 것이라고 볼 수 있다. 이러한 측면에서 기존 신용정보법은 여타의 개인정보 보호법제와는 달리 개인정보자기결정권의 실현 구조가 다소 모호하거나 매우 복합적으로 얽혀 있는 특성을 가지고 있었다.

그런데 일반법인 「개인정보 보호법」의 제정 및 시행에도 불구하고, 규제 현실에 있어서는 이 법이 설정하고 있는 일반법과 특별법 관계가 정상적으로 작동하고 있지 못했다는 평가가 지배적이었다. 특별법인 정보통신망법, 신용정보법 등 관련 법률에서는 일반법 사항들을 대부분 그대로 중첩적으로 규정하고 있었을 뿐만 아니라, 같은 문제를 다르게 규율하는 경우도 있었다.

이러한 개인정보 보호법제의 분산적·중첩적 운영의 결과는 2014년 초 연이어 발생한 신용카드 3사 정보유출사고와 이동통신사인 KT의 정보유출사고에서 여실히 드러났다. 금융영역 소관 당국인 금융위원회와 정보통신 영역 소관 당국인 방송통신위원회의 사태 수습 노력에도 불구하고, 사고에 대한 대응이 매우 미온적이었으며 체계적이지 못했다는 지적은 피해 가기 힘들 것으로 보인다. 개인정보 보호의 문제는 비단 특수한 영역에서만 발생하는 것이 아니기 때문에 국가 전반적 차원에서 이러한 업무의 중심축으로서 기능할 수 있는 법률과 독자적 소관기관의 필요성이 일반법인「개인정보 보호법」제정 이후에도 지속적으로 제기되었다.

II. 데이터 경제와 데이터 3법 개정

1. 데이터 경제와 개인정보

4차 산업혁명의 대표적인 기술이라고 할 수 있는 클라우드 컴퓨팅 서비스, 빅데이터 분석, 사물인터넷 서비스 등에서 발생하는 대규모의 데이터가 앞으로의 산업과 경제 활성화를 견인할 것으로 전망되고 있다. 네트워크에 기반하여 점차 많은 사람과 사물이 연결되고, 인공지능(artificial intelligence)의 발전은 대규모의 데이터들이 가시는 부가가치뿐만 아니라 데이터 관련 서비스 시장 규모도 더욱 급격하게 성장할 수 있는 토대를 제공해 주고 있다. 결국 이를 활용하려는 경향과 선순환을 일으켜 데이터를 수집·생성하고 유통·이용 등 데이터를 통해 부가가치를 창출하려는 움직임은 더욱 활성화될 전망이다.

4차 산업혁명이 토대를 두고 있는 신기술(emerging technologies)의 발전으로 데이터가 무수히 생성되면서 데이터를 빼놓고는 현재 산업 발전과 혁신 성장을 생각할 수 없는 시대가 되었다. 그 결과 데이터가 화폐, 부동산, 지적재산권에 견줄 만한 새로운 형태의 자본으로 주목받으면서 이에 기반한 '데이터 경제'가 빠른 속도로 성장할 것으로 예상되고 있다. 데이터는 유체물이 아니기 때문에 다양한 가치들을 재생산해 내는 데 더욱 유용하게 활용될 수 있으며, 그런 의미에서 과거 산업사회의 자본과 유사하지만, 그보다 더욱 큰 경제적 가치를 가지는 신자본으로 평가받게 되는 것이다.

데이터 경제를 발전시키기 위한 다양한 제도적 지원방안들이 논의되고 있는 가운데, 법제적 측면에서 가장 큰 문제로 대두되고 있는 것이 바로 개인정보 보호의 문제이다. 특히 데이터 경제는 기본적으로 특정 개인에 최적화된 정보를 제공할 수 있다는 가능성과 이를 이용하여 다양한 편익들을 생산해 낸다는 데 기본 목적이 있는 것이라고 할 수 있기 때문이다.

그런 의미에서 지난 수년간 개인정보 보호규제 완화 주장이 지속적으로 제기되어 왔다. 즉 현실적으로 개인 식별 가능성을 가지는 정보의 활용을 제약하는 현행 개인정보 보호법제로 인해 정상적인 데이터 경제의 구현이 어렵다는 문제 제기라고 할 수 있다. 그러나 일각에서는 이러한 규제 완화론에 대하여 사실상 개인정보 보호 자체를 형해화에 이를 수 있게 하는 주장이라는 비판을 제기하면서, 과연 그러한 개인정보 완화의 주장이 온전한 데이터 경제의 발전을 뒷받침해 줄 수 있는지 등의 의문을 제기한다.

결과적으로 개인정보 보호법제의 개선을 둘러싼 다양한 논쟁은 쉽사리 해소될 수 있는 성격의 문제는 아닐 것으로 판단된다. 이에 더하여, 향후 개인정보 및 프라이버시와 연계된 정보들이 더욱더 많이 활용될 것이라는 점을 감안해 본다면, 이러한 논쟁은 모종의 입법 대안이 정립된 이후에도 오랫동안 지속될 수밖에 없을 것이라는 점도 미루어 짐작할 수 있다.

2. 데이터 3법 개정

(1) 4차산업혁명위원회 해커톤[7]

데이터 경제 활성화를 위한 개인정보 보호법제 혁신을 지칭했던 소위 데이터 3법[8] 개정은 기본적으로 2018년 2월 1일부터 2월 2일 사이에 대통령 소속 위원회인 4차산업혁명위원회에서 개최한 '제2차 규제·제도혁신 해커톤'에서의 합의 사항에 근간을 둔 것이었다.

당시 해커톤에는 다양한 이해관계자들이 참여 및 논의하고, 최종적으로 모종의 합의 대안을 형성했다는 중요한 의미가 있음에도 불구하고, 공식적인 회의록이 존재하지 않는다는 한계점도 분명히 존재한다. 실제 당시 해커톤에서는 다양한 영역에서 문제시 되어 왔던 규제 혁신의 요청들을 다소 포괄적이지만 분과별 논의를 통해 ㄱ 해결방안을 끈질기게 모색한 중요한 자리였음에도 불구하고, 이에 대한 공식적인 회의록이 존재하지 않는다는 점은 입법에 있어 절차 및 공개의 중요성을 제대로 인식하지 못했던 한계를 그대로 보여 준 것이라고 평가할 수 있겠다. 이러한 한계는 개인정보 규제개선에 관한 당시 해커톤에서의 합의 사항에 대한 구체적인 입법화 작업이 진행되는 과정에서 산업계와 시민사회 단체들 간에 그 해석에 관한 의견 대립이 재차 불거지는 문제점을 유발했다.

개인정보의 보호와 활용 사이에서 균형을 이루고자 하는 목적을 두고 구체적인 방안을 마련하자는 논의 의제의 선정은, 데이터를 핵심적인 자원으로 두는 4차 산업 혁명의 시대에 데이터를 활용해야 한다는 요청과 다른 한편 개인정보가 침해될 수 있는 위험성이 높아지고 있는 현실에서 개인정보를 보호해야 한다는 요청 모두에서 도출된 것이었다. 다시 말해, 양자의 요청에 대응하기 위해서는 (개인)정보를 활용하면서 동시에 보호할 수 있는, 즉 양자를 조화할 수 있는 제도를 설계하여 효율적이면서도 안전한 데이터 경제의 기초를 조성할 필요가 있다는 인식에 기반을 두고 있는 것이었다. 따라서 이 문제에 대해 합의를 도출해 보기 위하여, 과학기술정보통신부, 행정안전부, 방송통신위원회, 개인정보보호위원회, 한국인터넷진흥원 등 정부·공공기관과 산업계, 법조계, 시민단체와 같은 다양한 단체를 참여시켜 논의를 진행한 것이다.

---

7) 4차산업혁명위원회, "보도자료: 개인정보 관련 법적 개념 체계 정비 합의, 전자서명법 개정을 통한 다양한 전자서명 활성화 방안 논의", 2018.2.5. 참조.

8) 통상적으로 「개인정보 보호법」, 「정보통신망 이용촉진 및 정보보호 등에 관한 법률」, 「신용정보의 이용 및 보호에 관한 법률」을 묶어 '데이터 3법'으로 칭하고 있었다. 그러나 당시 개정안이 발의된 「위치정보의 보호 및 이용 등에 관한 법률」도 동일한 취지와 맥락에 입각하고 있었기 때문에, 정학하게 말하자면 '데이터 4법'으로 칭하는 것이 타당하다.

이 해커톤에서는 4차 산업혁명 시대를 맞이하여 빅데이터 산업 활성화의 기반이 되는 개인정보의 안전한 활용의 필요성은 대체적으로 공감하였으나, 방법과 범위 등에 대해서는 다양한 이견들이 제시되었다. 그러나 기존의 다양한 논의 과정상의 교착 상태는 개인정보와 관련된 개념과 제도의 불명확성에서 비롯된다는 점에 인식을 같이하고, 개인정보보호 법제의 기본적 개념 체계에 관하여 우선적으로 논의하였다. 이 논의해서 합의된 내용은 다음과 같다.

첫째, 개인정보 개념체계 정비의 필요성과 방향이다. 개인정보의 개념은 개인정보, 가명정보, 익명정보로 세부적으로 구분함으로써 개인정보와 관련된 법적 개념체계를 정비하기로 하였다. 그리고 개인정보와 구분된 익명정보는 개인정보보호법의 적용대상이 아니라고 합의하였다.

둘째, 이러한 익명정보 개념은 법에 명시하지 않기로 하였다. 이때, 익명정보 개념을 명확하게 규정하기 위해서 법에 '익명정보'를 정의하는 규정을 명시하는 대신, 유럽연합의 일반 개인정보 보호법(EU GDPR) 전문 제26항을 참조하여 '개인정보'의 개념을 보다 구체적으로 설정하기로 하였다.

셋째, '가명정보'에 대한 법적 근거를 마련하기로 하였다. '가명정보'는 그간 법적 정의나 활용에 관한 법적 근거가 없어 논란이 있었으나, '가명정보'에 관한 정의와 활용 등에 관하여 법률적 차원에서 규율함으로써 논란을 종식시키기로 하였다.

넷째, 개인정보의 보호와 개인정보의 활용에 관하여 지속적으로 논의하기로 하였다. 개인정보를 보호하고 또 활용하기 위해서, 그리고 양자의 조화를 위한 주요하고도 다양한 사안들에 대해서 논의를 계속 진행하기로 하였다.

이상과 같은 합의는 매우 간명한 것으로 보이지만, 또한 다양한 해석 가능성을 내포하고 있으며, 실제로 최근의 입법 과정에서 그러한 쟁점들이 문제시되었다. 다만 이상과 같은 합의사항은 기본적으로 현재 개인정보 보호법제 개선 논의에 있어 가장 쟁점으로 부각하는 부분이라고 할 수 있다.

(2) 데이터 3법 발의[9)]

이와 같은 흐름의 결과를 반영하여 국회에서 데이터 경제 4법이라 불려지는 「개

인정보보호법」, 「정보통신망 이용촉진 및 정보보호 등에 관한 법률」, 「신용정보의 이
용 및 보호에 관한 법률」「위치정보의 보호 및 이용 등에 관한 법률」'의 개정안(이하,
'개정안'이라 함)이 2018년 11월 15일 각각 의원입법의 형식으로 발의되었다.

이들 개정안에서는 ① 개인정보 개념의 명확화 및 가명정보의 도입, ② 동의제도
의 실질화를 위한 논의, ③ 가명정보의 제3자 제공 및 정보주체의 동의 없는 정보처
리, ④ '과학적 연구'의 정의 문제, ⑤ 정보집합물의 결합에 관한 문제, ⑥ 감독기관의
독립성 및 위상 문제 등에 대해 다루고 있다.

이들 법률안은 모두 데이터가 미래의 핵심 자원이 될 것으로 전망하고 있었다.
4차 산업혁명 시대는 사물인터넷, 인공지능, 클라우드, 빅데이터로 대표되며, 이를 통
한 데이터의 활용과 신산업의 육성이 범국가적 과제임을 강조한다. 이러한 배경 아래
에서 이들 법률안은 크게 두 방향의 입법정책, 즉 개인정보 개념체계의 정비, 개인정
보 보호법제의 유사·중복조항의 정비 및 거버넌스의 개선 등을 통한 개인정보의 활
용과 개인정보 처리자에 대한 의무와 책임의 부과, 개인정보 자기결정권의 실질화 등
을 통한 개인정보의 보호를 주장하고 있었다.

(3) 국가인권위원회의 의견표명[10]

이상과 같은 데이터 3법 개정안에 대하여, 국가인권위원회는 비판적 관점에서 개
선의 의견을 개진한 바 있었다. 그 주요한 내용은 다음과 같다.

첫째, 데이터 3법 개정안은 기업이 '과학적 연구(민간 투자 연구)'라는 미명 아래 마
케팅 등과 같은 상업 목적으로 광범위하게 가명정보를 이용하거나 다른 기업이 보유
하고 있는 가명정보 집합물과 당연 결합할 수 있다고 확대 해석·적용될 위험성을 내
포하고 있다.

---

9) 「개인정보보호법 일부 개정법률안」(의안번호 제16621호), 「정보통신망 이용촉진 및 정보보호 등에 관
한 법률 일부개정법률안」(의안번호 제16622호), 「신용정보의 이용 및 보호에 관한 법률 일부개정법
률안」(의안번호 제16636호), 「위치정보의 보호 및 이용 등에 관한 법률 일부개정법률안」(의안번호 제
16620호).
10) 국가인권위원회, "「개인정보 보호법 일부법률개정안」에 대한 의견표명", 2018. 11. 15.

둘째, 데이터 3법 개정안은 가명정보를 정보주체의 동의 없이 처리할 수 있다고 규정하면서, 현행 「개인정보 보호법」이 "정보주체 또는 제3자의 이익을 부당하게 침해할 우려가 있을 때" 개인정보의 처리를 제외할 수 있는 규정을 두고 있지 않아 정보주체의 권리 침해 가능성이 크다.

셋째, 데이터 3법 개정안은 개인정보에 대해 가명처리만 실시하면 별도의 부가적인 조건이 필요 없이 원칙적으로 대다수의 개인정보 보호 기준의 적용이 배제되기 때문에, 정보주체의 개인정보자기결정권 등의 권리에 필요 이상의 제한이 발생할 수 있다는 우려가 제기된다.

넷째, 최근 각광받고 있는 개인정보 처리 방식 중 '프로파일링'(profiling)은 상품과 서비스를 개별적 필요성에 따라 개발할 수 있도록 하는데, 이는 개인을 특정 유형으로 분류함으로써 개인의 자유와 권리에 중대한 위험을 초래할 가능성이 높고 편견·차별 등의 피해가 나타날 우려가 있어, 데이터 3법 개정안에는 프로파일링 등 개인정보의 대규모 그리고 자동화된 처리에 따라 발생하는 위험을 방지하기 위한 규정을 추가하는 것이 필요하다.

다섯째, 데이터 3법 개정안에서의 가명정보의 처리와 관련한 조항에서는 우리나라의 개인정보 처리 환경의 특수성[11]을 고려하고 있지 않은 듯 여겨지고 있어, 뜻하지 않은 개인정보 재식별 및 개인정보 침해·유출사건 등을 야기할 가능성이 크다고 사료된다.

3. 데이터 3법 개정안 국회 통과와 그 의미

데이터 3법에 관해서는 시민사회 진영의 비판도 만만치 않았다.[12] 그럼에도 논란 끝에, 2020년 1월 9일 위치정보법을 제외한 데이터 3법(개인정보보호법·신용정보법·정

---

11) ① 주민등록번호 제도에 따라 전 국민 식별이 용이한 점, ② 개인정보처리자의 개인정보 보호 의식이 미약한 점, ③ 개인정보 침해에 대한 실질적 제재가 미흡한 점.

12) 대표적으로, 참여연대 입법의견서, "개인정보보호법 개정안 등에 관한 참여연대 의견서", 2019. 8. 12. 참조.

보통신망법) 개정안이 통과되었다. 통과 법안들은 당초 발의되었던 법안이 일부 수정되기는 했지만, 사실상 동일한 취지를 포괄하는 내용을 담고 있었다.

국회를 통과한 데이터 3법은 그간 개인정보 보호법제의 체계 중복성 문제를 해소할 수 있는 방향성을 명확하게 보여 주었다고 평가할 수 있다. 특히 인터넷 공간에서 가장 빈번하게 개인정보가 생성 및 유통되어 왔다는 측면에서 정보통신망법과 「개인정보 보호법」 간의 체계 중복성 문제가 문제시되어 왔는데, 이 부분을 해소하였다는 점이 가장 특징적인 지점이라고 할 수 있을 것이다. 즉 정보통신망법상 존재해 왔던 개인정보 관련 규정들을 모두 삭제하고, 일반법인 「개인정보 보호법」을 따르도록 했다. 물론 형식적으로 보자면 신용정보법의 경우는 정보통신망법과 같은 수준으로 규율체계의 통합을 이루지는 못했지만, 체계적인 측면에서 「개인정보 보호법」 규율과 체계적 일원성을 기하는 방향으로 개정되기도 하였다.

또한 데이터 3법 개정은 데이터 경제 활성화라는 측면에서 그간 문제되어 왔던 개인정보 보호규제의 근간을 혁신적으로 바꿀 수 있는 기틀을 마련했다는 의미도 가지고 있다. 첫째, 개인정보의 개념과 범주를 과거보다 명확히 하여 해석상의 논란을 해소하고자 했다. 둘째, 개인정보 보호규제의 예외로서 가명정보의 개념을 신설하여 데이터의 활용 가능성을 높이고자 했다. 셋째, 당초 수집 목적과 다소 다르더라도 개인정보를 활용할 수 있는 여지를 열어 두었다. 넷째, 개인정보 보호기구인 개인정보 보호위원회를 합의제 중앙행정기관으로 격상시켜 감독기구의 일원화를 도모하였다. 다섯째, 신용정보법의 경우에는 마이데이터와 프로파일링 규제에 관한 규정을 시범적으로 도입하였다.[13)

이러한 데이터 3법 개정 내용들은 향후 우리나라의 개인정보 보호법제의 지형과 발전방향에 상당한 영향을 줄 것이라고 판단된다. 따라서 이하에서는 데이터 3법 개정 내용 중 「개인정보 보호법」을 중심으로 변화된 개인정보 보호규제의 핵심적 내용들을 살펴보고자 한다.

---

13) 마이데이터와 프로파일링과 관련해서는 지면관계상 이 글에서는 별도로 논하지 않는다.

Ⅲ. 변화된「개인정보 보호법」의 주요 내용

1. 개인정보 개념

특정 데이터가「개인정보 보호법」상의 개인정보에 해당하는지의 문제는 개인정보 보호규제의 적용여부를 궁극적으로 좌우하게 된다. 그런데 종래 우리나라의 개인정보 보호법제 논의에 있어서는 개인정보인지 여부를 판단하기 위한 명확한 기준이 부재했다고 할 수 있다. 이에 따라 매번 지속적인 논란이 제기되었다. (구)「개인정보 보호법」상의 개인정보 개념정의 규정은 다음과 같다.

> (구)「개인정보 보호법」제2조(정의) 이 법에서 사용하는 용어의 뜻은 다음과 같다.
> 1. "개인정보"란 살아 있는 개인에 관한 정보로서 성명, 주민등록번호 및 영상 등을 통하여 개인을 알아볼 수 있는 정보(해당 정보만으로는 특정 개인을 알아볼 수 없더라도 다른 정보와 쉽게 결합하여 알아볼 수 있는 것을 포함한다)를 말한다.

위 규정에서 특히 문제시 되던 것은 "해당 정보만으로는 특정 개인을 알아볼 수 없더라도 다른 정보와 쉽게 결합하여 알아볼 수 있는 것"의 부분이었다. 입법취지의 측면에서 보자면, 데이터는 언제나 결합하여 식별 가능성을 가지는 개인정보로 변화할 수 있기 때문에 이를 방지하고자 한 것이었다. 그러나 현재의 정보통신 기술 활용에 있어서는 빈번하게 데이터 결합이 일어날 수밖에 없고, 그에 따라 수많은 데이터들은 언제든지 식별정보로 변화될 가능성이 있다. 이런 측면에서 관련 규정은 데이터 활용을 원천적으로 저해한다는 비판이 제기되어 왔다.

새롭게 개정된「개인정보 보호법」은 이상과 같은 논란을 해소함으로써, 데이터의 활용 여지를 넓혀 주고 있다. 즉 개인정보에 해당하는지 여부에 대한 판단을 명확하게 함과 아울러, 이에 대한 합리적 판단 기준을 제공해 주겠다는 취지이다. 새롭게 바뀐「개인정보 보호법」상의 개인정보 개념정의 규정은 다음과 같다.

제2조(정의) 이 법에서 사용하는 용어의 뜻은 다음과 같다.

1. "개인정보"란 살아 있는 개인에 관한 정보로서 다음 각 목의 어느 하나에 해당하는 정보를 말한다.

가. 성명, 주민등록번호 및 영상 등을 통하여 개인을 알아볼 수 있는 정보

나. 해당 정보만으로는 특정 개인을 알아볼 수 없더라도 다른 정보와 쉽게 결합하여 알아볼 수 있는 정보. 이 경우 쉽게 결합할 수 있는지 여부는 다른 정보의 입수 가능성 등 개인을 알아보는 데 소요되는 시간, 비용, 기술 등을 합리적으로 고려하여야 한다.

다. 가목 또는 나목을 제1호의2에 따라 가명처리함으로써 원래의 상태로 복원하기 위한 추가 정보의 사용·결합 없이는 특정 개인을 알아볼 수 없는 정보(이하 "가명정보"라 한다)

위와 같은 개정 내용에서의 핵심은 "쉽게 결합할 수 있는지 여부는 다른 정보의 입수 가능성 등 개인을 알아보는 데 소요되는 시간, 비용, 기술 등을 합리적으로 고려하여야 한다"는 부분이라고 할 수 있다. 과거 「개인정보 보호법」의 개인정보 개념정의 규정에 있어서는 단순히 결합 용이성을 기준으로 제시한 것이었다고 한다면, 개정 규정은 이러한 결합 용이성을 판단하기 위하여 개인을 알아보는 데 소요되는 시간, 비용, 기술 등까지도 합리적으로 고려해야 한다는 기준을 보다 명확하게 제시한 것이다. 이와 더불어, 이러한 개인정보 개념정의 규정의 특징적인 지점은 이하에서 언급하게 될 '가명정보'의 경우에도 개인정보로서의 성격이 사라지지 않는다는 점을 명확히 하고 있다는 점이다.

2. 가명정보 처리 특례

산업 및 경제적인 측면에서 가장 높은 가치를 가지는 데이터는 결국 개인정보

이다. 그 이유는 특정인을 직접적으로 대상으로 한 개인 최적화 서비스가 궁극적으로 데이터 경제의 핵심이기 때문이라고 할 수 있다. 그런데 기존「개인정보 보호법」에 있어서는 개인 식별 가능성을 완전히 제거한 익명정보의 경우에만 개인정보 보호규제의 적용이 면제된다고 볼 수 있었기 때문에, 이를 해소할 수 있는 방안 마련이 필요했다. 이에 실마리를 제공해 준 것은 유럽연합「개인정보보호규칙(General Data Protection Regulation: GDPR)」에 규정되어 있었던 가명처리(pseudonymization) 규정이었다.

> **GDPR 제4조(정의)** (5) 가명처리는 추가적인 정보의 사용 없이는 더 이상 특정 정보주체에게 연계될 수 없는 방식으로 개인정보를 처리하는 것이다. 단, 그 같은 추가 정보는 별도로 보관하고, 기술적 및 관리적 조치를 적용하여 해당 개인정보가 식별된 또는 식별될 수 있는 자연인에 연계되지 않도록 해야 한다.

이상과 같은 내용에 입각하여, 우리나라의「개인정보 보호법」은 유럽연합과 같이 '가명처리'를 중심으로 규정하는 대신 개인정보의 일종으로 '가명정보'라는 개념을 신설하는 방식으로 귀결되었다. 유럽연합의 경우 개인정보 등의 안전조치를 위한 처리 방식의 일환으로서의 가명처리를 도입한 것과는 달리, 그러한 가명처리가 된 정보를 가명정보로 명명하여 예외적인 범주를 설정하는 방식이라고 할 수 있다.

> **제2조(정의)** 이 법에서 사용하는 용어의 뜻은 다음과 같다.
> 1. "개인정보"란 살아 있는 개인에 관한 정보로서 다음 각 목의 어느 하나에 해당하는 정보를 말한다.
> ···(중간생략)···
> 다. 가목 또는 나목을 제1호의2에 따라 가명처리함으로써 원래의 상태로 복원하기 위한 추가 정보의 사용·결합 없이는 특정 개인을 알아볼 수 없는 정보(이하 "가명정보"라 한다)

1의2. "가명처리"란 개인정보의 일부를 삭제하거나 일부 또는 전부를 대체하는
    등의 방법으로 추가 정보가 없이는 특정 개인을 알아볼 수 없도록 처리하는
    것을 말한다.
8. "과학적 연구"란 기술의 개발과 실증, 기초연구, 응용연구 및 민간 투자 연구
    등 과학적 방법을 적용하는 연구를 말한다.

위와 같은 가명정보 관련 개념정의 신설과정에서 중요한 쟁점 중 하나로 부각된
것은 바로 '민간 투자 연구'도 포함되는 것인지 여부였다. 즉 개인정보의 가명처리를
통한 활용이 궁극적으로는 순수히 공익적인 경우에만 한정된 것은 아니고, 산업적 목
적과도 결부될 수 있는 것이기 때문에 이를 허용할 것인지에 대해 논란이 발생한 것
이었다(이하에서 설명하는 「개인정보 보호법」 제28조의2 및 제28조의3 관련). 최종적으로는
'민간 투자 연구'를 존치하는 방향으로 입법적으로 귀결되었다.

예외적 범주 설정방식의 가명정보 개념정의 규정의 신설에 입각하여, 이러한 방
식의 정보처리 방식의 특례를 「개인정보 보호법」은 규정하였다. 이는 사실상 가명정
보 범주에 해당하는 정보에 관한 예외를 설정하는 기능을 수행하고 있는 것으로, 세
부적인 조문들은 다음과 같다.

제3절 가명정보의 처리에 관한 특례

제28조의2(가명정보의 처리 등) ① 개인정보처리자는 통계작성, 과학적 연구, 공
익적 기록보존 등을 위하여 정보주체의 동의 없이 가명정보를 처리할 수 있다.
② 개인정보처리자는 제1항에 따라 가명정보를 제3자에게 제공하는 경우에는
특정 개인을 알아보기 위하여 사용될 수 있는 정보를 포함해서는 아니 된다.

제28조의3(가명정보의 결합 제한) ① 제28조의2에도 불구하고 통계작성, 과학적 연구, 공익적 기록보존 등을 위한 서로 다른 개인정보처리자 간의 가명정보의 결합은 보호위원회 또는 관계 중앙행정기관의 장이 지정하는 전문기관이 수행한다.

② 결합을 수행한 기관 외부로 결합된 정보를 반출하려는 개인정보처리자는 가명정보 또는 제58조의2에 해당하는 정보로 처리한 뒤 전문기관의 장의 승인을 받아야 한다.

③ 제1항에 따른 결합 절차와 방법, 전문기관의 지정과 지정 취소 기준·절차, 관리·감독, 제2항에 따른 반출 및 승인 기준·절차 등 필요한 사항은 대통령령으로 정한다.

제28조의4(가명정보에 대한 안전조치의무 등) ① 개인정보처리자는 가명정보를 처리하는 경우에는 원래의 상태로 복원하기 위한 추가 정보를 별도로 분리하여 보관·관리하는 등 해당 정보가 분실·도난·유출·위조·변조 또는 훼손되지 않도록 대통령령으로 정하는 바에 따라 안전성 확보에 필요한 기술적·관리적 및 물리적 조치를 하여야 한다.

② 개인정보처리자는 가명정보를 처리하고자 하는 경우에는 가명정보의 처리 목적, 제3자 제공 시 제공받는 자 등 가명정보의 처리 내용을 관리하기 위하여 대통령령으로 정하는 사항에 대한 관련 기록을 작성하여 보관하여야 한다.

제28조의5(가명정보 처리 시 금지의무 등) ① 누구든지 특정 개인을 알아보기 위한 목적으로 가명정보를 처리해서는 아니 된다.

② 개인정보처리자는 가명정보를 처리하는 과정에서 특정 개인을 알아볼 수 있는 정보가 생성된 경우에는 즉시 해당 정보의 처리를 중지하고, 지체 없이 회수·파기하여야 한다.

제28조의6(가명정보 처리에 대한 과징금 부과 등) ① 보호위원회는 개인정보처리자가 제28조의5 제1항을 위반하여 특정 개인을 알아보기 위한 목적으로 정보를 처리한 경우 전체 매출액의 100분의 3 이하에 해당하는 금액을 과징금으로 부과할 수 있다. 다만, 매출액이 없거나 매출액의 산정이 곤란한 경우로서 대통령령으로 정하는 경우에는 4억 원 또는 자본금의 100분의 3 중 큰 금액 이하로 과징금을 부과할 수 있다.
② 과징금의 부과·징수 등에 필요한 사항은 제34조의2 제3항부터 제5항까지의 규정을 준용한다.

제28조의7(적용범위) 가명정보는 제20조, 제21조, 제27조, 제34조 제1항, 제35조부터 제37조까지, 제39조의3, 제39조의4, 제39조의6부터 제39조의8까지의 규정을 적용하지 아니한다.

위와 같은 규정에 따르면, 가명정보라고 할지라도 언제나 정보주체의 동의 없이 해당 정보를 활용할 수 있는 것은 아니고, "통계작성, 과학적 연구, 공익적 기록보존 등"을 위한 경우에 한정하여 정보주체 동의 요건을 면제하고 있다. 그리고 이러한 가명정보의 결합의 제한, 안전조치 의무, 재식별 처리 금지 등의 요건들을 「개인성보 보호법」은 설정하고 있다. 즉 개인정보의 활용 가능성을 확대해 줌과 아울러, 당해 정보의 재식별로 인한 폐해를 방지하고자 하는 목적으로 보인다.

그런데 「개인정보 보호법」 제28조의7은 가명정보에 대해서는 '제20조(정보주체 이외로부터 수집한 개인정보의 수집 출처 등 고지), 제21조(개인정보의 파기), 제27조(영업양도 등에 따른 개인정보의 이전 제한), 제34조(개인정보 유출 통지 등) 제1항, 제35조(개인정보의 열람), 제36조(개인정보의 정정·삭제), 제37조(개인정보의 처리정지 등), 제39조의3(개인정보의 수집·이용 동의 등에 대한 특례), 제39조의4(개인정보 유출 등의 통지·신고에 대한 특례), 제39조의6(개인정보의 파기에 대한 특례), 제39조의7(이용자의 권리 등에 대한 특례), 제39조의8(개인정보 이용내역의 통지)' 등의 규정을 배제하고 있다. 이는 가명처리 또는 가명정보의 특수성으로 인하여 적용이 배제되는 것으로 해석될 수 있지만, 사실상 개인정보 자기결정권을 형해화하고 있다는 비판도 이루어지고 있다. 특히 「개인정보 보호법」 제2조 제1호 다목이 가명정보가 개인정보에 해당한다는 점을 규정하고 있는데, 동법 제28조의7과 같은 전면적 적용 배제 규정은 이러한 취지와 상충되는 것은 아닌가 하는 의문이 제기된다.

또한 위와 같은 규정들의 해석과 관련하여 논란이 될 수 있는 부분은 '가명처리의 특례'가 아니라 '가명정보의 처리에 관한 특례'라고 표현하고 있는 지점이다. 즉 위 관련 규정들은 이미 가명처리가 된 정보들에만 적용되는 것이지, 가명처리를 하고자 하는 경우에는 적용될 수 없다는 법문상·법체계상 논리적인 문제가 발생한다. 이는 분명 입법적 오류로서의 성격을 가지는 것으로 보이지만, 「개인정보 보호법」 제2조 제2호의 '처리'라는 개념정의에 '생성'도 포함되기 때문에 가명정보의 처리에는 가명정보의 생성, 즉 가명처리도 포함한다는 해석론이 등장하고 있기도 하다.

3. 동의 없는 개인정보의 이용 및 제공의 제한적 허용

개인정보의 경제적·산업적 활용과 관련하여, 우리나라 개인정보 보호법제의 엄격한 사전 동의 규정은 지속적으로 비판받아 왔다. 물론 데이터의 활용이 세계적으로 증가하면서 사전 동의 원칙을 규정하는 법제들이 증가하고 있는 것은 사실이지만, 당초 동의받았던 수집 목적과 합리적으로 관련될 수 있는 것이라면 이를 예외적인 조건 속에서 활용해 줄 수 있도록 해 주자는 논의가 이루어져 왔고, 이에 대해서도 유럽연합 GDPR의 입법례가 참조되었다. 관련 규정의 내용은 다음과 같다.

> **GDPR 제5조(개인정보 처리 원칙)** 1. 개인정보는: (b) 구체적이고 명시적이며 적법한 목적을 위해 수집되어야 하고, <u>해당 목적과 양립되지 않는 방식으로 추가 처리되어서는 안 된다.</u> 공익적 기록보존의 목적, 과학적 또는 역사적 연구 목적,

또는 통계적 목적을 위한 추가 처리는 제89조(1)에 따라 본래의 목적과 양립되지 않는 것으로 보지 않는다('목적 제한').

GDPR 제6조(처리의 적법성) 4. 개인정보를 수집한 목적 외로 처리하는 것이 정보주체의 동의 또는 제23조(1)의 목적을 보장하기 위한 민주사회의 필요하고 비례적인 조치를 구성하는 유럽연합 또는 회원국 법률에 근거하지 않는 경우, 컨트롤러는 개인정보의 목적 외 처리가 해당 개인정보를 수집한 당초 목적과 양립될 수 있는지 확인하기 위해서 특히 다음 각 호를 고려해야 한다.
(a) 수집 목적과 의도된 추가처리 목적 간의 연관성
(b) 특히 정보주체와 컨트롤러 간의 관계 등 개인정보가 수집된 상황
(c) 특히 제9조에 따른 특정 범주의 개인정보가 처리되는지 여부 또는 제10조에 따른 범죄경력 및 범죄행위와 관련한 개인정보가 처리되는지 여부 등 개인정보의 성격
(d) 의도된 추가처리가 정보주체에 초래할 수 있는 결과
(e) 암호처리나 가명처리 등 적절한 안전조치의 존재

이상에서 확인할 수 있는 바와 같이, 유럽연합 GDPR도 개인정보 처리에 있어 선통적인 목적 구속 또는 제한의 원칙을 전면적으로 배제하는 것은 아니고, 이를 예외적으로 허용(추가처리 목적 양립 가능성 판단)하기 위한 다양한 조건들을 상세하게 제시하고 있다. 이러한 조건들은 총체적으로 보자면 당초 동의받았던 수집 목적과 합리적인 연관성을 판단하기 위한 세부적 검토 필요 요소들이라고 할 수 있다. 이러한 취지를 반영하여, 우리나라의 「개인정보 보호법」도 유사한 내용을 규정하기에 이르렀다.

제15조(개인정보의 수집·이용) ③ 개인정보처리자는 당초 수집 목적과 합리적으

로 관련된 범위에서 정보주체에게 불이익이 발생하는지 여부, 암호화 등 안전성 확보에 필요한 조치를 하였는지 여부 등을 고려하여 대통령령으로 정하는 바에 따라 정보주체의 동의 없이 개인정보를 이용할 수 있다.

제17조(개인정보의 제공) ④ 개인정보처리자는 당초 수집 목적과 합리적으로 관련된 범위에서 정보주체에게 불이익이 발생하는지 여부, 암호화 등 안전성 확보에 필요한 조치를 하였는지 여부 등을 고려하여 대통령령으로 정하는 바에 따라 정보주체의 동의 없이 개인정보를 제공할 수 있다.

이상과 같은 규정들은 유럽연합 GDPR에 비하여 비교적 간명하게 법문을 구성한 것으로 보이지만, 실제로는 '대통령령(「개인정보 보호법 시행령」)'에서 보다 구체적인 사항들을 정하고 있는 것으로 볼 수 있다. 특히 법률상 명확하게 표현되어 있지 않지만, 동법 시행령 제14조의2 제1항 제2호에서는 "개인정보를 수집한 정황 또는 처리 관행에 비추어 볼 때 개인정보의 추가적인 이용 또는 제공에 대한 예측 가능성이 있는지 여부"를 규정하여, 보다 엄격한 개인정보 추가처리 목적 양립 가능성 판단을 하고 있는 특징이 있다.

4. 개인정보 보호체계의 일원화

개인정보 보호법제의 중복 규제로서의 성격은 우리나라 개인정보 보호법제 개선 논의에 있어 핵심적인 논제였다. 이는 일반법인 「개인정보 보호법」이 개별 영역 특별법들에 비해 사후에 법제화됨으로써 발생했던 문제였다고 할 수 있다. 즉 아무리 일반법을 제정하여 국가 공동체 전체 차원의 개인정보 보호 수준을 높이고자 하더라도, 기존에 개별 영역에서 특별법들이 우선 적용되어 왔을 뿐만 아니라, 이러한 특별법들의 소관 부처들이 각기 개별적인 정책적·행정적 판단을 해 왔기 때문에, 개인정보 보호법제 집행상의 일원성과 그로 인한 효율성을 제고하기 어려운 측면들이 있었다.

이에 입각하여, 우선 현행 「개인정보 보호법」은 정보통신망법상에 존재해 온 개인정보 관련 규정들을 전면적으로 삭제하여 「개인정보 보호법」으로 사실상 이관하였다. 신용정보법의 경우에는 정보통신망법 수준으로 삭제 및 이관이 어려운 정황이 존재하여, 개인정보 규제 및 집행상의 일원성을 기하는 방향으로 내용이 개정된 것이다. 그런데 이런 법제 개선을 통한 일원화는 한계에 봉착할 수밖에 없는데, 그 이유는 개인정보 보호기구가 일원화되지 않는다면 개별 영역에서의 소관 부처들의 법 해석 및 집행 내용에서 차이가 재차 발생할 수밖에 없기 때문이다. 따라서 현행 「개인정보 보호법」은 개인정보보호위원회의 개인정보 보호기구로서의 역할과 위상을 실질화함으로써 이 문제를 해결하고자 했다.

> 제7조(개인정보 보호위원회) ① 개인정보 보호에 관한 사무를 독립적으로 수행하기 위하여 국무총리 소속으로 개인정보 보호위원회(이하 "보호위원회"라 한다)를 둔다.
> ② 보호위원회는 「정부조직법」 제2조에 따른 중앙행정기관으로 본다. 다만, 다음 각 호의 사항에 대하여는 「정부조직법」 제18조를 적용하지 아니한다. 〈개정 2020. 2. 4.〉
> 1. 제7조의8 제3호 및 제4호의 사무
> 2. 제7조의9 제1항의 심의·의결 사항 중 제1호에 해당하는 사항

위 규정에 따르면, 개인정보보호위원회는 소위 합의제 중앙행정기관으로 과거 심의·의결 등을 중심으로 하던 개인정보보호위원회에 비하여 그 기능과 위상이 강화된 측면이 있다. 특히 개인정보보호위원회는 국내에서 발생하는 개인정보 관련 사안에 관하여 정보주체의 권리침해 여부에 대한 조사는 물론이고, 이에 따른 처분권한까지도 가지게 되었다(동법 제7조의8 제3호).

이와 같은 법개정을 통해 개인정보보호위원회가 개인정보 보호기구로서의 실질

적인 위상을 정립했다고 볼 수는 있지만, 이에 대해서는 일부 비판도 이루어지고 있다는 점에 주목할 필요가 있다. 과거 「개인정보 보호법」에 따르면 개인정보보호위원회는 합의제 중앙행정기관이 아니었지만 대통령 소속기관이었던 데 반해, 개정법에 따르면 합의제 중앙행정기관이 되었지만 국무총리 소속 기관으로 격하되었다는 문제가 그것이다. 특히 개인정보 보호업무가 단지 민간영역을 대상으로만 하는 것이 아니라 정부부처 행정기관들도 중요한 규제 대상으로 한다는 점을 고려해 본다면 현행법의 향후 개선도 고려할 필요가 있을 것으로 보인다.

IV. 향후 개선을 위한 입법정책 방향

소위 데이터 3법 개정 과정을 거쳐 정립된 현행 「개인정보 보호법」 및 관련 법체계는 아직까지도 논란이 되는 부분들이 있기는 하지만, 전체적으로는 향후 우리나라 개인정보 보호법제의 방향성을 결정짓는 중요한 역할을 하게 될 것이라고 평가할 수 있을 것이다.

이제까지 개인정보 보호법제가 개인정보 보호라는 측면을 다분히 강조하는 엄격한 체계였다고 한다면, 데이터 3법 개정으로 인해 보다 유연하고 합리적인 개인정보 보호법제 논의가 이루어질 수 있는 환경이 구축된 것이다. 특히 이러한 개인정보 보호법제의 변화는 향후 우리나라의 데이터 경제 정책 운영과 관련하여 무의미한 획일적 규제가 아니라 실질적인 위험을 방지할 수 있는 위험기반 접근방식(risk-based approach)를 추구하여, 경제 및 산업의 활성화와 더불어 그 과정에서 실질적인 프라이버시 보호가 이루어질 수 있도록 하는 대안모색의 시발점으로서 기능할 것으로 보인다.

이상과 같은 의미에도 불구하고, 다음과 같은 논제들이 중장기적 관점에서 추가적으로 논의되어야 할 필요가 있을 것으로 판단된다.

첫째, 추가적인 법제 통합 또는 체계적 일원화 논의가 필요하다. 예를 들어, 이번 데이터 3법 개정 논의에 있어 위치정보법은 포함되지 못했다. 위치정보법은 개인정보 보호 사안에 있어 사실상 정보통신망법의 특별법으로 기능해 왔다는 측면에서, 당연히 이번 데이터 3법 개정과정에서 통합되었어야 하는 부분이다. 그러나 통합되지 못한 결과 위치정보에 관한 개인정보에 관해서는 개인정보보호위원회가 아니라 방송통신위원회가 소관 부처로서 기능하게 되었다. 물론 이러한 법제 통합은 단순히 물리적 통합만을 의미하는 것이 아니라, 중복 규제 또는 부처 간 관할 혼선을 극복할 수 있는 체계적 일원화(법제 간 정합성 확보)를 포함하는 것이다. 이렇게 본다면 위치정보법 이외에도 다양한 영역의 개인정보 유관 법제들이 통합될 가능성이 있는 것이 사실이다. 이를 통해 「개인정보 보호법」이 실질적인 일반법 또는 기본법으로 기능할 수 있도록 해야 할 것이다.

둘째, 실질적인 프라이버시 보호를 위한 개인정보 보호법제 발전을 도모할 필요가 있다. 현행 개인정보 보호법제는 개인 식별 가능정보, 즉 개인정보의 개념적 범주에 포섭되는 정보에 대해 법적 규제와 보호를 부여하는 체계를 취하고 있다. 그런데 당초 개인정보를 논하게 된 이유가 궁극적으로는 개인 사생활 보호, 즉 프라이버시의 측면을 고려한 것이라는 점에서, 단순히 개인 식별성 여부를 기준으로 형식적인 법적 판단을 할 것이 아니라, 실질적으로 관련 규제가 개인 사생활을 보호할 수 있는 것인지에 관한 원론적인 논제에 대해서도 본격적으로 논의를 시작해야 할 필요가 있다. 즉 개인정보 보호법제 논의는 개인 식별성이 없는 정보라고 할지라도 그것이 특정 정보주체의 프라이버시를 침해할 수 있는 것이라면, 이에도 당연히 주의를 기울여야 할 것이다.

셋째, 「개인정보 보호법」에 관한 입법기술(legislative technique)에 대한 본격적인 연구가 필요하다. 이번 데이터 3법 개정에서도 확인할 수 있는 바와 같이, 새롭게 도입하는 규제 내용들은 과거 전통적인 법적 규제 방식에는 적합하지 않은 측면이 있다. 즉 형식적이고 획일적인 요건을 강제하기보다는 다분히 맥락적이고 합리적인 판단, 즉 유연한 판단을 요청하는 경우가 많다. 데이터 3법 개정에서 예를 들어 보자면, 개인정보 보호법제 개편을 가명정보 개념을 중심으로 할 것인지 아니면 가명처리 개념을 중심으로 할 것인지, 정보주체의 동의 없는 개인정보의 수집·이용 및 제공의 기준을 어떠한 방식으로 규정할 것인지 등이 그것이다. 입법기술에 관한 연구와 고민이 없다 보니, 이러한 입법 실무에 있어서는 당연히 논란이 발생할 수밖에 없었다. 물론 이는 비단 개인정보 보호 사안에만 국한되는 것은 아니라고도 할 수 있다. 즉 유연한 규제 맥락을 요청하는 신기술(emerging technologies)을 포괄하는 대부분의 법제와 관련이 있다. 다만 개인정보 사안이 데이터 기술 활용에 있어 가장 선제적이고 중요한 논제로 등장하고 있기 때문에, 이러한 입법기술 분야 연구는 향후 전반적인 법체계 발전에 있어 매우 선도적이고 중요한 의미를 가질 것으로 판단된다.

이번 데이터 3법 개정은 우리나라 개인정보 보호법제 논의에 있어 중요한 계기를 제공해 준 것은 맞지만, 이것으로 모든 논의가 종결된 것은 아니다. 향후 보다 본격적인 입법 논의를 거쳐 보다 나은 개인정보 보호법제로 발전할 수 있기를 기대한다.

제10장　정보주체의 권리

김현경

(서울과학기술대학교 IT정책전문대학원 교수)

I. 들어가며

현행법상 정보주체의 권리의 근간은 인격권으로서 개인정보자기결정권이다. 그러나 현재의 개인정보 처리환경은 이러한 인격권에 그치지 않고 개인정보의 경제적 가치의 적극적 활용이 이루어지고 있다. 최근 경기도에서 지역화폐의 데이터를 비식별정보로 가공, 분석한 뒤 연구소, 기업 등에 판매하고 그 수익을 개인정보제공에 동의하고 이용실적이 있는 카드 36만782개 보유자에게 각 120원씩 배당하여 논란이 된 바 있다.[1] 즉 데이터를 가공, 활용하여 발생한 수익으로 데이터 생산자인 정보주체에게 지급하는 데이터 배당이 이루어진 것이다. 이처럼 개인정보가 재화처럼 거래되는 것은 비단 최근만의 일은 아니다. 이미 미국에서는 기업이 누군가를 고용하기 위해 구직자의 신용정보나 기타 정보를 유료로 제공받을 수 있는 데이터 브로커가 100년 이상 되면서 하나의 산업군으로 자리 잡았다.[2]

---

[1] 매일경제, 이재명, "데이터에서 나오는 이익, 제공자에게 돌려줘야", 2021. 9. 8. https://www.mk.co.kr/news/politics/view/2021/09/867842/(2022. 2. 28.확인)

[2] 데이터 브로커는 기업, 공공기관 등 특정 고객이 득하기를 원하는 개인정보를 보유하고 있으며 이를 기반으로 고객이 원하는 정보를 분석하여 제공한다. 이에 대한 자세한 내용은 김현경, "미국 '데이터 브로커' 제도의 국내법적 함의", 경제규제와 법 제11권 제2호, 2018. 11. 30.

그러나 개인정보는 다른 재화와는 달리 식별되는 개인 즉 정보주체의 인격적 요소가 내포되어 있다. 따라서 개인정보의 무분별한 거래와 처리에 대하여 정보주체가 통제할 수 있는 장치가 필요하다. 우리 법은 이러한 통제장치를 헌법상 기본권인 개인정보자기결정권이라 하고 이에 기반하여 「개인정보 보호법」에 정보주체의 권리를 규정하고 있다. 그러나 이러한 권리의 근저에는 본인이 식별되는 혹은 식별가능성이 있는 정보의 처리에 대하여 정보주체가 알고 대응하라는 의미의 통제권을 전제한 것이며 지식재산과 같은 적극적·배타적 이용·수익권을 인정하고 있다고 보기는 어렵다. 이러한 상황에서 최근 정보주체는 개인정보의 이용에 대한 수익을 데이터 기업이 독식하는 것에 대한 불만을 제기하며 개인정보에 대한 적극적 수익 추구 의사를 내보이고 있다. 특히 개인정보의 이용을 주된 영업 내용으로 하는 '마이데이터'사업을 가장 먼저 도입한 금융위원회가 개인정보 수집 등의 대가로 이용자에게 지불할 수 있는 최대 금액을 3만 원으로 정하는 등의 상황을 본다면[3] 더 이상 개인정보의 유상 거래는 부적절·은밀한 사업이 아닌 공공연한 기업활동이라고 볼 수 있다.

그러나 이러한 상황을 보면 개인정보의 경제적 가치의 활용이 이루어지고 있는 현실에 비해 정보주체의 권리 실행이 적절히 이루어지고 있는지는 의문이다. 또한 지나치게 많고 복잡한 개인정보 처리에 대하여 '동의'를 통해 적법하게 이용하려는 시도들은 이미 정보주체의 권리보장과 너무 멀리 와 있는 것 같다.[4] 그럼에도 불구하고 우리의 개인정보 보호법제는 오직 정보주체의 '사전 동의권'에 지나친 가중치를 두고 집행됨으로써 그 외의 권리의 실질화 방안이나 추가적 권리의 도입 필요성 등에 대하여는 여전히 미온적이다. 따라서 이하에서는 정보주체 권리의 법적 성격을 살펴보고

---

3) 신용정보업감독규정(금융위원회고시 제2021-57호, 2022. 1. 1. 시행, 2021. 12. 24, 일부개정)

　　제23조의3(본인신용정보관리회사의 행위규칙 등) ① 영 제18조의6 제1항 제11호에서 "금융위원회가 정하여 고시하는 행위"란 다음 각 호의 행위를 말한다.

　　7. 경제적 가치가 3만 원을 초과하는 금전·편익·물품 등(추첨 등을 통하여 제공할 경우 평균 제공금액을 의미한다)을 제공하거나 제공할 것을 조건으로 하여 자신에 대해 전송요구권의 행사를 유도하거나 본인신용정보관리 서비스의 가입 등을 유도하는 행위〈신설 2021. 9. 30.〉

4) 자세한 내용은 김현경, "개인정보 보호에 있어서 정보주체 '동의'의 딜레마", 성균관법학 제32권 제3호(2020.09) 참조.

권리의 내용을 상설한 뒤 최근 정보주체의 권리와 관련하여 제기되는 몇가지 쟁점을 검토한다.

II. 정보주체의 권리의 법적 성격

1. 법적 성격의 변화

과거 전통산업 기반에서도 개인정보를 신용 확인, 공적 업무의 수행을 위해 처리해 왔다. 19세기 후반 사생활의 비밀과 평온의 가치를 법적으로 보호해야 한다는 관념이 발생하였고, 보호할 가치 있는 개인의 사적 정보나 비밀에 '부당하게' 접근하거나 혹은 그것을 '부당하게' 공표(public disclosure) 또는 누설(divulge)하는 행위를 민·형사적 제재로써 금지하였다. 즉 방어가 주된 권리의 내용이었다. 그러나 1980년대 이후 정보기술이 발달하면서 국민의 안전, 복지, 사기·조세 포탈의 방지, 대국민서비스의 향상 등을 위한 개인정보의 적극적 처리가 이루어졌다. 또한 시장의 자원배분 효율화, 소비자의 편익, 혁신 서비스 개발 등 민간부문에서 개인정보 처리 역시 증가하게 되었다. 이러한 시기에 인격권의 일종으로서 정보주체의 권리를 규명하고자 하는 개인정보보호 법제의 발전과[5] 함께 개인정보자기결정권을 기본권으로 인정하게 되었다. 즉 개인정보 처리 과정에 정보주체의 적극적 참여를 보장하기 위한 것이다. 그러나 최근 AI·빅데이터 등 대용량 데이터 처리를 기반으로 하는 '데이터 경제'가 논의되면서 개인정보는 더 이상 방어와 참여의 대상을 넘어, 사용수익을 위한 권리를 인정

---

5) 1980년대 이후 국제기구들이 개인정보를 보호함과 동시에 개인정보의 국제적 유통을 원활히 하기 위하여, 1980년의 경제협력개발기구(OECD) 가이드라인, 1980년 유럽평의회(Council of Europe)의 개인정보보호협약, 1990년 국제연합(UN)의 가이드라인 등을 마련하였으며, 유럽에서는 최초로 서독의 Hessen주가 1970년에 데이터보호법(Datenschutzgesetz)을 제정한 이래, 1973년 스웨덴 개인정보보호법(Data Act of 1973), 1974년에 미국에서 공공부문 개인정보보호법인 연방프라이버시법(Privacy Act of 1974)이 제정되었다.

해야 하는지에 대한 논의로 이어지고 있다.

이처럼 정보기술의 발전과 개인정보의 처리가 정보주체에게 미치는 영향을 고려해 볼 때 정보주체의 권리의 보장 단계는 크게 세 단계로 나누어 볼 수 있다. 첫 번째 단계는 사생활 비밀 보호권 중심의 방어적 권리이다. 이러한 시기 관련된 기본권은 사생활의 비밀과 자유 보호(헌법 제17조), 통신비밀 보호(헌법 제18조), 주거에 대한 압수·수색에서의 영장주의(헌법 제16조) 등이라고 할 수 있다. 공개되어 있지 않은, 숨기고 싶은 개인의 '비밀'을 국가가 정당한 이유 없이 함부로 침해해서는 안 된다는 원칙이 권리로 반영된 것이다. 개인의 의사에 반하여 그의 동의 없이 사생활 비밀을 침해하고자 하는 경우, 국가는 국가안전보장·질서유지 또는 공공복리를 위한 정당한 이유를 제시하여 그 침해의 합법성(lawfulness)을 인정받아야 한다. 두 번째 단계는 참여적 권리의 보장이다. 인터넷을 기반으로 한 정보처리 기술과 서비스의 확산은 모든 거래 과정에서 개인정보가 필연적으로 수집되거나 생성될 수밖에 없는 상황이 초래되었다. 이러한 단계에서 정보주체의 권리는 단순히 방어적 권리로서 '사생활 비밀 보호'가 아니라 '잘못된 개인정보 처리로 인한 피해' 또는 '시민 감시' 등의 악용 가능성을 예방하기 위해 정보주체의 권리를 보장할 필요성에 기초한다. 따라서 개인정보자기'결정'권이라는 헌법상 권리를 인정하고 이러한 권리의 핵심은 어떤 상황에서 어느 정도 자신을 노출할 것인지 결정할 수 있는 권리이다. 이러한 과정에서 정보주체의 권리가 실현되기 위해서는 '결정'의 전제로서 개인정보 처리 과정에 대한 정보주체의 '인지 가능성'이 보장되어야 한다. 즉 처리 과정을 투명하게 공개하여야 하고, 그러한 투명성에 기반하여 정보주체가 개인정보의 처리상황을 인지하고 개인정보의 처리 여부를 허락하는 것이다. 이러한 과정을 보장하기 위해 동의권, 열람권, 정정·삭제 및 파기권, 처리정지권 등 현행의 법적 권리들이 도출된 것이다. 세 번째 단계는 이러한 참여적 권리를 넘어 적극적 사용·수익권의 보장이다. 앞서 언급하였듯이 이미 개인정보의 사용, 수익은 이루어지고 있다. 다만 이를 배타적 혹은 준물권적 권리를 인정하는지는 별개의 문제다.

현재의 정보주체의 권리 단계는 2단계 즉 개인정보 처리에 있어서 '참여적 권리'를 보장하는 단계라고 볼 수 있다. 이는 '개인정보자기결정권'이라는 인격권에 기반한 권리의 실현이다. 그러나 최근 개인정보에 대한 재화로서 경제적 가치 실현을 위해 소유권과 유사한 재산권을 인정할 필요가 있는지 등이 거론되고 있는 것을 볼 때 3단계 권리의 필요성에 대하여 논의할 필요가 있다.

개인정보자기결정권이 인격권이며 그에 기한 「개인정보 보호법」상 정보주체의 권리 역시 인격권으로 보는 것과 달리, 미국에서는 데이터 경제 이전에도 개인정보에 재산권을 인정해야 한다는 견해가 존재한 것으로 보인다.[6] 이들은 개인정보를 재산권의 객체로 인정하게 되면 오히려 정보주체의 관리 및 통제를 강화할 수 있다고 한다. 즉 시장에 의해 개인정보가 투명하게 관리되고 기업들과 협상을 통하여 처리범위를 결정함으로써 정보주체의 통제력이 오히려 증대된다고 본다.[7] 미국뿐만 아니라 유럽에서도 디지털 경제를 둘러싸고 개인정보에 대한 금전적 가치에 대한 논의가 진행되고 있다. 개인정보의 가격이 제시된다면, 개인들은 디지털 시장에서 그들의 영향력에 대하여 인지할 수 있게 되고 오히려 효과적으로 그들의 프라이버시를 보호할 수 있다는 것이다.[8] EU조차도 이러한 현실을 고려하고 있는 듯하다. 대표적인 예가 "디지털 콘텐츠 공급 계약에 관한 특정 측면에 관한 EU의 지침 제안"이다.[9] 가치 있는 온

---

6) Richard S. Murphy, Property Rights in Personal Information: An Economic Defense of Privacy, 84 Geo. L.J. 2381 (1996); Richard A. Posner, THE ECONOMICS OF JUSTICE (1981); Arslan Aziz and Rahul Telang, "What Is a Digital Cookie Worth?" Carnegie Mellon University(March 31, 2016). Available at SSRN: https://ssrn.com/abstract=2757325 등.

7) Richard A. Posner, The Right of Privacy, 12 Ga. L. Rev. 393, 1978; 정상조·권영준, "개인정보의 보호와 민사적 구제수단", 법조 제58권 제3호 통권 630호, 2009 참조.

8) Richard G. Newell, Juha V. & Siikamäki, "Nudging Energy Efficiency Behaviour: The Role of Information Labels", 2014 1 J. Association Environmental & Resource Economists 555, 593; Cristiano Codagnone, Francesco Bogliacino and Giuseppe Veltri, Testing CO2/Car labelling options and consumer information, Final Report (2013), available at https://www.researchgate.net/profile/Giuseppe-Veltri-2/publication/268074350_Testing_CO2Car_labelling_options_and_consumer_information/links/5460a1840cf2c1a63bfe475a/Testing-CO2-Car-labelling-options-and-consumer-information.pdf 2022.2.28. 최종확인; G Malgieri, and B. Custers. Pricing privacy - the right to know the value of your personal data, Computer Law & Security Review, 2018.

9) EC, Proposal for a DIRECTIVE OF THE EUROPEAN PARLIAMENT AND OF THE COUNCIL on certain aspects concerning contracts for the supply of digital content, COM(2015) 634 final. https://www.europarl.europa.eu/RegData/docs_autres_institutions/commission_europeenne/com/2015/0634/COM_

라인 콘텐츠를 무료로 제공할 경우, 공급자가 디지털 콘텐츠를 소비자에게 제공하거나 수행하는 계약에 제3(1)조가 적용되는데, 이 조문에 의하면 "대가를 지불하거나 소비자가 적극적으로 개인정보 또는 기타 데이터의 형태로 금전 이외의 다른 성과를 제공하도록" 정하고 있다. 이에 대한 설명(Recital 13)에 의하면 실제로 "디지털 경제에서 개인정보는 시장 참여자들에 의해 금전에 버금가는 가치를 가진 것으로 보여진다. 디지털 콘텐츠는 종종 가격에 대한 교환이 아니라 개인정보나 다른 데이터에 대한 접근 권한을 제공함으로써 금전 이외의 다른 기능에 견주어 공급된다. 이러한 특정 사업모형은 시장의 상당 부분에 서로 다른 형태로 적용되고 있다"고 밝히고 있다. 그러나 이는 유럽 일반개인정보 보호법(GDPR)과 충돌 소지가 다분하다. GDPR은 개인정보가 처리 목적과 관련된 범위 내에서 적절히 사용되어야 한다는 최소 처리의 원칙을 규정하고 있기 때문이다.[10]

우선 개인정보에 대한 정보주체의 재산권이 인정된다면 권리의 성립요건, 양도·상속성, 보호대상과 존속기간, 침해가 있는 경우의 구제수단 등을 구체적으로 규정하는 법률적인 근거가 마련되어야 한다. 또한 유명인 개인정보의 재산적 가치를 보호하기 위하여 최근 「부정경쟁방지 및 영업비밀보호에 관한 법률」에서 "유명인의 초상·성명 등 인적 식별표지를 공정한 상거래 관행이나 경쟁질서에 반하는 방법으로 자신의 영업을 위하여 무단으로 사용함으로써 타인의 경제적 이익을 침해하는 행위"를 부

COM(2015)0634_EN.pdf 2022. 2. 28. 최종확인.

해당 번역의 원문 : Recital (13) In the digital economy, information about individuals is often and increasingly seen by market participants as having a value comparable to money. Digital content is often supplied not in exchange for a price but against counter-performance other than money i.e. by giving access to personal data or other data. Those specific business models apply in different forms in a considerable part of the market.

Article 3 This Directive shall apply to any contract where the supplier supplies digital content to the consumer or undertakes to do so and, in exchange, a price is to be paid or the consumer actively provides counter-performance other than money in the form of personal data or any other data.

10) 즉 금전과 다른 수단으로 지불하는 것이 GDPR의 개인정보 처리의 합법적 목적에 해당되지 않는 한 개인의 이행을 위해 불필요한 데이터의 처리는 GDPR위반의 소지가 다분하다. Article 5(1)(c), GDPR.

정경쟁행위의 유형으로 신설(제2조 제1호 타목 신설)한 바 있다. 이에 대하여 개정 사유에서도 밝히고 있듯이 "퍼블리시티권이라는 독자적 재산권을 부여하여 보호하자는 논의가 제기되어 왔음에도 불구하고 데이터의 경우 「민법」상 물건에 해당하지 않아 소유권이 인정되기 어렵고, 초상 등의 경우도 일신전속적 성격상 권리의 양도·상속이 불가능하여 상표권과 권리충돌이 발생하는 등 그 특성상 복잡한 논란이나 부작용이 야기될 소지가 있어 독자적 재산권으로 인정하는 데 이르지 못하고 부정경쟁행위로 규정하는 것"에 그치게 된 것이다.[11][12]

그럼에도 불구하고 최근 신용정보법상 금융영역에 우선적으로 도입되고, 개인정보 보호법 개정안에도 도입하고 있는 '개인정보 이동권'의 경우 개인정보에 대한 재산적 가치의 활용을 더 용이하게 하는 수단임에는 틀림없다. 통상 재산권이 양도되면 양도인은 더 이상 그 재산에 대한 재산적 가치를 향유하지 못한다. 그러나 개인정보에 대한 권리는 재산권이 아닌 인격권을 표방하고 있으므로 '이용 허락'이 있을 뿐 권리의 '양도'라는 것이 불가능하다. 그러나 개인정보 이동권은 제3자에게 이전을 용이하게 함으로서 개인정보의 재산적 가치의 활용을 증진시킬 수 있다. 한편 최근 입법화된 「산업 디지털 전환 촉진법」 제9조는 "산업데이터를 생성한 자는 해당 산업데이터를 활용하여 사용·수익할 권리를 가진다"고 규정하고 있다. "산업데이터"는 "산업활동과정에서 생성 또는 활용되는 것으로서 광(光) 또는 전자적 방식으로 처리될 수 있는 모든 종류의 자료 또는 정보(법 제2조 제1호)"에 해당되므로 개인정보도 포함된다. 다만 다른 법률과의 관계(제4조 제2항)에서 "산업 디지털 전환과 관련하여 개인정보의 처리 및 정보주체의 권리 보장 등에 관한 사항은 「개인정보 보호법」에 따른다"고 규정하고 있으나, 「개인정보 보호법」은 정보주체의 권리로서 적극적 사용·수익권

---

11) 부정경쟁방지 및 영업비밀보호에 관한 법률(2021. 12. 7. 일부개정, 2022. 4. 20. 시행) 개정이유.

12) 그러나 저작권법 전부 개정안은 '초상 등'을 사람의 성명·초상·목소리 또는 그 밖에 이와 유사한 것으로 그 사람을 특정할 수 있는 것으로 정의하고(안 제2조), 초상 등이 특정하는 사람은 자신의 초상 등을 상업적 목적을 위하여 일반 공중에게 널리 인식되도록 하는 방법으로 이용할 수 있는 권리를 부여함으로써(안 제126조), 소위 퍼블리시티권을 배타적 권리로 인정하고 있다. 도종환 의원 대표발의, 2021. 1. 15. 의안번호 7440.

을 규정하고 있지는 않으므로 문언 해석만으로는 실제 개인정보의 수익에 대한 권리가 「산업 디지털 전환 촉진법」에 의해 규율될 수도 있다.

2. 개인정보자기결정권(인격권)

정보주체 권리의 권원에 대하여 헌법상의 기본권으로 인정되는 개인정보자기결정권을 구체화한 것으로 보는 견해가 다수다.[13] 판례와 학계 통설은 개인정보자기결정권의 법적 성격을 인격권으로 이해하는 데 일치하므로[14] 이를 구체화한 정보주체의 권리는 인격권이라고 할 수 있다. 즉 개인정보의 이용에 대해 스스로 결정하는 것 자체가 인격의 발현이며, 독일 역시 일반적인 인격권의 내용으로서 개인정보자기결정권을 인정한 바 있다.[15] 특히 독일에서 인격권은 국가권력에 대해서 뿐만 아니라 사인에게도 주장할 수 있는 대세적 효력이 인정된다는 것이 학설과 판례의 태도다.[16] 따라서 이에 대한 민사상 손해배상은 인격권 침해에 준하여 이루어지게 된다. 기존의 개인정보 침해가 주로 유출로 인한 인격권 침해에 대한 불법행위책임 논의가 주를 이룬 것도 이와 일맥상통하다.

이러한 인격권을 실현하기 위해 「개인정보 보호법」상 열거된 정보주체의 권리는 개인정보 수집 등 처리에 대한 동의권(또는 거부권)(「개인정보 보호법」제15조 및 제17조), 개인정보 열람 청구권(동법 제35조), 개인정보 정정 및 삭제 청구권(동법 제36조), 개인정보 처리정지요구권(동법 제37조)이다.

---

13) 권건보, "개인정보보호의 헌법적 기초와 과제", 저스티스 통권 제144호(2014. 10), 17-19면.

14) 문재완, "개인정보 보호법제의 헌법적 고찰", 세계헌법연구 제19권제2호, 2013, 279면

15) 권태상, "개인정보 보호와 인격권 : 사법 측면에서의 검토", 법학논집 제17권 제4호, 이화여자대학교 법학연구소, 2013, 77면, 93면.

16) 문재완, 앞의 논문, 276면.

Ⅲ. 정보주체의 권리의 내용

1. 현행법상 권리

(1) 동의권

개인정보 영역에서 '동의'는 지금까지 프라이버시권 또는 개인정보자기결정권을 구현하기 위한 핵심수단으로 여겨져 왔다. 혹자는 「개인정보 보호법」의 여러 법적 장치들 중에서도 동의제도는 개인정보자기결정권을 가장 직접적이고 구체적으로 구현하여 주는 제도라고 한다.[17]

개인정보의 수집·이용-제공-보관·파기 등 개인정보의 생성에서 파기에 이르는 생애주기관점에서 볼 때 동의는 모든 생애주기에 걸쳐 영향을 미친다.

우선 수집 단계에서 '고지-동의'는 민간에서 개인정보의 수집을 합법화·정당화시키는 핵심 절차이다(법 제15조 제1항 제1호). 단순히 동의하는 것이 아니라 동의와 관련하여 일련의 부가적 조치들이 취해져야 한다. 첫 번째 조치는 동의여부를 결정하는 데 있어서 판단기준이 되는 내용의 사전고지이다. 정보주체는 '동의'에 앞서서 i) 개인정보의 수집·이용 목적, ii) 수집하려는 개인정보의 항목, iii) 개인정보의 보유 및 이용 기간, iv) 동의를 거부할 권리가 있다는 사실 및 동의 거부에 따른 불이익이 있는 경우에는 그 불이익의 내용을 고지받아야 한다(제15조 제2항). 고지받은 사항을 기반으로 개인정보의 제공 여부를 판단하고 수집에 대한 동의 여부를 결정한다. 두 번째 조치는 정보주체가 필요 최소한의 정보에만 동의하여도 재화나 서비스의 제공이 거절되지 않는다는 사항에 대한 고지이다(제16조 제1항 및 제2항).

이용단계에서도 현행법은 개인정보처리자가 개인정보를 목적 외의 용도로 이용할 경우 정보주체의 '별도의 동의'를 받도록 규정하고 있다(제18조 제2항 제1호). 추가적 이용의 정당화 사유 역시 '정보주체의 동의'이다.

개인정보의 제3자 제공 역시 '동의'는 필수요건이다. 개인정보처리자는 정보주체

---

17) 권영준, "개인정보 자기결정권과 동의 제도에 대한 고찰", 법학논총 36(1), 2016.3, 697면.

의 동의를 받아야 개인정보를 제3자에게 제공할 수 있다(제17조 제1항). 동의를 받을 시 사전 고지사항은 '수집' 시와 거의 대동소이하다. 개인정보를 제공받은 자가 제공받은 목적 외 용도로 이용하거나 또 다른 제3자에게 제공하고자 하는 경우에도 정보주체로부터 '별도의 동의'를 받아야 한다(제19조 제1호).

개인정보의 파기단계에서는 동의를 구하는 규정은 없다. 다만 '수집' 단계에서 보유 및 이용기간을 특정하여 동의를 받아야 하므로 수집 시 동의한 기간이 경과하면 파기는 당연한 의무가 된다. 따라서 파기는 수집 시 동의받는 보유기간과 연동하여 정보주체의 동의 의사가 간접적으로 반영된다고 볼 수 있다.

개인정보의 일련의 생애주기에 있어서 그 처리는 정보주체의 '동의'에 의해 영향을 받는다. 수집단계의 구체적 '고지-동의'에 이어, 이용단계에서도 추가적 동의가 지속적으로 발생하며, 하물며 이미 실행중인 동의를 철회할 수 있을 뿐만 아니라 처리중지요청도 가능하다. 수집 시 동의한 기간에 연동되어 파기의무가 발생하며, 제3자 제공의 경우에도 '동의'가 필요하다.[18]

(2) 열람권

개인정보보호법은 "정보주체는 개인정보처리자가 처리하는 자신의 개인정보에 대한 열람을 해당 개인정보처리자에게 요구할 수 있다"고 규정하고 있다(제35조 제1항). 이러한 권리는 i)법률에 따라 열람이 금지되거나 제한되는 경우, ii)다른 사람의 생명·신체를 해할 우려가 있거나 다른 사람의 재산과 그 밖의 이익을 부당하게 침해할 우려가 있는 경우, iii)조세·입시·자격심사 등 공공기관의 업무수행에 중대한 지장을 초래하는 경우에는 정보주체에게 그 사유를 알리고 열람을 제한하거나 거절할 수 있다(제35조 제4항).

실태조사에 의하면 이러한 열람을 경험한 정보주체는 28.2%에 그치고 있다.[19] 특히 최근 CCTV에 대한 열람요구가 많이 발생하고 있는데 실태조사에 의하면 CCTV

---

18) 김현경, "정보주체의 권리보장과 '동의'제도의 딜레마", 성균관법학 제32권 제3호(2020. 09), 101-114면.
19) 개인정보보호위원회, 2021 개인정보보호 실태조사, 2021, 145면.

영상정보의 열람 요구를 거부한 이유로 민간기업의 경우 38.9%가 '열람과 관련된 업무를 수행할 예산·인력이 없거나 부족해서'가 가장 높게 나타났으며, '열람 신청한 정보주체 이외의 사람들에 대한 블라인드 처리 기술이 없어서'도 35.6%로 높게 나타났다. 공공기관에서 CCTV 영상정보의 열람 요구를 거부한 이유로는 '열람 신청한 정보주체 이외 사람들에 대한 블라인드 처리기술 부재'와 '삭제하여 데이터가 없어서'가 각각 28.2%로 가장 높게 나타났다. 이러한 사유가 법률상 열람을 거절할 수 있는 사유가 아님에도 불구하고 실재 정보주체의 열람권 행사는 어려움을 겪고 있는 것으로 추정할 수 있다.

(3) 정정·삭제권

정보주체는 개인정보처리자가 처리하는 자신의 개인정보에 대한 열람을 해당 개인정보처리자에게 요구할 수 있고(제35조 제1항), 개인정보를 열람한 이후 개인정보처리자에게 그 개인정보의 정정 또는 삭제를 요구할 수 있다. 다만, 다른 법령에서 그 개인정보가 수집 대상으로 명시되어 있는 경우에는 그 삭제를 요구할 수 없다(제36조 제1항). 개인정보처리자는 정보주체로부터 개인정보의 삭제요구를 받으면, 다른 법령에 특별한 절차가 규정되어 있는 경우를 제외하고는 지체없이 그 개인정보를 조사하여 정보주체의 요구에 따라 정정·삭제 등 필요한 조치를 한 후, 그 결과를 정보주체에게 알려야 하는데(동조 제2항), 개인정보를 삭제할 때 복구 또는 재생되지 않도록 조치하여야 한다(동조 제3항). 법상 인정되는 정보주체의 정정·삭제권은 열람권 행사를 전제로 하고 있으므로 후술하는 잊힐 권리라 불리우는 '본인정보 삭제요구권'과는 구분된다. 이러한 정정·삭제권 역시 정보주체의 행사 경험은 27.5%인 것으로 나타난다.[20] 이는 열람권과 연동하여 행사할 수밖에 없으므로 열람권 내에서 행사되고 있는 것으로 보여진다. 이러한 정정·삭제요구에 대하여 61%는 즉시 처리되며 처리되지 않는 경우도 9.2%에 이른다.

---

20) 개인정보보호위원회, 앞의 실태조사, 145면.

(4) 처리정지권

정보주체는 개인정보처리자에 대하여 자신의 개인정보 처리의 정지를 요구할 수 있으며(법 제37조 제1항), 이러한 요구를 받은 개인정보처리자는 지체 없이 정보주체의 요구에 따라 개인정보 처리의 전부를 정지하거나 일부를 정지하여야 한다(제37조 제2항). 다만 정보주체의 처리요구를 거절할 수 있는 경우로서 i)법률에 특별한 규정이 있거나 법령상 의무를 준수하기 위해 불가피한 경우, ii)다른 사람의 생명·신체를 해할 우려가 있거나 다른 사람의 재산과 그 밖의 이익을 부당하게 침해할 우려가 있는 경우, iii)공공기관이 개인정보를 처리하지 아니하면 다른 법률에서 정하는 소관업무를 수행할 수 없는 경우, iv)개인정보를 처리하지 아니하면 정보주체와 약정한 서비스를 제공하지 못하는 등 계약의 이행이 곤란한 경우로서 정보주체가 그 계약의 해지 의사를 명확하게 밝히지 아니한 경우를 규정하고 있다. 한편 실태조사에 의하면 이러한 처리정지를 경험한 경우 역시 19.2%밖에 되지 않으며, 특히 11.1%는 처리되지 않고 있는 것으로 나타났다.[21]

이러한 권리들을 요구하지 않은 이유에 대하여 '요청할 사유가 발생하지 않아서'(58.8%) 요구하지 않았다는 응답이 가장 많았고, '신청하는 절차가 번거로워서'(34.0%)도 비교적 많았다.[22] 요청할 사유는 특별히 법에 규정된 것이 아니라, 정보주체가 자율적으로 정할 수 있는 사안인데도 불구하고 권리요구를 하지 않는 것은 앞서 언급한 '인지'의 문제가 관련이 있다고 보여진다. 정보주체 입장에서 자신의 개인정보 처리의 내용과 범위 그리고 정보주체에게 미칠 영향에 대한 인지가 부족하므로 군이 이러한 권리행사의 필요를 느끼지 않을 수 있다. 결국 정보주체의 주된 권리 행사는 '동의' 중심으로 실행되고 있으며, 그 이외의 권리 실행은 저조하다고 볼 수 있다.

---

21) 개인정보보호위원회, 앞의 실태조사, 145면.
22) 개인정보보호위원회, 앞의 실태조사, 149면.

2. 새로운 권리

(1) 개인정보 이동권

개인정보 이동권(Right to data portability)은 본인에게 본인정보를 전송해 줄 것을 요구하는 '다운로드권'과 본인정보를 제3자에게 전송할 것을 요구하는 전송요구권이 주된 내용이다. 이는 EU의 일반정보보호법(General Data Protection Regulation, 이하 "GDPR")에 의해 최초로 도입되었다. GDPR Article 20(1)에서는 "개인정보주체는 해당 개인정보를 처리한 개인정보처리자(data controller)에게 제공한 본인에 관련된 개인정보를 체계적이고, 통상적으로 사용되며 기계 판독이 가능한 형식으로(a structured, commonly used and machine-readable format) 수령할 권리가 있으며, 개인정보를 제공받은 개인정보처리자로부터 방해받지 않고 다른 개인정보처리자에게 해당 개인정보를 이전할 권리를 가진다. 단, 이러한 권리는 해당 개인정보가 정보주체(data subject)의 동의(민감정보 처리에 관한 동의 포함)에 근거하여 또는 관련 정보주체와의 계약의 이행(계약체결 전 그 개인정보주체가 요청한 조치를 취하는 것 포함)을 위하여 자동화된 수단으로 처리된 경우에 한한다."고 규정하고 있다.

우리나라의 경우 개인정보 이동권은 「신용정보법」에서 먼저 구현되었다.[23] 금융위원회는 개인정보 이동권 도입의 근거로서 앞 문단에서 본 GDPR의 개인정보 이동권 도입취지와 동일한 취지를 설명하였지만,[24] 실제로는 본인신용정보관리업(즉, 마이데이터)을 가능하게 하도록 하기 위한 고려가 우선적으로 작용한 것으로 판단된다.[25]

대상이 되는 정보는 GDPR의 경우 (i) 정보주체로부터 제공받은 정보 또는 해당 개인정보주체와의 계약의 이행을 위하여 수집한 정보일 것과 (ii) 자동화된 수단으로

---

23) 신용정보법 및 이하에서 언급할 「개인정보 보호법」에서는 "개인정보 전송요구권"이라는 이름으로 도입되었으나, 이 글의 목적상 개인정보 이동권으로 부르기로 한다.

24) 금융위원회 보도자료, "금융분야 데이터활용 및 정보보호 종합방안" (2018. 3.) 23면 참조. http://www.fsc.go.kr:8300/v/pYJUoTxIKij

25) 이 점은 후속 보도자료를 보면 더 분명하다. 금융위원회 보도자료, "금융분야 마이데이터 산업 도입 방안" (2018. 7) 16면 참조. http://www.fsc.go.kr:8300/v/p0kUXIXhJid

처리한 정보일 것이라는 요건을 제시하고 있으며, 공공기관이 보유한 정보는 제외된다. 우리나라의 「신용정보법」 역시 대동소이하다. 한편 국회에 2021. 9. 28.에 제출된 「개인정보 보호법」 개정안은 제35조의2에서 개인정보 이동권을 도입하고 있다.

(2) 잊힐 권리

잊힐 권리는 우리 실정법상 법률용어가 아니라 2012년 1월 25일 공표한 유럽연합(EU)의 「개인정보의 처리에 관한 개인의 보호 및 개인정보의 자유로운 유통에 관한 규칙(안)」의 'the right to be forgotten and to erasure'를 번역한 용어이다. 이후 「EU 개인정보보호 일반규정(General Data Protection Regulation)」(이하 'GDPR'이라 한다) 제17조는 '삭제권(Right to erasure)'이란 표제 아래 '잊힐 권리'(right to be forgotten)'를 부제로 하여, "정보주체는 정보처리자에게 자신에 관한 개인정보의 삭제권을 행사할 수 있고, 이에 따라 정보처리자는 동조에서 규정하고 있는 요건이 충족되면 지체없이 해당 개인정보를 삭제할 의무를 가지게 된다."고 규정하고 있다.[26][27]

주요내용으로는 크게 삭제요구권, 검색차단(요구)권을 그 중심내용으로 볼 수 있고 추가적으로 '사정변경사실 고지(요구)권' 정도를 추가할 수 있다. 삭제요구권은 가장 기본적인 내용으로 정보주체가 스스로 생성했던 정보를 직접 삭제할 수 있도록 요

---

26) 박노형 외 8인, 「EU개인정보 보호법─GDPR을 중심으로」, 박영사, 2017, 143면; 박용숙, "한국에서의 잊혀질 권리에 관한 소고─논의 현황과 나아갈 방향 모색을 중심으로", 「강원법학」 제49권, 2016, 56면.

27) 삭제권은 스페인 변호사 마리오 곤잘레스 사건으로부터 도입된 개념이다. 곤잘레스는 16년 전에 자신이 파산했던 일에 대한 기사가 여전히 구글 검색엔진을 통하여 공개되자 사생활 침해를 이유로 구글 및 기사가 게재된 신문사를 대상으로 삭제 소송을 제기하였다. 이에 유럽사법재판소(European Court of Justice: 이하 'ECJ'라 한다)는 구글에게 정보주체의 이름이 포함된 검색결과로부터 특정 링크를 삭제할 것을 요구할 권리(Right to be Delisted)를 인정하여 구글에 관련 링크를 삭제할 것을 선고하였다. 해당 판결은 EU의 개인정보보호지침(directive) 제12조 (b)호의 삭제권 및 제14조 제1문 (a)호의 거부권의 적용요건과 판단기준에 근거하였는데, 잊힐 권리의 근거를 개인정보보호 차원에서 전개하였다는 점, 책임의 주체를 개인정보처리자(Controller)인 검색엔진에게 부과한 점, 이 판결을 계기로 잊힐 권리가 중요한 이슈로 떠오르게 되었다는 점 등에서 큰 의미가 있다(박노형 외 8인, 상게서, 145면; 황창근, "잊혀질 권리의 국내 적용과 법제화의 한계", 「홍익법학」 제17권 제1호, 2016, 304-306면 참조).

구할 수 있는 권리이다. '검색차단권'은 자신이 직접 해당 자료의 검색을 차단하도록 조치를 취할 수 있는 권리이고 '검색차단요구권'은 정보통신서비스제공자 또는 인터 넷망사업자와 같은 타인에게 자신과 관련된 정보의 검색을 차단하도록 요구할 수 있는 잊힐 권리의 내용이다. 또한 사정변경사실의 고지권은 사정변경된 내용을 고지함으로써 이전의 사실이 삭제되도록 하는 조치를 작성자가 스스로 취하거나 혹은 해당 자료의 생성자나 ISP 등에게 요구할 수 있는 권리를 말한다. 어떤 정보가 처음 생성될 당시에는 문제가 없었을지라도 시간이 지난 후 사정변경으로 인하여 과거에 생성된 정보가 정보주체에게 피해를 주는 경우가 있다. 이러한 경우 정보주체는 해당 자료를 삭제하거나 혹은 검색차단을 통하여 해결할 수도 있지만, 그것만으로는 충분하지 않을 경우 사정변경된 내용을 고지함으로써 이전의 사실을 잊히게 할 필요가 있다.[28]

앞서 언급한 개인정보 보호법상의 정정·삭제권과의 차이는 잊힐 권리는 잘못된 정보의 시정이나 삭제요구가 아니라, 정당한 정보임에도 상당한 기간의 도과 등으로 정보주체의 인격이나 왜곡표현 등에 대하여 정보주체를 보호하기 위하여 요구할 수 있는 권리라는 점이다.[29] 또한 특정 게시물의 삭제를 요청하는 경우, 그 게시물을 작성한 사람이 개인정보처리자일 가능성은 낮으며, 그 게시물은 개인정보처리자가 수집·이용·제공하는 개인정보가 아니므로, 개인정보법상 삭제청구권의 대상이 되지 않는다.[30] 게다가 다른 법령에서 수집대상으로 명시되어 있는 경우에는 삭제요구를 할 수 없다고 규정하고 있다는 점에서 오히려 삭제를 요구할 수 없는 예외의 경우가 더 많아질 수 있는 구조다.[31] 또한 잊힐 권리의 범위는 검색엔진서비스상의 검색결과 삭제를 의미한다는 점에서 개인정보 보호법상 삭제, 정정, 차단요구권과는 다른 내용으로 볼 수 있으며, 개인정보 보호법상 개인정보처리자는 정보주체로부터 직접 제공

---

28) 조소영, "잊혀질 권리 ─ 정보의 웰다잉(well-dying)을 위한 법리 검토", 공법연구 제41집 제2호, 2012, 450-451면.

29) 박용숙·김학성, "잊혀질 권리에 관한 헌법적 고찰", 「헌법학연구」 제21권 제1호, 2015, 326면.

30) 이소은, "개인정보자기결정권의 민사법적 보호", 서울대학교 법학전문대학원 박사학위 논문, 2018, 266-267면.

31) 조소영, 전게논문, 448면.

받은 개인정보에 대한 삭제요구권의 의무를 지게 되는 것이므로 잊힐 권리에서 요구하는 검색엔진 서비스 운영자의 의무와는 다르다. 따라서 개인정보 보호법상 잊힐 권리를 추가적으로 반영하기 위해서는 잊힐 권리로 인하여 보호받는 범주 안에 포함될 수 있도록 개인정보의 범위를 다시 정하고, 검색엔진의 운영자도 개인정보처리자로 포함시켜야 하는 등의 작업이 필요하다.[32]

우리나라도 2013년 2월에 이노근 의원이 대표발의하여 적어도 자신이 직접 작성한 게시물에 대해서는 그 통제권의 행사가 가능하도록 정보통신망법을 개정하고자 하는 시도[33]가 있었고, 현재는 폐지된 조례지만 2015년에는 강원도가 「잊혀질 권리 확보 사업 지원 조례」를 의결 공표하여 잊힐 권리를 법제화하기도 하였다. 2016년에는 방송통신위원회가 '인터넷 자기게시물 접근배제요청권 가이드라인'을 발간하여 자기게시물에 대한 통제권을 보장해 주기 위한 노력을 진행중이다.

(3) 공공부문과 민간부문의 차이

공공부문은 행정기관 등이 공익 수행을 위하여 권력적 또는 비권력적 행정조사를 통하여 국민의 개인정보를 수집, 활용하는 과정에서 개인정보의 침해를 가져올 수 있다.[34] 반면 사적 영역에서 개인정보를 제공하는 이유는 무료 서비스 이용에 대한 대가일 수도 있으며, 물건을 구매하기 위한 경우 등 대체로 영업활동의 일환으로 이루어지게 된다. 특히 공공부문은 개인정보처리자와 정보주체의 불평등관계를 전제로 하므로 정보수집과 이용에 대한 국민의 막연한 불안감은 상시 존재하게 된다. 무엇보다도 디지털 정부시대의 효율적 행정의 실현을 위해서는 필연적으로 개인정보를 분석·가공하게 되고 다른 기관과 주고받는 절차도 필요하게 된다. 디지털 정부에서는 기존의 수기정부에서보다 국민 개인에 대한 정보처리가 신속하고 광범위하며 권

---

32) 김갑석, "유럽에서의 잊힐 권리의 전개와 한국에서의 법제 제도화 방안", 「유럽헌법연구」 제25호, 2017, 73면.

33) 이노근 의원 대표발의안(의안번호 1904361) 정보통신망 이용촉진 및 정보보호 등에 관한 법률 일부개정법률안(이노근 의원 등 10인)

34) 김민호, "공공부문 개인정보보호법제의 현황과 과제", 토지공법연구 제37집 제1호, 213면.

력에 의한 개인통제가 더욱 손쉬워진다. 정보화는 국가과정의 측면에서 관료들이 가지는 전문·기술성과 결합하여 개인에 대한 정보를 취급자의 자의에 따라 무분별하게 이용할 수 있다는 문제를 안고 있다.[35] 이러한 문제점은 정보주체의 입장에서 모든 사적 사항들이 국가에 노출됨을 의미하며 언제나 감시와 감독의 대상이 된다는 우려를 표시하고 더 나아가 국가가 국민의 인식과 이를 바탕으로 하는 사고 및 행위까지도 통제할 수 있다는 인식을 심어 줄 수 있다.[36][37] 따라서 개인정보의 이용 또는 활용과 정보주체의 권리구제방안의 명확한 법정화를 통한 행정의 효율성 확보가 중요하다. 후술하듯이 사적 거래에 있어서 개인은 계약에 의해서 개인정보를 수집, 처리할 수 있는 반연, 국가는 법률의 근거 없이 개인정보를 조사, 처리할 수 없다.[38] 또한 행정조사를 통하여 국민의 개인정보를 수집, 활용하는 과정에서 개인정보의 침해를 가져올 수 있는바, 이에 대해서는 철저한 사전, 사후 평가 및 통제시스템을 보유하고 있어야 하며 정부부처 간의 이해관계 및 상하관계를 초월하는 강력한 조정권한을 가진 통제장치가 필요하다.[39] 특히 법위반 시 실효성 있는 제도 마련이 필요하다.

　　반면 민간부문에서 개인정보의 처리는 사적자치의 원칙과 사적자치의 실천원리

---

35) 한상희. "정보화와 헌법", 디지털시대의 헌법질서. 공동학술세미나 자료집(2002. 11. 7), 정보통신정책연구원·중앙대학교 법학연구소, 2002, 30면.

36) 한상희. 앞의 논문. 30면.

37) 이른바 교육행정정보시스템(NEIS) 사태라고 불리는 교육정보화 사업에서 나타난 문제점이 그 대표적인 사례라고 할 것이다. NEIS는 교원의 업무경감과 교육의 질 향상, 학부모와의 정보공유, 대국민 만족도 제고, 그리고 교육행정의 생산성 향상 등 청사진을 갖고 출발하였으나 개인정보침해 등 인권침해라는 주장에 부딪쳐 난항을 겪었다. 전자정부를 구현하면서 주권자의 신뢰를 얻는 노력이 얼마나 중요한가를 잘 보여 주는 사례이다. 이에 대한 평가로 황주성/최선희, "전자정부 사업과 개인정보보호 이슈—NEIS를 중심으로—KISDI 이슈리포트", 정보통신정책연구원, 2003 ; 조화순, "거버넌스 관점에서 본 NEIS 갈등사례 연구". 정보화정책 2004년 봄호, 한국전산원, 2004 ; 임규철, "NEIS와 개인정보자기결정권—국가인권위원회의 NEIS 결정을 중심으로", 인권과정의 323호, 2003 등이 있다.

38) 김일환·김민호, "개인정보보호기구 법제정비의 원칙과 방향에 관한 공법체계적 고찰", 토지공법연구 제36집, 2007. 5, 255면.

39) 김일환·김민호, "개인정보보호기구 법제정비의 원칙과 방향에 관한 공법체계적 고찰", 토지공법연구 제36집, 2007. 5, 255면.

로서 계약자유의 원칙은 기본적으로 전제되어 있다. 사적 관계의 영역에 있어서 각자는 자기의 자유로운 의사에 따라 타인과의 사이에 계약을 맺음으로써 그 타인에 대하여 의무를 부담하거나 권리를 취득하게 되며, 이처럼 사적인 법률관계에 관하여 사인들의 합의에 기하여 형성된 법률관계에 대한 국가의 간섭을 원칙적으로 포기하고 그 범위 안에서 당사자의 합의에 우선적으로 법적 효력이 부여되어야 한다. 그러나 개인정보자기결정권은 비단 공공부문에서만 구현되어야 하는 것이 아니라 공사영역 구분 없이 적용되는 것이다. 공공부문에서의 개인정보자기결정권의 구현은 국가와 국민 즉 정보처리자와 정보주체 간의 수직적 관계에서 구현되어야 하며, 사적 영역에 있어서는 양자의 수평적 관계를 기반으로 한다.

현행 개인정보 보호법은 정보주체의 권리를 이렇게 공공영역과 민간영역의 구분 없이 개인정보자기결정권의 구현 측면에서 열거하고 있다. 그러나 개인정보 처리의 적법 요건으로서 개인정보보호법 제15조는 정보주체의 동의 없이 개인정보를 수집할 수 있는 경우로서 다섯 가지를 나열하고 있으며, 법률에 특별한 규정이 있거나 법령상 의무를 준수하기 위하여 불가피한 경우(제15조 제1항 제2호), 공공기관이 법령 등에서 정하는 소관 업무의 수행을 위하여 불가피한 경우(제15조 제1항 제3호), 사전동의를 받을 수 없는 경우로서 명백히 정보주체 또는 제3자의 급박한 생명, 신체, 재산의 이익을 위하여 필요하다고 인정되는 경우(제15조 제1항 제5호)는 공익과 관련된 부분으로 공법적 관계에 해당되는 부분이라고 할 수 있다. 반면 정보주체와의 계약의 체결 및 이행을 위하여 불가피하게 필요한 경우(제15조 제1항 제4호), 개인정보처리자의 정당한 이익을 달성하기 위하여 필요한 경우로서 명백하게 정보주체의 권리보다 우선하는 경우(제15조 제1항 제6호)는 사인 간 계약에 의해 해결되어야 하는 부분이다. 특히 계약의 체결을 위한 개인정보의 제공 역시 개인정보 제공을 내용으로 하는 별도의 계약으로 볼 수 있으며 실무상으로는 대부분 약관이라는 계약절차에 의해서 이루어진다.

IV. 향후 쟁점

1. 사전 동의의 실효성

(1) 동의의 전제로서 '정보주체의 인지'의 한계

앞서 언급하였듯이 정보주체의 참여적 권리는 기존의 방어적 권리로서 '사생활 비밀 보호'가 아니라 어떤 상황에서 어느 정도 자신을 노출할 것인지 결정할 수 있는 권리다. 이러한 참여적 권리(개인정보자기결정권)를 실현하기 위해 현행법은 개인정보 수집 등 처리에 대한 동의권(또는 거부권), 열람 청구권, 정정 및 삭제(파기) 청구권, 개인정보 처리정지요구권을 열거하고 있다. 정보주체의 이러한 권리가 실현되기 위해서는 '결정'의 전제로서 개인정보 처리과정에 대한 정보주체의 '인지'가 가능해야 한다. 즉 처리 과정의 투명성, 그러한 투명성에 기반한 정보주체의 인지, 그리고 이러한 인지를 바탕으로 정보주체가 동의권, 열람권, 정정·삭제권, 처리정지요구권 등을 행사하는 것이다.

그러나 정보주체의 인지 가능성은 이미 기술적 그리고 법·사회적 측면에서 한계에 달하고 있다.[40] 인지와 관련해서 문제 되는 사항은 다음과 같다. 우선 첫 단계로 '고지사항'의 복잡·광범위성이다. 개인정보의 처리 전에 개인정보처리자의 '고지'에 의해 '인지'가 이루어지게 된다. 처리 중에 처리목적, 범위 등이 변경되면 여러 변경된 사항에 대하여 고지하게 된다. 그러나 이와 관련하여 AI/클라우드컴퓨팅 환경에서 개인정보의 처리 목적과 내용을 모두 고지사항에 명확히 담기 어렵다. 또한 빅데이터 분석과정에서 데이터 처리 목적이 재설정될 수 있고 이러한 변동을 일일이 처음 고지에 담기 어렵다. 그리고 인공지능에 의한 데이터 처리는 데이터 처리과정이 불투명하고 왜 그러한 결과값이 도출되었는지 설명하기 어렵다[인공지능의 '블랙박스 효과(black-box effect)].[41] 뿐만 아니라 개인정보의 수집이 무의식적으로 전방위에서 이루어지는

---

40) 자세한 내용은 김현경, "정보주체의 권리보장과 '동의'제도의 딜레마", 성균관법학 제32권 제3호 (2020. 9) 참조.

IoT환경에서 개인정보의 처리 목적과 방법, 범위 등을 특정하여 일일이 사전고지하는 것은 곤란하다.

둘째, 고지에 대한 정보주체의 '이해능력'의 문제다. 어떻게든 고지사항에 정보주체의 권리행사에 영향을 미치는 주요한 사항을 모두 깨알같이 담았다고 해서 과연 정보주체가 이러한 기술적·계약적 복잡한 사항을 모두 충분히 이해할 수 있는가의 문제이다. 우선 고지사항이 너무나 많으며 전문가가 아닌 한 이러한 고지가 정보주체 본인에게 미치는 영향을 충분히 이해하기에는 무리다.[42)43)] 기존 정보를 분석하여 얻을 수 있는 새로운 정보의 유형과 예측의 종류는 너무 광범위하고 복잡하며, 빠르게 진화한다. 따라서 정보주체는 이와 관련된 위험과 혜택을 완전히 평가할 수 없다. 내용 자체가 본질적으로 기술적 세부사항과 상세한 법적 내용으로 기술될 수밖에 없으므로 평균 이용자가 이해할 수 있는 범위를 넘어선다.[44)] 따라서 정보주체는 본인들의 권리 집행과 무관하게 개인정보 처리와 관련된 고지사항을 읽지 않고 그냥 동의하게 된다.[45)]

(2) 동의 중심의 문제

'동의'는 지금까지 「개인정보 보호법」의 여러 법적 장치들 중에서도 개인정보자기

---

41) ICO, Big data, artificial intelligence, machine learning and data protection, 2017, at 10-12.

42) 사람들이 실제로 이러한 사항을 모두 읽는다면 연간 244시간을 소요해야 한다는 연구결과도 있다. McDonald, A. M.and L. F. Cranor, "The Cost of Reading Privacy Policies ," I/S Journal for Law and Policy for the Information Society4(3). 2010 at 543-68. www.aleecia.com/authors-drafts/readingPolicyCost-AV.pdf 2022. 2. 28. 최종확인.

43) 일례로 부동산 매매의 경우 하자 담보에 대한 사항, 추후 채무불이행에 대한 사항 등의 기본적 법리를 인지하게 되며 결정적으로 매매의 결과 집에 대한 소유권이 이전된다는 법률효과를 명확히 인지할 수 있다. 그러나 정보 주체는 고지사항을 읽는다 할지라도 개인정보의 처리 결과 본인에게 어떤 상황이 발생할지 적절히 평가할 만큼 전문적이지 못하다.

44) Toubiana, V. and H. Nissenbaum, "An Analysis of Google Logs Retention Policies," Journal of Privacy and Confidentiality 3(1) Article 2, 2011, at 3-26 .

45) Omri Ben-Shahar & Carl E. Schneider, The Failure of Mandated Disclosure, 159 U. PA. L. REV. 647, 2011 at 665-78; 김현경, 앞의논문(주 5) 참조.

결정권을 가장 직접적이고 구체적으로 구현하여 주는 제도로 인식되어 왔다.[46]

그러나 '정보주체의 인지 한계'는 '동의'의 유효성과 바로 연결된다. 동의의 조건과 내용을 이해하고 동의하여야 법적으로 완전히 유효한 동의라고 할 수 있다. 그러나 앞서 언급하였듯이 기술 및 법적·사회적 환경으로 인해 현실적으로 정보주체가 고지에 대하여 충분한 이해하기란 매우 힘든 일이다. 더욱이 정보주체와 개인정보처리자와의 정보의 비대칭성 역시 실질적 '동의'를 가능하게 하는지 의문이다. 정보주체가 개인정보를 제공하는 상대방은 우리의 개인정보를 대부분 가지고 있는 '국가/공공'이거나, 개인정보 처리기술과 서비스에 능통한 '데이터 기업'이다. 또한 정보주체는 어떤 기업이 개인정보 보호조치를 적절히 취하고 있는지도 정확히 알 수 없다.

뿐만 아니라 동의가 실질적으로 유효하기 위해서는 처음 동의할 당시의 진정한 의미의 동의권의 구현 못지않게 동의의 취소 역시 적절히 집행될 수 있어야 한다. 동의가 완전히 취소된다는 것은 처리된 개인정보가 모두 삭제되어야 함을 의미한다. GDPR 역시 개인정보를 삭제하지 아니할 합법적 이유가 없는 한 동의의 취소 후 즉각적인 개인정보 삭제를 요구하고 있다. 그러나 이미 제공된 개인정보에 대한 완전한 삭제는 현실적으로 불가능하며 바람직하지도 않으며 관행적으로 이러한 의무가 항상 쉽게 준수될 수 있는 것은 아니다. 개인정보가 이미 공개되었을 때 동의의 취소를 이유로 공개된 개인정보의 삭제를 요구할 수 있는가? 일명 '잊힐 권리'가 논의되고 있지만 모든 국가가 권리로 인정하고 있지는 않다.

2. 개인정보 소유권 논쟁

개인정보에 대한 소유권이 가능하다면 재산적 가치의 활용이 극대화될 수 있다고 본다. 개인정보에 대한 배타적 재산권으로서 소유권에 대한 논쟁 역시 이미 수십 년간 진행되어 왔다.[47] 그러나 대부분의 법이론적 논의 결과와 EU조차도 개인정보

---

46) 권영준, "개인정보 자기결정권과 동의 제도에 대한 고찰", 법학논총 36(1), 2016. 3, 697면.
47) EU차원에서 진행된 논의로는 Commission, 'Building a European Data Economy' (Communication)

소유권에 대하여는 유보적 입장을 보이고 있다.

개념적으로 '소유'라는 것은 '누가 무엇을 소유하는가'라는 질문과 관련하여 해당 자원에 대한 통제, 보호, 가치, 배분의 네 가지 요소로 설명할 수 있어야 한다. 즉 소유권은 '적극적 통제'라는 측면과 '소극적 보호'라는 측면을 모두 가지고 있다. 이러한 적극적·소극적 권리는 통제하고 보호할 만한 가치가 있는 객체와 관련된다. 그러므로 법은 가치 있는 객체에 대하여 거의 완전하고 절대적인 통제와 보호를 보장하여야 한다. 즉 일정한 자원이 어떻게 가치가 인정되어 '재산'이 되는가, 그리고 그러한 재산이 누구에게 배분(할당)되어야 하는가를 규명하여야 한다. 개인정보의 소유권에 적용하면, 결국 법이 누군가에게 개인정보를 통제하고 보호할 수 있도록 허용하여야 하는 이유가 분석되어야 하고, 이러한 통제와 보호의 대상이 될 가치 있는 데이터를 누구에게 배분(할당)하여야 하는지가 결정되어야 한다.[48] 즉 개인정보에 대한 소유권이 인정되기 위해서는 개인정보에 대한 통제, 보호, 가치, 할당의 측면에 대하여 검토할 필요가 있다.[49] 개인정보에 대한 소유권의 인정은 다음과 같은 한계가 존재한다. 우

COM (2017) 9 final, at 9-10, 13; Commission, 'On the free flow of data and emerging issues of the European data economy, accompanying COM(2017) 9 final' (Commission Staff Working Document) SWD (2017) 2 final, esp. 23, at 33-38; Osborne Clarke LLP, Legal study on ownership and access to data (European Commission 2016) ⟨https://op.europa.eu/en/publication-detail/-/publication/d0bec895-b603-11e6-9e3c-01aa75ed71a1 2022.2.28. 최종확인⟩. ; A Gärtner and K Brimsted, 'Let's talk about data ownership', 39 EIPR 461, 2017 ; S van Erp, 'Ownership of Data: The Numerus Clausus of Legal Objects' (2017) 6 Brigham-Kanner Property Rights Conference Journal at 235; S Lohsse, R Schulze and D Staudenmayer (eds), Trading Data in the Digital Economy: Legal Concepts and Tools (Nomos/Hart Publishing 2017) 그밖에 IEEE Global Initiative on Ethics of Autonomous and Intelligent Systems, Ethically Aligned Design: A Vision for Prioritizing Human Well-being with Autonomous and Intelligent Systems (version 2) (IEEE 2017) 141-42, 237-38, 247 ⟨https://perma.cc/W5MT-VK9K 2022. 2. 28. 최종확인⟩ 등.

48) Janeček Václav, Ownership of Personal Data in the Internet of Things (December 1, 2017). Computer Law & Security Review, 2018, 34(5), 1039-1052, Available at SSRN: https://ssrn.com/abstract=3111047 or http://dx.doi.org/10.2139/ssrn.3111047 at 9.

49) 이하 개인정보 소유권에 대한 내용은 김현경, "정보주체의 권리 실효성 확보를 위한 법적 검토—개인정보에 대한 소유권 인정을 중심으로", 이화여자대학교 법학논집 제26권 제3호 통권 77호 (2022. 3), 199-213면 참조.

선 데이터 복제에 대한 완전한 통제의 문제가 해결되어야 한다. 이는 단지 기술적 문제일 뿐만 아니라 법적, 철학적 문제가 될 것이다. 둘째, 소유권의 대상으로서 개인정보의 명확성 문제가 해결되어야 한다. 권리의 대상이 되는 '개인정보의 포괄성' 역시 문제 된다. 일례로 스마트 시티에서 개인정보의 사실상의 소유자나 법적 소유자 어느 누구도 그들의 재산(개인정보)이 손상, 도난, 수정 또는 부당하게 사용되었는지 여부를 파악할 수 없다. 잠재적 데이터 범죄자 역시 본인이 누군가의 법적 재산에 위해를 발생시켰는지 명확히 할 수 없다. 즉 소유권의 대상인 '개인정보'라는 재산이 불분명하다. 이러한 문제는 오히려 기술적 방식으로 해결 가능할 수도 있으며 데이터에 대한 사실상 소유권의 집행은 기존의 유체물처럼 '문서'에 의해 이루어질 수 없고, 하드웨어나 소프트웨어의 구현으로 가능할 수 있다. 법률은 이러한 시행을 촉진하고 개인정보의 소유권을 독려하는 시스템을 장려하기 위해 규제를 만들 수 있지만, 그러한 규제적 개입이 개인정보에 대한 소유권을 정당화할 만한 충분한 설명이 될 수는 없다. 셋째, 개인정보는 이미 가치 있는 것으로 간주됨에도 불구하고, 소유권의 요소로서 가치평가 요소가 개인정보에 어떻게 투명하게 부여될 수 있는지는 여전히 남겨진 과제다. 이러한 소유권의 요소로서 '통제가능성', '개념 명확성', '가치'에 대한 문제는 개인정보를 '재산'으로 인정하기 전에 해결되어야 하는 선행과제다.

　　마지막으로 개인정보의 소유권을 누구에게 부여해야 하는지는 여전히 불확실하다. 소유권의 귀속은 인격권의 문제와 구분해서 고민되어야 한다. 그렇다면 정보주체가 개인정보의 소유권에 대하여 그 누구보다도 강력한 주장을 할 수 있다는 전제하에 소유권의 귀속 문제가 다루어져서는 안 된다. 유사하게 정보에 대한 재산권 인정의 대표적이라 할 수 있는 저작권의 경우 그 귀속과 관련하여 '창작자'에게 원시적으로 귀속되는 것이 원칙이다. 그러나 해당 저작물의 창작에 있어서 사용자(使用者)가 그 창작에 대한 기획과 기여에 있어서 주된 역할을 한 경우 사용자, 즉 고용주에게 저작권의 원시적 귀속을 허용한다.[50] 즉 저작물은 원시적으로 자연인 창작자가 그의 노력과

---

50) 물론 독일 등 업무상 저작물에 대한 법인의 원시적 저작권 귀속을 인정하고 있지 않는 입법례도 있다.

재능으로 창작함에도 불구하고 이처럼 법인 귀속이 인정된다. 하물며 개인정보의 경우 '살아 있는 개인(정보주체로서 자연인)'을 전제로 하지만 개인정보의 생성은 결국 개인정보처리자의 필요와 노동 혹은 투자에 의해 생성되는 경우가 대부분이다. 주민등록번호는 정보주체의 노력에 의해서가 아니라 주민등록이라는 공무처리를 위해 공공이 생성하는 것이며, '개인 의료정보' 역시 의료기관이 환자·이용자를 진단하는 과정에서 의료기관의 업무 처리를 위해 생성하는 것이다. 인격권은 별론으로 하고 개인정보에 대한 재산권의 주체가 되기 위해 어떠한 이론을 차용하여도 정보주체가 반드시 그 재산적 가치의 귀속주체가 되어야 한다고 당위론적으로 확신하기는 어렵다.

한편 우리 헌법이론과 헌법재판소의 결정에 따르면, 헌법이 보장하는 재산권은 사적 유용성 및 그에 대한 원칙적인 처분권을 내포하는 재산가치 있는 구체적인 권리이므로, 구체적 권리가 아닌 단순한 이익이나 영리획득의 단순한 기회 또는 기업활동의 사실적·법적 여건은 기업에게는 중요한 의미를 갖는다고 하더라도 재산권보장의 대상이 아니다.[51] 헌법재판소의 결정에 따른 헌법상 재산권의 기준은 사적 유용성, 경제적 가치, 처분권능, 구체성 등이라고 볼 수 있다. 이는 앞서 검토한 소유권의 요소로써 '통제가능성', '개념의 명확성', '가치' 등의 요소와 일맥상통한다고 볼 수 있다. 이렇게 볼 때 개인정보에 대한 재산권이 헌법상 보장되는 재산권의 내용이 되기 위해서는 법률에 의거하여 사적 유용성 및 그에 대한 원칙적인 처분권을 내포하는 재산가치 있는 구체적인 권리이어야 한다. 즉 개인정보에 대한 재산권의 내용과 한계는 국회에서 제정되는 형식적 의미의 법률에 의하여 정해져야 한다.

그러나 「개인정보 보호법」이 개인정보 재산권의 근거가 된다고 보기 곤란하며 개인정보의 재산권에 대한 성문법적 근거가 없는 상태에서 재산권을 규율하는 일반법인 「민법」의 적용가능성을 검토한다 할지라도 개인정보에 대한 재산권은 관습법에 의해 형성된 권리로 보기 어렵다. 또한 관습법에 의해 물권 또는 재산권을 창설한다

---

51) 헌재 1996. 8. 29. 95헌바36, 90, 103; 1997. 11. 27. 97헌바10, 651, 664; 1998. 7. 16. 96헌마246, 283, 309-310; 2002. 7. 18. 99헌바574, 29, 44; 2003. 10. 30, 2001헌마700, 2003헌바11(병합).; 허영, 『한국헌법론』, 박영사, 2009, 471면; 정종섭, 『헌법학원론』, 2010, 박영사, 673면.

는 것은 법관에 의해 재산권의 존재가 인정되고 그 범위가 확정지어지는 것으로서 단순히 법을 해석하여 적용하는 것이 아니라 입법의 미비를 메우는 일종의 입법 작용에 해당한다. 권력분립주의 및 법제에 있어서 성문법주의를 채택하고 있는 우리 헌법하에서 이와 같은 법관의 입법기능은 매우 예외적인 것으로서 보조적인 것일 수밖에 없다.[52] 따라서 우리나라에서 개인정보에 대한 재산권은 헌법에 의거한 재산권 형성 법률로서 규정한 성문법이 없는 상황에서 민법 제1조에 근거하여 적용될 관습법 또한 존재한다고 보기 어렵다.[53]

---

52) 남형두, "퍼블리시티권의 철학적 기반(上)", 저스티스 통권 제97호, 2007, 136-137면.

53) 김현경, "정보주체의 권리 실효성 확보를 위한 법적 검토―개인정보에 대한 소유권 인정을 중심으로", 이화여자대학교 법학논집 제26권 제3호 통권 77호 (2022. 3), 213-216면 참조.

제11장 디지털 경제 시대의 개인정보 활용 및 보호를 위한 기준과 원칙[1]

정원준
(한국법제연구원 부연구위원)

I. 서 론

오늘날 데이터는 경제 성장을 위한 중요한 자산이자 핵심 수단으로 인식되고 있다. 그중에서도 다양한 센서와 온라인 기반의 각종 매체를 통해 수집되는 개인데이터는 정보화 사회에서 개인과 국가의 발전을 도모하는 유력한 자원으로서 산업·경제 체계 전반에서 광범위한 영향력을 발휘하고 있다. 이렇듯 디지털 경제의 확산으로 인해 이전보다 훨씬 많은 개인정보가 취득되고 처리되면서 데이터 처리와 관련된 행위의 총체가 사실상 개인정보 보호의 대상화되었다고 해도 과언이 아니다. 그러나 현행법은 이러한 데이터 처리 환경에서의 개인정보 침해 우려를 효과적으로 통제하지 못하고 있다. 가능한 많은 데이터를 집적하거나 1차적 정보의 분석을 통한 2차적 생성정보의 활용 범위가 넓을수록 그 효용의 가치가 커지는 데이터 경제의 특성상 종래에 설계된 전통적인 개인정보 규범과의 부조화가 필연적으로 발생하기 때문이다.

또한 개인정보가 경제재로서 가치가 큼에도 불구하고 헌법상 개인의 인격적 보

---

[1] 본고는 저자의 박사학위 논문인 "빅데이터 환경에서 개인정보 이용에 관한 법적 고찰"에서 이 글의 주제와 관련된 내용의 일부를 발췌·수정하였으며, 이를 바탕으로 현시점에서 새로운 쟁점들을 추가하여 재구성한 것임을 밝힙니다.

호와 기본권(개인정보자기결정권) 보장을 위하여 지켜야 할 보호대상으로서의 의의와 위상 또한 경시할 수만은 없다. 이에 따라 그간 개인정보를 규율하는 규범에서는 그 근간을 이루는 개인정보 보호 원칙을 법규 내에 명시하도록 하고, 한편으로는 강력한 행정적 제재수단과 엄중한 형사 처벌 규정을 동원하여 개인정보 침해 우려를 미연에 방지해 왔다. 다만 과거의 개인정보 보호 국면이 주로 국가로부터의 보호를 상정하고 있었다면, 현대에 이르러서는 적극적인 의사결정의 주체로서 정보주체의 역할이 강조되면서 다른 사적 주체 간의 침해행위와 기업의 영업적 이익을 실현시키고자 하는 세력들로부터의 보호 또한 중요하게 인식되고 있다. 즉 데이터를 기반으로 하는 디지털 경제의 부상으로 과거에서부터 유지되어 온 개인정보 보호에 관한 기본 법리에 개인정보 '활용'이라는 정반대의 새로운 면모를 포섭시켜야만 하는 상황에 직면해 있는 것이다.

현시대에 부합되는 새로운 기준과 원칙을 융통성 있게 보완·수정하지 못한다면 개인정보자기결정권의 가치가 훼손되거나 그 행사가 제한받는 등의 문제로 인하여 법질서 유지가 곤란해질 수 있다. 따라서 개인정보 활용과 보호의 가치를 조화롭게 추구하는 데 있어서 적절한 기준점을 찾는 것은 매우 중요한 일이 아닐 수 없다.

이에 본고에서는 우선 개인정보의 보호 법익으로서 개인정보자기결정권과 전통적인 프라이버시 보호 개념이 일정 부분 한계가 있다는 점을 연혁적인 검토를 통해 확인하고, 디지털 환경에 적합한 개인정보 규범이 필요하다는 점을 논증하도록 한다(Ⅱ). 이어서 기존에 논의되어 온 개인정보 보호에 관한 기본 원칙들이 갖는 한계와 문제점에 대하여 지적하고(Ⅲ), 이를 바탕으로 디지털 경제 시대에 강조되어야 할 새로운 원칙과 기준를 제안하도록 한다(Ⅳ). 끝으로 이러한 법적 한계를 극복함에 있어서 현행법상 고려되어야 할 개선사항에 대하여 제안함으로써 이 글의 결론을 내리도록 한다(Ⅴ).

II. 개인정보 보호에 관한 법인식 변화와 규범적 개입의 의의

1. 개인정보의 보호 법익으로서 개인정보자기결정권의 한계

정보화 사회에 들어서면서 우리는 개인정보자기결정권을 헌법에서 인정하는 기본권이자 개인정보의 보호법익으로서 당연시하는 경향이 있어 왔다. 실제로 국내에 개인정보보호법이 처음 제정된 2011년 이전의 대법원과 헌법재판소 판례를 살펴보아도 개인정보자기결정권을 중요한 기본권으로 여겨 왔다는 것을 어렵지 않게 확인할 수 있다.[2] 그러나 엄밀히 따져 보면 개인정보자기결정권은 2005년 헌법재판소에 의해 헌법 해석을 통해 새롭게 확인된 권리이지 그 이전부터 명시적으로 인정된 권리로 보기 어렵다.

개인정보자기결정권을 헌법상 권리로서 처음 공고히 하게 된 것은 2005년 소위 지문날인 사건에서이다. 이 사건에서 헌법재판소는 열 손가락의 회전지문과 평면지문을 날인하도록 한 부분과 경찰청장이 청구인들의 주민등록증발급신청서에 날인되어 있는 지문정보를 보관·전산화하고 이를 범죄수사목적에 이용하는 행위가 개인정보자기결정권과 관련되는지를 판단하면서 개인정보자기결정권을 "자신에 관한 정보가 언제 누구에게 어느 범위까지 알려지고 또 이용되도록 할 것인지를 그 정보주체가 스스로 결정할 수 있는 권리, 즉 정보주체가 개인정보의 공개와 이용에 관하여 스스로 결정할 권리"로 정의한 바 있다. 이는 사회생활에 있어서 개인을 식별하는 징표로서 개인정보 보호가 중요한 과제가 된 다분히 현대적 의미의 적극적 권리로서 정보주체 스스로가 개인정보의 공개와 이용에 대한 결정 권한을 가진다고 해석한 것이라 할 수 있다.

이처럼 헌법상 기본권의 일종인 개인정보자기결정권의 내용과 범주는 시대적인 배경과 개별적·구체적 상황에 따라 달라질 수 있다. 실제로도 태초에 형성된 개

---

2) 개인정보자기결정권을 중심으로 개인정보의 침해 여부를 판단한 판례로는 헌재 2005. 5. 26. 선고 99헌마513; 헌재 2005. 7. 21. 2003헌마282; 대법원 1998. 7. 24 선고 96다4278 판결 등이 있다.

인정보 보호에 관한 관념은 개인정보자기결정권의 보장과는 상당한 차이가 있었다. 1880년 미국의 Thomas Cooley 판사가 주장한 타인으로부터 방해받지 않는 개인영역(personal space)을 유지하는 것을 내용으로 하는 '혼자 있을 권리(The right of be alone)'가 전통적인 프라이버시 개념의 출발점으로 볼 수 있기 때문이다. 따라서 개인정보 보호가 달성하고자 하는 보호 법익의 다양성과 유연한 해석의 필요성을 염두에 두면서 현재의 개인정보자기결정권이 확립되기까지의 일련의 과정을 연혁적으로 살펴볼 의의가 있을 것이다.

2. 정보 프라이버시 개념의 재해석

가. 프라이버시와 개인정보 개념의 구분

개인정보 보호의 규범적 의의를 찾기 위해서는 개인정보와 구분되는 프라이버시 개념을 우선적으로 검토할 필요가 있다. 개인정보 보호의 관념이 프라이버시 보호에 대한 접근으로부터 그 연원을 두고 있다는 점에 대해서는 이론(異論)의 여지가 없다.

먼저 프라이버시는 주관적 성격을 띠며 외연이 불분명한 추상적 개념인 반면, 개인정보는 상대적으로 객관적 성격으로서 개인에 대한 식별가능성이라는 법적 기준에 따라 범위를 획정하기 용이한 개념이라 할 수 있다.[3]

다만 양자의 개념상 포함 관계에 대하여는 견해가 나뉜다. 먼저 프라이버시가 개인정보를 포함한다는 견해에 의하면 프라이버시는 사적 영역에 관한 '영역 프라이버시', 개인 신체의 보호에 관한 '신체 프라이버시', 개인에 관한 정보를 스스로 제어·통제하는 '정보 프라이버시'로 구분된다.[4] 이 중에서 정보 프라이버시만이 개인정보와 관련이 있고, 영역 프라이버시와 신체 프라이버시의 경우에는 물리적 침탈로부터의 보호를 의미하므로 결국 프라이버시 개념이 보다 광의의 개념으로서 개인정보를 포함한다는 것이다. 한편 개인정보가 프라이버시를 포함한다는 견해에 의하면, 개인정

---

3) 홍성찬·황인호, "프라이버시권과 개인정보보호권", 「사회과학연구」, 제12권 제1호, 1999, 7-9면.
4) 고영삼, 『전자감시사회와 프라이버시』, 한울아카데미, 1998, 31면.

보는 개인을 식별하기 위한 모든 정보를 포함하며, 특히 오늘날 개인정보는 특정 개인에 관한 모든 것(총체)을 일컫는 개념이므로 프라이버시는 개인정보의 일부에 포함된다고 주장한다.[5]

  개인적인 견해로는 이 두 개념은 포함관계를 가지면서도 정보에 대한 제어·통제권을 의미하는 정보 프라이버시와 같이 중첩적이지 않은 부분도 존재하므로 두 입장을 절충하는 것이 타당하다고 생각된다. 예를 들어 프라이버시의 유형 중 영역 프라이버시와 신체 프라이버시는 외부의 물리적인 침탈로부터의 보호를 의미하므로 개인정보 보호의 영역에서 해결되지 않는 부분이다. 또한 사생활의 보호를 기초로 하는 프라이버시는 사생활 침해의 영역이 아닌 개인정보 침해로 인한 재산적·금전적 손실과 관련된 영역을 포괄할 수 없기 때문이다. 따라서 프라이버시와 개인정보를 종속적인 관계로 바라보기보다는 상호 독립적으로 발전한 개념으로서 파악하는 것이 적절한 개념적 위상이라고 판단된다.

나. 프라이버시 보호에 대한 두 가지 접근론

  여기에서는 개인정보 보호와 구분되는 프라이버시 보호 개념의 연혁에 대해 살펴보도록 한다. 앞서 언급한 것과 같이 정보화 시대가 도래하기 훨씬 이전인 1880년 미국의 Thomas Cooley 판사가 민사상 손해배상에 관한 그의 저서에서 물리적 침탈로부터의 소극적 보호를 뜻하는 '혼자 있을 권리(The right of be alone)'를 언급한 것이 프라이버시 권리의 시초라 알려져 있다.[6] 이후 1890년에는 Warren 변호사와 Brandies 판사가 이를 보다 상세하게 분석하여 해당 권리의 법적 성격에 대하여 타인으로부터 방해받지 않는 개인영역(personal space)을 유지하는 권리라고 해석하였다. 나아가 이들은 사적 영역의 보호에 그칠 것이 아니라 개인의 인격권적 침해와 내면의 심리적 손상에 대한 보호까지 강구할 필요가 있다고 주장하였다.[7] 또한 사적 영역에 대한 프라이버

---

5) 堀部政男, 신구현 역, 『프라이버시와 고도정보화사회』, 청림출판, 1995, 73-74면.
6) Thomas M. Cooley, The General Principles of Constitutional Law in the United States of America (BOSTON: LITTLE, BROWN AND COMPANY, 1880), p.238.
7) *See* Samuel Warren & Louis Brandeis, *The Right to Privacy*, 4 Harv. L. Rev. 193 (1890).

시 침해 문제는 보통법상(common law)의 일반 불법행위를 구성하므로 다른 사인으로 부터의 침해 배제와 손해배상을 청구할 수 있다는 논리를 펼쳤다.[8]

특히 Warren과 Brandies는 프라이버시에 대한 권리가 절대적인 불가침의 권리로 볼 수는 없다면서 프라이버시 보호를 포기해야 하는 한계적 상황에 대하여 다음의 네 가지를 예시로 들었다.[9]

첫째, 공공의 이익에 관하여 보도(報道)하는 경우, 둘째, 명예훼손에 대한 면책특 권이 부여된 상황(고위직 관리자의 업무수행을 위하여 필요한 경우 등의 예외적 상황)에서 보 도하는 경우, 셋째, 구두(口頭)에 의한 침해로서 특별한 손해가 발생하지 않은 경우, 넷 째, 개인이 직접 공중에 공개하였거나 동의를 취득하여 공개된 경우를 들고 있다.

이와 같은 태도는 표현의 자유를 중요하게 인식하고 있는 것으로 보여지며, 이를 바탕으로 공익적 이익을 위하여 표현의 자유를 포기해야 하는 상황이거나 개인의 선 택에 따라 프라이버시 보호를 포기하는 경우 해당 개인정보의 활용 행위는 적법성을 갖춘 것으로 보자는 취지로 해석된다.

Brandies 판사는 1928년 Olmstead 사건[10]에서 전화 감청이 물리적 침입이 없다는 이유로 수정헌법 제4조의 적용을 배제한 판결문에서 시민들은 정부의 간섭에서 벗어 나 혼자 있을 권리에 대한 '합리적 기대'를 갖는다는 의견을 제시한 바 있다.[11] 이후에 도 연방대법원은 줄곧 프라이버시 침해를 보통법상 불법행위로서 판단해 왔는데, 피 임기구의 판매 및 상담을 금지한 주법의 불법성이 다루어진 1965년 Griswold 사건에 서 처음으로 프라이버시권을 헌법상 권리로서 인정하기에 이른다.[12] 이어서 1967년 Katz 사건에서는 Brandies 판사가 견지하였던 '합리적 기대 법리'를 구체화한 '사생활

---

8) *Id.* p.205. 이 논문의 발표 당시에는 미국에서 보통법상의 프라이버시 권리를 인정하지 않았으며, 이후 미국에서는 프라이버시 침해가 불법행위를 구성하는 점을 판례법상 인정하였다. *See e. g.*, Pavesich v. New England Life Ins. Co., 122 Ga. 190, 50 S.E. 68 (1905).

9) Samuel Warren & Louis Brandeis, supra note 7, pp.214, 216-218.

10) Olmstead v. United States, 277 U.S. 438 (1928).

11) *Id.* p. 478.

12) Griswold v. Connecticut, 381 U.S. 479 (1965).

에 대한 합리적 기대 가능성'을 토대로 헌법상 프라이버시 권리를 인정하였다.[13] 나아가 또 다른 중요 판례로 Whalen 사건에서 연방대법원은 프라이버시가 갖는 중대한 두 가지 측면에 대해 판시하였는데, 하나는 독자적인 판단에 의해 결정할 이익을 보장하기 위한 자율권적 성격의 '사생활 결정에 관한 프라이버시(Decisional Privacy)'이고, 나머지 하나는 개인적인 문제(personal matters)를 공개하지 않을 이익을 보장하기 위한 정보통제권의 성격으로서 '사생활 공개에 관한 프라이버시(Informational Privacy)'이다.[14] 해당 판결은 프라이버시가 사생활의 결정과 공개하지 않을 이익을 모두 보장한다는 권리 범주를 포괄한다고 봄으로써 프라이버시 권리의 적극적인 성격을 명시적으로 인정하였다는 점에서 뒤에서 살펴볼 '정보 프라이버시'의 단초를 제공하였다는 데 의의가 있다.

또 한편으로 독일에서는 독일 전역에서 실시된 인구조사 활동의 헌법 위반 여부가 다투어진 이른바 인구조사 판결에서, 개인정보자기결정권이 인간 존엄성에 관하여 규정하고 있는 독일 연방기본법 제1조 제1항과 일반적 인격권을 규정하고 있는 제2조 제1항으로부터 근거한다고 보았다.[15] 해당 판례에서 주목할 점은 '우월한 공익(überwiegende Allgemeininteresse)'이 존재하는 경우에는 개인정보자기결정권의 행사가 제한된다는 이익 형량의 관점을 제시한 것이다.[16] 이 사건에서 인구조사법 제9조의 통계 목적에 벗어나는 인구조사행위와 각종 개인정보를 결합하는 행정행위는 개인의 정보통제 권리를 침해하는 것으로서 비례성의 원칙에 어긋난다고 판단하였다. 법원의 판결 요지에 따르면, 정보주체의 의사에 반하더라도 기본권 제한에 관한 법적 근거가 있거나 정보주체의 동의를 취득하는 경우에는 정보처리 행위가 적법하다고 보았다. 이러한 이론적 전제는 곧 국가적 공익을 위한 정보의 항목, 이용 범위, 목적 등

---

13) Katz v. United States, 389 U.S. 347 (1967).

14) Whalen v. Roe, 429 U.S. 589 (1977).

15) Volkszählungsurteil, BVerfG(Bundesverfassungsgericht), Urteil v. 15.12.1983, Az. 1 BvR 209/83, 269/83, 362/83, 420/83, 44/830, 484/83; Peter Gola/Christoph Klug/Barbara Körffer/Rudolf Schomerus, BDSG: Bundesdatenschutzgesetz, 12 Aufl. 2015, §1 Rn. 9 ff.

16) BverfGE, 65, 1.

을 명시하는 경우 개인정보의 활용이 가능하다는 해석으로 이어질 가능성이 있다.[17] 이로부터 기본권 행사를 제한하는 내용을 법률에 마련하거나, 정보주체의 동의가 있거나, 알 권리나 공공의 이익 등 우월한 법익이 존재하는 상황에서는 개인정보자기결정권의 행사가 제한될 수 있다고 유추해 볼 수 있다. 이는 데이터 활용의 가능성을 열어 두기 위하여 적극적으로 원용할 필요가 있는 법리로서 바람직한 개인정보 규범을 설계하는 데 있어서 적절한 시사점을 제공한다.

종합해 보건대 흥미롭게도 미국과 독일은 타당하다고 생각되는 공통의 접근 방식을 취하고 있다. 즉 프라이버시를 헌법상 기본권으로서 명문이 아닌 해석상 수용하면서도, 이를 고착화된 고정적 개념이 아닌 환경 변화 내지 개별 사안에 따라 달리 해석할 수 있는 유동적인 개념으로 보고 있는 것이다.

다. 개인정보의 디지털화와 정보 프라이버시의 등장

살펴본 바와 같이 프라이버시와 개인정보 개념은 구분하여 접근할 필요성이 있음에도 불구하고 종래에는 개인정보의 권리관계를 논의할 때 양자의 관계를 동일시하는 경향이 있었다.[18] 개인정보 보호 문제가 개인을 대상으로 하며, 정보 통제가 개인의 권리로부터 기인하는 만큼 사적 영역에서의 비밀 보호에 연원을 두고 있는 프라이버시와 밀접한 관계에 있기 때문이다.

그러나 1970년대를 거쳐 1980년 이후 컴퓨팅 기술과 네트워크 기술이 빠르게 발전하면서 개인정보의 수집과 처리에 있어서도 혁신적인 변화가 나타나기 시작하였다. ICT 융합 기술의 진전으로 현실 세계에 존재하는 다양한 정보들이 정보통신망을 통해 디지털화된 형태로 처리되기 시작한 것이다. 이 과정에서 개인정보는 영구적인 저장이나 관리가 가능해졌고, 당사자의 동의 없는 복제와 전송이 용이해짐으로써 다량으로 정보를 수정하거나 변경하는 것이 손쉽게 이루어지게 된 것이다. 이처럼 개인

---

17) 이와 같은 취지의 견해로 김성천, "독일의 개인정보 보호 법제에 관한 연구", 「법학논문집」, 제35집 제2호, 2011, 223면.

18) 성낙인, "프라이버시와 개인정보보호를 위한 입법정책적 과제", 「영남법학」, 제5권 제1·2호, 1999, 21-60면; 권영성, 「헌법학원론」, 법문사, 2000, 427-431면 등.

정보의 디지털화가 일상화되고 나아가 자동화된 빅데이터 환경이 도래하면서 기존의 전통적인 프라이버시 개념은 그대로 받아들이기 어려운 한계에 부딪히게 되었다. 전통적 프라이버시 개념은 제3자나 국가 등의 공권력으로부터 사적 영역의 비밀 보호를 받기 위한 소극적 의미의 권리이기 때문이다. 이는 앞서 본 바와 같이 공적 영역에서의 규율과 감시에서 벗어나 사적 영역을 보장받고 자유를 영위하고자 하는 측면에 기초를 둔 개념이라 할 수 있다.

그러나 정보화 시대를 맞이하여 사적 영역에 대한 침범 없이 사적 영역을 스스로 통제하거나 제어할 수 있는 적극적 의미의 개념이 필요하게 되었다. 정보화를 통해 다양한 편익을 누릴 수 있는 현대에 이르러서는 개인에 관한 정보는 더 이상 내밀한 사생활의 일부이거나 비밀로서만 의미가 있는 것이 아니라, 공공재로서의 가치도 인식될 필요가 있기 때문이다. 이렇게 등장한 개념이 바로 정보주체가 자신에 관한 정보를 통제하고 관리할 권리를 갖는다는 '정보 프라이버시(Information Privacy)' 개념이다.[19]

정보 프라이버시 개념은 이처럼 사적인 비밀의 영역을 공개하지 않는 이익과 관련된 전통적 프라이버시와는 분명한 차이가 있다.[20] 가령 개인정보 통제에 대한 배타적 권리의 행사뿐만 아니라 공표된 정보에 대한 열람이나 정정, 삭제 등을 포섭하므로 좀 더 광범위한 개념으로 이해할 수 있다.[21] 즉 정보 프라이버시에는 인격권적인 측면에서 특정인을 보호 객체로 두는 것 외에 정보 자체에 대한 접근·통제에 관한 권리도 포함된다. 이러한 개념 해석에 의하면 정보주체가 아니더라도 일정한 권리 요건을 충족하는 경우 개인정보에 대한 통제권을 귀속시킬 수 있다는 결론에 이른다. 다만 이러한 권리가 인격적 표지를 대상으로 하는 것이라면 정보주체 외의 타인에게

---

19) A. Michael Froomkin, *The Death of Privacy?*, 52 Stan. L. Rev. 1461 (2000); Neil M. Richards, *The Information Privacy Law Project*, 94 Geo. L. J. 55 (2006); J. Cohen, *Examined Lives: Informational Privacy and the Subject as Object*, 52 Stan. L. Rev. 1373 (2000).

20) 이대희, "빅데이터와 개인정보 보호 — 통지와 동의의 원칙을 중심으로", 「정보법학」, 제19권 제2호, 2015, 136면.

21) 권헌영·윤상필·전승재, "4차 산업혁명시대 개인정보권의 법리적 재검토", 「저스티스」, 통권 제158권 제1호, 2017, 14면.

귀속시키는 것은 어려울 수 있다. 그러나 만약 재산권적 속성을 인정한다면 이를 양도하는 것이 법리상 불가능하지 않다.

3. 디지털 환경에서 야기되는 개인정보 침해의 유형

정보화 사회에서 드러나는 새로운 위험은 개인정보 규범이 해결해야 할 당면 과제라 할 수 있다. 그런데 데이터의 활용을 강조하는 입장이 부각되면서 개인정보에 대한 침해의 우려 또한 커지고 있다. 디지털 환경에서의 개인정보 침해 유형 중 핵심적인 양태를 위주로 검토해 보면 다음과 같다.[22]

가. 정보 결합 및 분석을 통한 재식별화 위험

해당 유형의 침해행위는 익명화 또는 비식별화된 정보이더라도 각종 데이터 기술을 통해 재식별화됨으로써 유발된다. 전통적으로 개인정보처리자는 개인의 프라이버시를 보호하면서도 빅데이터를 분석하기 위하여 비식별 처리를 수행한다. 개인정보를 이용하려는 자는 데이터의 식별성을 제거하기 위하여 익명화, 가명화, 암호화, 키 코딩, 데이터 쉐어링 등의 방법을 사용해야 한다. 그러나 수십 년 전부터 컴퓨팅 분야의 과학자들은 익명화된 데이터도 추가적인 다른 정보와의 결합이나 분석을 통해 재식별화되거나 특정 개인에 대한 관련성이 노출될 수 있다는 결과를 입증해 왔다.[23]

---

22) 이에 관하여 행위패턴에 의한 위험, 정보 취합에 따른 위험, 재식별화 위험, 잊혀질 권리의 박탈 위험으로 구분하는 견해로는 *See* Nolan M. Goldberg & Micah W. Miller, *The practice of law in the age of 'Big Data'*, National L. J. (2011).

23) 특정 거주 지역 내에서 개인의 주소, 성별, 생일에 관한 정보만 있으면, 미국인의 절반가량(53%)을 식별할 수 있다는 연구로 See Latanya Sweeney, Simple Demographics Often Identify People Uniquely, Carnegie Mellon Univ., Data Privacy Working Paper No.3 (2000). 이 밖에 재식별 모델 설정과 risk test 방식을 바탕으로 건강정보, IP 주소 및 인터넷 이용 정보, 영화 선호도 등의 정보를 조합하여 재식별화가 가능하다는 문헌으로 *See* Paul Ohm, *Broken Promises of Privacy: Responding to the Surprising Failure of Anonymization,* 57 UCLA L. Rev. 1701 (2009); Arvind Narayanan & Vitaly Shmatikov, *Robust*

나. 프로파일링 등 행위추적에 의한 사생활 침해

'행위표적(behavioral targeting)'은 방문자의 관심사나 프로파일로부터 광고와 같은 온라인 콘텐츠를 만들기 위한 활동을 말한다. 데이터 마이닝을 이용해 이러한 프로파일을 생성하는 모든 과정을 '온라인 행위 프로파일링(online behavioural profiling)'이라고 하며, 웹 활동 로그 등 잠재적 데이터나 데이터를 수집하는 모든 과정을 일컬어 소위 '행위추적(behavioural tracking)'이라고 정의한다.[24] 웹서비스 운영자는 이용자 프로파일링이나 웹 분석을 위하여 Cookies, Javascript, Supercookies, Stateless tracking(Browser fingerprinting, Location tracking) 등의 다양한 정보를 수집한다.[25] 이 과정에서 생성된 개인에 관한 프로파일은 이용자가 컴퓨터에 저장하거나 웹 접근 내역을 총체적으로 추적할 수 있어 개인정보 침해가 문제된다.

최근 데이터 분석 기술의 발전으로 온라인 행위추적을 통한 개인정보 침해가능성이 더욱 심각해졌다. 일례로 특정 웹페이지에서만 접근이 가능하던 기존 쿠키(first party cookies)에서 특정인이 이용하는 전체 웹사이트를 추적할 수 있는 새로운 제3자 쿠키(third party cookies)나 이용자의 과거 HTTP 방식의 쿠키를 재생시키는 플래시 쿠키 등이 새롭게 등장하였다. 이에 따라 광고네트워크 사업자 간에 쿠키가 통합적으로 공유됨으로써 사생활 침해에 대한 위험이 커졌다.[26]

다. 공개된 정보의 취합행위

정보 취합으로 인해 야기되는 개인정보 침해는 크게 두 가지로 구분할 수 있다. 첫째는 일반에 공개된 정보를 취합하여 새로운 정보를 재공개(republication)하는 경우

De-anonymization of Large Sparse Datasets, 2008 PROC. OF IEEE SYMP. ON SECURITY & PRIVACY (2008).

24) ENISA, Privacy considerations of online behavioural tracking, The European Network and Information Security Agency (2012), p.3.

25) *Id.* pp.4-8.

26) 황주성, "빅데이터 환경에서 프라이버시 문제의 재조명", 『빅데이터와 위험 정보사회』 (조현석 역, 2013), 225면.

이고,[27] 둘째는 특정 개인에 대한 프로파일링을 통해 개인 정체성이나 행위패턴을 파악하는 것이다. 후자의 경우는 위에서 살펴본 '프로파일링 등 행위추적' 유형에 일정 부분 수렴되므로 여기서는 공개된 정보에 대한 취합행위를 중심으로 살펴본다.

온라인을 통해 공개된 정보가 문제된 대표적인 해외 판례로는 Betty Ostergren 사건이 있다.[28] 당해 사건에서 원고 Betty Ostergren은 사회보장번호(SSN)가 포함된 부동산 서류를 토대로 온라인에 토지 기록을 공개하는 버지니아주의 관행을 비판하기 위해 자신의 홈페이지(www.TheVirginiaWatchdog.com)를 통해 다른 사람들의 개인정보가 기재된 공공기록물 사본을 게시하였다. 당시 버지니아 주법에서 토지 기록은 부동산의 소유, 운송, 보상 또는 자금 조달을 반영하기 위해 증서, 계약, 유치권, 이혼 판결문 및 기타 여러 문서를 포함한다고 규정하고 있었다.[29] 또한 일정한 신분증명 절차 요건만 구비되면 모든 사람들이 법원을 방문하여 토지 기록을 검토하고 복사하는 것이 가능하였으나,[30] 법원은 Ostergren의 행위가 이미 공공기록상에 공개되어 있는 정보를 이용한 것이더라도 자료 생성을 위해 검색, 취합 등의 노력(diligent search)이 들어가므로 이는 다른 차원의 프라이버시 침해라고 판시하였다. 해당 판결은 이미 적법하게 공개된 개인정보일지라도 공개의 목적에서 벗어나 다른 형태로 재취합하거나 가공하여 배포하면 개인정보 침해가 될 소지가 있다는 것을 시사한다.

라. 개인정보 자기통제권 행사의 박탈

디지털 환경에서 개인정보를 통제하기 위한 권한으로서 잊혀질 권리, 프로파일링 거부권 등의 행사가 어렵다는 문제가 있다. 개인의 디지털 활동은 본인 스스로 생성한 디지털 흔적(digital footprints)도 있지만, 타인에 의하여 생성된 특정 개인에 관한 디지털 그림자(digital shadows)도 포함된다.[31] 예를 들어 공인인 경우 해당 개인에 대한

---

27) *See* Nolan M. Goldberg & Micah W. Miller, *The practice of law in the age of 'Big Data'*, National L. J. (2011).

28) Ostergren v. Cuccinelli, 615 F.3d 263, 272 (4th Cir. 2010).

29) Va. Code § 17.1-227.

30) Va. Code § 17.1-208.

기사나 가십이 온라인상에 올려질 가능성이 있으며, 타인의 SNS 서비스를 통해 특정 개인에 관한 사진이나 관련 정보가 공개될 수도 있다.

그런데 온라인 환경에서 데이터 처리의 실시간성, 집적 규모의 광범위성, 2차적 정보의 폭발적 생성 등으로 인하여 정보주체가 통제권을 행사하는 데 많은 제약이 따른다. 예를 들어 자율주행자동차, 인공지능 스피커 등 자동화된 시스템으로부터 수집되는 대용량의 영상 및 음성정보 중에서 특정 개인에 관한 부분이나 내용에 대해 삭제를 요청한다면 개인정보처리자가 이러한 요청을 받아들여 개별적으로 처리하는 것은 불가능에 가깝다고 할 것이다.

마. 개인정보의 국제적 이전 및 유통의 증가

빅데이터 환경에서는 대용량의 정보를 처리하기 위하여 클라우드를 기반으로 제공되는 것이 대부분이다. 그런데 다수의 해외 플랫폼 기업이 해외에 서버를 두고 있거나 혹은 클라우드컴퓨팅 자원을 제공하는 기업이 해외에 소재지를 두고 있다 보니 개인정보의 국제적 유통이 활발해졌다. 개인정보가 적절한 규제 수준이 담보되지 않은 국가로 이전되거나 적법한 안전조치를 취하지 않는 사업자에게 이전되는 경우 개인정보 침해가 우려된다.

4. 개인정보 가치에 대한 현대적 인식의 필요성

정보시스템을 통해 정부 활동, 비즈니스 업무, 소비자 거래, 사물인터넷을 통한 각종 응용서비스 등이 활발히 제공되면서 디지털화되어 기록되는 정보가 급속도로 증가하고 있다. 이전보다 훨씬 많은 정보가 데이터 분석에 이용되고 있는 것이다. 이 과정에서 개인은 디지털 방식으로 생활하거나 경제 활동에 참여함으로써 방대한 규모의 개인데이터를 생산한다. 다시 말해 개인은 이제 단순히 데이터를 사용하는 '데이터 소비자'에서 벗어나 능동적 주체로서 '데이터 생산자'의 역할까지 겸하게 되었

---

31) 황주성, 앞의 책(주 26), 241면.

다.[32] 가령 신용카드로 쇼핑을 하거나, 병원에서 진료를 받거나, 온라인상으로 직업을 구하거나, 구글 검색을 하거나, 페이스북에 포스팅하는 등 평범한 일상 속에서 개인이 만들어 낸 데이터는 새로운 사업 전략이나 제품 및 서비스의 개발에 활용됨과 동시에 개인에 의해 소비되고 있는 것이다.[33]

이처럼 개인이 주체가 되어 생성된 세부 데이터와 그로부터 추론되는 개인정보는 개인화 서비스에 이용됨으로써 데이터 생태계에서 고부가가치를 지닌 정보재로 사용된다. 특히 종래에는 단순히 보관만 한다거나 목적 외 용도로 사용하기 어렵던 생체정보, 행태정보, 비정형 정보 등의 단편적 정보도 다른 정보와의 결합 및 연동을 통해 개인 특성을 도출할 수 있는 필요 자원으로서 생산적 가치를 인정받고 있다. 이것이 비즈니스 영역에서 개인데이터를 필요로 하는 가장 큰 이유가 되고 있다.

따라서 디지털 경제 시대에 이르러 개인의 사생활 보호를 강조하는 보호론적 관점과 정보 이용에 따른 부가가치 창출을 중시하는 활용론적 관점 중 어느 한 방향을 일률적으로 지지하는 것은 바람직하지 않다. 결론적으로 개인정보 유출이나 프라이버시 침해에 대한 해결책을 강구하면서도 데이터 활용을 통한 혁신적 창출이 제한받지 않도록 양 이익 간 균형을 이룰 수 있는 조화로운 가치평가가 내려질 필요가 있다.

5. 법익형량을 통한 적절한 규범적 대응방향

디지털 환경에서 개인정보의 침해 가능성이 확대되었다는 점은 앞서 주지하는 바와 같다. 다만 개인정보가 개인데이터로서 데이터 경제에 있어서 중요한 자산으로 취급되고 있는 것 또한 인정하지 않을 수 없는 사실이므로 모든 정보를 동일한 잣대로 구별 없이 동등한 취급을 하는 것은 재고되어야 할 것이다. 개인정보 침해의 위협으로부터 보호하여야 하는 측면과 데이터 활용을 위해 달성할 수 있는 공공의 이익

---

32) 오길영, "빅데이터 환경과 개인정보의 보호방안 — 정보주체의 관점에서 바라본 비판적 검토를 중심으로", 「일감법학」 제27호, 2014, 160면.

33) Anita L. Allen, *Protecting One's Own Privacy In a Big Data Economy*, 130 Harv. L. Rev. F. 71 (2016), p.71.

사이에서 적절한 규범적 보호 체계를 확립해 나가야 할 것이다. 다시 말해 비교적 최근 ICT의 발전과 디지털 세계의 도래로 통상적인 정보 활용의 목적에서 벗어나 대규모 집적을 통한 데이터의 2차적 활용이 중요해졌는바 이러한 범주의 개인정보는 기존의 프라이버시 관념에서 벗어나 새로운 의미의 개념으로서 새로운 규범적 보호체계를 확립할 필요가 있다는 것이다.

결국 개인정보의 보호를 통해 달성하고자 하는 법익을 개인정보자기결정권에 국한시키거나 사생활의 비밀과 자유 등 전통적인 프라이버시 관점에 치우치는 것은 지양되어야 할 것이다. 또한 실체적 의미의 인격권 또는 재산권에 대한 침해는 개인정보자기결정권의 침해 이후 또 다른 행위의 개입을 통해 관철될 가능성이 생기므로 곧바로 보호법익의 침해가 발생하는 것으로 평가되는 것도 제한되어야 할 것이다. 즉 개인정보가 전적으로 프라이버시 보호의 대상으로 인식되거나 개인정보의 이용이 반드시 사적 영역에 대한 침범으로 이어질 수 있다는 일차원적인 접근은 바람직하지 않고, 적절한 이익형량을 통해 개인정보 활용과 보호 사이에 적절한 균형점을 갖춘 규범을 형성시킬 필요가 있을 것이다.

이러한 구체적인 법익간의 이익형량의 문제는 1980년 전후를 계기로 형성된 개인정보 규범의 기본 법리를 통해 보다 면밀히 살펴볼 수 있을 것이다.

Ⅲ. 기존 법리의 적용상 한계와 문제점

1. 국제기구에서의 개인정보 보호 원칙과 그 수정에 관한 논의

가. 배 경

정보 프라이버시 개념이 등장하기 시작한 1970년대 후반에 들어서면서 차츰 디지털화된 정보처리 체계가 확산되면서 국제 사회는 이러한 정보처리가 사생활 및 프라이버시 보호에 미칠 수 있는 영향에 대해 관심을 기울이기 시작하였다. 또한 개인정보의 디지털화로 인하여 국경을 넘나드는 개인정보의 국제적 거래와 유통이 빈번해져 국제기구 차원에서 통일된 개인정보 보호 원칙이 필요하게 되었다. 이에 각국의 법률이 상이하고 규제의 수준과 방식이 통일되지 못한 문제를 해결하고자 1980년 OECD를 시작으로 각 국제기구는 회원국이 준수해야 할 개인정보 보호 가이드라인을 마련하였다.

나. 1980년 OECD 가이드라인의 기본 원칙

1980년 9월 23일 경제협력개발기구(Organization for Economic Cooperation and Development, 이하 'OECD'라 함)는 글로벌 차원의 회원국이 준수해야 할 「프라이버시보호와 개인정보의 국제이전에 대한 가이드라인[34]」(이하 'OECD 가이드라인'이라 함)을 발표하였다. 해당 가이드라인은 호주의 입법 개혁 위원장인 Kirby 판사의 주도로 각국 정부의 전문가 그룹을 통해 작성되었으며, OECD 이사회의 '권고적 형식'(Recommendation)으로 채택되었다. 이 가이드라인의 제정은 당시 컴퓨터가 보급되기 시작하면서 자동화된 정보처리가 가능한 환경이 구축되었고, 이로 인해 개인정보를 비롯한 프라이버시의 보호 필요성이 대두된 것을 배경으로 한다. 또한 그즈음 각국에서는 개인정보와 관련된 입법을 마련하였거나 준비 중인 상황이었는데, OECD의 8대 기본 원칙은 실질적으로 각국 입법에 핵심적인 기본 원칙을 세우는 데 중요하게 고려되었다.

OECD 가이드라인에서 제시한 8대 기본 원칙을 정리하면 아래와 같다.[35]

첫째, 수집 제한의 원칙(Collection Limitation Principle)은 개인정보의 수집이 적법하고 공정한 수단을 통해 이루어져야 하며, 데이터 제공자의 인식 또는 동의가 있어야 함을 말한다. 둘째, 데이터 품질 원칙(Data Quality Principle)은 개인정보는 이용될 목적과 관련되어야 하며, 이용 목적 내 필요한 범위에서 개인정보의 명확성, 완벽성, 최신성을 확보해야 한다는 것이다. 셋째, 목적 구체성의 원칙(Purpose Specification Principle)

---

34) OECD, OECD Guidelines on the Protection of Privacy and Transborder Flows of Personal Data (1980).

35) *Id.* pp.14-15. 이하에서의 개인정보 기본 원칙과 관련된 해외 규정에 대한 번역은 정원준, "빅데이터 환경에서 개인정보 이용에 관한 법적 고찰", 고려대 박사학위논문, 63-69쪽에서 발췌.

은 개인정보의 수집 목적은 늦어도 수집 시점까지는 명시되어야 하며, 개인정보의 이용은 명시된 목적에 부합하여야 한다는 것이다. 넷째, 이용 제한의 원칙(Use Limitation Principle)은 정보제공자의 동의가 있거나, 법에 명시된 경우를 제외하고 개인정보를 명시된 목적에 반하는 공개, 제공, 이용을 금지하는 것이다. 다섯째, 안전 확보 원칙(Security Safeguards Principle)은 적절한 안전보장조치를 통해 개인정보를 손실, 무단접근, 파괴, 이용, 수정, 공개 등의 위험으로부터 보호해야 함을 의미한다. 여섯째, 개방 원칙(Openness Principle)은 개인정보의 개발, 관행, 정책에 관한 개방성의 일반적 원칙이 수립되어야 함을 말한다. 일곱째, 개인 참여 원칙(Individual Participation Principle)은 개인이 자신의 정보를 개인정보처리자로부터 획득하거나, 개인정보처리자가 자신과 관련한 개인정보를 보유하고 있는지 확인을 받을 권리가 있다는 원칙이다. 여덟째, 책임성 원칙(Accountability Principle)은 개인정보처리자는 위 원칙들에 영향을 미치는 조치를 이행할 책임이 부과된다는 것이다.

다. 그 밖의 국제기구의 개인정보 보호 원칙

OECD 외에도 아시아태평양경제협력체(Asia-Pacific Economic Cooperation, 이하 'APEC'이라 함)나 UN 등 다른 국제 기구에서도 개인정보 보호의 원칙에 대해 규정하고 있는 것을 확인할 수 있다.

먼저 APF의 「APEC Privacy Framework」(이하 'APF'라 함)는 APEC의 지역 전자상거래를 촉진하기 위한 목적으로 2005년 제정[36]되었으며, 이후 2006년 국제 이행 관련 내용을 본문에 추가하였고, 2015년에는 OECD 가이드라인의 개정 내용을 반영하여 추가적인 개정을 진행하였다. 이렇게 최종적으로 채택된 2015년 APF[37]는 다음과 같이 9대 원칙을 제시하고 있다.

첫째, 침해방지의 원칙(Preventing Harm Principle)은 개인정보 보호는 수집된 정보의 오용으로 인한 위험과 피해를 방지할 수 있게 설계되어야 한다는 것이다. 둘째, 통지

---

36) APEC, APEC Privacy Framework (2005).
37) APEC, APEC Privacy Framework (2015).

의 원칙(Notice Principle)은 개인정보처리자는 개인정보의 수집 사실, 목적, 정보 공유대상, 개인정보처리자의 신원과 위치, 연락방법 등을 포함하여 명확하고 접근이 용이하도록 개인정보 취급방침을 제공해야 한다는 것이다. 셋째, 수집제한의 원칙(Collection Limitations Principle)은 개인정보의 수집이 수집 목적과 관련된 정보로 범위를 제한해야 하며, 합법적이고 공정한 방법으로 개인에게 통지하거나 동의를 얻어 적절하게 수집해야 한다는 것이다. 넷째, 개인정보 이용의 원칙(Uses of Personal Information Principle)은 수집된 개인정보는 수집 목적에 관련한 용도로만 활용해야 한다고 제한한다. 단, 정보주체의 동의가 있는 경우, 정보주체가 요청한 서비스나 제품을 제공하는 데 필요한 경우, 법령에 특별한 규정이 있는 경우에는 예외가 인정된다. 다섯째, 선택의 원칙(Chioce Principle)은 정보주체는 개인정보의 수집, 사용 및 공개와 관련하여 선택권을 행사할 수 있는 명확하고, 이해하기 쉽고, 접근하기 쉽고, 알맞은 방법을 제공받아야 한다는 것이다. 여섯째, 개인정보 무결성 원칙(Integrity of Personal Information Principle)은 개인정보는 사용 목적에 필요한 범위까지 정확성, 완전성, 최신성을 유지해야 한다는 것이다. 일곱째, 안전성 원칙(Security Safeguards Principle)은 개인정보처리자에게 개인정보의 손실이나 무단접근, 무단삭제, 사용, 수정 또는 공개나 기타 오용과 같은 위험을 방지하기 위해 적절한 안전조치를 취해야 할 의무를 부과한다. 여덟째, 접근 및 수정의 원칙(Access and Correction Principle)은 정보주체는 개인정보처리자가 개인정보를 보유하고 있는지를 확인할 수 있어야 하고, 확인 절차에 있어서 본인인증 절차를 충분히 거쳐야 함을 규정한다. 아홉째, 책임의 원칙(Accountability Principle)은 개인정보처리자에게 아래의 원칙을 준수할 책임을 부과한다. 개인정보가 국내외 타인이나 기관으로 이전되는 경우, 개인정보처리자는 개인의 동의를 얻거나 상당한 주의의무를 이행해야 하며, 정보 수령인이나 기관이 정보를 상기 원칙에 의해 일관되게 보호할 수 있는 합리적인 조치를 취하여야 한다.[38]

다음으로 UN의 「컴퓨터화된 개인데이터 파일에 관한 가이드라인(Guidelines for the Regulation of Computerized Personal Data Files)」(이하 'UN 가이드라인'이라 함)은 각 회원국

---

38) *Id*. pp.10-23.

에서 최소 한도로 보장해야 하는 6가지 기본 원칙과 4가지 이행사항으로 구성되어 있다.[39]

첫째, 합법성 및 공정성 원칙(Principle of lawfulness and fairness)은 개인에 관한 정보는 불공정하거나 불법적인 방법으로 수집·처리되어서는 아니 되며, UN 헌장에 명시된 목적과 원칙에 반하는 사용을 금지하는 것이다. 둘째, 정확성의 원칙(Principle of accuracy)은 파일 작성자 또는 보관자는 기록된 데이터의 정확성과 관련성에 대해 정기적으로 점검할 의무가 있고, 누락에 대한 오류가 발생하지 않도록 하며, 정기적으로 최신성을 유지하거나 파일에 포함된 정보를 처리하는 한 최대한 완전하게 보관해야 한다는 것이다. 셋째, 목적 구체성의 원칙(Principle of the purpose-specification)은 개인정보 제공 목적과 목적에 따른 이용은 구체적이고 적법해야 한다는 원칙이다. 넷째, 이해관계인 권리보장 원칙(Principle of interested-person access)에 따라 정보주체는 자신과 관련한 정보의 처리 여부를 알 권리가 있으며, 수정 및 삭제권이 인정된다. 정보책임자는 필요한 경우 감독기관과 함께 구제책을 마련해야 한다. 다섯째, 비차별 원칙(Principle of non-discrimination)은 '예외의 인정'에서 제한적으로 인정되는 경우를 제외하고 인종, 피부색, 성적 취향, 정치적 견해, 종교, 철학적 신념, 협회나 노동조합 가입여부 등 불법 또는 차별을 유발할 수 있는 정보는 수집되지 않아야 한다는 원칙이다. 여섯째, 예외의 인정(Power to make exceptions)에 따라 첫 번째 내지 네 번째 원칙은 국가안보, 공공질서, 공중 보건, 도덕성의 보호를 위한 경우나, 타인의 자유와 권리를 보호하는 데 필요한 경우 원칙의 예외가 인정된다. 일곱째, 보안원칙(Principle of security)은 사고나 파괴와 같은 자연적인 위험이나, 무단접근, 사기성 데이터 오용, 컴퓨터바이러스 감염 등의 인재로부터 정보를 보호하기 위한 적절한 조치의무를 규정한다. 여덟째, 감독과 제재(Supervision and sanctions)는 모든 국가에 국내법에 따라 상기 원칙의 준수 여부를 감독할 기관을 지정할 법적 의무를 부과한다. 여기서 지정된 감독기관은 데이터 관리자에 대한 공정성과 독립성을 유지해야 한다. 아홉째, 국가 간 정보 유통(Transborder data flows)은 개인정보 보호법의 규제수준이 유사한 국가 간 정보 유통은

---

39) UN, Guidelines for the Regulation of Computerized Personal Data Files (1990).

해당 영역 내에서 최대한 자유롭게 이루어질 수 있음을 규정하고 있다. 열째, 적용범위(Field of application)는 상기 원칙들이 공적·사적 영역의 전산처리된 정보에 우선 적용되어야 하며, 상기 원칙들을 적절히 확장하거나 정비하여 수기 작성된 정보에도 적용되어야 한다는 것을 명시하고 있다.

라. 종래 기본 원칙의 한계 : 수집 제한의 원칙과 목적 구체성의 원칙

국제기구에서의 개인정보 보호 원칙의 면면을 살펴보았을 때 디지털 경제 시대의 대규모 정보 처리 환경에서 관철시키기 어려운 기본 원칙이 발견된다. 대표적으로 OECD에서 제시하고 있는 수집 제한의 원칙(Collection Limitation Principle), 목적 구체성의 원칙(Purpose Specification Principle)과 APF의 수집제한의 원칙(Collection Limitations Principle), 개인정보 이용의 원칙(Uses of Personal Information Principle),[40] 그리고 UN에서 제시하고 있는 목적 구체성의 원칙(Principle of the purpose-specification) 등을 꼽아 볼 수 있다. 이를 종합해 보면 결국 수집제한의 원칙과 목적 구체성의 원칙은 시대적 환경에 부합되는 개인정보 규범의 법질서 확립을 위해 균형적인 방향으로의 수정을 도모할 필요가 있을 것이다.

먼저 수집 제한의 원칙은 정보주체의 명확한 인식과 적법하고 공정한 수단으로서 동의 절차를 거쳐야 한다는 것과 수집 목적 당시의 목적에 한정되어야 한다는 것을 내용으로 한다. 소위 빅데이터 환경에서는 데이터의 최대 수집을 목표로 우선 수집, 사후 동의의 규범적 체계를 선호하므로 한계에 부딪힐 여지가 있다. 따라서 여기서 말하는 최소한의 수집은 양적인 측면에서의 최소 수집을 의미하기보다는 공정하고 적법한 절차를 갖춤으로써 침해를 최소화해야 한다는 원칙으로 해석함이 보다 타당한 접근이라 생각된다. 이를테면 국내 개인정보보호법 제3조에서 사생활 침해를 최소화하는 방법으로 처리하라는 내용(제6항)과 익명처리의 원칙(제7항)을 규정하고 있는 것과도 같은 취지라 이해된다.

---

40) 해당 원칙의 표제는 개인정보 이용의 원칙이지만, 그 내용에 있어서는 사실상 다른 국제기구에서 정하는 '목적 명확성의 원칙'과 동일하다고 할 수 있다.

다음으로 목적 구체성의 원칙은 수집 당시 개인정보 활용에 대한 목적을 명확히 제시하여야 한다는 원칙인데, 구체적인 목적 확정을 통해 원래 수집된 목적 범위 내에서 한정적으로 개인정보를 처리하도록 하는 것이므로 일반적으로 '목적구속의 원칙'이라 지칭하기도 한다. 구체적인 목적을 확정하여 합법적인 정보처리 과정을 담보함으로써 통제권의 이탈로부터 발생할 우려가 있는 위험과 침해 가능성으로부터 효과적으로 대처할 수 있다. 그런데 이는 수집 당시의 목적 범위가 계속해서 유지된다는 점에서 개인정보의 활용 가능성을 원천적으로 제약시키는 요소로 작용할 우려가 있다. OECD 가이드라인은 i) 개인정보의 수집 목적은 적어도 수집 당시에 특정될 것을 요구하고, ii) 그 이후의 이용 과정에서 수집 목적의 실현 혹은 수집 목적과 양립 가능하여야 하며, iii) 목적의 변경 시 그때마다 목적을 구체화하여야 한다고 규정하고 있다. 또한 UN 가이드라인 역시 목적 구체성의 원칙을 설명하면서 i) 구체화된 목적과 관련되어야 하고, ii) 동의가 없는 사용이 이루어지거나 공개되어서는 안 되고, iii) 개인정보의 저장 시 필요한 기간을 넘겨서는 안 된다고 규정하고 있다. 이들 원칙에서 말하는 목적 구체성은 각국의 개인정보 입법례에서 양립가능성 조항이나 사전 동의 절차에 관한 조항을 통해 실현되고 있다고 볼 수 있다. 데이터 분석을 통해 지속적으로 새로운 가치를 창출하기 위해서는 1차적으로 수집된 정보를 다양한 목적의 2차적 분석에 활용하여야 하므로 당초 수집 목적 외로 처리할 수 있는 범주를 유연하게 해석함으로써 활용 가능한 범주를 합리적으로 조정할 수 있도록 할 필요가 있다.

마. 2013년 개정 OECD 가이드라인의 변경 취지 및 평가

2013년 OECD는 ICT 융합 환경의 도래로 인한 개인정보 유통 환경의 변화에 대응하기 위하여 기존 가이드라인상의 원칙을 일부 수정한 「The OECD Privacy Framework 2013[41]」(이하 '개정 OECD 가이드라인'이라 함)을 발표하였다. 당시 가이드라인은 두 가지 측면에서 새롭게 개편되었는데, 그것은 프라이버시 보호의 실질적 구현을 위한 위험

---

41) OECD, The OECD Privacy Framework 2013 (2013).

관리(risk management)와 글로벌 차원의 국가 간 상호운용성 확보였다.[42]

　　개정 가이드라인에서 추가된 책임의 원칙(Accountability Principle)은 개인정보처리자가 i) 모든 개인정보에 개정 OECD 가이드라인을 적용하고, ii) 위험 평가에 기초한 적절한 보호 조치를 제공하고, iii) 지배구조를 통합하여 내부 감독 메커니즘을 설정하고, iv) 질의 및 사건에 대응하기 위한 계획을 사전 수립하고, v) 지속적인 모니터링과 주기적 평가에 따라 계획 갱신을 골자로 하는 개인정보 관리 프로그램을 시행할 의무를 말한다. 또한 개인정보와 관련하여 중대한 침해가 발생하는 경우 유관 기관과 정보제공자에게 유출 사실 및 내용을 통지해야 한다.[43]

　　다음으로 국가 간 상호운용성 확보 차원에서는 i) 개인정보의 자유로운 유통과 합법적 제한을 기본 원리로 채택하고, ii) 개인정보처리자는 데이터 위치와 관계없이 자신의 통제하에 있는 개인정보에 대해 책임지며, iii) 각 회원국은 개정 OECD 가이드라인에 부합하는 보호 수준을 보장하기 위해 실질적으로 가이드라인을 준수하거나 이에 부합하는 보호 조치가 부재하는 국가와의 국제적 유통의 제한을 자제하고, iv) 국제적 유통에 관한 제한은 개인정보의 민감도, 처리 목적 및 맥락 등을 고려하여 당면한 위험에 비례하게 이루어져야 함을 규정하고 있다.[44]

　　이와 같은 가이드라인 개정 내용은 현대의 개인정보 유통 환경에서 프라이버시 보호의 특수성을 반영하였다고 평가할 수 있다. 먼저 위험관리를 강조한 것을 보면 형식적인 규제 체계가 프라이버시의 위험성을 실질적으로 제어하지 못하면서도 이로 인해 국가 간 데이터 교류나 거래가 방해되는 상황을 염두에 둔 것으로 볼 수 있다. 또한 상호운용성의 증진은 국가 간 이전이 빈번해지고 있는 정보통신 환경을 반영한 것이라고 판단된다. 이러한 개정 취지는 실제 다른 국제 규범의 수정에 있어서도 영향을 끼쳤으며, 향후 우리 개인정보 규범의 개선 방향을 모색하는 데 참고할 수 있을 것이다.

---

42) *Id.* p.4.

43) *Id.* p.16.

44) *Id.*

2. 미국에서의 개인정보 보호 원칙과 그 수정에 관한 논의

가. 보편적 법리로서 공정정보관행 원칙(FIPPs)의 등장과 문제의 제기

현대적 개인정보 입법의 근간이 된 공정정보관행 원칙(Fair Information Practice Principles, 이하 'FIPPs'라 함)은 Alan Westin 교수가 Privacy and Freedom(1968)[45]이라는 저서에서 주장한 정보통제에 관한 프라이버시 이론으로부터 출발한다. 그에 의하면, 정보보유자가 방대한 정보를 보유한다는 사실만으로도 정보주체의 활동과 자유를 위축시키는 위험성이 있다고 한다. 나아가 정보통신 기술의 발전에 따라 개인은 자신에 관한 모든 정보를 통제할 필요가 있다고 주장하였다. 자발적으로 공개한 정보일지라도 애초에 합의한 공개 범위나 이용 범위 등 공개 조건을 벗어나게 되면,[46] 원치 않는 정보의 공개와 같은 권리 침해 상태에 놓일 수 있다는 취지이다.

FIPPs는 1973년 미 보건교육후생부(Department of Health, Education, and Welfare)의 보고서에서 "개인의 프라이버시 보호를 위해 개인정보의 수집, 이용 등의 처리를 통제하는 일련의 일반 원칙"으로 처음 제안되었다.[47] FIPPs 원칙은 자동화된 데이터 시스템에 대한 요건으로서 데이터 수집에 대한 통지와 인식, 2차적 사용에 대한 선택과 동의, 수집된 데이터에 대한 접근과 참가, 개인정보처리자의 보안 원칙, 법률 및 규정에 근거한 시행원칙을 주요한 내용으로 하고 있다. 이는 실제로 OECD 가이드라인의 8원칙으로서 수집 제한의 원칙, 정보 품질의 원칙, 목적 명확성의 원칙, 이용 제한의 원칙 등의 기초가 되었고, 1981년 EU 평의회 조약, 1990년 UN가이드라인, 1995년 EU DPD, 2016년 GDPR, 한국의 개인정보 보호법 등에 유사한 내용이 반영되는 등 각국의 개인정보 규범 형성에 영향을 주었다. 이처럼 FIPPs는 OECD 가이드라인이 제정

---

45) *See* Alan F. Westin, Privacy And Freedom, 25 Wash. & Lee L. Rev. 166 (1968).

46) Westin 교수는 이처럼 공개 조건을 충족하지 않음으로써 개인정보가 침해되는 양태를 '데이터 감시 (Data Surveillance)'라 지칭하였다. Id. pp.19-20.

47) 미국 정부는 FIPPs 원칙을 상업적 데이터 프라이버시의 기반으로서 인정하고 있다. HEW, Records, Computers and the Rights of Citizens, Report of the Secretary's Advisory Committee on Automated Personal Data Systems (1973), p.4.

된 1980년대 당시의 정보 환경에서는 개인정보를 보호하면서도 국제적 유통을 장려하는 차원에서 효과적인 토대로 기능하였다.

그러나 최근의 빅데이터, 사물인터넷과 같은 신기술이 접목된 현실에 있어서는 광범위하게 이루어지는 데이터 수집 및 이용 과정에서 개인정보 하나하나를 일일이 추적하여 기존 원칙을 엄격하게 적용시키는 것이 불가능하다. 그렇다고 개인정보 혹은 프라이버시 보호와 관련된 기본적인 원칙을 완전히 배제할 수도 없기 때문에 이를 어떻게 적절히 수정할지 고민하는 것이 필요하다.

나. 미국에서의 수정 논의 동향

2015년 미 백악관에서 발표한 보고서에 의하면, 빅데이터 기반의 혁신은 엄청난 기회의 창출과 함께 기존 프라이버시 관념에 대한 도전을 야기한다고 지적하면서, 빅데이터 환경에서 프라이버시 권리에 기반한 데이터 이용 체계와 통지 및 동의의 개념은 재검토될 필요가 있다고 보았다.[48]

또한 FTC(Federal Trade Commission)는 워크숍, 보고서 등을 통해 기존 개인정보보호 원칙이 적절한지에 대하여 지속적으로 논의하여 왔다. 2010년 발표된 보고서에서는 정보 흐름의 증가로 인해 소비자와 기업에 중대한 이익이 제공되고 있다고 전제하면서, 정보주체에게 제공되는 프라이버시 지침과 동의 사항을 숙지하여 검토하는 것은 더 이상 효과적이지 않다고 지적하였다.[49] 또한 2013년 FTC가 개최한 사물인터넷 주제의 워크숍에서는 정보 이용의 혜택에 있어서 동의제도가 장벽이 된다는 점, 데이터 수집을 통해 이용하는 응용서비스에 있어서 통지 및 동의 절차는 극복하기 어려운 문제라는 점, 예측하지 못했던 데이터나 추가적인 수집을 위하여 동의가 반드시 있어야 한다는 한계가 있다는 점, 사물인터넷을 통한 수집 시 민감하지 않은 정보에 대한 엄격한 통지 및 동의는 불필요하다는 점 등 데이터 이용에 초점을 두기 위해서는 기존의

---

48) The White House, Big Data: Seizing Opportunities, Preserving Values (Feb., 2015), p.4.

49) FTC, Protecting Consumer Privacy in an Era of Rapid Change – Recommendations for Business and Policy maker (2012), pp.19-20.

개인정보보호 원칙으로부터 탈피할 필요가 있다는 주장이 다수 개진되기도 하였다.[50]

한편 Microsoft가 주도하는 토론의 장을 통해 통지 및 동의제도를 비롯한 목적 명확성의 원칙, 이용 제한의 원칙 등을 완화하여 적용하거나 아예 폐기를 하자는 전향적인 검토가 이루어졌다.[51] 해당 토론회 이후 구성된 작업반에서는 빅데이터 환경에 대한 대응을 위해 데이터 수집을 제한하는 현 규범 체계를 데이터 이용에 초점을 둔 체계로 전환하자는 의견이 제안되었다. 특히 빅데이터 시대에 사전 통지 및 동의가 행해지는 수집 단계에서는 식별이 불가능하다는 것을 지적하고 있다. 아울러 데이터의 이용과 보호를 균형적으로 도모하기 위하여 1980년 OECD 가이드라인을 수정할 필요가 있다고 하면서, 이용의 원칙의 확대, 전후상황 원칙의 도입 등을 고려하여 빅데이터 내지 사물인터넷에 적합한 환경을 구축할 필요가 있다고 하였다.[52]

3. 빅데이터 환경에서 종래 법리의 한계적 요소의 검토

이상에서 살펴본 기존의 개인정보 보호 법리에 관한 주요 내용 검토와 그 수정 방향에 대한 논의를 토대로 할 때 재고가 필요한 주요 원칙에 대하여 구체적인 한계점을 검토해 보도록 한다.

가. 최소수집 원칙의 한계

먼저 최소수집의 원칙은 일반적인 개인정보의 처리나 정보처리시스템상의 정보 활용 등 모든 정보처리 과정에서 필요 최소한의 개인정보만을 취급하도록 하는 규칙이다. 각국의 개인정보 법제는 개인정보 처리행위를 필요한 범위로 제한하고, 원칙적으로 수집 당시 목적의 범위를 벗어나지 않도록 하는 보편적 목적 규정을 두고 있다.[53]

---

50) *See* FTC, Internet of Things: Privacy & Security in a Connected World (Jan., 2015).

51) Fred H. Cate & Viktor Mayer-Schonberger, Notice and Consent in a World of Big Data: Microsoft Global Privacy Summit Summary Report and Outcomes 4 (Nov. 2012), p.11.

52) 이에 대한 보다 자세한 내용은 *Id.* pp.14-21.

그러나 다량의 데이터 처리 환경에서는 가급적 많은 정보를 수집할수록 이익을 최대화할 수 있는데, 이는 최소 수집의 원칙에 전면적으로 반(反)한다. 특히 빅데이터의 궁극적인 목표는 전통적인 데이터 분석에서처럼 단순히 원인 규명에 그치지 않고, 연관성 없는 정보들 간의 결합이나 분석을 통해 데이터가 갖는 가치를 최대로 증폭시키는 데 있다. 물론 전통적인 데이터 분석에서도 정보에 대한 해석과 의미 도출이 가능하였으나, 빅데이터는 개인에 관한 직접적인 정보 자체를 수집·처리할 뿐만 아니라 보이지 않는 이면의 가치(온라인 추적을 통한 행태정보 분석, SNS에 공개된 정보의 취합을 통한 선호도 분석 등)를 부가적으로 끌어냄으로써 훨씬 더 큰 이익을 가져온다. 이에 따라 최소수집의 원칙은 데이터 경제의 이상(理想)과 상충된다고 할 수 있다.

나. 통지 및 동의 원칙의 한계

통지 및 동의 원칙(notice and consent)은 개인정보의 수집이 이루어지기 전에 개인정보의 처리 전반에 대한 사항을 통지(notice)하고, 그 내용을 인식한 정보주체가 통지된 내용에 대하여 동의(consent)하는 것이다. 이는 개인정보 규범의 근간이 되는 법리이긴 하나, 수정이 불가피하다. 동 원칙은 처리하고자 하는 정보의 유형, 항목, 이용기간, 이용 목적 등에 대해 명확히 고지하고, 이를 기반으로 정보주체가 정보처리 여부를 직접 선택할 수 있도록 하는 데 의의가 있다.[54] 개인정보처리자의 입장에서는 법적 제약에 속하나, 동의를 획득함으로써 장래에 발생할 위험에 대한 면책이 가능해지는 것이자 정보주체에게 책임을 전가할 수 있게 돕는다.

이러한 원칙은 실정법상 '고지 기반의 동의(informed consent)' 형태로 입법화되는 것이 통상적인바, 동의의 취득이 적법하기 위해서는 그 데이터의 처리과정에 대한 구체

---

53) Peter Gola/Christoph Klug/Barbara Körffer/Rudolf Schomerus, a.a.O., § 3a Rn. 4; Heinrich Amadeus Wolff/Stefan Brink, Datenschutzrecht in Bund und Ländern mit bereichsspezifischen Bezügen, 32 Aufl. 2014, S. 483 ff. 독일 연방정보보호법(BDSG)에서 '정보회피(Datenvermeidung) 및 정보최소화(Datensparsamkeit)의 원칙'으로 명명되는 최소수집의 원칙은 OECD 가이드라인의 수집 제한의 원칙(Collection Limitation Principle), EU GDPR §5. 1. (a)의 데이터 최소화(data minimisation), 한국 개인정보 보호법 제3조 제1항 등에서 선언적 조항으로 규정하고 있다.

54) 이대희, 앞의 논문(주 20), 137면

적인 내용의 고지가 반드시 전제되어야 한다. 미국에서 유래한 'informed consent'는 보통법(common law)에 근거하고 있으며, 일반적인 의무로서 이를 청구할 의무를 다루고 있는 법률 전반에서 유추되기도 한다. 'informed consent'가 법률적으로 요구되는 상황에서 이를 적법하게 취득하지 못할 경우 불법행위(a tort)로 간주되는데, 대체로 의사와 환자 간의 관계에서 이러한 문제가 논의되어 왔다.[55] 가령 의사가 환자로부터 취득한 동의가 i) 적절한 공개 표준에 따른 필요 정보를 제공하지 않았거나, ii) 의사의 의무 위반행위가 있었거나, iii) 정보제공자(환자)의 재정적 여건을 악화시키는 손해가 발생했거나, iv) 손해의 발생이 위험 가능성이나 비공개된 결과 때문이거나, v) 피해자가 결과 및 위험에 대해 설명을 들었다면 당사자 내지 합리적인 인간이라면 동의하지 않았을 사정이 있는 경우 동의 취득에 중대한 과실이 있어 적법하지 않다고 보는 것이다.[56]

그런데 대규모 데이터 처리 환경에서는 정보 제공의 사실에 대하여 정보주체의 충분한 인식 없이 데이터가 수집되거나 이용되는 경우가 다수이다. 예를 들어 웹사이트 접속 기록, 이용자 소비 패턴, 검색키워드 입력 기록 등은 이용자의 의식하에 제공된 정보라 할 수 없으며, 정보의 취득을 인식할 수 있는 인터페이스를 갖추기도 어렵다. 이 같은 상황에서 개인정보처리자는 '통지 기반의 동의'를 취득하고자 최대한 많은 사항에 대하여 고지함으로써 정보 활용의 가능성을 넓히기 위한 정책적 선택을 하지 않을 수 없다. 그러나 이는 정보주체가 정보 비대칭의 상황에 놓인 채로 고지 사실에 대한 충분한 이해와 숙지 없이 형식적인 동의절차에 응하게 된다는 점에서 문제이다. 곧 동의절차의 형해화 현상으로 인해 적절하고 합리적인 기능을 수행하지 못하고 있는 것이다.

따라서 데이터 활용을 위해 고지와 동의를 별개의 행위로 인식함으로써 고지만으로 동의에 갈음하도록 하거나 필수적인 고지 사항에 대해 완화된 기준을 적용해야 할 것이다.

---

55) Informed consent의 연원에 대하여 이론적으로 검토한 문헌으로 Tom L. Beauchamp, A History and Theory of Informed Consent, (Oxford Univ. Press, 1986), pp.25-26.

56) Id. p.29.

다. 목적 구속 원칙의 한계

목적 구속의 원칙[57]은 개인정보의 수집·이용·처리가 특별히 정해진 목적에 한정되어야 한다는 것을 말한다. 이는 정당한 목적 범위 내에서 최소한의 정보를 요구한다는 점에서 최소수집의 원칙과도 밀접한 관련이 있다. 현행 개인정보 보호법에서도 개인정보의 수집 당시 목적을 명확히 해야 하고, 이러한 목적에 필요한 범위에 부합하게 최소한의 정보만을 수집하도록 규정하고 있다(법 제3조 제1항). 이에 따르면 목적 범위 내의 개인정보는 제약 없이 처리할 수 있으나, 목적 외의 개인정보는 필수적 개인정보에 대한 동의와 별개로 고지하여 동의를 취득하여야 한다.[58]

목적 구속의 원칙은 적어도 수집 당시에 특정되어 있어야 하며, 그 이후에는 수집 목적과 합리적으로 양립될 수 있는 범주여야 한다. 그러나 빅데이터의 경우 최초의 정보 수집 당시의 수집 목적과 처리맥락에 예속될 수 없다는 점에서 한계가 있다. 특히 빅데이터는 데이터베이스화되어 저장·관리되는 상태에서 이미 처리목적이 확정된 것이 아니라, 분석 결과로부터 다양한 용도가 결정되면서 비로소 처리목적이 정해지는 본질적 특성이 있다.[59] 따라서 목적구속의 원칙을 빅데이터 환경에서 관철시키려 한다면, 빅데이터의 처리 목적을 사전에 정하거나 그 활용의 범주를 수집 당시의 목적에 국한함으로써 축적된 데이터를 활용한 다양한 가치 창출을 시도하기 어려워질 것이다. 이러한 원칙을 엄격하게 적용하면 빅데이터 분석을 위해 정보주체 등 관련 당사자들에게 새로운 목적에 대하여 재동의를 요청해야 하는 비현실적인 결론이 도출될 수 있다.

이와 같은 불편을 해결하기 위해서는 목적 구속의 원칙에 대한 엄격한 적용을 완

---

57) 여기서 목적 구속의 원칙은 OECD 가드라인에서 언급된 '목적 구체성의 원칙(purpose specificcation principle)'과 '이용제한의 원칙(use limitation principle)'을 포괄하는 법리적 개념으로 차용한 것이다. 즉, 목적 구속의 원칙은 양자의 의미를 내포하는 것으로서 명확한 목적 범위 내에서의 이용만을 허용한다는 의미로 해석될 수 있다. 이에 대하여 EU GDPR §5(1)(b)는 같은 취지에서 '목적제한의 원칙(purpose limitaion principle)'이라는 표현을 사용하고 있다.

58) 김진량·허진성, "「개인정보 보호법」 제16조 '목적에 필요한 최소한의 개인정보' 수집과 계약의 자유", 「강원법학」, 제52권, 2017, 133면.

59) 김중길, "빅데이터(Big Data)와 정보인권에 관한 최근 독일의 논의와 시사 – 개인정보보호를 중심으로", 「법학논고」, 제21권 제2호, 2014, 238면.

화하여 최초의 목적과 다른 목적에 대한 이용을 허용하는 것이 필요하다. 이를 극복할 수 있는 방안으로서 2020년 개정 개인정보보호법 제15조 제3항에서는 "개인정보 처리자는 당초 수집 목적과 합리적으로 관련된 범위에서 정보주체에게 불이익이 발생하는지 여부, 암호화 등 안전성 확보에 필요한 조치를 하였는지 여부 등을 고려하여 대통령령으로 정하는 바에 따라 정보주체의 동의 없이 개인정보를 이용할 수 있다"는 규정을 신설하였다. 동 규정은 GDPR의 이른바 양립가능성 규정을 도입한 것으로서 합리적으로 관련된 범위 내에서는 당초 수집 시 목적 범주와 동일한 것으로 보아 개인정보를 정보주체의 동의 없이 이용할 수 있도록 한 취지이다.

IV. 디지털 경제 시대에 부합하는 새로운 기준과 원칙의 제안

이상에서 살펴본 바와 같이 개인정보의 디지털화에 따른 기존 법리의 한계점으로 인하여 이를 해결하기 위한 보완적인 기준과 원칙을 고안할 필요가 있을 것이다. 이하에서는 그러한 대표적인 방안으로서 개인정보 규범이 갖추어야 할 타당한 방향성에 대하여 논의하도록 한다.

1. 위험성 판단 모형의 내재화

우선 데이터 이용에 따른 편익과 개인정보 침해의 위험성으로 인한 손실을 비교형량하여 평가하는 이른바 '위험성 모형'에 근거한 데이터 처리를 법 전반에서 인정할 필요가 있다. 프라이버시 침해의 위험성 수준에 근거하여 기본 법리를 우회하는 데이터 처리의 적법성을 인정하자는 취지에서이다. 이는 데이터 이용으로 인한 가치의 정도와 수준에 따라 동의 요구를 달리하자는 견해[60]와도 일맥상통한다. 즉 해당 견해에

---

60) Omer Tene & Jules Polonetsky, *Big Data for All: Privacy and User Control in the Age of Analytics*, 11 Nw. J. Tech. & Intell. Prop. 239 (2013), pp.262-263.

의하면, 데이터의 이용 가치가 크다고 인정되는 경우에는 사전적 동의를 요구하지 않거나 동의를 철회할 수 있도록 하는 등 동의절차를 세분화할 필요가 있다고 주장한다. 결국 이러한 견해의 핵심은 데이터 이용에 따른 경제적·사회적 가치를 고려하지 않으면 혁신과 사회적 발전이 저해될 수 있으므로 데이터 처리의 적법성 판단에 있어서 데이터 보호 이외의 다른 가치를 용인하자는 것으로 해석된다.

이러한 취지는 우리 개인정보 규범의 입법에도 반영될 필요가 있다. 예를 들어 의료정보, 유전자정보 등과 같이 민감성이 높은 정보는 프라이버시 가치가 중시되어야하나, 일반적으로 통용되는 정보의 경우에는 데이터 처리에 대한 적절한 고지, 익명처리 조치, 보안조치 강화 등을 통해 적법성을 갖추게 되면 데이터 이용에 따른 가치를 우선시하자는 것이다. 다만 이러한 원칙은 모든 사안에 대하여 일률적으로 적용되어서는 안 되고, 개별 사안에 따라 데이터 활용의 장래 가치에 대한 법익 판단을 거쳐적용해야 할 것이다. 그러나 이와 같은 방식은 결국 어떠한 정보가 민감성이 있다고평가할 것인지, 어떠한 경우 사전 동의 원칙의 예외를 인정할 것인지 등 그 적절성에대한 법적 판단이 전제되어야 한다는 점에서 구체적인 대안이라고 보기는 어렵다. 따라서 이와 같은 위험성 판단 모형에 입각하여 민감도 등 위험 수준에 따른 개인정보개념의 차등화, 양립가능한 사항에 대한 동의의 예외적 허용, 목적 외 처리 범위의 확대 등이 실질적인 입법적 대안으로서 제안될 필요가 있을 것이다.

2. 데이터 접근성 및 투명성 원칙의 강화

다음으로 데이터 최소화 원칙이나 동의 원칙을 완화하기 위해 데이터 접근 권한및 투명성을 강화하는 것도 좋은 대안이다.[61] 현행법상 정보 처리의 결정권은 정보주체에게 주어지지만, 개인정보 규범의 실질적인 입법 목적은 정보 접근 및 통제에 관한 강력한 권한이 있는 개인정보처리자의 비윤리적·불법적 정보 처리를 예방하는 데방점이 있다. 따라서 데이터 활용과 개인정보의 보호를 위하여 데이터에의 접근성 강

---

61) *Id.* p.263.

화와 정보처리의 투명성 원칙을 강화하여 정보주체가 실질적인 권한을 갖도록 조정하는 것이 매우 중요하다.

우선 데이터 접근성 차원에서 적법한 권리 부여뿐만 아니라 기술적인 지원도 필요하다. 이를테면 개인에게 기계 판독(machine-readable) 형식으로 자유로운 정보 엑세스 권한을 제공하게 되면 이는 개인정보 생태계의 확장에 크게 기여할 수 있다.[62] 개인정보의 자기통제가 가능해짐에 따라 이용자들은 경제적 인센티브나 편의적 서비스 이용과 같은 이점을 제공받기 위해 스스로 정보의 수집을 허용할 가능성이 있기 때문이다. 이러한 맥락에서 우리 신용정보법 제33조의2 제1항에서는 "개인인 신용정보주체는 신용정보제공·이용자 등에 대하여 그가 보유하고 있는 본인에 관한 개인신용정보를 다음 각 호의 어느 하나에 해당하는 자에게 전송하여 줄 것을 요구"할 수 있도록 하는 전송요구권을 규정하고 있다. 이를 일반법인 개인정보보호법에 규정하기 위하여 국회에서 관련 법안(민형배 의원안 : 의안번호-2110400, 정부 입법안 : 의안번호-2112723 등)이 제출되었으나, 아직까지 국회를 통과하지 못하고 있는 실정이다.

또한 데이터 활용 단계에서의 투명성 원칙을 강화할 필요가 있다. 개인정보가 어떠한 경로를 통해 수집되었고, 어떻게 저장되었는지, 그리고 어떤 개인정보가 다른 주체에게 이전되었는지 등을 투명하게 파악할 수 있다는 것은 정보의 유통과 흐름을 장려하기 위한 대전제가 된다. 투명성 원칙이 강조된 해외 입법례로 익명가공정보에 대한 공표제도 운영을 내용으로 하는 일본의 2015년 개정 개인정보보호법이 있는데, 이러한 방식은 개인정보 처리 과정에서 자기 주도의 정보처리 통제를 가능케 함으로써 데이터 유통 체계의 구축을 용이하게 한다. 왜냐하면 데이터 처리의 투명성 요구는 개인정보의 비윤리적 혹은 위법한 사용을 제한하는 효과(처리자의 입장에서는 책임 요구에 해당)가 있기 때문이다. 개인에 영향을 끼치는 프로세스 운영과정을 투명하게 공개함으로써 이러한 데이터 처리가 적법한 것이라는 판단이 내려진다면, 각 기관에서 법적으로 위험 범주에 있는 정보(성별, 나이, 인종 등 차별적 요소 등)를 비윤리적으로

---

62) *Id.* 이는 결국 데이터 처리 환경에서 자기통제 방식의 개인정보 이용을 위한 개인정보이동권의 도입 필요성과 같은 취지로 연결되는 것이다.

사용하는 것을 방지하는 효과가 있을 것이다.[63]

이와 관련하여 데이터 처리자의 입장에서 수집보다는 이용에 초점을 두되 '책임성 있는 이용'을 강화할 필요가 있다고 보는 견해도 있다.[64] 이를테면 정보주체의 투명성 요구 권한을 확장하여 사업자의 책임성을 확보하는 방편을 고려할 수 있을 것이다.

그러나 투명성과 관련하여 해당 서비스가 윤리적인지 여부 혹은 위법성 여부를 가늠하는 기준이 모호하거나 기술적인 추적 자체가 불가능한 경우도 있다. 예를 들어 딥러닝 기반의 인공지능 알고리즘과 같은 고도화된 신경망 구조에서는 데이터 분석의 결과에 이르는 과정과 원인을 투명하게 설명하거나 공개하는 것이 현재로서 불가능에 가깝다.[65] 따라서 투명성 법리의 구체적인 적용은 시대적·기술적 환경을 고려하여 수립하는 것이 바람직할 것이다.

3. 전후상황 원칙(Context Principle)의 적용

끝으로 데이터 처리의 적절한 흐름 과정에서 이루어지는 전후 상황을 감안하여 판단하고자 하는 소위 '전후상황의 원칙(Context Principle)'을 대부분의 상황에 통용될 수 있는 보편적인 법리로서 제안하고자 한다.[66] 해당 원칙은 소비자 정보를 제공받는 시점의 맥락에 따라 개인정보처리가 이루어질 것으로 기대할 수 있다는 내용이고, 이는 곧 같은 항목의 데이터라도 특정 상황에 따라 달리 취급될 수 있다는 의미로 해석할 수 있다. 해당 원칙은 미국에서 정부의 산업정책이나 FTC 보고서[67] 등에서 유력하

---

63) *Id.* p.270.

64) Fred H. Cate, Peter Cullen & Viktor Mayer-Schönberger, Data Protection Principles for the 21st Century Revising the 1980 OECD Guidelines (2014); PCAST, Big Data and Privacy: A Technological Perspective (2014); 이대희, 앞의 논문(주 20), 151면.

65) 딥러닝에 기반한 결과값을 설명하기 위해 추론과정을 역추적하는 방식이나 설명가능성이 높은 새로운 알고리즘을 개발하는 등의 연구가 진행 중이다. 그러나 결정트리와 같이 단순한 분석 구조가 아닌 한 기술적인 증명이 어렵기 때문에 학습데이터 자체의 차별성을 검증하는 방법론적 연구도 병행되고 있는 상황이다.

66) 이대희, 앞의 논문(주 20), 143면 이하.

게 거론되고 있다.

전후상황의 원칙은 Helen Nissenbaum 교수가 제안한 '맥락상 무결성 이론(theory of contextual integrity)'에서 출발한다.[68] Nissenbaum 교수는 미국에서 프라이버시 규율의 근간을 형성해 온 FIPPs 원칙과는 달리, 정보 흐름을 유지하기 위해 사회적 배경의 특징과 관련된 복잡하고 다양한 프라이버시 제한이 존재하기 때문에 '전후상황에 관한 정보 규범'이 필요하다고 주장하였다.[69] 덧붙여 현대 산업 사회에서 산다는 것은 헬스케어, 교육, 고용, 지역, 가족, 상업 시장과 같은 전후 상황(context)에 맞닿아 있는 것이라 하면서, 이러한 상황 판단에 따라 데이터의 처리가 적법한 것으로 보는 이른바 '무결성'을 인정할 수 있다고 설명하고 있다. 본 논문에서 Nissenbaum 교수는 정보 규범(informational norms)의 핵심 기준으로 상황(context), 당사자(actors), 속성(attribute; information types), 전송원칙(transmission principle) 네 가지를 제안하고 있다.[70] 이는 전후 상황에서 정보는 누구에게 귀속되는지, 발신자 및 수신자 등의 당사자는 누구인지, 정보유형은 무엇인지, 전송 원칙은 무엇인지를 기준으로 한다. 그런데 해당 요소들이 결여되면 당해 정보 처리는 불완전하고 모호한 것으로 본다.[71] 예를 들어 국세청이 특정 개인의 세금 신고서를 언론에 제공하는 경우 이는 정보 규범상의 전송 원칙을 위반하는 것으로서 명백히 '맥락상 무결성'을 벗어난 위법한 행위로 볼 수 있다.

여기서 맥락상 무결성 개념은 사물인터넷, 모바일 등 인터넷에 연결된 디바이스를 통해 데이터를 분석하는 환경에서 굉장히 유용하게 원용될 수 있다. 적어도 데이터 처리 환경에서 침해 가능성만으로 위법행위로 간주되는 경우를 줄일 수 있고, 상황에 따라 초래될 수 있는 가능성에 대해 합리적 기대가능성을 기준으로 판단함으로써 융통성 있게 대응할 수 있다. 이는 앞서 검토한 Katz 판결[72]에서 원용한 프라이버

---

67) *See* FTC, supra note 50.

68) *See* e. g. Helen Nissenbaum, *Privacy as Contextual Integrity*, 79 Wash. L. Rev. 101 (2004), p.119.

69) *Id.* p.129.

70) *Id.* p.140.

71) *Id.* p.141.

72) Katz v. United States, 389 U.S. 347 (1967).

시에 대한 합리적 기대 가능성과도 유사하다. 이 사건에서 법원은 특정한 예외가 적용되지 않는 한 누군가가 사생활 보호에 대한 합리적 기대가 있다면, 영장 없는 수색 및 압류가 수정 헌법 제4조에 의거하여 위헌이라고 설시하였다. 이러한 해석은 데이터 처리 환경에서 융통성 있는 규범 형성을 위한 법리로서 적합해 보인다.

V. 현행법에서의 개인정보 활용과 보호의 조화 방안

데이터 기반의 혁신적 비즈니스 모델을 예상치 못한 과거에 형성된 기본 법리들은 이제 수정과 보완이 요구되고 있다. 이와 관련하여 현행법상의 개선방안을 도출해 보면 다음과 같다.

우리 개인정보 보호법 제2조 제2호는 "개인정보의 수집, 생성, 연계, 연동, 기록, 저장, 보유, 가공, 편집, 검색, 출력, 정정(訂正), 복구, 이용, 제공, 공개, 파기(破棄), 그 밖에 이와 유사한 행위"를 개인정보의 처리 개념으로 포섭하여 정의하고 있다. 추측컨대 개인정보의 활용에 있어서 예상되는 대부분의 행위를 나열하여 이를 '처리'라는 개념에 포섭되도록 한 현행법의 정의방식은 개인정보를 활용하는 과정에서 나타나는 다양한 행위자들의 양태에 대한 수범자의 예측가능성과 법적 안정성을 보장하기 위한 의도로 비추어진다. 이러한 의도에 대하여 각각의 용어들의 범위가 지나치게 넓고 서로 간 구별이 쉽지 않은데다가, "그 밖의 유사한 행위"까지 처리의 개념에 포섭시킴으로써 실질적으로 개인정보를 활용하는 과정에서의 일체의 행위가 이 개념에 들어옴으로써 예측가능성 확보에 실패하였다는 비판적인 견해[73]가 있는데, 일응 타당하다고 생각된다. 오히려 이와 같은 개인정보 처리 개념의 광범위성으로 인하여 개인정보의 보호와 활용에 있어서 개인정보와 관련된 거의 모든 행위를 개인정보 규범의 대상화하는 적용 범주의 불명확성이 문제되기 때문이다. 이러한 개념 정의를 토대로 개인정보보호법은 개인정보를 처리하는 자를 '개인정보처리자'로 지칭하고 있으며, 개

---

73) 김중길·김해원, "개인정보 활용의 기본원칙에 관한 소고", 「영남법학」, 제50호, 2020, 122면.

인정보처리자로서 기본 원칙과 각종 의무를 부과하고 있다. 개인정보와 관련된 대부분의 행위가 이렇게 포괄 적용될 수 있도록 하여 개인정보 활용과 보호 사이의 실질적인 견제와 균형을 도모하기 어렵게 하는 여러 가지 문제를 야기하고 있다.

한편 우리 개인정보보호법은 개인정보 보호에 관한 기본 법리가 다른 나라에 비해 보다 엄격하게 천명되어 있다. 법 제3조는 개인정보 보호 원칙에 대하여 상세히 규정하고 있는데, 동조 제1항에 의하면 개인정보처리자는 처리 목적을 명확하게 하여야 한다는 '목적 구체성의 원칙'과 그 목적을 위해 필요한 범위에서 최소한의 개인정보만을 수집해야 한다는 '최소 수집의 원칙'을 지킬 의무가 있다. 이 밖에도 개인정보의 수집 및 이용에 대하여 엄격한 요건을 두고 있고(법 제15조 및 제16조), 목적 외 범위를 초과하여 개인정보를 이용하거나 제3자에게 제공하는 것도 제한적이다(제18조). 아울러 개인정보를 목적 외로 이용하거나 제공할 수 있는 사유가 정보주체의 별도 동의, 다른 법률의 규정, 급박한 생명 등의 이익을 위해 필요한 경우, 통계작성 및 학술연구 등에 한정되어 있다(제18조 제2항). 이처럼 현행법은 침해 가능성 내지 위험성에 대한 세심한 배려 없이 개인정보를 사실상 일률적으로 취급하고 있다고 볼 수 있다. 따라서 데이터의 편익과 혜택을 적절히 향유하면서도 개인정보 보호를 동시에 달성하기 위해서는 위험성 수준에 따른 규범적 대응이 필요할 것이다. 구체적으로 말하자면 침해의 우려나 침해 시 피해의 정도가 클 것으로 예상되는 정보의 경우에는 엄격히 제한을 하되, 상대적으로 그렇지 않은 정보는 데이터 분석에 이용될 수 있도록 개인정보 규범을 세분화해야 한다.

또한 중요한 것은 개인정보 처리에 대한 규율이 수집의 단계에서부터 이루어지는 것은 지양해야 할 것이다. 현행법의 태도를 수집 이후의 이용 및 제공 단계에서 개인정보처리의 투명성과 안전성을 강력히 요구하는 형태로 초점을 바꿀 필요가 있다.[74] 다만 개인정보의 보유 기간 및 파기 조치에 대한 완화는 데이터의 성격에 따라

---

74) 이와 같은 취지의 견해로는 David Hoffman & Paula J. Bruening, Rethinking Privacy: Fair Information Practice Principles Reinterpreted, INTEL, 2015, p.6; 이대희, "개인정보 보호 및 활용을 위한 공정정보 원칙(FIPPs)의 융통적인 적용과 새로운 접근방법에 대한 연구 — 사물인터넷 및 빅데이터의 예를 중심으로", 법조, 제727호, 2017, 33-34면 참고.

달리 접근해야 한다. 가령 공공데이터를 장기간 보유하는 것은 공익상 목적이라는 명백한 이유가 인정되지만, 민간데이터의 경우 이와 동일하게 취급 시 프라이버시에 대한 권리 침해가 발생하기 때문이다.

이 글에서는 개인정보의 이용에 초점을 두기 위한 방편으로서 기존의 개인정보 보호 법리에 대한 한계점을 지적함과 동시에 비교형량 기반의 위험성 판단 모형, 데이터 접근 권한 및 투명성 원칙, 전후상황의 원칙 등 새로운 관점의 보완적 법리를 제안하였다. 이는 이미 현실에서 동의 없이 이루어지고 있는 일부 데이터 분석 관행(웹로그 기록, 구매내역, 검색기록 등)을 법 해석에 반영할 수 있는 이론적 근거이자, 개인정보의 활용과 보호의 관점을 융통성 있게 적용할 수 있다는 점에서 충분한 의의가 있을 것이다. 특히 여기서 제안된 보완적 법리는 사법적 판단을 구하기에 앞서 입법의 영역에서 반드시 반영될 필요가 있다. 이를 통해 개인정보 규범 전반에서 투명하고 융통성 있는 체계를 구축하는 데 기여할 것이다.

제4부

—

데이터의 보호와 규제

제12장 채권법에 의한 데이터의 보호

정영진

(인하대학교 법학전문대학원 교수)

I. 서 설

데이터는 다양한 형식으로 존재하는데, 이 장에서는 디지털 데이터를 전제로 설명하겠다. 디지털 데이터란 이진수 형태로 컴퓨터 또는 기타 디지털 저장매체에 저장되거나 정보통신망을 통해 전송중인 파일을 말한다.[1] 디지털 데이터는 소프트웨어가 생성한 것으로, 그 소프트웨어에 따라 데이터는 hwp, pdf, gif 등 일정한 확장자를 가진 파일(file) 형식으로 존재한다. 디지털 파일은 비가시적이다. 따라서 파일을 읽기 위해서는 그에 적합한 소프트웨어가 필요하고, 나아가 모니터 등 디스플레이 장치로 현출되거나 인쇄물로 출력되어야 한다. 디지털 데이터는 다음과 같은 특징이 있다.[2] ① 디지털 데이터는 쉽게 복제하거나 전송될 수 있고, 반복적인 복제와 전송에도 불구하고 원본은 그대로 보전된다. ② 컴퓨터가 네트워크를 통해 연결되어 있는 경우,

---

[1] 데이터와 정보는 물리적 실체를 기준으로 구분할 수 있다. 정보는 데이터의 내용으로 물질적(material)이지 않다. 일찍이 위너(N. Wiener)는 "정보는 정보이고, 물질이나 에너지가 아니다"(Information is information, not matter or energy)라고 주장한 바 있다. 이에 반하여 데이터는 파일 형식의 물리적 실체를 갖고 있어서, 복제, 전송, 삭제가 가능하다

[2] 디지털 데이터의 특징에 대하여는 정영진, "보건의료 데이터와 개인정보 보호와의 관계에 대한 소고", 법학논총(국민대학교 법학연구소) 제34권 제3호(2022), 200-203면 참조.

통신 프로토콜을 통해 원격으로 컴퓨터에 접근하여 디지털 데이터를 수정하거나 편집할 수 있는데, 이를 네트워크 관련성이라 한다. ③ 원본과 복사본의 구분이 곤란하며,[3] 나아가 디지털 데이터는 쉽게 변조될 수 있으므로, 디지털 데이터를 증거로 제출하는 경우 원본과 동일성을 보증하는 것이 중요하다.[4]

또한 개인정보도 데이터의 일종이지만 데이터에 대한 보호는 개인정보 보호와는 구별된다. 즉, 개인정보 보호는 데이터를 인격권적 측면에서 접근하는 것이라면, 데이터에 대한 보호는 데이터를 재산권적 측면에서 접근하는 것이다. 따라서 이 장에서는 개인정보 보호법 위반이 없는 데이터를 전제로 한다.[5] 즉, 처음부터 익명화(가명화 포함)되어 생성된 데이터나 사후에 익명처리된 데이터를 전제로 한다.

데이터 주도 경제(data-driven economy)에서 데이터의 활용을 위한 전제조건으로 데이터의 보호가 필요하다. 데이터의 보호에는 물권적 보호와 채권적 보호가 있는데, 이 중 물권적 보호에는 물권법과 지식재산권법에 의한 보호가 있다. 물권법에 의한 보호의 한 방법으로 데이터에 대한 소유권을 인정하자는 소위 데이터 오너십이 주장되고 있는데, 이에 대하여는 제4장에서 소개하고 있다. 또한 일정한 데이터는 지식재산권에 의하여 보호가 되는데, 이에 대하여는 제13장을 참고하길 바란다. 이 장에서는 지식재산권의 대상이 아닌 디지털 데이터를 전제로 설명하기로 하겠다.

데이터에 대한 채권적 보호는 크게 계약법에 의한 보호와 불법행위법에 의한 보

---

3) 원본과 복사본의 동일성 판단은 원본 파일 해시값과 복사본의 해시값을 비교하여 파일의 변조 여부를 확인한다.

4) 검찰에서 디지털증거에 대하여 압수·수색을 행하는 경우, 해당 사건 주임검사 주도하에 피압수자 등을 참여시킨 상태에서 사건과 관련성이 있는 정보를 선별하고 압수·수색한 디지털 증거에 대하여 해시값(Hash Value)을 생성한 후, 확인서를 작성하여 피압수자 등의 확인·서명을 받는다[「디지털 증거의 수집·분석 및 관리 규정」(대검찰청 예규 제876호) 제15조 제3항].

5) 개인정보 보호를 강화하기 위하여 데이터 오너십을 인정하여야 한다는 주장은 전혀 다른 목적과 맥락에 있는 두 담론을 하나로 뒤섞어 논의를 혼란스럽게 한다는 비판이 있다. 이동진, "데이터 소유권(Data Ownership), 개념과 실익", 정보법학 제22권 제3호 (2018), 226면. 이에 반하여 데이터의 권리관계를 논함에 있어서는 데이터의 재산적 측면과 인격적 측면이 총체적으로 고려되는 것이 좋다는 견해도 있다. 권영준, "데이터 귀속보호·거래에 관한 법리 체계와 방향", 비교사법 제28권 제1호 (2021), 18면.

호로 나눌 수 있다. 데이터의 수집 또는 생성, 가공 또는 결합, 이용, 제공 또는 양도 등에 다양한 이해관계자가 참여하게 되는데, 사적자치의 원칙이 적용되는 계약에 의하여 데이터를 규율하게 되면, 이해관계자의 다양한 요구에 유연하게 대응할 수 있는 장점이 있다.[6] 다만 계약의 상대적 효력으로 인해, 계약당사자 외의 제3자에게는 계약상의 권리를 주장할 수 없다. 따라서 지식재산권의 보호대상이 아닌 데이터의 귀속 또는 보유가 불법행위법에 의하여 보호되지 않으면, 데이터의 무단 사용이 증가될 것이고 이에 따라 데이터 거래의 필요성은 상당히 줄어들 것이다. 이에 따라 데이터 거래의 활성화를 위해서는 데이터가 특정주체에 귀속되고 그 데이터가 불법행위법에 의하여 보호될 필요가 있다. 그 결과 데이터의 불법행위법에 의한 보호는 데이터에 대한 법적 이익을 보호하기 위한 토대에 해당하므로, 데이터의 계약법에 의한 보호에 앞서 검토할 필요가 있다. 이하에서는 불법행위법에 의한 데이터의 보호를 먼저 설명하고 계약법에 의한 보호를 설명하기로 하겠다.

II. 불법행위법에 의한 데이터의 보호

1. 개 설

지식재산권법은 Property Rule에 의한 보호방식을, 불법행위법은 Liability Rule에 의한 보호방식을 채택하고 있다.[7] 전자를 물권적 보호원칙이라 하고, 후자를 손해배상원칙이라 한다.[8] 양자의 구별은 독점적 사권을 창설하는가 아니면 특정한 침해행

---

6) 최경진, "데이터 채권법 시론", 외법논집 제46권 제1호(2022), 36면.

7) 캘러브레시(Calabresi)와 멜러메드(Melamed)의 논문에서 처음 주장되었다. Guido Calabresi & Douglas Melamed, "Property Rules, Liability Rules, and Inalienability: One View of Cathedral", Harvard Law Review Vol 85 (1972), pp. 1089-1128.

8) 전자의 경우 권리자의 동의가 요구된다는 점에서 동의규칙이라고 하고, 후자의 경우 권리자에 대한 보상이 필요하다는 점에서 보상규칙이라고 번역하는 견해가 유력하다. 윤진수, "혼인과 이혼의 법경제학", 법경제학연구 제9권 제1호 (2012), 47면.

위를 금지하는가에 따른 것이다. 우리나라 판례는 불법행위의 경우에도 손해배상 외에 금지청구를 인정하고 있으므로(대법원 2010. 8. 25.자 2008마1541 결정), 데이터 침해에 대하여 금지청구를 인정하기 위하여 데이터에 대한 권리를 물권으로 구성할 필요는 없다.

지식재산권법은 크게 산업재산권법과 저작권법으로 나눌 수 있는데, 「식물신품종 보호법」, 「반도체집적회로의 배치설계에 관한 법률」, 「콘텐츠산업 진흥법」(콘텐츠산업법)은 각 육성자, 배치설계권자, 콘텐츠제작자에게 배타적 권리를 부여하고 있다는 점에서 광의의 지식재산권법에 속한다.[9] 그러나 부정경쟁방지법은 지식재산권법과 달리 권리자에게 배타적 권리를 부여한 것이 아니라 일정한 행위유형을 규제하는 방식을 취하므로 광의의 불법행위법에 속한다. 정형데이터 중 데이터베이스는 저작권법에 의해 보호되는데(제2조 제19호, 제20호), 비정형데이터 중 공개데이터는 부정경쟁방지법에 의하여 보호된다. 즉, 2021년 부정경쟁방지법을 개정하면서 디지털 데이터 중 업으로 특정인에게 제공되는 것으로 비밀로서 관리되고 있지 아니한 기술상 또는 영업상의 정보에 대한 4종류의 부정사용행위를 부정경쟁행위의 유형에 추가하였다(제2조 제1호 카목). 비공개데이터는 부정경쟁방지법상 영업비밀로 보호된다. 부정경쟁방지법에 대하여는 제13장 지식재산권법에 의한 데이터의 보호를 참고하기 바란다.

2. 디지털 데이터의 침해와 불법행위책임의 성립

민법 제750조에 따른 불법행위책임을 주장하기 위해서는, 피해자가 ① 가해자의 고의 또는 과실[10] 있는 위법행위, ② 손해의 발생, ③ 위법행위와 손해 발생 사이의 상

---

9) 이에 대한 자세한 설명은 이상현, "불법행위 법리를 통한 지적 창작물의 보호", 서울대학교 법학과 박사학위 논문 (2015), 46-50면 참조.

10) 고의에 의한 불법행위를 원인으로 한 손해배상책임의 주장에는 만일 고의는 없으나 과실이 인정될 경우에는 과실에 의한 불법행위를 원인으로 한 손해배상을 바라는 주장도 포함되어 있다고 보아야 한다(대법원 1995. 12. 12. 선고 94다21078 판결). 그러나 고의의 불법행위로 인한 손해배상채권을 수동

당인과관계를 각 증명하여야 한다. 민법상 불행행위의 법리는 데이터 보호의 최후 보루로 기능하고 있는데, 데이터의 침해의 경우 특히 위법성에 대한 판단과 손해액의 증명이 문제된다.

(1) 위법성 판단

일반적으로 행위의 위법성은 피침해이익의 종류와 침해행위의 태양을 상관적으로 고려하여 판단한다. 피침해이익의 종류에는 물권, 지식재산권, 인격권, 영업상 이익, 채권 등이 있고, 침해행위의 태양에는 형법 위반, 금지법규 또는 단속법규 위반, 공서양속 위반, 권리남용 등이 있다. 즉 피해자의 권리 내지 법률상 이익이 침해되었다고 당연히 위법성이 인정되는 것이 아니다. 또한 피침해이익과 충돌되는 이익이 있는 경우 양자를 이익형량하여야 하고, 침해행위의 태양에서 행위자의 주관적 용태도 고려하여야 한다.

데이터는 원칙적으로 특정인의 지배 대상이 될 수 없다는 기본형(default)에서 출발하되, 검증을 거쳐 데이터(좀더 정확히 말하면 데이터 배후의 가치) 지배영역을 여기저기 조금씩 일구어 가는 것이 현행 법제의 태도이고, 또 그것이 바람직하다.[11] 이에 따르면 지식재산권의 보호대상이 아닌 데이터의 무단사용은 원칙적으로 위법하지 않지만 '특별한 사정'이 있는 경우에 위법하다. 즉, 일반적으로 홈페이지를 통하여 인터넷에 공개된 정보는, 저작권법에 따라 배타적인 권리로 인정되지 않는 한, 제3자가 이를 이용하는 것은 원칙적으로 자유이다. 그러나 ① 경쟁자가 상당한 투자나 노력으로 만들어진 성과물을 ② 상거래 관행이나 경쟁질서에 반하는 방법으로 자신의 영업을 위하여 무단으로 사용하는 것은 법률상 보호할 가치가 있는 이익을 경쟁자의 노력과 투자에 편승하여 부당하게 이익을 얻는 행위로서 위법하다. 판례도 같은 취지이다(서울고법 2008. 9. 23.자 2008라618 결정,[12] 서울지법 2007. 6. 21. 선고 2007가합16095 판결[13]). 이에

채권으로 상계할 수 없다(민법 제496조).

11) 권영준, 전게논문, 17면.

12) 피신청인의 이 사건 프로그램을 이용한 광고방식은 신청인의 인터넷 포털사이트의 신용과 고객흡인력을 자신의 영업을 위하여 무단으로 이용하고 신청인이 장기간의 노력과 투자에 의하여 구축한

따라 피부과 전문의인 원고가 눈성형을 시술받은 환자들의 시술 전후 사진을 원고 병원 홈페이지에 게시하였는데, 원고 병원에서 고용의로 근무하던 피고가 퇴사 후 성형외과를 개원하면서 위 사진을 피고 병원의 홈페이지에 게시하여 홍보에 이용한 사안에서 불법행위 성립을 부정하였다(서울중앙지법 2011. 7. 19. 선고 2011가합3027 판결).

그런데 2013년 부정경쟁방지법을 개정하면서, 부정경쟁행위에 대한 보충적 일반규정을 신설하였다. 즉, "그 밖에 (i) 타인의 상당한 투자나 노력으로 만들어진 성과 등을 (ii) 공정한 상거래 관행이나 경쟁질서에 반하는 방법으로 자신의 영업을 위하여 무단으로 사용함으로써 타인의 경제적 이익을 침해하는 행위"를 부정경쟁행위로 규정하였다(현 제2조 제1호 파목). 이에 따라 부정경쟁방지법의 부정경쟁행위의 판단기준과 민법의 불법행위에서 위법성 판단기준이 실질적으로 동일하게 되었다.[14] 부정경쟁방지법은 손해배상책임에 대하여 특별한 규정을 두고 있지만(제14조의2), 부정경쟁방지법은 민법의 불법행위책임을 배제하는 것이 아니고, 양자는 경합관계에 있다. 이에 따라 피해자는 부정경쟁방지법의 부정경쟁행위에 해당하는 경우에도 민법에 근거하여 불법행위책임을 청구할 수 있다(서울고법 2017. 1. 12. 선고 2015나2063761 판결).

데이터산업법은 '데이터자산'의 침해에 대하여, 산업디지털전환법은 '산업데이터에 대한 권리'의 침해에 대하여, 각 특별한 규정을 두고 있다. 즉, ① 데이터산업법에 따르면 "데이터생산자가 인적 또는 물적으로 상당한 투자와 노력으로 생성한 경제적 가치를 가지는 데이터("데이터자산")를 공정한 상거래 관행이나 경쟁질서에 반하는 방법으로 무단 취득·사용·공개하거나 이를 타인에게 제공하는 행위 등 데이터자산을

저명한 인터넷 포털사이트라는 콘텐츠에 무임승차하려는 것으로---이는 신청인의 인터넷 사이트에 관한 업무를 방해하는 부정경쟁행위로서 불법행위에 해당한다.

13) 성형외과 병원 홈페이지에 게시한 모발이식 전후의 환자 사진과 온라인 상담내용은 모두 작성자의 개성이나 창조성이 있다고 보기 어려워 저작물성이 인정되지 않으나, 다른 성형외과 원장이 이를 무단으로 도용해 자신의 홈페이지에 게시한 것은 법적으로 보호할 가치 있는 영업활동상의 신용 등의 무형의 이익을 위법하게 침해하는 것이 되어 불법행위를 구성한다.

14) 배포한 데이터를 제어하고 제한하는 데 사용되는 기술적 보호장치를 '디지털 권리 관리'(Digital rights management: DRM)라 하는데, 이러한 DRM 보호장치를 하지 않을 경우, 묵시적인 이용허락을 한 것으로 간주하여야 한다는 견해도 주장되고 있다.

부정하게 사용하여 데이터생산자의 경제적 이익을 침해하는 경우, 데이터생산자는 (i) 부정경쟁방지법에 따른 구제를 청구하거나(제12조 제2항, 제3항), (ii) 그 손해배상을 청구할 수 있는데, 그 위반행위를 한 자가 고의 또는 과실이 없음을 입증하여야 한다(제42조 제1항). 즉, 데이터자산에 대한 부정경쟁행위를 원인으로 한 손해배상청구의 경우, 민법 불법행위책임의 특칙으로, 귀책사유에 대한 증명책임을 전환하고 있다. 데이터산업법에 대한 자세한 내용은 제16장을 참고하기 바란다. ② 산업디지털전환법에 따르면, 산업데이터를 생성한 자는 해당 산업데이터에 대한 사용수익권을 가진다(제9조 제1항). 산업데이터 생성에 인적 또는 물적으로 상당한 투자와 노력이 투입되는데(제2조 제2호), 고의 또는 과실로 산업데이터에 대한 권리를 공정한 상거래 관행이나 경쟁질서에 반하는 방법으로 침해한 경우 그 손해를 배상할 책임을 진다(제9조 제7항, 제4항). 산업디지털전환법은 산업데이터에 대한 사용수익권을 명시적으로 규정한 점에 그 의의가 있지만 산업데이터는 데이터산업법상 데이터자산에도 해당되므로, 손해배상의 측면에서는 증명책임의 전환을 규정한 데이터산업법에 따른 권리구제가 더 용이하다.

한편, 콘텐츠산업법은 콘텐츠 또는 그 포장에 제작연월일, 제작자명 및 이 법에 따라 보호받는다는 사실을 표시[15]한 경우, 콘텐츠의 전부 또는 상당한 부분을 복제·배포·방송 또는 전송하여 콘텐츠제작자의 영업에 관한 이익을 침해한 경우, 콘텐츠제작자는 손해배상을 청구할 수 있다(제37조, 제38조). 콘텐츠가 지식재산권의 보호대상이 아니고,[16] 복제·배포·방송 또는 전송하는 행위가 부정경쟁방지법상 부정경쟁행위에 해당하지 않더라도 손해배상을 청구할 수 있다는 면에서 콘텐츠에 저작권법상 데이터베이스와 유사한 보호를 부여한 것으로 볼 수 있다.[17] 이에 대하여 콘텐츠산업법이 물권적 보호방법이 아니라 부정경쟁방지적 보호방법을 취한 이상, 이러한 보호는 경쟁사업자에 대해서만 주장할 수 있다는 견해도 있다.[18] 위 견해는 2013년

---

15) ⓒ이 콘텐츠는 콘텐츠산업법에 따라 최초 제작일로부터 5년간 보호됩니다.

16) 콘텐츠제작자가 저작권법의 보호를 받는 경우에는 저작권법이 우선하여 적용된다(제4조 제2항).

17) 권영준, 전게논문, 28면.

18) 유대종, "디지털콘텐츠제작자 보호 법리에 관한 소고", 법학연구(경상대학교 법학연구소) 제15권 제1호

부정경쟁방지법에 부정경쟁행위에 대한 보충적 일반규정이 신설되기 전에 주장된 것으로, 위 신설 이후에는 부정경쟁방지법상 부정경쟁행위에 해당되는 경우에만 동법에 따른 손해배상을 청구할 수 있다는 취지로 이해될 수 있다.

(2) 손해액 증명

불법행위책임의 요건으로서 손해에 대하여 통설 및 판례는 차액설을 취하고 있다. 이에 따르면 불법행위가 없었더라면 피해자가 현재 가지고 있었을 이익상태와 불법행위로 인하여 피해자가 현재 가지고 있는 이익 상태 사이의 차이를 손해라고 한다. 이때 중요한 것은 침해된 개별 법익의 객관적 또는 주관적 가치가 아니라 그것이 피해자의 총재산상태에 미치는 영향이다. 따라서 차액설에 있어서의 손해는 사고 전후의 재산상태를 비교하여 나타나는 총재산의 감소를 의미한다. 그런데 디지털 데이터의 경우 데이터 자체에 암호를 설정 또는 변경하거나 데이터를 삭제하는 경우에는 그 데이터 자체를 평가함으로써 손해를 증명할 수 있겠지만, 데이트를 복제 및 전송하는 방식으로 침해하는 경우 원본 데이터가 존재하므로 그 손해의 입증이 어려운 면이 있다. 부정경쟁방지법에서는 손해액의 추정 규정(제14조의2 제2항)과 징벌적 손해배상에 관한 규정(제14조의2 제6항)이 있다.

또한 채무불이행이나 불법행위로 인한 손해배상청구소송에서 재산적 손해의 발생사실이 인정되나 구체적인 손해의 액수를 증명하는 것이 사안의 성질상 곤란한 경우, 법원은 증거조사의 결과와 변론 전체의 취지에 의하여 밝혀진 당사자들 사이의 관계, 채무불이행이나 불법행위와 그로 인한 재산적 손해가 발생하게 된 경위, 손해의 성격, 손해가 발생한 이후의 제반 정황 등의 관련된 모든 간접사실들을 종합하여 적당하다고 인정되는 금액을 손해의 액수로 정할 수 있다(대법원 2020. 3. 26. 선고 2018다301336 판결). 부정경쟁방지법에서는 이를 명시적으로 규정하고 있다. 즉, 법원은 부정경쟁행위를 위반한 행위에 관한 소송에서 손해의 발생은 인정되나 손해액을 산정하기 곤란한 경우에는 변론의 취지 및 증거조사 결과를 고려하여 상당한 손해액을 인

(2007), 66면.

정할 수 있다(제14조의2 제5항).[19]

Ⅲ. 계약법에 의한 데이터의 보호

1. 개 설

데이터는 생성, 수집, 결합·가공, 유통, 활용, 폐기 등의 과정을 거치는데, 데이터 거래에 참여하는 행위주체에는 공급자, 중개자, 수요자 등이 있다. 공급자와 수요자는 상대적인 개념이고, 중개자가 없는 경우도 있다. 이를 그림으로 나타내면 아래와 같다.[20]

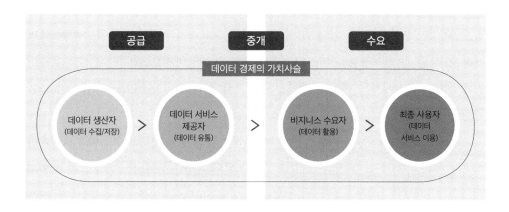

소셜 네트워크 서비스(SNS)의 맞춤형 광고를 예를 들어 설명하면 다음과 같다. ① 개인(데이터 생산자, Data Producer)은 SNS(데이터 서비스 제공자, Data Service Provider)에 가입하고 SNS 사업자의 서버에 정보(1차 데이터)를 생성시킨다. ② SNS 사업자는 정

---

19) 데이터산업법에도 같은 규정이 있다. 즉, 법원은 이 법을 위반한 행위에 관한 소송에서 손해의 발생은 인정되나 손해액을 산정하기 곤란한 경우에는 변론의 취지 및 증거조사 결과를 고려하여 상당한 손해액을 인정할 수 있다(제42조 제2항).

20) 스마트시티 빅데이터센터―빅데이터협의체(startuppark.kr) 2022년 6월 22일 방문함.

보주체가 제공한 정보(volunteered data)와 관찰된 정보(observed data)[21] 등을 가공·분석하여 광고정보(2차 데이터)[22]를 취득하고, 기업(비즈니스 수요자, Data Business User)에게 광고정보를 매매한다. ③ 기업은 위 광고정보를 활용하여 소비자(최종사용자, End Customer)에게 자신의 재화와 용역을 매매한다.

데이터 계약과 데이터 서비스 계약은 구별해야 한다. 데이터 계약은 데이터 지체의 접근, 이용, 이전 등을 목적으로 하지만, 데이터 서비스 계약은 데이터를 활용한 서비스의 제공을 목적으로 한다. 예를 들면 위 ① 개인이 SNS 서버에 정보를 제공하는 것은 1차 데이터 생성 및 제공을 목적으로 한 데이터 계약이다. ② 데이터 서비스 제공자가 비즈니스 수요자에게 가공된 2차 데이터를 직접 제공하면 데이터 계약이 되지만,[23] 그렇지 않고 비즈니스 수요자가 원하는 최종사용자를 대상으로 맞춤형 광고 서비스를 제공하는 것이라면 2차 데이터를 활용한 서비스 계약이 된다. ③ 비즈니스 수요자와 최종사용자 간에는 비즈니스 수요자가 매매하는 재화와 용역 관련 계약이 있고, 데이터 관련 계약은 없다. 만약 비즈니스 수요자가 최종소비자에게 차량을 매매하고, 차량에 대한 정보를 비즈니스 수요자에게 제공하기로 했다면 데이터 계약이 있게 된다. 이 장에서는 데이터 계약을 중심으로 살펴보겠다. 데이터 거래의 법률관계 전반에 대한 설명은 제6장을 참고하기 바란다.

데이터 계약은 다양한 기준으로 분류할 수 있는데, ① 우선 데이터 이용허락계약과 양도계약으로 나눌 수 있다. 이용허락계약과 양도계약의 차이는 양수인이 이전된 데이터에 대한 처분권한을 갖는지 여부이다.[24] 데이터 이용허락계약의 경우 (i) 이용권자에게 데이터에 접속권만 부여할 수도 있지만 (ii) 이용기간 동안 데이터를 이전

---

21) 이용자의 인터넷 접속기록(쿠키), 각종 센서 정보 등이 포함된다.

22) 2차 데이터가 필요한 이유는 (i) 1차 데이터에는 개인정보가 포함되어 있거나 (ii) 1차 데이터가 비정형데이터이거나 (iii) 데이터 상호간의 형식이 통일되어 있지 않은 경우 등이다.

23) 공공데이터 또는 산업데이터의 경우, 데이터서비스 제공자가 비즈니스 수요자에게 데이터를 직접 제공하는 경우가 많다.

24) 이용허락의 경우 물건의 소유권과 점유를 이전하는 '주는 채무'라기 보다는 현존하는 데이터에 대한 접근과 이용을 허용하고 그에 필요한 부수적인 조치를 취하는 '하는 채무'라 할 수 있다. 권영준, 전게논문, 31면.

할 수도 있다. 후자의 경우 이용권자는 이용기간이 경과하면 데이터의 반환의무 또는 전송의무를 부담할 수도 있다. 반환의무는 데이터의 폐기·제거·삭제 등의 방식으로 수행된다.[25] ② 데이터 생성에는 1차 데이터 생성과 2차 데이터 생성이 있는데, 2차 데이터 생성의 경우 제3자와 계약을 체결할 수 있다. 즉, 데이터 분석계약, 가공계약과 결합계약 등이 그것이다. 그 외 ③ 데이터 중개계약과 플랫폼 가입계약, 보관계약과 관리계약 등이 있다. 한편, 데이터산업법에서는 표준계약서에 관한 규정을 두고 있다.[26] 즉, 과학기술정보통신부장관은 데이터의 합리적 유통 및 공정한 거래를 위하여 공정거래위원회와 협의를 거쳐 표준계약서를 마련하고, 데이터사업자에게 그 사용을 권고할 수 있다(제21조 제1항).[27]

데이터 양도계약과 데이터를 담고 있는 매체의 양도계약은 구별된다. 클라우드 서비스(cloud service)처럼 데이터 저장매체의 소유자와 데이터의 처분권자가 분리되는 경우가 늘어나고, 이에 따라 데이터만을 대상으로 하는 계약이 증가하고 있다.[28] 매체의 양도계약은 동산의 매매로 볼 수 있다. 이 경우 데이터의 하자는 매매 목적물의 하자에 해당되므로, 매도인은 채무불이행책임 외에 하자담보책임을 부담하는데,[29] 데이터 양도계약의 경우 하자담보책임을 부담하는지에 대하여 논란이 있다. 이에 대하여는 후술하기로 한다. 이하에서는 데이터만을 대상으로 하는 데이터 계약을 전제로 한다.

---

25) 이상용, "데이터세트 보호 법제에 관한 연구", 고려대 법학박사 학위논문 (2022), 172면.

26) 산업디지털전환법에서는 산업데이터 활용 계약에 관한 지침에 대해 규정하고 있는데(제10조 제2항), 이는 산업데이터 이해관계자 상호간에 산업데이터의 활용과 그에 따른 이익의 합리적인 배분을 목적으로 한 것으로, 데이터산업법의 표준계약서의 취지와는 다르다.

27) 한국데이터산업진흥원은 데이터 거래의 활성화를 위하여 2019년 『데이터 거래 가이드라인』을 발표하였는데, 여기에서 ① 데이터 제공형, ② 데이터 창출형, ③ 데이터 오픈마켓형(운영자·제공자형, 운영자·제공자형) 등 3가지 유형의 표준계약서를 제공하고 있다. 이에 대한 자세한 내용은 제6장을 참고하기 바란다.

28) 코로나로 인하여 회사의 인수합병에서 가상 데이터 룸(cyber data room)에서 실사(due diligence)를 하는 경우가 증가되고 있다.

29) 매체가 CD 등 종류물인 경우, 그 데이터의 내용이 특정될 수 있다고 하더라도 종류매매에 해당되어 민법 제581조가 적용된다.

데이터 계약의 대상이 되는 데이터는 개인정보 보호법 및 지식재산권[30]의 대상이 아닌 것을 전제로 한다. 또한 데이터 계약의 체결 및 이행이 부정경쟁방지법상 부정경쟁행위에 해당되고 않고, 공정거래법에 위반하지 않는 것을 전제로 한다.[31] 참고로 타인의 점유 또는 권리의 목적이 된 자기의 전자기록 등 특수매체기록을 취거, 은닉 또는 손괴하여 타인의 권리행사를 방해한 자는 권리행사방해죄로 처벌된다(형법 제323조).[32] 이하에서는 데이터 이용허락계약, 데이터 양도계약(이하 "매매계약"이라 함)과 담보책임에 대하여 살펴보겠다. 데이터 제공계약은 데이터 이용허락계약일 수 있고 데이터 매매계약일 수 있다.

2. 데이터 이용허락계약

(1) 개인데이터의 생성 및 제공

이용자는 (i) SNS에 글을 쓰거나 사진 등을 업로드하는 방법으로 데이터를 생성 또는 제공하여 다른 이용자가 이용할 수 있도록 공개하고, 또한 (ii) 다른 이용자의 데이터에 접근하여 정보를 취득하거나 메시지 또는 댓글 등을 통하여 상호작용한다. SNS 사업자가, 데이터 활용에 대한 동의를 전제로, 이용자가 생성 또는 제공한 데이터를 마케팅 등 자신의 이익을 위하여 활용한다. 페이스북은 회원이 제공한 데이터와 메타정보,[33] 행태정보(로그인 정보, 쿠키 등), 관계정보(친구 등과의 연결관계), 컴퓨터 또는 핸드폰의 기기정보(GPS, Bluetooth 신호, Wi-fi 액세스 포인트 등) 등을 인공지능 시스템

---

30) 소프트웨어 중 창작성이 있는 것은 저작권법상 컴퓨터프로그램저작물로 보호된다(제2조 제16호).
31) 경쟁법에 의한 데이터의 독점 규정에 대하여는 제14장을 참고하기 바란다.
32) 형법에 따르면, 전자기록 등 특수매체기록을 손괴 또는 은닉 기타 방법으로 효용을 해한 자는 손괴죄로 처벌되고(제366조), 전자기록 등 특수매체기록을 기술적 수단을 이용하여 그 내용을 알아낸 자는 비밀침해죄로 처벌되며(제316조 제2항), 컴퓨터 등 정보처리장치 또는 전자기록 등 특수매체기록을 손괴하거나 정보처리장치에 허위의 정보 또는 부정한 명령을 입력하거나 기타 방법으로 정보처리에 장애를 발생하게 하여 사람의 업무를 방해한 자는 업무방해죄로 처벌된다(제314조 제2항).
33) 콘텐츠에 관한 메타정보는 사진이 촬영된 위치 또는 파일이 생성된 날짜 등을 말하고, 메시지에 관한 메타정보는 메시지의 유형 또는 메시지가 전송된 일시 등을 말한다.

으로 분석하여 맞춤형 광고 서비스를 제공하는데, 아래와 같은 안내 문구를 게시하고 있다.

> 광고 기본 설정에서 Facebook이 회원님의 프로필 정보, 회원님이 Facebook에서 하는 행동, 회원님이 Facebook 밖에서 사용하는 웹사이트와 앱을 기반으로 만든 기본 설정을 보고 추가하고 삭제할 수 있습니다. 예를 들어 기본 설정에 '자전거 타기'가 포함되어 있으면 주변 지역 자전거 가게의 광고가 표시될 수 있습니다. 광고 기본 설정을 변경하면 회원님에게 표시되는 광고 유형에 반영되며 보게 되는 광고 수에는 영향을 미치지 않습니다. Facebook에서 회원님에게 광고를 표시하기 위해 Facebook 외부 웹사이트 또는 앱 활동을 기반으로 정보를 사용하는 것을 원치 않을 경우 설정에서 옵트 아웃할 수 있습니다.

　우리나라에서는 SNS 사업자가 로그인 정보, 쿠키 등 행태정보를 수집하는 것은 필요최소한의 정보수집 원칙에 반할 수 있고, 또한 수집한 개인정보를 광고에 활용하는 것이 금지되는 것은 아니지만 수집 및 이용목적을 명확하게 고지하여 '개별동의'를 받아야 한다는 견해가 있다.[34] 또한 이용자가 데이터의 경제적 가치를 제대로 인식하지 못한 채 정보를 제공하고 그 활용에 동의했다는 이유만으로, SNS 사업자가 정보활용을 통해 얻는 막대한 이익에서 아무런 이익배분을 받지 못하는 것은 바람직하지 않다는 비판이 있다.[35] 이에 반하여 EU에서는 디지털서비스 계약의 관점에서 접근하고 있다. 즉, 2019년 제정된 EU의 디지털 지침[36]에 따르면 이용자(consumer)가 SNS로부

---

34) 임윤수, "사회관계망서비스와 개인정보보호", 서울대학교 기술과법센터 제9권 제1호(2013), 92면. 과학기술정보통신부와 한국인터넷진흥원이 2019년 수행한 정보보호 실태조사에 따르면 개인정보 침해에 대한 예방, 조치의 필요성에 대해 상당히 자각하고 있으나, 침해를 방지하기 위한 어떠한 조치도 하지 않는다는 응답자가 8.6%나 되었다.

35) 박흠국, "수집된 정보의 공익성에 관한 고찰", 정보화정책 제26권 제1호 (2019), 26-27면

36) Directive of the European Parliament and of the Council of 20 May 2019 on certain aspects concerning contracts for the supply of digital content and digital services

터 서비스를 제공받는 대가로 개인데이터를 제공하는 것으로 구성한다(전문 제24조). 이에 따르면 SNS 사업자는 이용자가 제공하는 것을 개인정보 보호법 등 관련법에 위반되지 않는 한 그 정보를 활용할 수 있고, 그 대신 이용자는 SNS 사업자에게 통상의 사용목적에 부합하는 서비스 제공을 요구할 수 있고, 또한 개인정보의 안전을 위한 정기적인 보안 업데이트를 요구할 수 있다. 이 경우 이용자의 개인데이터의 제공은 데이터의 이용허락에 해당한다.

    SNS 서비스는 프라이버시 역설[37]이 나타나는 대표적인 곳이다. 2004년에 설립한 페이스북(현 메타)는 2008년부터 개인화 광고를 시작했다. 대부분의 사람들은 자신이 페이스북에 공유한 개인정보가 광고에 너무 많이 사용되었다고 불평하지 않고, 오히려 그들은 너무 적게 사용되었다고 불평한다. 즉, "프로필에 분명 남자에게 관심이 있는 남자라고 적어 놨는데, 왜 '싱글여성을 만나세요' 같은 광고를 보여 주는 거죠?" 사용자들은 자신의 실제 관심사와 일치하는 광고를 요구한다. 이에 따라 SNS 사업자가 약관에 의한 포괄적 동의를 통하여 개인데이터를 통합적으로 관리할 수 있도록 하여 양질의 서비스를 제공하도록 하는 한편, 이용자에게 개인정보에 대한 관리권, 특히 정보공개 여부에 대한 결정권을 강화하는 방식을 채택하는 것이 바람직하다. 또한 이 경우 이용자는 소비자기본법상 소비자에 해당하므로(제2조 제1호), 소비자기본법상 보호를 받을 수 있다. 참고로 한국인터넷진흥원에서는 정보통신망법 제47조와 개인정보 보호법 제32조의2에 근거하여 "정보보호 및 개인정보보호 관리체계"(Personal Information & Information Security Management System)에 대한 인증업무를 제공하고 있다.

(2) 산업데이터의 공동생성과 제공

    전술한 바와 같이 산업디지털전환법에서 산업데이터를 정의하고 있는데(제2조 제1호), 산업발전법 제2조에 따른 산업의 제품 또는 서비스 개발·생산·유통·소비 등

---

37) 2001년 휴렛팩커드 연구소의 브라운(Barry Brown)이 프라이버시에 대한 태도와 행동의 괴리를 실증적으로 연구한 후 프라이버시 역설이라는 용어를 처음으로 사용하였다. 즉, 인터넷 사용자는 실제로는 작은 혜택에도 개인정보를 제공한다.

활동과정에서 생성 또는 활용되는 디지털데이터도 산업데이터이다. 산업발전법 제2조에 따른 산업에는 병원, 의원, 기타 보건업, 전기통신업, 정보서비스법(SNS 사업, 인터넷 포털서비스업 등), 도매 및 소매업(전자상거래업 등)이 포함된다(산업발전법 시행령 별표1). 이에 따르면, 보건의료데이터는 산업데이터[38]이지만 금융데이터는 산업데이터가 아니다. 산업디지털전환법에 따르면, 산업데이터를 생성한 자는 해당 산업데이터를 활용하여 사용·수익할 권리를 가지고(제9조 제1항), 산업데이터를 2인 이상이 공동으로 생성한 경우 각자 해당 산업데이터를 활용하여 사용·수익할 권리를 가지며(제9조 제2항), 산업데이터가 제3자에게 제공된 경우 산업데이터를 생성한 자와 제3자 모두 해당 산업데이터를 활용하여 사용·수익할 권리를 가진다(제9조 제3항). 다만, 위 제2항과 제3항의 경우 .당사자 간의 약정이 있으면 그에 따르는데(제2항 및 제3항 단서), 통상 데이터 처리에 가장 큰 이해관계를 갖는 자가 사용·수익권을 가지는 것으로 합의하는 경우가 대부분이다.[39] 이하 당사자 간에 약정이 없는 경우를 전제로 하겠다.

　산업데이터는 자동화 소프트웨어가 내장된 기계에 의하여 생성되는 경우가 많다. 기계의 소프트웨어와 하드웨어의 소유자가 다른 경우, 기계의 소유자가 법인인 경우,[40] 기계 작동에 제3자가 제공한 데이터의 입력이 필요한 경우 등 다양한 상황이 있을 수 있는데, 각 경우에 기계가 생산한 산업데이터의 귀속주체가 누구인지가 명확한 것은 아니다. 예를 들면, A 병원의 B 의사가 인공지능 의사인 IBM 왓슨을 이용하여 진료하는 경우, B 의사가 C 환자의 증상 등 데이터(①)를 A 병원의 클라이언트(client) 컴퓨터에 입력하면, IBM 왓슨이 IBM의 데이터 서버(sever)에 저장된 데이터(②)

---

38) 이해원, "산업 디지털 전환 촉진법의 개요 및 향후 과제", KISO Journal 제47호 (2022), 15면.

39) 산업데이터 생성 또는 활용에 관여한 이해관계자들은 산업데이터의 원활한 활용과 그에 따른 이익의 합리적인 배분 등을 위한 계약을 체결하도록 노력하여야 하며, 합리적인 이유 없이 지위 등을 이용하여 불공정한 계약을 강요하거나 부당한 이익을 취득하여서는 아니 된다(제9조 제4항). 나아가 이러한 계약의 체결을 촉진하기 위하여 관계 중앙행정기관의 장과 협의를 거쳐 산업데이터 활용계약에 관한 지침을 마련할 수 있다(제10조 제2항).

40) 저작권의 경우 저작자는 개인(즉 자연인)이고, 법인은 업무상저작물과 같이 법률의 규정(저작권법 제9조)을 통하여 예외적으로 저작권을 취득한다. 이에 따라 산업데이터의 경우 법인의 피용자가 사용수익권을 가질 수 있다는 견해도 있다. 이해원, 전게논문, 17면.

를 활용하여, B 의사에게 C 환자의 병명과 최선의 치료방법(③)을 알려주면, B 의사는 이에 기초하여 C 환자에게 처방(④)한다. 이 경우 ①번과 ③번 데이터는 다시 ②번 데이터에 포함되어 다른 환자의 진단에 이용된다. 위 ③번과 ④번 데이터는 산업데이터라 할 수 있는데, 위 데이터의 창출 및 가공에 복수의 이해관계자가 관여하고 있어서 그중 누구에게 위 데이터에 대한 사용수익권을 귀속시켜야 하는 것이 쉽지 않다. ③번 데이터의 경우 IBM은 위 데이터를 계속 보유하여 활용할 필요가 있지만 A 병원의 경우에는 위 데이터의 취득이 아니라 IBM으로부터 ③ 데이터를 통한 진단서비스를 제공받는 것이 주된 목적이다. 이에 따르면 위 ③번 데이터에 대하여 IBM이 더 큰 이해관계에 있다고 볼 수 있다. B 의사가 ③번 데이터를 클라우드 서버에서 병원 서버로 다운로드한다고 하더라도 이는 위 진단서비스 제공 목적 범위 내의 활용으로 보아야 할 것이다. 한편, ①번과 ④번 데이터는 환자의 민감정보이다. 이에 따라 A 병원의 컴퓨터에 ①번 데이터를 입력하는 경우 환자의 식별정보를 익명처리(가명처리 포함)하여야 한다(산업디지털전환법 제4조 제2항, 개인정보 보호법 제23조 제2항, 제29조). 만약 IBM이 위 ①번 데이터에 대한 사용수익권뿐만 아니라 처분권까지 갖는다면, A 병원이 IBM으로부터 진단서비스를 제공받는 대가로 ①번 데이터를 IBM에게 처분하였다고 볼 수 있다. 이 경우 A 병원과 IBM 간의 데이터 제공계약은 이용허락계약이 아니라 후술하는 매매계약에 해당한다.

3. 데이터 매매계약과 담보책임

(1) 데이터 매매계약

매매계약의 목적과 목적물은 구별된다. 매매계약의 목적은 채무자의 행위로서 급부, 즉 재산권의 이전행위이지만, 매매계약의 목적물은 급부의 목적물(객체), 즉 특정물, 종류물, 소프트웨어, 데이터 등이다.[41] 매매는 당사자 일방이 재산권을 상대방

---

41) 채권의 목적물이 모든 채권에 존재하는 것이 아니다. 즉, 고용계약의 경우, 피용자의 노무제공의무에는 채권의 목적물이 없다.

에게 이전할 것을 약정하고 상대방이 그 대금을 지급할 것을 약정함으로써 그 효력이 생기는데(민법 제563조), 재산권은 재산적 가치가 있는 권리를 의미하는데, 채권뿐만 아니라 데이터에 대한 권리도 매매의 대상이 될 수 있는 것에 의문이 없다. 그러나 데이터 매매계약은 무체물인 데이터의 이전을 목적으로 하는 것으로, 물건의 매매를 전제로 하는 민법의 규정을 직접 적용하기 어렵다. 디지털 데이터도 재산권의 대상이 되므로 처분권한이 있는 자와 매매계약을 체결하여야 한다. 데이터의 경우 처음 생성할 때에만 외부적으로 인식 가능할 뿐 그 이후에는 누가 데이터 보유 권한을 갖는지 명백하지 않다. 민법에 따르면 물건을 사실상 지배하는 자는 점유권이 있다(제192조 제1항). 물건이 아닌 데이터의 경우 민법상 점유권이 발생하지 않지만, 데이터에 대한 처분권한자의 준점유는 가능하다(제210조).[42] 그러나 데이터의 선의취득은 인정되지 않는다(제249조).

데이터 매매계약에서 데이터의 이전은 매수인이 제공한 매체에 데이터를 복제 또는 전송하거나 매수인이 매도인의 서버에서 데이터를 다운로드하는 방법으로 이행된다. 데이터 매매계약에서 데이터의 이전은 데이터의 복제 및 전송의 방식으로 행해지므로, 특약이 없는 한, 매도인도 데이터를 계속 보유한다. 전술한 바와 같이 매수인이 이전된 데이터에 대한 처분권한을 가지면 양도계약이다. 데이터에 대한 처분권한을 가진 회사가 해산하면서 제3자에게 데이터를 이전하는 경우 데이터 양도계약이다. 그러나 매도인이 데이터 매매계약을 체결하면서 다른 제3자에 대한 데이터 매매를 예상하고 있다면 데이터 이용허락계약으로 볼 것이다. 이러한 경우 매매계약에서 매수인의 처분권을 제한할 필요가 있다.

(2) 가공데이터의 매매

한국의 데이터거래소에는 한국데이터거래소, 금융데이터거래소 등이 있다. 1차 데이터를 매매하는 경우도 있지만 개인정보의 문제를 해결하고, 데이터의 형식을 통일하고 양질의 데이터를 추출하기 위하여 가공데이터를 매매하는 경우가 많다. 예를

---

42) 송문호, "데이터의 법적 성격과 공정한 데이터거래", 동북아법연구 제14권 제1호 (2020), 236면.

들면, 신한카드㈜(이하 "신한카드"라 함)는 2021년 7월 나라별로 연령대·성별 같은 고객의 특성과 결제한 업종, 시간대 등에 따라 온라인 결제가 어떻게 이뤄지는지를 분석하고 싶었던 구글에게 온라인 결제 데이터를 매매하였다. 신한카드는 회원들의 신용정보인 고객들의 카드사용 정보를 가지고 있는데, 이를 가명처리하여 매매한 것이다. 가명처리된 신용정보의 경우 수집목적의 제한을 받지 않고 제3자에게 제공한 수 있다(신용정보법 제40조의3, 제32조 제7항).

한편, 개인정보의 경우 가명처리 후 통계작성, 과학적 연구, 공익적 기록보전 등(이하 "통계작성 등"이라 함)의 목적을 위하여 정보주체의 동의 없이 제3자에게 제공할 수 있고(제28조의2 제1항), 또한 당초 수집 목적과 합리적으로 관련된 범위에서 정보주체의 동의 없이 제3자에게 제공할 수 있다(제17조 제4항). 이에 따라 SNS 사업자는 수집 목적인 맞춤형 광고를 위하여 개인정보를 활용할 수 있고(제15조 제1항, 제3항), 정보주체의 동의 없이 제3자에게 수집된 데이터의 가명처리를 위탁하는 것도 가능하며(제26조), 나아가 정보주체의 동의 없이 그러한 가명처리된 데이터를 '광고업자'에게 매매하는 것도 수집목적과 합리적으로 관련된 범위이므로 적법하다(제17조 제4항). 그러나 정보주체의 동의 없이 가명처리된 데이터를 당초 수집 목적인 광고 목적 또는 통계작성 등의 목적 외의 다른 목적으로 제3자에게 제공할 수 없다(제18조 제1항).

(3) 매도인의 담보책임

대륙법에 속하는 우리 민법에서는 법정담보책임에 대한 규정을 두고 있다(제569조~제584조). 영미법에서는 법정담보책임제도가 없고, 약정 보증(warrant)제도가 있다.[43] 영미법에서는 보증위반에 대한 손해배상(damage)은 무과실책임이다.[44] 영미법의

---

43) 영국 동산매매법(Sale of Goods Act)에서 조건(condition)이라 함은 그 위반이 상대방에게 계약해제권을 부여하는 약관을 말하고, 보증(warranty)은 그 위반이 매수인에게 손해배상청구권을 부여하지만, 물건의 수령을 거절하고 계약을 해제된 것으로 다룰 수 있는 권리는 부여하지 않는 것을 말한다. 미국 통일상법전(Uniform Commercial Code)에서는 조건과 보증을 구별하지 않고 모두 보증으로 일원화하고 있다. 김대정, "매도인의 담보책임: 총설", 『주석민법』(편집대표 김용담)(제4판), (2016), 524·529·532면.

44) 김대정, 위 주석서, 529면.

Warranty 제도는 「국제물품매매계약에 관한 국제연합협약」(CISG)의 담보책임 제도의 이론적 기초를 이루고 있다. CISG는 2005년부터 국내법에 편입되었다. 데이터 양도계약에서 데이터의 이전은 (i) 매수인이 제공한 매체에 데이터를 복제 또는 전송하거나 (ii) 매수인이 매도인의 서버에서 데이터를 다운로드하는 방법으로 이행된다. 이러한 데이터의 이전에서 데이터에 하자가 있는 경우에 매도인이 담보책임을 부담하는지에 대하여 다툼이 있다. 민법상 매매에 관한 규정은 물건의 매매를 전제로 한 것이므로 매매계약의 담보책임에 관한 규정을 데이터 매매에 직접 적용하기는 어렵다. 그러나 매매계약의 규정은, 그 계약의 성질상 이를 허용하지 아니한 때를 제외하고는, 유상계약에 준용되므로(제567조), 데이터 매매계약에 민법상 담보책임에 관한 규정이 준용될 수 있는지를 검토할 필요가 있다. 법정담보책임은 약정담보책임과 달리 무과실책임이고, 여기에는 권리의 하자와 물건의 하자가 있다. 권리의 하자(제570조-제579조)의 경우 손해배상책임은 이행이익[45]의 배상을 내용으로 한다(대법원 1964. 7. 23. 선고 64다196 판결).

　이 장에서 디지털 데이터는 개인정보 보호법 및 지식재산권의 대상이 아닌 것을 전제로 했다. 그리고 데이터의 이전은 부정경쟁방지법상 부정경쟁행위에 해당되지 않고, 공정거래법에도 위반되지 않는 것을 전제로 하였다. 이러한 하자는 담보책임에서 권리의 하자에 해당되는 부분이다. 실무상 데이터 매매계약을 체결하면서 권리의 하자에 관한 규정을 두는 것이 일반적이다. 예를 들면, 「데이터 제공형 표준계약서」 제7조는 다음과 같이 규정하고 있다. "② 甲은 개인정보를 포함한 데이터를 乙에게 제공하는 경우, 해당 데이터의 생성, 수집, 제공 등에 대해 개인정보보호 관계 법률에서 정한 요건과 절차를 준수하였음을 보증한다. ④ 甲은 제공데이터가 타인의 지식재산권 및 기타 권리를 침해하지 않는다는 것을 보증하지 아니한다. ⑤ 甲은 제공데이터에 제3자의 지식재산권의 대상으로 되는 데이터가 포함되었거나 기타 상대방의 이용

---

45) 손해배상에서 담보책임과 채무불이행책임의 경합을 인정하는 전제에서, (무과실의) 담보책임은 신뢰이익의 배상을 내용으로 하고, 이행이익·확대이익의 배상은 제390조의 채무불이행책임에 근거하여 주장되어야 한다는 견해가 있다. 채무불이행책임의 경우, 담보책임과 달리, 매도인은 귀책사유 없음을 증명하여 손해배상책임을 면할 수 있다.

에 관하여 제한이 있을 수 있는 것이 판명된 경우에는, 신속히 상대방 당사자와 협의하여 해당 제3자로부터의 이용허락의 취득 또는 해당 데이터를 제거하는 조치 기타 상대방 당사자가 이용권한을 행사할 수 있도록 조치를 강구하여야 한다."고 기재되어 있다. 이에 따르면 위 ④와 같이 제공데이터가 타인의 지식재산권 및 권리의 대상인 경우 그에 따르는 하자는 담보하지 않는다. 민법에 따르면 담보책임을 면제하는 특약도 유효하다. 다만, 매도인이 알고 고지하지 아니한 사실 및 제삼자에게 권리를 설정 또는 양도한 행위에 대하여는 책임을 면하지 못한다(제584조).

물건의 하자에 대한 담보책임을 하자담보책임[46]이라 하는데, 다시 특정물매매(민법 제580조)와 종류매매(제581조)의 경우로 나눌 수 있다. 특히 민법 제580조가 특정물매매에서 원시적 하자의 경우에 적용되고, 특정물은 물건을 전제로 한다고 해석하는 경우 제580조의 하자담보책임은 데이터 매매계약에 적용할 수 없으므로 종류매매에 관한 규정을 유추적용해야 한다. 양도인이 제공한 데이터에 물리적 하자가 있어서 컴퓨터가 읽을 수 없는 경우 물건의 하자가 있다고 할 수 있다. 참고로, 데이터 제공형 표준계약서에 따르면, "甲은 제공데이터의 정확성(Accuracy), 완전성(Completeness), 안전성(Safety), 유효성(Validity)을 보증하지 않는다"고 기재되어 있다(제7조 제3항).

---

46) 대륙법계 국가에서 (무과실의) 하자담보책임의 효과로 대금감액과 대금반환(해제)이 인정되고, 손해배상은 매도인의 악의 등 일정한 귀책사유가 있는 경우 또는 채무불이행책임으로 인정된다. 그런데 우리나라는 하자담보책임의 효과로 대금감액이 아닌 손해배상을 규정하고 있다(제580조). 종류매매의 경우 손해배상 또는 계약해제 대신 완전물급부 청구를 인정하고 있다(제581조).

제13장　지식재산권법에 의한 데이터의 보호

김창화
(한밭대학교 공공행정학과 교수)

I. 지식재산 체계에서 데이터의 지위

1. 지식재산으로서의 데이터

지식재산기본법에 따르면, '지식재산'은 "인간의 창조적 활동 또는 경험 등에 의하여 창출되거나 발견된 지식·정보·기술, 사상이나 감정의 표현, 영업이나 물건의 표시, 생물의 품종이나 유전자원, 그 밖에 무형적인 것으로서 재산적 가치가 실현될 수 있는 것"으로 정의된다.[1] 이러한 지식재산에는 발명, 디자인, 상표, 저작, 영업비밀, 아이디어 등이 있으며, 각각의 지식재산들은 특허법, 디자인보호법, 상표법, 저작권법, 「부정경쟁방지 및 영업비밀보호에 관한 법률」(이하 '부경법')에 따라 보호된다.

한편, 데이터는 정보시스템 등에 의해 생성되는 자료 또는 정보로 정의되며,[2] 최

---

[1] 지식재산 기본법 제3조 제1호.

[2] 데이터기반행정 활성화에 관한 법률 제2조 제1호 ("정보처리능력을 갖춘 장치를 통하여 생성 또는 처리되어 기계에 의한 판독이 가능한 형태로 존재하는 정형 또는 비정형의 정보"); 데이터 산업진흥 및 이용촉진에 관한 기본법 제2조 제1호 ("다양한 부가가치 창출을 위하여 관찰, 실험, 조사, 수집 등으로 취득하거나 정보시스템 및 「소프트웨어 진흥법」 제2조 제1호에 따른 소프트웨어 등을 통하여 생성된 것으로서 광(光) 또는 전자적 방식으로 처리될 수 있는 자료 또는 정보").

근 21세기의 원유로 불리면서 하나의 자산이나 자본으로 인식되고 있다. 따라서 데이터는 인간의 경험 등에 의해 발견된 정보로서 재산적 가치가 실현될 수 있는 것으로서 지식재산 중 하나라고 할 수 있다. 또한 이러한 데이터는 전형적인 지식재산의 유형 중 저작권법에서의 데이터베이스에 해당할 수 있고, 부경법에서의 영업비밀 또는 '상당한 투자나 노력으로 만들어진 성과'가 될 수 있으며, 최근에는 물건발명 중 하나가 될 수 있도록 하는 시도가 있기도 하다.[3]

2. 지식재산 체계의 필요성

지식재산 체계의 근거를 유력하게 설명하는 공리주의(utilitarianism)[4]의 유인이론(incentive theory)에 따르면, 지식재산은 다수에 의해 동시에 소비될 수 있어 비경합적(non-rivalrousness)이고, 타인의 접근을 제한할 수도 없어 비배제적(non-excludability)인 공공재(public goods)이다.[5] 이러한 공공재적인 성질은 무임승차(free-riding)의 문제를 쉽게 발생시켜 지식재산을 과소 공급하는 문제로 직결된다. 이러한 문제를 해결하기 위해, 지식재산에 배타적인(exclusive) 재산권을 부여하거나 부정한 경쟁행위를 금지할 수 있도록 하고, 이를 통해 타인의 도용으로부터 지식재산권을 보호할 수 있도록 한다. 이는 더 많은 창작을 유인하도록 하고, 그에 따라 사회에 필요한 재화의 생산을 촉진시키며, 이후 그 재화들을 효율적으로 분배하여 전체적인 사회적 부를 증가시킬 수 있도록 한다. 이것이 지식재산 체계가 존재하는 이유이다.[6]

데이터는 다수에 의해 동시에 소비될 수 있고, 타인의 접근을 제한하기가 쉽지 않

---

3) 권지현, "AI발명에 있어서 데이터의 물건특허 인정방안", 서울법학(제28권 제4호), 2021.

4) MICHAEL A. CARRIER, INNOVATION FOR THE 21TH CENTURY: HARNESSING THE POWER OF INTELLECTUAL PROPERTY AND ANTITRUST LAW (2009), p.43.

5) 경합성과 배제성을 모두 갖는 것을 사유재(private goods), 경합성은 있으나 배제성이 없는 것을 공유재(common goods), 경합성은 없으나 배제성이 있는 것을 클럽재(club goods), 경합성과 배제성이 모두 없는 것을 공공재(public goods)라고 한다. 위키백과, 공공재 〈https://ko.wikipedia.org/wiki/공공재, 2022. 4. 29. 최종방문〉.

6) Robert Cooter & Thomas Ulen, LAW AND ECONOMICS 115 (4th ed. 2004).

아, 공공재로서의 특성이 있다. 따라서 데이터도 지식재산과 유사하게 타인이 정당한 비용을 지급하지 않고 이용하는 무임승차가 쉽게 발생할 수 있고, 이는 데이터의 생산이나 수집을 저해하는 결과를 초래할 수 있다. 따라서 데이터도 이러한 문제를 해결하기 위해 지식재산 체계 유사의 방법이 필요하다. 지식재산 체계는 또한 데이터를 효율적으로 분배하여 전체적인 사회적 부를 증가시키도록 할 것이다.

II. 지식재산 체계에서 데이터의 보호

1. 지식재산 체계에서 데이터의 보호 방법

지식재산 체계에서 데이터를 보호할 방안은 앞서 살펴본 바와 같이, 특허법의 발명, 저작권법의 저작물, 부경법의 데이터 또는 성과물 등이 있을 수 있다.

(1) 특허법에 의한 보호

데이터가 특허법에서 보호되기 위해서는 발명의 정의에 따라 "자연법칙을 이용한 기술적 사상의 창작으로서 고도한 것"이어야 하고,[7] 특허의 성립성을 만족하는 경우 물건이나 방법의 유형으로 보호받을 수 있다. 일반적으로 데이터 그 자체는 객관적인 자료나 사실에 해당하여, 자연법칙을 이용한 것도 아니고, 창작도 아니어서 발명의 정의를 만족하기는 어려워 보인다. 하지만 특허법은 데이터를 방법발명의 카테고리로 하여 청구범위를 기재하는 경우 즉, 데이터의 생성 방법, 데이터 구조의 생성 방법, 데이터 세트를 획득하는 방법 등과 같이 방법발명으로 기재하는 경우 특허의 대상으로 인정하고 있으며, '데이터 매체 청구항'으로 할 때는 물건 청구항으로도 인정되고 있다.[8] 한편, 미국은 우리법과 동일하게 데이터 청구항 형식은 허용되지 않지

---

7) 특허법 제2조 제1호.
8) 권지현, 앞의 글(주 3), 20면.

만, 유럽과 일본은 데이터 청구항 형식도 허용하고 있다.[9)]

　　최근 데이터를 물건발명에 포함하거나 데이터의 생산 등을 침해로 보는 행위 중 하나로 인정하자고 하는 견해가 있기도 하다.[10)] 하지만 데이터를 배타적인 특허로 보호하는 방안은 적합하지 않아 보인다. 우선 데이터는 자동으로 생성 또는 수집되거나 정신적 노력과는 관련 없이 만들어지는 경우가 많아, 창작에 대해 부여하는 배타적 권리의 부여는 타당하지 않다. 또한 데이터는 지식재산과 달리 비밀이나 보안유지를 통해서 데이터의 이용을 제한할 수 있어 강력한 보호가 필요하지 않다.[11)] 더 나아가 데이터의 독점적 보유가 이전에는 단기적 이득으로서 경쟁적 우위를 얻을 수 있었지만, 데이터의 공유에 대한 장기적 이익보다 크지 않다는 것이 밝혀지고 있어, 각 산업 분야에서는 데이터가 널리 이용되기 위해 더 많이 공개되고 공유될 수 있도록 해야 한다는 주장들이 제기되고 있다.[12)] 데이터는 그 자체로 비경쟁적인 재료여서, 모든 기업이나 공공기관 모두가 공유할 수 있고, 이렇게 할 때 데이터에서 발생하는 가치를 최대한으로 이용할 수 있다.[13)] 또한 데이터의 진정한 가치는 결합한 데이터에 있는 것이어서, 분리된 데이터 조각에 배타적 권리를 부여하는 것은 타당하지 않다. 데이터에 대한 권리는 소유가 아니라 사용에 대한 것으로서 이해되어야 한다.[14)]

(2) 저작권법에 의한 보호

　　다음으로, 데이터는 저작권법에 의해 보호될 수 있다. 데이터는 우선 저작권법상

---

9) 이진수, 소프트웨어와 데이터에 대한 특허 이야기(하), IPDaily, 2022. 1. 19.

10) 권지현, 앞의 글(주 3), 19-27면.

11) Duch-Brown, Martens, Mueller-Langer, The Economics of Ownership, Access and Trade In Digital Data, 2017, p. 14 ("데이터가 반드시 널리 공유되는 것은 아니며 이를 배제하기 위해 법적 보호가 필요하지 않을 수 있다.").

12) A. K. Green et al., The Project Data Sphere Initiative: Accelerating Cancer Research by Sharing Data, The Oncologist 20, no. 5 (May 2015).

13) Data Policy and Innovation (Unit G. 1), Guidance on Private Sector Data Sharing, (European Commission, August 2018), 〈https://ec.europa.eu/digital-single-market/en/guidance-private-sector-data-sharing., 2022. 5. 1. 최종 방문〉.

14) Retro Hilty, Big Data: Ownership and Use in the Digital Age, p. 89.

자료의 집합물인 '편집물'로 인정될 수 있다.[15] 편집물인 데이터가 만일 그 소재의 선택·배열 또는 구성에 창작성이 있으면 편집저작물로 보호될 수 있다.[16] 따라서 단순한 자료의 집합물로서의 데이터는 편집물로서 저작권법상 보호되지 못하나, 구조화된 데이터 등 구성 등에 창작성이 있는 경우 저작권법에 의해 보호될 수 있다. 또한 데이터는 데이터베이스[17]에 해당하는 경우 창작성이 없더라도 저작권법에 의해 보호될 수 있다.[18] 다만, 데이터가 데이터베이스로 보호되기 위해서는 그 정의를 만족해야만 하고, 일반적인 저작물과 달리 그 보호의 범위가 좁고 보호기간 등이 짧아 약한 보호가 이루어진다.[19]

　그렇다면, 데이터는 저작권법에서 편집저작물이나 데이터베이스로 보호될 수 있는데, 데이터는 창작성을 갖는 경우가 많지 않아 실질적 보호방안으로서 적합하지 않다. 또한 데이터베이스에 의한 보호는 그 실효성도 문제이지만, 창작성을 보호하는 저작권법의 원칙과는 배치되는 것이어서 저작권법에 의한 보호로 보기 어렵다. 이에 대해서는 창작성을 결여한 데이터베이스에 대해 배타적 권리를 부여하는 것은 헌법 규정의 취지에 반하고 본래 공유자산인 것을 사유화하는 길을 열어주는 것에 해당한다고 한 바도 있다.[20] 따라서 배타적 권리를 부여하여 데이터를 보호하는 저작권법 방식도 바람직하지는 않다.

(3) 부경법에 의한 보호

　마지막으로, 데이터는 부경법에 의해 보호될 수 있다. 우선, 데이터는 부경법에서의 영업비밀로 보호될 수 있으며, 이를 위해서는 데이터가 공연히 알려져 있지 아니

---

15) 저작권법 제2조 제17호 ("'편집물'은 저작물이나 부호·문자·음·영상 그 밖의 형태의 자료(이하 "소재"라 한다)의 집합물을 말하며, 데이터베이스를 포함한다.").
16) 저작권법 제2조 제18호.
17) 저작권법 제2조 제19호 ("'데이터베이스'는 소재를 체계적으로 배열 또는 구성한 편집물로서 개별적으로 그 소재에 접근하거나 그 소재를 검색할 수 있도록 한 것을 말한다.").
18) 저작권법 제91조 내지 제98조.
19) 저작권법 제93조 및 제95조.
20) 정상조, "우리나라의 데이터베이스 보호", 세계의 언론법제, 통권 제19호, 한국언론재단, 2006, 204면.

하고 독립된 경제적 가치를 가지는 것으로서, 비밀로 관리된 기술상 또는 경영상 정보여야 한다.[21] 영업비밀의 보호 대상은 상당히 넓고, 최근 비밀 관리의 요건도 완화되어 데이터가 비밀로 유지될 수 있다면 영업비밀에 의한 보호가 충분히 가능할 수 있다. 하지만 영업비밀로서의 보호는 정보 그 자체를 보호한다기보다는 비밀로 관리된 행위를 보호하는 것이어서 데이터 자체를 보호한다고 할 수는 없다.

다음으로, 부경법은 데이터를 성과물로서 보호할 수 있는 가능성이 있다. 부경법은 타인의 상당한 투자나 노력으로 만들어진 성과를 경쟁질서에 반하는 방법으로 무단으로 사용하여 경제적 이익을 침해하는 행위를 부정경쟁 행위로 규정하고 있다.[22] 따라서 데이터가 그 성과에 해당하고 누군가가 이를 무단으로 사용한 경우 부정경쟁행위에 대한 보호의 대상이 된다. 그런데 최근 부경법은 데이터를 부정하게 사용하는 행위에 대한 부정경쟁행위를 구체적으로 규정하는 입법을 단행한 바 있다.[23] 따라서 데이터는 부경법에 의해 2가지 방식 즉, 구체적 규정과 일반적 규정으로 보호되고 있다. 부경법에 대해서는 장을 바꾸어 서술하기로 한다.

2. 부경법에 의한 데이터의 보호

(1) 구체적 규정에 의한 보호

2022년 4월 20일부터 시행되는 개정 부경법은 새로운 부정경쟁행위 유형으로 데이터 부정 사용행위를 제2조 제1호 카목에 도입하였다. 보호 대상이 되는 데이터는 특정 대상과의 거래를 위한 것일 것, 전자적으로 관리될 것, 상당량 축적되어 경제적 가치를 가질 것, 공개를 전제로 할 것 등의 요건을 갖춘 것으로 한정하였다. 예로써, 웹사이트를 운영하는 기업이 사이트 가입 회원에 한정하여 경제적 이익을 목적으로 제공하는 데이터는 보호대상에 포함된다. 하지만 누구나 접근하고 활용할 수 있는 데

---

21) 부경법 제2조 제2호.
22) 부경법 제2조 제1호 파목.
23) 부경법 제2조 제1호 카목.

이터는 보호대상에 포함되지 않는다. 이처럼 보호 대상 데이터를 한정한 이유는 모든 데이터를 보호할 경우 과도한 규제가 될 수 있으며, 데이터 산업발전과 국민의 편익 측면에서 데이터의 이용·유통 활성화와 배치되기 때문이다.

데이터를 부정하게 사용하는 행위는 다음 중 어느 하나에 해당하는 행위로 하고 있다.

1) 접근권한이 없는 자가 절취·기망·부정접속 또는 그 밖의 부정한 수단으로 데이터를 취득하거나 그 취득한 데이터를 사용·공개하는 행위

2) 데이터 보유자와의 계약관계 등에 따라 데이터에 접근권한이 있는 자가 부정한 이익을 얻거나 데이터 보유자에게 손해를 입힐 목적으로 그 데이터를 사용·공개하거나 제3자에게 제공하는 행위

3) 1) 또는 2)가 개입된 사실을 알고 데이터를 취득하거나 그 취득한 데이터를 사용·공개하는 행위

4) 정당한 권한 없이 데이터의 보호를 위하여 적용한 기술적 보호조치를 회피·제거 또는 변경(이하 "무력화"라 한다)하는 것을 주된 목적으로 하는 기술·서비스·장치 또는 그 장치의 부품을 제공·수입·수출·제조·양도·대여 또는 전송하거나 이를 양도·대여하기 위하여 전시하는 행위. 다만, 기술적 보호조치의 연구·개발을 위하여 기술적 보호조치를 무력화하는 장치 또는 그 부품을 제조하는 경우에는 그러하지 아니하다.[24]

위의 부정경쟁행위에 대해서는 그 행위의 금지 또는 예방을 청구할 수 있으며, 행위를 조성한 물건의 폐기, 설비의 제거, 대상이 된 도메인이름의 등록말소 등의 필요한 조치를 함께 청구할 수 있다.[25] 또한 고의 또는 과실에 의한 부정경쟁행위에 대해

---

24) 부경법 제2조 제1호 카목.
25) 부경법 제4조.

서는 손해배상을 청구할 수도 있고, 신용이 실추된 경우 손해배상에 갈음하거나 손해배상과 함께 신용회복을 청구할 수도 있다.[26] 더 나아가 특허청 등은 해당 부정경쟁행위에 대하여 행정조사를 실시할 수 있고, 위반 행위가 있는 경우 시정권고 할 수 있도록 하고 있다.[27] 형사처벌은 위의 부정경쟁행위 중 1)부터 3)까지에는 해당하지 않고, 기술적 보호조치를 무력화하는 행위에 한하여 3년 이하의 징역 또는 3천만 원 이하의 벌금에 처하도록 하고 있다.[28]

(2) 일반적 규정에 의한 보호

부경법 제2조 제1호 파목은 또한 "그 밖에 타인의 상당한 투자나 노력으로 만들어진 성과 등을 공정한 상거래 관행이나 경쟁질서에 반하는 방법으로 자신의 영업을 위하여 무단으로 사용함으로써 타인의 경제적 이익을 침해하는 행위"를 부정경쟁행위 중 하나로 규정하고 있다. 본 규정은 "새로이 등장하는 경제적 가치를 지닌 무형의 성과를 보호하고 입법자가 부정경쟁행위의 모든 행위를 규정하지 못한 점을 보완하여 법원이 새로운 유형의 부정경쟁행위를 좀 더 명확하게 판단할 수 있도록 함으로써, 변화하는 거래관념을 적시에 반영하여 부정경쟁행위를 규율하기 위한 보충적 일반조항"에 해당한다.[29]

최근 대법원은 본 규정의 적용에 대한 판단기준을 3가지 부분으로 나누어 제시하고 있다. 첫째, '성과 등'의 부분인데, 대법원은 법률 규정과 입법 경위 등을 종합해 볼 때, '성과 등'의 유형에 제한을 두고 있지 않아, 유형물뿐만 아니라 무형물도 포함되며, 종래 지식재산법에 의해 보호받기 어려웠던 새로운 형태의 결과물도 포함될 수 있도록 하고 있다. 또한 '성과 등'을 판단할 때는 결과물이 갖게 된 명성이나 경제적 가치, 결과물에 화체된 고객흡인력, 해당 사업 분야에서 결과물이 차지하는 비중과 경쟁력 등을 종합적으로 고려해야 한다. 둘째는 '성과 등'이 '상당한 투자나 노력으로

---

26) 부경법 제5조 및 제6조.
27) 부경법 제7조 및 제8조.
28) 부경법 제18조 제3항 제1호.
29) 대법원 2020. 3. 26.자 2019마6525 결정; 대법원 2020. 3. 26. 선고 2016다276467 판결.

만들어진' 것인지 여부인데, 이 부분은 권리자가 투입한 투자나 노력의 내용과 정도를 그 성과 등이 속한 산업 분야의 관행이나 실태에 비추어 구체적, 개별적으로 판단하여야 한다. 다만 그 '성과 등'을 무단으로 사용함으로써 침해된 경제적 이익이 누구나 자유로이 이용할 수 있는 공공영역(public domain)에 속하지 않는다고 평가할 수 있어야만 한다. 셋째, '공정한 상거래 관행이나 경쟁질서에 반하는 방법으로 자신의 영업을 위하여 무단으로 사용'한 경우여야 하는데, 이에 해당하기 위해서는 침해자가 경쟁관계에 있거나 가까운 장래에 경쟁 관계에 놓일 가능성이 있는지, 권리자가 주장하는 성과 등이 포함된 산업 분야의 상거래 관행이나 경쟁질서의 내용과 그 내용이 공정한지, 위와 같은 성과 등이 침해자의 상품이나 서비스에 의해 시장에서 대체될 가능성이 있는지, 수요자나 거래자들에게 성과 등이 어느 정도 알려졌는지, 수요자나 거래자들의 혼동 가능성이 있는지 등을 종합적으로 고려해야 한다.

구체적으로 두 사건에서 이 기준들을 적용하였는데, 첫 번째 사건은 연예인들의 사진, 기사 등을 주요 내용으로 하는 잡지를 제작·판매하는 甲 주식회사가 연예인 매니지먼트 사업을 하는 乙 주식회사의 허락 없이 乙 회사 소속 유명 아이돌 그룹의 구성원들에 관한 화보집 등을 제작하여 잡지의 특별 부록으로 판매하려 하자, 乙 회사가 부경법 제2조 제1호 파목의 부정경쟁행위에 해당한다며 부록의 제작·배포 등의 금지 등을 구하는 가처분을 신청한 사건이다.[30] 乙 회사는 아이돌 그룹의 구성원을 선발하고, 훈련을 통해 능력을 향상시켰고, 그들의 음악을 기획하고, 콘텐츠를 제작·유통하는 등 그룹 활동에 상당한 투자와 노력을 하였다. 이는 아이돌 그룹과 관련하여 명성, 신용, 고객흡인력이 상당한 수준에 이르도록 하였으며, 이는 '상당한 투자나 노력으로 만들어진 성과 등'으로 평가할 수 있다. 또한 무단으로 사용함으로써 침해된 경제적 이익이 누구나 자유롭게 이용할 수 있는 공공영역에 속한다고 볼 수 없다. 연예인의 이름과 사진 등을 상품이나 광고 등에 사용하기 위해서는 연예인이나 소속사의 허락을 받거나 일정한 대가를 지급하는 것은 엔터테인먼트 산업 분야의 상거래 관행이다. 따라서 통상적인 정보제공의 범위를 넘어 특정 연예인에 관한 특집 기사나 사

---

30) 대법원 2020. 3. 26.자 2019마6525 결정.

진을 대량으로 수록한 별도의 책자나 DVD 등을 제작하면서 연예인이나 소속사의 허락을 받지 않거나 대가를 지급하지 않는 것은 상거래 관행이나 공정한 거래질서에 반한다. 또한 甲 회사가 발매한 특별 부록은 乙 회사가 발행하는 위 아이돌 그룹의 화보집과의 관계에서 수요를 대체할 가능성이 충분하여 경쟁 관계도 인정된다. 따라서 甲 회사가 특별 부록을 제자·판매하는 행위는 공정한 상거래 관행이나 경쟁질서에 반하는 방법으로 자신의 영업을 위하여 乙 회사의 성과 등을 무단으로 사용하는 행위로서 파목의 부정경쟁행위에 해당한다고 하였다.

두 번째 사건은 이른바 골프존 사건으로, 피고는 스크린골프 시뮬레이터에 사용하기 위해 원고의 골프장을 포함한 여러 골프장의 실제 모습을 촬영하고 그 사진 등을 토대로 실제 골프장의 모습을 거의 그대로 재현한 스크린골프 시뮬레이션 시스템용 3D 골프코스 영상을 제작하여 스크린골프장 운영업체들에게 제공하는 사업을 해왔다. 원고는 이에 대하여 저작권 침해와 더불어 골프장의 골프코스와 골프장 명칭이 상당한 투자나 노력을 기울여 만든 성과물임을 전제로 파목의 부정경쟁행위에 해당한다고 주장하였다.[31] 대법원은 골프코스를 실제로 골프장 부지에 조성함으로써 외부로 표현되는 지형, 경관, 조경요소, 설치물 등이 결합된 이 사건 골프장의 종합적인 '이미지'는 골프코스 설계와는 별개로 골프장을 조성·운영하는 원고들의 상당한 투자나 노력으로 만들어진 성과에 해당한다고 하였다. 그런 후, 원고들과 경쟁 관계에 있는 피고 등이 원고의 허락을 받지 않고 골프장의 모습을 거의 그대로 재현한 스크린골프 시뮬레이션 시스템용 3D 골프코스 영상을 제작, 사용한 행위는 위 원고들의 성과 등을 공정한 상거래 관행이나 경쟁질서에 반하는 방법으로 피고의 영업을 위하여 무단으로 사용함으로써 위 원고들의 경제적 이익을 침해하는 행위에 해당한다고 하였다. 그리하여 피고의 행위는 파목의 부정경쟁행위에 해당한다고 판결하였다.

부경법 파목의 입법 취지에 따를 때, 데이터는 새롭게 등장한 경제적 가치를 지닌 무형의 성과에 해당하고, 데이터의 무단 이용은 새로운 가치에 대한 부정경쟁행위로서 변화하는 거래관념의 반영이어서, 데이터는 파목에 잘 부합하는 대상이다. 그리

---

31) 대법원 2020. 3. 26. 선고 2016다276467 판결.

고 본 규정은 이러한 유형의 부정경쟁행위를 민법상 불법행위에 의해 규율한 것에 비해 더 명확한 조치로 작용할 수 있어, 법적 안정성 측면에서도 유리하다.[32] 사실 카목이 부경법에 도입되지 않았다면 파목이 아마도 데이터 보호에 대한 주된 규정이었을 것이다. 하지만 그럼에도 불구하고 본 규정은 다른 규정이 적용될 수 없을 때 최종적으로 적용될 수 있는 보충적 일반조항이라는 성격에서 여전히 의미가 있다. 다만, 본 규정은 기존의 지식재산 체계를 흩트리지 않는 선에서 최후에 적용되는 것이며, 기존 지식재산 체계에서 보호되지 않는 대상물에 대한 보호가 이루어져서는 안 된다.[33]

(3) 부정경쟁 원리로서의 데이터 자산

「데이터 산업진흥 및 이용촉진에 관한 기본법」(이하 '데이터산업법')은 비록 지식재산법에 해당하지는 않지만 데이터를 부정경쟁의 원리로서 보호하고 있다. 데이터산업법은 "데이터생산자가 인적 또는 물적으로 상당한 투자와 노력으로 생성한 경제적 가치를 가지는 데이터"를 '데이터 자산'이라 규정하고 이를 보호하도록 하고 있다.[34] 이는 데이터 이용의 주체를 특정하거나 한정하지 않고, 무상으로 널리 제공되는 데이터는 자유로운 이용을 촉진한다는 관점에서 그 적용을 제외하도록 하고 있다. 누구든지 데이터자산을 공정한 상거래 관행이나 경쟁질서에 반하는 방법으로 무단 취득·사용·공개하거나 이를 타인에게 제공하는 행위, 정당한 권한 없이 데이터자산에 적용한 기술적 보호조치를 회피·제거 또는 변경하는 행위 등 데이터자산을 부정하게 사용하여 데이터생산자의 경제적 이익을 침해하여서는 아니 된다.[35] 그리고 부정사용

---

32) 대법원은 "경쟁자가 상당한 노력과 투자에 의하여 구축한 성과물을 상도덕이나 공정한 경쟁질서에 반하여 자신의 영업을 위하여 무단으로 이용함으로써 경쟁자의 노력과 투자에 편승하여 부당하게 이익을 얻고 경쟁자의 법률상 보호할 가치가 있는 이익을 침해하는 행위는 부정한 경쟁행위로서 민법상 불법행위에 해당한다."고 판단하였다(대법원 2010. 8. 25.자 2008마1541 결정).

33) 정진근 외, "부정경쟁방지 및 영업비밀 보호에 관한 법률에 대한 입법평가", 한국법제연구원, 2018, 68면 ("지식재산은 보호받아야 마땅하지만 그렇다고 해서 모든 지식을 보호해야 하는 것은 아니다. 과도한 보호는 오히려 또 다른 부정경쟁행위가 되어 산업을 위축시킬 수 있다.").

34) 데이터산업법 제12조 제1항.

35) 데이터산업법 제12조 제2항.

등 행위에 관한 사항은 부경법에 위임하고 있어 부경법 카목과 파목과 동일하게 처리된다.[36] 본 규정은 지식재산법 체계 내에서 데이터를 보호할 명확한 장차기 없는 상황을 해결하기 위해 마련되었으며, 기본적 방향은 데이터에 대한 배타적 권리를 부여하여 데이터 간의 결합을 방해하고 많은 분쟁을 발생시키기보다는 부정경쟁원리를 적용하여 데이터 이용에 부정경쟁행위를 규제하는 최소한의 기준을 정하고자 하였다.

3. 일본 부경법에서의 데이터 보호

2018년 일본은 데이터 보호 및 활용의 필요성이 증가함에도, 현행 지식재산 체계가 이에 대해 충실하지 못하다는 비판 아래, 부경법 개정을 추진하였다. 그 중심에는 데이터 활용 촉진이 있었고, 이를 위해 최소한도로 규율한다는 기본 원칙에 따라, 보호 대상 데이터와 부정경쟁행위를 규정하였다.[37] 우선 개정법은 보호 대상을 '한정제공 데이터'로 정하고 이를 "업으로서 특정한 자에게 제공한 정보로 전자적 방법에 의해 상당량이 축적, 관리되고 있는 기술상 또는 영업상의 정보(비밀로서 관리되고 있는 것은 제외)"로 정의하였다.[38] 따라서 상대를 특정하거나 한정하지 않고, 무상으로 널리 제공되는 데이터는 자유로운 데이터 이용을 촉진하기 위해 한정제공 데이터에서 제외하였다.[39]

개정법은 부정경쟁행위 유형에 한정제공 데이터의 부정취득과 사용 등의 행위를 신설하였다. 부정한 수단에 의해 한정제공 데이터를 취득하거나 취득한 해당 데이터

---

36) 데이터산업법 제12조 제3항.

37) 이 외에도 기술적 제한수단의 효과를 저해하는 행위에 대한 규율의 강화와 증거수집절차의 강화 등이 본 개정을 통해 이루어졌다. 심현희, "일본의 개정 부정경쟁방지법 주요 내용과 시사점 — 4차 산업혁명 대응 데이터의 보호 및 활용을 중심으로", 한국지식재산연구원, 심층분석 보고서(제2018-11호), 2018, 3면.

38) 일본 부경법 제2조 제7항.

39) 심현희, 위의 글(주 37), 6면.

를 사용하는 행위(부정취득),[40] 한정제공 데이터를 보유하는 사업자로부터 제시받고, 부정한 이익을 얻거나 손해를 입힐 목적으로 그 데이터를 사용하거나 공개하는 행위 (신의칙 위반),[41] 한정제공 데이터의 부정취득행위를 알면서 취득·사용하거나, 데이터 부정개시행위를 알고서 그 데이터를 취득·사용·공개하는 행위(전득)[42] 등이 부정경 쟁행위에 해당한다. 이러한 부정경쟁행위가 있는 경우, 형사적 구제는 불가능하지만, 금지청구, 손해배상 등의 민사적 구제조치가 가능하도록 하였다.

　일본은 최근 인공지능과 빅데이터 등의 산업을 국가 기간산업으로 정하고, 이를 위해 필요한 데이터 활용에 큰 노력을 기울이고 있다. 그리하여 데이터 마이닝과 같은 데이터 활용에 대하여 다른 어떤 나라보다도 그 범위를 넓히고 있다.[43] 따라서 일본의 최근 입법 경향은 데이터의 활용 측면이 상당히 강조된다. 개정 부경법도 이러한 원칙에 따라 데이터의 자유로운 이용을 촉진하고, 그에 대한 한계로서 유료로 사용되는 축적된 데이터만 별도로 보호하는 것으로 보인다. 그리고 그 보호도 데이터 자체에 대한 보호가 아니라, 부정취득, 신의칙 위반, 전득의 부정경쟁행위에 초점이 맞추어져 있다.

　이러한 일본의 개정 부경법은 현시대가 데이터의 활용이라는 측면이 강조될 수밖에 없도록 만들고 있다는 것을 알 수 있게 한다. 따라서 데이터 자체의 보호보다는 데이터의 활용이 더 강하게 보호될 필요가 있으며, 이에 따른 입법형식이 필요하게 한다. 그러한 입법 방식으로서 우리의 법은 이미 데이터 자체의 보호가 아닌 부정경 쟁행위를 보호하고 있는 것이어서 일본의 것과 다르지 않다. 다만, 한정제공 데이터 뿐만 아니라 다른 데이터도 보호 대상이 되어, 활용보다 보호가 더 강조되는 것으로 보일 수 있으나, 이를 한정하는 이유와 근거가 명확하지 않고, 데이터의 이용과 보호 의 균형도 고려해야 하는 점에서 우리법에 크게 문제가 있어 보이진 않는다. 하지만

---

40) 일본 부경법 제2조 제1항 제11호.
41) 일본 부경법 제2조 제1항 제14호.
42) 일본 부경법 제2조 제1항 제12, 13, 15, 16호.
43) 안효질, "빅데이터 활용과 인공지능 개발을 위한 Text and Data Mining", 법률신문 연구논단, 2018. 12. 24. 〈https://m.lawtimes.co.kr/Content/Info?serial=149591, 최종방문 2022. 5. 4. 최종방문〉.

우리법은 데이터를 제3자로부터 제공받는 경우에 그 적용이 어려워 이러한 부분에 대해서는 해석과 입법적인 보완이 필요해 보인다.[44]

Ⅲ. 지식재산 체계에서 데이터 보호의 제한

데이터 및 관련 산업의 발전을 위해서는 데이터의 보호뿐만 아니라 적정히 이용되고 활용되는 것 역시 매우 중요한 부분이다. 지식재산 체계에서 데이터는 자유롭게 이용할 수 있도록 개방될 수 있으며, 여러 법정책 관점에서 데이터를 이용할 수 있도록 하거나 공유될 수 있도록 할 수 있다. 이하에서 이러한 데이터 보호의 제한에 대해 살펴보기로 한다.

1. 데이터의 개방

데이터 개방은 보유한 데이터를 무상으로 공개 또는 제공하는 것을 말하며, 민간 기업이나 공공기관이 그 주체가 된다. 데이터 개방은 열린 데이터(Open Data) 정책의 결과이다. 저작권이나 특허권 등의 지식재산권에 구애받지 않고 누구라도 자유롭게 데이터를 이용할 수 있도록 하자는 취지이다. 열린 데이터는 개인에게는 향상된 경제생활을 할 수 있도록 하고, 산업은 새로운 산업을 탄생시키고, 기존 산업을 효율화시켜 경제 성장을 촉진하는 효과를 가져올 수 있다. 최근 데이터의 개방은 주로 공공데이터를 대상으로 이루어지고 있으며, 우리의 공공데이터 개방은 현재 초기의 양적 확대를 넘어 융복합의 데이터 개방의 시대로 가고 있다고 한다. OECD의 발표자료에 따르면, 우리나라의 공공데이터 개방 지수는 1점 만점에 0.93점으로 3회 연속 1위를 차지하고 있어, 공공데이터 개방에 대해 세계적으로도 인정받고 있다.[45] 「공공데이터의

---

44) 이근우, "일본의 부정경쟁방지법 개정이 주는 시사점", 법률신문, 2018. 10. 15 〈https://m.lawtimes.co.kr/Content/Opinion?serial=147362, 2022. 5. 1. 최종방문〉.

제공 및 이용 활성화에 관한 법률」(이하 '공공데이터법')에 의해 규율된다.

공공데이터 개방 또는 제공은 "공공기관이 이용자로 하여금 기계 판독이 가능한 형태의 공공데이터에 접근할 수 있게 하거나 이를 다양한 방식으로 전달하는 것"을 말한다.[46] 따라서 공공데이터 개방의 제공 범위는 종이 등으로 작성된 비전자적 문서가 아닌 전자적 자료 또는 정보로 한정되며, 그 포맷은 반드시 기계 판독(machine-readable)이 가능한 형태로 제공되어야 한다.[47] 국가는 더 나아가 모든 소프트웨어에서 자유롭게 활용(수정이나 편집 등)할 수 있는 형태인 오픈포맷(open format) 형태로 공공데이터를 개방할 것을 권장하고 있다. 이러한 공공데이터의 개방은 공공데이터 포털(data.go.kr)을 통하여 제공되고 있으며, 수요자는 포털에 접속하여 개방된 데이터를 검색하고 수집할 수 있다. 데이터 형태는 파일데이터, 오픈 API, 데이터 세트가 있으며, 파일데이터인 경우에는 포털을 통해 직접 다운로드가 가능하고, 오픈 API인 경우에는 활용 신청을 한 후 인증키를 발급받아 이용할 수 있다.

2. 데이터 마이닝

(1) 해외 사례

가. 허용 규정의 도입 — 유럽과 일본

데이터 마이닝에 대한 저작권 침해의 면책 규정은 유럽 국가들에서 쉽게 확인할 수 있다. 영국은 2014년 저작권법 개정을 통해 텍스트와 데이터 마이닝 규정을 신설하였으며, 데이터에 적법하게 접근할 수 있는 개인이 비상업적 연구목적일 때 데이터

---

45) 김대용, 공공데이터, '개방'과 '공개'는 어떻게 다른가?, 투이컨설팅, 2020. 2. 5.

46) 공공데이터법 제2조 제4호.

47) 공공데이터 관리지침에서의 기계 판독이 가능한 형태의 최소 충족 요건: 일반 사용 소프트웨어(아래아 한글, MS Excel 등)에서 공공데이터를 읽고 자유롭게 수정, 변환, 추출 등 가공하여 활용할 수 있는 데이터 형태를 의미, 공공데이터가 기계 판독이 가능한 형태로서의 최소 요건을 충족시키기 위해서는 최초 생성한 소프트웨어 포맷으로 제공.

에 기록된 것을 컴퓨터로 분석하기 위하여 복제물을 생성할 수 있지만, 이 경우 출처를 표시해야 하고 그 복제물을 타인에게 이전하거나 마이닝 이외의 목적으로 이용할 수 없다고 한다.[48] 다음으로, 독일도 영국과 유사하게 2017년 저작권법을 개정하여 비영리의 학문적 연구목적으로 자동화된 방법으로 이용하는 경우 원자료를 복제하는 것을 허용하되, 출처를 표시하도록 하고 있다.[49] 녹일은 이외에도 삭제와 보존 및 보상 의무까지도 규정하여 가장 구체적이라는 평가를 받고 있다.[50] 마지막으로, 유럽의회(European Parliament)는 2019년 유럽연합 디지털 단일 시장의 저작권 및 저작인접권 지침을 의결한 후, 표결을 통해 통과시켰는데, 본 지침 제3조와 제4조에서는 학술 연구목적으로 텍스트 및 데이터 마이닝을 가능하도록 하며, IT 산업에서 빅데이터를 사용하는 경우에도 이를 허용하도록 하고 있다.[51] 유럽의 국가들은 세부적인 면에서 차이가 있긴 하지만, 학술적인 연구목적이나 비상업적 목적인 경우에 이를 허용하며, 이용 방법에서도 예외적인 경우가 아닌 한 복제에만 한정되어 있어 데이터 이용에 대한 면책이 넓지 않다.

일본도 텍스트와 데이터 마이닝에 관한 규정을 2009년에 도입하였으며, 전자계산기에 의한 정보해석을 목적으로 하는 경우 필요하다고 인정되는 한도에서 데이터를 기록 매체에 기록하거나 번안할 수 있도록 하였다.[52] 이후 2018년에 일본은 저작권법을 개정하였고, 데이터에 표현된 사상 또는 감정을 향유하는 것을 목적으로 하지 않을 때는 필요하다고 인정되는 한도에서, 어떤 방법에 따를 것인가를 막론하고 이용할 수 있다고 규정하였다.[53] 여기서 해당 면책은 저작권자의 이익을 부당하게 해치지

---

48) Copyright, Designs and Patents Act 1988, 29A.

49) UrhWissG, § 60(d).

50) 안효질, "빅데이터 활용과 인공지능 개발을 위한 Text and Data Mining", 법률신문 연구논단, 2018. 12. 24. 자, 〈https://m.lawtimes.co.kr/Content/Info?serial=149591, 2022. 5. 3. 최종방문〉.

51) DIRECTIVE(EU) 2019/790 OF THE EUROPEAN PARLIAMENT AND OF THE COUNCIL of 17 April 2019 on copyright and related rights in the Digital Single Market and amending Directives 96/9/EC and 2001/29/EC.

52) (구) 일본저작권법 제47조의7 (정보분석을 위한 복제).

53) 일본저작권법 제30조의4(저작물에 표현된 사상 또는 감정의 향유를 목적으로 하지 않는 이용) 저작물은 다

않아야 한다는 조건이 붙어 있으며, 이 경우에는 정보해석용으로 제공하는 경우를 포함하고 있다. 일본의 본 조항은 위 유럽의 경우와 달리 주체에 대한 제한도 없고, 그 목적도 데이터가 본래의 목적으로 사용되는 경우를 제외하고는 특별한 제한이 없다. 또한 이용 방법도 제한이 없어 데이터를 저작권자 허락 없이 이용하는 데 가장 적극적인 입법이라 할 수 있다.

나. 공정이용의 적용 — 미국

미국 저작권법은 텍스트와 데이터 마이닝에 대한 명문 규정을 두고 있지 않으며, 데이터 이용에 대한 면책과 관련하여 공정이용 적용 여부를 판단해 왔다.[54] Authors Guild v. Google, Inc. 사건은 출판된 책의 저자들인 원고들이 Google을 상대로 저작권 침해 소송을 제기하였다.[55] Google은 도서관 검색 데이터베이스 프로젝트를 진행하면서 저작권자의 허락 없이 디지털 복제본을 만들었다. 이에 원고들은 허락 없이 저작물을 복제한 것에 대하여 저작권 침해를 주장하였고, 피고 Google은 해당 행위는 공정이용에 해당한다고 주장하였다. 미국에서 공정이용 여부의 판단은 이용의 목적

음의 경우 기타 해당 저작물에 표현된 사상 또는 감정을 스스로 향유하는, 또는 타인이 향유하는 것을 목적으로 하지 않을 경우 그 필요하다고 인정되는 한도에서, 어떤 방법에 따를 것인가를 막론하고 이용할 수 있다. 단 해당 저작물의 종류 및 용도와 해당 이용의 양태에 비춰 저작권자의 이익을 부당하게 해치게 되는 경우는 그러하지 아니하다.

1. 저작물의 녹음, 녹화, 기타의 이용에 관한 기술의 개발 또는 실용화를 위한 시험용으로 제공하는 경우,
2. 정보 해석(다수의 저작물, 기타 대량의 정보에서 해당 정보를 구성하는 언어, 소리, 영상, 기타 요소에 관한 정보를 추출하여 비교, 분류, 기타 해석을 실시하는 것을 말한다. 제47조의5 1항 2호에서도 동일)용으로 제공하는 경우,
3. 전항의 경우 외 저작물의 표현에 대한 사람의 지각에 의한 인식을 동반하지 않고 해당 저작물을 컴퓨터에 의한 정보 처리 과정에서 이용하거나 기타의 이용(프로그램의 저작물에 있어서는 해당 저작물의 전자 계산기의 실행을 제외)에 제공하는 경우.

54) Fox News Network, LLC. v. TVEyes, Inc., No. 15-3885 (2d Cir. 2018) (상업적 용도로 이용한 경우에도 공정이용에 해당함); Authors Guild, Inc. v. HathiTrust, 755 F.3d 87 (2d Cir. 2014) (변형적 이용일 경우 공정이용에 해당함); Campbell v. Acuff-Rose Music, 510 U.S. 569 (1994) (패러디 등의 변형적 저작물의 목적이 상업적인 경우에도 공정이용이 적용됨).
55) 804 F.3d 202 (2nd Cir. 2015).

과 특성, 저작물의 성격, 저작물 전체 대비 사용된 부분의 양과 가치, 원저작물의 시장이나 잠재적 시장에 대한 이용의 영향 4가지 요소에 의해 이루어진다.[56] 본 사건의 법원은 저작물에 대한 허락받지 않은 디지털화, 검색 기능의 생성, 토막글의 표시들은 매우 변형적(transformative)이고, 텍스트의 공개가 제한적이고, 피고의 게시로 원저작물의 시장이 대체되지도 않았고, 피고의 상업적 특성과 이익의 동기가 공정이용의 거부를 정당화할 정도는 아니므로, 공정이용에 해당한다고 판결하였다. 특히 본 사건의 1심 재판을 담당했던 지방법원은 Google의 이용이 원저작물의 이용 목적과는 다르다고 하면서, 그 다른 목적으로 책을 찾을 수 있도록 하는 검색 가능한 색인의 제공, 데이터 마이닝, 그리고 프린트할 수 없는 접근의 제공을 제시하였다.[57] 또한 검색 엔진이 텍스트와 데이터 마이닝으로 알려진 새로운 연구의 형태를 가능하게 해 준다고도 하였다.[58] 이는 데이터 마이닝을 포함하여 원저작물의 목적과 다른 이용에 대해서는 공정이용의 가능성이 크다는 것을 보여 주고 있다.

(2) 저작권법 개정안

2021년 1월 15일, 저작권법 전부개정법률안은 데이터마이닝 과정의 저작물 이용 면책 규정을 제43조에 신설하였다. 위 법률안의 입법 취지는 1) 인공지능·빅데이터 기술 등의 발전으로 저작물 등이 포함된 대량의 정보를 활용할 필요성이 높아지고 그 분석과정에서 저작물 등을 허락 없이 이용하는 경우도 늘어나고 있는데, 이러한 경우 저작권침해가 되는지에 대하여, 현행 '공정이용' 조항이 적용된다는 견해가 있으나, 구체적인 경우에 해석이 달라질 수 있어, '공정이용' 조항만으로는 불분명하다는 지적이 제기되어 왔다는 점과, 2) 컴퓨터를 이용한 자동화된 정보분석 과정을 위한 저작물

---

56) 17 U.S.C. § 107 ((1) the purpose and character of the use, including whether such use is of a commercial nature or is for nonprofit educational purposes; (2) the nature of the copyrighted work; (3) the amount and substantiality of the portion used in relation to the copyrighted work as a whole; and (4) the effect of the use upon the potential market for or value of the copyrighted work.).

57) Authors Guild, Inc. v. Google Inc., 954 F. Supp. 2d 282, 291 (S.D.N.Y. 2013).

58) Google, 804 F.3d at 209.

이용에 대해서는 저작재산권이 제한되는 규정을 명시화하여, 인공지능·빅데이터 분석 과정에서의 저작권 침해의 경계선을 명확히 하여 그러한 행위에 대한 관련 산업계의 예측가능성을 높이고, 아울러 동 조항은 자동화된 정보분석 등 일정한 목적에 필요한 범위에서 적법하게 접근한 저작물에 대해서만 적용되도록 함으로써, 저작권자의 권익과 균형을 꾀하였다고 한다.[59] 구체적인 개정안의 내용은 아래와 같다.

저작권법 전부개정법률안 제43조

제43조(정보분석을 위한 복제·전송) ① 컴퓨터를 이용한 자동화 분석기술을 통해 다수의 저작물을 포함한 대량의 정보를 분석(규칙, 구조, 경향, 상관관계 등의 정보를 추출하는 것)하여 추가적인 정보 또는 가치를 생성하기 위한 것으로 저작물에 표현된 사상이나 감정을 향유하지 아니하는 경우에는 필요한 한도 안에서 저작물을 복제·전송할 수 있다. 다만, 해당 저작물에 적법하게 접근할 수 있는 경우에 한정한다.
② 제1항에 따라 만들어진 복제물은 정보분석을 위하여 필요한 한도에서 보관할 수 있다.

개정 법률안에 대해 검토보고서는 데이터 마이닝에 공정이용 원칙이 적용될 수 있으나, 면책 여부가 불확실한 반면 개정안은 대량의 정보를 분석하여 추가적인 정보 또는 가치를 생성하기 위한 목적으로, 저작물에 표현된 사상이나 감정을 향유하지 않는 경우, 이용하고자 하는 저작물에 적법하게 접근할 수 있다면, 저작물의 복제·전송을 명시적으로 허용하는 것으로서 관련 사업자의 불확실성을 해소하고 빅데이터 산업의 발전을 도모할 수 있도록 하는 취지라고 하였다. 또한 복제·전송의 요건으로 인간이 참여하는 것을 허용하지 않고, 불법 다운로드 등을 통한 복제는 배제하고 있어 제한 범위를 합리적으로 설정하고 있다고 하였다. 하지만 공익성이 강한 분야에 도입되어 있는 다른 저작권 제한 규정과 달리, 본 규정은 관련 산업의 발전을 직접적 목적으로 하고, 영리적 목적의 이용도 허용하고 있어 이에 대한 권리자들의 반발이 있을 수 있다고도 하였다.[60]

---

59) 국회의안정보시스템 웹사이트 〈http://likms.assembly.go.kr/bill/billDetail.do?billId=PRC_Q2T1M0X1D0M4W1T4M3O0R3Y4C7O3D2, 2022. 5. 9. 최종 방문〉.
60) 국회의안정보시스템 웹사이트 〈http://likms.assembly.go.kr/bill/billDetail.do?billId=PRC_Q2T1M0X1D0M4W1T4M3O0R3Y4C7O3D2 2022. 5. 9. 최종 방문〉.

3. 데이터의 공유

데이터는 지식재산 체계에 의해 합당한 보상을 하거나 암호화 또는 기술적 수단과 같은 직접적인 보호를 받을 수 있다. 하지만 앞에서 언급한 바와 같이 데이터 및 관련 산업의 발전을 위해서는 불공정한 상황을 해결하는 등 여러 가지 이유로 공유되어야 할 필요성이 존재한다. 최근 빅데이터나 소셜 네트워킹 플랫폼, 검색 엔진 그리고 전자상거래 사이트에 의해 수집된 많은 양의 데이터가 특정 기업에 불공정한 경쟁적 우위를 제공하는 문제는 이러한 공유의 필요성을 높인다. 지식재산 체계의 특허나 저작권은 지식재산의 공유를 위해, 발명이나 저작물을 강제로 이용할 수 있도록 하는 강제실시권(compulsory license)이나 법정허락(statutory license) 등의 제도를 두고 있기도 하다.

최근 세계의 전문가들은 정당한 경쟁을 위해 데이터의 강제적 공유(forced sharing) 체계를 요구하고 있다.[61] 데이터의 강제적 공유는 일반적으로 합병에 의한 새로운 기업이 특정 데이터 시장에서 지배적인 위치를 차지하거나 해당 시장에 신규 진입을 장려하거나 기존 경쟁자의 위치를 보호하기 위해 발생하며, 이 경우 규제자(regulator)는 데이터 보유자가 경쟁 업자에게 데이터를 이용할 수 있도록 요구하거나 시장 가격으로 데이터를 판매하도록 요구한다.[62] 그런데 강제적 공유는 경쟁 정책의 환경에서 제기되기도 하며, 많은 양의 데이터를 수집하는 경우나 중소기업을 돕는 경우에는 반경쟁적 행동의 명확한 예를 넘는 때에도 적용될 수 있다.[63] 최근 유럽연합(EU) 보고서는 중소기업의 비즈니스 모델이 작은 수의 온라인 플랫폼에 대한 접근에 의존하거나 플

---

61) Viktor Mayer-Schönberger and Thomas Ramge, "A Big Choice for Big Tech," Foreign Affairs, September 2018, ⟨https://www.foreignaffairs.com/articles/world/2018-08-13/big-choice-big-tech, 2022. 5. 16. 최종방문⟩.

62) Lisa Kimmel and Janis Kestenbaum, "What's Up With WhatsApp? A Transatlantic View on Privacy and Merger Enforcement in Digital Markets," Antitrust, Fall 2014, 53, ⟨https://www.crowell.com/files/Whats-Up-With-WhatsApp.pdf., 2022. 5. 16. 최종방문⟩.

63) Joe Kennedy, "The Myth of Data Monopoly: Why Antitrust Concerns About Data Are Overblown" (Information Technology and Innovation Foundation, March 2017) ⟨https://itif.org/publications/2017/03/06/myth-data-monopoly-why-antitrust-concerns-about-data-are-overblown, 2022. 5. 16. 최종방문⟩.

랫폼들이 전례 없는 크기의 데이터 세트에 대해 접근할 수 있는 경우, 새로운 불균형이 초래될 수 있다고 한다.[64]

이에 반대하는 견해는 대량의 데이터를 수집하는 것 자체가 경쟁에 위협이 되지는 않으며, 특정 상황에서의 데이터 이용이 규제 개입을 정당화할 수는 있지만, 대부분의 경우 데이터의 획득과 사용은 경쟁을 감소시키지 않고, 기존 법률 체계는 데이터 보호 규제자에게 시장과 소비자를 보호하는 데 필요한 모든 유연성을 제공하고 있다고 한다. 데이터 집약적인 기업과 관련하여, 거대함에 대한 많은 논쟁이 존재하지만, 그 거대함은 사회에 도움이 되며, 기업들이 정보에 더 많이 접근할수록 상당한 규모의 경제를 달성할 수 있다고 한다. 이러한 규모의 경제와 네트워크 효과(Network Effect)는 비용을 낮추고 가치를 높임으로써 소비자 복지를 증진시키고, 이들의 시장 지배력을 보장하지는 않는다고 한다. 따라서 데이터를 축적하는 것이 아니라 데이터를 더 잘 활용할 수 있는 조직 기능을 개발하는 것이 경쟁 우위를 확보할 수 있는 것이라고 한다.[65]

기업들이 보유한 데이터를 공유하고 공동 사용하도록 강제하는 강제적 공유는 데이터 독점에 대한 반독점 규제의 일환으로서 가능할 수 있다. 하지만 데이터의 강제적 공유는 시장 실패가 광범위한 곳 또는 경쟁사들보다 매우 큰 경쟁적 이익을 가진 곳에서만 가능할 것이다. 또한 중소기업의 이익을 보호하기 위해서는 그 허용 정도가 클 것이고, 그 대상에 있어서도 공공데이터는 비교적 넓게 허용될 수 있지만, 일반 기업이 보유하고 있는 데이터에는 허용범위가 좁아야 할 것이다.

---

64) European Commission, "Online Platforms and the Digital Single Market Opportunities and Challenges for Europe" (communication from the Commission to the European Parliament, the Council, the European Economic and Social Committee and the Committee of the Regions, May 25, 2016 COM(2016) 288), 13, ⟨http://eur-lex.europa.eu/legal-content/EN/TXT/?uri=CELEX:52016DC0288, 2022. 5. 17. 최종방문⟩.

65) Nestor Duch-Brown, Bertin Martens, and Frank Mueller-Langer, "The Economics of Ownership, Access and Trade In Digital Data" (working paper, JRC Digital Economy, European Commission, Spain, 2016), ⟨https://ec.europa.eu/jrc/sites/jrcsh/files/jrc104756.pdf, 2022. 5. 17. 최종방문⟩.

제14장 경쟁법에 의한 데이터의 독점 규제

손영화
(인하대학교 법학전문대학원 교수)

I. 들어가기

종래 데이터는 효율화, 품질 향상, 신상품 개발 등의 원천이 되어 왔다. 이러한 데이터는 이른바 IOT의 발전과 AI의 등장이라는 환경 변화에 따라 이용할 수 있는 데이터의 범위의 확대 및 활용 가능성의 증대가 생기고 있어 사업활동에 있어서의 데이터의 이용 가치는 일반적으로 상승하고 있다고 할 수 있다. 21세기의 데이터는 18세기의 석유와 같다. 아직 개발되지 않은 엄청나게 귀중한 자산이다. 석유와 같이 데이터의 기본 가치를 보고 추출하여 사용하는 방법을 배우는 사람에게는 엄청난 보상이 있을 것이다. 우리는 데이터가 그 어느 때보다 가치 있는 디지털 경제시대에 있다.[1]

기업은 데이터를 전사적 기업 자산으로 취급하는 동시에 사업부 내에서 데이터를 관리해야 한다. 이를 통해 제품 및 고객에 대한 데이터를 공유할 수 있으며, 이를 통해 판매 증가(up sell), 교차 판매(cross sell), 고객 서비스 및 유지율을 개선할 수 있다. 내부 데이터를 외부 데이터와 결합하여 사용함으로써 전 세계 모든 기업이 여러 사업

---

[1] 디지털 경제의 특징을 간결하게 정리하면 다음과 같이 5가지로 정리할 수 있다. ① 요소기술의 급속한 진보, ② 분힐된 기술리더십, ③ 플랫폼으로의 데이터 집중, ④ 플랫폼의 독점화, ⑤ 클라우드화가 그것이다.손영화, "디지털 이코노미 시대의 경쟁정책의 과제 ― 디지털 플랫폼을 중심으로", 「경제법연구」 제19권 제2호.(한국경제법학회, 2020), 174면].

부문에 걸쳐 새로운 제품과 서비스를 창출할 수 있는 엄청난 기회가 존재한다.

"좋은 데이터가 의견보다 낫다(good data beats opinion)"는 철학은 데이터의 중요성을 강조하고 있다.[2] 비즈니스에서 가장 중요한 데이터에 실시간으로 액세스할 수 있어야 한다. 총매출, 이익 또는 비용을 아는 것만으로는 충분하지 않다. 어떤 핵심성과지표(Key Performance Indicators: KPI)가 다른 비즈니스 목표에 어떤 영향을 미치는지 아는 것이 훨씬 더 중요하다. 이를 통하여 비스니스를 개선하는 방법을 배우기 때문이다. 매크로 데이터가 아니라 마이크로 데이터가 더 가치가 있다.[3]

그러나 데이터는 풍부한 자원이 아니며, 매우 다양하고 희귀한 때로는 고유한 정보의 조각으로 구성되어 있다. 마치 소매업자들이 금융 자본 없이는 새로운 시장에 진입할 수 없듯이, 디지털 경제에서는 어느 기업이든 데이터 자본 없이는 시장에서 경쟁할 수 없다. 이런 까닭에 거의 모든 산업에서 기업들은 경쟁자들이 자신들보다 앞서기 전에 고유한 데이터 자본과 이를 사용하는 방법을 만들어 내기 위한 경쟁을 벌이고 있다. 특히 데이터가 새로운 자본이 되는 데이터 경제에서는 데이터를 둘러싼 독과점 문제, 불공정거래, 사생활 침해 등의 위험이 있다.[4] 데이터는 수집 경로가 다수 존재하는 경우가 많다. 이러한 데이터의 기본적 특징은 현시점에서도 유효하지만, 데이터의 수집, 이용 및 활용의 현황이나 경쟁상의 우려가 있다는 것도 사실이다.[5] 데이터의 수집, 집적이나 이용·활용은 사업자 사이의 창의력에 의해 경쟁을 활발하게 하고, 이노베이션을 창출하는 효과를 가지고 있다. 데이터의 수집, 집적 및 이용·활용의 과정에서 경쟁을 보다 촉진할 수 있도록 경쟁상의 장벽을 제거하는 것이 바람직하다.

---

2) Google Partners Blog, Data Beats Opinion: Introducing Think Insights with Google, April 27, 2011.

3) Jessica Wishart, Why are KPIs Important? The Importance of an Effective KPI, May 28, 2022.

4) 유영상, "데이터 경제 시대의 새로운 공정경쟁 이슈(기술정책 이슈 2020-13)", 한국전자통신연구원, 2020, 5면.

5) 가장 많이 언급되고 있는 것으로는 데이터에 의한 진입장벽과 경쟁제한의 가능성이다. 또한 소비자의 불이익과 '비가격 품질 경쟁요소'로서 프라이버시 보호의 성격도 강조되고 있다(오승한, "빅데이터 산업의 개인정보침해 행위에 대한 경쟁법의 적용과 위법성 판단", 법률신문 2018. 11. 29).

II. 디지털 경제와 데이터 독점

1. 디지털 경제의 시장

인터넷이 서서히 이용되게 된 1990년대에 디지털 경제라는 개념이 등장하였다. 이는 당초에는 인터넷을 중심으로 하는 ICT를 제공하는 산업의 활동을 의미하는 좁은 개념이었지만, 전자상거래의 보급에서 볼 수 있듯이 인터넷상에서 제공되는 다양한 서비스가 경제 전체에서 존재감을 더함에 따라 「디지털 경제(digital economy)」의 개념은 그러한 서비스를 포함하는 보다 넓은 개념이 되었다. 공유경제(share economy)[6]나 긱 이코노미(gig economy)[7]처럼, ICT가 현실 세계의 구조를 크게 바꾸어 가는 가운데 디지털 경제는 「ICT가 가져온 새로운 경제의 모습」을 의미하게 되었다. 우리나라의 ICT 세계시장 점유율은 1, 2위를 차지하고 있으며, 인터넷 속도와 모바일 디바이스 사용자 비율도 각각 세계 최고 수준이다.[8]

---

6) 개인이 소유한 유휴자산을 ICT 기술을 활용하여 타인에게 대여하는 개념의 공유경제(sharing economy)가 빠르게 성장하고 있으며, 특히 플랫폼을 기반으로 차량공유(car sharing) 내지는 승차공유(ride sharing)를 제공하는 모빌리티 서비스들이 이러한 공유경제를 대표하는 서비스로 등장하였다(심우민, "디지털 전환에 따른 사회갈등의 현황과 대응방안 연구 ― 온라인 플랫폼 관련 갈등을 중심으로", 국회입법조사처, 2021, 62면).

7) 긱 이코노미(Gig economy)란 빠른 시대에 변화에 대응하기 위해 비정규 프리랜서 근로형태가 확산되는 경제현상이다. 즉, 사업현장에서 필요에 따라 전문가나 근로자를 구해 임시로 계약을 맺고 일을 맡기는 형태의 경제 방식을 뜻한다. 특히, 모바일 시대에 접어들면서 긱 이코노미의 규모가 커지고 있다[심완섭, "우리나라 재능마켓의 현황과 성공사례에 대한 연구: Crebugs", 「상품학연구」 제38권 제6호(한국상품학회, 2020), 105면].

8) 미국에서 개최된 '2020 국제전자제품박람회(International Consumer Electronics Show, ICES 2020)'에 국내 ICT 기업들이 참가해 세계적인 존재감을 확연히 드러내었다. 우리나라의 경우 참여 기업 수는 약 400여 개였고 등록자 수는 미국, 중국에 이어 3번째로 많았다. 당시 우리 기업들의 첨단 ICT 제품과 서비스를 체험하기 위해 관람객들로 인산인해를 이루었던 한국관을 보며 우리나라가 얼마나 많은 발전을 이루었는지 확인하고 큰 자긍심을 느낄 수 있었다고 한다(신성철, "한국의 미래와 과학기술의 역할", 국회미래정책연구회 창립총회 특별강연, 2020. 7. 3, 16면).

2. 플랫폼의 시장지배와 데이터 독점

플랫폼이란 '다른 요소나 그룹을 연결시켜 네트워크를 구축하는 기반'을 말한다. 플랫폼을 통해 여러 개의 서로 다른 사용자 그룹을 매칭하기 위한 인프라와 규칙을 제공하는 비즈니스를 「플랫폼 비즈니스」라고 부른다. 플랫폼 비즈니스는 쇼핑몰(세입자와 쇼핑객)이나 신용카드(점포와 카드 보유자) 등 오래전부터 존재했다. 그러나 디지털 플랫폼에는 시간이나 장소의 제약이 없기 때문에, 매개하는 사용자나 종류가 방대한 수에 이른다.

동일 브랜드나 동일 규격의 사용자가 많을수록 개개의 사용자의 효용이 높아지는 효과를 네트워크 효과라고 한다.[9][10] 플랫폼의 특징은 이 네트워크 효과가 플랫폼이 매개하는 복수의 다른 사이트 사이에서도 작용한다는 것에 있다. 예를 들어 전자상거래(Electric Commercial: EC) 사이트를 통해 판매자와 소비자를 연결하는 플랫폼에서는 보다 많은 소비자에게 이용되고 있는 EC 사이트에서 더 많은 판매자를 끌어들인다. 이와 같이 플랫폼을 매개로 한쪽 시장의 사용자 수나 이용 횟수가 증가할수록 다른 시장의 개개의 사용자에 있어서의 효용이 높아지는 효과를 「간접 네트워크효과」라고 한다.[11] 그리고 플랫폼이 매개하는 시장 간에 일방향 혹은 쌍방향으로 간접 네트워크효과가 작용하는 시장을 「다면시장」이라고 한다(그룹이 2개의 경우 특히 「양면시장」이라고 한다). 다면시장에서는 간접 네트워크효과가 작용함으로써 한쪽 시장에서의 이용 증가가 다른 시장에서의 사용자의 효용을 높여 사용자 수나 이용의 증가를 촉진한다. 때문에 단일 혹은 소수의 플랫폼으로의 집중이 일어나기 쉬운 특성을 지닌다.[12]

---

9) 小田切宏之, 「産業組織論—理論・戦略・政策を学ぶ—」, 有斐閣, 2019, 140面.

10) 네트워크 외부성이라고도 한다[손영화, 전게논문("디지털 이코노미 시대의 경쟁정책의 과제 — 디지털 플랫폼을 중심으로"), 176-177면].

11) 小田切宏之, 前揭論文, 278-279面.

12) 디지털 이코노미에서는 허브가 되는 플랫폼에 데이터가 집중되는 경향이 있다. 이 데이터 집중을 지렛대로 하여 복합적인 보완적 기술이 연결된 독점적인 플랫폼이 생기기 쉬워진다[손영화, 전게논문("디지털 이코노미 시대의 경쟁정책의 과제 — 디지털 플랫폼을 중심으로"), 175-176면].

구글의 검색엔진 서비스나 페이스북의 소셜 네트워킹 서비스(Social Networking Service: SNS) 등 플랫폼의 소비자용 서비스는 무료인 경우가 적지 않다. 그 이유는 간접 네트워크효과를 창출하는 측인 사용자 측에의 가격을 상대적으로 억제함으로써 사용자 수를 늘리고, 그에 의해서 다른 시장의 사용자인 광고주 등이 플랫폼에 참가하는 메리트를 높이려고 하고 있기 때문이다. 다면시장에서는 간접 네트워크효과가 최대한 작용하도록 양측의 서비스 가격을 설정함으로써 이윤을 극대화할 수 있다. 간접 네트워크효과가 작용하는 경우 다른 시장의 사용자가 충분히 없으면 사용자가 해당 플랫폼을 이용하는 효용은 낮다. 그리고 다른 시장의 사용자가 서비스를 이용해 주도록 하려면, 다른 쪽의 시장에서도 일정 수 이상의 사용자 수 혹은 이용횟수가 확보되어 있을 필요가 있다. 이 일정수를 '결정적 수량'(critical mass)이라고 한다. 복수 시장에서 크리티컬 매스를 달성해야 하는 상황은 신규 진입자에게는 높은 진입장벽이 된다.[13]

플랫폼 비즈니스는 사람들의 생활을 풍부하게 함과 동시에 경제성장을 재촉하며 글로벌하게 전개되어 왔다. 플랫폼의 특징 즉, 네트워크효과, 쏠림현상, 고착효과 등에 의하여 플랫폼시장에서는 독점 등이 발생하기 쉽고, 소비자나 사업자의 불이익, 이노베이션의 저해로 연결될 우려도 있다. 이에 플랫폼 비즈니스나 데이터에 대한 경쟁정책이 국제적으로 중요해지고 있다. 경쟁정책을 둘러싼 큰 관심의 하나로 플랫폼 등 디지털 분야의 경쟁환경의 정비를 어떻게 진행시켜 나가야 하는지가 큰 과제가 되고 있다. 신규진입자 등에 의한 새로운 도전이 저해되고 있지 않은지, 남용적인 행위에 의해서 이노베이션이 억압되고 있지 않은지에 대한 점에 초점을 두고서 경쟁당국은 경쟁정책을 펴야 할 것으로 생각된다.

디지털 플랫폼에 의한 과점·독점이 이노베이션에 의해서 확보되는 것인 한 경쟁당국으로서도 문제 삼지 말아야 한다고 생각된다. 그러나 디지털 플랫폼이 스스로의 지배적 지위를 남용하여 소비자나 거래처 사업자에게 부당한 불이익을 부과하는 것으로 공정한 경쟁을 왜곡시키거나 스스로의 경쟁자가 될 가능성이 있는 신규진입자

---

13) 小田切宏之, 前揭論文, 286-287面.

를 부당하게 배제하는 등 자유로운 경쟁을 방해하는 행위를 하는 경우에는 경쟁정책상 간과해서는 안 된다. 또한 디지털 시대에는 경쟁당국에 의한 집행의 지연이 종래의 시장보다 장기간에 걸쳐서 경쟁을 저해하게 된다. 이 때문에 경쟁당국은 문제가 커진 뒤 행동하는 것이 아니라 빨리 조치하는 것이 중요하다.

플랫폼에서의 데이터 집중도 경쟁법 집행에 있어서 관심을 가져야 할 현상이다. 데이터의 접근성 확보와 관련한 법제의 마련 및 법 집행의 필요성이 존재한다. 법정책의 과제로서는 플랫폼 내의 경쟁이나 플랫폼 간의 경쟁을 어떻게 평가해야 하는가 하는 문제가 있다. 데이터에 의한 이노베이션이 중요하며, 데이터가 경쟁상 어떠한 역할을 담당하고 있는지를 검토할 필요가 있다. 경쟁에의 영향을 검토함에 있어서 데이터의 종류를 보는 것이 중요하다. 경쟁에 영향을 주는 요인으로서 디지털 플랫폼에서 데이터를 누구나 수집·공유할 수 있는지, 플랫폼의 멀티홈(multi home)이 허용되는지, 데이터의 수집·축적에 관해서 투명성이 높은지 하는 관점을 들 수 있다.[14]

플랫폼의 행동 자체가 새로운 가치 창출을 목표로 저렴하고 양질의 서비스를 제공하는 반면, 경쟁자의 배제나 소비자에게 불이익을 준다고 하는 경쟁제한적 효과도 존재한다. 그러므로 이와 같은 양자의 밸런스를 어떻게 판단하고 경쟁정책을 집행할 것인가 하는 것은 매우 어려운 과제이다. 이노베이션을 저해하는 일 없이 경쟁제한 행위를 배제하고, 디지털 플랫폼 이용자의 이익을 확보하고, 경제의 지속적인 성장을 실현하는 것을 경쟁당국은 목표로 해야 할 것이다. 디지털 플랫폼에 관해서 주로 다음과 같은 4가지 대응을 추진하여야 할 것이다. 첫째, 공정거래법을 위반하는 행위에 대해 엄정하고 신속하게 대응할 필요가 있다. 둘째, 디지털 플랫폼의 거래관행 등 실태조사를 실시하여야 한다. 셋째, 소비자와의 관계에서 우월적 지위남용 규제의 적용을 검토할 필요가 있다. 넷째, 데이터와 이노베이션을 고려한 기업결합심사를 할 필요가 있다.[15]

---

14) 손영화, 전게논문("디지털 이코노미 시대의 경쟁정책의 과제 — 디지털 플랫폼을 중심으로"), 169-170면.

15) 손영화, 전게논문("디지털 이코노미 시대의 경쟁정책의 과제 — 디지털 플랫폼을 중심으로"), 170면.

3. 데이터 독점에 따른 경쟁제한성

데이터 시대가 도래하면서 창조적 파괴를 제창한 것으로 알려진 오스트리아 경제학자 요셉 슘페터의 악몽이 되살아났다. 세계를 바꿀 수 있는 데이터를 가진 기업은 현재 극소수이며, 그러한 기업은 경쟁 우위에 설 수밖에 없다. 슘페터(Joseph Schumpeter)는 경제성장의 원동력으로 기업가정신을 지지했는데, 작은 플레이어에게는 획기적인 아이디어를 실현하기 위해 필수불가결한 경영자원, 즉 자본이 부족하다고 생각하여 기술혁신에 대하여 크게 우려하였다. 다행히 1950년대 이후 엔젤 투자자와 벤처캐피털(VC)의 활발한 생태계가 세계를 바꿀 아이디어를 가진 신흥기업에 충분한 자금을 제공하여 그의 우려는 기우로 끝났다.[16]

데이터 시대가 도래하면서 기술혁신자가 필요한 경영자원을 구할 수 없게 되는 것 아니냐는 슘페터의 우려가 되살아나고 말았다. 기술혁신에서 데이터의 역할이 결정적이 됨에 따라 플랫폼을 통해 수집한 방대한 데이터로 인해 거대 IT기업은 점점 강력해지고 있다. 그렇게 되면 기업가나 다른 기업은 새로운 기회를 잡기 어려워질 것이다. 기술혁신의 엔진이 계속 작동하려면 자본뿐만 아니라 데이터에의 액세스도 불가결한 것이다.[17]

인공지능(AI)이나 기계학습이라는 디지털 기술을 활용하는 많은 기술혁신자에 있어서 뛰어난 아이디어를 실현 가능한 제품으로 만들기 위해서는 관련된 데이터와 조합할 필요가 있다. 적절한 학습 데이터 없이는 안전하고 신뢰성이 높은 자율주행차[18]나 AI를 이용한 의료진단,[19] (인프라나 산업기계 등의) 예지시스템을 실현할 수 없

---

16) ビクター・マイヤー・ショーンベルガー/トーマス・ランゲ, "プラットフォーマーとデータ独占「情報アクセス権」を開放せよ", 日経ビジネス 2022. 5. 20.

17) Viktor Mayer-Schönberger and Thomas Ramge, The Data Boom Is Here — It's Just Not Evenly Distributed, MITSlogan Management Review, February 09, 2022.

18) 자율주행차는 주로 컴퓨터 비전과 딥러닝 덕분에 가능해졌다. CV는 고해상도 카메라와 라이다를 사용하여 자동차의 주변 상황을 감지한다. 결과적으로, 자동차 시스템은 가능한 장애물에 반응하고 사고를 피할 수 있다(Edwin Lisowski. Artificial intelligence in self-driving cars, Jul 16, 2021).

19) 일반적으로 인간의 지능이 필요한 작업을 컴퓨터가 수행할 수 있는 능력으로 정의되는 인공지능

다. 음성인식이나 화상인식, 사기 검출, 상품 권장, 단백질 입체구조 해석 등에는 대량의 데이터가 필요하다. 미국 애플의 창업자 스티브 잡스가 말한 바 있는 뛰어난 아이디어가 우주를 짓누를 수 있을지, 적어도 성공하는 제품이 될지는 점점 데이터 액세스에 좌우되고 있다.

III. 데이터 독점에 대한 각국의 규제 현황

데이터 독점에 대한 경쟁법상의 관심이 커지게 된 것은 종래와 달리 이른바 4차 산업혁명시대에 AI를 이용한 데이터의 수집, 분석, 활용이 가능하게 된 것에 그 이유가 있다.[20] 특히 플랫폼 기업의 등장에 의하여 데이터 독점의 이용 및 활용의 가능성은 더욱 커지게 되었다. 이에 각국은 플랫폼 기업을 중심으로 데이터 독점에 대한 규율체계를 새로이 정립하고자 노력하고 있다. 이하에서는 우리나라를 비롯하여 미국, EU 그리고 일본에 있어서 이른바 데이터 독점을 방지하고자 하는 입법을 간략히 소개하고자 한다.

1. 한 국

(1) 데이터 3법의 개정

정부는 용이한 데이터 활용을 위해 「개인정보보호법」, 「정보통신망 이용촉진 및

(AI)의 역할은 끊임없이 확대되고 있다. 의학은 인공지능을 수용하는 데 느렸다. 그러나 의학에서 AI의 역할은 빠르게 확장되고 있으며 향후 몇 년 동안 환자 관리에 혁명을 일으킬 것으로 기대된다 (Zubair Ahmad/Shabina Rahim/Maha Zubair/Jamshid Abdul-Ghafar, Artificial intelligence (AI) in medicine, current applications and future role with special emphasis on its potential and promise in pathology: present and future impact, obstacles including costs and acceptance among pathologists, practical and philosophical considerations. A comprehensive review, Ahmad et al. Diagnostic Pathology (2021) 16:24, p. 1).

20) 4차 산업혁명 시대의 핵심 자원으로 주목받고 있는 것의 하나가 바로 의료 빅데이터다[손영화, "플랫폼 경제시대 데이터 3법의 개정과 개인 의료데이터의 활용", 「산업재산권」 제67호(한국재산법학회, 2021), 439면].

정보보호 등에 관한 법률」, 「신용정보의 이용 및 보호에 관한 법률」을 개정하였다. 그 구체적인 내용으로는 가명정보 개념의 도입을 통한 개인정보의 상업적 활용, 개인정보의 관리감독을 개인정보보호위원회로 일원화, 통합법제 컨트롤타워를 통한 GDPR 인증, 금융분야 빅데이터 분석에 가명정보 이용 가능, 가명정보의 경우 정보주체의 동의 없이 활용 허용 등이 있다. 기존의 우리나라 개인정보 법제는 정보주체가 일일이 동의해야 정보 제공이 가능한 옵트인(Opt-in) 방식으로 데이터 활용에 대한 포괄적 동의를 전제하는 옵트아웃(Opt-out) 방식을 채택한 미국·유럽·일본과 상이하였다. 이러한 방식에 가명정보를 적용하여 일부 상황에서 정보주체의 동의 없이 개인정보를 활용할 수 있도록 변경하였다. 즉, 추가적인 정보 없이는 개인을 특정할 수 없게 처리된 가명정보의 분석·사용을 폭넓게 허가하여 데이터 활용 규정을 완화한 것이다.[21] 우리나라의 경우 개인정보보호법을 비롯한 데이터 3법의 개정에 의하여 개인의 의료데이터를 산업에서 이용 및 활용함에 있어서 개정 전에 비하여 획기적인 변화를 가져왔다. 우선, 개인정보의 정의 부분의 변화에 따라 가명정보의 이용 및 활용을 원칙적으로 허용한 것이다. 또한 개인정보의 이용 및 활용에 있어서도 결합정보에 대하여 입수가능성을 새로이 도입하여 개인정보의 이용의 폭을 넓혀 놓았다. 한편, 가명정보에 대하여 개인정보보호법의 적용제외를 널리 인정하고, 가명정보 처리 시의 의무로서 ① 안정성 확보조치, ② 추가정보와의 분리 보관, ③ 추가정보에 대한 접근 권한의 분리를 하도록 하여 가명정보에 의한 개인정보 침해가능성을 줄이고자 노력하고 있다. 다만, 가명정보는 스스로 사용하거나 제3자에게 제공할 수도 있는데, 기술적으로 추가정보와의 결합에 의하여 개인정보를 재식별할 수 있다. 가명정보의 재식별에 의한 개인정보의 침해방지를 위하여 개인정보보호법의 엄정한 집행이 필요하다.[22]

---

21) 김범준·이채율, "온라인 플랫폼 기업의 빅데이터 독점에 관한 경쟁법상 쟁점", 「법이론실무연구」 제9권 제2호(한국법이론실무학회, 2021), 106면.
22) 손영화, 전게논문("플랫폼 경제시대 데이터 3법의 개정과 개인 의료데이터의 활용"), 468면.

(2) 공정거래위원회의 2019년 2월 개정 기업결합심사지침

IT 대기업이 성장 잠재력이 큰 벤처기업이나 스타트업 등을 거액에 인수하면서 피인수기업의 자산총액 또는 매출액 규모가 기업결합 신고대상 기준에 이르지 않았다는 이유로 신고를 하지 않은 사례가 있었다. 그러나 이러한 기업들은 장래에 시장에서 독점적 지위를 차지할 가능성이 높기 때문에 공정거래법을 통하여 기업결합에 대한 심사가 필요하다는 논의가 제기되었다. 실제로, 2013년 Facebook의 WhatsApp 인수 건에서 해당 기업결합이 경쟁제한의 우려를 나타낼 가능성이 있었음에도 불구하고 공정거래법상 기업결합 신고의무가 없었던 사례가 있었다.[23]

이에 공정거래위원회는 2019년 2월 시행된 개정 기업결합심사지침에서 혁신기반 산업에서의 인수합병(M&A)을 심사함에 있어 관련시장 획정 방식, 시장집중도 산정 방식, 경쟁제한효과 판단기준 등을 명시하여 잠재적 경쟁기업의 인수 등을 통해 나타나는 혁신저해 효과를 보다 효과적으로 심사하도록 했다. 또한 정보 자산을 수반하는 인수합병(M&A)의 경쟁제한 효과를 판단함에 있어 고려할 사항들을 명시하여 심사의 통일성을 확보하고 심사 방향에 대한 기업들의 예측가능성을 높이고자 했다.[24] 정보자산을 "다양한 목적으로 수집되어 통합적으로 관리, 분석, 활용되는 정보의 집합"으로 정의하고, 정보자산 인수합병(M&A)의 경우 기존 심사 기준의 경쟁제한성 판단 기준 이외에도 인수합병으로 인하여 대체하기 곤란한 정보 자산에 대한 접근을 봉쇄하는지 여부, 정보 자산과 관련한 서비스의 품질을 저하시키는 등 비가격 경쟁을 저해하는지 여부 등을 고려하도록 하고 있다.[25]

---

23) 최은진, "신산업 분야 기업결합 심사기준 개정의 시사점", 「이슈와 논점」 제1584호(국회입법조사처, 2019), 1면.

24) 공정거래위원회, "보도자료 '공정위, 혁신 경쟁 촉진을 위한 기업결합 심사 기준 개정 ― 혁신 경쟁을 촉진하는 인수합병은 신속히 처리하고, 잠재적 경쟁 기업 인수 등을 통한 독점화 시도는 차단'", 2019. 2. 26, 1면.

25) 공정거래위원회, 전게 보도자료("공정위, 혁신 경쟁 촉진을 위한 기업결합 심사 기준 개정 ― 혁신 경쟁을 촉진하는 인수합병은 신속히 처리하고, 잠재적 경쟁 기업 인수 등을 통한 독점화 시도는 차단"), 5면.

(3) 공정거래위원회의 2022년 1월 온라인 플랫폼 사업자의 시장지배적 지위 남용행위 및 불공정거래행위에 대한 심사지침 제정안

공정거래위원회(이하 '공정위')는 「온라인 플랫폼 사업자의 시장지배적지위 남용행위 및 불공정거래행위에 대한 심사지침」(이하 '심사지침') 제정안을 마련하여 2022. 1. 6.부터 2022. 1. 26.까지 행정예고하였다. 심사지침의 추진배경으로는 코로나 사태로 인한 비대면(Untact) 거래의 폭발적인 증가로 인한 플랫폼의 모든 산업 분야에의 확산이 있다. 그에 따라 플랫폼이 입점업체를 상대로 판촉비용을 떠넘기는 등의 불공정 행위를 할 위험이 있고, 일방적인 계약 해지, 하자 있는 제품 배송에 플랫폼의 책임 회피 등의 소비자 피해가 발생하고 있으며, 시장 선점 거대 플랫폼이 신규 플랫폼의 시장진입을 방해하거나 인수합병(M&A)을 통해 잠재적 경쟁기업을 제거하여 경쟁을 저해할 우려가 있다는 것이다.

심사지침이 적용되는 온라인 플랫폼 사업자는 ① 온라인 플랫폼 중개서비스, ② 온라인 검색엔진, ③ 온라인 사회 관계망 서비스(SNS), ④ 동영상 등 디지털 콘텐츠 서비스, ⑤ 운영체제(OS), ⑥ 온라인 광고 서비스 등 제공 사업자이다. 심사지침은 온라인 플랫폼 분야에 대해 현행 「독점규제 및 공정거래에 관한 법률」(이하 '공정거래법') 상 시장지배적지위 남용행위(법 제5조), 불공정거래행위(법 제45조) 규정을 적용할 때 고려하여야 할 사항을 보완적으로 규정하고 있다.[26]

2. 미 국

미국 정부와 의회는 데이터 독점에 대하여 빅테크 기업의 대표적 주자인 GAFA(Google, Apple, Facebook, Amazon)를 중심으로 반트러스트법 적용을 적극적으로 추진하고 있다. 미국 하원 법사위원회 반독점 소위원회는 GAFA의 시장 경쟁상황에 관한 공청회를 개최하고 실태조사를 하였다. 그 결과로 2020년 7월 하원 법사위원회는

---

26) 박성범 외, "「온라인 플랫폼 사업자의 시장지배적지위 남용행위 및 불공정거래행위에 대한 심사지침」 제정안 행정예고", 법률신문 2022. 3. 25.

「디지털 시장에서의 경쟁에 관한 조사(Investigation of Competition in Digital Markets)」라는 방대한 보고서를 발표하였다. 최근에는 이른바 GAFA를 규제하기 위한 5개 법안이 마련되었고,[27] 바이든 대통령에 의한 행정명령도 이루어진 바 있다.

(1) 디지털 시장에서의 경쟁에 관한 조사
(Investigation of Competition in Digital Markets)

16개월간의 조사 끝에 2020년 10월 6일 하원 민주당은 페이스북, 아마존, 구글, 애플이 독점권을 즐기고 남용하는지에 대한 449페이지 분량의 보고서를 발표했다. 이 보고서는 의회가 디지털 시대를 위해 반트러스트법을 변경해야 한다고 결론을 내렸고, 반트러스트법이 소비자뿐 아니라 근로자, 기업가, 독립기업(independent businesses)을 보호하기 위해 고안된 것임을 명확히 함으로써 반트러스법의 원래 의도와 광범위한 목표를 재확인하고 있다.[28]

의회 보고서에서는 특히 데이터에의 액세스문제가 제기되었다. 데이터에 대한 독점적 지위를 갖고 있는 플랫폼기업들이 다른 사업자를 배제할 가능성이 있고, 이는 경쟁을 해칠 수 있다는 것이다.[29] 플랫폼기업들이 과도한 수수료를 부과하여 서비스로부터 탈퇴를 방해하는 것은 구체적인 의도적 고착(lock-in) 사례라고 하는 것을 확인하고 있다. 또한 경쟁업체를 인수함으로써 경쟁사업자를 배제하거나 소비자의 전환비용을 증가시켜 경쟁에 해를 끼칠 수 있음을 밝히고 있다.[30]

---

27) 미국 연방의회에서는 최근 수십년간 최대규모가 되는 반트러스트법 개정에 길을 열 가능성도 있는 법안에 대해서 초당파의 의원 그룹이 2022년 여름의 표결을 목표로 움직이고 있다.

28) 손영화, "미국 빅테크 기업에 대한 최근 규제 동향 ― 클라우드컴퓨팅에 대한 반트러스트법 쟁점을 중심으로", 「경제법연구」 제20권 제2호(한국경제법학회, 2021), 241면.

29) 클라우드컴퓨팅 서비스 제공자가 자신의 거래상 지위를 토대로 하여 보유 플랫폼과 경쟁플랫폼 간의 경쟁질서를 훼손하거나 거래상대방인 소프트웨어 운용자나 소비자에 대하여 지위를 남용할 가능성을 염두에 두고 관련 법리와 규제기준을 발전시킬 필요가 있다(신영수, "클라우드컴퓨팅(cloud computing) 환경 하에서의 경쟁제한적 거래관행에 관한 규제 법리 연구", 「경제법연구」 제15권 제1호(한국경제법학회, 2016), 93면.

30) Ron Miller, Update: Amazon Has Acquired Israeli Disaster Recovery Service CloudEndure for Around $200M, TECHCRUNCH, 2019. 1. 8; Jerrold Nadler/David N. Cicilline, Investigation of Competition in

(2) 미국 연방의회의 5가지 반트러스트 법안

미국 연방의회에서는 최근 수십 년간 최대규모가 되는 반트러스트법 개정에 길을 열 가능성도 있는 법안에 대해서 초당파적 의원 그룹이 2022년 여름 표결을 목표로 움직이고 있다. 이하에서는 연방의회의 5개 법안에 대하여 간략히 소개한다.

우선 「미국 선택 및 혁신 온라인법(American Choice and Innovation Online Act)」이 있다. 동 법안은 온라인상에서 자사우대(self-preferencing) 금지(Section 2(a)(1)), 플랫폼 운영 중 획득한 비공개 데이터를 이용하여 자사 상품을 제공하는 행위나 선탑재 앱 제거를 금지 또는 어렵게 만드는 행위 등 지배적인 플랫폼의 차별적 행위를 금지(Section 2(b))하고 있다.[31]

「플랫폼 경쟁 및 기회법(Platform Competition and Opportunity Act)」은 지배적인 플랫폼에 의한 경쟁을 위협하는 인수(acquisitions)를 금지하고 있다(Section 2(a)).[32]

「플랫폼 독점 종식법(Ending Platform Monopolies Act)」은 지배적인 플랫폼이 여러 비즈니스 라인에 걸쳐 지배권을 행사하여 자유롭고 공정한 경쟁을 저해하는 방식으로 스스로에게 우선권(self-preference)을 주고 경쟁업체에 불리하도록 하는 기능을 제거하고자 하고 있다.

「서비스 전환 활성화를 통한 호환성과 경쟁 강화법(Augmenting Compatibility and Competition by Enabling Service Switching (ACCESS) Act)」은 상호운용성(interoperability)과 데이터 이동(data portability) 요건을 통해 기업과 소비자의 진입 및 전환비용 장벽을 낮추고 온라인 경쟁을 촉진하고자 한다.[33]

「합병 신고 수수료 현대화법(Merger Filing Fee Modernization Act)」은 DOJ와 FTC가 반트러스트법을 적극적으로 집행하는 데 필요한 자원을 확보하도록 하기 위해 20년 만

Digital Markets, U.S, 2020, p. 321.

31) 손영화, 전게논문("미국 빅테크 기업에 대한 최근 규제 동향"), 253-254면.

32) 종래 학계에서도 시카고 대학 Booth School of Business의 보고서는 디지털 플랫폼의 인수합병이나 플랫폼상의 경쟁을 감독할 'digital authority(DA)'의 설립을 촉구하는 등, 규제 강화 경향에 동참하고 있다고 한다[최난설헌, "혁신경쟁의촉진과플랫폼단독행위규제상의과제 시장지배적지위 남용행위 규제를 중심으로", 「경제법연구」 제19권 제2호(한국경제법학회, 2020), 47면].

33) 손영화, 전게논문("미국 빅테크 기업에 대한 최근 규제 동향"), 253-254면.

에 처음으로 합병 수수료 신고절차를 업데이트하고 있다.

(3) 바이든 대통령의 행정명령

바이든(Joe Biden) 미국 대통령은 미국시간 2021년 7월 9일 코로나 19로 타격을 입은 경제가 회복되기 시작하면서 더 많은 경쟁을 유도하는 것을 목적으로 행정명령에 서명했다. 바이든 대통령이 서명한「미국 경제에서의 경쟁 촉진을 위한 행정명령(Executive Order on Promoting Competition in the American Economy)」은 연방기관에 대한 72개의 지령으로 구성되어 있다. 행정명령은 특히 이러한 문제가 노동시장, 농업에서 발생할 경우 산업의 과도한 집중과 싸우기 위해 반트러스트법을 시행하는 것이 바이든 정부의 방침이라고 밝히고 있다.[34]

행정명령은 내각관방장관, 독립기관장 등을 구성원으로 포함하는 대통령 행정부 내에 백악관경쟁위원회(White House Competition Council: WHCC)를 신설하도록 하고 있다. 행정명령은 연방 DOJ 장관과 FTC 위원장 및 클레이튼법을 집행할 권한을 가진 기타 기관의 장에게 공정하고 강력하게 반트러스트법을 집행할 것을 권장하고 있다(Section 5(b)).[35] 또한 행정명령은 FTC 규칙 제정을 장려하고 있다. FTC에 규칙 제정이 권고되고 있는 분야는 불공정한 데이터 수집, 제3자의 수리할 권리, 제네릭 의약품의 시장 진입을 늦추는 합의와 직업면허 등을 포함하고 있다(Section 5(g)).

3. EU

GAFA 등의 디지털플랫폼은 개인데이터 등을 축적함으로써 디지털플랫폼을 이

---

34) The White House, Executive Order on Promoting Competition in the American Economy, 2021. 7. 9.

35) 이에 따라 DOJ의「수평합병 가이드라인(Horizontal Merger Guidelines)(2010. 8. 19)」및「수직합병 가이드라인(Vertical Merger Guidelines)(2020. 6. 30)」에 대한 검토와 그러한 가이드라인의 개정 여부를 검토하도록 권장하고 있다(Section 5(c)). 또한, 시장지배력이 부여된 특허의 범위를 벗어나는 반경쟁적 확장 가능성을 피하고, 표준 제정 과정을 남용으로부터 보호하기 위해 DOJ 장관과 상무부장관은 지적재산권과 반트러스트법의 교차점에 대한 자신들의 입장을 개정할지를 검토하도록 권장하고 있다(Section 5(d)).

용하는 사업자에게 큰 영향력을 미칠 수 있게 되었다. 디지털플랫폼과 이용사업자 사이의 거래를 투명화하는 방안이 문제된다.

(1) 온라인 중개서비스의 공정성과 투명성의 촉진에 관한 규칙

EU 집행위원회는 2018년 4월에「온라인 중개서비스의 비즈니스 이용자에 있어서 공정성과 투명성의 촉진에 대하여」라는 규칙안을 공표했다. 이후 유럽의회와 EU 이사회의 재결을 거쳐 2019년 7월에 규칙으로 공포되었다. 동 규칙은 2020년 7월 12일부터 시행되고 있다(제19조 제2항).

1) 목적 및 적용대상

규칙의 목적은 온라인 중개서비스를 비즈니스 목적으로 이용하는 자(이하「비즈니스 이용자」라 한다.)나 검색엔진과 관련된 기업 웹사이트 이용자가 이들 서비스로부터 투명하고 공정한 취급을 받아 실효성 있는 구제수단이 정비되도록 함으로써 역내 시장이 적정하게 기능하도록 공헌하는 것이다(제1조 제1항). 규칙은 EU 역내에 거점이 있는 온라인 중개서비스 사업자 및 검색엔진 운영자와 EU 역내에 거점이 있는지 여부와 관계없이 온라인 중개서비스나 검색엔진을 통해 EU 역내의 소비자에게 상품이나 서비스를 제공하는 온라인 중개서비스 사업자 및 검색엔진 운영자에게 적용된다(제1조 제2항).

2) 온라인 중개서비스 계약

온라인 중개서비스 사업자는 비즈니스 이용자에게 서비스의 계약조건을 알기 쉬운 말로 접근하기 쉬운 방법으로 명시해야 한다. 이를 준수하지 않는 계약조건은 무효가 된다. 계약조건의 변경은 비즈니스 이용자에게 15일 전까지 통지되어야 한다(제3조). 온라인 중개서비스 사업자가 비즈니스 이용자에게 서비스 제공을 제한, 정지, 종료하는 경우, 그 이유를 비즈니스 이용자에게(제공 종료는 30일 전까지) 통지하고, 비즈니스 이용자에게 불만 대응 시스템을 이용할 기회를 주어야 한다(제4조).

3) 랭킹과 우대정책

온라인 중개서비스 사업자 및 검색엔진 운영자는 상품이나 서비스, 검색결과의 랭킹을 결정하는 주요 파라미터와 이들 파라미터가 중요한 이유를 계약조건에 제시해야 한다(제5조).

온라인 중개서비스 사업자 및 검색엔진 운영자는 해당 사업자 또는 운영자가 직접 제공하는 상품이나 서비스 또는 그 관리하에 있는 비즈니스 이용자가 제공하는 상품이나 서비스에 대해 기타 비즈니스 이용자가 제공하는 상품이나 서비스와는 다르게 취급(통상 우대)할 때에는 그 내용을 계약조건으로 제시해야 한다(제7조).[36]

4) 데이터의 제3자 제공 등

온라인 중개서비스 사업자는 비즈니스 이용자나 소비자가 온라인 중개서비스를 이용할 때 제공한 개인정보 등의 데이터에 온라인 중개서비스 사업자나 비즈니스 이용자가 접속할 수 있는지 여부, 이러한 데이터를 제3자에게 제공할지 여부, 제공하는 일정한 경우에는 그 이유 등을 계약조건에 제시해야 한다(제9조).[37]

온라인 중개서비스 사업자는 비즈니스 이용자가 해당 사업자와는 다른 조건으로 다른 서비스를 이용하여 상품이나 서비스를 제공하는 것을 제한하는 경우에는 그 이

---

36) 제7조는 차별적 취급(differentiated treatment)에 대해 규정하고 있다. 이들 기업 자신이 상품·서비스를 제공하고 자사와 경합하는 기업에 대해서 차별적 취급을 실시할 때에는 경쟁법상의 문제가 생길 수 있다는 것을 근거로 한 것이다(전문 (30)). EU 집행위원회는 플랫폼이 다른 플랫폼보다 자사 제품에 제공하는 「어떤 이득(any advantage)」에 대한 철저한 공개를 요구하고 있다[손영화, "EU의 디지털플랫폼규칙에 관한 소고", 「법학논집」 제25권 제2호(이화여자대학교 법학연구소, 2020), 380-381면].

37) 온라인 중개서비스 기업은 그 계약조항에 개인데이터 등의 이용에 관한 기술상, 계약상의 설명(이용할 수 없는 경우에는 그 취지)을 포함하지 않으면 안 된다(제9조 제1항). 이 설명에는 다음 사항이 충분히 기재되어 있어야 한다(제9조 제2항). (a) 온라인 중개서비스 기업이 개인데이터 등을 이용할 수 있는지, 이용범위 및 그 조건, (b) 사업자가 자신의 거래에 관하여 개인데이터 등을 이용할 수 있는지 여부, 이용범위 및 그 조건, (c) 사업자가 다른 사업자의 거래에 관련된 개인데이터 등의 집계를 이용할 수 있는지 여부, 이용범위 및 그 조건, (d) 온라인 중개서비스 기업이 개인데이터 등을 제3자와 공유하는 경우에 그 목적과 사업자가 제3자에게 데이터 제공을 거부할 수 있는지(opt out)에 대해 기재해야 한다[손영화, 전게논문("EU의 디지털플랫폼규칙에 관한 소고"), 377면].

유를 계약조건에 제시하고 공개적으로 개시해야 한다(제10조).

5) 분쟁해결 등

온라인 중개서비스 사업자는 비즈니스 이용자가 무료로 쉽게 이용할 수 있는 민원 대응 시스템을 내부에 설치하고(제11조), 재판 밖에서 분쟁해결을 실시하는 2인 이상의 조정자를 지정해야 한다(제12조). EU 집행위원회는 가맹국과 협력하여 온라인 중개서비스 사업자가 단독으로 또는 공동으로 조정을 실시하는 단체를 설립하도록 장려한다(제13조). 온라인 중개서비스 사업자 또는 검색엔진 운영자가 이 규칙의 규정을 위반한 경우 비즈니스 이용자 및 기업 웹사이트 이용자의 이익을 대표하는 단체는 법원에 제소할 권리를 가진다(제14조).

6) EU 집행위원회의 역할 등

EU 집행위원회는 이 규칙이 온라인 중개서비스 사업자와 비즈니스 이용자 사이, 검색엔진 운영자와 기업 웹사이트 이용자 사이에 미치는 영향을 감시하고 정보를 수집하며(제16조), 온라인 중개서비스 사업자 또는 검색엔진 운영자에 의한 자주적인 행동 규범의 책정을 장려한다(제17조). EU 집행위원회는 2022년 1월 13일까지 그 후에는 3년마다 이 규칙을 평가하고 필요에 따라 입법제안을 포함한 추가 규제를 검토한다(제18조).

4. 일 본

일본의 경우에도 디지털플랫폼에 대한 경쟁법상의 규율에 대한 새로운 방침을 책정하고 있다. 일본 공정취인위원회는 온라인 플랫폼에 대한 경쟁정책상의 우려에 대하여 지속적으로 실태조사를 해 오면서, ① 대(對) 소비자 거래에 있어서 우월적 지위남용의 견해를 명확히 하고, ② 경제의 디지털화를 고려한 기업결합 심사제도를 정비한 바 있다. 공정취인위원회는 2019년 12월 ① 대 소비자 우월적 지위남용가이드라인을 제정·공표하고, ② 기업결합 가이드라인 및 기업결합 심사절차 대응방침을 개정하였다.

(1) 디지털 플랫폼 사업자와 개인정보 등을 제공하는 소비자와의 거래에 있어서 우월적 지위남용에 관한 독점금지법상의 견해

공정취인위원회는 2019년 12월 디지털 플랫폼이 재화나 서비스를 무료로 제공하는 것에 대한 대가로 개인정보 등을 취득하거나 이용하는 것에 대한 우려를 배경으로 「디지털 플랫폼 사업자와 개인정보 등을 제공하는 소비자와의 거래에 있어서 우월적 지위의 남용에 관한 독점금지법상의 견해」를 공표했다. 동 「견해」에서는 디지털 플랫폼 사업자가 소비자로부터 개인정보 등을 부당하게 취득하거나 부당하게 이용하는 행위에 대해서도 우월적 지위 남용의 규제가 적용됨을 명확하게 하였다.[38]

우선, 개인정보 등의 부당한 취득은 우월적 지위의 남용에 해당할 수 있다. 예컨대, ① 이용목적을 소비자에게 알리지 않고 개인정보를 취득하는 것이다. ② 이용목적 달성에 필요한 범위를 넘어 소비자의 의사에 반하여 개인정보를 취득하는 것이다. ③ 개인 데이터의 안전관리를 위해 필요한 적절한 조치를 강구하지 않고 개인정보를 취득하는 것이다. ④ 자기가 제공하는 서비스를 계속해서 이용하는 소비자에 대해서 소비자가 서비스를 이용하기 위한 대가로 제공하고 있는 개인정보 등과는 별도로 개인정보 등 그 외의 경제상의 이익을 제공하게 하는 것이다.[39]

개인정보 등의 부당한 이용 역시 우월적 지위남용에 해당할 수 있다. ① 이용목적의 달성에 필요한 범위를 넘어 소비자의 의사에 반하여 개인정보 등을 이용하는 것이다.[40] ② 개인 데이터의 안전관리를 위해 필요하고 적절한 조치를 강구하지 않고 개인정보 등을 이용하는 것이다.

---

38) 公正取引委員会, "デジタル・プラットフォーム事業者と個人情報等を提供する消費者との取引における優越的地位の濫用に関する独占禁止法上の考え方", 2019. 12. 17, 1面. 〈https://www.jftc.go.jp/dk/guideline/unyoukijun/191217_dpfgl.pdf〉.

39) 손영화, "디지털 플랫폼에 대한 경쟁법상의 규제 — 일본에서의 독점금지법 규제 현황을 중심으로", 「원광법학」 제37권 제3호(원광대학교 법학연구소, 2021), 217면.

40) 예를 들어, 디지털 플랫폼 사업자 E사가 이용목적을 '상품의 판매'라고 특정하고 해당 이용목적을 소비자에게 나타내고 취득한 개인정보를 소비자의 동의를 얻지 않고 '타깃광고(targeted advertising)'에 이용하거나 또는 제3자에게 제공하는 경우이다[손영화, 전게논문("디지털 플랫폼에 대한 경쟁법상의 규제 — 일본에서의 독점금지법 규제 현황을 중심으로"), 217면].

(2) 대 소비자 우월적 지위남용 가이드라인[41]

대 소비자 우월적 지위남용 가이드라인에 의하면 (사업자가 아닌) 소비자에 대한 우월적 지위남용행위도 「우월적 지위남용」(독점금지법 제2조 제9항 제5호)으로서 규제 대상이 된다. 이는 종래 판례의 견해를 공정취인위원회가 처음으로 채용한 것이다.[42] 이에 따라 공정취인위원회는 온라인 플랫폼이 소비자(서비스 이용자)로부터 개인정보 등을 부당하게 취득하거나 부당하게 이용하는 행위를 적발할 가능성이 있다.

(3) 기업결합 가이드라인 및 기업결합 심사절차 대응방침[43]

일본 독점금지법은 기업 매수 등 이른바 M&A에 대해서 당사회사(매수자 및 대상 회사)의 국내 매출 기준액을 넘는 안건에 대해서 공정취인위원회에 사전(거래 완료전) 신고의무를 부과하고 있다.

공정취인위원회는 디지털 분야 기업결합 안건에 적확하게 대응할 필요성이 커지고 있다며 성장전략 실행계획(2019년 6월 국무회의 결정) 등을 바탕으로 2019년 12월 가이드라인 등을 개정하여 발표하였다.

기업결합 가이드라인의 개정에는 최근 기업결합 심사 안건에서 공정취인위원회가 밝혀 온 생각을 정리한 부분도 많지만, 온라인 플랫폼이나 디지털 분야의 특성을 고려한 경쟁 분석방법에 대한 구체적인 해설도 포함함되어 있다.[44]

---

41) 손영화, 전게논문("디지털 플랫폼에 대한 경쟁법상의 규제 − 일본에서의 독점금지법 규제 현황을 중심으로"), 221−223면.

42) 소비자가 디지털 플랫폼 사업자로부터 불이익한 취급을 받더라도 소비자가 해당 디지털 플랫폼 사업자가 제공하는 서비스를 이용하기 위해서는 이것을 받아들이지 않을 수 없는 경우에 디지털 플랫폼 사업자가 소비자에 대하여 「우월적 지위」에 있다(公正取引委員会, "デジタル市場における公正取引委員会の取組", 2020. 12. 23, 13面).

43) 손영화, 전게논문("디지털 플랫폼에 대한 경쟁법상의 규제 − 일본에서의 독점금지법 규제 현황을 중심으로"), 224−225면.

44) 디지털 시장에서의 기업결합에는 인수대상 기업의 매출액이나 시장점유율이 작은 경우라도, 해당 기업이 가지고 있는 대량의 데이터(빅데이터)가 인수인에게 독점됨으로써 공정한 경쟁이 저해될 우려가 있다고 하는 특징이 있다(澤田直彦, "独占禁止法違反の罰則と処分 事例を交え解説! デジタル・プラットフォームと独占禁止法 3", 「弁護士の部屋」, 2020. 12. 23).

디지털 분야의 특성을 반영한 이번 개정은 시장점유율에 직결되지 않는 빅데이터 등 새로운 요인의 분석을 중시하고 있는 탓인지, 시장점유율을 중요한 지표의 하나로 하고 있던 종래의 심사 실무에 변경을 가져올 것으로 전망된다.

IV. 데이터 독점에 대한 합리적인 규제방향

1. 진입장벽[45]

디지털 경제시대에는 허브 플랫폼에 데이터가 집중되는 경향이 있다. 데이터 집중을 지렛대로 하여 복합적인 보완적 기술이 연결된 독점적인 플랫폼이 생기기 쉬워진다.[46] 디지털 기술에 의해 대량의 데이터의 수집, 축적, 이용이 가능하게 되었다. 소셜미디어로의 발신내용 및 발신시각이나 위치정보, 스마트폰의 GPS 위치정보, 감시카메라의 화상 등 개인이 의식적, 무의식적으로 발생시킨 데이터 또는 기계나 자연계 등으로부터 센서에 의해 계측된 데이터가 날마다 대량으로 수집·축적된다. 2025년의 데이터량은 2016년에 생성되는 데이터량의 10배 이상인 163제타바이트(10의 21제곱바이트)에 이른다는 예측결과도 있다.

플랫폼 비즈니스에는 네트워크효과(network effect)가 기능하기 쉽다고 하는 특징이 있다. 네트워크 외부성이라고도 한다. 네트워크효과는 직접적 네트워크효과(direct network effects)와 간접적 네트워크효과(indirect network effects)로 분류된다. 직접적 네트워크효과란 전화의 이용자가 많을수록 이용자의 만족도가 증대한다고 하는 효과를 말한다. 간접적 네트워크효과란 게임기의 소프트웨어 등 보완재가 많을수록 이용자의 만족도가 증대하는 효과이다. 현실적으로는 비디오게임기 사례를 포함하여 간접적인 네트워크효과는 대부분의 경우 쌍방향으로 작용하고 있다.[47]

---

45) 손영화, 전게논문("디지털 이코노미 시대의 경쟁정책의 과제"), 176-178면.
46) 岡田羊祐, "プラットフォーマーへのデータ集中と競争政策の課題", 「TASC MONTHLY」 No. 521(2019), 3面.

플랫폼 비즈니스에서는 네트워크효과가 작용한 특정 제품 및 서비스가 급성장하면서 점유율이 높아지는 경향이 있다. 즉, 승자독식(Winner-takes-all) 현상이 일어나기 쉬운 것이다. 디지털 이코노미라고 불리는 새로운 경제현상의 특성은 수확체증이 작용하는 것이다. 이것은 특정 승자에 의한 시장점유 현상을 가져온다. 실제로도, 네트워크 외부성이 큰 양면시장에서는 하나의 플랫폼이 시장을 독점하는 승자독식 현상을 볼 수 있다고 알려져 있다.

네트워크 외부성이 있으면 기능·가격면에서 뒤처져 있어도 소비자는 점유율이 높다고 하는 이유에서 해당 재화를 계속 선택한다. 이러한 효과를 잠금효과(lock in effect)라고 한다. 잠금효과가 크면 클수록 네트워크 외부성이 강하게 된다. 잠금효과를 일으키는 또 다른 원인은 전환비용(switching cost)이다. 전환비용은 이용자가 일단 이용하는 재화·용역을 선택한 후 타사의 재화·용역으로 전환할 때에 발생하는 비용이다. 전환비용이 높으면 높을수록 타사 재화·용역으로 전환하지 않게 된다. 전환비용으로 사용자는 재화·용역 사이를 이동하기 어려워지기 때문에 각 사업자의 시장에 있어서의 지위는 유지되기 쉬워진다.[48] 경쟁정책상의 관점에서 전환비용이 경쟁을 저해하고 있는지 어떤지에 대해 관심을 가져야 한다.

2. 인수 및 합병[49]

글로벌한 인터넷 관련 서비스의 급성장에 따라 수평·수직시장에 걸친 다양한 기업결합 사례가 증대되고 있다. 세계적으로 고속 인터넷망과 스마트폰이 급속히 확산되면서 온라인상 디지털 플랫폼들이 검색, 인터넷 포털, SNS, 오픈마켓 등 다양한 분

---

47) 전화는 직접적인 네트워크 효과의 혜택을 받지만 플랫폼은 간접적인 네트워크 효과의 혜택을 받는다. 그 차이점은 플랫폼 비즈니스 모델에서 목격한 기하급수적인 성장(exponential growth)의 핵심이다(Nicholas L. Johnson, What are Network Effects?, 〈https://www.applicoinc.com/blog/network-effects/〉).

48) Joseph Farrell/Paul Klemperer, Coordination and Lock-In: Competition with Switching Costs and Network Effects, UC Berkeley, 2006, p. 6.

49) 손영화, 전게논문("디지털 이코노미 시대의 경쟁정책의 과제"), 186-188면.

야에서 폭발적인 성장을 거듭하고 있다. 이들 사업자들은 어느 분야에서 사업을 시작하였든 그곳에서 확보한 대규모 고객그룹과 인프라를 바탕으로 각종 연관사업 분야에 발 빠르게 진출하고 있다. 그 과정에서 대규모 플랫폼 사업자들이 경쟁사업자나 인접시장의 혁신적 신생기업들을 잇달아 인수하면서 경쟁제한적 기업결합이 이루어질 우려도 함께 커지고 있다.[50] 특히 디지털 이코노미의 양면시장이라고 하는 특성에 비추어 플랫폼에의 기업결합의 평가방법이나 경제분석의 활용방법, 구제조치(remedies)의 타당성이 다시금 문제되고 있다.

종래 SSNIP 테스트는 무료서비스를 갖는 양면시장에서 플랫폼의 기업결합에 적용하기에 한계가 있다. 그러므로 시장확정에 있어서 가격기준뿐 아니라 혁신성 등 다른 요인에 의하여 기업결합의 경쟁제한성을 평가할 수 있는 기준마련이 필요하다고 할 것이다.[51]

독일 연방카르텔청은 Immonet/Immowelt 조인트벤처 건에서 두 기업의 조인트벤처에 따른 경쟁제한성 평가 시 간접적 네트워크효과를 고려하였다.[52] 연방카르텔청은 본건 부동산중개플랫폼시장처럼 양(+)의 쌍방향 간접적 네트워크효과가 존재하는 시장에서 시장쏠림현상이 나타날 수 있다고 우려하였다. 그러나 연방카르텔청은 해당 플랫폼의 양면에서 멀티호밍하는 추세가 상대적으로 강해 시장쏠림현상이 나타나지 않을 것이며, 본건 기업결합이 2, 3위 기업 간 조인트벤처인 만큼 간접적 네트워크효과를 통해 1위 기업의 시장지배력을 약화할 수 있을 것이라고 보았다. 또한 온라인 데이팅플랫폼 Oakley Capital/EliteMedianct 기업결합 사건[53]에서 연방카르텔청은 온

---

50) 이기종, "디지털플랫폼사업자간의 기업결합규제 ─ EU의 Facebook/WhatsApp 사건을 중심으로", 「상사판례연구」제29집 제1권(한국상사판례학회, 2016), 80면.

51) Daniel Mandrescu, Applying EU competition law to online platforms: the road ahead- Part 1 (2017) 38(8) ECLR 362; Daniel Mandrescu, Applying EU competition law to online platforms: the road ahead- Part 2 (2017) 38(9) 420; Lapo Filistrucchi et al, Market Definition in Two-Sided Markets: Theory and Practice (2014) 10(2) Journal of Competition Law & Economics 293.

52) Bundeskartellamt, Case Summary Clearance of Merger of Online Real Estate Platforms, B6-39/15, 2015. 6. 25, p. 3.

53) Bundeskartellamt, Ref. B6-57/15(2015).

라인 데이팅플랫폼에서 양(+)의 쌍방향 간접적 네트워크효과가 존재함에 따라 결합 이후 쏠림현상이 발생할 가능성이 존재하지만 멀티호밍 추세, 플랫폼 차별화, 경쟁사들 간 혁신경쟁이 활발하다는 이유로 경쟁저해성이 없다고 판단하였다.[54]

한편, 디지털 이코노미 하에서의 플랫폼시장에서는 이른바 말살매수(killer acquisitions)라고 하여 특정 시장에서 지배적 지위에 있는 기업이 미래 대체재를 공급할 가능성이 있는 기업을 매수함으로써 잠재적인 경쟁상대를 사전에 배제하는 행위가 존재한다. 이와 같은 말살매수는 미래의 경쟁이나 이노베이션, 기술혁신을 저해할 것으로 우려되고 있다.[55] 말살매수는 취득자와 매수대상자의 상품의 중복이 높고 제품시장의 경쟁이 낮을 때 그 매수동기가 더 강하게 된다.[56] 경쟁당국은 거대 플랫폼에 의한 신흥기업의 매수가 이노베이션의 싹을 자르는 행위인지에 대해서도 관심을 가지고 보지 않으면 안 되는 시대가 된 것이다.[57]

3. 배제적 행위

디지털 이코노미에 있어서의 데이터의 집적·이용은 플랫폼에 연결되지 않는 경쟁 상대를 관련시장으로부터 배제해 사용자의 선택사항을 제한할 위험이 있다. 예를 들면, Booking.com나 아마존에 의한 최혜국대우 조항(MFN: most-favored nation clause)이 경쟁자배제에 해당하는지의 여부가 문제되어 왔다. 최근의 연구는 MFN 조항이 경쟁제한 효과를 가질 가능성을 강하게 시사하고 있다.[58]

---

54) 홍동표·이선하·장보윤·이미지·권정원, "주제 1: 디지털시장의 특성과 경쟁법 적용 이론과 사례 분석", 「2018년 법·경제분석그룹(LEG) 연구보고서」, 2018. 19면.

55) Colleen Cunningham et al., Killer Acquisitions, Academy of Management Proceedings, Vol. 2018 No.1(2018. 8), pp. 1-7.

56) Ibid., p. 2, p. 4.

57) Brent Kendall et al., FTC Antitrust Probe of Facebook Scrutinizes Its Acquisitions: Regulators examining whether socialmedia giant bought companies to neutralize possible rivals, Wall Street Journal Online, 2019. 8. 1.

58) 손영화, 전게논문("디지털 이코노미 시대의 경쟁정책의 과제"). 182면.

플랫폼 비즈니스에서는 에이전시 모델(agency model)이 넓게 채용되고 있다. 에이전시 모델이란 상류기업에 소매가 결정을 맡겨 최종적으로 얻은 이익을 상류와 하류기업 간에 고정적 배분비율에 따라 분배하는 방식이다. 예를 들어 애플사의 경우 70%가 상류기업(콘텐츠업체), 30%가 대리점인 애플에 배분되고 있다.[59] 재판매가격유지(resale price maintenance: RPM)와 에이전시 모델은 얼핏 비슷한데 큰 차이짐은 계약의 주도권을 어느 쪽의 사업자가 가지는가 하는 점이다. 통상, RPM에서는 상류기업이 주도권을 가지는 것에 대해, 에이전시 모델에서는 하류의 플랫폼사업자가 계약의 주도권을 가진다. RPM에서는 이중한계성의 회피나 소매마진 확보에 의한 수요 창출 효과라고 하는 정당화 이유가 자주 지적된다. 그러나 에이전시 모델에서는 계약의 대상범위는 플랫폼측이 결정하고, 한편, 마진의 배분비율은 고정되어 있으므로, RPM의 정당화 이유는 그대로 적용되지 않는 것이다.[60]

디지털 플랫폼에 의한 단독행위에 의하여 사용자의 전환을 방해하거나 경제적혹은 기술적으로 합리적 이유 없이 사용자에 의한 멀티호밍(multihoming)을 저해하는경우에는 경쟁법상 문제가 발생할 수 있다. 경합하는 서비스가 본질적으로 같고 다른 제공자와의 계약 체결에 엄청난 비용이 드는 경우 등 소비자·사업자 사용자가 복수의 서비스를 동시에 이용하지 않고, 따라서 자연스럽게 싱글호밍이 되는 경향이 있다.[61] 이때 경쟁이 유효하게 작용하는가는 이용자의 전환이 인위적으로 방해받지 않는지의 여부와 관련된다.

---

59) Richard J. Gilbert, E-Books: A Tale of Digital Disruption, Journal of Economic Perspectives Vol. 29, No. 3(2015).

60) Amelia Fletcher/Morten Hviid, Broad Retail Price MFN Clauses: Are They RPM "At its Worst"? Antitrust Law Journal Vol. 81, No. 1(2016), p. 81.

61) René Bustillo, Analysis of competition policies in five countries of Latin America and the Caribbean and the post-pandemic recovery period, United Nations ECLAC, 2021, p. 14.

4. 가격차별행위

가격차별의 정의에는 광의와 협의가 있는데, 광의의 가격차별은 동일한 상품·용역에 대해 고객에 따라 다른 가격을 설정하는 것이다. 지금까지 전자상거래 사이트에서 가격차별이 발각된 예로서는 Staples가 사용자의 주소 및 경합 점포(Office Max, Office Depot)의 유무에 따라 같은 상품이라도 다른 가격을 매기고 있던 사례[62]와 Microsoft의 Bing Cashback이 악용된 사례[63]가 있다.

가격차별로서 보다 저명한 것은 아마존이 2000년에 실시한 DVD의 무작위 가격 테스트(random price tests)이다. 가격차이의 대부분은 몇 달러였는데, 가장 가격차이가 난 것으로 X파일스(The X-Files : The Complete Second Season)는 표시가격 149.98달러인데 사람에 따라 89.99달러이거나 104.99달러에 판매하였다.[64] 한편, 항공업계에서 오랫동안 이용되어 왔으며, 가전 소매점에서도 도입 움직임이 있는 것이 가변적 가격책정(dynamic pricing)이다. 이는 특정 시간대에 거래장소에서 접속한 사람에게만 일률적으로 제공되는 가격설정으로, 수급 균형과 경쟁자의 가격·공급 여력을 반영한 가격설정이다. 최근에는 우버의 surge pricing이 반발을 일으키고 있다. 이상의 무작위 가격

---

62) Jennifer Valentino-Devries/Jeremy Singer-Vine/Ashkan Soltani, Websites Vary Prices, Deals Based on Users' Information (2012). 월 스트리트지널(WSJ)과 같은 인기 매체에서 정밀 조사되고 있는 Staples에 의한 가격설정의 두 번째 측면은 고객의 주소, 즉, 우편번호를 기반으로 웹사이트상에서 가격을 비밀리에 맞춤화하고 있다는 점이다. 따라서 웹사이트는 특정 상품의 두 가격 중 하나, 즉 높은 가격과 낮은 가격을 다른 우편번호에서 다른 확률로 표시할지 여부를 랜덤화한다(Katja Seim/Michael Sinkinson, Mixed Pricing in Online Marketplaces, Economics, 14(2)(2016), p. 130).

63) Microsoft가 검색엔진 Bing의 점유율을 높이기 위해 Bing으로 상품 검색을 할 경우 전자상거래 사이트 판매가격에서 2~10% 정도의 캐시백을 하는 캠페인(Bing Cashback)을 벌였다. 그런데 어떤 전자상거래 사이트는 Bing을 경유한 고객에게는 758달러의 가격을, 다른 검색사이트를 경유한 고객에게는 699달러의 가격을 같은 상품에 대해 표시하고 있었다(Bountii, Negative Cashback from Bing Cashback (2009)).

64) 이커머스타임스가 아마존의 가격 실험 과정에서 실시한 가격 테스트 결과 30~40%의 할인율이 나왔다. 한 온라인 세션 동안, DVD "미션 임파서블"의 가격은 40% 할인된 17.99달러였다. 몇 시간 후, 가격은 30% 할인된 20.99달러로 올랐다(Lori Enos, Amazon Apologizes for Pricing Blunder, Commerce Times September 28, 2000).

테스트(random price tests)와 가변적 가격책정(dynamic pricing)은 모두 광의의 가격차별 정의를 충족하고 있다.

지금까지 가격차별이 발각된 사례에서는 가변적 가격책정(dynamic pricing)을 제외하고 소비자들의 반발을 샀다. 아마존의 가격 테스트는 표시가격 인하 목적으로 진행되었음에도 비판을 받았다. 따라서 가격인하 목적으로 소비자가 그룹으로 나뉘어 있는 경우에는 허용 가능한 가격차별이라고 할 수 없다. 가변적 가격책정(dynamic pricing)은 그 접속한 날짜에 따라 가격이 변동하는 것이었다. 이것이 받아들여지고 있는 전형은 신선 식료품(계절 및 시간대에 따라 변동한다)이다. 소비자에게 허용되는 가격차별이라는 것은 공급비용 차이로 설명이 붙는 가격차별이라고 볼 수 있다. 한편, 무작위 가격 테스트(random price tests)는 공급비용 차이로 설명할 수 없기 때문에 반발을 샀다.[65] 공급비용의 차이로는 설명할 수 없는 가격차가 있는 이른바 경제학에 있어서의 협의의 가격차별(경제학에서 일반적으로 지지되고 있는 정의[66])은 소비자에게 허용되지 않는 가격차별이라고 할 것이다.

소비자가 허용하고 있는 가격차별을 법으로 금지할 필요는 없다. 소비자에게 허용되지 않는 가격차별인 경우에만 법에 위반되느냐의 문제를 살펴보게 된다.[67]

빅데이터 비즈니스와의 관계에서 특히 논의되고 있는 가격차별은 고객 1인 1인에 따른 가격설정을 실시하는 것이다. 개인별 맞춤가격(Personalized pricing)이라고도

---

65) 이러한 가격 테스트를 하지 않더라도 단시간에 가격을 변동시키면 수요에 관한 정보는 얻을 수 있다(Executive Office of the President, Big Data and Differential Pricing, 2015, pp. 10-11). 덧붙여 아마존이 사이트에 표시되는 가격이 아니라 할인 쿠폰의 할인율을 고객마다 랜덤으로 바꿨다면 소비자의 반응은 달라졌을지도 모른다.

66) Hal Varian, Price Discrimination, in 1 HANDBOOK OF INDUSTRIAL ORGANIZATION(Richard Schmalensee & Robert Willig eds.), 1989, p. 598.

67) 가격차별이 빈부격차를 확대하는 것과 같은 차별이 되고 있는 경우를 생각할 수 있다. 인구가 많은 도시지역에서는 대형 점포들이 온라인 상점과 경쟁하고 있어 가격이 떨어지기 쉽다. 다른 한편으로, 빈곤자 거주구역에서는 온라인 상점밖에 선택지가 없기 때문에 같은 상품에 높은 가격을 매길 수 있다. Staples의 사례에서는 할인이 이루어지는 지역이 평균소득이 높은 지역이었다고 여겨진다. 이 가격 차이는 공급비용의 차이 및 (또는) 경쟁의 결과로서 설명 가능하며 반트러스트법에 의한 규제는 곤란할 것이다(中川晶比兒, 前揭論文("ビッグデータ・ビジネスにおける個人情報の利用と差別"), 9面).

불린다.[68] 가격차별을 규제할 수 있는 법률로 공정거래법이 있다. 공정거래법의 많은 규정은 경쟁을 제한하는 행위를 금지하고 있다. 따라서 '공정한 거래를 저해할 우려'(이하 "공정거래저해성"이라 함)가 있는 가격차별이 이루어질 경우 공정거래법이 위반될 수 있다.[69] 공정거래법상 공정거래저해성을 갖는 불공정거래행위 중에서 가격차별의 경우에는 '부당하게 거래의 상대방을 차별하여 취급하는 행위' 또는 '자기의 거래상의 지위를 부당하게 이용하여 상대방과 거래하는 행위'에 해당할 수 있다.

(1) 거래상대방 차별취급 행위에 대한 규제

소비자 대상 가격차별에 대해 한정하면,[70] 우리나라에서는 경쟁자의 경쟁력을 약화시키거나 신규 진입장벽을 높이기 위해 이루어지는 가격차별은 금지되어 왔다.[71]

---

68) 디지털 시대에 따라 판매자는 고객과 잠재고객에 관한 훨씬 더 많은 양의 데이터를 얻고, 추적하고, 분석할 수 있게 되었으며, 이 데이터가 타깃광고 메시지와 제품 선택을 제시함으로써 고객의 쇼핑경험을 맞춤화하는 데 사용될 수 있다는 우려가 제기되었다(OECD, Personalised Pricing in the Digital Era - Note by BIAC, 21 November 2018, p. 2).

69) '가격차별'은 "부당하게 거래지역 또는 거래상대방에 따라 현저하게 유리하거나 불리한 가격으로 거래하는 행위"를 의미하므로, 가격의 차별적 취급에 해당하는 모든 경우가 공정거래법 위반이 되는 것이 아니고, 거래지역이나 거래상대방에 따라 현저한 가격의 차이가 존재하고 그러한 가격의 차이가 부당하여 시장에서의 공정한 거래를 저해할 우려가 있는 경우에 성립한다고 할 것(이다)(대법원 2006. 12. 7. 선고 2004두4703 판결 참조).

70) 빅데이터 비즈니스와의 관계에서 가격차별을 포착하기 위해 소비자용 가격차별에 한정하고 있다. 사업자 대상 가격차별은 충성 리베이트나 마진 스퀴즈로서 나타난다(Roundtable on "Price Discrimination" : Note by the United States, DAF/COMP/WD(2016) 69, p. 5). 또한 차별대가나 거래거절에서도 규제될 수 있다.

71) 완전경쟁시장에서는 동일한 상품에 대해서 단 하나의 가격만이 존재한다. 그러나 동일한 상품에 대해 생산비용이 같음에도 상이한 고객에 대해 상이한 가격을 매기는 경우도 존재하는데 이를 가격차별(price discrimination)이라고 한다. 가격차별이 성립하기 위해서는 판매자가 시장지배력(market power)을 가지고 있어야 한다. 시장가격에 전혀 영향을 미칠 수 없는 완전경쟁기업은 가격차별을 시행할 수가 없다. 그러나 개별기업이 시장가격에 영향을 미칠 수 있는 시장지배력을 가지고 있다면 가격차별이 가능하다. 즉, 독점기업만 가격차별이 가능한 것이 아니라 과점기업이나 독점적 경쟁기업도 가격차별이 가능한 것이다. 교과서에서 독점시장에서 가격차별이 이루어진다고 설명하는 이유는 과점시장이나 독점적 경쟁시장에서는 개별 기업의 시장지배력에 한계가 있어 가격차별이 시장지배력이 미치는 범위 내에서 제한적으로 이루어지기 때문이다(KDI 경제정보센터, "가격차별화는 과점이나 독점적 경쟁시장에서도 있나요?", 2010. 4. 29. 〈https://eiec.kdi.re.kr/material/clickView.do?click_

원칙적으로 비용 이하의 저가격에 의하여 경쟁자를 배제하거나 시장에의 신규진입자를 저지하는 경우에는 공정거래법상 문제가 발생한다.[72] 시장에서 유력한 사업자나 상대적으로 거래상 지위가 우월한 사업자가 차별적 취급을 통해 경쟁자를 배제하거나 거래상대방을 경쟁상 현저히 불리한 지위에 빠지게 하는 경우, 공정거래법상 위법 또는 부당한 목적을 실현하는 수단으로 사용되는 경우 등 부당한 경우에는 위법이 될 수 있으며, 특히 계열사를 위한 차별적 취급의 경우 그 경쟁저해성의 정도가 크다고 보아 원칙적으로 위법으로 보고 정당한 이유가 있는 경우에만 위법성이 조각된다.[73]

(2) 거래상 지위남용에 대한 규제

개인별 맞춤가격(personalized pricing)이 기술적으로 가능하다고 해도 경쟁에 노출된 기업이라면 독점적 고가격을 매길 수 없다. 시장에서 경쟁의 수준은 개인별 맞춤가격이 경쟁과 소비자를 해칠 위험이 있는지를 보여 주는 핵심 지표가 될 수 있다.[74] 거래상 지위남용에 해당할 수 있는 것은 소비자가 다른 거래처를 선택할 수 없는 상황에서 설정되는 부당한 고가격이다.[75] 가격차별은 다른 고객에 대해서는 저가로 공급하고 있기 때문에 그쪽도 포함하여 평가해야 하는 어려움이 있다.[76] 소비자의 사업

---

yymm=201512&cidx=1212⟩).

72) 비용 이하의 가격이면 모두 약탈적 가격인가 하는 타당성 여부의 검토가 필요하다. 시장에의 신규 진입자는 진입 시에 비용 이하의 가격으로 시장점유율의 획득을 노리는 것이 통상적인데, 이를 부당하다고는 할 수 없을 것이다. 특히 전자상거래분야의 경제활동에서는 이른바 ① 네트워크효과, ② 록인효과, ③ 사실상의 표준 및 고착효과 등의 특징이 강하게 나타나므로 초기 시장진입자는 비용 이하의 판매를 해서라도 많은 고객을 확보하고자 할 것이기 때문이다(손영화, "부당염매와 약탈적 가격규제의 합리적 규제방안에 관한 연구", 「인권과 정의」 제321호(대한변호사협회, 2003), 77면).

73) 효성첨단소재, 「공정거래 자율준수 편람」, 효성첨단소재㈜, 2021, 26면.

74) Alex Schofield, Personalized Pricing in the Digital Era, 18 Competition L. J. 35, 38 (2019).

75) 시장에서 기업들 간에 효과적인 경쟁이 없는 경우(즉, 독점시장에서) 독점자는 경쟁자를 배제하거나 신규진입에 대한 장벽을 높이기 위해 (예를 들어 선택적 할인을 통한 약탈적 행동을 함으로써) 타깃 차등가격을 반경쟁적으로 사용할 수 있다(Alex Schofield, op. cit., p. 38).

76) 가격차별을 불공정거래행위로 규정하고 있는 것은 가격차별로 인하여 차별취급을 받는 자들의 경쟁력에 영향을 미치고, 경쟁자의 고객에게 유리한 조건을 제시하여 경쟁자의 고객을 빼앗는 등 경쟁자의 사업활동을 곤란하게 하거나 거래상대방을 현저하게 불리 또는 유리하게 하는 등 경쟁질서

자 전환이 쉽게 이루어지지 않는 시장 예컨대, 특정 가격비교 웹사이트 또는 온라인 시장에서 소비자의 '싱글홈(single home)'이 있는 경우 기업은 개인별 맞춤가격을 사용하여 더 높은 가격을 통해 비활동적이거나 충성도 높은 고객 기반을 식별하고 활용할 수 있다.[77] 거래상 지위남용행위로서 가격차별이 이루어지기 위해서는 당해 행위를 하는 사업자에게 ① 거래상대방에 대하여 상대적으로 우월한 거래상 지위가 존재하고, ② 그 거래상 지위의 남용행위로서 고가 판매가 이루어져야 할 것이다. 유럽에서는 독점적 기업에 의한 고가격 규제의 태도를 강화하는 경향에 있다.[78]

5. 개인정보보호

4차 산업혁명시대의 주요 자산인 개인정보의 중요성은 비단 개인정보 관련 법제의 강화 외에도 개인정보에 대한 경쟁법적 접근을 시도하는 여러 태도를 통해 확인이 가능하다.[79]

2019년 2월 7일 독일 연방카르텔청은 소셜네트워크 시장의 지배적 사업자인 페이스북이 소비자의 개인정보를 착취하는 행위로 독일경쟁법(GWB)을 위반하였다고 결정하였다.[80] 독일 연방카르텔청은 페이스북에 대해 사용자 데이터 이용에 관한 광범위한 제한을 부과했다.

연방카르텔청은 페이스북의 광범위한 개인정보의 수집·통합·이용 행위가 개인정보보호법에 위반된다는 점을 확인하면서, 이용자들의 개인정보에 대한 접근이 사

를 저해하는 것을 방지하고자 함에 그 취지가 있(다.)(대법원 2005. 12. 8. 선고 2003두5327 판결).

77) OECD, Personalised Pricing in the Digital Era - Note by the United Kingdom, 28 November 2018, p. 2.

78) Alex Schofield, op. cit., pp. 38-39.

79) 이근우, "개인정보와 공정경쟁", 법률신문 2019. 10. 7. 〈https://m.lawtimes.co.kr/Content/Opinion?serial=156215〉.

80) Bundeskartellamt, Bundeskartellamt prohibits Facebook from combining user data from different sources, 2019. 2. 7. 〈https://www.bundeskartellamt.de/SharedDocs/Meldung/EN/Pressemitteilungen/2019/07_02_2019_Facebook.html;jsessionid=A6C63999F1A0FBD79A489E90E98D10A1.1_cid362〉.

업자의 시장지위를 결정하는 데 필수적인 요소가 되는 경우에는 해당 사업자가 이용자들의 개인정보를 어떻게 취급하는지의 문제는 정보보호 규제기관뿐만 아니라 독점규제기관도 관련이 있어 이에 대한 규율이 가능하다는 입장이다. GDPR이라는 별도의 법제와 관련 규제기관이 있음에도 불구하고 개인정보에 대한 규율을 독점규제기관이 담당한 것이다.[81]

과거와 달리 이른바 제4차 산업혁명시대의 오늘날에는 AI의 발전에 따라 개인정보는 더 이상 기업과 개인 간의 단순한 사적영역에만 맡겨두어야 할 것이 아니게 되었다. 딥러닝 기술을 활용한 빅데이터의 활용이 가능하게 됨에 따라 또한 사물인터넷 등에 의한 개인정보의 상시 수집·처리·분석 등이 가능하게 됨에 따라 개인정보 등 데이터의 독점과 데이터를 이용한 경쟁제한적 행위가 가능하게 되었다. 그에 따라 이와 같은 정보에 대한 경쟁법적 접근이 필요하게 된다. 앞으로 개인정보를 처리하는 기업들은 더욱 주의하여 개인정보를 보호하며 공정거래법 침해가능성을 최소한으로 하는 경영을 실시할 필요가 있다.

---

81) 이근우, 전게자료("개인정보와 공정경쟁").

제15장　데이터와 통상협정

정찬모

(인하대학교 법학전문대학원 교수)

I. 서 론

인터넷과 디지털기술의 발전은 데이터의 국제적 유통을 획기적으로 증대시켜왔다. 국가는 인터넷 전자상거래의 확대와 데이터 유통의 자유를 한쪽으로 하고 데이터경제의 사회적 부작용 방지와 데이터 안전을 다른 쪽으로 한 저울추의 균형을 반영하여 국제협정을 체결하고 있다. 현재 데이터 통상을 규율하는 국제협정은 다양한 존재형태를 보이고 있다. 세계무역기구(World Trade Organization: WTO)의 대부분 협정은 비록 데이터 경제가 본격적으로 등장하기 이전에 체결된 것이지만 데이터 통상과 같은 새로운 교역형태도 기존의 규정으로 어떻게든 포섭하려는 경향이 있다.[1] 그러나 해석론에 의한 분쟁해결은 불확실성을 수반하는바 각국은 명시적 협정을 채택하려고 노력해 왔다.

---

* 이 글은 필자의 "디지털 통상법의 형성과정과 특징: 한국 관련 FTA를 중심으로", 「법학연구」 제25집 제2호, 인하대법학연구소, 2022. 6.를 변용한 것임을 밝힌다.

1) 디지털제품이나 서비스에 대한 분쟁에 있어 WTO 패널과 상소기구는 이러한 성향을 보였다. *European Communities — Customs Classification of Certain Computer Equipment*, WT/DS62/AB, 22 June 1998; *United States — Measures Affecting the Cross-Border Supply of Gambling and Betting Services* (이하 *US - Gambling*), WT/DS285/AB, 7 April 2005.

WTO에서 회원들은 일찍이 전자상거래 워킹그룹을 설치하였지만, 실질적으로 열매를 맺게 된 것은 자유무역협정(Free Trade Agreement: FTA)이 전자상거래 챕터를 포함하면서부터이다. 최근에는 독립된 협정의 형태를 띠는 경우도 증가하고 있다. 이하에서는 먼저 WTO에서의 논의와 판정 중에서 데이터 통상에 의미가 있는 사항을 간략히 고찰한 다음에, 한국이 체결한 FTA 가운데 현재 발효 중인 한미FTA[2]와 RCEP[3]의 전자상거래 챕터를 현행 데이터통상법으로 설명한다. 그리고 한국이 가입을 추진 중인 CPTPP[4] 전자상거래 챕터와 DEPA,[5] 한싱DPA[6]를 곧 도래가 예견되는 미래 데이터통상법으로 파악하고 상호 비교한다.

전통적으로 이 분야에서 사용되어 오던 '전자상거래'라는 용어가 근년에는 '디지털 통상', '데이터 통상'이라는 표현으로 교체되거나 구별되어 사용되는 추세에 있다. 엄밀하게 정착된 용어의 정의는 아니고 서로 중첩적으로 사용되기도 하지만, '전자상거래'가 거래의 교섭 및 체결과 같은 일부 과정만 전자적으로 이루어지고 배송과 같은 나머지 과정은 물리적으로 이루어지는 것이 대세인 환경에서 사용되었다면, '데이터 통상'은 배송을 포함한 거래의 모든 과정이 전자적으로 이루어지는 경우에 사용되며, '디지털 통상'은 이 양 측면을 모두 포괄하는 표현으로 사용하는 것이 일반적이다.

II. WTO에서의 전자상거래 논의

현행 WTO협정문을 탄생시킨 우루과이라운드 협상이 진행된 1980년대 후반에

---

2) Korea-US Free Trade Agreement, 2007 서명, 2012 발효.

3) 역내포괄적경제동반자협정(Regional Comprehensive Economic Partnership Agreement) 한, 중, 일, ASEAN 각국을 비롯한 15개국이 원체약국.

4) 포괄적·점진적 환태평양 경제 동반자 협정(Comprehensive and Progressive Agreement for Trans-Pacific Partnership). 일본, 호주, 캐나다 등 11개국이 원체약국.

5) 디지털경제동반자협정(Digital Economy Partnership Agreement). 싱가포르, 칠레, 뉴질랜드가 원체약국.

6) 한국-싱가포르 디지털동반자협정(Korea-Singapore Digital Partnership Agreement). 2021.12.15. 협상타결이 선언되었다.

서 1990년대 초반은 아직 인터넷이 상용화되기 이전이므로 협정문에는 데이터 통상에 직접적으로 관련된 규정은 존재하지 않으며 서비스양허에 부가통신이나 EDI(전자데이터교환) 정도가 언급되었을 뿐이다. 그러나 WTO가 출범한 1995년 직후부터 전자상거래가 확산되었으며 이에 1998년 WTO 전자상거래작업반이 설치되게 되었다. 동 작업반은 전자적 전송물(즉, 데이터 국제거래)의 분류문제와 전자적 전송물에 대한 관세부과 여부 등을 논의하였다. 분류문제는 전자적 전송물을 상품으로 볼 것이냐 서비스로 볼 것이냐 아니면 제3의 고유한 영역으로 볼 것이냐 하는 문제로서 상품무역 자유화가 서비스무역 자유화보다 많이 진행된 현 상황에서 미국 등 데이터거래 강국은 전자적 전송물을 상품으로 볼 것을 주장함에 비하여, 유럽이나 개도국들은 이에 반대하는 입장이 대립하여 아직 타협점을 발견하지 못하고 있다. 만약 전자적 전송을 상품도 서비스도 아닌 지금까지 규율되지 않은 제3의 교역형태라고 본다면 내국민대우원칙에 대한 제한뿐만 아니라 최혜국대우원칙에 대한 제한도 가능하게 되며 비차별원칙을 원점에서부터 다시 생각하게 된다. 관세부과와 관련해서는 전자적 전송물에 대해서 한시적으로 관세를 부과하지 않는다는 선언이 1998년 채택되어 이후 2년마다 갱신되고 있으나 항구적 무관세에 대해서는 개도국들의 반대로 합의하지 못하고 있다.[7]

　　한편, WTO분쟁해결기구도 데이터 통상에 함의가 있는 패널과 상소기구 보고서를 몇 건 채택하였다. 예컨대, 「미국-인터넷 도박 규제」 사건에서 상소기구는 미국의 레크리에이션 서비스 양허는 인터넷을 통한 도박서비스 제공도 일부 포함하는 것으로 해석하였다.[8] 이어서 「중국-시청각물」 사건에서는 과거와 현재의 서비스의 차이가 단지 전달기술의 차이일 뿐이라면 이러한 경우 WTO법의 적용범위에 속하는지는 '물리적 매개체'가 아닌 '콘텐츠의 속성'을 살펴야 한다고 설시하였다.[9] 다만 인터

---

7) 인도 및 남아프리카공화국 등은 관세수입 감소에 대한 우려로 전자적 전송물 무관세를 재검토할 것을 요구하고 있다.

8) *US - Gambling,* Panel Report, 10 Nov. 2004; AB Report, 7 Apr. 2005.

9) *China - Measures Affecting Trading Rights and Distribution Services for Certain Publications and Audiovisual Entertainment Products*, WT/DS363, Panel Report 12 Aug. 2009, AB Report 21 Dec. 2009.

넷을 통한 양허서비스 제공도 종래의 서비스 제공방식과의 기술 중립성(technological neutrality)에 따라 양허범위에 포함된다는 것을 WTO법 일반원칙으로 인정했다기보다는 해당 사건의 구체적 사실관계에 따른 양허의 해석임을 분명히 했다.[10]

판례를 통한 꾸준한 법형성과는 달리 전자상거래 작업반의 진도가 정체에 빠지자 2017년 WTO 제11차 각료회의에서 71개 회원은 '전자상거래 공동선언'[11]을 채택하여 논의의 범위를 데이터 통상 전반으로 확대하며 작업에 박차를 가하도록 촉구하면서 전자상거래 협상의도를 분명히 하였다.

이상 WTO에서의 판례형성과 입법적 논의를 간략하게 요약하였다. 그 성과는 없어져 버린 것이 아니라 WTO법의 유산(acquis)으로 현재에도 남아 있다. 세간의 관심에서 잠시 멀어졌을 뿐이다.

III. FTA에서 데이터 이슈의 증가

한미FTA는 2007년 본협정이 서명되어 2012년 발효하였으며 이후 추가협상이 있었으나 전자상거래 챕터에는 변화가 없었다. RCEP은 2020년 서명되어 2022. 2. 발효하였다. 한미FTA에서부터 한국이 조만간 가입할 것이 예상되는 CPTPP와 DEPA, 그리고 타결되어 서명을 앞두고 있는 한싱DPA에 이르기까지 디지털 통상협정의 내용이 꾸준히 증가한 것은 이래의 표에서 확연히 드러난다. 한미FTA, RCEP, CPTPP에서 전자상거래 관련 규정은 자유무역협정의 한 챕터를 구성한 것이었음에 비하여, DEPA는 표현상 "전자상거래"를 "디지털 경제"로 대체하면서 챕터가 아니라 독립 협정으로 체결되게 되었다. 그 결과 DEPA는 모듈(Module)아래 조문(Article)이 들어가는 형식을 취하였다.[12] 한편, 한싱DPA는 독립적으로 협상한 결과물이지만 이로써 기존 한싱

---

10) *US - Gambling*, Panel Report, paras. 6.285 and 6.287; *China - Publications and Audiovisual Products*, Panel Report, paras. 7.1256-7.1258.

11) Joint Initiative on E-commerce, December 2017.

12) 따라서 〈표 15-1〉의 숫자는 DEPA의 경우에는 모듈번호이고 나머지 협정의 경우에는 조문번호이

FTA 전자상거래 챕터를 교체하였다.

〈표 15-1〉 FTA 전자상거래 챕터와 디지털동반자협정의 구성 비교

한미FTA	RCEP	CPTPP	DEPA	한싱DPA
1. 일반규정	1. 정의	1. 정의	1. 일반규정	1. 정의
2. 서비스의 전자적 공급	2. 원칙 및 목적	2. 범위와 일반규정	2. 무역원활화: 종이없는 무역, 전자거래법체계, 물류, 전자송장, 특송화물, 전자지급	2. 적용범위
3. 디지털제품	3. 적용범위	3. 무관세	3. 디지털상품: 무관세, 비차별, 암호제품	3. 정보의 공개 4. 정보공유
4. 전자인증 및 서명	4. 협력	4. 비차별	4. 데이터이슈: 개인정보보호, 국경간 정보이동, 컴퓨팅 설비의 위치	5. 관세 6. 디지털제품의 비차별 대우 33. 협력 34. 대화
5. 온라인소비자 보호	5. 종이 없는 무역	5. 전자거래법체계	5. 신뢰: 사이버보안, 안전	7. 국내 전자거래체계 22. 사이버보안 협력
6. 종이 없는 무역	6. 전자인증 및 서명	6. 전자인증 및 서명	6. 소비자: 스팸 메시지, 온라인 소비자 보호, 인터넷 접근 및 이용	8 전자인증 및 서명 20. 스팸 21. 온라인 소비자 보호
7. 인터넷 접근 및 이용권	7. 온라인 소비자 보호	7. 온라인 소비자 보호	7. 디지털 신원확인	9. 물류 10. 전자송장 30. 디지털 신원확인
8. 국경 간 정보 흐름	8. 온라인개인 정보보호	8. 개인정보 보호	8. 신기술: 핀테크, 인공지능, 정부조달, 경쟁정책	11. 전자 지급 27. 디지털 경쟁정책 28. 인공지능 29. 핀테크

다. 밑줄은 새롭게 도입된, 주목되는 규정에 대한 필자의 주관적 강조이다.

한미FTA	RCEP	CPTPP	DEPA	한싱DPA
9. 정의	9. 스팸 광고 메시지	9. 종이 없는 무역	9. 혁신: 공공도메인, 데이터 혁신 공개 정부 데이터	12 종이 없는 무역 25. 데이터 혁신 26. 공개 정부 데이터
	10. 전자거래법 체계	10. 인터넷 접근 및 이용권	10. 중소기업관련 정부교류와 대화	13. 특송화물 32. 중소기업
	11. 무관세	11. 국경 간 정보이전	11. 디지털포용성	14. 전자적 수단에 의한 국경 간 정보 전송
	12. 투명성	12. 인터넷 접속료	12. 공동위원회와 연락책	15. 컴퓨터 설비의 위치
	13. 사이버보안 협력	13. 컴퓨팅 설비의 위치	13. 투명성	16. 금융서비스를 위한 컴퓨터 설비의 위치
	14. 컴퓨팅 설비의 위치	14. 스팸 광고 메시지	14. 분쟁해결: 협의, 조정, 중재	17. 개인정보 보호
	15. 국경 간 정보이전	15. 협력	15. 예외	18. 암호기술제품 19. 소스코드
	16. 대화	16. 사이버보안	16. 최종규정: 발효, 개정, 탈퇴	23. 온라인 안전 및 보안
	17. 분쟁해결	17. 소스코드		24. 전자상거래를 위한 인터넷 접근 및 이용에 관한 원칙
		18. 분쟁해결		31. 표준, 기술규정 및 적합성 평가절차

협정이 서명된 시점을 기준으로 하면 CPTPP는 2018년 서명·발효하였으며, DEPA는 2020년 서명과 발효하여 RCEP보다 앞선다. 다만 RCEP은 2012년부터 10년 가까이 협상을 하면서 최근의 동향을 일부 반영하고 있을 뿐 큰 틀은 DEPA 이전에 확립되었으며 그 규범의 무역자유화 수준도 CPTPP 마이너스라고 할 것이다. 반면

DEPA는 2019년 협상을 시작하여 속전속결로 타결되었으며 CPTPP 플러스를 지향하는 신세대 디지털 통상협정의 모델이라고 할 것이다.

IV. 현행법: 한미FTA와 RCEP

두 협정에 공통되는 내용과 특징적인 내용을 나누어서 데이터의 국제거래에 적용되는 현행 통상법규의 내용을 일별한다. 여기서 공통내용은 단지 한미FTA와 RCEP에 공통될 뿐만 아니라 곧 도래할 법으로 예견되는 CPTPP, DEPA, 한싱DPA의 기초를 이룬다고 할 것이다. 또한 '특징적'이라 하여 그 협정에만 있다는 의미가 아니며 시기적으로 그 협정에 먼저 나타났다는 의미로 이후의 협정은 기존 협정의 새로운 내용을 누적적으로 반영하는 것이 일반적이다.

1. 공통내용

(1) 전자적 전송물의 분류와 무관세 약속

WTO에서 전자적 전송물의 분류와 관련하여 종래의 서비스는 전자적으로 제공되어도 서비스이고 종래의 상품은 전자적으로 전달되어도 상품이라고 판단되고 있으나 종래 존재하지 않던 새로운 형태의 전자적 전송물의 경우와 같이 그 구분이 어려운 새로운 데이터 무역이 증가하고 있다. 이 논란이 언제 종결될지 예측하기 어렵다는 점, 전자적 전송물에 대한 관세 징수상의 행정적 어려움, 데이터무역을 활성화할 필요성 등이 배경이 되어 순수하게 데이터만 오가는 무역에 대해서 잠정적 무관세를 적용해 오고 있다. FTA협정은 체약당사자 간에 이를 항구적 무관세로 확정하고 있다. 한미FTA에서는 제15.3조에서 '디지털제품'이라는 표제하에 디지털제품에 대한 무관세를 규정하고 있음에 비하여 RCEP은 제12.11조에서 '관세'라는 표제하에 무관세를 규정하고 있다.

(2) 비차별

한미FTA 제15.3조(디지털 제품) 제2항과 제3항은 다음과 같이 규정한다.

2. 어떠한 당사국도 일부 디지털제품에 대하여 다른 동종의 디지털제품에 부여하는 것보다 불리한 대우를 다음의 경우 부여할 수 없다.

  가. 다음을 근거로 하는 경우

  1) 불리한 대우를 받는 디지털제품이 다른 쪽 당사국의 영역에서 창작·제작·발행·저장·전송·계약·발주 또는 상업적 조건으로 최초로 이용가능하게 된 것, 또는

  2) 그러한 디지털제품의 저작자·실연자·제작자·개발자·배포자 또는 소유자가 다른 쪽 당사국의 인인 것, 또는

  나. 자국 영역에서 창작·제작·발행·저장·전송·계약·발주 또는 상업적 조건으로 최초로 이용가능하게 된 다른 동종의 디지털제품을 달리 보호하기 위한 목적인 경우

3. 어떠한 당사국도

  가. 비당사국의 영역에서 창작·제작·발행·계약·발주 또는 상업적 조건으로 최초로 이용가능하게 된 동종의 디지털제품에 부여하는 것보다 다른 쪽 당사국의 영역에서 창작·제작·발행·계약·발주 또는 상업적 조건으로 최초로 이용가능하게 된 디지털제품에 불리한 대우를 부여할 수 없다. 또는

  나. 저작자·실연자·제작자·개발자·배포자 또는 소유자가 비당사국의 인인 동종의 디지털제품에 부여하는 것보다 저작자·실연자·제작자·개발자·배포자 또는 소유자가 다른 쪽 당사국의 인인 디지털제품에 불리한 대우를 부여할 수 없다.

여기서 제2항은 내국민대우원칙을 규정하고 제3항은 최혜국대우원칙을 규정한

것이다. 동조 제4항 내지 제6항은 허용된 비합치조치, 정부지원 및 방송과 관련한 예외를 인정하였다.

RCEP에서는 서비스챕터나 투자챕터상 의무에 대한 언급을 통하여 간접적으로 비차별 원칙이 적용되어 디지털 상품교역에 있어 비차별 원칙의 적용여부 및 그 범위에 모호함이 남아 있다.[13] CPTPP는 "디지털 제품 비차별"(Non-Discriminatory Treatment of Digital Products)이라는 제호의 규정을 통해서 다른 회원국에서 생산, 계약, 출시되었거나 타 회원국의 인이 권리를 갖는 디지털 제품에 대하여 동종의 다른 디지털 제품보다 불리하지 않은 대우를 하여야 한다고 내국민대우와 최혜국대우를 통합하는 방식으로 비차별 원칙을 규정하였다.[14] 일정한 예외를 인정하는 점은 한미FTA를 포함한 이전 협정과 동일하다.[15]

(3) 종이 없는 무역, 전자인증 및 서명

두 협정 모두 전자적으로 제출된 무역행정문서를 종이 형태의 무역행정문서와 법적으로 동등한 것으로 수용하도록 노력할 것을 규정한다.[16] 당사국은 또한 서명과 인증이 전자적 형태로 되어 있다는 이유만으로 법적 효력을 부인하지 않으며, 전자상거래 당사자가 적절한 전자서명과 인증 방법을 결정할 수 있도록 하고, 자신의 전자인증이 법적 요건을 준수하고 있다는 것을 입증할 수 있는 기회를 갖도록 해야 한다. 당사국은 특정한 범주의 거래에 대하여 인증의 방법이 일정한 성능 기준을 충족하거나 그 당사국의 법에 따라 지정된 기관에 의하여 증명될 것을 요구할 수 있다. 다만, 그 요건은 정당한 정부 목적에 기여하여야 하고, 그 목적의 달성과 실질적으로 연관되어야 한다.[17]

---

13) RCEP 제12.3조 제5항.
14) CPTPP 제14.4조.
15) 동조 제2항 내지 제4항.
16) 한미FTA 제15.6조, RCEP 제12.5조.
17) 한미FTA 제15.4조, RCEP 제12.6조.

(4) 온라인 소비자보호

온라인 소비자보호와 관련하여 두 협정 모두 전자상거래에서 투명하고 효과적인 소비자 보호 조치를 채택하고 유지하는 것이 중요함을 인정한다.[18] 문언의 형태가 한미FTA에서는 선언적이었지만, RCEP에서는 전자상거래를 사용하는 소비자에게 현실적으로나 잠재적으로 피해를 초래하는 사기·오도적인 관행으로부터 소비자를 보호하기 위한 법 또는 규정을 채택하거나 유지하고 소비자의 권리구제 방법 및 기업의 의무준수 방법을 포함한 전자상거래 소비자 보호 관련 정보를 공표할 것을 의무사항으로 규정한다.[19] 온라인 소비자보호의 중요성이 증대된 것을 반영하고 있다고 이해되며 당사국간 이해가 갈리는 부분이 아니기에 실질적 차이라고는 보이지 않는다.[20]

(5) 국경 간 정보이전

데이터의 국제이동이 정보통신기술의 발전과 함께 급격하게 증대되고 있다.[21] 국제거래에는 필연적으로 고객데이터, 거래내역데이터, 결제데이터가 수반되어 생성되므로 상품이나 서비스뿐만 아니라 이들 데이터도 국제적으로 이동한다. 글로벌 클라우드 서비스를 이용하는 개인과 사업자는 자신의 데이터가 지리적으로 어디에 존재하는지 더 이상 크게 개의치 않는다. 안전성이 보장되고 원하는 때 편리하게 사용할 수 있으면 족하다. 데이터를 단순 조회하는 경우에도 국제적 데이터 이동이 발생할 수 있다. 이와 같이 데이터의 자유로운 이동은 현대인이 경제, 사회생활을 영위하기 위한 필수적 전제조건이다. 따라서 한편으로는 이러한 데이터의 자유이동을 촉진하고 다른 한편으로는 데이터 거래의 안전을 도모하는 데에 법이 중요한 역할을 한다.

한미FTA는 무역을 원활히 함에 있어 정보의 자유로운 흐름의 중요성을 인정하고 국경 간 전자 정보 흐름에 불필요한 장벽을 부과하거나 유지하는 것을 자제하도록 노

---

18) 한미FTA 제15.5조, RCEP 제12.7조.
19) RCEP 제12.7조 제2항, 제4항.
20) 한국은 2002년 전자상거래 등에서의 소비자보호에 관한 법률을 제정하였다.
21) 매 10년 45배의 성장을 하는 것으로 보고된다. OECD, *Trade and Cross-Border Data Flows*, 2019.

력한다는 선언적 규정을 두었다.[22)]

RCEP은 전자적 수단에 의한 정보의 국경 간 이전이 적용대상인의 사업을 수행하기 위한 것인 경우 그러한 행위를 금지하지 않을 것을 약속하였다.[23)] 그런데 그 규정의 앞뒤로 조건이 설정되어 있다. 즉, 바로 전항은 국가의 규제적 권한을 인정하고 있으며, 바로 뒤항은 당사국이 정당한 공공정책 목표의 달성 및 필수적인 안보이익 보호를 위해 필요하다고 여기는 조치를 취할 권한이 금지되지 않는다고 선언한다. 한편으로는 한미FTA의 일반적이고 모호한 규정이 훨씬 구체화되었다고 할 것이지만 다른 한편으로는 지나치게 조치 시행국의 주관적 판단을 우위에 두는 입장에 경도된 느낌이다. 이에 대비되는 CPTPP의 관련 규정은 후에 상술한다.

2. 협정별 특징적 내용

(1) 한미FTA

가. 전달매체에 고정된 디지털제품 관세면제

한미FTA의 경우 관세미부과 대상이 전자적 전송물에 한정되지 않고 전달매체에 고정된 디지털제품(즉, 데이터 상품)도 관세미부과의 대상임을 밝히고 있음에 반하여 RCEP에는 이에 상응하는 규정이 없다. 이는 한국, 미국과 같이 정보기술협정(Information Technology Agreement: ITA)의 당사국인 경우 그 효과에 의해서 디지털 상품에 무관세를 적용하는 것이 의무이지만 캄보디아, 브루나이, 미얀마 같은 일부 아세안 국가가 ITA를 아직 수용하지 않았기 때문에 디지털 상품무역에 관한 무관세가 RCEP에는 반영되지 않은 것으로 보인다.[24)]

---

22) RCEP 제12.8조.
23) RCEP 제12.15조. 캄보디아, 라오스, 베트남이 유예기간을 인정받았다.
24) 라오스는 2022.1부터 ITA에 참여하고 있다.

나. 인터넷 접근 및 이용권

한미FTA는 '전자상거래를 위한 인터넷 접근 및 이용에 관한 원칙'이라는 제목하에 ① 이용자가 그 당사국의 법에 의하여 금지되지 아니하는 한, 자신이 선택한 서비스 및 디지털제품에 대하여 접근 및 사용이 가능해야 하고, ② 법 집행상의 필요를 조건으로, 자신이 선택한 응용프로그램 및 서비스를 실행하는 것이 허용되어야 하고, ③ 네트워크에 위해를 가하지 아니하고 그 당사국의 법에 의하여 금지되지 아니하는 한, 자신이 선택한 장치를 인터넷에 연결 가능해야 하고, ④ 네트워크 제공자, 응용프로그램 및 서비스 제공자, 그리고 콘텐츠 제공자 간의 경쟁으로부터 혜택을 볼 수 있어야 한다고 규정하였다.[25]

미국에서 망 중립성 원칙은 오래된 논쟁을 거치면서 정권의 정치경제적 이념에 따라 부침을 반복하였다. 한미FTA의 인터넷 접근 및 이용 규정은 망 중립성 원칙의 만조기(滿潮期)를 보여 준다.[26]

(2) RCEP

가. 협력과 대화

RCEP이 전자상거래 분야에서의 협력(제12.4조)과 대화(제12.6조)를 강조하는 것도 주목된다. 일반적 협력강화 규정에 이어서 온라인 소비자 보호(제12.7조), 사이버 보안(제12.13조)과 같이 특정 분야에서의 협력을 재차 언급하였다. 이는 CPTPP와 DEPA에도 있는 규정이므로 현대적 조류를 반영한 것으로도 볼 수 있다. 그래도 CPTPP까지는 당사국 간 무역자유화 의무를 교환하는 것에 중점을 두는 방식으로 디지털 통상협정이 이루어졌으나 RCEP 이후 권리의무의 창설보다는 협력과 대화의 프레임워크를 만드는 것으로 디지털 통상협정의 중심이 변화했다고 느껴진다. 아시아적 가치가 반

---

25) 한미FTA 제15.7조.

26) 미국에서는 오바마정부 후반기에야 망 중립성 원칙의 법적 지위가 확립되었으며 그나마 트럼프가 집권하면서 폐기되었는데 대외적인 무역협정에서 먼저 이를 관철한 점이 아이러니하다.

영된 것으로 볼 수도 있을 것이며 그 영향이 어떻게 나타날지 주목된다.

나. 개인정보보호

개인정보보호와 관련하여 한미FTA에서는 '정보의 국경 간 흐름'을 규정하면서 개인정보보호의 중요성을 인정한다고 지나치듯 언급했음에 반하여[27] RCEP은 별도의 조문으로 전자상거래 사용자의 개인정보의 보호를 보장하는 법적 틀을 채택하거나 유지하고 그 과정에서 국제기구나 국제기관의 국제표준, 원칙, 지침 그리고 기준을 고려할 것을 규정하였다.[28]

다. 스팸 광고 메시지

RCEP은 스팸 광고 메시지와 관련하여 발송자가 수신을 거부할 수신자의 능력을 제고하고, 수신인의 동의를 받도록 하며, 요청 없는 광고 메시지를 최소화하도록 조치를 취할 것을 의무화하면서 필요한 조치를 취하지 않는 사업자의 책임을 물을 수 있는 구제책을 마련하도록 하였다.[29]

라. 전자거래 국내법 체계

RCEP에서 각 당사자는 「1996년 유엔국제상거래법위원회 전자상거래 모델법(UNCITRAL Model Law on Electronic Commerce)」, 2005년 11월 23일 뉴욕에서 채택된 「국제계약의 전자통신 이용에 관한 유엔협약(United Nations Convention on the Use of Electronic Communications in International Contracts)」, 또는 전자상거래에 관련된 그 밖의 적용 가능한 국제협약 및 모델법을 고려하여, 전자거래를 규율하는 법적 틀을 채택하거나 유지하도록 하며, 전자거래에 대한 모든 불필요한 규제적 부담을 피하기 위하여 노력하기로 하였다.[30]

---

27) 한미FTA 제15.8조.
28) RCEP 제12.8조.
29) RCEP 제12.9조.
30) RCEP 제12.10조.

이들 국제문서들은 기본원칙으로 전자통신과 종이문서 간의 비차별, 기술 중립성, 기능적 등가성(functional equivalence)을 선언하였으며 앞서 언급한 전자서명 및 전자인증을 포함한 전자적 의사표시의 효력, 전자적 의사표시의 발신 및 수신 시점 및 장소, 온라인에서 판매제품 게시에 대해 청약의 유인 효과 부여, 입력오류에 대한 구제, 당사자 자치 등을 규정하고 있다. 따라서 종이 없는 무역, 전자서명 및 전자인증과는 별도로 전자거래 국내법 체계 조항을 두는 것은 종이 없는 무역 규정의 선언적 의의, 전자서명 및 전자인증 규정의 강한 구속력, 국내법 체계 규정의 적용범위가 개방형으로 열려있는 점 등을 고려한 것으로 보인다. 한국을 비롯한 세계 각국이 UNCITRAL 모델법을 기초로 전자거래, 전자서명과 관련한 국내법을 제정하였다.[31]

마. 투명성

RCEP 투명성 조항은 각 당사자가 일반적으로 적용되는 모든 전자거래 관련조치를 실행 가능한 경우 인터넷을 포함하여, 가능한 신속하게 발간하거나 그것이 실행 가능하지 않은 경우 달리 공개적으로 이용 가능하도록 할 것을 규정한다.[32]

바. 컴퓨터 설비의 위치

속칭 "데이터 현지화"(data localization)를 위하여 데이터 처리와 보관을 자국 내에서 하고 외국으로 이전하지 못하도록 하는 조치를 취하는 국가가 적지 않다. RCEP은 컴퓨터 설비의 위치와 관련하여 한편으로는 각 당사자가 통신의 보안 및 기밀성을 보장하기 위한 요건을 포함하여 컴퓨터 설비의 사용 또는 위치에 관한 자신만의 조치를 가질 수 있다는 것을 인정하면서도[33] 다른 한편으로는 사업을 수행하는 조건으로 적용대상인에게 자신의 영역에서 컴퓨터 설비를 사용하거나 둘 것을 요구하지 않을 것을 규정하고 있다.[34] 이 일견 모순되는 두 원칙 선언의 조화를 위하여 RCEP은 이어

---

31) 한국은 전자거래기본법(현, 전자문서 및 전자거래 기본법), 전자서명법을 1999년 제정하였다.
32) RCEP 제12.12조.
33) RCEP 제12.14조 제1항.
34) RCEP 제12.14조 제2항.

서 정당한 공공정책 목표를 달성하기 위하여 당사자가 필요하다고 여기는 조치는 자의적이거나 부당한 차별 또는 무역에 대한 위장된 제한 수단을 구성하게 될 방식으로 적용되지 않는 한 위 원칙을 위반하지 않으며, 필수적인 안보 이익 보호를 위하여 그 당사자가 필요하다고 여기는 모든 조치는 금지되지 않으며 다른 당사자들에 의하여 분쟁의 대상이 되지 않음을 명백히 하고 있다.[35]

사. 분쟁해결규정 적용배제

한미FTA 전자상거래 장에는 분쟁해결에 대한 특칙이 없이 일반 분쟁해결규정(제22장)의 적용을 받는다. 반면에 RCEP은 일단 일반 분쟁해결규정(제19장)의 적용을 배제하고 추후의 검토를 거쳐서 합의한 국가 간에만 일반 분쟁해결규정을 적용하기로 하였다.[36] 이 또한 소송에 의한 분쟁해결보다는 협의와 조정을 중시하는 아시아적 가치의 반영이 아닌가 한다. 반면에 앵글로색슨적 정서가 주도한 CPTPP는 일부 개도국에 대해 특정조항의 이행과 관련하여 짧은 유예기간을 인정할 뿐 일반 분쟁해결규정의 적용을 받도록 하고 있다.

V. 도래가 예견되는 법: CPTPP, DEPA, 한싱DPA

1. CPTPP

(1) 인터넷 접근 및 이용권의 축소

CPTPP는 한미FTA의 인터넷 접근 및 이용권 규정에서 경쟁혜택 향유권과 응용서비스 실행권을 삭제하는 대신 이용자가 네트워크사업자의 네트워크 운용실태에 대한

---

35) RCEP 제12.14조 제3항.
36) RCEP 제12.17조.

정보에 접근할 수 있어야 함을 추가로 확인하였다.[37] 추가된 부분이 바람직함에는 이견이 없으나, 삭제된 부분은 구글, 애플 등 글로벌 플랫폼으로 자리 잡은 자국 업체들의 이해관계를 반영하여 미국이 정책을 변경한 것으로 판단된다. 이러한 글로벌 플랫폼을 갖지 못한 한국 입장에서는 이를 유지하는 한편 플랫폼에의 접근 및 이용권으로 확장 가능성을 검토할 필요가 있다.

(2) 인터넷 접속료

CPTPP는 인터넷접속을 원하는 공급자는 타 회원국의 공급자와 상업적 기반으로 협상할 수 있도록 할 것을 규정한다. 설비의 설치, 운영, 유지비의 보상 등이 협상의 대상이 될 수 있다.[38]

최근 국내통신사인 SK브로드밴드와 넷플릭스 간의 인터넷망 사용료 분쟁이 한국과 미국 간의 통상법분쟁으로 비화할 조짐을 보이고 있다.[39] 한국이 콘텐츠사업자에게 인터넷망 유지비용을 분담케 하는 입법을 단행하거나, 규제 당국이나 법원이 SK브로드밴드에게 유리한 결정을 하는 경우 한미FTA 전자상거래 챕터의 인터넷 접근 및 이용권 규정을 근거로 미국무역대표부가 이의를 제기할 가능성이 점쳐진다. 한미FTA는 CPTPP와 달리 인터넷 접속료에 관한 규정이 없으나 그렇다고 무료 접속을 전제했다고 보기는 어렵고 CPTPP와 같이 상업적 협상의 대상이라는 인식이 기저에 있었다고 생각된다. 망사업자 간의 상호접속뿐만 아니라 망사업자와 콘텐츠사업자 간의 관계에 있어서도 무료전송을 보장받을 권리가 콘텐츠사업자에게 인정되는 것으로 전제되었다고 보기 어렵다.[40]

---

37) CPTPP 제14.10조.

38) CPTPP 제14.12조.

39) 최진홍, "SKB-넷플릭스 분쟁, 한미 통상분쟁으로 번지나", 이코노믹리뷰, 2022. 4. 21. 〈https://www.econovill.com/news/articleView.html?idxno=573040〉

40) 콘텐츠업체들은 망사업자와 이용자 간의 관계에서 전송비용을 처리하는 것이 관행이었다고 주장하나 이는 다수의 비기업적 이용자가 프로슈머로서 콘텐츠를 제공하던 시장구조를 배경으로 발생한 것이기에 현재와 같이 대규모 콘텐츠업체가 지배하는 시장구조에서도 타당하다고는 할 수 없다.

(3) 정보유통 제한과 데이터 현지화 조치에 있어 과잉금지의 원칙

앞에서 살폈듯이 RCEP이 정보유통 제한과 데이터 현지화 조치의 필요성을 판단함에 있어서 조치시행국의 주관적 판단에 의존하는 문언으로 규정되었음에 비하여[41] CPTPP는 필요성의 객관적 판단과 조치시행에 있어 과잉금지원칙을 규정하고 있어서 RCEP보다 요건이 엄격하다.[42] 데이터 현지화 조치에 관한 규정(제14.13조)도 동일한 구조이기에 국경 간 정보이전과 그 제한에 관한 규정만 아래 인용한다.

> 제14.11조: 전자적 수단에 의한 정보의 국경 간 이전
>
> 1. 체약국단은 각 당사국이 전자적 수단에 의한 정보의 이전과 관련하여 고유한 규제적 요건을 설정할 수 있음을 인정한다.
> 2. 각 당사국은 전자적 수단에 의한 정보의 국경 간 이전이 이 협정 대상인의 영업수행을 위한 활동인 경우에는 이를 허용하여야 한다.
> 3. 이 조항의 어떤 내용도 당사국이 정당한 공공 정책 목적을 달성하기 위하여 제2항과 일치하지 않는 조치를 채택하거나 유지하는 것을 금지하지 않는다. 다만 그 조치는 다음의 요건을 충족해야 한다.
>   (a) 자의적이거나 정당화될 수 없는 차별 또는 무역에 대한 위장된 제한의 수단이 되는 방식으로 적용되지 않을 것; 그리고
>   (b) 당해 목적의 달성을 위하여 요구되는 것보다 정보 이전에의 제약이 더 크지 않을 것.

(4) 소스코드

CPTPP는 당사국이 소프트웨어 수입, 판매 등의 조건으로 소스코드의 공개를 요구하지 않도록 규정한다.[43] 소스코드 공개를 요구하는 이유는 외국 업체가 프로그

---

41) RCEP 제12.14조, 제12.15조.
42) CPTPP 제14.11조, 제14.13조.

램에 백도어를 심어서 국가 안보와 개인 프라이버시에 위협이 되는 것을 방지한다는 명목이다. 중국 당국이 안전심사, 인증 등의 명목으로 이와 같이 소스코드를 요구한다는 보도가 있다.[44] 이런 차원에서 일반판매용 소프트웨어의 경우에 소스코드 공개 요구가 금지될 뿐 주요기반설비에 사용되는 소프트웨어는 여기에 포함되지 않는다.[45] 또한 상업적 계약의 조건으로 소스코드 제공을 요구하거나 국가가 법규의 준수를 위해 소스코드의 변경을 요구하는 것은 금지되지 않는다.[46] 수입·투자 허가를 빌미로 소프트웨어에 포함된 특허나 영업비밀을 갈취하는 것을 방지하는 데에 의의가 있다.

2. DEPA

(1) 독립 디지털통상협정

앞서 언급한 대로 WTO 2017년 제11차 각료회의는 디지털 통상에 관한 협상을 시작하도록 공동선언을 채택하였으며 2022. 5. 현재 86개 WTO회원이 이 협상에 참가하고 있다.[47] 다만 164개 회원으로 구성된 WTO에서의 작업은 곳곳에 난관이 도사리고 있으며 아무리 속도를 낸다고 하더라도 적지 않은 시간이 걸리는데 코로나사태까지 겹쳐서 진척이 더디었다. 이에 디지털 통상 논의에 적극적인 몇몇 회원들은 WTO에서의 논의와 병행하여 FTA의 한 챕터 혹은 독립한 디지털통상협정이라는 형식으로 이 분야에서 선도적 규범을 정립해 나가고 있다. 특히 독립 디지털통상협정은 빠른 협상타결이 가능하여 최근 한국을 비롯한 다수 국가가 관심을 표명하면서 새로운 국제적 조류가 되고 있다. DEPA는 최초로 체결된 독립 디지털통상협정으로 싱가포르, 뉴질랜드, 칠레 3국 간 협정으로 출범하였으나 향후 회원국의 확대가 예상된다.

---

43) CPTPP 제14.17조 제1항.

44) "애플, 중국 정부가 소스코드 요구했지만 거부했다", 연합뉴스, 2016. 4. 20.

45) 동조 제2항.

46) 동조 제3항.

47) https://www.wto.org/english/tratop_e/ecom_e/joint_statement_e.htm

(2) 규범의 현행화와 공고화

디지털 통상이 확대됨에 따라 이에 적용되는 국제적 규범이 지속적으로 개발되고 있다. DEPA는 WTO 무역원활화협정(Trade Facilitation Agreement)을 수용하여 무역서류와 데이터 제출 창구의 일원화 의무를 재차 강조하였으며[48] 각 당사국의 일원화된 창구 간 원활한 데이터 교환을 위해 노력하며,[49] 「유엔국제상거래법위원회 전자적 이전가능 기록에 관한 모범법」(UNCITRAL Model Law on Electronic Transferable Records)의 채택을 위해 노력하고,[50] 자율주행차 및 연합물품보관소(federated lockers) 등 새로운 물류수단의 활용에 관한 정보교류를 약속했다.[51]

전자송장이 계약의 효율성, 정확성, 신뢰증진에 기여한다는 인식하에 전자송장 시스템의 상호호환성 증진에 관해 협력하고 국제기준이나 권고가 있으면 이를 따르고 없으면 이러한 연동성을 갖춘 전자송장 시스템의 세계적 채택을 위해 협력할 것을 약속했다.[52] 나아가 전자지급사업자들의 성장에 주목하고 지급 인프라의 국제적 상호연결과 서비스연동성 증진으로 안전한 국제지급결제가 이루어지도록 지원하며, 응용프로그램인터페이스(API)의 사용과 공개를 장려하며, 지속적 혁신이 이루어지도록 규제 샌드박스를 실시할 것을 약속했다.[53]

특송화물(express shipments)과 관련해서는 규범의 구속력을 강화하면서 통관절차의 예측가능성, 일관성, 투명성을 약속하였다.[54] 특히 화물 도착 전에 통관을 위해 필요한 정보의 제공, 전체 선적에 대한 단일 서류 제출 허용과 같은 무서제출의 최소화, 통상적인 경우 화물이 도착했다면 관세서류제출 후 6시간 이내에 통관, 화물의 하중이나 금액을 가리지 않고 모든 특송화물에 적용할 것을 약속하였다.[55]

---

48) DEPA 제2.2조 제4항.
49) DEPA 제2.2조 제5항.
50) DEPA 제2.3조 제2항.
51) DEPA 제2.4조.
52) DEPA 제2.5조.
53) DEPA 제2.7조.
54) DEPA 제2.6조 제1항.
55) DEPA 제2.6조 제2항.

한편 RCEP과 CPTPP 간에 차이를 보이던 비차별,[56] 국경 간 정보이전,[57] 데이터 현지화,[58] 인터넷 접근 및 이용원칙[59] 등과 관련하여 DEPA는 보다 높은 수준의 무역 자유화를 요구하는 CPTPP 규범과 같은 내용을 규정하여 이를 공고하게 하고 있다.

(3) 암호적용 제품

암호를 사용하는 정보통신기술제품에 대해서 당사국은 그 제품의 제조, 판매, 유통, 수입, 사용의 조건으로 그 제조자 내지 공급자에게 권리가 있는 특정 기술, 공법 기타 정보에의 접근을 요구하거나, 국내사업자와 동업을 요구하거나, 특정 암호화 또는 해독 알고리즘을 이용할 것을 요구하지 않아야 한다. 다만, 정부가 소유·통제하는 네트워크에의 접근과 관련되거나 금융감독기구가 취하는 조치의 경우 그러하지 아니하다. 또한 사법기관이 법적 절차에 따라 서비스 공급자에게 해독된 통신내용을 요구할 수 있음은 물론이다.[60]

(4) 디지털 경제에 대한 협력과 대화의 확대

이미 앞에서 협력과 대화가 통상협정의 신조류임을 언급하였으나 DEPA에서는 그 범위가 괄목할 정도로 넓혀졌다. 디지털 아이덴터티(신원확인), 핀테크,[61] 인공지능, 디지털 포용성[62] 나아가 디지털 경제에서의 경쟁정책, 디지털 정부조달,[63] 중소기업정책[64]과 관련한 협력을 약속하고 있는데 데이터 정책과 관련하여 다음 네 가지 분야에서의 협력이 특히 주목된다.

---

56) DEPA 제3.3조.

57) DEPA 제4.3조.

58) DEPA 제4.4조.

59) DEPA 제6.4조.

60) DEPA 제3.4조. CPTPP의 경우 같은 취지의 규정이 기술무역장벽 챕터 부속서(Annex 8-B, Section A)에 포함되어 있다.

61) DEPA 제8.1조.

62) DEPA 제11.1조.

63) DEPA 제8.3조.

64) DEPA 모듈 10.

가. 디지털 신원확인

체약국은 신원확인에 있어 연동성 제고는 지역적 내지 범세계적 연결성을 증대시킬 것으로 인식하고 관련 협력을 약속하였다. 이는 기술적 협력, 공통 표준, 상호인정, 최선의 관행에 관한 정보교류 등을 포함할 수 있다.[65]

나. 인공지능

체약국은 인공지능기술의 신뢰성, 안전성, 책임성을 지원하는 윤리와 거버넌스 체계(AI Governance Frameworks)의 채택을 위해 함께 노력하며,[66] 이 과정에서 설명가능성(explainability), 투명성, 공정성, 인간중심 가치체계(human-centered values)를 포함한 국제적으로 인정된 원칙 또는 가이드라인을 고려할 것을 약속하였다.[67]

다. 데이터 기반 혁신

생산과 후생을 다음 단계로 성장시키는 기술혁신, 기술이전과 유통의 효율화는 개인정보를 포함한 데이터의 수집, 분석, 공유, 활용을 통해서 활성화될 것이다. 이를 데이터 기반 혁신이라 한다면 이는 공공데이터의 공개, 민간에서 안전한 데이터 공유 시스템 개발을 통한 데이터 댐의 확장이 전제되어야 할 것이다. 이를 위해 DEPA의 체약국들은 지적재산권이 만료하여 공공의 영역에 들어간 기술 등에 관한 데이터베이스의 구축 및 공개, 데이터 기반 혁신을 위한 규제 샌드박스 제도의 시행, 신뢰할 수 있는 데이터 공유 메커니즘 구축의 중요성에 대해 인식을 같이하였다.[68] 또한 체약국들은 정부데이터 공개가 혁신을 진작시킬 수 있음을 인식하고 데이터 기반 혁신이 유망한 분야의 발굴, 공개 데이터 세트를 이용한 새로운 상품과 서비스의 개발, 데이터 거래의 촉진을 위한 표준 라이선스 개발 등의 분야에서 협력할 것을 약속하였다.[69]

---

65) DEPA 제7.1조.
66) DEPA 제8.2조 제3항.
67) DEPA 제8.2조 제4항.
68) DEPA 제9.3조, 제9.4조.
69) DEPA 제9.5조.

라. 디지털 경쟁정책

체약국은 디지털 시장에서의 경쟁정책과 관련한 정보와 경험을 교류하고 경쟁법 집행에 협력할 것을 약속하였다.[70] 구글, 애플, 아마존, 페이스북, 넷플릭스 등 글로벌 플랫폼으로 전 세계의 디지털 경제가 독과점화되는 경향을 보이고 있다. 당연히 이들의 지위 남용에 대한 우려의 목소리도 높아지고 있다. 한국은 세계최초로 앱 스토어가 특정 인앱결제 시스템 사용을 강제하는 행위를 전기통신사업법 개정을 통하여 금지하였다.[71] 유럽연합은 보다 포괄적인 플랫폼 독점력 남용금지 입법을 추진하고 있으며[72] 인도[73]와 네덜란드[74]를 비롯한 몇몇 나라는 자국의 경쟁법을 적용하여 플랫폼의 지배적 지위남용행위로 규율하려고 하고 있다. 미국은 자국 내에서는 플랫폼 독점력 규제를 위한 논의를 진행하면서도[75] 국제적으로는 미국무역대표부를 통하여 외국의 글로벌 플랫폼 규제에 우려를 표하는 이중성을 보이고 있다.[76] 국제적인 협력이 없이 한국만이 글로벌 플랫폼과 미국을 상대하기는 역부족이다.

3. 한국-싱가포르 디지털동반자협정(DPA)

(1) 일반적 특색

2022. 5. 현재 한국이 타결한 가장 최신의 협정인 한싱DPA는 그 이전에 존재하던 RCEP, CPTPP, DEPA를 통해서 발전해 온 디지털 통상 규정을 집대성한 특성을 갖는

---

70) DEPA 제8.4조.

71) 박지성, "인앱결제 강제금지법, 15일부터 세계 최초 시행", 전자신문, 2022. 3. 8.

72) Proposal for a Regulation of the European Parliament and of the Council on contestable and fair markets in the digital sector (Digital Markets Act), COM/2020/842 final, Brussels, 15. 12. 2020.

73) Competition Commission of India, Case No. 07 of 2020, Decided on 9 November 2020.

74) Jon Porter, "Apple hit with weekly €5M fines in Dutch dating app dispute", The Verge, 25 January 2022.

75) Senate Bill 2710 and H.R. Bill 5017 (Open App Markets Act); Senate Bill 2992 and H.R. Bill 3816 (American Innovation and Choice Online Act).

76) United States Trade Representative (USTR), 2022 National Trade Estimate Report on Foreign Trade Barriers (NTE Report), March 31, 2022, p. 326.

다. 다만 형식에 있어서 "디지털동반자협정"이라는 명칭에도 불구하고 독립협정이 아니라 기존 한싱FTA의 전자상거래장인 제14장을 교체하는 형식을 취하고 있다. 그런 이유로 DEPA에 있는 분쟁해결, 발효, 개정, 탈퇴 등의 규정이 여기에는 없다.

(2) 항공 특송화물 등

한싱DPA는 DEPA에서 강화된 무역원활화 관련 규정을 수용하고 있다. 자율자동차와 같은 새로운 운송수단의 이용 등 물건을 주문자에게 배송하기 위한 새로운 물류 비즈니스 모델에 관한 상호 경험을 공유하기로 하였다.[77] 전자송장과 관련해서는 국제적 연동의 중요성을 인식하고 그 채택을 위해 상호 협력하고 경험을 공유하기로 하였다.[78] 특송화물과 관련해서는 '항공' 특송화물을 의미함을 구체적으로 밝히면서 DEPA에서 관세서류제출 후 6시간 이내에 통관을 의무화했던 것을 4시간 이내 통관으로 더욱 강화하였다.[79] 양국이 세계 최우수 공항을 다투는 창이공항과 인천공항의 소재지 국가임이 드러나는 규정이라고 하겠다.

(3) 표준, 기술규정 및 적합성 평가절차

한싱DPA는 DEPA가 새롭게 도입한 인공지능, 핀테크 등의 신기술과 관련한 협력 조항을 포함한 데에서 한발 나아가 디지털 경제를 위한 표준, 기술규정 및 적합성 평가절차가 다음과 같은 원칙에 따르도록 협력하자는 규정을 도입하였다. 첫째, 표준개발절차가 개방적이고, 비차별적이며 채택된 표준이 중립적이고 일관성이 있어야 한다.[80] 둘째, 적합성 평가 결과의 상호인정을 촉진하기 위하여 적합성 평가기관 간 자율적인 협정체결과 지역적 또는 국제적 인정협정을 사용함에 있어 협력한다.[81] 셋째, 표준, 기술규정 및 적합성 평가절차와 관련하여 일 당사국의 정보요청이 있으면 가능

---

77) 한싱DPA 제14.9조.

78) 한싱DPA 제14.10조.

79) 한싱DPA 제14.13조.

80) 한싱DPA 제14.31조 제2항.

81) 한싱DPA 제14.31조 제3항.

하면 60일 이내에 관련 정보를 제공한다.[82] 디지털 신기술에 기반을 둔 디지털 경제가 활성화되고 디지털 통상에 기술적 장벽이 등장하는 것을 막기 위해서는 신뢰성과 함께 상호운용성을 제고할 필요가 있다는 인식을 양국이 공유하고 이와 같은 조항을 채택한 것이다.[83]

VI. 데이터 통상의 자유와 안보예외

국가안보에서 정보의 중요성은 지대하기에 "정보전"이라는 말도 나오고 각국은 스파이에 대해서 엄격한 처벌 규정을 두고 있다. 데이터는 정보를 구성하는 기본 소재이다. 그렇기에 정보보안을 위해서는 데이터보안이 필요하다. 작금을 "신냉전의 시대"라고 칭할 정도로 국제관계의 긴장이 높아가면서 각국은 데이터 보안을 위한 각종 조치를 강화하고 있다. 이에는 데이터 통상을 제한하는 조치도 포함된다.

미국이 데이터 안보의 이유로 자국에서 사용되는 통신장비, 반도체 등에서 중국제품을 걸어내며 동맹들에게도 같은 조치를 요구하고 있다. 미국은 이 조치가 중국이 사이버안전법, 반테러법 제정으로 자국에 진출하는 외국기업과 외국에 진출하는 중국기업에게 백도어를 제공할 것을 요구하기 때문에 부득이한 조치라고 설명한다.[84] 중국의 이러한 요구에 구글은 2010년부터 중국사업을 철수했으며, 카카오와 네이버도 2014년 이후 중국서비스가 제한되었다.[85] 중국, 러시아 나아가 일부 서방국가들 중에도 데이터 현지화 즉, 자국 국민과 관련된 정보의 생성과 처리를 위해서는 자국 내에 데이터설비를 두어야 하며 허락 없이 해당 데이터를 해외로 이동하지 못하도록

---

82) 한싱DPA 제14.31조 제5항.

83) 한싱DPA 제14.31조 제1항.

84) "Chinese telecom firms Huawei and ZTE pose security threat, congressional investigators say", The Washington Post, October 8, 2012; Robert L. Strayer, US Department of State, "U.S. Policy on 5G Technology", FPC Briefing, August 28, 2019.

85) 이상엽, "중국 내 카카오톡·라인 차단, 숨겨진 원인은?", SBS 뉴스, 2014.07.04. 〈https://news.sbs.co.kr/news/endPage.do?news_id=N1002471453〉.

하는 경우가 있는 등 데이터 국제이전과 관련한 규제장벽이 전 세계적으로 증가추세에 있다.[86]

　인류는 무역장벽의 강화와 블록화가 세계대전을 야기하였다는 역사적 경험에 대한 반성을 토대로 GATT의 자유무역체제를 출범시켰다. 그런데 작금 벌어지고 있는 데이터 통상의 장애요인의 증가, 나아가 "Great Firewall"이라고 조롱되는 중국의 사이버 공간에서의 만리장성 구축과 이에 대응하는 미국을 중심으로 한 서방의 사이버 보안전략은 인터넷 자체를 분할시키고 있다. 더 이상 전 세계를 연결하는 하나의 인터넷이 아니라 인터넷의 블록화가 진행되는 것이다.

　「러시아 – 통과운송 제한」 사건(DS512)의 WTO 패널보고서[87]가 안보예외 규정인 GATT 제XXI조[88]의 해석과 적용을 다룬 데 이어서 무역제한조치에 이 규정을 원용하는 경우가 증가하고 있다. 데이터 보안과 관련해서도 GATT XXI조의 안보예외 적용 가능성이 있으며, 앞에서 고찰한 바와 같이 전자상거래 챕터 혹은 디지털 통상 협정 자체에 데이터 보안과 관련한 폭넓은 예외가 인정된다. RCEP 전자상거래 챕터는 필수적 안보이익을 위해서 스스로가 필요하다고 여기는 모든 조치를 취할 수 있는 권리를 인정하며 이와 관련한 다툼은 분쟁해결제도에 호소하지도 못하도록 이중 장치를 하였다.[89] CPTPP의 "정당한 정책 목표"(legitimate public policy objective)[90] 또한 데이터 안

---

86) Chan-Mo Chung, "Data Localization: The Causes, Evolving International Regimes and Korean Practices", *Journal of World Trade*, 52(2), 2018.

87) *Russia – Measures concerning Traffic in Transit*, WT/DS512/R, 5 April 2019.

88) "이 협정의 어떠한 규정도 다음으로 해석되지 아니한다.

　(a) 공개시 자국의 필수적인 안보이익에 반한다고 회원이 간주하는 정보를 제공하도록 회원에게 요구하는 것

　(b) 자국의 필수적인 안보이익의 보호를 위하여 필요하다고 회원이 간주하는 다음의 조치를 체약국이 취하는 것을 방해하는 것

　　(i) 핵분열성 물질 또는 그 원료가 되는 물질에 관련된 조치

　　(ii) 무기, 탄약 및 전쟁도구의 거래에 관한 조치와 군사시설에 공급하기 위하여 직접적 또는 간접적으로 행하여지는 그 밖의 재화 및 물질의 거래에 관련된 조치

　　(iii) 전시 또는 국제관계에 있어 그 밖의 비상 시에 취하는 조치

　(c) 국제 평화 및 안보의 유지를 위하여 국제연합헌장하의 자국의 의무에 따라 체약국이 조치를 취하는 것을 방해하는 것"

보를 포함한다고 보아야 할 것이며 정도의 차이는 있지만 이 또한 남용될 여지가 있음은 현재 미국, 중국을 위시한 각국의 실행이 시사하고 있다.

VII. 결 론

위에서 한국이 체결하였거나 협상 중인 통상협정의 디지털/데이터통상 관련 내용이 지난 15년간 상당한 변화를 거쳐 왔음을 고찰하였다. UNCITRAL 등 국제기구를 통해서 발전한 디지털 통상 규범인 전자적 계약체결, 전자서명 등 전자적 의사표시의 효력을 인정하는 국내법 체계, 그리고 WTO를 통해서 발전한 디지털 전송물에 대한 무관세원칙이 업데이트를 거치면서 현재에 이어지고 있다. 인터넷 접속 및 이용에 관한 이용자의 권리 규정은 그 연원은 미국의 망 중립성 원칙에 있지만 추후의 통상협정에서는 이념적 색채가 옅어지고 참가국의 실리에 따라 문언에 변화가 있었다.

디지털 통상 협정들은 데이터의 국제 유통, 컴퓨터 설비의 위치 등과 관련하여 한편으로는 통상의 자유가 원칙임을 선언하면서도 다른 한편 국가의 정당한 정책 목표의 수행을 위하여 제한을 설정할 수 있는 상황을 인정하는 방식으로 대립하는 법익 간의 균형을 도모하고 있다.

근년에는 디지털통상 협상의 독립적 추진과 규범 내용의 양적 증가 현상도 뚜렷하다. 사이버보안, 전자송장, 소스코드, 암호화, 디지털 신원확인, 디지털 경쟁정책과 관련한 규정, 나아가 인공지능, 데이터 기반 혁신, 핀테크, 디지털 기술과 관련한 표준·기술규제 및 적합성 평가절차 등의 내용이 최근 협정에 들어오고 있다. 상당 부분이 아직 구속력이 없는 협력과 대화의 주제이기는 하여도 사회경제의 데이터 기술 의존도 심화에 대응한 데이터통상법의 향후 성장과 진화의 궤적을 예측케 한다.

---

89) RCEP 제12.14조 제3항, 제12.15조 제3항.
90) CPTPP 제14.11조 제3항, 제14.13조 제3항.

제5부

—

주요 영역과 산업에서의 데이터 활용 법제

제16장 데이터 산업진흥 및 이용촉진에 관한 기본법

김원오(인하대학교 법학전문대학원 교수, 법학연구소장)
정윤경(인하대학교 AI·데이터법센터 책임연구원, 법학 박사)

I. 데이터산업법의 제정 배경

1. 데이터 경제 시대의 도래

과학기술정보통신부와 한국데이터산업진흥원이 발표한 '2021 데이터산업현황 조사'에 따르면, 2021년 12월 말 기준 국내 데이터산업 시장 규모는 약 23조 원에 달하는 것으로 파악하였으며, 이와 같은 추세가 지속되었을 때 2023년에는 약 29조 원, 2025년에는 약 37조 원, 2027년에는 약 47조 원까지 데이터산업 시장 규모가 확대될 것으로 전망하였다.[1] 데이터산업 시장 규모가 확대되면서 관련 업무에 종사하는 인력 규모 역시 증가하고 있는 상황인데, 2021년 12월 말 기준 데이터직무 종사자 수는 122,431명으로 전년 대비(101,967명) 약 20.1%나 늘어난 것으로 조사되었다.[2] 한편, 과학기술정보통신부는 지난 2021년 6월 대통령 직속 4차산업혁명위원회 전체 회의에서 '민·관 협력 기반 데이터 플랫폼 발전전략'을 발표하면서 2025년까지 국내 데이터산업 시장 규모를 43조 원까지 키우겠다고 언급하였다.[3] 이는 현재 추정치인

---

1) 과학기술정보통신부·한국데이터산업진흥원(K-data), 「2021 데이터산업 현황조사」, 2021, 46~49면.
2) 과학기술정보통신부·한국데이터산업진흥원(K-data), 앞의 보고서, 2021, 68~69면.

37조 원보다 6조 원이나 큰 규모로서 국가 차원에서 데이터 생산·유통 기반을 조성하여 데이터산업을 통합 관리하겠다는 의도로 파악된다. 이처럼 데이터산업 및 인력 규모가 증가함에 따라 데이터에 보다 용이하게 접근하고 활용할 수 있는 사회적 인프라 조성에 관심이 집중되고 있으며 이에 따른 법과 제도의 정비가 요구되고 있다.

2. 민간데이터 기본법의 부재

글로벌 기업들은 인공지능(AI) 기술을 바탕으로 이용자의 데이터를 수집·분석하여 새로운 비즈니스 모델을 창출하고 서비스를 개발하고 있다. 아마존(Amazon)에서는 고객들의 성향, 구매기록 등의 데이터를 수집·분석하여 맞춤형 도서 추천 시스템(Book Recommendation System)을 선보였으며,[4] 나이키(Nike)에서는 고객 발 모양, 사이즈, 활동량 등의 데이터를 수집·분석하여 개인 맞춤형 신발 추천 서비스(Nike Fit)를 출시하였다.[5] 그 외에도 넷플릭스(Netflix), 유튜브(YouTube), 페이스북(Facebook) 등에서 시청 프로그램이나 친구를 추천해 주는 서비스 역시 고객의 시청 기록, 접속 기록 등 데이터 분석에 기반한 것이라 할 수 있다. 이처럼 다수의 기업에서 데이터 기반 의사결정(Data Driven Decision Making)을 하고 있음에도 불구하고[6] 공공데이터와 달리[7] 민간데이터의 경우 법적 근거가 명확하지 않아서 문제점으로 제기되고 있다. 민간데이터 생산·거래·활용에 관한 법 규율이 명확하지 않은 경우 기업에서는 수익 창출 모델

---

3) 과학기술정보통신부 보도자료, "데이터 플랫폼 육성으로 디지털 경제 선도국가 도약 ―「민·관 협력 기반 데이터 플랫폼 발전전략」 발표", 데이터진흥과(2021. 6. 11.) 참고.

4) 아마존의 도서 추천 시스템인 'A9'은 회원들의 소비패턴을 분석해 구매 가능성이 높은 상품을 추천하는데, 전체 판매량 중 추천 시스템을 통해 판매되는 비율이 약 35%나 차지한다고 한다(Amazon, 'The history of Amazon's recommendation algorithm', ⟨https://www.amazon.science/the-history-of-amazons-recommendation-algorithm⟩, (2022. 5. 30. 최종방문)).

5) Nike News, "What is Nike Fit?", ⟨https://news.nike.com/news/nike-fit-digital-foot-measurement-tool⟩, (2022. 5. 30. 최종방문).

6) 과학기술정책연구원, 「데이터 기반 연구개발 관리 혁신 방안」, 2020, 8~12면.

7) 공공데이터의 경우 2013년 10월에 「공공데이터의 제공 및 이용 활성화에 관한 법률」, 2020년 12월에 「데이터기반행정 활성화에 관한 법률」을 각각 도입한 바 있다.

〈그림 16-1〉 공공/민간 데이터 규율 법제

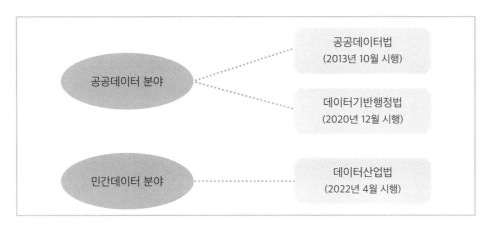

을 정확히 도출하기 어려울 뿐만 아니라, 데이터 표준화, 데이터 품질인증 등과 같은
정부 차원의 인프라 지원도 부족하여 데이터산업 전반의 효율성이 떨어질 수 있게 된
다.[8] 이러한 문제들로 인해 민간데이터의 생산·거래·활용을 포괄할 수 있는 데이터
기본법제의 필요성이 대두되게 되었다.

3. 입법 과정 및 하위법 제정

2020년 12월 8일 조승래 의원이 대표 발의한 「데이터 산업진흥 및 이용촉진에 관
한 기본법」(이하 '데이터산업법'이라 한다)은 2021년 9월 14일 국회 상임위를 통과한 후,
같은 달 28일 국회 본회의에서 재석의원 200명 중 찬성 193명, 반대 5명, 기권 2명으
로 의결·통과되었다.[9] 이후 동법 「시행령」과 「시행규칙」이 제정되었는데, 관계 기

---

8) 공공데이터의 경우 목록정보, 데이터 표준화, 품질관리, 포털 운영, 분쟁조정 등을 법 규정에 명시하
　여 체계적으로 관리 및 지원하고 있다(공공데이터의 제공 및 이용 활성화에 관한 법률 제18조, 제22조, 제23
　조, 32조 등 참고).

9) 「데이터 기본법안」(조승래 의원 등 34인, 의안번호: 2103814, 제안일자: 2020. 12. 8.)을 중심으로 국회 논의
　과정에서 「데이터 이용촉진 및 산업진흥 등에 관한 법률안」(허은아 의원 등 10인, 의안번호: 2106820, 제
　안일자: 2020. 12. 22.), 「데이터 산업 진흥법안」(이영 의원 등 11인, 의안번호: 2109463, 제안일자: 2021. 4.
　13.) 등 유사 법안과 병합된 후, 국회 본회의를 통과·의결되었다.

관 협의(2022. 1. 27.~2022. 2. 7.), 입법 예고(2022. 1. 27.~2022. 3. 8.), 규제 심사(2022. 3. 21.~2022. 3. 25.), 재입법 예고(2022. 3. 28.~2022. 3. 31.), 법제 심사(2022. 3. 28.~2022. 4. 5.) 등의 절차를 거쳐 최종 확정되었다. 이로써 상·하위 법령 체계가 갖추어지게 되었으며 「데이터산업법」 및 「데이터산업법 시행령」, 「데이터산업법 시행규칙」 모두 2022년 4월 20일부터 시행되게 되었다.

〈그림 16-2〉 데이터산업법 입법 과정

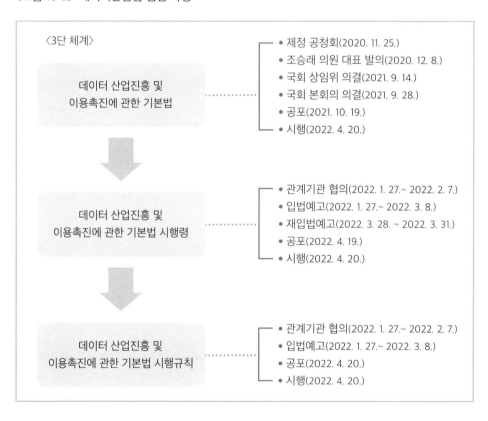

II. 데이터산업법의 위상과 타법과의 관계

1. 데이터 기본법으로서의 성격

「데이터산업법」은 데이터의 생산, 거래 및 활용 촉진에 관한 사항을 전반적으로 규율하는 기본법적 성격을 갖는다. 개별 영역에서 기본법을 두는 이유는 해당 분야 규제에 관한 기본 원칙을 분명히 함과 동시에 이에 근거하여 세부 시책이나 해석 방향 등을 제시하기 위함이다.[10] 나아가 기본법 제정은 특정 분야의 정책이 중요하고 중점을 두어 추진한다는 사실을 국민에게 분명히 각인시키며,[11] 장기적·종합적 시야에서 정책 방향을 제시함으로써 설사 정부나 국회 구성원 일부가 변경된다고 하더라도 법 조항에 근거한 기본 원칙에 따라 주요 정책이 일관성 있게 지속적으로 추진될 것이라는 기대감을 갖게 한다.[12] 이러한 관점에서 보았을 때, 「데이터산업법」에서 국가와 지방자치단체가 준수해야 할 원칙을 제시하고 있는 점,[13] 정부가 데이터 생산, 거래 및 활용을 촉진하고 데이터산업 기반을 조성하기 위하여 기본계획을 수립하도록 명시하고 있는 점,[14] 국무총리 소속의 국가데이터정책위원회를 설치하여 관련 정책 및 제도를 심의할 수 있게 한 점[15] 등은 이 법이 데이터산업 발전 기반을 조성하기 위한 기본 이념과 정책 방향을 제시하는 기본법으로서의 성격을 구현하고 있음을 알 수 있게 한다.[16]

---

10) 기본법은 헌법과 개별법의 중간에 위치하는 것으로서, 헌법의 이념을 구체화하는 역할을 하며 헌법 보완적인 성격을 가지는 것으로 평가된다(박영도, 「기본법의 입법모델연구」, 한국법제연구원, 2006, 199~200면).

11) 우기택, "기본법과 체계정당성에 관한 연구─인권기본법 제정의 필요성을 중심으로", 법제 통권 제674호, 법제처, 2016, 46면.

12) 박영도, 앞의 보고서, 25~26면.

13) 법 제3조.

14) 법 제4조.

15) 법 제6조.

16) 「데이터산업법」의 규율대상인 "데이터" 중 공공데이터는 공공데이터법, 개인정보와 연계된 데이터는 개인정보보호법을 비롯한 데이터3법, 산업데이터에 대해서는 산업자원통상부가 별도의 입법제

2. 데이터산업 진흥법으로서의 성격

「데이터산업법」은 데이터 관련 사업을 수행하는 데 문제점을 개선·보완하고 정부 지원을 촉진하는 데이터산업 진흥법으로서의 성격을 갖는다. 한국데이터산업진흥원의 '2021 데이터산업현황조사' 보고서에 의하면, 데이터 사업 장애 요인으로 '데이터 전문인력 부족(26.5%)', '필요한 데이터 및 가치있는 데이터 확보 문제(16.2%)', '신규 기술개발 역량 미흡(11.3%)', '기술개발(R&D) 부담 및 자금난(10.0%)', '데이터 표준화 미비(8.6%)' 등을 꼽았다.[17] 그런데 이러한 문제들은 「데이터산업법」 내용 중 과학기술정보통신부장관과 행정안전부장관이 데이터 전문인력 양성 시책을 마련하도록 한점,[18] 데이터 품질향상을 위해 품질인증 등 품질관리에 필요한 사업을 추진하도록 한점,[19] 데이터 분류 체계, 데이터 이전 방식 등 데이터 표준화를 추진하도록 한 점,[20] 데이터산업의 진흥을 위해 중소기업자에게 데이터의 거래 및 가공 등에 필요한 비용의 일부를 지원하도록 한 점[21] 등을 통해 개선될 가능성을 갖는다. 이와 같이 데이터 활용 기반 조성에 관한 사항을 규율함으로써 이 법은 데이터산업 발전을 촉진하는 진흥법으로서의 성격을 구현하고 있다.

3. 타법과의 관계

「데이터산업법」에서는 타 법률과의 적용 관계에 대하여 "데이터 생산, 거래 및 활용 촉진에 관하여 다른 법률에 특별한 규정이 있는 경우를 제외하고는 이 법에서 정

안을 하고 있으므로, 데이터 전반에 대한 종합화·체계화를 도모하는 법이라기보다는 민간 데이터를 규율하는 기본법적 성격을 갖는다고 해석하는 것이 적절하다(김원오, "데이터기본법 제정안에 관한 소고", 산업재산권 제68호, 한국지식재산학회, 2021, 182~183면).

17) 한국데이터산업진흥원, 「2021 데이터산업현황조사」, 2021, 105~106면.

18) 법 제25조.

19) 법 제20조.

20) 법 제28조.

21) 법 제31조.

하는 바에 따른다"라고 하면서도, "개인정보, 저작권 및 공공데이터에 관하여는[22] 각
각 「개인정보 보호법」, 「저작권법」, 「공공데이터의 제공 및 이용 활성화에 관한 법률」
에서 정하는 바에 따른다"고 명시하고 있다.[23] 이는 「데이터산업법」에서는 데이터의
생산, 거래 및 활용과 관련한 일반적인 사항들을 규율하는 것을 원칙으로 하며, 데이
터 중 특별 영역에 속하는 사항에 대해서는 해당 분야의 법을 우선 적용하는 태도로
이해된다.

Ⅲ. 데이터산업법의 구성체계 및 주요 내용

1. 구성체제 개요

(1) 총 설

「데이터산업법」은 총 8장, 48조문으로 구성되며, 세부 내용은 다음과 같다.

〈표 16-1〉 데이터산업법의 기본 구조

대분류	소분류	
제1장 총칙	• 목적(제1조) • 정의(제2조) • 국가 등의 책무(제3조) • 기본계획(제4조)	• 시행계획(제5조) • 국가데이터정책위원회(제6조) • 다른 법률과의 관계(제7조) • 재원의 확보(제8조)
제2장 데이터 생산·활용 및 보호	• 데이터의 생산 활성화(제9조) • 데이터 결합 촉진(제10조) • 데이터안심구역 지정(제11조)	• 데이터자산의 보호(제12조) • 데이터를 활용한 정보분석 지원 (제13조)

---

22) 데이터의 범위에는 '개인정보', '저작물', '공공데이터' 등이 포함되므로 타 법률과 적용 충돌되거나
    관계 부처와 업무 범위가 중첩되는 문제가 발생할 수 있다.
23) 법 제7조 제1항 및 제2항.

대분류	소분류	
제3장 데이터 이용 활성화	• 가치평가 지원 등(제14조) • 데이터 이동의 촉진(제15조)	• 데이터사업자의 신고(제16조) • 공정한 유통환경 조성 등(제17조)
제4장 데이터 유통·거래 촉진	• 데이터 유통 및 거래 체계 구축 (제18조) • 데이터 플랫폼에 대한 지원 (제19조)	• 데이터 품질관리 등(제20조) • 표준계약서(제21조) • 자료 제출 요청(제22조) • 데이터거래사 양성 지원(제23조)
제5장 데이터 산업의 기반 조성	• 창업 등의 지원(제24조) • 전문인력의 양성(제25조) • 기술개발의 촉진 및 시범사업 지원(제26조) • 실태조사(제27조) • 표준화의 추진(제28조)	• 국제협력 촉진(제29조) • 세제지원 등(제30조) • 중소기업자에 대한 특별지원 (제31조) • 전문기관의 지정·운영(제32조) • 협회의 설립(제33조)
제6장 분쟁조정	• 데이터분쟁조정위원회 설치 및 구성(제34조) • 분쟁의 조정(제35조) • 위원의 제척·기피 및 회피 (제36조)	• 자료의 요청 등(제37조) • 조정의 효력(제38조) • 조정의 거부 및 중지(제39조) • 조정의 비용 등(제40조) • 비밀 유지(제41조)
제7장 보칙	• 손해배상청구 등(제42조) • 손해배상의 보장(제43조) • 시정 권고(제44조)	• 벌칙 적용에서 공무원 의제 (제45조) • 권한의 위임·위탁(제46조)
제8장 벌칙	• 벌칙(제47조)	• 과태료(제48조)

(2) 개념 및 정의

「데이터산업법」은 데이터의 생산, 거래 및 활용 촉진에 관하여 필요한 사항을 정함으로써 데이터로부터 경제적 가치를 창출하고 데이터산업 발전의 기반을 조성하여 국민생활의 향상과 국민경제의 발전에 이바지함을 목적으로 한다.[24] 여기서 "데이터"란 다양한 부가가치 창출을 위하여 관찰, 실험, 조사, 수집 등으로 취득하거나 정보시스템 및 「소프트웨어 진흥법」 제2조 제1호에 따른 소프트웨어 등을 통하여 생성된 것으로서 광(光) 또는 전자적 방식으로 처리될 수 있는 자료 또는 정보를, 그리고 "데

---

24) 법 제1조.

이터산업"이란 경제적 부가가치를 창출하기 위하여 데이터의 생산·유통·거래·활용 등 일련의 과정과 관련된 행위 및 이와 관련되는 서비스를 제공하는 산업을 의미한다.[25] 이 법에서는 데이터산업 관련 주체를 데이터의 생성·가공·제작 등과 관련된 경제활동을 하는 "데이터생산자"와 데이터산업을 영위하는 "데이터사업자"로 크게 분류하는데, 데이터사업자는 다시 데이터를 직접 판매하거나 데이터를 판매자와 구매자 거래를 알선하는 것을 업으로 하는 "데이터거래사업자"와 데이터를 수집·결합·가공하여 통합·분석한 정보를 제공하는 행위를 업으로 하는 "데이터분석제공사업자"로 나뉜다.[26][27]

〈그림 16-3〉 데이터산업 관련 주체

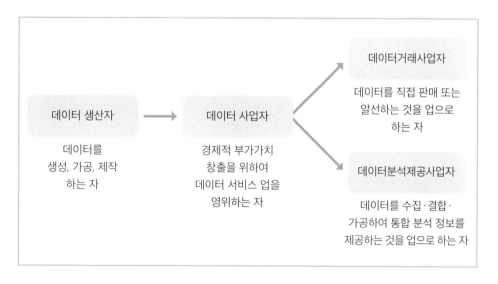

---

25) 법 제2조 제1호·제5호.

26) 법 제2조 제6호~제8호.

27) 예컨대, 데이터거래사업자에는 한국데이터거래소(KDX)를 비롯하여 각 분야 데이터 거래소를 운영하는 사업자가, 그리고 데이터분석제공사업자에는 금융권을 비롯한 마이데이터사업자가 각각 포함된다(이성엽, "데이터기본법과 산업디지털법", 전자신문(2022. 1. 20), 〈https://url.kr/ojg53z〉, (2022. 5. 30. 최종방문)).

(3) 계획 수립

정부는 데이터 생산, 거래 및 활용을 촉진하고 데이터산업 기반을 조성하기 위하여 3년마다 관계 중앙행정기관의 장과 협의를 거쳐 데이터산업 진흥 기본계획(이하 "기본계획"이라 한다)을 수립하여야 한다.[28] 다만, 공공데이터의 생성, 수집, 관리, 활용 촉진에 관한 사항에 대해서는 「공공데이터의 제공 및 이용 활성화에 관한 법률」 및 「데이터기반행정 활성화에 관한 법률」에 따라 수립된 기본계획을 반영하도록 한다.[29] 과학기술정보통신부장관은 기본계획을 바탕으로 연차별 데이터산업 진흥 시행

〈그림 16-4〉 데이터산업 진흥 기본계획 내용

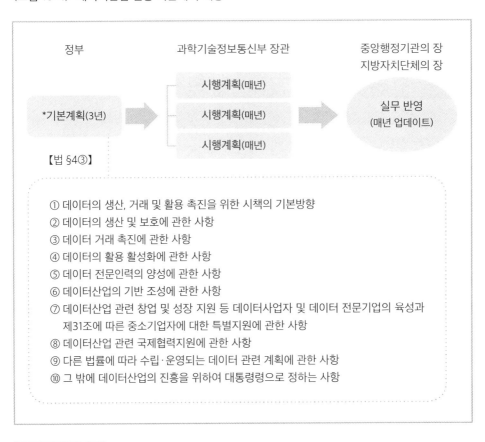

정부

과학기술정보통신부 장관

중앙행정기관의 장
지방자치단체의 장

*기본계획(3년)

시행계획(매년)
시행계획(매년)
시행계획(매년)

실무 반영
(매년 업데이트)

【법 §4③】

① 데이터의 생산, 거래 및 활용 촉진을 위한 시책의 기본방향
② 데이터의 생산 및 보호에 관한 사항
③ 데이터 거래 촉진에 관한 사항
④ 데이터의 활용 활성화에 관한 사항
⑤ 데이터 전문인력의 양성에 관한 사항
⑥ 데이터산업의 기반 조성에 관한 사항
⑦ 데이터산업 관련 창업 및 성장 지원 등 데이터사업자 및 데이터 전문기업의 육성과 제31조에 따른 중소기업자에 대한 특별지원에 관한 사항
⑧ 데이터산업 관련 국제협력지원에 관한 사항
⑨ 다른 법률에 따라 수립·운영되는 데이터 관련 계획에 관한 사항
⑩ 그 밖에 데이터산업의 진흥을 위하여 대통령령으로 정하는 사항

---

28) 법 제4조 제1항.
29) 법 제4조 제3항.

계획(이하 "시행계획"이라 한다)을 수립해야 하며[30] 국무총리 소속 기관인 국가데이터정책위원회 심의를 거쳐 매년 1월 31일까지 확정한다.[31] 과학기술정보통신부장관은 이렇게 작성된 기본계획 및 시행계획의 내용을 관계 중앙행정기관의 장 및 지방자치단체의 장에게 통보하여 실무에 반영하도록 한다.[32]

2. 데이터 생산 및 보호

(1) 데이터의 생산 활성화

정부는 다양한 분야와 형태의 데이터와 데이터상품이 생산될 수 있는 환경을 조성하며 데이터생산자의 전문성을 높이고 경쟁력을 강화하기 위한 시책을 마련하여야 한다.[33] 관계 중앙행정기관의 장은 분야별·형태별 데이터 생산 활성화 시책을 "시행계획"에 반영해야 하는데, 이를 위해 시책 내용 및 관련 자료 등을 과학기술정보통신부 장관에게 제공하여야 한다.[34] 나아가 정부는 시책 마련을 위하여 데이터생산자에게 데이터 생산에 필요한 재정적·기술적 지원을 할 수 있으며, 인력·시설·자재·자금 및 정보 등의 공동 활용을 통해 데이터 또는 데이터상품의 개발·연구를 촉진할 수 있는 제도적 기반을 구축해야 한다.[35] 이는 정부가 데이터 생산을 적극 지원하도록 함으로써 질적·양적으로 가치 있는 데이터를 보다 많이 확보하고자 함으로 이해된다.

(2) 데이터 결합 촉진

과학기술정보통신부장관과 행정안전부장관은 데이터 간의 결합을 통해 새로운 데이터의 생산을 촉진하기 위하여 산업 간의 교류 및 다른 분야와의 융합기반 구축

---

30) 법 제5조 제1항.
31) 시행령 제3조 제2항.
32) 시행령 제2조 제1항 및 제3조 제3항.
33) 법 제9조 제1항.
34) 법 제9조 제4항 및 시행령 제9조.
35) 법 제9조 제2항 및 제3항.

등에 필요한 시책을 마련하여 추진하여야 한다.[36] 나아가 과학기술정보통신부장관과 행정안전부장관은 공공데이터와 민간데이터의 결합 촉진을 위한 교류 및 협력 방안 등을 마련하여야 하며,[37] 이를 위해 공공데이터와 민간데이터의 결합 촉진에 필요한 교류 및 협력을 추진하기 위한 민관협의체를 함께 구성·운영할 수 있다.[38] 그 외에도 정부는 데이터 기반 정보분석[39] 활성화를 위하여 데이터 수집, 가공 등 정보분석에 필요한 사업을 지원할 수 있다.[40] 데이터 사이의 결합은 새로운 부가가치 창출을 위한 강력한 촉매제가 될 수 있으므로, 산업 간 교류 및 다른 분야와의 융합을 통해 다양한 데이터 결합의 기회를 부여하고자 한 것으로 파악된다.[41]

〈그림 16-5〉 데이터 결합 과정

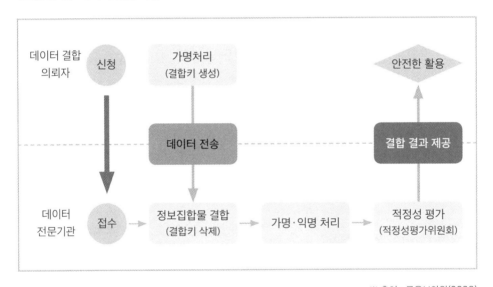

※ 출처 : 금융보안원(2020)

---

36) 법 제10조 제1항.

37) 법 제10조 제2항.

38) 시행령 제11조.

39) 데이터 정보분석(Data Information Analysis)이란 추세, 패턴, 고객 행동 및 시장 선호도 등과 같이 유용한 정보를 파악하여 더 나은 비즈니스 의사 결정을 지원하기 위해 데이터를 분류, 변환, 모델링화하는 작업을 의미한다(위키백과, 〈https://c11.kr/zyk3〉, (2022. 5. 30. 최종방문)).

40) 법 제13조 제1항.

41) 데이터 결합은 데이터 간 상관관계 분석 및 통계모델생성 등을 위해 서로 다른 기업이 보유한 데이

(3) 데이터 보호 및 안심구역

데이터생산자가 인적 또는 물적으로 상당한 투자와 노력으로 생성한 경제적 가치를 가지는 데이터는 "데이터 자산"으로 보호된다. 누구든지 데이터자산을 공정한 상거래 관행이나 경쟁질서에 반하는 방법으로 무단 취득·사용·공개하거나 이를 타인에게 제공해서는 안 되며, 정당한 권한 없이 기술적 보호조치를 회피·제거 또는 변경해서도 안된다.[42] 데이터자산의 부정사용 등 행위에 관한 사항은 「부정경쟁방지 및 영업비밀보호에 관한 법률」[43]에서 정한 바에 따른다.[44]

한편, 과학기술정보통신부장관과 관계 중앙행정기관의 장은 누구든지 데이터를 안전하게 분석·활용할 수 있는 구역(이하 "데이터안심구역"이라 한다)을 지정하여 운영

터를 연결하는 행위로 산업간 연결을 통한 융합신산업 성장의 핵심 기반이 된다[금융위원회/금융감독원 보도자료, "데이터 결합 활성화 등을 위한 데이터전문기관 추가지정 추진방안", 금융데이터정책과(2022. 1. 12.), 1면].

42) 법 제12조 제1항·제2항.

43) 부정경쟁방지 및 영업비밀보호에 관한 법률
제2조(정의) 이 법에서 사용하는 용어의 뜻은 다음과 같다.
1. "부정경쟁행위"란 다음 각 목의 어느 하나에 해당하는 행위를 말한다.
카. 데이터(「데이터 산업진흥 및 이용촉진에 관한 기본법」 제2조 제1호에 따른 데이터 중 업(業)으로서 특정인 또는 특정 다수에게 제공되는 것으로, 전자적 방법으로 상당량 축적·관리되고 있으며, 비밀로서 관리되고 있지 아니한 기술상 또는 영업상의 정보를 말한다. 이하 같다)를 부정하게 사용하는 행위로서 다음의 어느 하나에 해당하는 행위
1) 접근권한이 없는 자가 절취·기망·부정접속 또는 그 밖의 부정한 수단으로 데이터를 취득하거나 그 취득한 데이터를 사용·공개하는 행위
2) 데이터 보유자와의 계약관계 등에 따라 데이터에 접근권한이 있는 자가 부정한 이익을 얻거나 데이터 보유자에게 손해를 입힐 목적으로 그 데이터를 사용·공개하거나 제3자에게 제공하는 행위
3) 1) 또는 2)가 개입된 사실을 알고 데이터를 취득하거나 그 취득한 데이터를 사용·공개하는 행위
4) 정당한 권한 없이 데이터의 보호를 위하여 적용한 기술적 보호조치를 회피·제거 또는 변경(이하 "무력화"라 한다)하는 것을 주된 목적으로 하는 기술·서비스·장치 또는 그 장치의 부품을 제공·수입·수출·제조·양도·대여 또는 전송하거나 이를 양도·대여하기 위하여 전시하는 행위. 다만, 기술적 보호조치의 연구·개발을 위하여 기술적 보호조치를 무력화하는 장치 또는 그 부품을 제조하는 경우에는 그러하지 아니하다.

44) 법 제12조 제3항.

할 수 있다.[45] "데이터안심구역"으로 지정되기 위해서는 제3자의 불법적인 접근, 데이터의 변경·훼손·유출 및 파괴, 그 밖의 위험에 대한 기술적·물리적·관리적 보안 대책 그리고 데이터 분석·활용을 위하여 과학기술정보통신부장관이 필요하다고 인정하는 장비 등을 갖추고 있어야 한다.[46] "데이터안심구역" 이용 촉진을 위하여 과학기술정보통신부장관과 중앙행정기관의 장은 미개방데이터, 분석 시스템 및 도구 등을 지원할 수 있으며, 정부 및 지방자치단체, 공공기관, 민간법인 등에 미개방데이터에 관한 제공 요청을 할 수 있고, 나아가 데이터 제공에 필요한 기술적·재정적 지원을 할 수도 있다.[47] 이 법에서 "데이터안심구역"에 관한 조항을 둔 이유는 공개데이터뿐만 아니라 미개방데이터까지 접근할 수 있는 시스템을 구축하여 안전한 환경에서 분석 시스템 및 도구를 통해 자료를 파악, 선택하게 함으로써 데이터 이용을 촉진하기 위함으로 여겨진다.[48]

3. 데이터 이용 활성화

(1) 가치평가 제도

과학기술정보통신부장관은 데이터에 대한 객관적인 가치평가를 촉진하기 위하여 데이터 가치의 평가 기법 및 평가 체계를 수립하여 공표할 수 있다.[49] 과학기술정보통신부장관은 이에 따른 평가 기법 및 평가 체계가 데이터 관련 거래·금융 등에 활용될 수 있도록 지원하여야 하며, 유통되는 데이터에 대한 가치평가를 전문적·효율적으로 하기 위하여 가치평가기관을 지정할 수 있다.[50] 이때 데이터 가치평가기관으로 지정되기 위해서는 i) 과학기술정보통신부장관이 정하는 전문인력, ii) 가치평

---

45) 법 제11조 제1항.
46) 법 제11조 제5항 및 시행령 제12조 제2항.
47) 법 제11조 제2항~제4항.
48) 미개방 데이터를 추가 제공함으로써 시장 정보의 불균형을 완화하고 신뢰를 높여 국민 편익을 증대할 수 있다(4차산업혁명위원회/국토교통부, 「미개방 핵심데이터 제공 방안Ⅱ」, 2021, 2면).
49) 법 제14조 제1항.
50) 법 제14조 제2항·제3항.

가 업무 수행을 위한 설비 및 조직, iii) 데이터 가치의 평가 기법 및 평가 체계에 부합하는 구체적인 데이터 가치평가 모델 및 기법, iv) 데이터 가치평가에 관한 정보의 수집·관리·유통을 위한 정보통신망 등을 보유하고 있어야 한다.[51] 데이터에 대해 가치평가를 받으려는 자는 평기기관으로 지정된 곳에 신청서를 제출하여야 하며, 해당 기관은 데이터 가치평가를 위하여 필요한 경우 현장조사를 실시하거나 관련 서류를 신청인에게 추가로 요청할 수 있다.[52] 데이터 가치평가 결과가 나온 경우 신청인에게 이를 지체없이 통보하여야 하며, 데이터 가치평가의 대상, 범위, 수수료 등에 대해서는 가치평가기관의 장이 과학기술정보통신부장관과 협의하여 정한다.[53] 이와 같은 제도는 데이터 분석 결과가 활용되었을 때 얼마만큼의 자산 가치를 갖는지를 가늠하게 해 줌으로써 자금을 조달받거나 투자를 유도할 수 있는 역할을 수행한다.[54]

(2) 데이터 이동 촉진

정부는 데이터의 생산, 거래 및 활용 촉진을 위하여 데이터를 컴퓨터 등 정보처리장치가 처리할 수 있는 형태로 본인 또는 제3자에게 원활하게 이동시킬 수 있는 제도적 기반을 구축하도록 노력하여야 한다.[55] 데이터 이동권이란 정보주체가 원할 경우 특정 기관이 보유한 개인정보를 본인 또는 다른 기관으로 이동할 것을 요구할 수 있는 권리를 의미한다. 유럽연합(EU)은 일반개인정보보호법(GDPR)에 정보주체의 데이터 이동 요구권을 명시하고[56] 유럽 디지털 단일시장(Digital Single Market)에 이미 이를

---

51) 시행령 제14조 제1항.

52) 법 제14조 제4항 및 시행령 제15조 제1항·제2항.

53) 법 제14조 제5항·제7항.

54) 재무적 관점에서 본다면 데이터는 수익을 창출해 낼 수 있다는 점에서 지식재산권이나 영업권 등 다른 무형자산과 다르지 않다고 볼 수 있다. 정책 결정자의 관점에서는 데이터의 사회적 편익을 계산하는 것이 필요하다(김병필, "데이터 가치 평가 방법론", 서울대학교 인공지능정책 , 2020년 제1호, 13~14면).

55) 법 제15조.

56) GDPR 제20조 '정보 이동성에 대한 권리(Right to Data Portability)'에서는 "정보주체는 컨트롤러에게 제공한 본인에 관련된 개인정보를 체계적이고 통상적으로 사용되며 기계 판독이 가능한 형태로 수령할 권리가 있으며, 개인정보를 제공받은 컨트롤러로부터 방해받지 않고 다른 컨트롤러에게 해당

도입한 바 있다. 우리나라에서는 2020년 데이터 3법 개정을 통해 「신용정보의 이용 및 보호에 관한 법률」에 가장 먼저 데이터 이동에 관한 규정을 도입하였으며[57] 현재 「개인정보보호법」에도 데이터 이동권 신설안이 발의되어 계류 중이다.[58] 이처럼 다양한 영역에서 데이터 이동 제도가 확대 도입될 것을 고려하여, 이 법에서는 데이터 이동을 원활하게 할 수 있는 시스템적 환경을 구축하고 지원해야 한다는 규정을 명시한 것으로 이해된다.

(3) 공정한 이용 환경

「데이터산업법」에서는 데이터 이용 시 공정한 환경이 조성되도록 규율하고 있다. 먼저, 데이터거래사업자, 데이터분석제공사업자 등 데이터를 직접 판매하거나 이를 알선하는 자의 경우 과학기술정보통신부장관에게 신고하도록 함으로써[59] 일반 이용자들은 신뢰를 바탕으로 거래에 참여할 수 있도록 하고 정부는 관련 인력 동향을 신속히 파악할 수 있도록 한다. 또한 과학기술정보통신부장관은 데이터를 거래함에 있어서 대기업과 중소기업 간의 공정한 경쟁 환경을 조성하고 상호 협력을 촉진하여야

개인정보를 이전할 권리를 가진다"고 규정하고 있다.

57) 신용정보의 이용 및 보호에 관한 법률 제33조의2(개인신용정보의 전송요구)

① 개인인 신용정보주체는 신용정보제공·이용자 등에 대하여 그가 보유하고 있는 본인에 관한 개인신용정보를 다음 각 호의 어느 하나에 해당하는 자에게 전송하여 줄 것을 요구할 수 있다.

1. 해당 신용정보주체 본인
2. 본인신용정보관리회사
3. 대통령령으로 정하는 신용정보제공·이용자
4. 개인신용평가회사
5. 그 밖에 제1호부터 제4호까지의 규정에서 정한 자와 유사한 자로서 대통령령으로 정하는 자

58) 개인정보보호법 일부개정법률안[의안번호: 제2112723호, 제안자: 정부, 제안일자: 2021. 9. 28.]과 개인정보보호법 일부개정법률안[의안번호 제2114268호, 제안자: 민병덕 의원 등 12인, 제안일자: 2022. 1. 5.]에서는 정보주체가 개인정보처리자에게 그가 처리하는 개인정보를 본인 또는 다른 개인정보관리 전문기관 등에 전송할 것을 요구할 수 있다는 내용을 담고 있다(안 제35조의2 신설). 두 법률안 모두 현재 소관위에서 심사 중인 상태이다. (의안정보시스템, ⟨https://likms.assembly.go.kr/bill/BillSearchResult.do⟩, (2022. 5. 30. 최종방문)).

59) 법 제16조.

하는데,[60] 이에 따라 데이터사업자 중 대기업(「중소기업기본법」 제2조에 따른 중소기업 및 「중견기업 성장촉진 및 경쟁력 강화에 관한 특별법」에 따른 중견기업이 아닌 기업)에 해당하는 자는 합리적인 이유 없이 데이터에 관한 지식재산권의 일방적인 양도 요구 등 그 지위를 이용하여 불공정한 계약을 강요하거나 부당한 이득을 취득해서는 아니 되며, 만약 데이터사업자가 이를 위반하는 행위를 한다고 인정될 때에 과학기술정보통신부장관은 관계 기관의 장에게 필요한 조치를 할 것을 요청할 수 있다.[61] 그 외에도 과학기술정보통신부장관은 데이터 거래 시장의 공정한 경쟁 환경을 조성하기 위하여 i) 데이터 거래 시장에 관한 현황 분석 및 평가, ii) 데이터 거래 관련 사업자 등이 참여하는 협의체의 구성 및 운영, iii) 표준계약서 사용에 관한 실태조사, iv) 그 밖에 공정한 경쟁 환경을 조성하기 위하여 필요한 사업 등을 할 수 있다.[62] 이처럼 이 법에서는 공정하고 자유로운 데이터 거래를 위한 규정을 마련함으로써 균형있고 조화로운 데이터 산업 발전을 도모하고 있다.

4. 데이터 유통·거래 촉진

(1) 데이터 유통·거래 체계

과학기술정보통신부장관은 데이터 유통 및 거래를 활성화하기 위하여 데이터 유통 및 거래 체계를 구축하고 데이터 유통 및 거래 기반 조성을 위하여 필요한 지원을 할 수 있다.[63] 구체적으로 i) 데이터 유통 및 거래에 필요한 정보의 제공, 상담 및 자문 응대, ii) 데이터 유통 및 거래 관련 제도·절차의 개선 방안 마련, iii) 데이터 유통 및 거래 활성화를 위한 교육 및 홍보, iv) 안전한 데이터 유통 및 거래를 위한 연구 및 기술 개발·검증의 지원, v) 그 밖에 과학기술정보통신부장관이 데이터 유통 및 거래의

---

60) 법 제17조 제1항.
61) 법 제17조 제2항·제3항.
62) 법 제17조 제4항.
63) 법 제18조 제1항.

활성화를 위하여 필요하다고 인정하는 지원 등을 할 수 있다.[64] 나아가 과학기술정보통신부장관은 데이터 유통과 거래를 촉진하기 위하여 "데이터유통시스템"을 구축·운영할 수 있는데,[65] 여기에서 데이터 유통·거래 관련 데이터베이스의 구축 및 제공, 과학기술정보통신부장관이 통보받은 가치평가 정보의 관리, 신고한 데이터사업자 관련 정보의 관리, 데이터 플랫폼 간의 연계 지원, 데이터 품질인증 등 데이터 품질관리 관련 정보의 관리 및 제공, 그 밖에 과학기술정보통신부장관이 데이터 유통과 거래를 촉진하기 위하여 필요하다고 인정하는 기능 등을 수행한다.[66] 그 외에 과학기술정보통신부장관은 "데이터유통시스템" 운영을 위하여 필요하다고 인정되는 경우 관계 중앙행정기관의 장, 지방자치단체의 장이나 공공기관의 장에게 필요한 정보나 자료의 제출을 요청할 수 있다.[67]

(2) 데이터플랫폼 지원 사업

정부는 데이터 유통·거래 활성화를 위해 데이터의 수집·가공·분석·유통 및 데이터에 기반한 서비스를 제공하는 플랫폼을 선정하고 지원할 수 있으며,[68] 구체적으로 i) 데이터의 수집·가공·분석·유통을 위한 시설 및 설비의 구축·운영 지원, ii) 데이터의 수집·가공·분석·유통을 위한 기술개발 지원, iii) 데이터에 기반한 서비스의 개발 및 사업화 지원, iv) 그 밖에 데이터플랫폼 구축·운영 등에 필요한 사항 등을 지원할 수 있다.[69] 데이터 플랫폼은 데이터 관리에 필수적인 인프라(하드웨어, 소프트웨어 등)를 기반으로 공급자와 수요자를 효율적으로 연결해 준다는 측면에서 데이터 이용 촉진을 위한 핵심 요소라고 할 수 있다. 4차산업혁명위원회는 고품질의 데이터 생산·유통·활용을 위해 2019년부터 공공과 민간 협력기반의 데이터 플랫폼 구축을 시

---

64) 시행령 제18조 제1항.
65) 법 제18조 제2항.
66) 시행령 제19조 제1항.
67) 시행령 제19조 제2항.
68) 법 제19조 제1항.
69) 시행령 제20조 제1항.

도하고 있으며, 2025년까지 15개 분야의 대표 빅데이터 플랫폼을 추가 도입할 계획이라고 밝힌 바 있다.[70] 이처럼 데이터플랫폼의 중요성과 역할이 증대되고 있는 현실을 고려하여 이 법에서는 데이터플랫폼 지원에 관한 내용을 구체화하여 명시하고 있다.

(3) 데이터 품질인증 제도

과학기술정보통신부장관은 데이터의 품질향상을 위하여 행정안전부장관과 협의하여 품질인증 등 품질관리에 필요한 사업을 추진할 수 있으며, 관련 사업자에게 자금의 전부 또는 일부를 지원할 수 있다.[71] 또한 과학기술정보통신부장관은 데이터 품질인증 실시를 위해 인증기관을 지정할 수 있다.[72] 데이터 품질인증을 받기 위해 신청자가 지정된 인증기관에 심사접수를 하면 서류심사 및 현장심사 그리고 인증회의

〈그림 16-6〉 데이터 품질 인증 절차

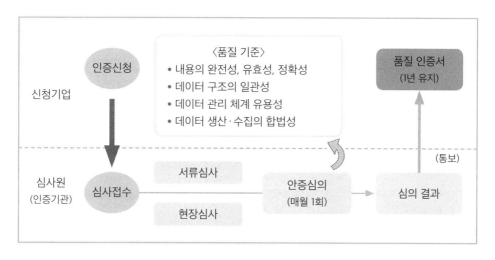

---

70) 2019년부터 2020년까지 정부는 1,472억 원을 투자하여 데이터 생산·유통·분석·활용 등 전 주기를 지원하는 16개 빅데이터 플랫폼을 구축·운영한 바 있다. 구체적으로 2019년에는 금융, 환경, 문화, 교통, 헬스케어, 유통·소비, 통신, 중소기업, 지역경제, 산림 분야의 빅데이터 플랫폼을, 2020년에는 농식품, 디지털 산업혁신, 라이프로그, 소방안전, 스마트치안, 해양수산 분야의 빅데이터 플랫폼을 구축하였다(관계부처 합동, 「민·관 협력 기반 데이터 플랫폼 발전전략」, 2021. 1~2면).
71) 법 제20조 제1항·제2항.
72) 법 제20조 제3항.

를 순차적으로 거치게 된다. 인증기관은 데이터 내용의 완전성, 유효성 및 정확성, 데이터 구조의 일관성, 데이터 관리를 위한 기술적·절차적 체계의 유용성, 접근성 및 적시성, 데이터 생산·수집의 합법성, 그 밖에 데이터의 이용 및 유통을 위하여 필요한 사항 등에 따라 데이터의 품질을 인증한다.[73] 저품질의 데이터를 수집·생산할 경우 데이터의 오류(Error), 결함(Defect), 장애(Failure) 등의 문제가 발생할 수 있으므로, 데이터의 품질관리 및 인증에 관한 규정을 둠으로써 데이터의 상품적 가치를 높이고 나아가 거래 활성화에 이바지하기 위함으로 여겨진다.

(4) 데이터거래사 제도

이 법에서는 상품으로서의 데이터를 활발히 유통·거래하기 위해서 전문적 지식과 경험을 갖춘 자가 관련 업무를 담당하도록 하는 '데이터거래사' 제도를 두고 있다. '데이터거래사'는 데이터 거래에 관한 전문적인 상담·자문·지도 업무 및 데이터 거래의 중개·알선 등 데이터 거래 등의 지원 업무를 수행하는데,[74] 다음 중 어느 하나의 기준을 충족하는 자가 과학기술정보통신부장관의 심사를 거쳐 일정한 교육을 이수함으로써 자격을 부여받게 된다.[75]

【데이터거래사의 자격 요건】

1. 변호사, 변리사, 공인회계사, 감정평가사 또는 기술사 자격을 취득한 사람으로서 데이터 관련 분야에 종사한 경력이 3년 이상(자격 취득 전의 경력을 포함한다)일 것

---

73) 한국데이터산업진흥원(K-Data)에서는 데이터 품질인증 수준을 플래티넘 클래스(Platinum Class, 정합률 99.977% 이상), 골드 클래스(Gold Class, 정합률 97.700% 이상), 실버 클래스(Silver Class, 정합률 95.510% 이상)로 구분하고 있다(한국데이터산업진흥원, 〈https://www.kdata.or.kr/kr/contents/certified_03_01/view.do〉, (2022. 5. 30. 최종방문.)〉

74) 법 제23조 제3항.

75) 법 제23조 제2항 및 시행령 제22조.

2. 「고등교육법」 제2조에 따른 학교의 조교수 이상인 사람으로서 데이터 관련 연구
   경력이 3년 이상(자격 취득 전의 경력을 포함한다)일 것
3. 데이터 생산, 거래 및 활용 관련 분야 박사학위를 취득한 사람으로서 데이터 관련
   업무경력이 1년 이상(학위 취득 전의 경력을 포함한다)일 것
4. 데이터 생산, 거래 및 활용 관련 분야 석사학위를 취득한 사람으로서 데이터 관련
   업무경력이 4년 이상(학위 취득 전의 경력을 포함한다)일 것
5. 데이터 생산, 거래 및 활용 관련 분야에서 재직한 기간이 5년 이상일 것

이와 함께 이수해야 하는 교육 내용으로는, i) 데이터 거래에 관한 수요 탐색·발굴 및 시장 조사·분석 교육, ii) 데이터 가공, 분석 등 데이터 처리 교육, 데이터 가치평가 및 품질평가 교육, iii) 데이터 거래 관련 법·제도 교육, 데이터 거래에 관한 상담·자문·지도, iv) 중개·알선, 데이터 이전·사업화 및 거래 윤리 교육 등이 포함된다.[76] 이처럼 데이터거래사의 자격과 요건에 관한 규정을 둔 이유는 데이터 사업화 외에 개인정보, 저작권 등 관련 영역의 법적 지식을 갖춘 자가 데이터 거래 제반을 도움으로써 안전하게 데이터를 유통·거래하고 나아가 신뢰를 바탕으로 업무 효율성을 제고하기 위함이다.[77]

5. 데이터산업의 기반 조성

(1) 창업 지원

정부는 데이터 산업 기반 조성을 위해 우선 데이터의 생산, 거래 및 활용 등 관련 기술을 보유한 데이터 전문기업의 육성을 위하여 노력하여야 한다.[78] 정부는 기업의

---

76) 시행령 제23조 제1항.
77) 손경한, 「데이터 거래·활용 활성화를 위한 법제도 개선방안」, 국회입법조사처, 2020, 91~95면.
78) 법 제24조 제2항.

역량 강화를 위해 i) 데이터 기반 상품·서비스의 개발을 위한 추진과제의 발굴·실행 및 테스트베드의 운영, ii) 데이터 기반 기업의 기술역량 강화를 위한 교육 프로그램의 실행, iii) 데이터산업 투자생태계 활성화를 위한 지원, iv) 데이터 관련 분야 예비창업자, 창업자 또는 기업을 위한 상담과 관련된 사무의 지원, v) 데이터 기반의 우수한 아이디어의 발굴 및 사업화 지원, vi) 그 밖에 대통령령으로 정하는 사항 등을 지원할 수 있다.[79] 여기서 "대통령령으로 정하는 사항"에는 데이터 생산, 거래 및 활용에 관한 법률 교육 지원, 데이터 기반 기업 운영에 관한 세무, 회계, 법률 등 경영실무 관련 교육 지원, 데이터 관련 분야 예비창업자, 창업자의 발굴·육성·홍보 및 해외 진출 등에 관한 지원, 창업에 장애가 되는 규제 등의 제도 개선이나 창업 관련 고충처리 지원 창구 운영 등이 포함된다.[80]

(2) 전문인력 지원

과학기술정보통신부장관과 행정안전부장관은 데이터 산업 기반 조성을 위해 데이터 전문인력을 양성하기 위한 시책을 마련하여야 한다. 구체적으로 i) 데이터 전문인력 양성을 위한 정책의 기본방향 및 전문인력의 활용 방안, ii) 데이터 전문인력 교육·훈련 프로그램의 개발 및 활용에 관한 방안, iii) 데이터 전문인력의 양성을 위한 학계, 산업계 및 공공기관과의 협력 방안, iv) 데이터 전문인력의 고용창출 및 고용연계 지원 방안, v) 데이터 관련 직무표준의 마련 및 자격·신직종의 정착 지원 방안에 관해서다.[81] 나아가 과학기술정보통신부장관은 대통령령으로 정하는 바에 따라 데이터의 생산, 거래 및 활용 등 관련 교육과정을 운영하고 있는 대학·연구기관 그 밖의 전문기관을 데이터 전문인력 양성기관으로 지정하고 교육 및 훈련에 필요한 사항을 지원할 수 있다.[82] 이 법에서는 데이터 전문인력을 체계적으로 육성하도록 지원함으로써 데이터 수집·가공·분석·유통 등 각 분야에서 능력과 자질을 갖춘 인력을 배출

---

79) 법 제24조 제1항.
80) 시행령 제24조.
81) 법 제25조 제1항.
82) 법 제25조 제3항 및 시행령 제25조 제1항.

하려는 것으로 이해된다.[83]

(3) 비용 지원

국가 또는 지방자치단체는 데이터산업의 촉진을 위하여 관련 사업 수행과 관련한 국세 또는 지방세를 「조세특례제한법」, 「지방세특례제한법」 및 그 밖에 조세 관계 법률 및 조례로 정하는 바에 따라 감면할 수 있다.[84] 그리고 국가 또는 지방자치단체는 필요한 경우 데이터정책위원회의 심의를 거쳐 데이터사업자에게 보조금을 지급하거나 장기대부를 할 수 있다.[85] 이때 "대통령령으로 정하는 경우"란 국가안보, 재난의 예방·대응, 국민의 생명 보호 및 안전 등 공공의 이익을 위하여 데이터의 생산, 거래 및 활용 등의 비용을 적정 수준으로 유지하는 데 불가피한 경우를 의미한다.[86] 그 외에도 과학기술정보통신부장관은 데이터산업의 진흥을 위하여 중소기업자에게 데이터의 거래 및 가공 등에 필요한 비용의 일부를 지원하는 사업을 할 수 있다.[87] 이와 같은 세제 감면 또는 비용 지원 등에 관한 내용은 보다 많은 데이터사업자가 신산업 분야, 미래유망산업, 국가전략산업 등에 참여하도록 하는 정책적 고려로 여겨진다.

(4) 인프라 지원

이 법에서는 데이터산업의 기반 조성 및 원활한 운용을 위하여 실태조사, 표준화, 전문기관 지정 등의 법 조항을 두어 뒷받침하고 있다. 먼저, 과학기술정보통신부장관은 데이터 거래 및 활용 기반 산업을 촉진하고 이 법에 따른 시책 및 계획을 효율적으로 수립·추진하기 위하여 매년 데이터 산업 기반 및 데이터 대상 거래 현황 및 실태에 대한 조사를 실시하고 그 결과를 공표할 수 있다.[88] 이때 실태조사의 범위에는

---

83) 전자신문, "데이터 인력 부족률 12.2% … 전문교육 기관 활성화해야", 〈https://url.kr/wga71q〉, (2022. 5. 30. 최종방문).
84) 법 제30조 제1항.
85) 법 제30조 제1항·제2항 및 시행령 제27조 제2항.
86) 시행령 제27조 제1항.
87) 법 제31조 제3항.

i) 데이터산업 시장규모 및 데이터사업자 매출실적, ii) 데이터산업 종사자의 성별·
직무별·부문별 인력 현황과 수요·공급 현황, iii) 그 밖에 과학기술정보통신부장관이
데이터산업 현황을 파악하기 위하여 필요하다고 인정하는 사항 등이 포함된다.[89] 과
학기술정보통신부장관은 실태조사를 위해 필요한 경우 관계 중앙행정기관의 장, 지
방자치단체의 장 또는 공공기관의 장에게 관련 자료를 요청할 수 있으며, 데이터사업
자나 그 밖의 관련 기관 또는 단체에 대해서도 협조를 요청할 수 있다.[90] 또한 과학기
술정보통신부장관은 행정안전부장관과 협의하에 데이터의 저장 형태 및 이전 방식,
데이터의 분류 체계, 그 밖에 데이터의 결합, 거래 및 활용을 위하여 필요한 사항에 관
한 데이터 표준화 기준을 마련하여 고시할 수 있다.[91] 데이터가 표준화될 경우 다른
시스템에서 이용되더라도 데이터가 누락되거나 중복되는 문제를 줄일 수 있어서 데

〈그림 16-7〉 데이터 산업 기반 조성

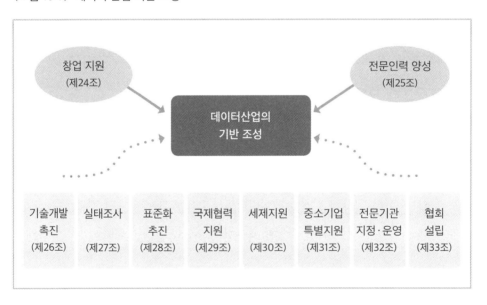

88) 법 제27조 제1항.
89) 시행령 제26조 제1항.
90) 법 제27조 제2항·제3항
91) 법 제28조 제1항.

이터의 통합 연계에 훨씬 유리하다.[92] 그 외에도 정부는 데이터산업 전반의 기반 조성 및 관련 산업의 육성을 효율적으로 지원하기 위하여 필요한 때에는 그 업무를 전문적으로 수행할 기관을 지정할 수 있으며[93] 해당 기관은 이 법 또는 다른 법령에서 전문기관의 업무로 정하거나 위탁한 사업 그리고 데이터 유통·활용 촉진 및 산업 기반 조성에 필요한 사업 등을 수행할 수 있다.[94] 이러한 규정들은 데이터 거래 플랫폼 및 데이터 통합 관리체계 구축 등 데이터산업의 혁신성장 도모를 위해 정부 지원책을 정비하는 내용이라 할 수 있다.

6. 분쟁조정, 손해배상, 벌칙

(1) 분쟁조정

이 법에서는 데이터의 생산, 거래 및 활용 과정에서 발생한 당사자 간의 다툼을 해결하기 위해 데이터분쟁조정위원회(이하 "위원회"라 한다)의 도움을 받을 수 있도록 규정하고 있다.[95] 데이터 생산, 거래 및 활용과 관련한 피해의 구제와 분쟁의 조정을 받으려는 자는 위원회에 분쟁조정을 신청할 수 있다.[96] 위원장은 회의 개최 일주일 전까지 회의 일시·장소 및 안건을 조정부의 위원에게 알려야 하며, 예외적으로 긴급하거나 부득이한 사유가 있는 경우에는 회의 개최일 전날까지 알릴 수 있다.[97] 분쟁조정은 조정부(3명 이하 위원)에서 행해지는 것이 일반적이나, 위원회에서 조정하기로 의결한 경우에는 위원회(15명 이상 50명 이하 위원)에서 수행하기도 한다.[98]

위원회 또는 조정부는 분쟁조정 신청을 받은 날부터 45일 이내에 원상회복, 손해

---

92) 김진섭, "데이터표준화 사례를 통한 데이터 품질 향상에 대한 연구", 고려대학교 석사학위 논문, 2007, 33~36면.
93) 법 제32조 제1항.
94) 법 제32조 제2항 및 시행령 제28조 제2항.
95) 법 제34조 제1항.
96) 법 제35조 제1항.
97) 시행령 제31조 제3항.
98) 법 제35조 제2항.

〈그림 16-8〉 분쟁조정 절차 및 과정

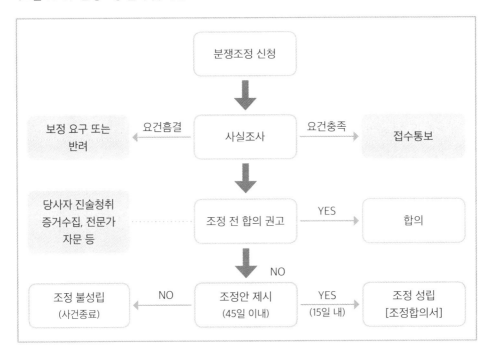

배상 및 그 밖에 피해의 구제를 위하여 필요한 조치사항을 기재한 조정안을 작성하여야 한다.[99] 위원회 또는 조정부로부터 권고를 받은 자는 15일 이내에 조정안에 대한 동의 여부를 알려야 하며, 만약 아무런 의사표시가 없는 경우에는 조정안을 거부한 것으로 본다.[100] 당사자가 조정안에 동의하거나 위원회에 조정합의서를 제출한 경우에는 조정성립이 완료되며, 이 경우 「민사소송법」에 따른 재판상 화해와 동일한 효력을 갖는다.[101] 이처럼 분쟁조정 제도는 소송제도에 비하여 절차가 간편하고 비용도 저렴하며 당사자의 실질적 이해관계를 중시하는 유연한 결론을 내릴 수 있다는 점에서 유용하다 할 것이다.[102]

---

99) 법 제35조 제4항·제5항.

100) 법 제35조 제6항.

101) 법 제38조 제1항·제3항.

102) 사법정책연구원, 「한국형 대체적 분쟁 해결(ADR) 제도의 발전 방향에 관한 연구」, 2016, 53~55면.

(2) 손해배상 및 시정권고

이 법을 위반하는 행위로 다른 사람의 영업에 관한 이익을 침해한 자에게는 손해배상책임이 발생한다. 이때 그 위반행위를 한 자는 고의 또는 과실이 없음을 입증하시 아니하면 그 책임을 면할 수 없다.[103] 다만, 법원은 이 법 위반으로 인한 손해는 인정되나 그 손해액을 산정하기 곤란한 경우에는 변론의 취지 및 증거조사 결과를 고려하여 상당한 손해액을 인정할 수 있다.[104] 이는 손해액을 증명하기 위해 필요한 사실을 입증하는 것이 해당 사실의 성질상 극히 곤란한 경우에 피해자의 증명도·심증도를 경감하게 함으로써 손해를 공평·타당하게 분담하게 하려는 손해배상제도의 이념을 실현하려는 취지이다.[105] 이에 따라 법원은 손해액 산정의 근거가 되는 간접사실들을 최대한 탐색하고 이를 합리적으로 평가하여 객관적으로 수긍할 수 있는 손해액을 산정한다. 데이터사업자는 이처럼 소송 및 분쟁에서의 손해배상 이행을 위하여 보험 또는 공제에 가입하거나 준비금을 적립하는 등 필요한 조치를 할 수 있다.[106] 한편, 과학기술정보통신부장관은 이 법을 위반한 데이터사업자에게 해당 위반행위의 중지나 시정을 위하여 필요한 사항을 권고할 수 있다.[107] 시정권고 제도는 비록 법적 구속력은 없으나 법 위반 당사자에게 해당 사실에 대해 인식하고 자발적으로 시정하는 기회를 부여한다는 측면에서 의미가 있다.

(3) 벌 칙

위원회의 분쟁조정 업무에 종사하는 자 또는 종사하였던 자가 그 직무상 알게 된 비밀을 타인에게 누설하거나 직무상 목적 외의 용도로 사용한 경우에는 1년 이하의 징역 또는 1천만 원 이하의 벌금에 처한다.[108] 그리고 과학기술정보통신부장관으로

---

103) 법 제42조 제1항.
104) 법 제42조 제2항.
105) 대법원 2021. 7. 21. 선고 2020다282513 판결, 대법원 2020. 3. 26. 선고, 2018다301336 판결, 대법원 2016. 11. 24. 선고 2014다81511 판결 등.
106) 법 제43조.
107) 법 제44조.
108) 법 제47조.

부터 지정된 인증기관으로부터 품질인증을 받지 아니하고 데이터 품질인증의 표시 또는 이와 유사한 표시를 한 자에게 3천만 원 이하의 과태료를 부과한다.[109] 데이터 품질인증 제도의 경우 공시적(公示的) 효력을 가지므로 거래자의 신뢰를 보호하고 건전한 시장거래질서를 조성하기 위하여 이를 위반하는 행위를 처벌 대상에 포함시키는 것으로 해석된다. 그 외에도 i) 데이터산업 전반의 기반 조성 및 관련 산업의 육성을 효율적으로 지원하기 위하여 지정한 전문기관의 임직원, ii) 데이터분쟁조정위원회의 위원 및 사무국의 임직원, iii) 이 법에서 위탁받은 사무에 종사하는 기관 또는 단체의 임직원은 「형법」 제129조(수뢰, 사전수뢰), 제130조(제삼자뇌물제공), 제131조(수뢰후부정처사, 사후수뢰), 제132조(알선수뢰)까지의 규정에 따른 벌칙을 적용할 때 공무원으로 의제하도록 규정하고 있다.[110] 이는 업무의 성격상 해당 업무를 수행하는 자에게 공정성과 책임감이 가중되므로 엄격한 기준으로 처벌하는 것으로 이해된다.[111]

IV. 데이터산업법의 영향 및 시사점

1. 데이터 생산의 측면

4차산업혁명 시대에 데이터는 원유나 금으로 불리울 만큼 미래 사회를 이끌 핵심 요소로 평가되고 있으며, 사물인터넷(IoT), 인공지능(AI) 기술의 구현으로 수집 가능한 데이터의 범위는 확대되고 있다. 이때 중요한 것은 양질의 데이터를 얼마만큼 확보하

---

109) 법 제48조 제1항.
110) 법 제45조.
111) 공공기관 등의 임직원, 위탁·대행·지정을 통해 공공성이 높은 업무를 수행하는 법인이나 단체의 임직원과 개인 또는 위원회 위원 등이 업무와 관련하여 금품의 수수(授受) 등 불법행위를 한 경우에 이들을 공무원과 같이 다루어 처벌할 수 있도록 하는 것을 '벌칙 적용 시의 공무원 의제'라고 한다. 이렇게 공무원이 아닌 자를 공무원으로 의제하여 처벌할 수 있도록 하는 것은 다루는 업무의 공공성이 크기 때문에 그 업무수행을 할 때 공정성과 책임성을 확보하기 위해서이다(법제처, 「법령 입안 심사 기준」, 2021, 552면).

여 기업의 비즈니스 모델을 혁신시킬 수 있는가이다. 이 법에서는 다음과 같은 내용을 통해 데이터 생산을 촉진하고 있다고 평가된다. 먼저, 정부의 주도하에 데이터 수집·생성에 관한 추진 방안을 마련하도록 규정한 점이다. 정부는 데이터 생산 및 거래 촉진을 위하여 관계 중앙행정기관의 장과 협의하여 3년마다 기본계획을 세우며, 과학기술정보통신부장관은 행정안전부장관과 협의하여 1년마다 시행계획을 수립한다. 이는 데이터 생산 현황을 점검하고 목표치를 설정하여 달성하도록 한다는 측면에서 정책의 실효성을 높이는 역할을 한다.[112] 다음으로 다양한 분야와 형태의 데이터 및 데이터상품을 생산하도록 정부가 기술적·재정적으로 지원하도록 규정한 점이다.[113] 정부는 인력·시설·자재·자금 및 정보 등의 공동 활용을 통해 개발·연구를 촉진하고 나아가 산업 간의 교류 및 다른 분야와의 융합기반 구축 등을 통해 데이터 간 결합을 촉진함으로써 새로운 부가가치 상품을 창출하도록 한다. 이는 협력 위주의 데이터 생산 체계를 구축함으로써 데이터상품의 양과 질을 높이는 기능을 수행한다. 마지막으로, 데이터안심구역을 지정하여 누구든지 안전하게 데이터를 분석·활용할 수 있는 시스템을 구축한 점이다.[114] 과학기술정보통신부장관과 관계 중앙행정기관의 장은 정부 및 지방자치단체, 공공기관, 민간법인 등에 데이터안심구역 서비스를 위해 필요한 자료를 요청할 수 있으며 이를 위해 기술적·재정적 지원을 할 수 있다. 이는 일반인들이 미개방데이터 및 분석시스템과 도구에 편리하게 접근·이용함으로써 보다 다양한 데이터상품을 생산하도록 하는 기능을 수행한다. 이 같은 내용들은 모두 기업들이 더 많은 데이터를 생산하도록 촉진하는 정책적 고려를 반영한 것으로 여겨진다.

2. 데이터 보호의 측면

데이터의 경제적 자산 가치가 강조되면서 데이터 유출, 불법 해킹 등 데이터 침해

---

112) 법 제4조, 제5조 등.
113) 법 제9조, 제10조, 제26조 등.
114) 법 제11조 및 시행령 제12조 등.

문제가 심각해지고 있다. IBM Security가 전 세계 500여 개의 기업, 조직을 대상으로 데이터 유출 피해를 조사한 결과 2021년 기준 피해액은 1건당 평균 424만 달러(한화 약 54억 원)로 17년 만에 최고치를 기록한 것으로 파악됐다.[115] 이처럼 데이터 피해 규모가 커짐에 따라 불법 사용을 방지하고 안전한 유통시스템을 확보해야 할 필요성이 대두되었다.[116] 이 법에서 다음과 같은 내용을 통해 데이터 보호를 촉진하고 있다고 평가된다. 먼저, 데이터가 자산(資産)의 하나로서 보호됨을 명시한 점이다.[117] 이 법에서는 데이터생산자가 인적 또는 물적으로 상당한 투자와 노력을 투입하여 생성한 데이터는 그 경제적 가치가 인정된다고 규정하고 있다. 이는 타인의 데이터를 무단 취득·사용·공개하는 행위, 기술적 보호조치를 회피·제거·변경하는 행위 등을 금지함으로써 공정한 상거래 관행 및 경쟁질서를 유지하는 기능을 한다. 다음으로, 데이터 품질인증, 데이터 표준화 등의 제도를 명시한 점이다.[118] 과학기술정보통신부장관은 행정안전부장관과 협의하여 데이터 품질관리에 필요한 사업을 추진할 수 있으며 각종 상품 및 서비스에서의 데이터 결합 및 거래를 위해 표준화 기준을 마련하여 고시할 수 있다. 이는 데이터가 다른 시스템에서 이용되는 경우 호환 불가, 불일치, 오류 등의 문제가 발생하는 것을 줄이게 한다. 마지막으로, 분쟁조정 및 손해배상청구 등에 관한 법 조항을 둔 점이다.[119] 이 법을 위반하는 행위로 인해 영업상 이익이 침해된 자는 데이터분쟁조정위원회에 분쟁조정을 신청하거나 법원에 손해배상청구를 제기할 수 있다. 이는 분쟁당사자가 신속하게 피해를 구제받을 수 있도록 도울 뿐만 아니

---

115) IBM, "IBM Report: Cost of a Data Breach Hits Record High During Pandemic", 〈https://newsroom. ibm.com/2021-07-28-IBM-Report-Cost-of-a-Data-Breach-Hits-Record-High-During-Pandemic〉, (2022. 5. 30. 최종방문).

116) 유럽연합(EU) GDPR 제5조 1.F.항에서는 개인정보가 무단으로 또는 불법적으로 처리되거나 우발적으로 손실·파기·손상된 경우에 적절한 기술적(Appropriate Technical) 또는 관리적 조치 (Organisational Measures)를 사용하여 데이터의 적절한 보안을 보장하는 방식(무결성 및 기밀성)으로 처리해야 한다고 규정하고 있다[GDPR, 〈https://gdpr-info.eu/art-5-gdpr/〉, (2022. 5. 30. 최종방문)].

117) 법 제12조 등.

118) 법 제20조, 제28조 등.

119) 법 제34조, 제35조, 제42조 등

라 명확한 법적 근거를 바탕으로 자신의 권리를 주장할 수 있게 한다. 이 같은 내용들은 데이터의 경제적 가치를 보호하고 나아가 보다 안전한 환경에서 데이터가 유통·거래될 수 있는 시스템을 조성하려는 것으로 이해된다.

3. 데이터 활용의 측면

데이터 활용이 원활히 이루어지기 위해서는 데이터의 접근과 검색이 손쉽고 거래가 자유로워야 한다. 즉, 데이터 관련 사업자들은 각각 목적에 맞는 자료를 신속하게 획득할 수 있어야 하며, 여기에 데이터 분석 및 결합 기술을 선택 적용할 수 있어야 한다. 이 법에서 다음과 같은 내용을 통해 데이터 활용을 촉진하고 있다고 평가된다. 먼저, 데이터유통시스템, 데이터플랫폼 등에 관한 규정을 둔 점이다.[120] 과학기술정보통신부장관은 데이터 유통·거래 기반 조성을 위해 필요한 지원을 할 수 있으며, 정부는 데이터의 수집·가공·분석·유통 및 데이터에 기반한 서비스를 제공하는 플랫폼 사업[121]을 지원할 수 있다. 이는 데이터사업자가 유통·거래 과정을 신뢰하고 참여하게 함으로써 데이터 거래를 활성시키는 기능을 한다. 다음으로, 데이터거래사 및 가치평가 제도 등에 관한 규정을 둔 점이다.[122] 이 법에서는 데이터 거래에 관한 전문적인 상담·자문·지도 업무 및 데이터 거래의 중개·알선 등의 업무를 데이터거래사가 수행하게 하고, 과학기술정보통신부장관이 지정한 전문기관에서 데이터에 대한 객관적인 가치를 평가받도록 명시하고 있다. 이는 데이터를 판매 또는 구입하려는 자에게 해당 데이터의 상품성, 활용 범위 등을 예측할 수 있도록 하여 적절한 비즈니스 모델을 신속히 찾아 연계 적용하도록 한다. 마지막으로, 대기업과 중소기업 간에 공정한 경쟁 환경을 조성하고 상호 협력하도록 규정하고 있는 점이다.[123] 이에 따라 데

---

120) 법 제18조, 제19조 및 시행령 제18조~제20조 등.

121) 과학기술정보통신부와 한국정보화진흥원(NIA)과 함께 '빅데이터 플랫폼 및 센터 구축사업'을 통해 교통, 헬스, 통신, 산림 등 분야별로 16개 플랫폼을 마련하여 서비스하고 있다[한국지능정보사회진흥원, 〈https://www.bigdata-map.kr/〉, (2022. 5. 30. 최종방문)].

122) 법 제14조, 제23조 및 시행령 제14조~제16조, 제21조~제23조 등.

이터사업자 중 대통령령으로 정하는 자는 합리적 이유 없이 데이터 지식재산권의 일방적 양도를 요구하거나 불공정한 계약을 강요하는 행위 등을 할 수 없다. 이는 소규모 신생 기업들이 데이터 유통·거래 사업에 많이 참여하도록 함으로써 전문인력을 늘리고 다양한 상품 및 서비스가 출시되도록 돕는 기능을 수행한다. 이 같은 내용들을 데이터의 수집·가공·분석·유통이 공정한 환경에서 이루어지게 함으로써 궁극적으로 데이터 거래 및 활용을 증대시키려는 것으로 해석된다.

---

123) 법 제17조 및 시행령 제17조 등.

제17장 공공데이터의 활용과 법적 쟁점

전응준
(법무법인 로고스 변호사)

I. 공공데이터의 의의와 취지

1. 공공데이터의 개념과 의의

2013.7.30. 제정된 「공공데이터의 제공 및 이용 활성화에 관한 법률」(이하 '공공데이터법'이라고 한다)은 공공데이터의 민간 활용을 촉진하기 위해 공공데이터 정책 수립, 공공데이터 등록 및 제공절차, 관련 분쟁조정, 공공데이터의 품질관리 및 표준화 등 공공데이터에 대한 전반적인 거버넌스를 다루는 법률이다. 공공부분은 엄청난 규모의 데이터를 생산·관리하고 있다. 공공데이터 이용은 새로운 사업의 기회(new business opportunity)를 창출하고 시민참여(citizen engagement)를 촉진하는 결과를 낼 수 있다. 또한 이러한 공공데이터를 누구나 이용할 수 있도록 함으로써 공공기관의 투명성(transparency)과 책임성(accountability)이 강화되기도 한다. 공공데이터법은 「공공기관의 정보공개에 관한 법률」(이하 '정보공개법'이라고 한다)과 함께 위와 같은 순기능을 도모할 수 있는 법률적 도구이다. 다만, 공공데이터법은 주로 전자의 기능에 주목하고 정보공개법은 주로 후자의 기능에 주목한다고 볼 수 있다.

공공데이터법상 '공공데이터'는 데이터베이스, 전자화된 파일 등 공공기관이 법령 등에서 정하는 목적을 위하여 생성 또는 취득하여 관리하고 있는 광 또는 전자적 방식으로 처리된 자료 또는 정보를 말한다. 공공기관이 생성·취득하여 관리하고 있는 전자적 정보라고 간략히 이해할 수 있다. 용어 정의와 관련하여 공공데이터와 관련된 영문 용어로는 open data, open government data, public sector information이 있다. EU 2019 오픈데이터 지침에서 사용된 open data는 오픈 포맷으로 작성된 데이터 즉 누구든지 어떠한 목적으로든 자유롭게 무료로 재사용할 수 있고 공유할 수 있는 포맷으로 작성된 데이터를 말한다. 최근 제정된 미국 OPEN Government Data Act도 이와 유사한 의미로 open data라는 용어를 사용한다. open government data는 공공분야 정보(public sector information)와 open data의 교집합에 해당하는 용어이다.[1] 즉 정부 등 공공분야에서 보유하고 있는 open data를 말한다. 미국 OPEN Government Data Act는 open government data asset이라는 용어를 사용하는데, 이는 기계판독 가능하고 오픈 포맷으로 이용할 수 있으며 사용에 특별한 제한이 없고 표준 단체에서 관리하는 공개 표준에 기초한 공공데이터셋을 말한다. public sector information은 EU 법률에서 사용되는 용어로서 공공데이터법의 공공데이터에 대응되는 개념이다. 법률에서 명확히 정의되지는 않았지만 OECD 정의에 따르면 public sector information은 정부 내지 공공기관에서 생성, 창작, 수집, 처리, 보존, 유지, 배포되거나 정부 내지 공공기관의 재정지원을 받은 데이터를 말한다.[2]

공공데이터 관련 법률에서 자주 사용되는 open은 누구나 어떠한 목적에서든 자유롭게 접근, 사용, 수정, 공유할 수 있는 상태를 의미한다.[3] 이러한 open의 개념은 오픈소스 소프트웨어의 정의에서 사용된 자유(free, libre)와 같은 의미이다. open이라는 단어는 현재 대세적 흐름인 개방형 혁신(open innovation)을 설명할 수 있는 가장 핵심적인 용어이다. 공공데이터법은 이와 같은 open의 정신을 법률의 형식으로 표현한 것이라고 이해할 수 있다.

---

1) European Commission, "Creating Value through Open Data: Study on the Impact of Re-use of Public Data Resources", 2015, 22면.

2) European Commission, 위 보고서, 21면.

3) http://opendefinition.org/ 참조(2022. 8. 10. 최종 확인).

2. 공공데이터 활용의 근거와 취지

(1) 법적 근거

공공데이터 활용은 기본적으로 공공데이터법에 따른다. 공공데이터법은 명시적으로 국민의 공공데이터에 대한 이용권을 보장한다고 선언하고 있다(제1조). 그에 따라 공공기관은 누구든지 공공데이터를 편리하게 이용할 수 있도록 노력하여야 하며, 이용권의 보편적 확대를 위하여 필요한 조치를 취하여야 한다(제3조 제1항). 이러한 '이용권'이 국민의 실체적 권리인지에 관하여 다툼이 있을 수 있으나, 국민 누구든지 공공기관에 대하여 공공데이터 제공을 요청할 수 있으며 공공기관이 이에 불응하면 소를 제기할 수 있다고 보면 공공데이터에 대한 이용권은 법률에서 정한 실체적 권리라고 생각된다.[4]

공공데이터에 대한 접근은 국민의 알 권리 내지 정보의 자유에 기초한 정보공개법에 의해서도 가능하다. 정보공개법도 제공된 정보에 대한 다양한 형태의 이용을 금지하지 않는다. 법원도 정보공개법이 정보공개청구권의 행사와 관련하여 정보의 사용 목적이나 정보에 접근하려는 이유에 관한 어떠한 제한을 두고 있지 않다고 판시하고 있다.[5] 공공데이터법과 정보공개법은 데이터 접근, 제공의 측면에서 거의 동일한 기능을 수행한다고 할 수 있다. 다만 정보공개법은 국민의 알권리에 기초하여 행정

---

[4] 공공데이터법 제33조 제2항은 "분쟁조정위원회는 신청된 조정사건에 대한 처리절차를 진행하던 중에 한쪽 당사자가 소를 제기하면 그 조정의 처리를 중지하고 이를 당사자에게 알려야 한다."고 규정하여, 데이터제공거부에 대해 소가 제기될 수 있음을 예정하고 있다. 공공데이터제공거부결정의 취소를 구하는 사례로 서울행정법원 2019. 8. 29. 선고 2018구합85143판결, 공공데이터제공신청반려처분의 취소를 구하는 사례로 인천지방법원 2015. 8. 13 선고 2015구합50553판결이 있다. 다만, 정보공개법과 달리, 공공데이터법은 국가기관 이외의 공공기관의 제공거부결정에 대해 행정심판, 행정소송을 제기할 수 있는 방법을 구체적으로 정하고 있지는 않다. 유럽연합 2003년 공공분야 정보 재사용 지침 및 영국 2013년 공공분야 정보 재사용 규정은 정보공개법에 상응하는 정도로 일반 시민에게 공공기관의 정보제공 거부나 중단 결정에 대한 소제기권을 인정하고 있으므로 이러한 입법례를 참고할 필요가 있다는 견해로는 최창수, "공공데이터 개방에 관한 유럽연합, 영국, 미국의 입법례와 국내 법제의 개선방향", 홍익법학 제19권 제2호, 홍익대학교 법학연구소, 2018, 491면 참고.

[5] 대법원 2010. 12. 23. 선고 2008두13392 판결, 대법원 2014. 12. 24. 선고 2014두9349 판결 등.

의 투명성을 추구하는 법률이므로 공공데이터법과 달리 데이터의 사전공개, 이용절차, 품질관리 등을 구체적으로 기술하기 어렵다는 차이가 있다. 정보공개법은 정보공개신청인의 청구에 응하여 공공기관이 생성·관리하고 있는 정보를 사후에 수동적으로(reactively) 공개하는 것을 목적으로 하는 법률이고, 공공데이터법은 공공기관이 생성·관리하고 있는 정보를 사전에 체계적으로 정리하여 능동적으로(proactively) 국민에게 개방하는 것을 목적으로 하는 법률이라고 할 수 있다.[6] 공공데이터법상 공공데이터는 광(光) 또는 전자적 방식으로 처리된 자료 또는 정보로 제한되어 공공기관이 이러한 유형의 정보를 이용자에게 기계판독이 가능한 형태(machine-readable format)로 제공하는 것을 전제로 하지만, 정보공개법의 대상정보는 전자문서나 매체에 기록된 사항을 포함하기는 하나 기본적으로 일정한 정보가 체화된 단일 문서 등에 대한 청구와 공개(열람, 사본 교부 등)의 절차를 주된 골자로 한다는 점도 양 법을 구분할 수 있는 특징이다.[7] 즉 정보공개법에 따른 공개 대상 중 기계판독이 가능한 형태인 정보는 공공데이터로서 제공가능하다.[8] 정보공개법이 공공기관의 데이터에 접근할 수 있는 권리를 규정한 것에서 더 나아가 데이터를 적극적으로 이용할 수 있는 권능을 부여하고 데이터 공개·이용을 위한 구체적 절차, 공공데이터 목록 공표, 품질관리, 표준화 등을 규정한 것이 공공데이터법이라고 볼 수 있다.

　　공공데이터법의 '공공데이터'와 정보공개법의 '정보'는 이론적으로 중첩될 수밖에

---

6) 최창수, 위의 글, 485면 .

7) 박세진·김경열·권헌영, "공공정보 이용환경의 변화와 제도적 대응", 토지공법연구 제62집, 한국토지공법학회, 2013, 292면 ; 이성엽, "한국의 데이터주도 혁신에 대한 법의 대응과 진화", 경제규제와 법 제11권 제2호, 서울대학교 공익산업법센터, 2018, 152면.

8) 인천지방법원 2015. 8. 13. 선고 2015구합50553판결은 "공공기관의 장은 그가 보유하는 자료나 정보를 공공데이터법상의 공공데이터의 형식으로 관리하고 제공할 것인지 그 외의 형식으로 정보공개법에 따라 관리하고 제공할 것인지에 관한 재량을 가진다고 할 것이므로, 공공기관의 장이 공공데이터 외의 형식으로 관리·제공하고자 하는 정보까지 공공데이터의 형식으로 국민에게 제공할 의무가 있다고 할 수는 없다."고 판시하면서, 2012년도부터 2015년도까지의 법원 증인여비기준표를 공공데이터법에서 정한 공공데이터의 형식으로 제공할 수 없다는 취지의 인천지방법원장의 반려처분을 위법하지 않다고 보았다. 일반론에는 찬성할 수 있으나, 증인여비기준표를 정보공개법에 의해서만 제공받을 수 있고 공공데이터법에 근거하여서는 제공받을 수 없다는 판시에는 의문이 있다.

없다. 위 양자를 구별하기 위해 종래 공공기관의 실무는, 공공데이터법상의 '공공데이터'는 산업적 활용 목적의 정보로, 정보공개법상의 '정보'는 정부 활동의 투명성 확인 목적의 정보로 이해하고 있었다.[9] 중첩적 적용 가능성을 인정하면서 데이터공개를 요청한 신청인의 의사와 데이터의 형태·성격을 고려하여 적용 법률을 결정하면 될 것으로 생각된다. 영국 정보자유법(Freedom of Information Act 2000)과 공공분야 정보 재사용 규정(Re-Use of Public Sector Information Regulation 2013)의 관계와 같이, 일반 문서가 아닌 데이터셋(dataset) 형태의 공개를 정보공개법에 따라 신청하는 경우에는 정보공개법의 관련 조항이 적용되는 것이 아니라 공공데이터법 규정이 적용되도록 하는 것도 하나의 방안이라고 생각된다.[10]

(2) 정책적 취지

누구든지 공공데이터에 접근하고 이를 이용할 수 있는 상황을 정당화할 수 있는 정책적 취지는 무엇인가? 공공데이터는 공공기관이 법령 등에서 정하는 목적을 위하여 생성 또는 취득하여 관리하는 정보를 말하므로, 공공데이터 작성에 공공자금이 투입되었다는 사정이 국민 일반의 공공데이터에 대한 접근 및 이용을 허락하는 적극적인 요인이라고 할 수 있다. 또한 OECD에서 추진하는 Open Government Data(OGD) 정책과 같이, 정부 등이 보유하고 있는 데이터를 공개함으로써 정부의 투명성, 책임성을 강화하고 민간사업의 기회와 혁신을 창출하고자 하는 정책적 목적도 정당화 사유가 될 것이다. 특히 민간부분이 공공데이터를 재사용(re-use)하여 새로운 가치와 혁

---

9) 구 공공데이터 관리지침(행자부 고시 제2016-42호)은 공공데이터법상의 '공공데이터'와 정보공개법상의 '정보'를 구분하여, 전자는 기업 등의 비즈니스 활용 또는 창출을 위한 산업적 활용 차원 성격의 자료 또는 정보로, 후자는 국민의 알 권리 보장, 국정운영의 투명성 보장 차원 성격의 자료 또는 정보로 보고 각각 적용법률을 달리 보고 있다(15면). 위 구 관리지침은 기관장 업무추진비, 출장내역서 등은 개방 공공데이터로 보기 어렵고 정보공개법상의 '정보'에 해당한다고 보고 있으나(5면) 의문이다. 2019년 개정된 공공데이터 관리지침(행안부 고시 제2019-71호)는 이러한 설명을 삭제하고 "해당 자료 또는 정보가 정보공개법의 '정보'에 해당하는 경우에도 공공데이터 개방요건에 부합하는지 여부를 확인"하여야 한다고 기술하여(14면), 공공데이터법과 정보공개법 간의 관계를 명확히 정리하였다.

10) 최창수, 위의 글, 483면.

신을 이루기 위해서는 공공기관은 오픈 라이선스(open licence) 방식에 의해 기계판독이 가능한 오픈 포맷(open format) 파일 내지 오픈 API의 형태로 공공데이터를 제공할 필요가 있다.[11] 유럽연합은 2003년 '공공분야 정보(Public Sector Information: PSI) 재사용에 대한 지침 2003/98/EC' 및 이를 개정한 2013년 '공공분야 정보 재사용에 대한 지침 2013/37/EU'를 통하여, 접근이 허용되는 모든 정보는 원칙적으로 재사용이 가능해야 하며, '가능하고 적합한 경우' 공공기관은 관련 문서를 기계판독이 가능한 형태로 그 메타데이터와 함께 개방하도록 하였다. 미국도 2019. 1. 14. 모든 공공데이터에 대해 공개기본(open by default) 원칙을 채택하고 공공데이터를 오픈 라이선스에 의해 기계판독 가능한 오픈 포맷 형태로 공개하는 것을 의무화하는 'OPEN Government Data Act' 를 성립시킨 바 있다.

(3) 한 계

정부 등의 공공기관은 데이터를 자체적으로 생성하기도 하지만 기업, 개인들의 정보를 강제적으로 취득하여 관리하는 경우도 상당하다. 공공데이터에는 정보주체의 개인정보, 기업의 영업비밀, 타인의 저작권 등이 혼재되어 있으므로 이를 온전히 정부의 자산이라고 보기 어렵다. 정부 등 공공기관의 고유자산이라고 볼 수 없는 것에 대해 마치 공공기관이 소유자인 것처럼 이용자에게 이용허락을 할 수는 없다. 공공기관이 내부활동에 관하여 자체적으로 생성한 정보 내지 순수한 사물에 관한 정보(예컨대, 기관 내부의 지출내역, 버스운행데이터, 기상데이터 등) 등은 특별한 제한 없이 공개하여 이용할 수 있게 하여도 무방하지만 차량등록번호, 복지급여내역, 제품성분 등타인의 속성, 기업정보 등에 관련한 정보는 제한 없이 공개하는 경우 이해관계자의

---

11) 2019. 1. 14. 법률로 성립된 미국 OPEN Government Data Act는 오픈 라이선스(open licence)를 이용자에게 비용부담이 없고, 복제, 출판, 배포, 전송, 편집, 개작에 아무런 제한이 없는 라이선스를 의미한다고 정의하고 있다. 오픈 포맷(open format)이란 모든 소프트웨어에서 자유롭게 수정, 편집 등을 할 수 있는 형태의 데이터를 말하며, CSV, JSON, XML 등이 여기에 속한다. 특정 소프트웨어에서 읽을 수만 있거나(PDF) 특정 소프트웨어에서만 수정, 변환 가능한(HWP, XLS, JPG 등) 파일은 오픈 포맷이 아니다(공공데이터 관리지침 제6면).

반발이 예상된다. 이러한 점을 고려하여 공공데이터법은 정보공개법에서 정한 비공개정보(사생활침해 정보, 영업비밀 등 8가지 정보), 이용허락을 받지 않은 저작권 등이 포함된 정보를 아예 제공대상 데이터에서 제외하여, 공공데이터의 제공이 타인의 권리를 침해하지 않도록 하고(제17조 제1항), 그 범위 내에서 데이터 이용자가 자유롭게 나아가 영리적으로도 공공데이터를 활용할 수 있도록 하였다(제3조 제4항). 즉 제공대상 공공데이터에 사생활침해 정보 등이 존재하지 않으므로 이러한 데이터의 (영리적) 사용을 적극적으로 권장한다는 취지이다.

그러나 이러한 시도만으로 공공데이터의 제공에서 발생하는 위험을 완벽히 제거할 수 있다고 보기 어렵다. 왜냐하면 타인 관련 내용이 제거된 공공데이터라고 하더라도 다른 데이터의 결합, 연결에 의해 해당 개인이 식별되거나 기업의 영업비밀이 노출될 수 있는 가능성을 완전히 배제할 수는 없기 때문이다. 현재 공공데이터분쟁조정사건으로 올라오는 어려운 사안들은 대부분 개인정보 침해, 영업비밀 침해 가능성 등이 현실적으로 문제되는 것들이다. 결국 공공데이터 이용을 정당화하기 위해서는 비례의 원칙에 근거하여 프라이버시 침해, 영업비밀 침해 등 보다 우월한 사적, 공적인 가치가 존재한다고 인정되어야 한다.[12] 그리고 비교형량된 이익들 간의 크기 차이에 비례하여 허용되는 공공데이터의 범위도 탄력적으로 결정되어야 한다고 생각된다. 희생되는 법익에 비하여 공공데이터 이용의 이익이 현저히 우월하지 않다면 데이터 이용은 허용하더라도 그 이용의 범위를 제한할 필요가 있을 것이다. 이 경우 이용조건 준수, 제3자 제공 금지, 비식별조치 등 안전성 확보 조치 이행 등의 적절한 내용의 부관을 부가해야 한다.[13] 비례의 원칙이라는 관점에서 보면, 정보공개법은 해당

---

12) 대법원 2006. 12. 7. 선고 2004두9180 판결 [정보공개거부처분취소]

"정보공개법 제7조 제1항 제6호 (다)목에 의하면, 특정인을 식별할 수 있는 개인에 관한 정보라 하더라도 공익을 위하여 필요하다고 인정되는 정보에 해당하는 경우에는 그 공개를 거부할 수 없다고 규정되어 있고, 기록에 의하면 원고가 공익 목적에 의한 이 사건 정보의 공개를 계속 주장하여 왔음을 알 수 있으므로, 원심 판시와 같이 비록 이 사건 공개청구대상정보에 개인에 관한 정보가 포함되어 있다 하여도, 원심으로서는 나아가 그 정보의 비공개에 의하여 보호되는 개인의 사생활 보호 등의 이익과 공개에 의하여 보호되는 국정운영의 투명성 확보 등의 공익을 심리하여 그 비교·교량에 의하여 이 사건 공개거부처분의 당부를 판단하였어야 할 것이다."

정보에 정보주체 기타 제3자의 권리가 포함되어 있는 경우라고 하더라도 법익균형성을 충족하면 정보 공개를 허용하는 예외적 규정을 두고 있다(정보공개법 제9조 제1항 제6호, 제7호). 오히려 공공데이터법은 제공대상 데이터에 타인의 개인정보 등이 없다는 이론적 전제하에 구체적인 상황에서 발생할 수도 있는 제3자 권리 침해 요소에 대해서는 섬세한 고려를 하고 있지 않다. 향후 공공데이터법이 개정된다면 이러한 현실적인 침해 가능성을 인정하여, 비례의 원칙에 따른 법익균형성을 확보하고 제공되는 데이터의 성격에 따라 이용범위를 탄력적으로 제한할 수 있는 규정을 두는 것이 바람직하다고 생각된다.

3. 외국의 동향

(1) EU의 PSI Directive

EU는 공공분야 정보(Public Sector Information)에 대하여 상업적 이용을 포함하여 자유로운 접근과 이용을 보장하기 위해 2003년 「공공분야 정보의 재사용에 관한 지침」(2003년 PSI 지침)을 제정하였다.[14] 여기서 재사용(re-use)는 상업적 또는 비상업적 목적으로(문서가 작성된 당시의 공공 업무에 속하는 최초 목적이 아닌) 공공기관이 보유한 문서(document)를 사람이나 법인이 사용하는 것을 말하며 순수하게 공공 업무를 위한 공공기관 간의 문서교환은 이에 해당하지 않는다. PSI 지침은 '공공분야 정보'를 명확히 정

---

13) 공공데이터법은 '이용조건'과 '이용요건'이라는 용어를 혼용한다(제3조 제5항, 제19조, 제28조). 이 글에서는 '이용조건'으로 통일하여 사용하기로 한다.

14) DIRECTIVE 2003/98/EC OF THE EUROPEAN PARLIAMENT AND OF THE COUNCIL of 17 November 2003 on the re-use of public sector information. EU 법규범은 EU 창설조약 제189조에 따라 규정(Regulation), 지침(Directive), 결정(Decision), 권고(Recommendation), 의견(Opinion)의 5가지가 있다. 앞의 3개는 법적 구속력이 있지만 나머지 2개는 구속력이 없다. 규정은 EU 전체에 적용되는 가장 강력한 EU 규범이다. 특별한 국내법적 편입절차 없이 각국법에 우선하는 효력을 가지며 관련 당사자에게 직접 권리, 의무를 발생시키고 회원국 국내법 질서의 일부를 형성한다. 지침은 규정과 달리 국내법적 편입절차 즉 회원국이 별도로 국내법을 제정하여야 회원국에서 규범력이 발생한다. 회원국은 지침에 상응하는 법률 등을 도입할 의무가 있다.

의하지는 않았지만 일부 유형의 문서(제3자의 지적재산권, 영업비밀 등)를 제외한 나머지 문서들은 재사용이 가능하도록 공개하고, 이를 모든 이용자가 상업적으로 자유롭게 사용할 수 있도록 하며, 공공기관이 원칙적으로 이들 문서에 대해 제3자와 배타적인 계약(exclusive arrangement)을 체결할 수 없도록 하는 기본적 원칙을 규정하였다.[15]

　5개 장과 15개의 조문으로 구성된 2003년 PSI 지침은 공공분야 정보의 재사용에 관한 구체적인 절차가 부재하였다. 이에 따라 위 지침은 2013년 「공공분야 정보의 재사용에 관한 지침」(2013년 PSI 지침)으로 개정되었다.[16] 위 2013년 개정 PSI 지침의 주요 내용은 다음과 같다.[17] 첫째, 가능하고 적합하다면 공공기관은 보유 문서를 메터데이터와 함께 오픈 포맷, 기계판독 가능한 포맷으로 공개하여야 한다(제5조).[18] 둘째, 제공 수수료는 일부 예외가 있으나 원칙적으로 문서 재생산, 제공, 배포에서 발생하는 한계 비용으로 제한된다(제6조). 셋째, 2003년 PSI 지침에서 공공기관의 범주에 포함되지 않았던 도서관, 박물관, 기록보관소 등 일부 문화적 기관들을 적용범위에 포함시켰다(제1조 제2항 f호, 제3조 제2항). 위 기관들은 지적재산권이 포함된 문서들 중에서 재사용 허락을 받은 문서들에 대해 원칙적으로 상업적·비상업적 목적으로 재사용이 가능하도록 할 의무가 있다. 다만 이들 기관에 대해서 한계비용 부담의 원칙과 배타적 계약 금지 의무는 적용되지 않는다.

　근래에 들어 데이터의 중요성이 더욱 부각되자 2013년 PSI 지침은 2019년 「오픈데이터 및 공공분야 정보의 재사용에 관한 지침」(2019년 오픈데이터 지침)으로 전면 개정되었다.[19] 위 개정 지침의 주요 내용을 정리하면 다음과 같다.[20] 첫째, 지침의 명칭

---

15) 김민호·이보옥, "공공 오픈데이터 EU Directive 개정 동향과 시사점", 성균관법학 제32권 제1호, 2020, 7면.

16) DIRECTIVE 2013/37/EU OF THE EUROPEAN PARLIAMENT AND OF THE COUNCIL of 26 June 2013 amending Directive 2003/98/EC on the re-use of public sector information.

17) 최창수, 위의 글, 481면.

18) 오픈 포맷은 플랫폼에 관계없고 재사용에 지장을 줄 수 있는 제한이 전혀 없는 파일 포맷을 말한다 (제2조 제7항).

19) DIRECTIVE (EU) 2019/1024 OF THE EUROPEAN PARLIAMENT AND OF THE COUNCIL of 20 June 2019 on open data and the re-use of public sector information.

이 '오픈데이터'를 강조하는 형태로 변경되었다. 오픈데이터는 오픈 포맷으로 작성된 데이터 즉 누구든지 어떠한 목적으로든 자유롭게 무료로 재사용할 수 있고 공유할 수 있는 포맷으로 작성된 데이터를 말한다.[21] 위 개정 지침은 오픈데이터라는 용어를 전면에 등장시켜 공공분야 정보의 이용을 더욱 확대하려는 것으로 보인다. 둘째, 지침 적용 대상을 확대하여 공공서비스 등 일정 유형의 공공사업(public undertaking)이 보유하는 문서와 연구 데이터(research data)를 공개대상 데이터로 포함시켰다(제1조 제1항). 셋째, 고부가가치 데이터셋(high-value datasets)을 정의하고 재사용 요건을 규정하였다(제2조 10호, 제13조 제1항). 부속서 I에서 지리공간, 지구관측 및 환경, 기상, 통계, 회사 및 회사 소유권, 이동수단이 고부가가치 데이터셋 목록에 포함되었다. 고부가가치 데이터셋으로 평가되기 위해서는 해당 데이터셋은 ① 무료로 제공되어야 하고 ② 기계 판독 가능하여야 하며 ③ API에 의해 제공되어야 하고 ④ 관련 있다면 묶음 다운로드(bulk download) 형태로 제공되어야 한다. 이와 같은 규정을 통해 2019년 오픈데이터 지침은 고부가가치 데이터셋의 활용을 증진하려는 것으로 보인다. 넷째, 종전 2013년 PSI 지침은 수수료를 문서 제공 등으로 발생하는 한계 비용으로 제한하고 있었다. 위 오픈데이터 지침은 제6조 제1항에서 문서 재사용에 대한 수수료는 원칙적으로 무료이고 제2항에서 이에 대한 예외를 두는 것으로 하였다. 현실적으로 많은 예외가 인정될 것으로 보이지만, 수수료 무료 원칙은 공공데이터 접근과 이용을 확대할 수 있는 혁신적인 조치가 될 것으로 생각된다. 한국 공공데이터법은 데이터제공에 드는 필요최소한의 비용을 이용자에게 부담시킬 수 있다고 규정하여, 비용이 발생하면 이용자에게 청구할 수 있다는 실무가 형성될 가능성이 있다(제35조). 다섯째, 종전 2013년 PSI지침은, 가능하고 적절하다면 공공데이터는 메타데이터가 포함된 오픈 포맷 및 기계 판독 포맷이어야 하고 메터데이터와 위 포맷들은 공식적인 공개 표준을 준수해야 한다고만 규정하였다(제5조). 2019년 오픈데이터 지침은 이를 더욱 구체화하여, 공공데이터는 오픈(open), 기계 판독 가능(machine-readable), 접근 가능(accessible), 발견 가능

---

20) 김민호·이보옥, 위의 글, 9면 이하 참고.

21) 2019년 오픈데이터 지침 recital 16. 'freely used'를 '자유롭게 무료로'로 번역하였다.

(findable), 재사용 가능(re-usable)해야 하고, 개방성 설계 및 기본 설정(open by design and by default) 원칙을 준수하여야 하며, 동적 데이터는 묶은 다운로드가 가능한 API에 의해 수집 이후 즉시 재사용될 수 있어야 하고,[22] 고부가가치 데이터셋도 API에 의해 기계 판독 가능한 포맷으로 재사용될 수 있어야 한다고 규정하였다. 정책적으로 개방성 설계 및 기본 설정 원칙을 천명하면서 기술적으로 API 활용을 강조하고 있는데, 이와 대비하여 한국 공공데이터법은 공공데이터를 기계 판독 가능한 형태로 제공한다는 것에 그치고 있다(제2조 제4호).[23] 행정안전부 고시인 공공데이터 관리지침 등에서 오픈API 사용을 장려하고 있으나 이를 법률적 원칙으로 규정할 필요가 있다.

(2) EU의 Data Governance Act, Data Act

2019년 오픈데이터 지침과 별도로 EU는 2022년 5월에 승인된 Data Governance Act(DGA) 제2장에서 오픈데이터 지침이 다루지 않은 특정 유형의 공공분야 데이터에 대한 재사용 요건을 규정하였다.[24] DGA에서 규정한 특정 유형의 공공분야 데이터는 제3자의 권리 즉 영업비밀, 개인정보, 지적재산권을 포함하고 있는 데이터를 말한다. 종래 위 유형의 데이터에는 오픈데이터 지침이 적용되지 아니하였다. DGA에 의해 공공기관은 제3자의 프라이버시와 영업비밀이 기술적 관점에서 충분히 보호되는 것을 전제로 이러한 유형에 속하는 공공분야 데이터의 재사용을 허락할 수 있게 되었다(제5조). 프라이버시, 영업비밀이 보호되는 방법으로는 개인정보의 익명화, 영업

---

22) 동적 데이터(dynamic data)는 디지털 형태의 문서로서 휘발성 성격으로 인하여 실시간 내지 수시 업데이트가 필요한 데이터를 말한다. 센서에 의해 생성된 데이터가 전형적인 동적 데이터에 해당한다(제2조 8호).

23) '제공'의 의미 자체를 "이용자로 하여금 기계 판독이 가능한 형태의 공공데이터에 접근할 수 있게 하거나 이를 다양한 방식으로 전달하는 것"으로 정의하고 있다.

24) REGULATION OF THE EUROPEAN PARLIAMENT AND OF THE COUNCIL on European data governance and amending Regulation (EU) 2018/1724 (Data Governance Act). 2023년 9월 발효 예정이다. EU Data Governance Act의 내용에 대해서는 정명현, "유럽 데이터 거버넌스 법안과 국내 데이터 법제 구축에 대한 소고", 4차산업혁명 법과 정책 (제3호), 2021 참고. 다만 당시 법안 내용이 2022년 최종 승인된 내용과 일부 차이가 있다.

비밀의 변형, 총계처리, 공공기관의 관리하에 있는 안전한 처리 환경(secure processing environment)에서 원격적인 데이터 접근과 재사용, 원격접속이 차단되고 고도의 보안 조치가 취해진 물리적 공간에서의 데이터 접근과 재사용이 제시되었다(제5조 제3항). 오픈데이터 지침과 마찬가지로, 공공기관은 이러한 재사용에 관하여 독점적 권리를 부여하여서는 아니 되나 예외적으로 공익상 관련 상품 내지 서비스 제공을 위해 필요한 경우 12개월 이내의 독점적 계약을 체결할 수 있다(제4조).

2019년 오픈데이터 지침과 DGA는 모두 공공분야 데이터의 재사용은 제3자의 지적재산권에 영향을 미치지 아니한다고 규정한다.[25] 같은 맥락에서 공공분야 데이터의 재사용 요건은 공공기관이 보유하고 있는 저작권 등의 지적재산권과 관계가 없으므로 공공기관의 저작권 행사는 원칙적으로 허용된다. 그러나 이러한 권리행사는 공공분야 데이터의 재사용을 가능하게 하는 방향으로 이루어져야 한다.[26] 나아가 공공기관은 데이터베이스 지침에서 독자적 권리(sui generis)로 규정한 데이터베이스 제작자의 권리를 보유하고 있더라도 해당 권리를 행사할 수 없다.[27] 한국 공공데이터법은 이러한 내용을 규정하고 있지 않은데 향후 입법에 참고가 될 수 있다고 생각된다.

마지막으로, 현재 논의가 진행중인 Data Act에도 공공분야 데이터 재사용에 관련된 내용이 있다. Data Act 제5장은 공익, 긴급상황 등 예외적인 필요성이 있는 경우 데이터 보유자는 공공기관에 관련 데이터를 제공하도록 하고 있다. 이에 따라 공공기관은 해당 데이터를 공공분야 데이터로 관리하게 되지만, 이 경우에는 오픈데이터 지침이 적용되지 않아 제3자에 의한 해당 데이터의 재사용은 금지된다(제17조 제3항).

(3) 미국의 OPEN Government Data Act

미국의 연방차원의 공공데이터법 관련 법률은 2019년에 제정된 OPEN Government Data Act이다. 여기서 OPEN은 Open, Public, Electronic, Necessary의 약자이다. 위 법

---

25) 2019 Open Data Directive recital (54); Data Governance Act 제5조 제7항 전문, recital (12).

26) 2019 Open Data Directive recital (54); Data Governance Act recital (12).

27) 2019 Open Data Directive 제1조 제6항; Data Governance Act 제5조 제7항 후문.

률은 증거기반정책수립기본법(Foundation for Evidence-Based Policymaking Act of 2018)의 제
2장(Title II)에 위치하고 있다.

위 법률의 중요 내용은 다음과 같다. 첫째, 데이터 이동성(data portability), 공개
성(openness), 투명성(transparency)을 향상시키기 위해, 특정 형식이나 기술을 명시하
지 않는 방법으로 데이터 자산(data asset), 기계판독가능(machine-readable), 메타데이터
(metadata), 공개 정부데이터 자산(open Government data asset), 오픈 라이선스(open license)
용어를 정의하였다. 둘째, 연방기관이 프라이버시, 보안, 지적재산권, 계약적 권리 등
을 고려하여 공공데이터 공개를 할 수 있도록, OMB(Office of Management and Budget)의
장이 정부 차원의 지침을 내릴 수 있도록 하였다. 셋째, 연방기관은 공공데이터를 기
본적으로 공개해야 한다는 의무를 규정하였다. 연방기관은 데이터 자산(data asset)을
오픈 포맷으로 공개하여야 하며, 정보자유법(the Freedom of Information Act)에서 규정된
공공데이터 자산(public data asset)을 오픈 라이선스에 의해 기계 판독 가능한 포맷으로
공개해야 한다. 넷째, 연방기관은 적절한 메타데이터가 표시된 포괄적인 데이터 목록
(Comprehensive Data Inventory)을 개발하여야 하고, 공개 정부데이터 자산을 정기적으로
GSA(General Services Administration)가 관리하는 연방 데이터 포털(Federal Data Catalogue;
현재는 Data.gov)에 공개해야 한다. 다섯째, 최고 데이터 책임자(Chief Data Officer), 최고
데이터 책임자 위원회(Chief Data Officer Council)을 두도록 하였다. 최고 데이터 책임자
는 해당 연방기관의 데이터 관리를 총괄한다. 최고 데이터 책임자들로 구성된 최고
데이터 책임자 자문위원회는 OMB에 설치되어 데이터의 이용, 보호, 배포, 생성에 관
한 모범 관행(best practice)을 설정하고 데이터 공유 계약을 촉진하며 데이터 생산·접
근에 관한 방법을 개발하고 데이터 수집·이용에 관한 신기술을 평가한다.

한국의 공공데이터법과 비교하면, 공개되는 공공데이터의 정의와 범위에 차이가
있지만 기본적으로 공공데이터는 누구든지 목적제한 없이 기계 판독 가능한 형태로
사용할 수 있도록 하고 공개 데이터목록을 확정하여 그에 해당하는 공공데이터를 데
이터포털에 제공하도록 하며 공공기관마다 데이터책임자를 두고 있다는 점에서 양
법률은 유사한 법체계를 가지고 있다고 생각된다.

II. 공공데이터의 이용절차와 제공범위

1. 공공데이터 이용절차

(1) 공공데이터의 이용권자

공공데이터법은 공공데이터를 제공받아 이용할 수 있는 주체를 국민(내국인)으로 상정하는 것으로 생각된다.[28] 제1조 목적 조항에서 국민의 공공데이터에 대한 이용권 보장을 천명한 점, 공공기관은 공공데이터를 국민에게 제공하여야 한다고 규정한 점, 국내에 일정한 주소를 두고 거주하는 외국인 등에게 정보공개청구권을 인정하는 정보공개법과 달리 그에 관한 구체적인 규정을 두고 있지 않은 점을 고려할 때, 공공데이터법은 공공데이터 이용권자를 일단 내국인으로 예정한 것으로 보인다.[29] 공공데이터법은 민간이 공공데이터를 활용하여 사업적 기회를 창출하는 것을 목적으로 하고 있으므로, 투명성을 목적으로 하는 정보공개법과 달리 이용권자를 내국인으로 제한하는 것은 입법재량에 속한다고 생각된다.

(2) 공공기관의 공공데이터 개방(공개)

공공기관은 생성·취득하여 관리하는 모든 공공데이터에 대한 목록(이하 '공공데이터 목록'이라고 한다)을 작성하여 행정안전부에 등록하여야 한다(제18조). 해당 공공데이터가 공공데이터법상 비공개되는 데이터라고 하더라도 공공데이터 목록은 작성되어 행정안전부에 등록되어야 한다. 공공데이터전략위원회는 등록된 공공데이터 목록 가운데 제공대상이 되는 공공데이터 목록을 심의·의결하고, 그 의결에 따라 행정안전부장관은 공공데이터 제공목록 및 이용요건 등을 종합하여 공표하게 된다(제19조).

---

28) 유지혜, "저작물이 포함된 공공데이터의 제공 및 이용에 관한 연구", 선진상사법률연구 통권 제89호, 2020, 72면.

29) 정보공개법은 외국인 중 국내에 일정한 주소를 두고 거주하거나 학술·연구를 위하여 일시적으로 체류하는 사람, 국내에 사무소를 두고 있는 법인 또는 단체에게 정보공개청구권을 인정한다(동법 시행령 제3조).

제공목록이 공표된 공공데이터를 보유하고 있는 공공기관은 해당 공공데이터를 공공데이터 포털(data.go.kr)에 등록하여야 한다. 다만 건강보험심사평가원 보건의료빅데이터개방시스템의 예와 같이 공공기관은 행정안전부와 협의하에 별도의 포털에서 공공데이터를 공개할 수 있다. 공공데이터 포털에 등록되는 공공데이터는 CSV, XML와 같은 오픈포맷의 파일데이터 내지 오픈API 등에 의해 제공된다.

(3) 공공데이터 제공신청

제19조에 따라 개방(제공)결정이 된 공공데이터 및 그 목록은 원칙적으로 공공데이터 포털에 등록된다. 이용자는 위와 같이 공개된 공공데이터에 대해서는 공공데이터 포털 내지 소관 공공기관에서 제공신청을 할 수 있다(제26조). 만약 이용자가 원하는 공공데이터가 제19조에 따라 제공되지 아니하였다면 이용자는 소관 공공기관 또는 한국지능정보사회진흥원에 설치된 공공데이터활용지원센터에 공공데이터 제공신청을 할 수 있다(제27조). 이 경우 공공기관은 이용자의 요청에 따라 추가적으로 공공데이터를 생성하거나 변형 또는 가공, 요약, 발췌하여 제공할 의무를 지지 아니한다. 그러나 해당 공공데이터에 타인의 개인정보, 영업비밀 등 비공개대상정보가 포함되어 있는 경우 이러한 비공개대상정보를 기술적으로 분리할 수 있는 때에는 이를 제외하고 공공데이터를 제공하여야 한다(제17조 제2항). 비공개대상정보를 기술적으로 분리하는 작업은 공공데이터의 추가적인 가공으로 해석되지 아니한다고 보아야 할 것이다. 비공개대상 정보에 해당하는 부분과 공개가 가능한 부분을 분리할 수 있다고 하는 것은, 이 두 부분이 물리적으로 분리가능한 경우를 의미하는 것이 아니고 당해 정보의 공개방법 및 절차에 비추어 당해 정보에서 비공개대상 정보에 관련된 기술 등을 제외 내지 삭제하고 그 나머지 정보만을 공개하는 것이 가능하고 나머지 부분의 정보만으로도 공개의 가치가 있는 경우를 의미한다고 해석하여야 한다.[30]

---

30) 대법원 2004. 12. 9. 선고 2003두12707 판결 [정보공개거부처분취소] 등.

(4) 공공데이터 분쟁조정신청

이용자의 공공데이터 제공신청에 대해 공공기관이 제공거부결정을 한 경우 또는 제공결정 후 제공중단결정이 있는 경우 이용자는 그 처분이 있는 날부터 60일 이내에 공공데이터제공분쟁조정위원회에 분쟁조정을 신청할 수 있다(제31조). 분쟁조정위원회는 사실조사, 사전조정 등을 거쳐 신청일로부터 30일 이내 조정안을 작성하여야 한다(제31조). 다만 위 30일 처리기간은 훈시규정으로 해석되고 부득이한 사정이 있는 경우 처리기간을 연장할 수 있다. 공공기관은 특별한 사유가 없으면 분쟁조정위원회의 조정안을 따라야 하고 이로 인하여 징계처분 또는 불이익한 처분을 받지 아니하며 손해배상의 책임을 지지 아니한다(제32조). 조정안에 대해 당사자가 조정안 수령일로부터 15일 이내에 수락 여부를 알리지 아니하면 조정을 거부한 것으로 본다. 양 당사자가 수락한 조정안의 내용은 재판상 화해와 동일한 효력을 갖는다. 해당 공공기관이 행정소송법상 행정청인 경우 이용자는 공공기관의 제공거부결정이나 제공중단결정에 대해 행정소송법에 따라 처분취소 등을 구할 수 있다. 다만 처분취소청구는 처분이 있음을 안 날로부터 90일 이내 및 처분이 있은 날로부터 1년 이내에 제기하여야 하므로 행정소송을 진행할 때에는 이러한 제소기간에 유의하여야 한다. 행정소송법은 행정청의 개념에 법령에 의하여 행정권한의 위임 또는 위탁을 받은 행정기관, 공공단체 및 그 기관, 사인을 포함하고 있으므로, 해당 공공기관이 행정청이 아닌 경우에도 행정권한의 위임 또는 위탁을 받았다면 행정소송이 가능하다(제2조).

2. 제공되는 공공데이터의 범위

(1) 공공데이터법 제17조의 내용

공공기관은 일정한 유형의 데이터를 제외하고 원칙적으로 모든 공공데이터를 국민에게 제공하여야 한다(제17조 제1항).[31] 제공대상 공공데이터에서 제외되는 유형은

---

31) 공공데이터법 제17조(제공대상 공공데이터의 범위) ① 공공기관의 장은 해당 공공기관이 보유·관리하는 공공데이터를 국민에게 제공하여야 한다. 다만, 다음 각 호의 어느 하나에 해당하는 정보를 포

① 정보공개법 제9조에 따른 비공개대상정보 ② 저작권법 및 그 밖의 법령에서 보호하고 있는 제3자의 권리가 포함된 것으로 해당 법령에 따른 정당한 이용허락을 받지 아니한 정보이다. 그리고 정보공개법 제9조에서 정한 비공개대상정보는 다른 법률에서 정한 비밀정보, 개인정보 성격의 데이터, 영업비밀 성격의 데이터 등 8개 유형의 정보로 한정되어 있다. 공공기관은 제17조 제1항 각 호의 예외 사유가 없는 한 관리하는 공공데이터를 국민에게 제공하여야 하며 제공여부에 대해 재량권을 행사할 수 없다고 해석된다.[32] 이에 대해 제공대상 목록의 선정과 제외에서 공공기관이 재량권을 가지고 있다는 점을 들어(제20조 제1항 제3호) 공공데이터라 하더라도 이를 제공할지 여부는 별개의 문제로서 이에 관하여는 공공기관의 재량권이 인정된다고 보는 견해가 있다.[33] 그러나 공공기관이 재량으로 공공데이터를 제공대상 목록에서 제외하더라도 이용자는 공공데이터 목록에 없는 공공데이터도 제공신청할 수 있고 그 경우 공공기관은 종국적으로 제17조 제1항 각 호의 사유가 없는 한 이용자에게 공공데이터를 제공하여야 하므로 제공여부에 대한 공공기관의 재량권은 없다고 보인다. 다만, 공공기관은 공공데이터의 안전한 이용을 위하여 그 제공방법에 대해서는 일정한 재량을 발휘할 수 있다고 생각한다. 예컨대 개인정보의 성격을 띠는 공공데이터를 제공하는 경우 개인정보 보호법 제18조 제5항의 취지와 같이 이용자에게 이용 목적, 이용방법 등을 제한하거나 데이터의 안전성 확보조치를 취하도록 요구하는 것이 가능하다고 본다.

함하고 있는 경우에는 그러하지 아니한다.

1. 「공공기관의 정보공개에 관한 법률」 제9조에 따른 비공개대상정보

2. 「저작권법」 및 그 밖의 다른 법령에서 보호하고 있는 제3자의 권리가 포함된 것으로 해당 법령에 따른 정당한 이용허락을 받지 아니한 정보

② 공공기관의 장은 제1항에도 불구하고 제1항 각 호에 해당하는 내용을 기술적으로 분리할 수 있는 때에는 제1항 각 호에 해당하는 부분을 제외한 공공데이터를 제공하여야 한다.

③ 행정안전부장관은 제1항 제2호의 제3자의 권리를 포함하는 것으로 분류되어 제공대상에서 제외된 공공데이터에 대한 정당한 이용허락 확보를 위한 방안을 제시할 수 있으며, 공공기관의 장은 그 방안에 따라 필요한 조치를 취하여야 한다.

32) 유지혜, 위의 글, 68면.

33) 김제완·이동환·배성훈, "공공데이터 민간활용에 관한 몇 가지 법적 쟁점", 법조 제691호, 2014, 17면.

제공거부결정 등에 대한 분쟁조정 통계를 보면, 정보공개법상 비공개대상정보 여부에 관한 사건이 33.3%, 제3자의 저작권 포함 여부에 관한 사건이 24.0%로 상위를 차지하고 있다.[34] 이 중 비공개대상정보에 대해서는 경영상·영업상 비밀정보 여부 사건 39.7%, 개인정보(사생활비밀침해 정보) 여부 사건 33.8%, 다른 법률상 비밀정보 여부 사건 22.1%로 나타났다. 이후에서는 공공데이터 제공거부사유의 다수를 차지하는 개인정보, 영업비밀, 저작권, 다른 법률상 비밀정보에 관하여 논하기로 한다.

(2) 개인정보 내지 사생활침해 데이터

성명·주민등록번호 등 개인정보 보호법상 개인정보로서 공개될 경우 사생활의 비밀 또는 자유를 침해할 우려가 있다고 인정되는 공공데이터는 일부 예외적인 경우가 아닌 한 제공대상 공공데이터에 해당하지 않는다(공공데이터법 제17조 제1항 제1호, 정보공개법 제9조 제1항 제6호).

위 규정의 의미를 파악하기 위해서는 위 규정의 개정 연혁을 살펴볼 필요가 있다. 위 규정은 다음과 같이 1996년 제정되어 2004년, 2020년 각 개정되었다.

1996년 제정 법률	2004년 전부개정 법률	2020년 개정 법률
6. 당해 정보에 포함되어 있는 이름·주민등록번호 등에 의하여 특정인을 식별할 수 있는 개인에 관한 정보. 다만, 다음에 열거한 개인에 관한 정보를 제외한다. (각 목 사항 생략)	6. 당해 정보에 포함되어 있는 이름·주민등록번호 등 개인에 관한 사항으로서 공개될 경우 개인의 사생활의 비밀 또는 자유를 침해할 우려가 있다고 인정되는 정보. 다만, 다음에 열거한 개인에 관한 정보는 제외한다. (각 목 사항 생략)	6. 해당 정보에 포함되어 있는 성명·주민등록번호 등 「개인정보 보호법」 제2조 제1호에 따른 개인정보로서 공개될 경우 사생활의 비밀 또는 자유를 침해할 우려가 있다고 인정되는 정보. 다만, 다음 각 목에 열거한 사항은 제외한다. (각 목 사항 생략)

---

34) 행정안전부·한국지능정보사회진흥원·공공데이터제공분쟁조정위원회, '2014~2020년 공공데이터제공 분쟁조정사례 해설서', 2021, 25면. 그다음으로 데이터 미보유 및 가공의무 부재 사건이 13.7%, 그 외 오픈API개발 및 수정 사건이 5.9%, 다른 법률상 규정 존재 사건이 1.5%, 기타는 21.6%로 나타났다.

1996년 정보공개법 제9조 제1항 제6호 본문의 비공개대상정보는 "이름·주민등록번호 등에 의하여 특정인을 식별할 수 있는 개인에 관한 정보"라고 정의되었으나, 이후 2004년 전부 개정되면서 "이름·주민등록번호 등 개인에 관한 사항으로서 공개될 경우 개인의 사생활의 비밀 또는 자유를 침해할 우려가 있다고 인정되는 정보"로 변경되었다.

이에 대해 대법원은 "(2004년) 정보공개법 제9조 제1항 제6호 본문의 규정에 따라 비공개대상이 되는 정보에는 구 (1996년) 정보공개법의 이름·주민등록번호 등 정보 형식이나 유형을 기준으로 비공개대상정보에 해당하는지를 판단하는 '개인식별정보' 뿐만 아니라 그 외에 정보의 내용을 구체적으로 살펴 '개인에 관한 사항의 공개로 개인의 내밀한 내용의 비밀 등이 알려지게 되고, 그 결과 인격적·정신적 내면생활에 지장을 초래하거나 자유로운 사생활을 영위할 수 없게 될 위험성이 있는 정보'도 포함된다"고 판시하여, 비공개대상 정보의 범위를 '개인식별정보'뿐만 아니라 '사생활 침해 우려 정보'까지 확대하였다.[35] 여기서 '개인식별정보'는 1996년 정보공개법상 '당해 정보에 포함되어 있는 이름, 주민등록번호 등에 의하여 특정인을 식별할 수 있는 개인에 관한 정보'를 말한다.[36] 이와 같은 대법원의 해석에 따르면 2004년 정보공개법 제9조 제1항 제6호의 비공개대상정보는 개인정보 보호법상의 개인정보의 개념과 일치하지 아니하고 오히려 더 넓은 범위를 가질 수 있는 개념이 된다.

반면 2004년 정보공개법의 제안이유는 "개정안 제9조 제1항 제6호에 관하여 종

---

35) 대법원 2012. 6. 18. 선고 2011두2361 전원합의체 판결. 반면 위 대법원 전원합의체 판결의 별개의견(소수의견)은, 정보공개법 문언, 개정 경위 및 취지, 종래 대법원판례가 취한 견해, 관련 법령과의 조화로운 해석 등을 고려하였을 때, '이름·주민등록번호 등 개인에 관한 사항으로서 공개될 경우 개인의 사생활의 비밀 또는 자유를 침해할 우려가 있다고 인정되는 정보'는 1996년 정보공개법 제7조 제1항 제6호의 "당해 정보에 포함되어 있는 이름·주민등록번호 등에 의하여 특정인을 식별할 수 있는 개인에 관한 정보"와 동일한 것으로 해석하였다.

36) 위 대법원 전원합의체 판결문 자체에는 이러한 내용이 명확하게 나타나지 아니하나, 위 전원합의체 판결의 선고문 및 대법원 재판연구관의 위 전원합의체 판결에 대한 평석에 이러한 내용이 기술되어 있다. 이완희, "공개될 경우 개인의 사생활의 비밀 또는 자유를 침해할 우려가 있는 정보의 의미와 범위", 양승태 대법원장 재임 3년 주요 판례 평석, 사법발전재단, 2012 참고.

전 비공개대상정보인 '특정인을 식별할 수 있는 개인에 관한 정보'를 '개인의 사생활의 비밀 또는 자유를 침해할 우려가 있는 정보'로 축소하는 등 비공개대상정보의 요건을 강화"한다고 밝히고 있어(구법 대비 비공개 사유를 축소함), 개정 법률의 입법취지, 대법원의 다수의견, 별개의견이 서로 상이한 상황에 이르렀다. 2020년 개정법은 이와 같은 해석상의 혼란을 줄이기 위해 비공개대상 정보를 "개인정보보호법상 개인정보로서 공개될 경우 사생활의 비밀 또는 자유를 침해할 우려가 있다고 인정되는 정보"로 명확하게 정의하였다.[37] 즉, 현행 정보공개법에 따르면, 개인정보보호법상 개인정보에 해당하더라도 개인의 사생활의 비밀 또는 자유를 침해할 우려가 없다면 정보공개법 제9조 제1항 제6호의 비공개대상 정보에 해당하지 않게 된다.

실무적으로 개인정보의 개념은 매우 넓게 해석되므로 개인에 관한 사항으로 개인을 잠재적으로도 특정할 수 있는 정보는 모두 개인정보에 해당한다고 평가될 가능성이 높다. 그러므로 개인정보 성격이 문제되는 정보에 대한 비공개대상 여부 판단은 그 정보가 사생활 비밀을 침해할 우려가 있는지 여부에 달려 있다고 생각된다. 이와 관련하여 사생활 비밀 침해 우려를 저감할 수 있는 조치로서 가명처리를 생각해 볼 수 있다. 가명처리는 개인정보의 일부를 삭제하거나 일부 또는 전부를 대체하는 등의 방법으로 추가 정보 없이는 특정 개인을 알아볼 수 없도록 처리하는 것을 말한다. 공공데이터 신청인은 추가적인 정보를 획득하지 않고서는 가명처리된 개인정보만으로 특정 개인을 식별할 수 없으므로, 개인정보처리자인 공공기관이 추가 정보를 안전하게 관리한다면 공공데이터의 가명처리는 특정 개인의 사생활의 비밀을 보호할 수 있는 안전성 확보조치에 해당한다고 생각된다. 2020년 정보공개법 개정안에 대한 국회 심사보고서는 가명정보를 비공개대상 정보에 포함할지 여부에 관하여 입법정책적 결정이 필요하다고 보고 있으나,[38] 법률해석상으로도 일정한 안전성 확보조치를 전제로 가명화 공공데이터는 사생활 비밀 침해 우려가 있다고 인정되기 어렵다고 생각한다. 공공데이터 분쟁조정에서도 일정 수준의 데이터 비식별처리를 하고 이용조건을

---

37) 국회 심사보고서 5면.
38) 국회 심사보고서 6면.

부과하여 공공데이터를 제공한 조정 사례가 있다.[39] 이러한 안전성 확보조치 및 이용조건 부과에 대해서는 Ⅲ. 공공데이터법의 개선과제에서 후술하기로 한다.

(3) 경영상·영업상 비밀

법인·단체 또는 개인의 경영상·영업상 비밀에 관한 사항으로서 공개될 경우 위법인 등의 정당한 이익을 현저히 해칠 우려가 있다고 인정되는 정보는 일부 예외적인 경우가 아닌 한 제공대상 공공데이터에 해당하지 않는다(공공데이터법 제17조 제1항 제1호, 정보공개법 제9조 제1항 제7호). 경영상·영업상 비밀을 비공개대상정보로 한 취지는 사업체인 법인 등의 사업활동에 관한 비밀의 유출을 방지하여 정당한 이익을 보호하고자 함이다.[40] 유사한 개념으로 "공공연히 알려져 있지 아니하고 독립된 경제적 가치를 가지는 것으로서, 비밀로 관리된 생산방법, 판매방법, 그 밖에 영업활동에 유용한 기술상 또는 경영상의 정보"로 정의된 「부정경쟁방지 및 영업비밀보호에 관한 법률」(이하 '영업비밀 보호법'이라고 한다)의 '영업비밀' 개념이 있으나, 정보공개법상 '경영상·영업상 비밀'은 '타인에게 알려지지 아니함이 유리한 사업활동에 관한 일체의 정보' 또는 '사업활동에 관한 일체의 비밀사항'을 의미하는 것이므로 영업비밀 보호법의 '영업비밀'에 제한되지 않는다.[41] 즉 영업비밀 보호법의 '영업비밀'에 해당하지 않아도 정보공개법의 '경영상·영업상 비밀'에 해당할 수 있고 해당 정보가 비공개대상정보에 해당하는지는 최종적으로 법인 등 사업체에게 비공개에 관한 정당한 이익이 인정되는지에 따라 결정된다. 다만 영업비밀 보호법상 '영업비밀'에 해당한다면 공개를 거부할 정당한 이익이 인정될 가능성이 높다고 할 수 있다.

비공개에 관한 정당한 이익 유무를 판단할 때에는 국민의 알 권리를 보장하고 국정에 대한 국민의 참여와 국정 운영의 투명성을 확보함을 목적으로 하는 정보공개법의 입법 취지와 아울러 당해 법인 등의 성격, 당해 법인 등의 권리, 경쟁상 지위 등 보

---

39) 018-012 소방청 화재발생지 데이터 분쟁조정사례 등.
40) 대법원 2010. 12. 23. 선고 2008두13101 판결.
41) 대법원 2008. 10. 23. 선고 2007두1798 판결 등.

호받아야 할 이익의 내용·성질 및 당해 정보의 내용·성질 등에 비추어 당해 법인 등에 대한 권리보호의 필요성, 당해 법인 등과 행정과의 관계 등을 종합적으로 고려해야 한다.[42] 그러므로 법인 등 사업체가 국민에 의한 감시의 필요성이 크고 이를 감수하여야 하는 면이 강한 공익법인인 경우에는 사기업인 경우에 비하여 비공개에 관한 정당한 이익을 소극적으로 인정하여야 하고,[43] 공개에 의하여 법인 등 사업체의 경쟁력이 현저히 저하되는지를 고려하여 정당한 이익의 존부를 판단하여야 한다.[44]

공공데이터 제공신청이 타인의 '경영상·영업상 비밀'에 관한 것으로 보이는 경우 공공기관은 그 타인에게 공공데이터 제공신청이 있음을 통지하고 그로부터 의견을 들어야 하는지 문제된다. 정보공개법은 공개 청구된 정보의 전부 또는 일부가 제3자와 관련이 있다고 인정될 때에는 그 사실을 제3자에게 지체 없이 통지하여야 하며, 필요한 경우에는 그의 의견을 들을 수 있다고 규정한다(제11조 제3항). 이와 같은 제3자에 대한 통지절차 없이 정보공개결정을 한 경우 처분취소청구 등의 행정소송이 가능하다. 공공데이터법에는 이에 대한 규정이 없지만 법인 등 사업체의 절차상의 이익을 위하여 관련 정보공개법 규정을 준용하는 것이 바람직하다고 판단된다.

(4) 다른 법률상 비밀정보

다른 법률 또는 법률에서 위임한 명령에 따라 비밀이나 비공개 사항으로 규정된 정보는 제공대상 공공데이터에서 제외된다(공공데이터법 제17조 제1항 제1호, 정보공개법 제9조 제1항 제1호). 위 규정의 입법취지는 비밀 또는 비공개사항을 규정한 개별 법률을 우선 적용하여 정보공개법과의 충돌을 피하고자 하는 것이다.[45] 그러므로 위 규정은 정보공개 청구 내지 공공데이터 제공신청 사건에서 1차적으로 해당 여부를 확인해야 하는 조항이다. 공공데이터 제공과 관련하여 개별적으로 비밀 내지 비공개 사항으로 규정한 다른 법률은 다양하게 존재하므로 이들을 구체적으로 살펴보아야 하나, 여기

---

42) 대법원 2014. 7. 24. 선고 2012두12303 판결.
43) 대법원 2008. 10. 23. 선고 2007두1798 판결.
44) 대법원 2011. 10. 20. 선고 2010두24647 판결.
45) 대법원 2006. 1. 13. 선고 2004두12629 판결.

서는 대표적으로 국세기본법 제81조의13 비밀유지의무를 소개하기로 한다.

국세기본법상 과세정보는 납세자가 세법에서 정한 납세의무를 이행하기 위하여 제출한 자료나 세무공무원이 국세의 부과 · 징수를 위하여 업무상 취득한 자료 등으로 정의되어 있다(제81조의13 제1항). 세무공무원은 과세정보를 타인에게 제공 또는 누설하거나 목적 외의 용도로 사용해서는 아니 된다. 통설, 판례는 '과세정보'를 비밀로 유지해야 하는 위 의무조항이 정보공개법 제9조 제1항 제1호에서 정한 비공개대상 사유에 해당한다는 견해를 취한다.[46] 즉 세무공무원의 비밀유지의무로 인하여 과세정보에 대한 정보공개청구가 제한된다는 것이다. 이러한 실무례에 따르면 국세기본법 제81조의13의 적용을 받아 제3자에게 제공할 수 없는 과세정보는 정보공개법상 비공개대상정보에 해당하게 된다.

과세정보는 조세행정상의 의사결정과정에서 사용되는, 조세의 과세 · 비과세를 위해 직·간접적으로 필요한 모든 납세자 관련 정보라고 할 수 있다. 실무적으로, 과세정보는 단순히 납세자로부터 제출받은 자료나 세무공무원이 납세자 등으로부터 취득한 자료만을 의미하는 것이 아니라, 세무공무원이 세무관련 업무를 수행하면서 취득한 개별 납세자에 관한 자료 일체를 의미하기 때문에, 납세자로부터 제출받은 자료뿐만 아니라 이러한 서류를 토대로 자신이 스스로 작성·생산한 서류도 모두 과세정보에 포함되는 것이라고 보고 있다.[47] 그런데 국세기본법상의 비밀유지의무의 대상으로서 또는 정보공개법상의 예외적 비공개대상으로서 과세정보의 개념에 접근하게 되면, 오로지 조세행정의 관점에서 접근할 때보다 그 범위가 축소되어야 한다는 견해가 유력하다.[48] 특히 행정정보의 원칙적 공개라는 정보공개법의 취지 등을 고려한다면 과세정보로서 비밀유지의무의 대상이 되는 비밀의 범주를 확대해석하는 것은 무

---

46) 행정안전부, 정보공개 운영 안내서, 2021, 111면; 법제처 법령해석 11-0345, 2011. 8. 25.자 회신; 김중양, 정보공개법, 2000, 법문사, 214면; 대법원 2004. 3. 12. 선고 2003두11544 판결, 서울고등법원 2011. 5. 25. 선고 2010누35694 판결; 이동식, "과세정보에 대한 비밀유지의무", 법학논고 39, 경북대학교 법학연구원, 2012, 302면; 박종수·조용민·김태훈, "과세정보의 비밀유지 범위에 관한 연구", 기획재정부, 2013, 12면.

47) 서울행정법원 2016. 9. 30. 선고 2016구합55810 판결 등.

48) 박종수·조용민·김태훈, 위의 글, 41면.

리가 있다고 생각된다.[49]

과세정보를 포괄적으로 해석하여 일단 국세기본법 제81조의13의 '과세정보'에 해당하는 경우 어떠한 예외 없이 해당 정보를 제3자에게 제공할 수 없다고 본다면, 원칙적으로 정보공개의 대상이 되는 행정정보(인허가, 등록, 신고사항 등)가 「과세자료의 제출 및 관리에 관한 법률」 제5조 제1항에 의해 '과세자료'로서 세무공무원에게 제출되는 경우 결국 국세기본법 제81조의13에서 정한 '과세정보'로 해석되어, 해당 행정정보를 일반공무원이 관리하는지 아니면 세무공무원이 관리하는지의 우연한 사정에 따라 정보공개의 판단이 달라지는 부당한 상황에 직면할 수밖에 없다.[50] 정보공개법상 예외적 비공개대상으로서 '과세정보'는 해당 정보 자체의 특성, 국세기본법상 비밀유지의무의 취지를 고려하여 개별적으로 정보공개 여부를 검토하는 것이 타당하고 해당 정보를 세무공무원이 보유하고 있다는 점을 들어 국세기본법상의 비밀유지의무의 대상이 된다고 단정해서는 아니 된다고 생각한다.

하급심 판결례 중 이러한 취지로 국세기본법상 비밀유지의무를 제한한 사례가 있다.[51] 위 판결은, 국세기본법 제81조의13 규정의 취지가 납세자의 프라이버시와 사적 비밀을 최대한 보호하고 납세자들이 안심하고 성실한 납세협력의무를 이행할 수 있도록 하려는 목적이라면, 납세자의 프라이버시 및 사적 비밀 침해의 우려가 없고 납세자의 성실한 납세협력의무에 지장도 발생하지 않는 이상 그러한 과세정보가 공개된다고 하더라도 과세정보를 타인에게 임의로 제공·누설하거나 목적 외의 용도로 사용하지 못하도록 하는 위 규정의 취지에 위반된다고 볼 수 없다는 일반론을 설시하였다. 구체적으로, 납세자의 프라이버시 및 사적 비밀 침해의 우려를 없애기 위하여 과세정보로부터 납세자의 신상을 파악하거나 추정할 수 없도록 신상정보 식별불가능 조치를 취하는 방안을 제시하고 나아가 과세정보의 공개로 납세협력의무에 지장

---

49) 이동식, 위의 글, 298면.

50) 행정정보가 세무공무원에게 국세 징수의 목적으로 제출되면 「과세자료의 제출 및 관리에 관한 법률」에 의하여 '과세자료'가 되고, '과세자료'는 국세기본법에 의해 '과세정보'로서 비밀유지의무의 대상으로 변모하게 된다고 해석된다. 이동식, 위의 글, 298면; 박종수·조용민·김태훈, 위의 글, 42면.

51) 서울행정법원 2012. 8. 16. 선고 2011구합36838 판결.

이 발생하기보다 오히려 납세자의 성실한 납세협력의무를 독려하고 권장하며 건전하고 바람직한 조세정책 수립에 기여하는 결과가 예상되는 상황을 과세정보 공개의 근거로 제시하였다. 위 판결은 그 후 항소심 및 대법원에서 취소되었으나 그 취소 이유는 상급심이 비보유정보에 대한 판단을 달리하였다는 점에 기인한 것이므로, 위 판결에서 제시한 일반론은 여전히 유효하다고 생각된다. 위 판결은 목적론적 해석을 통해 비식별처리한 종교인의 소득세 납부정보를 과세정보로 보면서도 이에 대해 비밀유지의무가 부여되지 않을 수 있다고 판단한 점에 의의가 있다.[52]

(5) 저작권 등 제3자 권리

저작권법 및 그 밖의 다른 법령에서 보호하고 있는 제3자의 권리가 포함된 것으로서 그에 관한 정당한 이용허락을 받지 아니한 정보는 제공대상 공공데이터에 해당하지 아니한다(제17조 제1항 제2호). 공공기관이 관리하는 공공데이터에 타인의 저작권 등 제3자의 권리가 포함되어 있는 경우 공공기관은 제3자의 권리가 있는 부분을 기술적으로 분리하여 그 나머지 부분만을 제공하거나 제3자 권리 부분에 대해 정당한 이용허락을 취득한 후 그 전부를 제공할 수 있다. 전술한 바와 같이, EU의 오픈데이터(PSI) 지침도 제3자의 저작권 등 지적재산권이 포함된 문서는 재사용할 수 있는 공공분야 데이터에서 제외된다고 규정하고 있다.

실무적으로는 이용자가 공공기관의 발간물 PDF 파일을 공공데이터로서 제공받은 후 이를 영리적으로 출판하는 사안이 종종 문제되고 있다. 해당 발간물이 공공기관 내부에서 작성되어 저작권법 제9조의 업무상 저작물 규정을 적용받거나 공공기관이 위탁연구계약 등에서 관련 저작권을 양수하는 경우 해당 발간물의 저작권은 공공기관이 보유하게 될 것이나, 그렇지 않은 경우에는 공공기관 발간물의 전부 또는 일부에 제3자의 저작권이 존재하게 된다. 전자의 경우 공공기관은 공공데이터법에 따라 이용자에게 발간물 PDF를 제공하여야 하며, 이용자에게 저작인격권(성명표시권, 동일성 유지권)을 존중하고 해당 발간물을 공공기관에서도 무료로 이용할 수 있다는 표

---

52) 박종수·조용민·김태훈, 위의 글, 43면.

시를 하라는 정도의 이용조건을 부가할 수 있을 뿐 이용자의 영리적 출판 자체를 금지할 수는 없다.[53] 후자의 경우 공공기관은 제3자 저작권 부분을 기술적으로 분리하여 그 나머지 부분을 제공하거나 기술적 분리가 어렵다면 발간물 전체를 제공거부할 수 있을 것으로 생각된다.

이와 같은 사례에서 공공기관은 자신이 저작권자라는 사유를 들어 이용자에게 제공거부를 할 수 있는가. 한국 공공데이터법에는 명시적 규정은 없으나 전술한 바와 같이 EU 오픈데이터 지침은 공공기관의 저작권 행사는 가능하되 공공분야 데이터의 재사용을 가능하게 하는 방향으로 이루어져야 한다고 규정하고 있고 나아가 공공기관은 데이터베이스 제작자의 권리를 행사할 수 없다고 하고 있다. 이러한 규정에 따르면 공공기관은 공익적 목적이 아닌 기관 내부적인 사유(비용 확보 등)만을 들어서는 저작권을 행사할 수 없을 것으로 생각된다. 공공데이터 분쟁조정 실무도 공공기관 자신이 저작권을 가지고 있다는 것을 공공데이터 제공거부 사유로 삼을 수 없다고 보고 있다.[54]

공공데이터와 저작권 사이의 관계에 관하여는 저작권법상 공공저작물의 자유이용 조항도 문제된다. 이는 Ⅲ. 공공데이터법의 개선과제에서 후술하기로 한다.

Ⅲ. 공공데이터법의 개선과제

1. 적용대상 공공기관의 범위 확대

공공데이터법이 적용되는 공공기관은 국가기관, 지방자치단체 및 지능정보화기본법 제2조 제16호에 따른 공공기관을 의미하며(제2조), 그중 지능정보화기본법에 따른 공공기관은 「공공기관의 운영에 관한 법률」(이하 '공공기관운영법'이라고 한다)에서 정

---

53) 2020-004 공공기관 발간물 데이터 분쟁조정 사례 등.
54) 행정안전부·한국지능정보사회진흥원·공공데이터제공분쟁조정위원회, 위 해설서, 2021, 72면.

한 공공기관을 중심으로 지방공기업에 따른 지방공사 및 지방공단, 특별법에 따라 설립된 특수법인, 초중등교육법, 고등교육법 및 그 밖의 다른 법률에 따라 설치된 각급학교, 그 밖에 대통령령으로 정하는 법인·기관 및 단체로 규정되어 있다. 위 규정은 상당히 포괄적이어서 대다수의 공공적 성격을 띠는 법인, 기관은 공공데이터법의 적용을 받는다고 할 수 있다.

그러나 이를 세밀히 살펴보면, 지방자치단체가 설립하고 그 운영에 관여하는 기관은 공공기관운영법 제4조 제2항 제2호에 따라 공공기관 지정의 예외에 해당하여, 지방자치단체의 지배적인 영향력을 받고 공공성도 높음에도 불구하고 공공데이터법의 적용을 받지 아니한다는 점이 발견된다.[55] 또한 공공성이 매우 높지만 공공기관 지정에서 해제된 한국거래소,[56] 민법상 비영리법인이지만 공공성이 높아 데이터의 활용, 재사용이 필요할 수 있는 법령정보관리원, 금융보안원, 금융결제원 등도 공공데이터법의 적용을 받지 아니한다. EU의 2019년 오픈데이터 지침이 공공사업(자)(public undertakings)가 보유한 문서도 공공데이터 재사용의 범위에 포함시킨 것과 같이, 공공데이터의 활용이 필요한 영역에 속하는 공공적 성격의 법인, 기관을 구체적으로 살펴서 이들이 공공데이터법의 적용을 받도록 하는 것이 필요하다고 생각된다.

2. 개인정보 보호법과 공공데이터법 간의 정합성

공공기관이 개인정보 성격의 정보를 포함하고 있는 공공데이터를 제3자에게 제공하는 행위는 개인정보 보호법의 관점에서 보면 개인정보의 목적외 제공에 해당하여 다른 법률에 특별한 규정이 있거나 정보주체의 동의가 있는 등의 별도의 적법 요건을 갖추어야 한다(개인정보 보호법 제18조). 이에 대해 공공데이터법은 개인정보에 해당하더라도 사생활의 비밀 침해의 우려가 없는 정보는 공공데이터로서 활용될 수 있

---

55) 김민호·이보옥, 위의 글, 19면.
56) 공공기관 지정에서 해제된 금융감독원은 특별법에 의해 설립된 특수법인에 해당하여 공공데이터법의 적용을 받는다.

다고 규정하여 개인정보 보호법과의 관계에서 중요한 입법적 결단을 하였다.

실무적 관점에서 보면, 개인정보의 개념에는 일종의 회색지대가 존재하여 개인정보와 비개인정보를 명확히 나누기 어려운 영역이 존재한다. 이러한 회색지대에 있는 개인정보성 데이터에 대해서는 사생활 비밀의 침해 위험성을 평가하고 그 위험성을 감소시키는 조치를 취하는 것이 필요하다. 이러한 안전성 확보조치로서 생각해 볼 수 있는 것이 최근 개인정보 보호법에 도입된 가명처리 조항이다. 전술한 바와 같이 공공데이터의 가명처리는 개인정보처리자인 공공기관이 추가 정보(복호화 키)를 안전하게 관리한다는 것을 전제로 특정 개인의 사생활의 비밀을 보호할 수 있는 안전성 확보조치에 해당한다고 생각된다.

다만, 개인정보 보호법상 가명정보의 처리는 통계작성, 과학적 연구, 공익적 기록보존 등에 한하여 가능하므로, 데이터 이용목적의 제한이 없고 영리적 사용도 가능한 공공데이터 영역에서도 가명정보 형태의 공공데이터 제공이 가능한지에 대해 이론이 있을 수 있다. 사견으로는, 공공데이터법은 개인정보성 데이터 제공에 관하여 입법적 결단에 따른 독자적인 판단기준을 가지고 있으므로, 원칙적으로 데이터 제공 시 '사생활의 비밀 또는 자유를 침해할 우려'가 없다면 신청인에게 공공데이터를 제공할 수 있다고 생각한다. 그러나 사생활 비밀 침해에 대한 평가기준이 불분명할 수 있다는 점, 다른 공익적인 사유가 없다면 개인정보 보호법의 취지에 따라 개인정보가 최대한 보호되어야 한다는 점을 고려한다면, 구체적인 사안에 따라서는 데이터 이용범위를 일부 제한하는 이용조건을 부과하는 것 즉 공공데이터의 영리적 이용 허용원칙을 일부 후퇴시키는 것이 여러 이해당사자의 이익균형을 도모하는 현실적인 방안이 될 것으로 판단된다.

3. 데이터 안전조치 및 데이터 이용조건의 부과

데이터 거버넌스에서 제일 우선시되는 것은 개인의 프라이버시 보호이다. 실무적으로 보면 제공대상 공공데이터의 개인정보 해당 여부가 불분명한 경우가 많으므로 이러한 데이터를 공개하더라도 개인정보 침해의 문제가 최소화될 수 있도록 개인정보 보호 관점의 데이터 안전성 확보조치 규정을 둘 필요가 있다고 생각된다. 이러한 데이터 안전조치로서 주요하게 고려되는 것이 바로 공공데이터의 가명화, 비식별화 처리이다. 이와 같은 안전조치는 공공데이터 제공 시 이용자에게 데이터 이용조건을 부과하는 방식으로 달성될 수 있다. 가명정보는 '추가 정보'를 이용하여 원래의 개인정보로 복원될 수 있는 위험성이 있으므로, ① 신청인이 '추가 정보' 내지 '다른 정보'를 확보하여 가명정보와 결합하지 못하도록 하는 규범적 의무를 부과하고(재식별금지의무)[57] ② 가명정보의 활용 환경, 재식별가능성 등을 종합적으로 고려하여 제공받은 공공데이터를 제3자에게 재제공하지 못하도록 하며 ③ 민감정보 처리 등 필요한 경우 폐쇄적 공간(안전구역)에서 공공데이터를 이용·처리하도록 하는 등의 내용을 데이터 이용조건으로 생각해 볼 수 있다. 가명처리된 데이터가 인터넷 공개 등 불특정 제3자에게 제공되는 경우 '다른 정보'와 결합할 수 있게 되어 데이터의 식별가능성이 높아지므로 이에 대응하기 위해서는 익명정보 수준의 비식별조치가 바람직하다.[58] 가명정보 형태로 신청인에게 공공데이터를 제공한다면 원칙적으로 제3자 재제공 금지가 필요하다고 생각된다.

보건의료정보와 같이 민감성이 강한 공공데이터의 경우에는 현재와 같이 공공데이터 포털에 일괄적으로 제공하는 방식을 지양하고, 연구목적, 연구계획, 연구자의 신뢰성(자격) 등을 심의하여 개별적 신청단위로 공공데이터를 제공할 수 있는 절차를 법률에 도입할 필요가 있다. 또한 이러한 심의절차를 진행하기 위해 공공데이터 제공 기관과 조직적으로 독립된 연구프로젝트 승인기구를 설치하는 것도 필수적이다. 개별적인 이용신청 단위로 공공데이터가 제공되므로, 정형화된 약관 형식의 라이선스가 아니라 이용자의 구체적인 상황을 고려하고 이해당사자의 이익균형을 추구하는

---

57) '추가 정보'는 개인정보의 전부 또는 일부를 대체하는 데 이용된 수단이나 방식(알고리즘 등), 가명정보와의 비교·대조 등을 통해 삭제 또는 대체된 개인정보를 복원할 수 있는 정보(매핑테이블 정보, 가명처리에 사용된 개인정보 등)를 말하고, '다른 정보'는 해당 정보만으로는 특정 개인을 식별할 수 없는 경우 그 정보와 쉽게 결합하여 특정 개인을 식별할 수 있도록 하는 정보를 말한다. 개인정보의 정의에서 도출되는 해석적 개념이다.

58) 개인정보보호위원회, 「가명정보처리 가이드라인」, 2022, 9면.

데이터 이용조건 내지 데이터 이용계약이 가능하도록 관련 절차가 구비되어야 할 것이다. 이러한 방식은 사실 국민건강보험공단, 건강보험심사평가원 등이 의료공공데이터를 제공하면서 이미 채택하고 있는 것이다. 이에 대한 법률적 근거가 미비하므로 법률적으로 보완할 필요가 있다고 생각된다.

행정법적 관점에서 보면 이용조건의 설정은 부관 특히 부담 내지 철회권의 유보에 해당하므로 공공기관이 행정청인 경우 공공데이터의 제공, 이용허락행위에 행정법상의 부관을 설정할 수 있는지 여부가 문제될 수 있다. 판례는 기속행위 내지 기속적 재량행위에 대해서는 법령상 특별한 근거가 있어야 부관을 붙일 수 있고,[59] 수익적 행정처분에 대해서는 법령에 특별한 근거규정이 없다고 하더라도 부관으로서 부담을 붙일 수 있다고 판시한 바 있다.[60] 공공데이터 이용허락을 수익적 행정처분에 가깝다고 보면 부관형식의 이용조건의 설정도 가능하다고 생각된다. 그러나 바람직하기로는 공공데이터법상 공공데이터 제공 시 공공기관이 이용자에 대해 특별한 의무부담, 조건 등을 설정할 수 있는 근거규정을 마련하여야 할 것이다.

4. 공공기관의 저작권 행사에 대한 통제

전술한 바와 같이, 한국 공공데이터 분쟁조정 실무와 EU 오픈데이터 지침은 공공기관이 자신의 저작권을 행사하여 실질적으로 공공데이터 이용을 저지하는 것에 부정적인 입장이다. EU 오픈데이터 지침은 여기에서 더 나아가 공공기관은 독자적 권리(sui generis)로 규정된 데이터베이스 제작자의 권리도 행사할 수 없도록 하고 있다. EU는 데이터셋을 보호할 수 있는 규정으로 저작권법과 데이터베이스 지침만을 두고 있으므로, 위 오픈데이터 지침은 공공기관이 공공데이터 이용을 거부하는 도구로 사용할 수 있는 거의 모든 법적 수단을 무력화한 것으로 이해할 수 있다.

공공기관의 저작권 행사에 관하여 한국 저작권법은 공공데이터법과 별도로 '공공

---

59) 대법원 1993. 7. 27. 선고 92누13998 판결, 대법원 1995. 6. 13. 선고 94다56883 판결.
60) 대법원 2009. 2. 12. 선고 2005다65500 판결.

저작물의 자유이용' 조항을 두고 있다. 공공저작물의 자유이용은 공공 목적으로 예산을 투입하여 제작된 저작물에 대해 국민의 자유로운 이용을 보장하는 것이 주된 도입 취지이다.[61] 위 규정에 의하면, 일부 예외를 제외하고 국가 또는 지방자치단체가 업무상 작성하여 공표한 저작물이나 계약에 따라 저작재산권의 전부를 보유한 저작물은 허락 없이 이용할 수 있다(제24조의2). 즉 공공데이터가 공공저작물에 해당하여 국가 또는 지방자치단체가 저작재산권의 전부를 보유한 경우 저작권자인 국가 등은 이용자에 대해 저작권을 행사할 수 없다. 이러한 공공저작물의 자유이용 조항은 기본적으로 공공데이터법의 취지와 부합된다고 생각된다. 다만, 예외 사유로 "저작권등록이 된 저작물로서 「국유재산법」에 따른 국유재산 또는 「공유재산 및 물품 관리법」에 따른 공유재산으로 관리되는 경우"에는 국가 등이 저작권을 행사할 수 있도록 하고 있는 점은 검토가 필요하다. 이를 선해한다면, 저작권자인 국가 등이 국민의 저작물 이용을 통제함으로써 더 큰 공익을 확보할 수 있다고 판단하는 경우 해당 저작물을 등록하고 국유재산 등으로 관리하는 방법을 취하여 공공저작물의 자유이용을 부정할 수 있도록 한 것으로 이해할 수 있다. 그러나 현실적으로는 공공기관의 자체 수입 확보 등의 기관 내부적 사정을 위해 공공저작물의 자유이용을 저지할 수 있는 수단이 될 가능성을 부인할 수 없다. 이러한 현상을 방지하기 위해서는 국유재산 내지 공유재산으로 관리해야 하는 공익적 목적을 구체적으로 한정하여 예외사유로 규정하는 것이 바람직하다고 생각된다. 현행 예외 조항은 어떠한 (내부) 목적으로든 저작권 등록 후 국유재산 등으로 관리하는 방식으로 국민의 공공저작물 이용권을 거부할 수 있으므로 개선이 필요하다.

이와 관련된 판결례로는 법원이 제작한 법원실무제요와 재판실무편람에 대한 자유이용 사건이 있다.[62] 법원은, 법원실무제요는 저작권등록 후 국유재산법에 의해 관리되고 있으므로 자유이용이 부정된다고 보았다. 설시내용 중에 법원실무제요를 국

---

61) 김현경, "개정 저작권법상 공공저작물 자유이용 규정에 대한 검토", 성균관법학 제26권 제2호, 2014, 4면.
62) 대법원 2016. 10. 13. 선고 2016도4777 판결.

유재산으로 관리해야 할 이유나 목적은 제시되지 않았다. 재판실무편람의 자유이용 가부에 대해서는, 재판실무편람은 재판실무편람 내규에 따라 대외비로 지정·관리되고 있어 저작권법 제24조의2 제1항 제3호에 정한 '다른 법률에 따라 공개가 제한되는 정보를 포함한 저작물'에 해당하므로, 저작권법에 정한 자유이용의 대상에서 제외되는 저작물에 해당한다고 판단하였다. 대외비 내지 비공개의 목적으로는, 재판실무편람이 오로지 법관들의 재판업무에 도움을 주기 위하여 발간되었고 확립되지 아니한 이론이나 실무례에 기초한 내용도 다수 포함하고 있으며 '공개될 경우 재판 업무의 공정한 수행에 현저한 지장을 초래한다고 인정할 만한 상당한 이유가 있는 정보'(정보공개법 제9조 제1항 제5호)에 해당한다는 점을 들었다. 재판실무편람의 대외비성은 차치하더라도 법원실무제요를 국유재산으로 관리해야 할 정책적 필요성에 대해 생각해 볼 필요가 있다고 생각된다.

제18장 데이터와 금융산업

성희활
(인하대학교 법학전문대학원 교수)

I. 금융거래정보와 금융실명법

1. 금융실명법 개요

(1) 제정 경위와 목적

금융실명법은 「금융실명거래 및 비밀보장에 관한 법률」[1]의 약칭으로서, 1993년 8월 12일 20시에 공포되었던 「금융실명거래및비밀보장에관한긴급재정경제명령」[2]을 대체하는 후속 법률이다. 긴급재정경제명령과 법률에 따라 실시되어 온 금융실명제라 일컬어지는 이 제도는 기존의 가명과 차명에 의한 금융거래를 금지하고 오직 실제 명의에 의해서는 금융거래가 이루어지도록 하여 투명하고 건전한 금융거래를 통하여 경제정의가 실현될 수 있도록 도입되었다.

---

1) 금융실명거래및비밀보장에관한법률 [시행 1997. 12. 31.] [법률 제5493호, 1997. 12. 31. 제정].
2) 금융실명거래및비밀보장에관한긴급재정경제명령 [시행 1993. 8. 12.] [대통령긴급재정경제명령 제16호, 1993. 8. 13. 제정].

(2) 주요 내용

금융실명법의 주요 내용은 한편으로 실지명의에 의한 금융거래를 강제하면서 다른 한편으로 금융거래의 비밀을 철저히 보장하는 내용으로 구성되어 있다. 이는 투명한 금융거래를 통한 경제정의를 추구하면서도 국민 개개인의 내밀한 사생활인 금융거래정보의 비밀을 보호함으로써 국민의 기본권을 보장하도록 보호법익의 균형을 도모한 것이라 할 수 있다.

실지명의에 의한 금융거래의 경우, 여권·주민등록증 등 실명확인증표에 의하여 증표상 정보와 함께 증표에 첨부된 사진을 통하여 거래자가 명의인 본인이 맞는지를 확인하도록 하고 있다. 법인의 경우 사업자등록증이나 고유번호증 등으로 확인한다. 금융회사 등에서 실지명의를 확인할 수 있는 권한은 원칙적으로 영업점 직원에 제한적으로 부여된다. 실명이 확인된 계좌가 개설되면 그 계좌에 의한 계속거래 시에는 금융회사 등은 실명 확인을 생략할 수 있다. 그런데 보험·공제거래, 여신거래, 골드(실버)바 거래, 상품권 거래는 금융실명법상 실명확인이 요구되지 않는다.

차명거래의 경우 모든 차명거래가 금지되는 것은 아니다. 불법재산의 은닉, 자금세탁행위(조세포탈 등), 공중협박자금조달행위, 강제집행의 면탈 및 그 밖의 탈법행위를 목적으로 하는 차명거래 등 불법 목적이 뚜렷한 경우에 금지된다. 비공식적인 사적 모임(동호회·동창회 등)이나 문중·교회 등 임의단체의 회비·금융자산을 관리하기 위한 경우이거나 미성년 자녀의 금융자산을 관리하기 위해 부모명의 계좌에 예금하는 행위 등은 허용된다.

비밀보장의 경우, 금융회사 등에 종사하는 자는 명의인의 서면상 요구나 동의 없이는 금융거래정보 또는 자료를 타인에게 제공하거나 누설할 수 없도록 하고 있다. 그리고 서면상의 요구나 동의가 있더라도 입법취지에 따라 비밀보장에 관한 본질적인 내용을 침해할수 없으며, 필요한 최소한에 그쳐야 한다. 금융거래정보 등을 알게 된 자는 그 정보를 타인에게 제공 또는 누설하거나 목적 외의 용도로 이용할 수 없으며 누구든지 금융거래정보 등의 제공을 요구하는 것도 금지된다. 다만 금융실명법과 관련 법률에서 정하는 경우 예외적으로 엄격한 절차를 거쳐 정보를 제공할 수 있다.

한편 금융실명법은 제9조 제1항에서 "이 법과 다른 법률이 서로 일치하지 아니하는 경우에는 이 법에 따른다"고 규정하여 다른 법률이 명시적으로 금융실명법을 배제하지 않는 한 우선 적용되는 우월적 지위를 가지고 있다.[3] 따라서 개인정보 보호법과 신용정보법의 경우에도 해당 법률에서 명시적 배제 조항이 없는 한 금융거래정보에 대해서는 금융실명법이 우선적으로 적용된다.

이하 데이터의 보호와 이용이라는 이 책의 집필 취지를 감안하여 금융거래정보의 비밀 보장을 중심으로 자세히 살펴본다.

2. 금융거래정보의 정의와 범위

금융실명법상 '금융거래정보'에 대한 정의는 먼저 금융자산과 금융거래에 대한 정의를 거친 후 이루어진다. 법률 제2조 제3호는 "'금융거래'란 금융회사 등이 금융자산을 수입(受入)·매매·환매·중개·할인·발행·상환·환급·수탁·등록·교환하거나 그 이자, 할인액 또는 배당을 지급하는 것과 이를 대행하는 것 또는 그 밖에 금융자산을 대상으로 하는 거래로서 총리령으로 정하는 것을 말한다"고 하고 있다. 총리령에서 정하고 있는 사항은 아직 없다.

제2조 제2호는 "금융자산"을 "금융회사 등이 취급하는 예금·적금·부금(賦金)·계금(契金)·예탁금·출자금·신탁재산·주식·채권·수익증권·출자지분·어음·수표·채무증서 등 금전 및 유가증권과 그 밖에 이와 유사한 것으로서 총리령으로 정하는 것을 말한다"고 하고 있다. 총리령은 신주인수권증서와 외국·외국법인이 발행한 증권 또는 증서를 열거하고 있다.

이어서 제4조에서는 "금융거래의 내용에 대한 정보 또는 자료(이하 "거래정보 등"이라 한다)"라고 하고 있으므로 이를 종합하면 '금융거래정보'란 금융회사 등이 금융자산을 대상으로 하는 거래에 대한 정보·자료를 의미한다고 할 수 있다.

---

3) 금융실명법 제9조(다른 법률과의 관계) ① 이 법과 다른 법률이 서로 일치하지 아니하는 경우에는 이 법에 따른다.
② 금융실명거래및비밀보장에관한긴급재정경제명령 시행 당시 같은 긴급재정경제명령보다 우선하여 적용하였던 법률은 제1항에도 불구하고 이 법에 우선하여 적용한다.

금융자산과 금융거래에 대한 정의 조항을 통해 알 수 있는 특이한 사실은 여신거래와 보험거래에 관한 정보는 원칙적으로 금융실명법상 금융거래정보에 해당되지 않는다는 것이다.

금융거래정보의 구체적 범위는 금융실명법 시행령 제6조에 따라 다음과 같다.

① 금융거래 사실[4]

② 금융회사 등이 명의인의 금융거래 사실 또는 금융거래 내용을 기록·관리하고 있는 모든 장표·전산기록 등의 원본 및 사본(자료), 금융회사 등이 보관하고 있는 기록으로부터 알게 된 것(정보)

③ 당해 정보만으로 명의인의 정보 등을 직접 알 수는 없으나 다른 정보와 용이하게 결합하여 식별할 수 있는 것

금융실명법상 비밀보장이 요구되는 금융거래정보의 예를 들면 특정 명의인의 전화번호, 주소, 근무처 등이 포함된 금융거래 자료 또는 정보, 정보 요구자가 특정인의 성명, 주민등록번호, 계좌번호 등을 삭제하는 조건으로 요구한 당해 특정인의 금융거래 자료 또는 정보 등을 들 수 있다.[5] 반면 다음과 같이 특정명의인의 금융거래 사실 또는 금융거래에 대한 정보를 알 수 없는 것은 비밀보장이 요구되는 금융거래정보로 볼 수 없다.[6]

① 금융거래에 관한 단순통계자료

② 성명, 주민등록번호, 계좌번호, 증서번호 등이 삭제된 다수 거래자의 금융거래 자료로서 특정인에 대한 금융거래정보를 식별할 수 없는 자료

③ 순수한 대출거래·보증·담보내역 등에 관한 정보 및 자료(다만, 예금거래와 대출거래가 함께 발생하는 당좌대출, 종합통장대출 등은 비밀보장 대상이 됨)

④ 신용카드 발급, 가맹점 가입, 카드를 이용한 매출, 현금서비스, 기타 회원, 가맹

---

4) 누가 어느 금융회사, 어느 점포와 금융거래를 하고 있다는 사실을 말한다. 은행연합회, 「금융실명거래업무해설」, 2016. 8, 40면.

5) 은행연합회, 위와 같음.

6) 은행연합회, 위의 자료, 41면.

점 및 채무관리 등에 관한 정보 및 자료

⑤ 대여금고 이용에 관한 정보(대여금고는 설치물을 임대차하는 것으로 금융회사 등의 책임은 대여금고 보전에 그치고 내용물에 대해서는 책임을 지지 않으므로 비밀보장 대상에서 제외)

⑥ CCTV화면 관련 정보

3. 금융거래정보의 비밀 보장과 제공

금융거래정보의 비밀은 엄격히 보장되며 법령에 구체적 규정이 있는 경우에 한해서 제한적으로 제3자에게 제공될 수 있다. 제3자에게 제공되는 경우에도 사용목적에 필요한 최소한의 범위 내에서 이루어져야 한다.

(1) 원 칙

금융회사등에 종사하는 자는 명의인의 서면상의 요구나 동의를 받지 아니하고는 그 금융거래정보를 타인에게 제공하거나 누설하여서는 아니 되며, 누구든지 금융회사등에 종사하는 자에게 거래정보등의 제공을 요구하여서는 아니 된다(금융실명법 제4조 제1항 본문).

다만, 법령에서 구체적으로 정하는 경우에는 그 사용 목적에 필요한 최소한의 범위에서 거래정보등을 제공하거나 그 제공을 요구할 수 있다(동법 제4조 제1항 단서).

(2) 금융실명법상 정보제공이 가능한 경우(금융실명법 제4조 제1항 각호)

다음 각 호의 경우에는 금융거래정보("거래정보등")를 제공하거나 제공을 요구할 수 있다.

1. 법원의 제출명령 또는 법관이 발부한 영장에 따른 거래정보등의 제공
2. 조세에 관한 법률에 따라 제출의무가 있는 과세자료 등의 제공과 소관 관서의 장이 상속·증여 재산의 확인, 조세탈루의 혐의를 인정할 만한 명백한 자료의 확인, 체납자(체납액 5천만 원 이상인 체납자의 경우에는 체납자의 재산을 은닉한 혐의

가 있다고 인정되는 다음 각 목에 해당하는 사람을 포함한다)의 재산조회, 「국세징수법」 제9조 제1항 각 호의 어느 하나에 해당하는 사유로 조세에 관한 법률에 따른 질문·조사를 위하여 필요로 하는 거래정보등의 제공

　가. 체납자의 배우자(사실상 혼인관계에 있는 사람을 포함한다)

　나. 체납자의 6촌 이내 혈족

　다. 체납자의 4촌 이내 인척

3. 「국정감사 및 조사에 관한 법률」에 따른 국정조사에 필요한 자료로서 해당 조사위원회의 의결에 따른 금융감독원장(「금융위원회의 설치 등에 관한 법률」 제24조에 따른 금융감독원의 원장을 말한다. 이하 같다) 및 예금보험공사사장(「예금자보호법」 제3조에 따른 예금보험공사의 사장을 말한다. 이하 같다)의 거래정보등의 제공

4. 금융위원회(증권시장·파생상품시장의 불공정거래조사의 경우에는 증권선물위원회를 말한다.), 금융감독원장 및 예금보험공사사장이 금융회사등에 대한 감독·검사를 위하여 필요로 하는 거래정보등의 제공으로서 다음 각 목의 어느 하나에 해당하는 경우와 제3호에 따라 해당 조사위원회에 제공하기 위한 경우

　가. 내부자거래 및 불공정거래행위 등의 조사에 필요한 경우

　나. 고객예금 횡령, 무자원(無資源) 입금 기표(記票) 후 현금 인출 등 금융사고의 적발에 필요한 경우

　다. 구속성예금 수입(受入), 자기앞수표 선발행(先發行) 등 불건전 금융거래행위의 조사에 필요한 경우

　라. 금융실명거래 위반, 장부 외 거래, 출자자 대출, 동일인 한도 초과 등 법령 위반행위의 조사에 필요한 경우

　마. 「예금자보호법」에 따른 예금보험업무 및 「금융산업의 구조개선에 관한 법률」에 따라 예금보험공사사장이 예금자표(預金者表)의 작성업무를 수행하기 위하여 필요한 경우

5. 동일한 금융회사등의 내부 또는 금융회사등 상호간에 업무상 필요한 거래정보등의 제공

6. 금융위원회 및 금융감독원장이 그에 상응하는 업무를 수행하는 외국 금융감독

기관(국제금융감독기구를 포함한다. 이하 같다)과 다음 각 목의 사항에 대한 업무협

조를 위하여 필요로 하는 거래정보등의 제공

　가. 금융회사등 및 금융회사등의 해외지점·현지법인 등에 대한 감독·검사

　나. 「자본시장과 금융투자업에 관한 법률」 제437조에 따른 정보교환 및 조사

　　　등의 협조

7. 「자본시장과 금융투자업에 관한 법률」에 따라 거래소허가를 받은 거래소(이하

　　"거래소"라 한다)가 다음 각 목의 경우에 필요로 하는 투자매매업자·투자중개업

　　자가 보유한 거래정보등의 제공

　가. 「자본시장과 금융투자업에 관한 법률」 제404조에 따른 이상거래(異常去來)의

　　　심리 또는 회원의 감리를 수행하는 경우

　나. 이상거래의 심리 또는 회원의 감리와 관련하여 거래소에 상응하는 업무를

　　　수행하는 외국거래소 등과 협조하기 위한 경우. 다만, 금융위원회의 사전

　　　승인을 받은 경우로 한정한다.

8. 그 밖에 법률에 따라 불특정 다수인에게 의무적으로 공개하여야 하는 것으로

　　서 해당 법률에 따른 거래정보등의 제공

(3) 타 법률의 규정에 의하여 정보제공이 가능한 경우

타 법률의 규정에 따라 정보제공이 가능한 경우는 다음과 같다. 근거 법률과 제공
요구 가능한 기관만 간단히 열거한다.

감사원법상 감사원, 정치자금법상 각급선거관리위원회, 공직자윤리법상 공직자
윤리위원회, 상증세법상 국세청장(지방국세청장포함), 특정금융거래정보의보고및이용
등에관한법률상 금융정보분석원장, 과세자료의제출및관리에관한법률상 국세청장
(지방국세청장 포함), 마약류불법거래방지에관한특례법상 검찰총장에게 신고하는 경
우, 외국환거래법상 국세청장에게 통보하는 경우, 전기통신금융사기 피해방지 및 피
해금환급에관한특별법상 금융회사 및 금융감독원, 정치자금법상 후원회가 입금의뢰
인의 성명과 연락처를 요구하는 경우, 조세특례제한법상 국세청장(지방국세청장 포함),
예금자보호법상 예금보험공사사장, 취업후학자금상환특별법상 교육과학기술부장관

(국세청장), 고용보험 및 산업재해보상보험의 보험료징수 등에 관한 법률상 근로복지공단 이사장, 근로자퇴직급여보장법상 고용노동부장관, 국제조세조정에관한법률상 권한 있는 당국, 증권거래세법상 금융투자업자가 관할 세무서장에게 제공하는 경우, 공무원범죄에 관한 몰수 특례법상검사, 범죄수익은닉의 규제 및 처벌 등에 관한 법률상 검사.

(4) 금융거래정보 제공 시 준수 의무

금융회사등은 부당한 정보제공요구가 있는 경우 이를 거부하여야 하며 위반시에는 5년 이하의 징역 또는 5천만원 이하의 벌금에 처해질 수 있다(금융실명법 제6조 제1항).

금융회사등이 법령의 규정에 따라 정당하게 금융거래정보를 제공할 수 있는 경우에 준수해야 하는 절차와 방법은 다음과 같다(동법 제4조 제2항).

먼저 정보제공을 요구하는 기관은 금융위원회가 정하는 표준양식에 의하여 금융회사등의 특정 점포에 요구하여야 하며, 구체적으로 다음과 같은 정보 즉 ① 명의인의 인적사항, ② 요구 대상 거래기간, ③ 요구의 법적 근거, ④ 사용 목적, ⑤ 요구하는 거래정보등의 내용, ⑥ 요구하는 기관의 담당자 및 책임자의 성명과 직책 등 인적사항 등을 제출하여야 한다.

정보제공 요구는 금융회사등의 특정 점포에 하는 것이 원칙이지만 명의인의 동의가 있거나 금융실명법상 법관의 제출명령과 영장에 의한 경우와 타 법률에 의거하여 정보제공을 요구하는 경우에는 본부에 일괄조회가 가능하다.

금융회사등이 금융거래정보를 제3자에게 제공한 경우에는 원칙적으로 그 정보를 제공한 날부터 10일 이내에 다음 사실을 명의인에게 서면으로 통보하여야 한다. ① 제공한 정보 등의 주요내용, ② 정보 등의 사용목적, ③ 정보 등을 제공받은 자, ④ 정보 등의 제공일자 등. 그리고 금융회사등이 기록·관리하여야 하는 사항은 정보제공 요구자(담당자 및 책임자)의 인적사항, 요구하는 내용 및 요구일자, 사용 목적, 제공자(담당자 및 책임자)의 인적사항 및 제공일자, 제공된 거래정보등의 내용, 제공의 법적근거, 명의인에게 통보한 날이다.

한편 일정한 사유가 있는 경우에 금융회사등은 명의인에 대한 정보제공사실의 통보를 유예할 수 있다. 금융실명법 제4조의2 제2항은 금융회사등이 정보 요구자로 부터 일정한 유예사유로 통보의 유예를 서면으로 요청받은 경우에는 6개월에 한해 통보를 유예할 수 있고 추가 유예 요구 시에는 최장 6개월(두 차례만 매 1회 3개월 한도) 을 한도로 통보를 추가 유예할 수 있다. 통보유예사유는 ① 해당 통보가 사람의 생명 이나 신체의 안전을 위협할 우려가 있는 경우, ② 해당 통보가 증거 인멸, 증인 위협 등 공정한 사법절차의 진행을 방해할 우려가 명백한 경우, ③ 해당 통보가 질문·조사 등의 행정절차의 진행을 방해하거나 과도하게 지연시킬 우려가 명백한 경우이다.

(5) 명의인에게 금융거래정보 제공 사실을 통보하지 않을 수 있는 경우

금융회사등이 금융거래정보를 제3자에게 제공했더라도 그 사실을 명의인에게 통 보하지 않아도 되는 경우가 있는데, 금융실명법에서 정하는 경우와 타 법률에서 정하 는 경우가 있다. 금융실명법에서 정하는 통보 예외사유는 동법 제4조 제1항 제4호~ 제7호에 해당하는 경우인데, 금융위원회(증권시장·파생상품시장의 불공정거래조사의 경 우에는 증권선물위원회를 말함), 금융감독원장 및 예금보험공사 사장이 금융회사등에 대 한 감독·검사를 위하여 필요로 하는 정보 등의 제공, 동일 금융회사등의 내부 또는 금융회사등 상호간에 업무상 필요한 정보 등의 제공, 금융위원회 및 금융감독원장이 그에 상당하는 업무를 수행하는 외국금융감독기관 (국제금융감독기구 포함)에 대한 업 무협조를 위하여 필요한 정보 등을 제공, 한국거래소가 필요로 하는 투자매매업자· 투자중개업자가 보유한 거래정보 등을 제공하는 경우가 해당된다.

특별법에서 정하는 통보 예외사유는 특정금융거래정보의보고및이용등에관한법 률에 의한 정보 등의 제공, 정치자금법 제17조 제13항에 의한 정보 등의 제공, 조세특 례제한법 제100조의12 제1항에 의한 정보 등의 제공, 국제조세조정에관한법률 제36조 제3항에 의한 정보 등의 제공, 마약류불법거래방지에관한특례법에 의한 정보 등의 제공, 외국환거래법에 의한 외환거래 정보 등의 제공, 전기통신금융사기 피해방지 및 피해금환급에관한특별법 제15조에 의한 정보 등의 제공, 증권거래세법 제9조의 2에 의한 정보 등의 제공, 공무원범죄에 관한 몰수 특례법 제9조의3 제1항 제5호에 의 한 정보 등의 제공, 소정의 절차에 따라 어음·수표소지인에게 발행인의 거래사실 유무, 부도발생 유무 및 내용, 인적사항에 관한 정보 등을 제공, 거래한 사실이 없는 경우 등이다.

II. 신용정보와 신용정보법

1. 신용정보법의 개요

(1) 제정 목적

「신용정보의 이용 및 보호에 관한 법률」(약칭: 신용정보법)의 제정 목적은 개인정보에 관한 기본법이라 할 수 있는 「개인정보 보호법」(이하 "개인정보법"이라 함)과 확연히 다르다.

개인정보법의 경우 법 제정 목적으로서 "개인정보의 처리 및 보호에 관한 사항을 정함으로써 개인의 자유와 권리를 보호하고, 나아가 개인의 존엄과 가치를 구현함을 목적으로 한다"고 하여 헌법상 기본권 보호에 충실하다. 반면에 신용정보법은 "신용정보 관련 산업을 건전하게 육성하고 신용정보의 효율적 이용과 체계적 관리를 도모하며 신용정보의 오용·남용으로부터 사생활의 비밀 등을 적절히 보호함으로써 건전한 신용질서를 확립하고 국민경제의 발전에 이바지함을 목적으로 한다"고 하여, 기본권적 사생활의 비밀은 "적절히 보호"하면서 신용정보의 효율적 활용과 관련 산업 육성을 더 강조함으로써 경제발전을 우선적 가치로 추구한다. 이는 개인정보법에 없는 "국민경제의 발전"이라는 문구로도 확인된다. 통상 경제 관련 법률에서 보이는 '국민경제 발전'이라는 목적을 단순한 선언적 문구로 보는 견해도 있지만 대립되는 가치나 보호법익 간 균형과 조화를 도모하는 최고의 가치로 보는 것이 해당 법률 조항들의 체계적 해석에 도움이 될 것이다.[7]

---

7) 권기준, "신용정보에 관한 연구", 법학논총, 제39권 제2호, 2015, 351면은 신용정보법은 원래 금융업인 신용정보업의 육성 및 신용정보업자의 업무로서의 신용정보의 유통을 규제하기 위한 법률이면서

(2) 다른 법률과의 관계

가. 개인정보법과의 관계

2011년 개인정보법이 제정되기 전까지는 개인정보에 대한 법적 규율이 미비하여 신용정보법이 개인정보에 대한 일차적 규제법으로서 기능하였다. 그러나 이제 개인정보법이 제정된 상황에서는 개인정보법이 개인정보에 대한 기본법으로서 적용되고, 신용정보법은 상거래 관련 신용정보라는 특별한 개인정보에 적용되는 특별법이 되었다. 따라서 개인의 신용정보에 대한 양 법률 간 관계는 특별법 우선의 원칙에 따라 신용정보법이 우선 적용되고 정함이 없는 사항에 대해서 일반법인 개인정보법이 적용된다. 한편 개인정보법 중 정보통신망법의 취지를 수용한 제6장의 조항들(제39조의3부터 제39조의15)은 모두 특례조항으로서, 개인정보법의 나머지 조항에 우선하는 효력을 갖고 있기 때문에 신용정보법 〉 개인정보법 제6장 〉 개인정보법 순으로 적용된다고 보는 견해도 있다.[8]

그런데 일반법인 개인정보법상의 규제가 신용정보법상의 규제보다 더 엄격할 경우와 같이 특별법 우선의 원칙만으로 깔끔하게 해결되기 어려운 영역이나 문제도 존재할 것으로 예상된다. 즉 동일한 주제에 대해서 신용정보법은 단순하고 완화된 규제를 정하고 있는데 개인정보법은 자세하고 보다 엄격하게 규제할 경우 배타적으로 신용정보법만 적용해도 되는 것인지, 아니면 전체적인 규제의 취지를 감안하여 양자 모두를 적용하거나 개인정보법을 우선적으로 적용해야 하는 것인지 등의 문제이다.

나. 금융실명법과의 관계

현행 신용정보법으로 개정되기 이전에는 금융실명법과 신용정보법의 관계에 대해서, 수신정보(은행, 증권회사 등의 금전 수취 거래 관련 정보)에 대해서는 금융실명법이

동시에 제정 초기부터 개인정보의 보호를 위한 일반적 규정을 갖고 있었는데, 최근에는 개인정보 보호가 강화되면서 마치 처음부터 개인정보 보호를 위한 목적으로 제정된 법률인 것처럼 받아들여지고 있다고 지적한 바 있다.

8) 로앤비, 「온주 신용정보의이용및보호에관한법률」, 제3조의2 해설.

적용되고 여신정보(대출 등 신용공여 거래 관련 정보)에 대해서는 신용정보법이 적용된다는 관념이 실무계에 지배적이었다.

그러나 현행 신용정보법(제2조 제1의3호 나목)은 "「금융실명거래 및 비밀보장에 관한 법률」 제2조 제3호에 따른 금융거래의 종류, 기간, 금액, 금리 등에 관한 정보"를 신용정보의 하나인 "신용정보주체의 거래내용을 판단할 수 있는 정보"로 명확히 규정하여 기존의 이분법적 규제 관념을 인정하지 않는다. 따라서 금융실명법상의 금융거래정보는 신용정보법의 규제 대상이 되는 신용정보이기도 하다.

그러면 양자의 적용 순위는 어떻게 되는가? 양자 모두 개인정보법에 대해서는 동일한 순위의 특별법에 해당되지만, 금융거래정보는 신용정보의 하나이기도 하고 무엇보다 앞에서 설명한 금융실명법상의 우월적 조항(제9조)으로 인하여 금융거래정보에 대해서는 금융실명법이 신용정보법에 대한 특별법으로 볼 수 있다. 따라서 신용정보 중 금융거래정보는 금융실명법의 규제로 인하여 신용정보법에 따른 절차나 조치가 허용되지 않을 수 있다. 예를 들면, ① 신용정보를 제공받은 자는 이를 신용정보법이 정하는 요건을 갖춘 경우 다시 제3자에 제공하거나 원래 제공받은 목적 외의 목적으로 이용할 수 있지만, 금융거래정보의 경우에는 이를 다시 제3자에게 제공하거나 원래 수령한 목적으로 이용하는 것이 불가능하다(금융실명법 제4조 제4항). ② 신용정보주체의 동의하에 금융거래정보를 제공할 때는 금융실명법상 정하는 동의의 방식을 따라야 한다(금융실명법 시행령 제8조). 따라서, 신용정보법이 정하는 전자적 방식의 동의가 불가능하다. ③ 금융거래정보를 제3자에게 제공한 경우에는 이를 신용정보주체에 서면으로 통보하여야 한다 (금융실명법 제4조의2).[9]

(3) 주요 내용

신용정보법의 양대 축은 신용정보산업의 육성과 신용정보주체의 기본권 보호다. 먼저 신용정보산업의 육성을 위해서 신용정보업 등(신용정보업, 본인신용정보관리업, 채권추심업)에 대한 허가제를 두고 있고, 이들 신용정보업자에 대해서 신용정보의 '수집

---

9) 이상 세 가지 사례는 로앤비, 「온주 신용정보의이용및보호에관한법률」, 제3조의2 해설 참조.

및 처리'와 '유통 및 관리'에 대한 의무 사항을 규정하고 있다. 그리고 정보집합물의 결합을 담당하고 익명정보의 적격성 심사를 위하여 신용정보집중기관과 데이터전문기관에 대한 규정을 두고 있다.

신용정보주체의 기본권과 사생활을 보호하기 위해서 기본적으로 정보주체의 동의와 자기결정권에 기반하여 신용정보의 이용이 가능하도록 하고 있다. 따라서 개인신용정보를 제공·활용할 때는 정보주체의 개별적 동의를 받도록 하고 있고, 개인인 신용정보주체가 원할 경우 그에 대한 개인신용정보를 그가 원하는 자에게 전송하도록 하고 있다(소위 "마이데이터"). 그리고 신용정보업자 등은 개인인 신용정보주체가 자신에 대한 정보의 제공·이용 현황을 파악할 수 있도록 조회할 권리를 보장하여야 하고, 신용정보 제공·이용자가 개인신용정보를 신용정보업자 등(개인신용평가회사, 개인사업자신용평가회사, 기업신용조회회사 및 신용정보집중기관)에게 제공·이용하게 하는 경우 주요 정보를 신용정보주체에게 사전 통지하도록 하고 있다.

한편 신용정보법은 제2조(정의)에서 각종 용어에 대한 상세한 정의를 두고 있는데 이 정의 조항은 신용정보법의 해석뿐만 아니라 개인정보법과 금융실명법 등 관련 법률과의 조화로운 해석을 위해서도 정확한 숙지가 필요하다.

이하 신용정보의 정의와 범위를 먼저 살펴본 후, 신용정보의 이용(활용) 및 제공 측면과 신용정보주체의 기본권 보호 측면으로 나누어 서술한다.

2. 신용정보의 정의와 범위

신용정보는 금융거래 등 상거래에서 거래 상대방의 신용을 판단할 때 필요한 정보로서 신용정보주체를 식별할 수 있는 '식별정보', 신용정보주체의 거래내용을 판단할 있는 '거래정보', 신용정보주체의 신용도를 판단할 수 있는 '신용도판단정보', 신용정보주체의 신용거래능력을 판단할 수 있는 '신용능력정보'와 마지막으로 신용정보주체의 신용을 판단할 때 필요한 '기타정보'로 구분된다.

신용정보의 정의와 범위의 전제 조건으로서 "금융거래 등 상거래"라는 경제적 요인을 제시한 점이 기본권 보호 차원에서 접근하는 개인정보법과 크게 다른 점이다.

이에 따라 신용정보주체를 식별할 수 있는 '식별정보'는 다른 신용정보와 결합하는 경우에만 신용정보의 범위에 들어오며, 그러한 결합 없이 독자적으로 존재할 때는 "상거래" 요건이 결여되어 신용정보법 적용 대상이 아니게 되고 개인정보로서 개인정보법이 적용된다. 식별정보의 구체적 내용은 개인정보법상의 개인정보와 다를 것이 없으므로 여기서는 생략한다.

(1) 거래정보

거래정보는 신용공여정보, 금융거래정보, 상거래정보로 구분된다. 신용공여정보라 함은 대출, 신용카드, 리스, 보증과 같은 여신 관련 정보로서 구체적으로 신용공여의 기간, 금액, 금리, 한도 등이 해당된다. 금융거래정보는 우선 금융실명법상의 거래정보가 포함되는데 구체적으로는 각종 금융자산(예금, 신탁재산, 유가증권 등. 다만 보험은 포함되지 않음)의 수입·매매·중개·할인·수탁 등 광범위한 금융거래 관련 정보를 들 수 있다. 이에 더하여 금융거래정보에는 보험업법상의 보험상품 계약 등 관련 정보도 포함되며, 자본시장법에 따른 금융투자상품의 종류, 발행·매매명세, 수수료 등에 관한 정보도 포함된다. 주식·채권·신탁 관련 정보는 금융실명법상의 거래정보에 포함되므로 자본시장법상 금융투자상품 관련 정보에는 주식·채권·신탁을 제외한 투자계약증권·파생결합증권·파생상품 관련 정보도 포함될 것이다.

한편 거래정보에는 상법상 기본적 상행위(제46조)에 따른 상거래의 종류, 기간, 내용, 조건 등에 관한 정보도 포함되어 있어서, 금융회사가 아닌 상거래를 하는 일반기업이 상거래를 하면서 취득한 정보도 모두 신용정보가 되어 신용정보법의 적용대상이 된다. 따라서 국민의 거의 모든 경제적 활동이 신용정보법의 규제 범위에 포섭되게 되어 있다. 마지막으로 거래정보에는 이들 외에 공적 기관(특별법상의 공제조합, 우체국, 보증기금 등과의 거래에서 발생하는 정보)에 의한 금융거래정보도 포함된다.

(2) 신용도판단정보

신용정보주체의 신용도를 판단할 수 있는 정보인 '신용도판단정보'는 금융거래 등 상거래와 관련하여 발생한 채무의 불이행, 대위변제, 그 밖에 약정한 사항을 이행하지 아니한 사실과 관련된 정보와 금융거래 등 상거래와 관련하여 신용질서를 문란하게 하는 행위와 관련된 정보(명의도용, 보험사기, 자료 위·변조, 부정한 계약체결 등)를 말한다.

신용도판단정보는 신용정보주체에 대한 부정적이고 불리한 정보들로 구성되어 있는데, "신용"이라는 말의 국어사전적 정의가 "거래한 재화의 대가를 앞으로 치를 수 있음을 보이는 능력"이라는 점을 고려할 때 신용정보법의 입법취지에 가장 잘 부합되는 중요한 정보라고 볼 수 있다.

(3) 신용능력정보

신용능력정보는 직업, 재산, 소득, 기업의 영업실태, 지분보유현황 등 여신거래를 감당할 수 있는 능력을 판단할 수 있는 정보이다. 신용정보주체에 대한 긍정적이고 유리한 정보라 할 수 있다.

(4) 기타정보

신용도 판단에 필요한 '기타정보'에는 신용정보주체 관련 재판, 행정처분 등 공공기관 보유정보와 개인신용평점, 기업신용등급 등의 정보가 있다. 신용평점이나 신용등급 정보는 1차적 신용정보로부터 파생되고 가공된 2차적 정보로서의 성격을 띤다. 한편 기업신용등급에 관한 정보 중 자본시장법에 따라 신용평가사가 발급하는 신용등급은 자본시장법에 따른 별도 규율이 존재하므로 신용정보법에 따른 규제는 배제된다.

3. 개인신용정보의 정의와 범위

개인신용정보라 함은 기업(개인 및 법인 사업자)에 관한 정보가 아니라 살아 있는 개인에 관한 신용정보를 말한다. 신용정보법의 양대 축인 신용정보산업 육성과 개인의 기본권과 사생활 보호 중에서 기본권 보호 측면에서의 규제는 개인신용정보 중심으로 이루어진다. 즉 일반 신용정보는 개인신용정보보다 훨씬 더 자유롭게 이용 및 타인에게 제공하는 것이 가능하지만, 개인신용정보는 개인정보법과 같이 기본권 보호에 중점을 두고 있어 정보의 이용과 제공이 엄격하게 통제된다.

개인신용정보는 살아 있는 개인에 대한 정보라는 점에서 개인정보법상의 개인정보와 크게 다를 것이 없다. 다만 개인정보법상의 가명정보는 개인신용정보에 포함되지 않는다. 따라서 그 정의와 범위는 개인정보법과 동일하게 (1) 해당 개인의 성명, 주민등록번호 및 영상 등을 통하여 특정 개인을 알아볼 수 있는 정보와 (2) 해당 정보만으로는 특정 개인을 알아볼 수 없더라도 다른 정보와 쉽게 결합하여 특정 개인을 알아볼 수 있는 정보로만 구성되어 있다.

여기서 (2)와 같이 다른 정보와 결합되어야만 특정 개인을 식별할 수 있는 정보를 개인식별가능정보라고도 하는데, 성별, 나이, 주소, 우편번호, 직업(직업명 혹은 직업코드), 사건발생일자(사망, 승인, 수술, 퇴원, 방문 등), 위치(우편번호, 건물명, 지역 등), 인종, 출생국, 모국어, 가시적 소수인종집단 지위(visible minority status), 결혼 여부, 학력, 범죄경력, 종교, 의료 진단명, 보험 가입정보(보험 종류, 가입건수, 가입채널, 가입일, 보장금액 등), 신용대출 정보(대출건수, 계약일, 대출액, 상환액, 연체율 등), 납입보험료, 추정소득, 추정주택가격, 보유차량 정보, 핵심고객 여부, 내부신용등급, CB신용점수 등을 들 수 있다.[10]

개인정보와 개인신용정보 및 일반 신용정보의 관계를 도식화하면 다음과 같다.[11]

개인정보		신용정보
〈그 밖의 개인정보〉 신용도 판단과 무관한 정보로서 **개인에 관한 정보** (임직원정보, 영상정보, 거래상대방이 아닌 자의 정보, 상품소개 또는 구매권유 목적의 정보 등 신용정보법 미적용 고객정보 등)	〈개인 신용 정보〉 거래 상대방의 신용도 판단에 필요한 정보로서 **개인에 관한 정보** (연락처, 금융거래 기록 등)	〈그 밖의 신용정보〉 거래 상대방의 신용도 판단에 필요한 정보로서 **기업 및 법인 정보** (법인등록번호, 금융거래기록 등)

---

10) 금융위원회·금융감독원, 「금융분야 가명·익명처리 안내서」, 2022. 1, 8면.
11) 안전행정부·금융위원회·금융감독원, 「금융분야 개인정보보호 가이드라인」, 2013. 7, 10면.

4. 신용정보의 수집·처리 및 제공과 이용

신용정보산업의 발전을 위해서는 상거래 과정에서 수집된 정보를 그 정보를 필요로 하는 자(상인 등)에게 자유롭게 제공할 수 있어야 하고, 또 다른 자로부터 제공받을 수도 있어야 한다. 그래야 산재되어 있던 정보가 특정 목적의 수집자에게 집중되어 다른 정보와의 결합이나 가공을 통하여 부가가치가 부여되어 활용도 높은 정보가 될 수 있다. 신용정보의 제공과 이용에 대하여 살펴본다.

(1) 신용정보제공·이용자

"신용정보제공·이용자"란 고객과의 금융거래 등 상거래를 위하여 본인의 영업과 관련하여 얻거나 만들어 낸 신용정보를 타인에게 제공하거나 타인으로부터 신용정보를 제공받아 본인의 영업에 이용하는 자와 그 밖에 이에 준하는 자를 말한다(법 제2조 제7호).

먼저 상거래를 위하여 본인의 영업과 관련하여 얻거나 만들어 낸 신용정보라 함은 예를 들어 금융회사나 음식점·영화관 등(공중접객업자)이 영업 과정에서 취득한 고객의 신용정보를 말한다. 거의 모든 경제적 활동이 상거래에 포함되기 때문에 대부분의 사업주가 신용정보를 얻거나 생성하게 된다. 이러한 자들 중에서 해당 신용정보를 그 정보를 필요로 하는 타인에게 제공하거나 본인도 '타인으로부터 신용정보를 제공받아 본인의 영업에 이용'하고자 하는 자가 신용정보법상의 "신용징보제공·이용자"에 해당된다. 만약 사업주가 해당 신용정보를 자신만 이용하는 경우에는 신용정보제공·이용자에 해당되지 않으므로 관련된 규제가 면제된다. 한편 일정한 범위의 자들은 실제 신용정보의 제공·이용 여부에 관계없이 당연히 제공·이용자에 해당되어 규제되는데 여기에는 우체국, 특별법에 따라 설립된 조합·금고 및 그 중앙회·연합회, 특별법에 따라 설립된 공사·공단·은행·보증기금·보증재단 및 그 중앙회·연합회 등이 있다.

(2) 신용정보의 수집 및 처리

'신용정보회사 등' 즉 신용정보제공·이용자 및 신용정보업을 영위하는 회사들(신용정보회사, 본인신용정보관리회사, 채권추심회사, 신용정보집중기관)은 신용정보를 수집하고 처리할 수 있다. 수집·처리 시에는 법 또는 정관으로 정한 업무 범위에서 수집 및 처리의 목적을 명확히 하여야 하며, 신용정보법 및 개인정보법에 따라 그 목적 달성에 필요한 최소한의 범위에서 합리적이고 공정한 수단을 사용하여야 한다.

특히 개인신용정보를 수집하는 때에는 해당 신용정보주체의 동의를 받아야 하는 것이 원칙이다. 다만 개인정보법상 예외(제15조 제1항 제2호~제6호), 법령에 따라 공시되거나 공개된 정보, 출판물이나 방송매체 또는 공공기관의 인터넷 홈페이지 등의 매체를 통하여 공시 또는 공개된 정보, 신용정보주체가 스스로 사회관계망서비스 등에 직접 또는 제3자를 통하여 공개한 정보(디만 이 경우 해당 신용정보주체의 동의가 있었다고 객관적으로 인정되는 범위 내로 한정[12])의 경우에는 동의가 없어도 무방하다. 신용정보회사 등은 제3자에게 신용정보의 처리 업무를 위탁할 수도 있는데, 이 경우 보고와 교육 책임, 재위탁금지 등 당국의 엄격한 규제를 따라야 한다.

신용정보는 단독으로 활용될 수도 있지만 다른 정보들과 결합될 경우 보다 다양한 의미와 시사점을 도출할 수 있어서 정보의 가치가 높아진다. 예를 들어 금융회사(은행, 신용카드사 등)가 보유한 금융정보와 백화점 등이 보유한 거래정보를 결합하면 보다 구체적이고 의미도 깊어지는 부가 정보를 만들어 낼 수 있다. 따라서 신용정보법은 정보의 결합 나아가 둘 이상의 정보로 구성된 '정보집합물'(dataset)의 결합을 허용하고 있다. 다만 결합되는 정보의 양이 많아질수록 신용정보주체의 사생활 침해 가능성도 커지므로 결합의 남용을 방지하기 위해서 정부가 지정한 데이터전문기관을 통해서만 결합을 허용한다. 현재 정보집합물의 결합 의뢰를 받아 처리할 수 있는 전문

---

12) 시행령 제13조에 따르면 1. 공개된 개인정보의 성격, 공개의 형태, 대상 범위, 2. 제1호로부터 추단되는 신용정보주체의 공개 의도 및 목적, 3. 신용정보회사 등의 개인정보 처리의 형태, 4. 수집 목적이 신용정보주체의 원래의 공개 목적과 상당한 관련성이 있는지 여부, 5. 정보 제공으로 인하여 공개의 대상 범위가 원래의 것과 달라졌는지 여부, 6. 개인정보의 성질 및 가치와 이를 활용해야 할 사회·경제적 필요성을 고려하여 신용정보주체의 동의 인정 여부를 판단한다.

기관으로서 신용정보원 및 금융보안원이 지정되어 있다.

　　구체적인 결합 프로세스를 살펴보면, 먼저 결합의뢰기관 측에서 결합의뢰기관 간 사전협의 → 정보집합물 가명처리(결합키 생성) → 데이터전문기관에 결합신청 → 정보집합물 전송이 이루어지게 된다. 이후 데이터전문기관 측에서 정보집합물 결합 (가명·익명처리) → 적정성평가(적정성평가위원회[13]) → 결합 결과 제공 → 관련 데이터 파기 순으로 진행된다.[14]

(3) 신용정보의 유통 및 관리

　　신용정보회사 등은 신용정보의 정확성과 최신성이 유지될 수 있도록 신용정보의 등록·변경 및 관리 등을 하여야 한다. 위반 시 1천만 원 이하의 과태료가 부과되므로 단순한 선언적 규정이 아니다. 부정확한 신용정보는 부정확한 신용평가로 이어져 신용정보주체에게 불이익을 줄 수 있기 때문에 신용정보를 처리하는 자에게 상당한 의무를 부여하는 것이다.

　　이에 따라 시행령 제15조는 ① 신용정보제공·이용자는 신용정보를 신용정보집중기관 또는 개인신용평가회사, 개인사업자신용평가회사 또는 기업신용조회회사에 제공하려는 경우에는 그 정보의 정확성을 확인하여 사실과 다른 정보를 등록해서는 안 된다. ② 신용정보집중기관과 개인신용평가회사, 개인사업자신용평가회사 또는 기업신용조회회사는 등록되는 신용정보의 정확성을 점검할 수 있는 기준 및 절차를 마련하고 이에 따라 등록되는 신용정보의 정확성을 점검·관리해야 한다. ③ 신용정보회사, 채권추심회사, 신용정보집중기관 및 신용정보제공·이용자는 신용정보의 정확성과 최신성이 유지될 수 있도록 금융위원회가 정하여 고시하는 기준과 절차에 따라 신용정보를 등록·변경·관리해야 한다고 규정하고 있다.

　　한편 신용정보제공·이용자가 개인신용정보를 타인에게 제공하려는 경우에는 제

---

13) 적정성평가위원회란 데이터전문기관이 ① 신용정보회사 등이 보유하는 정보집합물과 제3자가 보유하는 정보집합물 간의 결합 및 전달 ② 신용정보회사 등의 익명처리에 대한 적정성 평가 업무를 전문적이고 중립적으로 처리하기 위해 설치할 수 있다(신용정보법 제26조의4 제3항).

14) 금융보안원 홈페이지 설명 참조. https://data.fsec.or.kr/prtl/intro/introMXForm.do.

공할 때마다 미리 개별적 동의를 받는 것이 원칙이나, 기존에 동의한 목적 또는 이용 범위에서 개인신용정보의 정확성·최신성을 유지하기 위한 제공의 경우에는 그러하지 아니하다고 예외를 인정하고 있다(법 제32조 제1항 본문 단서).

신용정보회사 등은 개인신용정보의 처리에 대한 기록을 3년간 보존하여야 하고, 신용정보주체에게 불리한 신용정보의 경우에는 원칙적으로 불이익을 초래하게 된 사유가 해소된 날부터 최장 5년 이내에 등록·관리 대상에서 삭제하여야 한다. 개인신용정보의 경우도 신용정보제공·이용자는 상거래관계가 종료된 날부터 최장 5년 이내 또는 해당 기간 이전에 정보 수집·제공 등의 목적이 달성된 경우에는 그 목적 달성날부터 3개월 이내에 그 정보를 관리대상에서 삭제해야 한다. 다만 개인신용정보를 가명정보로 처리한 경우에는 가명처리한 자가 가명처리 시 정한 기간 동안 보존할 수 있는 특례가 있다(법 제20조의2 제2항 단서 제2호의2).

신용정보회사 등은 신용정보의 수집·처리·이용 및 보호 등에 대하여 금융위원회가 정하는 신용정보관리기준을 준수하여야 하는데, 금융위원회가 정한 관리기준은 신용정보업감독규정 별표 4의2에 있고, 신용정보업감독규정에서는 이 신용정보관리기준을 토대로 '내부관리규정'을 마련할 것을 요구하고 있다(신용정보업 감독규정 제22조 제2항).

신용정보회사, 본인신용정보관리회사, 채권추심회사, 신용정보집중기관 및 대통령령으로 정하는 신용정보제공·이용자(주요 금융기관 및 특별법상의 공제조합 등)는 신용정보의 관리 및 보호를 위하여 해당 업무를 하는 신용정보관리·보호인을 1명 이상 지정하여야 한다. 그리고 ① 종합신용정보집중기관, ② 개인신용평가회사, 개인사업자신용평가회사, 기업신용조회회사 및 본인신용정보관리회사, ③ 신용조사회사, 채권추심회사 및 주요 금융기관과 특별법상의 공제조합 등으로서 총자산이 2조 원 이상이고 상시 종업원 수가 300명 이상인 자는 신용정보관리·보호인을 임원으로 보임해야 한다. 타 법률에 있는 유사한 직책들, 예를 들어 금융지주회사법상의 고객정보관리인, 전자금융거래법상 정보보호최고책임자, 개인정보법상의 개인정보 보호책임자 등과 업무 범위가 중복될 수 있는데 이들과 신용정보관리·보호인의 겸직이 가능한지에 대해서는 법령에 특별한 언급이 없으므로 금융당국의 의견을 구할 필요가 있다.

5. 빅데이터 활용도 제고를 위한 가명정보와 마이데이터 도입

(1) 가명정보 관련

가. 가명정보 도입 취지 및 개요

2020년 2월 현행 신용정보법에 반영된 중요한 개정 내용 중 하나가 가명정보의 도입과 처리에 관한 것이다. 이 개정안의 주된 개정이유는 "데이터 경제로의 전환이라는 전 세계적 환경변화를 적극적으로 수용하면서 적극적인 데이터 활용으로 소비자 중심의 금융혁신 등의 계기를 마련하기 위하여 빅데이터 분석·이용의 법적 근거를 명확히 함과 동시에, 빅데이터 활용에 따라 발생할 수 있는 부작용을 방지하기 위한 안전장치를 강화"하려는 취지로서 빅데이터 활용을 전면에 내세웠다.

그리고 빅데이터 활용에 핵심적인 가명정보의 활용을 위하여, 개정안의 주요 내용으로서 ① 가명처리, 가명정보의 개념을 도입하고, 통계작성, 연구, 공익적 기록보존 등을 위하여 가명정보를 제공하는 경우 등 신용정보주체의 동의 없이도 개인신용정보를 제공할 수 있는 사유를 추가함(제2조 제15호·제16호 및 제32조 제6항 제9호의2·제9호의4 신설), ② 가명정보를 이용하는 경우로서 그 이용 목적, 가명처리의 기술적 특성 등을 고려하여 대통령령으로 정하는 기간 동안 보존하는 경우 등에 대하여 개인신용정보 보유 기간에 대한 특례를 부여함(제20조의2 제2항), ③ 금융위원회는 정보집합물의 결합 및 익명처리의 적정성 평가를 전문적으로 수행하는 데이터전문기관을 지정할 수 있도록 함(제26조의4 신설), ④ 빅데이터 분석·이용에 따라 발생할 수 있는 부작용을 방지하기 위하여 가명처리·익명처리에 관한 행위규칙을 정함(제40조의2 신설), ⑤ 영리 또는 부정한 목적으로 특정 개인을 알아볼 수 있게 가명정보를 처리한 경우의 과징금 부과 및 처벌 근거를 마련함(제42조의2 제1항 제1호의4 및 제50조 제2항 제7호의2 신설) 등을 제시하였다.

나. 가명정보와 가명처리의 정의

신용정보법은 가명정보를 가명처리한 개인신용정보라고만 간단히 정의하고 있고, 가명처리의 정의를 자세히 규정하고 있다. 법에 따르면 '가명처리'란 추가정보를 사용하지 아니하고는 특정 개인인 신용정보주체를 알아볼 수 없도록 개인신용정보를 처리하는 것을 말한다. 그리고 이러한 가명처리에는 어떤 신용정보주체와 다른 신용정보주체가 구별되는 경우, 하나의 정보집합물(정보를 체계적으로 관리하거나 처리할 목적으로 일정한 규칙에 따라 구성되거나 배열된 둘 이상의 정보들)에서나 서로 다른 둘 이상의 정보집합물 간에서 어떤 신용정보주체에 관한 둘 이상의 정보가 연계되거나 연동되는 경우로서 추가정보를 분리하여 보관하는 등 신용정보주체를 알아볼 수 없도록 처리하는 것도 포함된다(법 제2조 제15호).

익명정보는 특정 개인인 신용정보주체를 더 이상 알아볼 수 없도록 개인신용정보를 처리하는 익명처리를 거친 정보로서 개인정보가 아니기 때문에 아무런 제한 없이 자유롭게 활용될 수 있는 정보를 말한다.

가명정보와 익명정보의 구체적 예시를 들면 다음과 같다.

〈표 18-1〉 가명정보와 익명정보의 구분[15]

	ID	성명	전화번호	성별	생년월일 출생년도 연령대	보험 가입 건수
원본정보		홍길동	010-1110-1110	남	1975. 11. 11.	3
가명정보	9A00F1155584BA5DDFFC4B6DDD 7940431737C612651267FBD4716 FE93C46F6BA	홍길동	~~010-1110-1110~~	남	1975	3
익명정보		홍길동	~~010-1110-1110~~	D	40대	3

- 성명, 전화번호, 성별, 생년월일을 조합하여 가명처리 기법 중 하나인 해시함수(SHA-256, 솔트값)를 적용
- 식별자(성명, 전화번호)는 삭제하고 개인식별가능정보(성별, 생년월일, 보험 가입건수)는 활용하되 개인 식별 가능성이 높은 성별, 생년월일 등은 일반화 처리* 가능
- * 가명정보 이용자의 개인정보 보호수준과 가명정보의 재식별 가능성 등에 따라 가명처리 수준은 달라질 수 있음(위험도가 높을수록 가명처리 수준도 높아짐)

※ (예시) 원본정보(1974.9.23.) → 출생년도만 남김(1974년) → 연령대로 범주화(40대)

다. 가명정보 내지 가명처리 관련 의무

신용정보회사 등이 자기가 보유한 정보집합물을 제3자가 보유한 정보집합물과 결합하려는 경우에는 데이터전문기관을 통하여 결합하여야 하고, 데이터전문기관은 결합된 정보집합물을 해당 신용정보회사 등 또는 그 제3자에게 전달하는 경우에는 가명처리 또는 익명처리가 된 상태로 전달하여야 한다. 이때 결합의뢰기관이 정보집합물을 데이터전문기관에 제공하는 경우, ① 하나의 정보집합물과 다른 정보집합물 간에 둘 이상의 정보를 연계, 연동하기 위하여 사용되는 정보는 해당 개인을 식별할 수 없으나 구별할 수 있는 정보(결합키)로 대체하고, ② 개인신용정보가 포함된 정보집합물은 가명처리하여 전달하여야 한다(시행령 제14조의2 제3항 제1호).

신용정보법은 또한 가명처리를 한 주체인 신용정보회사 등에게 ① 가명처리에 사용한 추가정보의 분리 보관 내지 삭제, ② 가명정보 보호를 위한 내부관리계획 수립 및 보안대책 시행, ③ 영리 또는 부정한 목적으로 특정 개인을 알아볼 수 있게 가명정보를 처리하는 것 금지, ④ 가명정보를 이용하는 과정에서 특정 개인을 알아볼 수 있게 된 경우 즉시 그 가명정보를 회수하여 처리를 중지하고, 특정 개인을 알아볼 수 있게 된 정보는 즉시 삭제 및 ⑤ 처리한 개인신용정보를 3년간 보관하도록 의무를 부여하고 있다(법 제40조의2).

라. 가명정보에 대한 적용 예외

신용정보법은 가명정보의 활용도를 높이기 위해서 신용정보주체를 보호하기 위한 의무들을 상당수 면제하고 있다. 법 제40조의3에서 면제를 인정한 규정들은 법 제32조 제7항, 제33조의2, 제35조, 제35조의2, 제35조의3, 제36조, 제36조의2, 제37조, 제38조, 제38조의2, 제38조의3, 제39조 및 제39조의2부터 제39조의4까지의 규정들이다.

---

15) 금융위원회·금융감독원, 앞의 안내서, 12면 참조.

(2) 개인신용정보의 전송요구(마이데이터)

현행 신용정보법이 빅데이터 활용을 극대화하기 위한 또 다른 혁신 조치가 소위 "마이데이터"라고 불리는 개인신용정보의 전송요구권을 도입한 것이다. 마이데이터는 각 개인이 본인의 신용정보를 적극적이고 효율적으로 관리할 수 있도록 모든 개인신용정보를 한곳에 집중시키고 결합할 수 있도록 한다. 기존의 오픈뱅킹이 은행과 핀테크사업자 중심의 통합조회 서비스였다면 마이데이터는 은행뿐만 아니라 증권회사, 보험회사, 카드 등 여신전문회사에 더하여 공공정보까지 통합하여 조회할 수 있다.

마이데이터는 정보주체인 개인이 본인의 데이터를 처리하고 활용하는 과정에서 데이터에 대한 접근, 데이터의 이동, 처리과정의 통제 등에 대해 능동적으로 결정할 수 있는 권리가 보장되어야 실현될 수 있다. 또한 개인데이터를 보유하고 있는 기관은 개인이 요구할 때, 데이터를 안전한 환경에서 쉽게 접근하여 이용할 수 있는 형식으로 제공하여야 하며, 데이터의 자유로운 이동과 제3자 접근이 가능하고, 그 활용 결과를 개인이 투명하게 알 수 있도록 한다는 것을 원칙으로 한다.[16]

마이데이터에 대한 법적 근거는 법 제33조의2에서 규정하고 있는 개인신용정보의 전송요구권과 법 제2조제9의2호의 본인신용정보관리업 조항을 들 수 있다. 법 제2조제9의2호는 "본인신용정보관리업"을 정의하면서, 개인인 신용정보주체의 신용관리를 지원하기 위하여 법령이 정하는 다양한 신용정보의 전부 또는 일부를 조회·열람이 가능하도록 통합하여 그 신용정보주체에게 제공하는 행위를 영업으로 하는 것이라고 하고 있다. 법 제33조의2는 개인인 신용정보주체가 신용정보제공·이용자 등에 대하여 그가 보유하고 있는 본인에 관한 개인신용정보를 본인 및 본인신용정보관리회사(마이데이터 사업자), 일정한 신용정보제공·이용자, 개인신용평가회사 등에게 전송하여 줄 것을 요구할 수 있다고 하고 있다.

마이데이터의 대상 정보는 거의 모든 금융거래정보와 공공정보를 망라하고 있다. 예를 들어 여·수신정보로서 예·적금(납입액, 금리, 만기 등), 대출(잔액, 금리, 만기

---

16) 노현주, "금융 마이데이터 도입 현황과 시사점", 보험연구원, 2021. 4, 6-7면.

등), 투자상품(예수금, 매입종목, 거래단가·수량, 평가금액 등) 등이 있고, 보험정보로서 가입상품(계약, 특약, 납입내역, 자기부담금 등), 대출(잔액, 상환내역 등) 등이 있으며, 금융투자상품과 연금 관련 정보로서 투자상품(예수금, 매입종목, 거래단가·수량, 평가금액 등), 연금(납부액, 만기수령액 등) 등이 있고, 기타정보로서 통신 청구·납부·결제정보, 국세 및 지방세 납부정보, 고용보험 등 4대 보험 납부 확인 등이 있다.

정보에 대한 전송요구권 행사에 따라 제공된 정보와 동의에 기반한 제3자 제공은 다음 표에서 보는 바와 같이 정보주체의 지위와 정보 이전 의사의 주체 등에서 구분된다.

〈표 18-2〉 제공동의와 전송요구의 차이[17]

구분	제공동의	전송요구
정보주체의 지위	수동적 지위	능동적 지위
정보 이전의 의지를 가지는 자	사업자 (신용정보회사 등)	정보주체
정보주체의 결정 사항	동의 또는 부동의	• 신용정보 제공·이용자 등으로서 전송요구를 받는 자 • 전송을 요구하는 개인신용정보 • 전송요구에 따라 개인신용정보를 제공받는 자 • 정기적인 전송을 요구하는지 여부와 요구할 경우 해당 주기 • 전송요구의 종료 시점 • 전송을 요구하는 목적 • 전송을 요구하는 개인신용정보의 보유기간

전송요구권의 대상이 되는 개인신용정보는 마이데이터의 대상 정보 중에서 다음 요건을 충족하는 정보로 제한된다. 즉, 1. 해당 신용정보주체와 신용정보제공·이용자 등 사이에서 처리된 신용정보로서, 가. 신용정보제공·이용자 등이 신용정보주체로부터 수집한 정보, 나. 신용정보주체가 신용정보제공·이용자 등에게 제공한 정보, 다. 신용정보주체와 신용정보제공·이용자 등 간의 권리·의무 관계에서 생성된 정

17) 노현주, 앞의 연구보고서, 12면.

보, 2. 컴퓨터 등 정보처리장치로 처리된 신용정보일 것, 3. 신용정보제공·이용자 등이 개인신용정보를 기초로 별도로 생성하거나 가공한 신용정보가 아닐 것이다.

본인으로부터 개인신용정보의 전송요구를 받은 신용정보제공·이용자 등은 신용정보주체의 본인 여부가 확인되지 아니하는 경우 등 시행령으로 정하는 경우에는 전송요구를 거절하거나 전송을 정지·중단할 수 있다(법 제33조의2 제8항, 시행령 제28조의3 제11항, 신용정보업감독 규정 제39조의2 제2항). 다만 개인신용정보 전송요구를 받은 신용정보제공·이용자 등이 전송요구를 거절하거나 전송을 정지·중단한 경우에는 지체 없이 해당 사실을 개인인 신용정보주체에게 통지해야 한다(시행령 제28조의3 제12항). 개인인 신용정보주체는 전송요구를 철회할 수도 있다. 철회는 전송요구권 행사 때와 같이 서면, 유무선 통신 등으로 본인 확인이 명백하게 이루어져야 한다.

한편 신용정보법 제22조의9는 마이데이터 사업자의 행위규칙을 정하고 있다. 이에는 전송요구를 강요하거나 부당하게 유도하는 행위 그 밖에 신용정보주체 보호 또는 건전한 신용질서를 저해할 우려가 있는 행위를 금지하고 있다. 또 업무 수행 과정에서 개인인 신용정보주체와 본인신용정보관리회사 사이에 발생할 수 있는 이해상충을 방지하기 위한 내부관리규정을 마련하여야 하며 정보 전송때는 정보제공의 안전성과 신뢰성이 보장될 수 있는 방식으로서 시행령이 정하는 방식으로 해당 개인인 신용정보주체의 개인신용정보를 그 본인신용정보관리회사에 직접 전송하여야 한다. 그리고 고객의 접근수단을 직접 보관하거나, 접근권한을 확보하거나, 접근수단에 대한 지배권 등을 확보하는 방법으로 사용 및 보관함으로써 고객에게 교부할 신용정보를 수집하는 방식, 즉 소위 "스크린 스크레이핑"방식에 의한 정보수집행위를 금지하고 있다.

6. 신용정보주체의 보호

(1) 개인신용정보의 제공·활용에 대한 동의

신용정보법 제32조는 개인신용정보의 정보주체를 보호하기 위한 기본적 조항으로서 정보주체의 동의 요건을 상세히 규정하고 있다. 우선 제1항은 신용정보제공·이용자가 개인신용정보를 타인에게 제공하려는 경우에 해당 신용정보주체로부터 개인신용정보를 제공할 때마다 사전에 개별적으로 서면이나 전자서명 등에 의한 동의를 받도록 하고 있다. 따라서 사전에 포괄적 동의를 받는 방법은 허용되지 않는다. 동의를 구할 때는 1. 개인신용정보를 제공받는 자, 2. 개인신용정보를 제공받는 자의 이용 목적, 3. 제공하는 개인신용정보의 내용, 4. 개인신용정보를 제공받는 자(개인신용평가회사, 개인사업자신용평가회사, 기업신용조회회사 및 신용정보집중기관은 제외한다)의 정보 보유 기간 및 이용 기간, 5. 동의를 거부할 권리가 있다는 사실 및 동의 거부에 따른 불이익이 있는 경우에는 그 불이익의 내용을 미리 고지하여야 한다.

금융회사 등 일정한 신용정보제공·이용자에게는 특례와 추가적인 의무가 각각 인정된다. 먼저 특례 사항은 동의를 구하기 위한 사전 고지사항 중 일부를 생략하거나 중요한 사항만을 발췌하여 그 신용정보주체에게 알리고 정보활용 동의를 받을 수 있다는 것이다. 다만 이때에는 신용정보주체에게 고지사항 전부를 별도로 요청할 수 있음을 알려야 하고, 개인인 신용정보주체가 고지사항 전부를 알려줄 것을 요청한 경우에는 고지사항 전부를 제공하여야 한다(제34조의2 제3항 및 제4항).

의무 사항으로는 개인인 신용정보주체로부터 정보활용에 대한 동의를 구할 때 신용정보주체가 동의 관련 사항을 충분히 이해할 수 있도록 하여야 한다. 예를 들어, 1. 보다 쉬운 용어나 단순하고 시청각적인 전달 수단 등을 사용하여 신용정보주체가 정보활용 동의 사항을 이해할 수 있도록 할 것, 2. 정보활용 동의 사항과 금융거래 등 상거래관계의 설정 및 유지 등에 관한 사항이 명확하게 구분되도록 할 것, 3. 정보를 활용하는 신용정보회사 등이나 정보활용의 목적별로 정보활용 동의 사항을 구분하여 신용정보주체가 개별적으로 해당 동의를 할 수 있도록 할 것(제32조 제4항의 선택적 동의사항으로 한정한다)과 같다(제34조의2 제2항). 또 다른 의무 사항으로는 동의를 구할 때 금융위원회가 평가한 등급("정보활용 동의등급")을 신용정보주체에게 알리고 정보활용 동의를 받아야 한다는 것도 있다.(제34조의3).[18]

---

18) '정보활용 동의등급'은 가전제품의 에너지효율표를 벤치마킹하여 금융위원회가 정한 것인데, 소비자 입장에서 선택사항에 대한 동의 필요 여부를 판단하기 어려운 만큼 전문기관에서 등급을 정해

이상 서술한 사전적·개별적 동의 원칙은 기존에 동의한 목적 또는 이용 범위에서 개인신용정보의 정확성·최신성을 유지하기 위한 경우에는 적용되지 않아 추가적 동의가 필요없다.

제32조 제2항은 개인신용평가회사, 개인사업자신용평가회사, 기업신용조회회사 또는 신용정보집중기관으로부터 개인신용정보를 제공받으려는 자로 하여금 동 정보를 제공받을 때마다 정보주체로부터 개별적으로 동의를 받도록 요구하고 있다. 신용정보업을 영위하는 회사들 상호간 정보를 제공하는 경우에는 이런 동의가 필요없다. 따라서 제1항에서 언급한 신용정보제공·이용자가 동의를 구하는 주체가 될 것이다. 이 동의를 구하는 경우에도 제1항의 사전 고지 항목과 유사하게 1. 개인신용정보를 제공받는 자, 2. 개인신용정보를 제공받는 자의 이용 목적, 3. 제공하는 개인신용정보의 내용, 4. 개인신용정보를 제공받는 자(개인신용평가회사, 개인사업자신용평가회사, 기업신용조회회사 및 신용정보집중기관은 제외한다)의 정보 보유 기간 및 이용 기간, 5. 동의를 거부할 권리가 있다는 사실 및 동의 거부에 따른 불이익이 있는 경우에는 그 불이익의 내용을 미리 알리고 동의를 구하여야 한다. 또한 개인신용정보 조회 시 개인신용평점이 하락할 수 있는 때에는 해당 신용정보주체에게 이를 고지하여야 한다.

한편 신용정보제공·이용자 등에게 정보를 제공하는 개인신용평가회사, 개인사업자신용평가회사, 기업신용조회회사 또는 신용정보집중기관은 해당 개인신용정보를 제공받으려는 자가 제2항에 따른 동의를 받았는지를 동의서 사본을 제출받는 등의 방식으로 확인하여야 한다.

제4항과 제5항은 신용정보회사등이 개인신용정보의 제공 및 활용과 관련하여 동의를 얻을 때 필수적 동의사항과 선택적 동의사항을 구분하여 다룰 것을 정하고 있는데, 이는 과도한 정보 수집을 방지하고 신용정보주체의 정보 자기결정권을 실질적으

주고 소비자들이 쉽게 판단할 수 있도록 한 것이다. 등급 판정요소는 소비자위험도·소비자혜택·소비자친화도라는 기준으로 구성되어 있는데 각 기준별 고려 사항들을 보면, 소비자위험도는 정보 활용에 따른 사생활의 비밀과 자유를 침해할 위험, 소비자혜택은 정보활용에 따라 신용정보주체가 받게 되는 이익이나 혜택, 소비자친화도는 표현의 단순성·명확성 등 신용정보주체의 이해 용이성 등이다.

로 보장하기 위한 측면에서 의미가 있다. 이 경우 필수적 동의사항은 서비스 제공과의 관련성을 설명하여야 하며, 선택적 동의사항은 정보제공에 동의하지 아니할 수 있다는 사실을 고지하여야 한다. 시행령이 정하고 있는 필수적 동의사항과 선택적 동의사항의 구분 요소를 보면, 1. 신용정보주체가 그 동의사항에 대하여 동의하지 아니하면 그 신용정보주체와의 금융거래 등 상거래관계를 설정·유지할 수 없는지 여부, 2. 해당 신용정보주체가 그 동의사항에 대하여 동의함으로써 제공·활용되는 개인신용정보가 신용정보제공이용자와의 상거래관계에 따라 신용정보주체에게 제공되는 재화 또는 서비스(신용정보주체가 그 신용정보제공이용자에게 신청한 상거래관계에서 제공하기로 한 재화 또는 서비스를 그 신용정보제공이용자와 별도의 계약 또는 약정 등을 체결한 제3자가 신용정보주체에게 제공하는 경우를 포함한다)와 직접적으로 관련되어 있는지 여부, 3. 신용정보주체가 그 동의사항에 대하여 동의하지 아니하면 법 또는 다른 법령에 따른 의무를 이행할 수 없는지 여부 등을 고려하도록 하고 있다. 신용정보회사등은 신용정보주체가 선택적 동의사항에 동의하지 아니한다는 이유로 신용정보주체에게 서비스의 제공을 거부할 수 없다.

제6항은 이러한 동의 원칙이 적용되지 않는 예외적 경우를 정하고 있는데, 이에는 업무 위탁, 법원의 제출명령이나 영장, 조세법이나 국제협약 기타 타 법률에 따른 제출 등 십여 가지의 경우가 있다. 그리고 이 경우 동의를 받을 필요는 없지만 해당 제공 사실과 이유 등을 사전에 해당 신용정보주체에게 알려야 한다.

이상 서술한 이 동의 원칙은 개인식별정보의 수집·이용 및 제공에도 동일하게 적용된다.

한편 신용정보회사등이 개인의 질병, 상해 또는 그 밖에 이와 유사한 정보를 수집·조사하거나 제3자에게 제공하는 경우에도 사전에 제32조 제1항 각 호의 방식으로 해당 개인의 동의를 받아야 한다(제33조 제2항).

(2) 개인신용정보의 이용 및 설명의무

개인신용정보를 수집·취득한 자가 그 개인신용정보를 이용할 때에는 일정한 목적 범위 내의 행위이거나 신용정보주체의 동의를 받아야만 한다. 즉 해당 신용정보주체가 신청한 금융거래 등 상거래관계의 설정 및 유지 여부 등을 판단하기 위한 목적으로 이용하거나, 개인이 직접 제공한 개인신용정보(그 개인과의 상거래에서 생긴 신용정보를 포함한다)를 제공받은 목적으로 이용하는 경우이어야 하며, 그 외의 다른 목적으로 이용할 경우에는 신용정보주체로부터 동의를 받아야만 한다. 그리고 개인이 직접 제공한 개인신용정보라 할지라도 상품과 서비스를 소개하거나 그 구매를 권유할 목적으로 이용할 수는 없다.

금융회사 등 일정한 신용정보제공·이용자는 개인인 신용정보주체와 신용위험이 따르는 여신거래를 하는 경우, 해당 금융거래로 인하여 개인신용평가회사가 개인신용평점을 만들어 낼 때 해당 신용정보주체에게 불이익이 발생할 수 있다는 사실 및 해당 금융거래로 인하여 해당 신용정보주체에게 영향을 미칠 수 있는 사항들, 즉 1. 개인신용평점 하락 시 불이익 발생 가능성이 있는 금융거래 종류, 2. 평균적으로 연체율이 높은 금융권역의 신용공여는 은행 등 다른 금융권역의 신용공여보다 신용점수가 더 큰 폭으로 하락할 수 있다는 사실, 3. 평균적으로 연체율이 높은 형태의 신용공여는 일반적인 신용공여보다 신용점수가 더 큰 폭으로 하락할 수 있다는 사실 등을 해당 신용정보주체에게 설명하여야 한다.

(3) 신용정보 이용 및 제공사실의 조회와 열람 및 정정청구 등

신용정보회사 등은 개인신용정보를 이용하거나 제공한 경우 일정한 사항을 신용정보주체가 조회할 수 있도록 하여야 한다. 이용한 경우에는 이용 주체, 이용 목적, 이용 날짜, 이용한 신용정보의 내용, 해당 개인신용정보의 보유기간 및 이용기간을, 그리고 제공한 경우에는 제공 주체, 제공받은 자, 제공 목적, 제공한 날짜, 제공한 신용정보의 내용, 해당 개인신용정보를 제공받은 자의 보유기간 및 이용기간을 말한다. 다만, 내부 경영관리의 목적으로 이용하거나 반복적인 업무위탁을 위하여 제공하는 경우 등 예를 들어, 1. 신용위험관리 등 위험관리와 내부통제, 2. 고객분석과 상품 및 서비스의 개발, 3. 성과관리, 4. 위탁업무의 수행, 5. 업무와 재산상태에 대한 검사의 경우에는 조회에 응할 의무가 없다.

일정한 기관은 인터넷 홈페이지에 개인신용정보조회시스템을 설치하여 신용정보주체의 조회를 가능케 하여야 하는데 이들 기관에는 신용정보집중기관, 개인신용평가회사, 개인사업자신용평가회사, 기업신용조회회사, 본인신용정보관리회사 등이 있다.

신용정보회사 등은 조회시스템을 통하여 조회를 한 신용정보주체의 요청이 있는 경우 개인신용정보를 이용하거나 제공하는 때에 조회 대상 내용을 신용정보주체에게 통지하여야 하며, 이러한 요청이 가능하도록 신용정보주체에게 그 내용 통지를 요청할 수 있음을 알려주어야 한다.

신용·용정보주체는 위와 같은 개인신용정보 조회 권리 외에도 본인에 대한 개인신용정보를 열람하거나 사실과 다른 정보의 정정을 청구할 권리도 인정된다. 정정청구를 받은 신용정보회사 등은 정정청구에 정당한 사유가 있다고 인정하면 지체 없이 해당 신용정보의 제공·이용을 중단한 후 사실인지를 조사하여 사실과 다르거나 확인할 수 없는 신용정보는 삭제하거나 정정하여야 한다. 그리고 삭제·정정한 신용정보를 최근 6개월 이내에 제공받은 자와 해당 신용정보주체가 요구하는 자에게 해당 신용정보에서 삭제하거나 정정한 내용을 알려야 하며 이러한 처리 결과를 7일 이내에 해당 신용정보주체에게 알려야 한다.

금융회사와 금융공공기관, 특별법상의 각종 조합 및 일반 상거래 기업과 법인은 신용도판단정보 중 개인신용정보를 개인신용평가회사, 개인사업자신용평가회사, 기업신용조회회사 및 신용정보집중기관에 제공하여 그 업무에 이용하게 하는 경우에는 다음과 같은 사항을 미리 신용정보주체 본인에게 통지하여야 한다. 1. 채권자, 2. 약정한 기일까지 채무를 이행하지 아니한 사실에 관한 정보(금액 및 기산일, 해당 정보 등록이 예상되는 날짜), 3. 정보 등록 시 개인신용평점 또는 기업신용등급이 하락하고 금리가 상승하는 등 불이익을 받을 수 있다는 사실(신용정보집중기관에 등록하는 경우에는 신용정보집중기관이 제3자에게 정보를 제공함으로써 신용정보주체가 불이익을 받을 수 있다는 사실) 등이다. 이 사전 통지는 원칙적으로 개인신용정보를 제공하기 7일 전까지 전화, 서면, 이메일 등으로 해야 한다. 다만, 연체사실에 관한 정보를 제공하는 경우로서 연체 발생일부터 해당 정보의 등록이 예상되는 날까지의 기간이 7일 미만인 경우에는 개인신용정보를 제공하기 1일 전까지 통지할 수 있다.

(4) 개인신용정보 제공 동의 철회권 등

개인신용정보의 활용과 제공 등에 동의를 했더라도 본인이 원할 경우 언제라도 그 동의를 철회할 수 있어야 진정한 정보의 자기결정권이 관철될 수 있을 것이다. 따라서 신용정보법은 이러한 동의 철회권을 명확하게 보장하고 있다.

개인인 신용정보주체는 전화·서면 등으로 동의를 받은 신용정보제공·이용자에게 개인신용평가회사, 개인사업자신용평가회사 또는 신용정보집중기관에 제공하여 개인의 신용도 등을 평가하기 위한 목적 외의 목적으로 행한 개인신용정보 제공 동의를 언제라도 철회할 수 있다. 다만, 동의를 받은 신용정보제공·이용자 외의 신용정보제공·이용자에게 해당 개인신용정보를 제공하지 아니하면 해당 신용정보주체와 약정한 용역의 제공을 하지 못하게 되는 등 계약 이행이 어려워지거나 상거래관계의 설정·유지 여부 등의 판단 목적을 달성할 수 없는 경우에는 고객이 동의를 철회하려면 그 용역의 제공을 받지 아니할 의사를 명확하게 밝혀야 한다. 그리고 신용정보제공·이용자가 상품이나 용역을 소개하거나 구매를 권유할 목적으로 본인에게 연락하는 것도 중지하도록 청구할 수 있다. 신용정보제공·이용자는 이러한 동의 철회권을 개인인 신용정보주체에게 고지하고 본인이 요구하면 즉시 이에 따라야 한다.

한편 신용정보주체는 금융거래 등 상거래관계가 종료되고 일정한 기간(상거래에 필수 정보는 5년, 그 외의 정보는 3개월)이 경과한 경우 신용정보제공·이용자에게 본인의 개인신용정보의 삭제를 요구할 수 있다. 다만, 제20조의2 제2항 각 호의 어느 하나(법률상 의무, 가명정보 등)에 해당하는 경우에는 그러하지 아니하다. 신용정보제공·이용자가 이러한 삭제 요구를 받았을 때에는 지체 없이 해당 개인신용정보를 삭제하고 그 결과를 신용정보주체에게 통지하여야 한다.

신용정보회사 등은 개인신용정보가 업무 목적 외로 누설되었음을 알게 된 때에는 지체 없이 해당 신용정보주체에게 통지하여야 하고 피해를 최소화하기 위한 조치를 취하여야 하며 그 결과를 지제없이 금융위원회 등에게 신고하여야 한다.

제19장 데이터와 통신산업

이상직
(법무법인 태평양 변호사)

I. 통신산업에서의 데이터와 개인정보의 가치

1. 연혁적 고찰

통신산업은 전기통신사업법을 근거로 하여 통신망을 설치, 운용하면서 시내전화, 시외전화, 국제전화, 초고속인터넷, 이동전화(이동통신)로 대표되는 기간통신사업에서부터 인터넷 모바일 애플리케이션, 온라인 플랫폼, 쇼핑몰로 대표되는 부가통신사업까지 발전을 거듭했다. 우리나라는 과거 정보통신부의 초고속 정보통신망 정책과 산업계의 지속적인 투자로 일찍 정보통신, 인터넷강국이 되었다. 그 결과 다양하고 많은 데이터가 축적되었다. 그러나 국내 데이터 분석능력이 급속도로 발전했음에도 불구하고 개인정보 침해 위험을 이유로 데이터의 수집, 이용에 제약이 따랐다. 데이터를 기반으로 구동되는 다양한 산업의 발달이 미흡했다. 최근 보안기술의 발전으로 개인을 알아볼 수 없도록 가명이나 익명으로 처리하여 개인정보를 보호하고 안전하게 관리할 수 있게 되었다. 이에 개인정보보호법 등을 개정하여 데이터를 4차 산업혁명의 핵심 재료로 만든 것이 개정 데이터 3법(개인정보보호법, 정보통신망법, 신용정보법)의 핵심이다. 그러나 인공지능의 발전으로 개인정보 활용 위험은 증가한다고 보는 견해도 수그러들지 않고 있다. 데이터, 네트워크, 인공지능으로 대변되는 제4차산업혁명 시대에는 개인정보가 어떤 의미가 있는지 본다.

우리는 옛날 한국전기통신공사(현재 주식회사 케이티)가 발행한 전화번호부를 기억한다. 당시 종이책 중에서 글자가 가장 작으면서도 두꺼운 책이다. 집전화에 가입한 사람의 이름, 주소와 전화번호가 들어 있다. 요즘 세상이라면 개인정보보호법 위반으로 엄벌에 처해질 수밖에 없다.

이웃과의 협력이 절대적인 농경사회에서는 마을공동체와 생사를 같이했고 옆집에 자녀가 몇 학년인지, 수저가 몇 벌인지, 호미가 몇 개 있는지 속속들이 알고 지냈다. 자연스럽게 개인정보의 공유가 이루어졌다. 그러다가 산업화, 개인화가 진행되고 직장을 달리하는 이웃이 늘어 갔고 사생활이 중요해졌다. 정보화시대가 도래하여 인터넷, 스마트폰 등 정보통신기술의 발전으로 편리함을 얻었지만 보이스피싱 등 범죄 목적의 개인정보 침해로 사생활의 불안감도 높아졌고 피해예방과 구제가 중요했다. 지능정보화시대에서는 데이터, 인공지능 알고리즘의 활용으로 고객의 기호, 성향까지 파악해 맞춤서비스를 제공할 수 있게 되어 개인정보 보호 필요성이 더욱 높아졌다.

법제정비도 순차적으로 이루어졌다. 1단계로 정보통신망 확충을 주된 과업으로 하던 정보통신망법은 정보통신서비스제공자에게 엄격한 개인정보 보호의무와 책임을 부여하고 위반하는 경우에 제재, 형사처벌 등 근거조항을 추가했다. 신용정보법도 금융기관으로부터 고객의 신용정보를 보호하는 근거조항을 도입했다. 2단계로 개인정보보호법을 제정하여 공공과 민간을 통합하고 오프라인의 개인정보처리자에게도 개인정보 보호의무와 책임을 부과하였다. 3단계로 데이터 3법(개인정보보호법, 정보통신망법, 신용정보법)의 중복 유사 조항을 통합, 정리하면서 가명정보 등 산업적 연구를 위한 활용기회를 제공하고, 개인정보보호법을 개인정보에 관한 기본법으로 만드는 입법을 단행하고 독립된 규제기관으로 개인정보보호위원회를 설치하였다. 가명정보는 개인정보의 일부를 삭제하거나 일부 또는 전부를 다른 정보로 대체한 정보를 말한다. 원래의 상태로 복원하기 위한 추가 정보를 사용, 결합하지 않고는 누군지 알아볼 수 없다.

3단계로 개정된 데이터 3법의 주요 내용을 본다. 첫째, 기존에 여러 법률에서 따로 규정되어 중복, 모순되어 혼란스러웠던 개인정보 관련 조항들을 개인정보보호법으로 통합하였다. 둘째, 가명처리된 경우에는 개인정보라도 신뢰할 수 있는 안전조치를 전제로 통계작성, 민간의 산업적 목적을 포함한 과학적 연구, 공익적 기록보존의 목적으로 처리할 수 있도록 허용했다. 서로 다른 기업이 보유하고 있는 가명정보들은 전문기관이 결합할 수 있으며, 그 결합물을 전문기관 외부로 반출하기 위해서는 다시 가명 또는 익명 처리를 요구하여 보호하고 있다. 이제 가명정보를 활용하여 고객의 숨은 니즈에 맞는 신약 개발, 여행 상품, 콘텐츠 등 다양한 맞춤형 제품이나 서비스의 기획, 생산이 가능해졌다. 셋째, 신용정보주체의 신용관리를 지원하기 위하여 본인신용정보관리업(마이데이터사업)을 도입하였다. 스마트폰 앱으로 자신의 계좌, 결제, 투자 등 모든 금융정보를 관리할 수 있다. 사업자는 고객에게 최적의 금융상품을 추천하는 등 자산관리, 신용관리가 가능해졌다. 넷째, 개인정보보호위원회를 총리 소속의 중앙행정기관으로 격상했다. 자료제출 요구, 표준지침 작성, 자율규제 촉진, 개인정보파일의 등록 및 공개, 개인정보 보호 인증, 개인정보 영향평가 등을 포함한 행정안전부의 기능과 방송통신위원회의 개인정보 보호기능을 개인정보보호위원회로 이관하여 일원화하였다.

2. 데이터 발전 및 개인정보 정책 방향

데이터, 인공지능 시대 통신산업은 통신망을 고도화하여 끊김 없는 음성, 문자, 신호, 동영상 등 데이터의 실시간 처리를 가능하게 한다. 데이터의 질적, 양적 수준의 폭발적 증가에도 불구하고 이를 감당할 수준에 이르고 있고, 이동통신망을 보면 5G를 넘어 6G 등 차세대 통신망까지 서두르고 있는 상황이다. 민주주의를 위해 개인정보는 어떤 의미를 가질까? 데이터, 인공지능 시대에는 국민들이 국가나 기업, 언론에 구속되지 않고 대등한 지위에서 얻은 다양하고 풍족한 데이터를 기반으로 자신의 의사를 형성, 결정하고 표현할 수 있어야 민주주의가 가능하다. 그것이 가능하려면 전제조건으로서 국민 개개인의 개인정보가 철저히 보호되고 침해받지 않고 악용되지 않는 시스템이 작동해야 한다.

민주주의의 정신적 인프라가 되기 위한 개인정보 보호방향은 앞으로 어떻게 되어야 할까? 첫째, 국민이 어떤 환경에서도 침범될 수 없는 개인정보를 가질 수 있어야 한다. 공개될 경우에 사회생활의 약점이 될 수 있는 의료, 건강, 성적 취향, 가족관계 등 민감 정보가 그것이다. 물론 공공, 민간 서비스 이용을 위해 부득이하게 제공된 민감정보가 있다면 그 목적과 범위 내에서 최소로 이용되고 철저히 보호되어야 한다. 자신의 사생활이 유리알처럼 노출되는 사회에서 당당하게 자신의 의사를 형성, 결정하고 표현하기를 기대하기는 어렵기 때문이다.

둘째, 국민의 데이터형성권을 보호해야 한다. 발달된 기술의 지원으로 국민 개개인들의 창작활동이 쉬워졌고 많은 데이터를 만들어 내고 있다. 개인이 창출한 데이터는 그 성격과 유형, 표현방식과 기술에 따라 저작권, 상표권, 특허권 등 다양한 지적재산권으로 보호받아야 한다. 그 창출, 보호, 활용의 전 과정을 효과적으로 지원하는 범정부적 시스템을 갖추어야 한다.

셋째, 국민 스스로 개인정보 보호역량과 실행력을 높일 수 있게 지원체계를 갖추어야 한다. 정부, 기업 주도의 개인정보 보호체계는 정보주체를 온실 속의 화초로 만들 위험이 있다. 인공지능 시대는 쏟아지는 데이터와 복잡한 인공지능 알고리즘으로 인해 기존의 정부, 기업 중심의 보호체계가 효과를 발휘하기 어렵다. 법률로 보장된 개인정보 열람, 정정, 삭제 등 청구권을 정보주체가 스스로 행사하기 쉽게 법제시스템을 갖추어야 한다.

개인정보 시스템에서 수동적 보호대상에 머물던 개인정보 주체의 지위를 능동적 보호활동의 주체로 위상 재정립을 하는 것이 개인정보법제가 인공지능 시대 민주주의를 위해 할 첫걸음이다.

과거 해커 등 개인정보침해사범은 기간통신사업자와 금융기관 등 개인정보처리자에 대한 개인정보 침해 사건을 많이 일으켰다. 풍부한 가입자를 보유하고 있고 금융기관의 경우에는 신용정보를 가지고 있기 때문이다. 앞으로는 온라인플랫폼 사업자나 온라인, 모바일을 통하여 가입자의 위치정보, 취향정보, 의료 건강정보 등 활용가치가 높은 개인정보를 많이 가진 사업자가 개인정보침해사건의 피해기업이 될 가능성이 크다. 개인정보처리자의 유형, 사업내용, 처리하는 가입자정보에 부합하는 맞춤형 개인정보 규제가 필요할 것이다. 특히 기업 또는 자연인 고객의 방대한 데이터를 보관하고 고객이 필요한 소프트웨어, 인프라 등을 제공하는 클라우드컴퓨팅을 고려하면 더욱 그러하다.

3. 미래 개인정보 패러다임의 전환

미국의 과학철학자 토마스 쿤은 "과학혁명의 구조"에서 한 시대의 과학자들이 공통으로 받아들이는 가치관, 이론, 기술을 패러다임이라고 했다. 패러다임의 전환은 점진적인 것이 아니고 기존의 것을 파괴하고 새로 만드는 혁명이다. 프톨레마이오스의 천동설을 뒤집고 코페르니쿠스의 지동설이 나왔고 뉴턴의 역학을 뒤로하고 아인슈타인의 상대성이론이 나왔다. 서로를 이해하지 못하는 패러다임의 충돌을 거쳐 새로운 패러다임이 받아들여진 것이 과학발전의 역사다.

제4차산업혁명, 디지털 전환의 시대는 우리가 그동안 겪지 못한 문명을 경험할수 있지만 그동안 겪지 못한 위험도 경험할 수 있다. 독일의 사회학자 울리히 벡은 "위험사회"에서 중대한 위험의 일상화를 현대 산업사회의 특징으로 규정했다. 과거위험은 자연재해나 전쟁에 국한되었지만 현대 위험은 과학기술 발전과 정치, 경제, 사회 등 요인이 더해 일어나는 복합적이고 인위적인 위험이다. 위험은 전염성이 강하고 국경을 넘나들며 빈부와 계층을 가리지 않는다. 안전의 가치가 평등의 가치보다중요해진다.

데이터, 인공지능 시대 개인정보 패러다임 변화는 어떻게 봐야 할까. 과거 왕조시대에는 국방, 세금의무를 부과하기 위해 백성들의 정보를 수집, 이용했다. 농업근대화 시대에는 농업공동체를 유지하기 위해 촌락별로 정보를 공유했다. 앞서 본 바와 같이 논밭이라는 일터를 같이하니 옆집에 일손을 도울 수 있는 사람이 몇 명인지, 일은 잘하는지, 학교에 다니는지 알아야 했고, 농기구가 어떤 것이 몇 개 있는지 알아야 했다. 동네 길은 비뚤비뚤해 모든 집을 거쳐야 동구 밖에 나갈 수 있었다. 여기서개인정보의 개념은 함께 알아야 하는 공동정보로서 의미가 있었다. 산업화, 정보화시대로 넘어가면서 다른 직장을 다니게 되었다. 엄격한 출퇴근시간, 일터와 가정이 나뉘었다. 군이 옆집에 누가 사는지, 무엇을 하는지 알 필요가 없다. 대단지 주거형태인 아파트의 도입은 바로 옆에 사는 사람과의 교류도 필요없고 보안이 좋아 일터에서 돌아오면 오직 쉴 수 있는 공간을 제공하는 데 중점을 두었다. 산업화에 최적인 주거환경이다. 여기서는 개인정보를 옆집과 나눌 필요가 없고 집에선 가족들과 쉬었다. 사생활을 보호하기 위한 법제도가 정비되었다. 개인정보는 정보주체의 엄격한 동의가 없는 한 이용할 수 없다. 동의제도가 중요한 이유였다. 이제는 데이터를 연료로 작동하는 인공지능이 만드는 제4차산업혁명, 디지털 사회다. 데이터를 가둬 두고선 성립할 수 없고, 세계 경제전쟁에 뒤처질 수밖에 없다. 개인정보는 더 이상 사생활 공간에 숨을 수 없게 되었다. 가명, 익명처리를 통하면 재식별의 위험이 제로가 되지 않더라도 이용할 수 있게 개인정보보호법 등 데이터3법을 개정했다. 바야흐로 협력정보의 시대다. 기업 등 개인정보처리자의 데이터 활용 가능성이 높아졌고 더 높아져야 한다. 그것을 이용해 인공지능 등 디지털 산업을 키워야 한다. 그 대신 개인정보는 동의만으로 이용 여부를 따지는 시대를 벗어나 위험 여부를 고려해야 한다. 데이터를 뺏기면 사생활 침해를 넘어 생명, 신체, 재산에 위험을 준다. 예를 들어 범죄 집단이 인터넷 데이터나 자신들이 해킹한 데이터, 불법으로 구입한 데이터를 활용하여 국가 주요 인프라에 근무하는 사람을 위협한다면 국민의 생명, 신체에 큰 위험을 초래할 수 있다. 데이터 위험으로부터의 안전도 중요하다. 자신의 개인정보를 소유하고 생산한 주체가 직접 자신의 정보를 보호, 통제할 수 있는 시스템을 갖춰야 한다. 데이터의 질적, 양적 수준에 따라 그 소유권과 가치를 평가받고 보상받아야 한다. 그러기 위해서는 데이터의 유형, 양적·질적 수준과 규모에 따라 가치를 평가하는 시스템을 만들고 고도화해야 한다. 데이터를 많이 생산하여 기업에 도움을 주는 행위는 데이터 기여를 평가받을 수 있어야 한다. 필요하다면 합리적인 보상시스템에 관한 연구도 필요하다. 데이터 폭증에 따른 데이터 중독 등 부작용도 해소해야 한다. 데이터는 그 질적, 양적 수준에 따라 산업 시장의 특허상품도 되고 문학, 음악, 미술 같은 저작 표현물도 된다. 데이터를 문화상품으로 만들어야 한다. 데이터를 서로 차지하려는 글로벌 데이터 전쟁에도 대비해야 한다. 데이터 독과점을 용납해서도 안 된다. 이것이 협력정보 시대의 데이터 패러다임이다.

II. 통신산업에서의 데이터 활용과 보호

1. 통신산업의 위기와 기회

기존의 산업혁명은 제조공정을 혁신하여 이미 존재하는 상품의 고품질 대량생산을 가능하게 하였다. 제4차 산업혁명은 데이터, 인공지능을 통하여 기존에 없는 새로운 서비스를 창출했다. 예측과 지속가능한 미래로서 New Normal(새로운 일상)을 제시하였다. 그러나 갑작스런 코로나19 판데믹과 Untact 환경은 경제, 사회의 불확실성을 높여 두렵고 당황스러운 일상으로서의 Unexpected Normal(예측할 수 없는 일상)로 우리를 이끌었다. Unexpected Normal 시대에는 신속한 의사결정과 집행력도 중요하지만 그 어느 때보다 그 무엇보다 신뢰와 합의에 기초한 협력이 중요할 것으로 보인다.

먼저 어떤 위기가 오고 있는지 보자. 기업의 위축은 R&D 및 투자를 주저하게 하여 성장을 더디게 하고 있다. 방역을 위한 사회적 거리두기로 소상공인 생계에 드리워진 어려움은 아직 해소되지 않았다. 개인은 소비를 줄여 시장에서의 활력을 떨어트리고 있다. 급격한 환경 변화에 따른 데이터와 인공지능 활용, Untact산업의 성장은 개인정보 등 사생활 침해 가능성을 높인다. 데이터, 인공지능을 활용할 수 있는 기회를 가진 국민과 그렇지 않은 국민의 Digital Divide 위험도 증가되고 있다.

물론 기회도 있다. 우리가 최초로 성공시킨 초고속 인터넷, 5G 등 네트워크는 이동 중에도 끊김 없는 온라인 접속을 쉽게 하여 Untact 시대의 확고한 인프라가 되고 있다. 개인정보보호법은 산업적 연구를 위해서도 가명정보의 처리를 허용하여 데이터 시장을 열고, 데이터 컨설턴트 등 다양한 일자리 기회를 제공하고 있다. 더욱 눈여겨볼 것은 온라인 플랫폼의 활성화로 기업의 전유물이던 산업생태계에 개인의 상업적 참여가 시작된 것이라고 할 수 있다.

데이터, 네트워크, 인공지능을 키우겠다는 한국판 뉴딜은 데이터댐을 만들어 각종 데이터로 가득 채워 5G 등 네트워크로 연결하고 인공지능을 통해 신약 치료제 등 고부가 상품과 서비스를 만들어 산업과 시장을 키우는 정책이다. 그러나 참여 기업 외에 일반 국민들의 체감도나 관심도가 높지 않다면 실패 위험도 있다. 정부와 기업

주도의 한국판 뉴딜을 모든 국민이 참여하고 그 혜택을 나누는 국민주도의 한국판뉴딜로 만들 수 있을지가 성공의 관건이다.

구글 유튜브 등 온라인 동영상 플랫폼에 여행, 음식, 일상 생활 등 다양한 콘텐츠를 올리는 사람이 많아졌다. 온라인플랫폼의 발달에 힘입어 개인이 복잡한 기술을 몰라도 1인 1특허권, 1인 1저작권(소설, 작곡, 작사, 예능 등 다양한 콘텐츠 제작) 등 최소 1인 1창작이 가능한 시대가 오고 있다. 바야흐로 1인 1 비즈니스 시대다. 편리한 데이터 접근과 활용, 네트워크 엑세스, 인공지능활용 기회가 개인들에게 주어져야 한다. 또한 데이터 거래소, 데이터 도서관, 데이터 목록이나 카탈로그 분류, 데이터 세트 제작, 데이터 가치평가 등에 참여할 개인들의 신규 직종으로 데이터 컨설턴트에 주목해야 한다. 산학 연계 교육프로그램을 통한 데이터 컨설턴트 양성은 일자리창출만이 아니라 Digital Divide를 방지하는 최고의 전략이기도 하다.

2. 데이터 활용과 개인정보 보호대책

초고속인터넷, CDMA이동통신, 스마트폰 도입이 오늘 ICT강국의 초석을 마련했듯이 한국판 뉴딜은 데이터, 인공지능 등 한국 지식재산 생태계의 안정적 인프라와 선순환 생태계 조성에 중점을 둬야 하고, 법제 정비로 뒷받침해야 한다.

개인정보보호위원회는 산업적 연구를 위해 개인정보의 가명처리와 가명정보 간 안전한 결합 시스템을 구축하고 있다. 특허청은 부정경쟁방지 및 영업비밀보호에 관한 법률에서 데이터를 영업비밀로 보호하는 방안과 데이터세트 생성방법과 생성장치, 생성된 데이터의 보호를 특허로 하는 방안도 연구하고 있다. 문화체육관광부는 저작권이 포함된 데이터를 산업적 연구를 위해 전송 복제할 수 있는 기회를 제공하는 저작권법 개정안을 만들었다. 산업통상자원부는 산업 디지털 전환 촉진법을 만들어 산업데이터 보호 및 활성화를 추진하고, 과학기술정보통신부는 데이터산업 활성화를 위한 데이터 기본법을 만들었다.

정부기관 간 칸막이가 높은 우리나라에서 각자 추진한 데이터, 인공지능 법제정비가 서로 모순되지 않고 시너지를 내기는 쉽지 않다. 정부기관 간 협업과 조정, 의사결정 기능을 가진 콘트롤 타워와 국민의 신뢰를 얻기 위한 민간참여시스템이 필요하다.

데이터 활용은 개인정보의 안전한 보호를 전제로 한다. 데이터에 관한 정보주체의 권리는 어떤 점이 중요할까? 데이터의 법적 성격을 규명하고 데이터에 어떠한 법적 권리를 부여할 수 있는지도 명확히 해야 분쟁을 최소화하여 보호와 활용의 생태계를 구축할 수 있다. 민법은 물건을 유체물 및 전기 기타 관리할 수 있는 자연력으로 정의하고 있는데, 물건으로 보기 어려운 데이터에 소유권, 점유권을 인정하기 쉽지 않다. 그러나 데이터의 성격에 따라 인격권, 재산권 등을 인정할 수 있고, 재산권의 대상이 되는 데이터는 거래도 가능하다. 사생활 정보가 들어 있는 경우에는 개인정보 자기결정권, 초상권이 인정될 수 있고, 창작물인 경우에는 저작권이 인정될 수 있다.

나아가 내가 가진 데이터(또는 데이터에 관한 권리)를 은행에 담보로 제공하고 대출을 받을 수 있을까? 내가 가진 데이터를 회사에 현물출자하고 주식을 받을 수 있을까? 내가 가진 데이터를 보험으로 보호받을 수 있을까? 대상이 되는 데이터를 특정하여 별도로 관리할 수 있고 데이터에 대한 공정한 가치평가를 위한 법적 시스템이 갖춰진다면 가능할 것이다.

Ⅲ. 통신산업에서의 데이터 소유와 데이터 노동 문제

1. 데이터 소유 문제

통신, 금융, 포털, 쇼핑몰, SNS(사회관계망) 등 기업체의 서비스에 가입하고 이용하기 위해선 성명, 주소, 전화번호 등 개인정보 데이터를 제공해야 한다. 고객들은 서비스 유형에 따라 글, 댓글, 클릭 등을 통해 사생활, 위치, 취향, 인적 관계, 창작물, 의견 등 다양한 데이터를 생성한다.

데이터가 물건이면 데이터를 가진 자에게 소유권이 있다. 민법은 물건을 "유체물 및 전기 기타 관리할 수 있는 자연력"이라 정의한다(민법 제98조). 자신이 가진 물건을 사용, 수익, 처분할 수 있는 권리를 소유권이라 한다(민법 제211조). 그래서 특정 형태의 유체물이 아니어도 배타적으로 지배·관리할 수 있는 자연력이면 물건이다. 공기, 물은 물건이 아니지만 일정한 범위를 구획하여 지배하거나 탱크, 병 등에 가둬 관리할 수 있으면 물건이 된다. 데이터는 사용·복제해도 닳거나 없어지지 않고 여러 사람이 동시에 쓸 수 있다. 다른 데이터와 결합하여 전혀 다른 성격의 데이터가 되기도 한다. 그래서 데이터 자체로는 물건으로 보기 어렵다.

그러나 데이터를 다른 데이터와 구분할 수 있는 저장장치에 보관하고 제3자가 쉽게 열어 보거나 이용할 수 없게 배타적으로 지배·관리한다면 물건이 될 수 있다. 서비스를 이용하기 위해 사업자에게 제공하는 성명, 주민등록번호, 주소 등 데이터는 나에 관한 것이지만 나의 지배·관리하에 있지 않으므로 내 물건 또는 내 소유라고 보기 어렵다. 다만 데이터가 가지는 개인정보적 성격으로 인해 사생활을 보호받을 권리가 있다. 데이터의 성격에 따라 저작권, 초상권, 인격권 등도 인정된다.

2. 데이터 노동 문제

제4차 산업혁명은 빅데이터 혁명이다. 인공지능은 심층학습기술이 핵심인데 학습데이터가 많을수록 좋은 결과를 만든다. 과학기술정보통신부 2020년 인터넷 이용실태 조사에서 국민의 인터넷 이용시간이 전년보다 약 15% 증가했다. 주당 평균 인터넷 이용시간은 20.1시간으로 전년 대비 2.7시간 증가했다. 인터넷을 단순 검색하기도 하지만 사회관계망(SNS) 등에서 글, 사진, 영상을 올리고, 언론기사나 다른 회원 글에 댓글을 쓴다. 방문 식당이나 구입 도서, 물품에 관하여 후기를 올리기도 한다. 기업이 제공하는 추천 등 서비스에 개인취향을 제공하기도 한다. 내가 올린 글, 사진, 영상 등 데이터는 그 기업의 다른 고객을 위해 쓰일 때도 있다. 기업은 내가 올린 데이터를 활용하여 그들의 데이터를 고도화하고 서비스 품질을 높인다. 다양하고 새로운 서비스를 만들어 내고 광고수익 등 매출을 일으키고 있다.

내가 하는 데이터 생성은 단순 소비에 그치는 걸까? 소비를 넘어 노동에 해당하는 것은 아닐까? 물론 고객은 사업자의 이용약관에 동의했고 고용계약은 없다. 그렇지만 이 노동에 대가가 필요하다는 논의가 있다. 대가를 받아야 한다면 얼마를 받아야 할까? 고객이 생성한 데이터 가치를 평가하는 객관적 기준이 없어 쉽지 않다.

그러면 국가가 데이터세 등 세금으로 거둬 가는 것은 어떨까? 그런데 국가는 왜 나의 노동에 대한 대가를 가로채려고 하는가? 세금으로 받은 돈을 다시 공공서비스로 우리에게 쓸 것이기에 착복이 아닐 수도 있다. 사업자는 고객의 데이터 노동으로 고객에 대한 서비스 품질과 수준이 높아진다고 항변하고 있다. 오프라인 기업들도 고객의 피드백을 받고 서비스 개발에 반영하는데 온라인 기업에만 대가를 요구하는 것은 차별이라고 한다. 독일 철학자 마르쿠스 가브리엘은 우리가 실리콘밸리기업에 아무런 대가 없이 노동을 제공하고 그 기업이 세계를 통치하고 있다고 비판한다. 인공지능 시대에 많은 일자리가 없어진다. 새로운 일자리가 만들어지는 것만으론 부족하다. 인공지능 시대 노동을 어떻게 정의하고 평가할 것인가 깊은 고민이 필요한 대목이다. 미국 작가 마크 트웨인이 만든 개구쟁이를 기억한다. 바로 톰 소여다. 어느 따뜻한 일요일에 톰 소여에게 속아 페인트칠을 했던 친구 벤이 있다. 그 친구의 노동에 대해 "너도 재미있게 놀았잖아."라는 말은 더 이상 인공지능 시대에 변명이 될 수 없다.

IV. 데이터 활용의 한계

통신산업에서 데이터 활용이 빨라지고 많아지면 사람들의 생활도 지금과는 달라지지 않을까? 논의해야 할 사항엔 어떤 것들이 있을까?

"나는 그때 왜 그런 황당한 행동을 했을까." 첨단을 달리는 시대에도 많은 사람이 실수를 한다. 하버드대학 같은 최고 명문대학을 나왔다고 다르지 않다. 원시시대 인간의 데이터 수집·분석과 대처방식은 생존에 직결된다. 맞닥뜨린 동물에게 내가 먹힐 것인지 아니면 내가 먹을 수 있는 것인지 실시간으로 판단하고 행동에 옮겨야 한다. 지금도 데이터 수집·분석과 대처방식은 생계를 위해 매우 중요하다. 정보가 돈이라고 하는 세상이다. 그러나 정보통신 발전으로 데이터량이 상상할 수 없을 정도로 폭증했다. 눈을 뜨면 스마트폰을 찾고 무엇을 하든 스마트폰을 같이 보는 게 요즘 세상이다. 우리가 접하는 데이터량은 이미 우리 두뇌의 처리용량을 넘어선 지 오래되었다. 수박 겉핥기로 수집한 데이터로 의사결정을 할 수밖에 없으니 실수가 나오는 것은 어쩌면 당연하다.

이미 말씀드렸듯이 개인정보보호법, 신용정보법, 정보통신망법 등 데이터 3법이 통과되고 가명처리, 마이데이터 사업을 통한 데이터 활용의 길이 열렸다. 개인정보를 재식별화할 우려 등 개인정보에 미치는 위험을 많이 없앴다. 개인정보 보호를 전제로 한 활용이다. 통계를 100% 믿을 수 없지만 과학기술정보통신부 조사결과에 의하면 2020년 데이터시장 규모는 20조 원으로 전년 대비 18.7% 성장했다. 2020년 직접매출 규모는 12조 2천억 원으로 전년 대비 22.5% 성장이라고 한다. 본격적인 데이터 시대가 반갑지만 데이터 폭증 및 활용 증대에 따라 고민도 많아지고 있다.

신용정보법에 도입되고 개인정보보호법에도 도입될 예정인 개인정보 전송요구권을 보자. 마이데이터를 이용하면 각종 기관과 기업에 있는 자신의 정보를 한꺼번에 확인할 수 있다. 기업에 자신의 정보를 제공해 맞춤 상품과 서비스를 추천받을 수 있다. 그 일환으로 자신의 개인정보를 제3자에게 전송할 것을 요구할 수 있다. 정보주체의 권리를 강화하는 수단이다. 그렇기만 할까? 첫째, 공정경쟁 문제이다. 정보주체가 서비스를 받기 위해 A사에 개인정보를 제공하고 있다고 가정해 보자. A사의 경쟁사가 정보주체에게 개인정보 전송요구권 행사를 꼬드겨 A사가 가진 개인정보를 넘겨받는다면 경쟁사는 쉽게 데이터를 확보할 수 있다. 이런 일이 빈번하면 기업간 공정한 경쟁이 될 수 있을지 의문이다. 특히 통신산업은 기본적으로 내수시장을 전제로 치열한 경쟁이 이뤄지는데 연구 개발 투자보다 마케팅경쟁에 몰두할 위험이 크다. 고객이 A사의 서비스를 그대로 둔 채 B사의 서비스도 이용하기 위해 개인정보 전송요구권을 행사하면 고객의 개인정보는 여러 기업이 보유하게 된다. 정보주체의 동의가 있다는 이유로 데이터가 여러 기업에 넘어가면 사생활 침해 위험도 높아질 수밖에 없다. 보다 정교한 접근이 요구된다고 할 것이다.

둘째, 사생활 침해 문제다. 미국 슈퍼 체인 A사는 데이터 분석을 통해 미성년 딸이 있는 고객에게 임신용품 전단지를 보냈다. 고객이 항의했지만 딸의 임신사실이 드러났다. 영국 유통기업 B사의 고객은 '자주 사는 품목'에 콘돔이 있었는데 아내에게 들켜 불륜이 발각되는 계기가 되었다. 당연히 사생활 침해가 된다. 고객은 속내를 읽히지 않으면서 고품질의 값싼 서비스를 원하고 있다. 고객의 마음을 함부로 읽다가는 고객을 잃게 된다. 고객의 사생활을 존중하고 보호하는 문화감성을 가진 기업만이 살아남는 세상이 된다.

셋째, 데이터 중독 문제다. 온라인 게임, 음란물 중독이 문제된 적이 있고 지금도 마찬가지다. 우리는 본능적으로 쉬지 않고 이런저런 데이터를 찾아 분석하고 행동한다. 데이터 양이 적을 때는 별 문제가 없었다. 데이터 폭격의 시대다. 너무 많은 데이터가 쏟아지고 있다. 우리 뇌는 데이터를 놓치지 않으려고 애쓰고 있다. 내용을 모두 볼 수 없으니 제목이라도 읽으려고 한다. 그러나 그것조차 쉽지 않다. 우리 뇌는 이미 그 처리 능력을 잃었다. 데이터가 거짓이어도 크게 상관하지 않는다. 믿고 싶은 데이터, 보고 싶은 데이터만 찾고 있다. 데이터 중독은 거짓 신념, 우울증, 불안감 등 부작용을 낳는다. 늦었다고 생각되면 진짜 늦은 것이다. 서둘러 올바른 데이터 문화를 만들어야 한다.

V. 피싱 범죄는 왜 사라지지 않는가

이번에는 개인정보를 이용한 피싱 범죄다. 해킹 등으로 유출된 가입자 정보는 국내외 우리가 할 수 없는 것을 돌아다닐 수 있다. 누구나 한번쯤 받아본 메일이 있다. 아프리카 정치인, 사업가 또는 미망인이라며 곤경에 빠졌으니 비자금 반출을 도와주거나 고수익을 보장하니 투자하라고 권유한다. 회신하는 사람에겐 그럴듯한 이유를 대며 돈을 뜯어낸다. 이런 어리숙한 속임수가 왜 통하는 걸까? 메일을 교묘하게 만들면 오히려 손실이 커진다. 왜일까? 메일을 받은 사람 대부분이 속아 응답한다면 인적·물적·시간 측면에서 감당할 수 없기 때문이다. 범죄자들이 어리숙한 속임수를 쓸 경우에 회신하는 피해자가 많지 않지만 연락만 해 온다면 속이기 쉽고 돈을 뜯어내기 쉽다.

피싱(Phishing)은 Fishing(낚시)의 F를 발음이 같은 Phone(전화)의 Ph로 바꿔 만든 말이다. 피싱범죄는 생각보다 조직적이다. 대개 우두머리, 관리, 상담, 인출, 회수, 송금 등 조직을 갖춰 역할을 분담한다. 원래 전화 또는 메일 대량전송으로 피해자를 찾았으나 역사가 깊은 만큼 다양한 형태로 발전했다. 스미싱(Smishing)은 악성 앱 주소가 포함된 휴대폰 문자(SMS)를 대량 전송하고 피해자가 속아 악성 앱을 설치하면 은행계좌 로그인 등 정보를 탈취한다. 스피어피싱(Spear-phishing)은 치밀한 사전 정보수집을 통해 특정인 또는 기업에게 피싱 공격을 한다. 그중 기업 핵심임원을 대상으로 하는 것이 웨일링(Whaling)이다. 클론피싱(Clone-phishing)은 원본문서와 닮은 문서를 만들어 피해자를 속인다. 웹사이트 자체를 가짜로 만들어 피해자를 유인하기도 한다. 해외 본거지를 둔 피싱범죄는 국가 간 협력을 해도 잡기 어렵다. 범인을 잡아도 피해액을 돌려받기 쉽지 않다.

이런 상황에서 피싱범죄 조직이 인공지능까지 이용하면 어떻게 될까? 범죄양상을 바꿀 것이다. 온라인에 공개된 데이터, 해킹·불법으로 얻은 데이터 등 각종 데이터를 이용할 수 있다. 데이터가 복잡하고 대용량이어도 상관없다. 데이터를 인공지능 알고리즘에 투입·분석해 피해자와 속임수를 손쉽게 찾아낼 수 있다. 특히 피해자 가족의 음성·영상·사진·문서·과거 경험을 합성·가공·이용한다면 속일 수 있는 확률과 피해액을 높일 수 있다. 설령 피해자가 의심해도 인공지능이 신속하면서도 정교한 대처방법을 제공해 준다. 피해자가 늘고 피해규모가 커질 수밖에 없다.

피싱범죄는 사기, 문서 위변조, 업무방해, 전자금융거래법 위반(대포통장 개설), 금융실명거래 및 비밀보장에 관한 법률 위반(실명에 의하지 않은 거래)으로 처벌된다.

피싱범죄 근절을 위해 과학기술정보통신부, 금융위원회, 한국인터넷진흥원 등 많은 정부기관이 협력하고 있다. 고액 입금·이체에 대해선 30분 등 처리시간을 늦춰 피해자가 피싱범죄에 당했음을 알아차릴 수 있는 시간을 준다. 피싱범죄를 당해 계좌 이체를 할 때에는 피해자가 깨달을 수 있는 경고 문구·확인란을 제공하고 있다. 각종 교육, 계몽 활동도 이뤄지고 있다.

그것으로 충분할까? 인공지능을 활용한 피싱범죄 근절을 위해 더 준비할 것이 있다. 피싱범죄용 인공지능 알고리즘 제작 행위 자체를 불법화하거나 신종 범죄로 규제할 필요가 있다. 적법한 인공지능 알고리즘을 피싱범죄에 악용하는 행위도 규제해야 한다. 인공지능 알고리즘을 통한 피싱범죄를 현행보다 가중 처벌할 필요성이 있는지도 검토해야 한다.

피싱범죄를 기술적인 측면에서 예방하고 피해를 복구하기 위한 노력도 필요하다. 피싱범죄에 이용되는 인공지능의 불법적인 작동방식이나 범죄 징후를 탐지해 내는 인공지능 기술을 연구하고 발전시켜야 한다. 피싱범죄에 이용된 인공지능을 구성하는 기술장치를 몰수 또는 폐기해야 한다. 피싱범죄 조직과 은닉된 피싱범죄 수익을 효과적으로 찾는 방안도 인공지능으로 만들어야 한다. 고령 국민 등 누구나 접근할 수 있는 인공지능 범죄 예방교육 시스템 개발도 중요하다. 세상에 나쁜 인공지능은 없다. 인공지능을 어떻게 쓸 것인지는 결국 사람의 몫이다.

VI. 플랫폼과 데이터, 개인정보

플랫폼이 무엇일까? 기차를 타고 내리는 기차역 승차장이 플랫폼이다. 여행하거나 출근하기 위해 기차를 타고 내리고 갈아타는 곳이다. 기차역은 승객이나 그들을 마중 또는 배웅 나온 사람들이 쉽게 이용할 수 있도록 기차표를 팔고 식사를 하거나 잠시 쉴 수 있는 장소도 제공한다. 기차역을 나오면 버스, 택시 등 다른 교통수단으로 갈아탈 수도 있다. 통신산업을 대표하는 비즈니스 플랫폼도 비슷하다. 상품이나 서비스를 팔려는 사람과 사려는 사람이 모두 만나는 온라인장터와 같다. 플랫폼은 이들을 위해 상품, 서비스 정보를 제공하고 수수료를 받는다. 고객이 제공한 데이터 등 각종 데이터를 수집, 분석하여 인공지능 알고리즘을 통해 맞춤형 정보를 내놓는다. 예를 들어 당근마켓은 중고 물품을 팔려는 사람과 사려는 사람을 연결하는 플랫폼이다. 유튜브는 동영상을 제작해 올리는 사람과 그 동영상을 소비하는 사람이 만나는 플랫폼이다.

유튜브 등 글로벌 OTT(온라인 동영상 서비스) 미디어의 국내 시장 진출을 보면, 거대한 항공모함과 그 안에 빽빽하게 들어찬 고성능 폭격기를 보는 듯하다. 미디어 플랫폼이라는 항공모함에 인공지능을 탑재해 콘텐츠를 기획하고 생산하며 편집, 공급하고 있다. 2020년 우리나라의 방송산업과 인터넷 이용 실태조사 결과를 살펴보자. 방송시장 규모는 17조 7천억 원으로 전년 대비 2.1% 증가했지만 2010년 이후 내리막 길이다. 개인별 인터넷 이용 시간은 전년 대비 한 주에 2.7시간 증가했다. 실내 인터넷 이용은 전년 대비 20.7% 늘었고, 동영상 서비스 이용률은 전년 대비 11.5% 증가했다. 무게 중심은 지상파, 케이블, IPTV 방송의 칸막이형 플랫폼에서 인터넷을 기반으로 한 OTT(온라인 동영상 서비스) 플랫폼으로 넘어가고, 글로벌 미디어의 전쟁터가 되고 있다. 국내 미디어기업의 반격도 시작되었다. 1만 원 내외의 저렴한 요금을 바탕으로 기존 고객을 지키면서 티빙, 콘텐츠웨이브 등 OTT 시장에 진출하고 있다. BTS, 〈기생충〉, 〈미나리〉, 〈대장금〉으로 대변되는 K팝, K드라마, K웹툰 등 한류 콘텐츠의 글로벌 성과도 돋보인다. 그러나 역부족이다. 기업은 국민의 미디어, 콘텐츠 욕구를 충족하기 위해 끊임없이 노력해야 한다. 정부는 국내 OTT 등 미디어산업 육성과 공정한 시장 환경을 만들어야 한다. 효과적인 산업진흥, 규제 정책이 필요한 시점이다.

현실은 어떨까? 정부 조직은 플랫폼별로 별도 규제를 하는 과거 미디어에 맞추어져 있다. 그렇다 보니 과학기술정보통신부의 유료방송, 방송통신위원회의 지상파방송, 종편방송, 문화체육관광부의 콘텐츠, 공정거래위원회의 경쟁규제로 나뉘어 산업진흥과 행위, 공정경쟁 규제가 뒤죽박죽이다. OTT 등 새로운 유형의 미디어가 나올 때마다 서로 관할을 주장하는 등 혼란스럽다. 인공지능을 활용한 미디어 생산, 1인 미디어 증가, TV 등 기존 미디어 약세 및 OTT 약진 등 새로운 미디어 상황에 대처하기도 힘들다. 이러다 보니 관련 기업들은 오죽하겠는가. 최근에는 각 행정부처가 OTT 등 온라인 콘텐츠와 커머스 시장을 둘러싸고 온라인 플랫폼 이용자 보호법, 온라인 플랫폼 중개거래 공정화법 등 제각기 유사하면서도 다른 목소리를 내기도 한다. 협의체를 두기도 했지만, 밥그릇이라고도 하는 권한에 관한 사항은 쉽게 조율되기 어렵다. 임진왜란 초 우리 수군은 대포를 탑재한 우수한 전함을 가지고 있었으나 일본에 패했다. 진관체제라는 지역 중심의 독자방어 체제를 고수하는 바람에 모든 전함을 일사불란하게 활용하는 총체적인 전술을 구사하지 못했기 때문이다. 미증유의 미디어 전쟁에서 같은 실수를 범할까 봐 걱정이다.

새로운 산업과 시장이 열리기도 전에 규제를 들고 나오는 것도 문제다. 외국 기업의 발목을 잡는다며 우리 기업의 발목부터 잡고 있다. 산업진흥 정책과 시장규제 정책이 혼란스러울 때 다치는 것은 기업과 국민이다. OTT 플랫폼은 업종 간 경계를 허물고 있다. 복잡, 다양한 사업 규제를 효과적으로 정리해야 성장할 수 있다. 미디어산업과 시장의 흐름에 맞게 정부 조직과 역할을 고쳐야 한다. 글로벌 기업의 항공모함 편대가 한국을 공습하고 있다. 골든타임을 놓치면 다시 기회는 없다. 미디어, 콘텐츠에 관한 정책 컨트롤타워와 이를 뒷받침할 거버넌스 시스템이 지금 당장 필요한 이유다.

플랫폼 빅테크 기업 규제가 세계적인 화두다. 미국은 온라인 선택과 혁신법을 비롯해 법률안 다섯 개를 발의했다. 유럽은 디지털시장법 등의 제정을 추진했으며, 중국도 플랫폼 경제 반독점 가이드라인을 만들었다. 미국은 왜 규제할까? 플랫폼 빅테크 기업은 데이터 수집, 분류, 이용과 인공지능 활용을 위해 회원사, 고객 등 외부 자원 의존도가 높고, 그들의 자발적 동의를 얻어 사업을 한다. 단기손실을 감수하고 장기성장을 목표로 소비자 후생을 높인다. 그러니 법 위반이 있어도 가벼운 수준에 그친다. 미국 정부의 기능은 미국민 약 3억 명에 미치는 데 그치지만, 플랫폼 빅테크 기업은 전 세계 수십억 명을 가입자로 만들어 영향을 끼친다. 그들은 전 세계 가입자의 데이터를 가지고 있는 것이다.

웬만한 국가보다 나은 셈이다. 플랫폼 빅테크 기업이 공공분야에 진출하면 정부 역할을 빼앗을 거라는 우려도 있다. 미국 플랫폼 빅테크 기업이 세계시장을 장악하는 상황에는 변화가 없다. 미국이 자국 기업을 규제해도 미국의 글로벌경 제 이익에 영향을 주지 않는다. 다른 나라가 같이 규제에 나서도 미국플랫폼 빅테크 기업보다 그 나라 기업만 피해를 볼 가능성이 크다. 미국 내 규제 부담이 덜한 이유다.

유럽은 미국 플랫폼 빅테크 기업에 지배당한 시장에서 유럽 기업과 시민 보호를 목적으로 규제한다. 불가피한 선택이다. 중국은 어떨까? 체제 특성상 규제를 걷어내기도 쉽고 신설하기도 쉽다. 규제받는 플랫폼 빅테크 기업은 대부분 내수 중심인데, 소신을 거침없이 밝히거나 기업의 이익을 우선하는 등 정부 심기를 흔들고 있다. 두고 볼 수 없는 일이다. 물론 반도체, 전기차 등 국익에 중요한 글로벌산업은 확실히 보호한다.

　　우리는 어떤가? 코로나 팬데믹과 함께 급성장하는 플랫폼 빅테크 기업은 가입자의 개인정보를 비롯해 동영상 등 저작물 기타 각종 표현물을 데이터로 확보하고 사업에 이용하고 있다. 기존 규제만으로 대응하기 쉽지 않다. 섣불리 규제했다가 오히려 혁신을 저해할 수 있다. 국내 경쟁 환경 및 글로벌산업 전략을 고민해야 한다. 그러나 플랫폼이 정부조달, 법률시장 등 공공 분야에 진출하는 것은 위험하다. 공공성을 효율성, 경제성으로 대체하면 공익을 침해할 수 있다. 예를 들면 변호사는 누구에게도 종속되지 않고 법과 양심에 따라 의뢰인을 위해 싸워야 한다. 플랫폼에 종속되면 그것이 가능할까? 이길 소송을 지는 억울한 의뢰인이 나올지 모른다.

　　한편 애플은 App Tracking Transparency(앱 추적 투명성 정책)을 시행하고 있다. 음식료 제품에 지방, 단백질이나 기타 성분이 얼마나 들어 있는지 표시하는 Nutrition Label처럼 아이폰 앱스토어에 올라오는 앱에도 광고를 목적으로 고객의 데이터를 추적하거나 수집하고 있는지, 고객의 계정에 연결되어 있는지와 그에 따라 고객의 신분을 확인하기 위하여 데이터를 수집하고 있는지를 고객에게 알리고 고객이 해당 앱을 다운로드할지 등을 결정하게 하는 시스템이다. 이러한 시스템은 고객의 개인정보 데이터를 보호하고 고객의 신뢰성을 높이는 역할과 기능을 하지만 페이스북 같은 맞춤형 광고와 고객의 연결을 목적으로 하는 비즈니스 모델을 가진 기업에게는 고객이 자신의 정보를 광고에 이용하려는 것을 안다면 앱 다운이나 서비스에 대한 접근도를 떨어뜨려 손실을 가져올 수밖에 없다. 데이터를 둘러싼 빅테크 간에 해당 기업의 핵심 가치와 비즈니스 모델에 따른 갈등을 야기한 사례이다. 결국 고객의 데이터를 자신의 비즈니스 영역에서만 사용할 것을 원칙으로 할 것인지 여러 사업자 간에 쉽게 이전될 수 있도록 함으로써 데이터의 가치를 키울 것인지에 관한 것이서 향후 데이터를 둘러싼 산업 발전과 고객의 데이터 보호를 위한 의미 있는 방향키가 될 것으로 보인다. 어쨌든 고객의 데이터 보호와 데이터 활용은 미래산업을 육성하고 경제발전을 기하기 위한 중대한 전환점이라고 할 것이다.

VII. 클라우드컴퓨팅 산업과 위치정보 산업

1. 클라우드컴퓨팅 산업

통신산업에 대해서는 데이터3법 개정을 통하여 개인정보보호법에서 주로 다루고 있으나 클라우드컴퓨팅에 있어서만은 별도의 입법인 「클라우드컴퓨팅 발전 및 이용자 보호에 관한 법률」에 의하여 보호하고 있다. 제25조에서 클라우드컴퓨팅서비스 제공자는 개인정보 침해사고 발생, 이용자 정보 유출 등이 발생한 경우에 지체 없이 그 사실을 해당 이용자에게 알려야 한다. 제26조에서 이용자는 클라우드컴퓨팅서비스 제공자에게 이용자 정보가 저장되는 국가의 명칭을 알려 줄 것을 요구할 수 있다. 정보통신서비스 이용자는 정보통신서비스 제공자에게 클라우드컴퓨팅 서비스 이용 여부와 자신의 정보가 저장되는 국가의 명칭을 알려 줄 것을 요구할 수 있다. 과학기술정보통신부장관은 이용자 또는 정보통신서비스 이용자의 보호를 위하여 필요하다고 인정하는 경우에는 클라우드컴퓨팅서비스 제공자 또는 정보통신서비스 제공자에게 해당 정보를 공개하도록 권고할 수 있다. 제27조에서 클라우드컴퓨팅서비스 제공자는 법원의 제출명령이나 법관이 발부한 영장에 의하지 아니하고는 이용자의 동의 없이 이용자 정보를 제3자에게 제공하거나 서비스 제공 목적 외의 용도로 이용할 수 없다. 클라우드컴퓨팅서비스 제공자로부터 이용자 정보를 제공받은 제3자도 또한 같다. 클라우드컴퓨팅서비스 제공자는 이용자 정보를 제3자에게 제공하거나 서비스 제공 목적 외의 용도로 이용할 경우에는 제공받는 자, 이용목적, 이용자정보 항목, 동의 거부권 등을 이용자에게 알리고 동의를 받아야 한다. 클라우컴퓨팅서비스의 경우에는 그 특성상 정보통신서비스를 제공하는 기업이 고객의 정보를 수집하여 클라우드컴퓨팅서비스 제공자에게 개인정보의 처리를 위탁하고, 클라우드컴퓨팅서비스 제공자는 특히 글로벌 기업의 경우에 해외 서버에 개인정보 처리를 재위탁하는 현실을 고려하여 개인정보 보호를 특별히 별도 법제로 규율하고 있는 것이다. 다만 개인정보보호법제와 모순, 충돌되지 않도록 운용의 묘 또는 입법 정비가 필요하다.

2. 위치정보산업

위치정보의 경우에도 개인정보보호법 이외의 법률로 규율하고 있다. 「위치정보의 보호 및 이용 등에 관한 법률」 제15조는 누구든지 개인위치정보주체의 동의를 받지 아니하고 해당 개인위치정보를 수집·이용 또는 제공할 수 없다. 다만, 긴급구조기관의 긴급구조요청 또는 경보발송요청이 있는 경우는 예외다. 누구든지 타인의 정보통신기기를 복제하거나 정보를 도용하는 등의 방법으로 개인위치정보사업자 및 위치기반서비스사업자를 속여 타인의 개인위치정보를 제공받아서는 아니 된다. 위치정보를 수집할 수 있는 장치가 붙여진 물건을 판매하거나 대여·양도하는 자는 위치정보 수집장치가 붙여진 사실을 구매하거나 대여·양도받는 자에게 알려야 한다. 제16조에서 위치정보사업자 등은 위치정보의 유출, 변조, 훼손 등을 방지하기 위하여 위치정보의 취급·관리 지침을 제정하거나 접근권한자를 지정하는 등의 관리적 조치와 방화벽의 설치나 암호화 소프트웨어의 활용 등의 기술적 조치를 하여야 한다. 제18조에서 위치정보사업자가 개인위치정보를 수집하고자 하는 경우에는 미리 위치정보사업자의 상호, 주소, 전화번호 그 밖의 연락처, 개인위치정보주체 및 법정대리인의 권리와 그 행사방법, 위치정보사업자가 위치기반서비스사업자에게 제공하고자 하는 서비스 내용, 위치정보 수집사실 확인자료의 보유근거 및 보유기간, 개인위치정보의 보유목적 및 보유기간을 이용약관에 명시한 후 개인위치정보주체의 동의를 얻어야 한다. 제19조에서 위치기반서비스사업자가 개인위치정보를 이용하여 서비스를 제공하고자 하는 경우에는 미리 위치기반서비스사업자의 상호, 주소, 전화번호 그 밖의 연락처, 개인위치정보주체 및 법정대리인의 권리와 그 행사방법, 위치기반서비스사업자가 제공하고자 하는 위치기반서비스의 내용, 위치정보 이용·제공사실 확인자료의 보유근거 및 보유기간, 개인위치정보의 보유목적 및 보유기간을 이용약관에 명시한 후 개인위치정보주체의 동의를 얻어야 한다. 위치기반서비스사업자가 개인위치정보를 개인위치정보주체가 지정하는 제3자에게 제공하는 서비스를 하고자 하는 경우에도 동일한 내용을 이용약관에 명시한 후 제공받는 자 및 제공목적을 개인위치정보주체에게 고지하고 동의를 얻어야 한다. 위치기반서비스사업자가 개인위치정보를 개인위치정보주체가 지정하는 제3자에게 제공하는 경우에는 매회 개인위치정보 주체에게 제공받는 자, 제공일시 및 제공목적을 즉시 통보하여야 한다. 위치정보는 이동성이 있는 물건 또는 개인이 특정한 시간에 존재하거나 존재하였던 장소에 관한 정보로서 개인에 관한 위치정보를 개인위치정보라고 한다. 개인위치정보 이외에 위치정보까지 규율할 필요가 있어 별도의 법률에 근거를 두고 있다. 다만, 개인정보보호법과의 해석상 충돌, 모순이 없도록 어떤 형태로든 운용의 묘 또는 입법 정비가 필요하다.

VIII. 데이터 홈쇼핑과 법적 과제

인터넷에서 실시간 동영상을 통해 상품을 소개하고 판매하는 라이브 커머스의 인기가 높다. 대본을 중심으로 호스트의 일방적 정보제공에 의존하는 TV홈쇼핑이나 소비자의 평점, 리뷰라는 간접 체험에 의존하는 e커머스와 현격한 차이를 보인다. 방송 내내 이용자들과 실시간채팅이나 답변 등 소통으로 고객의 궁금증을 즉시 해소하여 구매율을 증대하고, 중간 유통단계를 생략해 가격 거품을 제거하는 등 시장 수요를 불러일으키고 있다.

그에 비해 방송법상 데이터홈쇼핑은 방송사업자의 채널을 이용하여 데이터(문자, 숫자, 도형, 도표 등 이미지 그 밖의 정보체계)를 위주로 하여 이에 따르는 영상, 음성, 음향 및 이들의 조합으로 이루어진 방송프로그램을 송신하는 방송(인터넷 등 통신망을 통하여 제공하거나 매개하는 경우 제외)이다. 코로나 팬데믹 이후 취급고 등 특수 요인에 의한 성장이 있었으나 녹화방송, 화면크기가 갖는 시청자 불편으로 성장에 한계가 있다. 데이터 홈쇼핑은 방송법에 따라 과학기술정보통신부의 승인(또는 재승인)을 얻었고, 방송임에도 불구하고 법적 근거 없이 생방송금지, 화면크기 제한 등 규제를 받고 있는 실정이다. 방송법의 규제를 받지 않는 온라인 커머스, 라이브 커머스로 중심이 쏠리고 있다.

그럼에도 데이터홈쇼핑은 방송통신기술 융합으로 시청자 친화적 "양방향성"이

보장된 디지털 방송환경 확산, 기술발전과 홈쇼핑산업 발전의 선순환 토대 마련, 홈쇼핑 생태계 강화(VOD 등 영상 제작업체 강화, 우수 상품 납품업체 발굴, 우수 배송업체 제휴를 통한 신속하고 친환경적 배송 등 파급효과 증대), 상품수 제한이 없는 VOD방식으로 중소기업, 소상공인, 농수산제품 판로확대 기여, 코로나 팬데믹 환경에서 중소기업, 소상공인 등 판로 제공을 위해 노력해 왔다.

즉, 홈쇼핑시장은 텔레비전 홈쇼핑, 데이터 홈쇼핑, 라이브 커머스, 인터넷쇼핑을 포괄하고 있는데, 방송법 규제를 받지 않는 온라인, 라이브커머스 등 유무선 인터넷을 중심으로 활성화되고 있다. 시청자의 홈쇼핑 소비 패턴이 옛 미디어에서 라이브커머스 등 온라인 중심으로 변화하고 있음에도 방송법 규제는 TV홈쇼핑채널에 낡은 칸막이식 규제를 고수하고 있고, 시장 상황과 성격에 맞는 수평적 규제체계 미비는 홈쇼핑 시장의 공정경쟁을 저해하고 있다. 2019년 김성수 의원 발의 방송법 및 국회 수석전문위원 보고서는 수평적 규제체계에 따라 텔레비전, 데이터방송 구분의 문제점(법적 근거 없이 데이터방송에 생방송을 포함하지 않을 경우의 문제)을 지적하고 통합법을 제시했었다. 시청자 관점에서 동일 서비스인데도 아날로그, 디지털 등 기술방식 차이를 이유로 법적 근거 없는 차별은 기술중립성(Network Neutrality) 위반이고, 방송 콘텐츠 자체의 디지털, 데이터화 추세에도 반한다.

데이터 홈쇼핑은 데이터를 주로 하지만 이에 따르는 "영상·음성·음향 및 이들의 조합"으로 이루어진 방송을 송신할 수 있다. "영상·음성·음향 및 이들의 조합으로 이루어진 방송"에서 생방송, 녹화방송을 구분하거나 금지하고 있지 않다. 생방송은 방송의 고유 개념적 범주에 포함되는 것으로서 명시적인 법적 근거 없이 하위법령이나 가이드라인, 지침으로 배제할 수 없다. 생방송은 방송사의 헌법상 방송의 자유, 표현의 자유, 영업의 자유, 시청권으로 보장된다고 해석함이 타당하다. 제4차산업혁명과 라이브 커머스, 모바일 커머스 등 상품거래시장의 발전과 유튜브, 틱톡, 티빙 등 상품광고시장의 발전을 고려하여 칸막이식 규제보다는 생태계 조성에 집중할 필요가 있고, 기존 홈쇼핑채널 정책에 있어서도 동동서비스 동등규제, 기술중립 규제 등을 고려한 '입법'이 요구되고 있다.

급격하게 변화하고 있는 방송·미디어시장에서 현행 방송법령은 아날로그와 디지털방송을 구분하고 있으나, 현재 모든 방송은 디지털화가 완료된 상황이다. 따라서 OTT라는 새로운 방송형태가 등장하는 등 현재 급격한 변화가 이루어진 방송·미디어시장 환경하에서 더 이상 기존 방송의 구분은 무의미하고 불필요한 규제가 철폐되어야 할 중요한 시기다.

방송·미디어산업 활성화를 위하여 특정산업의 보호를 위한 정책보다는 미래방향성에 초점을 맞추고, 공정경쟁이 보장되는 방송·미디어산업의 확장을 위한 법제도를 마련하고, 기술 중립성 원칙과 콘텐츠 특성 중심의 수평적 규제체계를 확립할 필요가 있다. 결론적으로 방송산업의 재도약, 진흥을 위해 방송법개정 수요를 검토하여 방송콘텐츠가 디지털화·데이터화되고 있는 상황에서 데이터방송을 텔레비전 방송과 별도 구분하여 정의하는 것이 바람직한 것인지 재검토하여 법적 규제 개선 및 입법방안을 마련해야 한다.

> 방송법 제2조(용어의 정의) 이 법에서 사용하는 용어의 정의는 다음과 같다.
> 1. "방송"이라 함은 방송프로그램을 기획·편성 또는 제작하여 이를 공중(개별계약에 의한 수신자를 포함하며, 이하 "시청자"라 한다)에게 전기통신설비에 의하여 송신하는 것으로서 다음 각목의 것을 말한다.
>   가. 텔레비전방송: 정지 또는 이동하는 사물의 순간적 영상과 이에 따르는 음성·음향 등으로 이루어진 방송프로그램을 송신하는 방송
>   나. (생략)
>   다. 데이터방송: 방송사업자의 채널을 이용하여 데이터(문자·숫자·도형·도표·이미지 그 밖의 정보체계를 말한다)를 위주로 하여 이에 따르는 영상·음성·음향 및 이들의 조합으로 이루어진 방송프로그램을 송신하는 방송(인터넷 등 통신망을 통하여 제공하거나 매개하는 경우를 제외한다. 이하 같다)

연혁적인 면을 보자. 데이터방송은 방송법이 2004. 3. 22. 개정되면서 처음으로 도입되었다. 개정이유에서 데이터방송에 대하여 "방송사업자의 채널을 이용하여 데

이터를 위주로 하여 이에 따르는 영상·음성·음향 및 이들의 조합으로 이루어진 방송프로그램을 송신하는 방송을 데이터방송으로 정의"한다는 내용만이 있을 뿐 그 외에 데이터방송에 대하여 생방송을 제한할 것을 입법자가 의도하였다고 볼 수 있는 표현이나 기재는 전혀 없다. 국회 문화관광위원회 2013. 12. 검토보고서에서 데이터방송은 당시 정보통신부에서 "개정안은 방송의 범주에 방송프로그램 외에 '데이터'를 제공하는 것까지 포함되고 있어서, 기존에 통신의 범주에 속하던 것들도 방송에 포함되게 되어 방송과 통신의 차이가 불분명하게 되고 규제체계의 혼란을 야기할 수 있다"는 입장을 밝히며 '통신 영역'에 대한 중복 문제를 제기하고 있을 뿐 텔레비전방송과 데이터방송 간의 역무 구별의 모호함 등을 문제시하지 않았다. 또한 "데이터에 부수하는 영상·음성·음향 및 이들의 조합으로 이루어진 내용물의 경우에는 독립적인 데이터가 아닌 방송콘텐츠에 속하는 것이므로 방송의 범주로 보는 데 문제가 없을 것으로 보이며"라고 하여 데이터방송이 통신이 아닌 방송임을 분명히 하고 있다. 덧붙여 "방송과 통신의 영역이 상호 융합·중첩되어 가고 있는 현재의 변화추이를 감안할 때, 일방적 송수신 여부에 따라 방송의 영역을 획일적으로 구분하는 것은 무리가 따를 것으로 보이며, 이는 외국의 입법례 등을 보아도 알 수 있음"이라고 하여 일방적 송수신을 하는 텔레비전방송과 쌍방향 송수신을 하는 데이터방송에 대하여 이를 획일적으로 구분하는 것이 무리임을 분명히 밝히고 있을 뿐만 아니라 데이터방송이므로 생방송을 송출하여서는 아니 된다는 표현은 전혀 보이지 않는다. 즉, 입법 당시에 데이터방송은 통신이 아닌 '방송'의 일종으로 의도되었으며, 입법자의 의도를 고려하면 '데이터'를 사용한 '방송'서비스로서 텔레비전방송과는 '방송'이라는 점에서 동일하다고 판단된다. 그 이후 방송법의 개정연혁을 살펴보면, 데이터방송에 국한된 개정은 발견되지 않으며, 오히려 2015. 3. 13. 법률 제13220호로 일부 개정된 법률의 개정이유에서는 "홈쇼핑 사업자가 그 지위를 이용하여 납품업체에 대하여 상품판매방송의 일자, 시각, 분량 및 제작비용을 불공정하게 결정·취소 또는 변경하는 행위를 하는 경우 영업정지, 승인·허가 단축 등의 제재를 할 수 있도록 법적 근거를 마련"한다는 표현과 함께 TV홈쇼핑과 데이터홈쇼핑의 구분 없이 홈쇼핑 사업자를 규제하는 법률조항이 신설된 것을 확인할 수 있고, 그 외에도 위와 유사하게 TV홈쇼핑과 데이터홈쇼핑의 구분 없이 홈쇼핑사업자에 대한 규제규정을 마련하는 내용으로 2017. 3. 14. 법률 제14598호로, 2018. 3. 13. 법률 제15468호로 각각 개정된 것을 확인할 수 있다.

결국 방송법상 데이터방송은 데이터와 함께 영상·음성·음향을 전송한다는 점에서 일반 텔레비전방송과 차이가 있을 뿐이고, 법규상 그 자체로 생방송이 허용될 수 없다는 근거는 전혀 없으며, 입법자의 의도, 연혁 및 관계 법규정을 살펴보더라도 양자를 달리 취급하는 규정은 없다. 따라서 데이터홈쇼핑의 생방송 허용 등 방송통신 융합 환경과 데이터, 인공지능 시대에 맞는 법제와 해석이 필요하다.

제20장 데이터와 보건의료

백경희
(인하대학교 법학전문대학원 교수)

I. 보건의료산업과 데이터 활용의 관계성

1. 4차 산업혁명과 보건의료산업

2020. 7. 14. 문재인 전 대통령은 취임 3주년 연설과 정부의 정책 발표에서 4차 산업혁명 시대를 헤쳐 나가기 위하여 한국판 뉴딜을 국가 프로젝트로 공식화하였다. 그 골자로 4차 산업혁명의 주요 기술을 의료, 교육, 유통 분야에 접목한 비대면 산업을 집중 육성하고, 도시와 산단, 도로와 교통망, 노후 사회간접자본(SOC) 국가기반시설에 인공지능과 디지털 기술을 결합해 스마트화하겠다는 점을 밝혔다.[1] 종래 의료 내지 헬스케어 분야의 산업화 내지 디지털화는 논의가 계속되어 왔지만, 코로나19 사태를 계기로 대면이 주가 되었던 일상이 비대면(非對面)으로 변환되는 상황을 맞이하면서 '스마트 의료 인프라'라는 과제로 쟁점화 된 것이다.

더구나 바이오 생명과학과 의료기술의 발달로 100세 시대가 도래하고 고령화사회가 가속화되고 있는 현시점에서 누구나 건강하고 오래 살기 위하여 건강관리는 가

---

[1] 관계부처 합동, 한국판 뉴딜 종합계획 ─선도국가로 도약하는 대한민국으로 대전환, 한국판 뉴딜 국민보고대회, 2020. 7. 14.

장 중요한 관심사로 대두되고 있다.

이러한 기조는 2022. 2. 24. 관계부처 합동의 디지털 헬스케어 서비스 산업 육성 전략으로 보다 구체화되었다. 정부는 디지털 헬스케어 서비스를 'ICT 기술을 활용한 맞춤형 건강 관리 서비스'로 정의하며 의료서비스와 비의료서비스를 포함하는 분야로 파악하였다. 그리고 그 특성으로 빅데이터와 인공지능 등의 미래 신기술과 연계된다는 점을 들면서, 아래 〈그림 20-1〉과 같은 추진전략을 마련하여 디지털 헬스케어 서비스 산업을 보건의료산업의 주요 과제로 삼겠다는 의지를 표명하였다.

〈그림 20-1〉 디지털 헬스케어 서비스 산업 추진전략[2]

비전	디지털 헬스케어 서비스 산업 생태계 조성	
목표	• 비용효과성 측면의 디지털 헬스케어 **서비스 유효성 입증** • 디지털 헬스케어 **서비스 확산을 위한 기반 조성**	
10대 중점 추진과제	1. 시장 창출 지원 강화	① 다양한 혁신서비스 개발 지원 ② 대규모 실증 지원을 통한 유효성·상업성 검증 ③ 수요기반 시장 확보
	2. 데이터 기반 융복합 헬스케어 기기 개발	④ 디지털 치료기기 개발 촉진 ⑤ 인공지능 기반 진단 보조기기 ⑥ 모빌리티 기반 원격 헬스케어 서비스 ⑦ 신체·정서적 보조 헬스 케어 기기 개발
	3. 활성화 기반 조성	⑧ 제도적 기반 마련 ⑨ 보건의료데이터 접근성 제고 ⑩ 융복합 인력양성 확대

2. 보건의료산업과 데이터의 활용

보건의료산업 중 당면의 최대 관심사인 디지털 헬스케어 산업은 건강관리를 의

---

2) 관계부처 합동, 디지털 헬스케어 서비스 산업 육성 전략, 2022. 2. 24.

미하는 헬스케어와 비대면 의료서비스를 위한 기반인 디지털 기술을 결합한 신산업으로 거론되고 있다. 그리고 디지털 헬스케어의 산업화를 위해서는 개인에 대한 의료정보인 보건의료데이터뿐만 아니라 이를 축적한 데이터베이스를 기반으로 한 보건의료 빅데이터의 활용이 요구된다.

디지털 헬스케어 산업은 각종 건강정보를 계측하기 위한 관련 의료기기, 디바이스, 애플리케이션 등 다양한 하드웨어와 소프트웨어와 개인의 진료기록이나 건강검진 결과와 같은 보건의료데이터, 그리고 이를 집적한 보건의료 빅데이터가 순환적으로 활용된다. 이렇게 생성된 많은 양의 데이터베이스는 인공지능을 통해 분석되고 그 결과물을 ICT 기술로 사용자와 공유함으로써 다시 사용자의 생활에 영향을 미치는 모니터링 순환 구조로 디지털 헬스케어 산업의 방향성이 예측되고 있다.[3]

〈그림 20-2〉 디지털 헬스케어 산업의 구조와 데이터 활용 간의 관계[4]

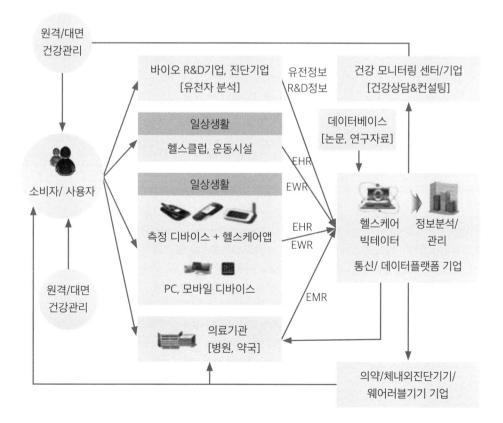

디지털헬스케어산업의 구조와 데이터 활용 사이의 관계성을 도식화하면 위 〈그림 20-2〉와 같다.

II. 보건의료데이터와 보건의료 빅데이터의 구별

1. 보건의료데이터와 보건의료 빅데이터의 구별

(1) 보건의료데이터의 의의

보건의료데이터는 보건의료정보, 의학정보, 진료정보, 건강정보, 헬스케어정보 등과 혼용되어 그 개념이나 명칭이 통일되어 있지 않으나, 통상 '보건의료 분야에서 생성, 수집, 활용 및 저장되는 데이터'로 이해된다.[5]

현행법상의 이에 대한 명문규정으로 「보건의료기본법」 제3조의 '보건의료정보'를 규율하고 있는데, "보건의료와 관련한 지식 또는 부호·숫자·문자·음성·음향 및 영상 등으로 표현된 모든 종류의 자료"로 정의된다. 이 중 환자 개인에 대한 질환과 치료 등에 관련된 보건의료정보를 「의료법」상 진료기록부 등으로 구체화할 수 있다.[6]

보건의료데이터에 대한 구체적 범위에 대해 다양한 견해가 존재하지만, 대체로 의료제공의 필요성을 판단하거나 의료행위를 통해 수집되는 자료 및 이 자료들을 기

---

3) 이영석·이수진, 헬스케어 산업 기술시장분석: 의료기기 디바이스 중심, 2017 정보분석보고서, 한국과학기술정보연구원(KISTI), 6-7면.

4) 4차 산업혁명 시대의 헬스케어 동향과 시사점, Weekly KDB Report, 2017. 7. 24.(ETRI 미래전략 연구소 2016. 12.의 재가공), 이영석·이수진, 위의 보고서, 6면에서 재인용.

5) 계인국·이성엽, "보건의료 데이터 활용의 법적 쟁점과 과제", 「공법연구」 제50집 제2호, 한국공법학회, 2021. 12, 151면.

6) 제19대 국회에서는 개인의료정보에 대하여 별도의 법률을 통해 규율하고자 개인의료정보보호법안을 논의하였지만 폐기가 되었는데, 동 법안에서는 개인의료정보를 "「의료법」 제2조에 따른 의료인이 진료과정(건강검진 포함)에서 얻은 개인의 질병·부상에 대한 예방·진단·치료·재활과 출산·사망 및 건강증진에 관한 지식 또는 부호·숫자·문자·음성·음향·영상 등으로 표현된 모든 종류의 자료"라고 규정하기도 하였다.

반으로 하여 연구·분석된 정보 등을 포괄하는 것으로 보고 있다.[7] 또한 보건의료데이터의 유형은 다시 의료기관 내에서 진료 목적으로 수집하는 환자의 습관·병력 등의 진료정보, 의료기관 내부와 외부에서 활용되는 협의의 의료정보와 개인의 건강증진과 예방까지 포섭하는 정보로서 건강증진과 관리를 위한 일상정보나 유전정보 등을 의미하는 광의의 건강정보로 세분화될 수 있다.[8]

(2) 보건의료 빅데이터의 의의

보건의료 빅데이터란 대용량·초고속·다양성이라고 하는 '빅데이터(Big Data)'의 특징을 지닌 보건의료 관련 모든 종류의 자료를 의미한다.[9] 따라서 개인적·개별적 의료 혹은 건강정보에 해당하는 보건의료데이터와는 구별된다. 그렇지만 보건의료 빅데이터는 개인의 보건의료데이터를 가명정보로 가공하여 빅데이터화시켜 제공·활용할 수 있도록 한 것이기 때문에, 개인의 보건의료데이터의 존재가 필수적으로 요구된다.[10] 그러므로 개인적·개별적 의료 혹은 건강정보에 해당하는 보건의료데이터와는 구별이 되며, 개인의 보건의료데이터를 가명정보로 가공, 분석하여 제3자에게 제공·활용할 수 있도록 한 것이 보건의료 빅데이터라 할 수 있다.[11] 그리고 이러한 보건의료 빅데이터를 응용한 대표적인 의료산업이 앞서 언급한 디지털헬스케어산업이라고 할 수 있다.

개인의 보건의료데이터에 대한 가명정보의 결합 및 활용으로 빅데이터화를 하

7) 이영규, "개인의료정보침해시 사법적 구제방안", 「법학논총」 제25집 제1호, 한양대학교 법학연구소, 2008, 136면; 김한나·김계현, "의료정보보호에 관한 법적 연구", 「경희법학」 제45권 제1호, 경희대학교 법학연구소, 2010, 397-398면; 박지용, "환자의 프라이버시 및 정보보호의 법적 근거 고찰", 「한국의료법학회지」 제20권 제2호, 한국의료법학회, 2012, 163면; 백경희·장연화, "의료인의 환자 개인의료정보 보호에 관한 법적 고찰", 「법학논총」 제27집 제2호, 조선대학교 법학연구원, 2020, 8-9면.

8) 김재선, "의료정보의 활용과 개인정보의 보호 ―미국 HIPPA/HITECH 연구를 중심으로", 「행정법연구」 제44호, 사단법인 행정법이론실무학회, 2016, 274-275면.

9) 박대웅·류화신, "보건의료 빅데이터 법제의 쟁점과 개선방향 ―시민참여형 모델구축의 탐색을 중심으로", 「법학논총」 제34집 제4호, 한국보건산업진흥원, 2017, 3면.

10) 계인국·이성엽, 위의 논문, 147면.

11) 계인국·이성엽, 위의 논문, 147면.

는 절차에 대하여는 「보건의료데이터 활용 가이드라인」에서 구체적으로 기술하고 있다.[12] 크게 의료기관에서 연구를 위해 환자의 진료기록부의 자료를 결합하는 경우와 제약회사의 연구를 위하여 의료기관 내의 환자의 진료기록부 자료와 공공기관인 국민건강보험공단의 자료를 결합하는 경우로 나누고 있다. 전자의 경우를 도식화한 것이 〈그림 20-3〉이고 후자의 경우를 도식화한 것이 〈그림 20-4〉이다.

〈그림 20-3〉 의료기관 작성 환자의 진료기록부 자료의 결합 과정[13]

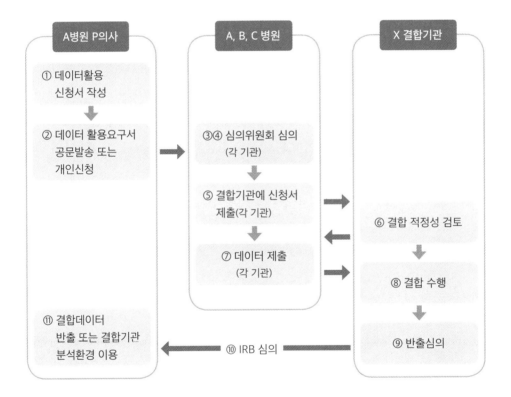

---

12) 개인정보보호위원회·보건복지부, 2021년 보건의료데이터 활용 가이드라인, 2021. 1.

13) 위 2021년 보건의료데이터 활용 가이드라인, 27면.

〈그림 20-4〉 의료기관 작성 환자의 진료기록부 자료와 공공기관 작성 자료의 결합 과정[14]

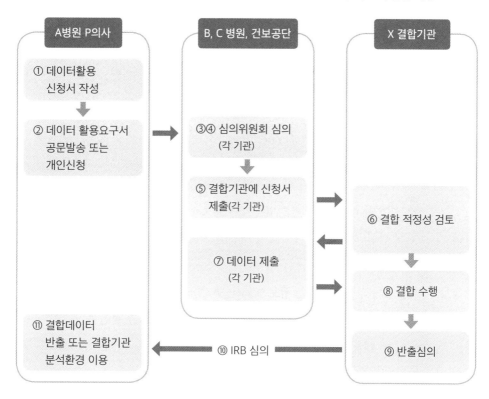

2. 보건의료데이터의 활용과 법적 규제

(1) 보건의료데이터의 활용

보건의료데이터는 「개인정보보호법」 제23조에서 규율하는 개인의 민감정보 중 '건강'에 관한 것이다.

보건의료데이터의 구체적 사례로는 「의료법」상 진료기록 및 전자의무기록, 진료내역이나 질병코드 등을 담은 처방전이나 병원 영수증, 건강보험공단이나 건강보험심사평가원, 기타 민간보험사 등에서 수집한 환자 개인의 보험청구용 자료들, 건강검

---

14) 위 2021년 보건의료 데이터 활용 가이드라인, 29면.

진자료나 건강검진결과 정보, 의사에 의해 진단되거나 의료기기에 의해 계측된 건강 상태에 관한 정보(심박 수, 혈압, 산소포화도, 혈당, 심전도 등), 각종 임상시험에 관한 개인정보를 활용한 데이터 등을 들 수 있다. 특히 이와 같은 보건의료데이터가 대부분 의료기관을 통하여 수집되고 작성되거나 보관되는데, 이러한 경우에도 정보 주체인 환자의 인권 및 사생활 보호를 위하여 중대한 피해를 야기할 수 있는 민감정보이므로 그 활용에 있어서는 환자 본인의 동의를 받아 활용하여야 하는 것이 원칙이다.[15]

(2) 법적 규제

「개인정보보호법」(시행 2020. 8. 5, 법률 제16930호, 2020. 2. 4. 일부개정)은 개인정보의 처리 및 보호에 관한 사항을 정함으로써 개인의 자유와 권리를 보호하고, 나아가 개인의 존엄과 가치를 구현함을 목적으로 하고 있다(제1조). 동법 제2조 제1호에서는 개인정보를 "살아 있는 개인에 관한 정보로 I) 성명, 주민등록번호 및 영상 등을 통하여 개인을 알아볼 수 있는 정보, II) 해당 정보만으로는 특정 개인을 알아볼 수 없더라도 다른 정보와 쉽게 결합하여 알아볼 수 있는 정보"[16]라고 하고, "III) I)과 II)를 개인정보의 일부를 삭제하거나 일부 또는 전부를 대체하는 등의 방법으로 추가 정보가 없이는 특정 개인을 알아볼 수 없도록 가명처리함으로써 원래의 상태로 복원하기 위한 추가 정보의 사용·결합 없이는 특정 개인을 알아볼 수 없는 정보"라고 정의하여 개인식별성(identification)[17]에 방점을 두고 있다. 한편 동법 제23조 제1항에서는 개인정보 중 "사상·신념, 노동조합·정당의 가입·탈퇴, 정치적 견해, 건강, 성생활 등에 관한 정보, 그 밖에 정보주체의 사생활을 현저히 침해할 우려가 있는 개인정보로서 대통령령으로 정하는 정보"를 '민감정보'라고 규정하고 있는데, 민감정보에 해당하는 경우 개

---

15) 개인정보보호위원회·보건복지부, 『2021년 보건의료데이터 활용 가이드라인』, 개인정보보호위원회·보건복지부, 2021. 1, 10면.

16) 이 경우 쉽게 결합할 수 있는지 여부는 다른 정보의 입수 가능성 등 개인을 알아보는 데 소요되는 시간, 비용, 기술 등을 합리적으로 고려하여야 한다.

17) 박민영·최민경, "의료정보의 관리와 비식별화에 관한 법적 과제", 「유럽헌법연구」 제21호, 유럽헌법학회, 2016, 50면.

인정보처리자의 민감정보 처리에 제한이 가해지며 안전성 확보에 필요한 조치를 하여야 할 의무를 부과하고 있다.

의료정보는 그 의의와 세부 유형을 고려할 때 동 조항의 '개인의 건강·성생활 등에 관한 정보'를 포섭하는 것이므로 민감정보에 해당한다고 볼 수 있겠다. 다만 개인정보 보호에 관하여 다른 법률에 특별한 규정이 있는 경우 「개인정보보호법」이 배제되는데(동법 제6조), 의료정보의 경우 「보건의료기본법」, 「의료법」, 「응급의료에 관한 법률」, 「국민건강보험법」, 「의료급여법」, 「감염병 예방 및 관리에 관한 법률」 등을 통해 보호되는 별도의 규정이 있기 때문에 이들 규정은 「개인정보보호법」의 특별법으로 우선하여 적용된다.[18] 따라서 현행법상 개인의 보건의료데이터는 이에 대한 개별법이 마련되어 있지 않으므로 「보건의료기본법」이나 「의료법」 등의 관련 규정을 통하여 의료정보를 보호하는 방식을 취하고 있다.

「보건의료기본법」(시행 2021. 3. 23, 법률 제17966호, 2021. 3. 23. 일부개정) 제13조는 모든 국민은 보건의료와 관련하여 자신의 신체상·건강상의 비밀과 사생활의 비밀을 침해받지 않음을 명시하고 있고, 제11조에서는 원칙적으로 환자 본인이 보건의료인이나 보건의료기관에 대하여 자신의 보건의료와 관련한 기록 등의 열람이나 사본의 교부를 요청할 수 있다고 하고 있다. 따라서 「보건의료기본법」에서는 진료기록을 비롯하여 의료의 전 과정에서 발생하는 환자의 보건의료데이터를 타인이 침해할 수 없으며, 그에 대한 알 권리도 환자 본인이 직접 행사하는 것이 원칙임을 규정하고 있다.

「의료법」(시행 2021. 12. 30, 법률 제17787호, 2020. 12. 29. 일부개정)은 제19조에서 의료인이나 의료기관 종사자는 이 법이나 다른 법령에 특별히 규정된 경우 외에는 의료·조산 또는 간호업무나 진단서·검안서·증명서 작성·교부 업무, 처방전 작성·교부 업무, 진료기록 열람·사본 교부 업무, 진료기록부 등 보존 업무 및 전자의무기록 작성·보관·관리 업무를 하면서 알게 된 다른 사람의 정보를 누설하거나 발표하지 못한다고 하고(제1항), 의료기관 인증에 관한 업무에 종사하는 자나 종사하였던 자는 그

---

18) 이한주, "개인정보보호법상 의료정보 적용의 문제점과 해결방안 ―개인의료정보보호법 제정방향을 중심으로", 「헌법연구」 제3권 제2호, 헌법이론실무학회, 2016, 106면.

업무를 하면서 알게 된 정보를 다른 사람에게 누설하거나 부당한 목적으로 사용하여서는 아니 된다고 하여(제2항), 환자의 보건의료데이터를 지득할 가능성이 있는 관련자들이 이를 누설하는 것을 금지하고 있다. 또한 「의료법」 제21조를 통하여 환자는 의료인, 의료기관의 장 및 의료기관 종사자에 대하여 본인에 관한 진료기록의 전부 또는 일부에 대하여 열람 또는 그 사본의 발급 등 내용의 확인을 요청할 권리를 보장하면서(제1항), 원칙적으로 환자가 아닌 다른 사람에 대한 환자의 진료기록의 열람 내지 사본의 발급을 금지하고 있다(제2항). 다만, 일정한 경우 환자가 아닌 다른 사람의 열람·복사 청구가 가능하도록 예외적 열거 규정을 두는 방식으로(제3항),[19] 진료기록에 기재된 환자의 개인의료정보를 보호하고 있다. 헌법재판소도 동 조항의 입법취지에 대하여 "환자의 기록정보는 가장 엄밀하게 보호되어야 할 개인정보이므로 환자 본인이 아닌 경우에는 열람을 엄격히 제한하고, 법률에 근거가 있는 경우에만 예외적으로 열람을 허용함으로써 환자의 개인정보를 보호하려는 것"이라고 파악하고 있다.[20]

(3) 보건의료데이터 보호의 특수성

환자의 보건의료데이터는 개인정보 중 민감정보에 해당하는 것으로 환자의 건강, 질환의 유무, 특이체질이나 기왕력, 치료내역 등으로 이루어져 있어 환자의 동의 없이 외부에 공개될 경우 —특히 정신질환이나 성병 등의 경우— 개인의 사생활과 사회활동에 미치는 피해의 정도가 심각하다.[21] 더구나 개인의 보건의료데이터는 빅데이터화를 통하여 제약회사 등 의료 연관 업계에서는 상품의 개발이나 판매 목적으로 영리적으로 사용될 수 있으며, 연구자와 정부는 학술연구나 통계작성 및 정책 활용 목적으로 이용할 수 있는 등 사익과 공익을 위한 활용도가 매우 높아 국가의 중요한

---

19) 제3항은 "제2항에도 불구하고 의료인, 의료기관의 장 및 의료기관 종사자는 다음 각 호의 어느 하나에 해당하면 그 기록을 열람하게 하거나 그 사본을 교부하는 등 그 내용을 확인할 수 있게 하여야 한다. 다만, 의사·치과의사 또는 한의사가 환자의 진료를 위하여 불가피하다고 인정한 경우에는 그러하지 아니하다"고 하면서 예외에 해당하는 부분을 열거하고 있다.

20) 헌법재판소 2016. 12. 29. 2016헌마94 결정.

21) 이동길, "개인의료정보 유출의 문제점과 해결방안", 「의료정책포럼」 제13권 제2호, 대한의사협회 의료정책연구소, 2015. 6, 115-116면.

자산이 되기도 한다.[22] 이렇듯 다양하게 이용되는 보건의료데이터는 누출되거나 악용될 경우 공적 영역과 사적 영역에 모두 막대한 폐해를 가져올 수 있으므로 개인정보 중에서도 특별한 보호가 필요하다.[23]

특히 보건의료데이터 중 진료기록은 의료기관 내부에서 종사하는 다수의 보건의료종사자에 의하여 생성되고 활용됨과 동시에 일정한 경우 정보주체인 환자의 동의 없이도 접근할 수 있는 경우가 존재하고, 이를 보관하여야 할 의무를 지니고 있는 자 또한 의료인 내지 의료기관으로 제한되므로 통상적인 개인정보의 정보처리자와는 다른 특성이 있다.[24]

(4) 보건의료데이터의 침해가 발생한 사례

가. 대상사건 1: 대법원 2018. 5. 11. 선고 2018도2844 판결

의사인 피고인은 인터넷 커뮤니티 사이트 게시판에 피해자의 위장관 유착박리 수술 사실, 피해자의 수술 마취 동의서, 피해자의 수술 부위 장기 사진과 간호일지, 2009년경 내장비만으로 지방흡입 수술을 한 사실과 당시 체중, BMI 등 개인 정보를 임의로 게시하였다. 검사는 이러한 행위에 대하여 형법 제317조 제1항 및 구 의료법 (2016. 5. 29. 법률 제14220호로 개정되기 전의 것) 제19조에서 금지하고 있는 의료인의 비밀 누설 또는 발표 행위를 하였음을 이유로 기소하였다.

대법원은 「의료법」의 목적과 비밀누설 금지의무를 의료인의 의무로 둔 이유를 토대로 구 「의료법」 제19조에서 누설을 금지하고 있는 '다른 사람의 비밀'은 당사자의 동의 없이는 원칙적으로 공개되어서는 안 되는 비밀영역으로 보호되어야 한다고 판단하였다. 또한 대법원은 구 「의료법」 제21조 제1항에서 정한 환자의 진료기록 열

---

22) 이한주, 위의 논문, 100-101면.

23) 이상명, "의료정보화와 의료정보보호", 「법학논총」 제25권 제1호, 한양대학교 법학연구소, 2008, 42-43면.

24) 백경희·장연화, "의료인의 환자 개인의료정보 보호에 관한 법적 고찰", 「법학논총」 제27집 제2호, 조선대학교 법학연구원, 2020, 14-15면.

람·복사청구권의 규정은 환자가 사망하였는지 여부를 묻지 않고 환자가 아닌 다른 사람에게 환자에 관한 기록을 열람하게 하거나 사본을 내주는 등 내용을 확인할 수 있게 해서는 안 된다고 정하고 있는 점을 보더라도 환자가 사망했다고 해서 보호 범위에서 제외된다고 볼 수 없다고 하였다. 이외에도 대법원은 헌법에서 도출되는 환자의 개인정보자기결정권에 비추어 개인의 인격적 이익을 보호할 필요성은 그의 사망으로 없어지는 것이 아니라고 설시하였다.

나. 대상사건 2: 헌법재판소 2016. 12. 29. 2016헌마94 결정

청구인은 ○○치과의원 원장으로서, 의료인은 환자가 아닌 다른 사람에게 환자에 관한 기록을 열람하게 하거나 그 사본을 내주는 등 내용을 확인할 수 있게 하여서는 아니 됨에도 불구하고, 2015. 7. 9.경 춘천지방법원에서, 위 법원 2015나1448 손해배상 사건의 준비서면을 제출하면서 2012. 11. 2. 촬영한 이○선의 치아 CT 사진 사본 및 엑스레이 사진 사본을 이○선의 동의없이 제출하였다. 이에 피청구인인 검찰은 2015. 10. 30. 청구인에 대하여 의료법 위반 혐의로 기소유예 처분(청주지방검찰청 충주지청 2015년 형제9098호)을 하였다.

헌법재판소는 구 「의료법」(2009. 1. 30. 법률 제9386호로 개정되고, 2016. 12. 20. 법률 제14438호로 개정되기 전의 것)상 진료기록의 열람·복사 청구권을 규정하고 있는 제21조의 입법취지가 환자의 개인정보, 즉 보건의료데이터 보호의 측면에 있다는 취지로 판단하였다. 즉, 헌법재판소는 "환자의 기록정보는 가장 엄밀하게 보호되어야 할 개인정보이므로 환자 본인이 아닌 경우에는 열람을 엄격히 제한하고, 법률에 근거가 있는 경우에만 예외적으로 열람을 허용함으로써 환자의 개인정보를 보호하려는 것인 점, 청구인은 운영하던 치과를 다른 의료인에게 양도하여 의료기록을 보유할 아무런 권한이 없음에도 임의로 CT 사진 등을 보관하고 있었던 점, 이 사건 손해배상 사건의 쟁점은 환자의 염증으로 인한 상태 악화 후 청구인이 추가적인 CT 촬영을 하는 등 환자의 치료를 위하여 적절한 조치를 취하였는지 여부이고, 청구인도 위와 같은 사정을 잘 알면서도 그와 관계가 없는 발치 당시의 CT 사진 등을 제출한 점, 청구인은 「의료법」 제21조 제2항 제7호에 따라 병원 양수인을 상대로 법원에 문서제출명령 신청을 하여 CT 사진 등을 법원에 제출할 수 있었음에도 위와 같은 절차를 따르지 아니한 점, 청구인이 법원에 문서제출명령을 신청할 경우 법원에서 문서제출의 필요성이나 범위를 심사하는 과정에서 환자의 개인정보 보호 필요성 등에 대한 검토도 이루어질 수 있으므로 청구인에게 의료법에 따른 절차를 이행하도록 하는 것이 무익한 절차라고 보기 어려운 점 등을 종합하면 청구인의 행위는 정당행위의 요건을 갖추었다고 보기 어려우므로, 피청구인의 기소유예처분이 자의적으로 이루어진 것으로써 청구인의 평등권 및 행복추구권이 침해되었다고 볼 수 없다"고 하였다.

3. 보건의료 빅데이터의 활용과 법적 규제

(1) 보건의료 빅데이터의 활용

정보기술의 발달은 보건의료데이터를 빅데이터화할 수 있는바, 이를 통하여 수집한 방대한 의료기록을 저장·전달·관리하는 데 기여하고 있다.[25]

첫째, 보건의료 빅데이터는 유전자 및 제약과 관련된 임상연구에 사용된다. 예를 들어 유전자나 인체유래물 연구 데이터, 의약품 임상시험 데이터, 조사관찰 연구 데이터가 그것이다.[26]

둘째, 공공기관을 주축으로 수집하는 대규모의 국민건강보험 자격 및 그 보험료, 국민의 치료내역과 사망원인 등에 관련된 공공기관 데이터는 전국적으로 환자 치료와 질병의 예방과 보건의료정책을 위한 데이터베이스로 제공된다. 실제 코로나19 사태에서도 코로나 환자의 기초분석 및 기저질환별 사망위험 분석을 통한 격리시설 수용자와 병원 입원자 구분 운영 등을 시행하면서 보건의료 빅데이터가 활용되기도 하였다.[27] 더 나아가 정부는 종래 코로나19와 관련된 감염병관리통합정보지원시스템,

---

25) Hsieh JC, Li AH, Yang CC, "Mobile, cloud, and big data computing: contributions, challenges, and new directions in telecardiology", *in International Journal of Environmental Research and Public Health*, Vol 10. No. 11, 2013 Nov, pp.6131-6153.

26) 김기환, "공공부문 빅데이터의 활용성과 위험성", 「정책분석평가학회보」 제23권 제2호, 정책분석평가학회, 2011, 8-9면.

코로나19 정보관리시스템, 예방접종통합관리시스템 등에 산재한 확진·예방접종 등 관련 정보를 연계·정제하고 하나로 통합하여 '코로나19 빅데이터 플랫폼'을 2022년 말까지 구축하려는 계획도 발표하였다.[28]

셋째, 의료서비스 연구자들이 건강보험심사평가원이 구축한 보건의료 빅데이터 개방시스템이나 국민건강보험공단이 제공하는 건강보험자료 공유서비스(National Health Insurance Sharing Service: NHISS)와 같은 공공기관 빅데이터를 이용하여 의료정책을 개선하기 위한 예측모델을 설계할 수도 있다. 반대로 국민건강 차원의 의료정책(health intervention)을 적용하였을 때 실제 어떤 영향을 끼쳤는지를 후향적으로 확인하는 것에 활용되기도 한다.[29]

보건의료 빅데이터를 공공데이터로 제공하는 건강보험심사평가원의 보건의료 빅데이터 개방시스템과 국민건강보험공단의 건강보험자료 공유서비스를 보다 자세히 살펴보면, 전자는 민간 및 공공 부분의 산·학·연 관계자들에게 건강보험심사평가원의 다양하고 방대한 진료정보와 의료자원 등의 빅데이터를 제공하는 데이터 개방·공유의 장이 되는 것을 목표로 설정하고 있다. 건강보험심사평가원이 제공하는 자료는 다시 세 가지로 분류되는데, 첫째, 학술연구, 신약·치료제 개발 등 목적에 부합하는 맞춤형 데이터세트에 해당하는 맞춤형 연구 및 연구개발 분석 자료, 둘째, 연도별 전 국민 의료이용 환자 표본에 대한 진료내역 데이터세트(전체, 입원, 고령, 소아청소년 4종)인 환자표본자료, 셋째, 통계작성, 과학적 연구, 공익적 기록보존 등의 목적으로 결합을 위한 데이터세트에 해당하는 결합자료가 그것이다.[30]

국민건강정보 데이터베이스와 표본연구 데이터베이스로 분류되어 있다. 전자는 국민의 자격 및 보험료, 건강검진결과, 진료내역, 노인장기요양보험 자료, 요양기

---

27) 데일리메디 2020. 9. 21.자 기사, "빅데이터로 코로나19 예방체계 구축, 아직은 요원"

28) 연합뉴스 2022. 5. 19.자 기사, "코로나19 빅데이터 플랫폼 올해 12월 구축… 흩어진 정보 통합"(https://www.yna.co.kr/view/AKR20220519076700530?input=1195m)

29) Jalali A, Olabode OA, Bell CM, "Leveraging Cloud Computing to Address Public Health Disparities: An Analysis of the SPHPS", in *Online J Public Health Inform*, Vol 4. No. 3, 2012 Dec, pp. 1-7.

30) https://opendata.hira.or.kr/home.do

〈그림 20-5〉 보건의료 빅데이터 개방시스템[31]

관 현황, 암 및 희귀난치성질환자 등록정보 등 1조 3천억 건에 달하는 방대한 빅데이터이고, 후자는 전 국민 건강보험 빅데이터를 기반으로 수요도가 높은 데이터를 표본 추출하여 정보주체를 알아볼 수 없도록 비식별 조치한 후 정책 및 학술연구용으로 제공하기 위해 규격화한 데이터세트이다. 후자는 현재 그 하위분류로 표본 코호트 DB, 건강검진 코호트 DB, 노인 코호트 DB, 영유아검진 코호트DB, 직장여성 코호트 DB 등 5종의 데이터세트가 있다고 한다.

다음으로 국민건강보험공단의 건강보험자료 공유서비스는 국민건강정보 데이터베이스와 표본연구 데이터베이스로 분류되어 있다.[32]

국민건강정보 데이터베이스는 국민의 자격 및 보험료, 건강검진결과, 진료내역, 노인장기요양보험 자료, 요양기관 현황, 암 및 희귀난치성질환자 등록정보 등 1조 3천억 건에 달하는 방대한 빅데이터이다. 표본연구 데이터베이스는 전 국민 건강보

---

31) https://opendata.hira.or.kr/home.do

32) https://nhiss.nhis.or.kr/bd/ay/bdaya001iv.do

〈그림 20-6〉 건강보험자료 공유서비스[33]

험 빅데이터를 기반으로 수요도가 높은 데이터를 표본 추출하여 정보주체를 알아볼 수 없도록 비식별 조치한 후 정책 및 학술연구용으로 제공하기 위해 규격화한 데이터 셋으로, 현재 그 하위분류로 표본 코호트 DB, 건강검진 코호트 DB, 노인 코호트 DB, 영유아검진 코호트DB, 직장여성 코호트 DB 등 5종의 데이터세트가 있다.

〈표 20-1〉 건강보험자료 공유서비스[34]

구분	표본수 (천명)	구축기간	자료건수 (천건)	내용
표본 코호트 DB	1,02	2002-2019	2,619,397	전 국민을 대표하는 약 100만 명의 표본연구 DB(전국민의 2%)
건강검진 코호트 DB	515	상동	2,087,629	만 40~79세의 건강 검진 수검자 중심으로 의료 이용, 검진결과 등을 분석할 수 있는 표본연구DB (모집단의 10%)

33) https://nhiss.nhis.or.kr/bd/ay/bdaya001iv.do

34) https://nhiss.nhis.or.kr/bd/ab/bdaba016lv.do

노인 코호트 DB	558	상동	2,749,045	2002년 기준 만 60세 이상 노령층을 중심으로 구축한 표본연구DB (모집단의 10%)
영유아검진 코호트DB	84	2008-2015	233,688	2008~2012년(5년) 출생자 중 영유아건강검진 1~2차를 한번 이상 수검한 영유아를 모집단으로 하여 각 연도별 5% 단순 무작위추출
직장여성 코호트 DB	185	2007-2015	368,226	2007.12월 말 기준 건강보험 자격 유지자 중 만 15~64세의 여성 직장가입자 약 360만 명의 5% 무작위 추출

(2) 법적 규제

우리나라에서 빅데이터의 활용에 관한 내용을 규정하고 있는 법률로는 「공공데이터의 제공 및 이용 활성화에 관한 법률(이하 '공공데이터법'이라 함)」, 「공공기관의 정보공개에 관한 법률(이하 '정보공개법'이라 함)」, 「전자정부법」, 「기상법」, 「통계법」 등이 있다. 「공공데이터법」은 공공기관이 보유·관리하는 공공데이터의 제공 및 그 이용 활성화에 관한 사항을 규정하고 있고(제1조), 「정보공개법」은 국민의 알 권리를 보장하고 국정에 대한 국민의 참여와 국정 운영의 투명성을 확보하기 위하여 공공기관이 보유·관리하는 정보를 국민에게 공개하도록 규정하고 있다(제1조). 「정보공개법」 제9조 제1항은 비공개 대상 정보로, "다른 법령 등에 따라 비밀이나 비공개로 규정된 정보 대상으로 정한 정보(제1호), 국가안전보장·국방 등에 관한 사항으로서 공개될 경우 국가의 중대한 이익을 현저히 해칠 우려가 있다고 인정되는 정보(제2호), 「개인정보보호법」에 따른 개인정보로서 공개될 경우 사생활의 비밀 또는 자유를 침해할 우려가 있다고 인정되는 정보(제6호)" 등을 규정하고 있으므로 빅데이터 활용의 제한에 관한 법률로도 볼 수 있다.[35]

한편 보건의료 빅데이터의 활용에 관하여 규율하고 있는 법제로는 「보건의료기

---

35) 김정현, "빅데이터시대의 개인정보 보호법제 개선방안", 「법학논총」 제46집, 숭실대학교법학연구소, 2020, 113면.

본법」과 「보건의료기술 진흥법」이 있다. 「보건의료기본법」은 제53조에서 "보건의료에 관한 통계와 정보를 수집·관리하여 이를 보건의료정책에 활용할 수 있도록 필요한 시책을 수립·시행하여야 한다"라고 규정하고 있고, 「보건의료기술 진흥법」은 제10조에서 보건의료정보의 생산유통 및 활용을 위하여 보건의료정보를 관리하기 위한 전문기관의 육성(제1호), 보건의료·복지 분야의 전산화를 촉진하기 위한 업무의 표준에 관한 연구·개발 및 관리(제2호), 보건의료정보의 공동이용 활성화(제3호) 등을 보건복지부장관의 추진 사업으로 규정하고 있다.

(3) 보건의료 빅데이터 수집 시 유의점

보건의료 빅데이터 중 건강보험심사평가원이나 국민건강보험공단이 제공하는 공공데이터를 활용 시에는 이를 규율하는 일반법인 「공공데이터의 제공 및 이용 활성화에 관한 법률(이하 '공공데이터법'이라 함)」과 「공공기관의 정보공개에 관한 법률(이하 '정보공개법'이라 함)」, 「전자정부법」, 「통계법」 등이 적용된다. 특히 「공공데이터법」에서는 누구나 공공데이터의 이용 가능하고, 영리 목적의 이용을 포함한 자유로운 활용을 보장하고 있으며, 이를 통하여 관련산업과 서비스의 육성과 경제 발전에 기여하고자 하고 있는바, 공공데이터 성격의 보건의료빅데이터의 활용은 디지털 헬스케어 산업의 육성에 직결될 수 있다

다만, 보건의료 빅데이터는 민감정보인 개인의 보건의료데이터를 집적한 것이기 때문에, 이를 빅데이터화를 시키는 데에 있어서 가명정보로의 처리가 반드시 필요하다. 왜냐하면 보건의료 빅데이터 중 공공기관이 수집하는 보건의료 빅데이터가 원자료 형태로 공개될 경우 다른 개인정보데이터와 융합하거나 재가공함으로써 개인식별 가능성이 있기 때문이다.[36] 예를 들어 개인의 진료기록을 빅데이터화하는 경우에는, 「개인정보보호법」상 가명정보 처리의 특례 규정에 의거하여 일정한 목적에 대해 정보주체인 환자의 동의 없이 가명정보 처리를 통하여 비식별화한 후 사용이 가능하도

---

36) 이상윤, "보건의료 빅데이터 사업, 국민 건강을 위한 것인가, 기업 이윤을 위한 것인가", 「복지동향」, 2019. 9, 7-8면.

록 하고 있어 양자의 관계가 문제될 수 있다.[37] 이에 대하여 2021년 「보건의료데이터 활용 가이드라인」에서는 가명처리하여 환자식별력이 없는 진료기록과 의료기관이 아닌 자나 기관이 보유하는 진료기록에 대하여는 「개인정보보호법」상 가명정보 처리 특례 규정에 의거하여 환자의 동의를 받지 않아도 되는 것으로 기술하고 있는 상황이다. 하지만 개인의 보건의료데이터가 지니는 민감정보라는 성격과 그 중요성을 고려할 때 가명정보 처리를 하더라도 고유식별정보에 대한 암호화 설정까지도 요청되어야 할 필요가 있다고 생각한다.[38]

(4) 보건의료 빅데이터 수집으로 인하여 침해가 발생한 사례

가. 「감염병예방법」상 역학조사로 인한 개인 인권 침해 사건

「감염병예방법」상 역학조사와 관련하여 금지행위로 열거되어 있는 일련의 행위로 인하여 처벌된 실례로 '인천 학원 강사 사건'을 들 수 있다. 동 사건은 역학조사를 통한 보건의료 빅데이터를 수집하는 과정에서 개인의 민감정보를 비롯 성 정체성이 공개되는 인권 침해의 결과를 가져오게 되었다.[39]

위 사건의 사실관계는 피고인인 인천 학원 강사는 2020. 5. 2.경 코로나19 확진자가 다수 발생한 이태원 소재 클럽들을 방문하고, 2020. 5. 3.경 서울 ○○구에서 코로나19 확진자와 술을 마신 사실이 있음에도 역학조사관으로부터 자신의 신상정보 및 이동 동선 등에 대한 조사를 받게 되자, 자신이 성소수자라는 사실이 밝혀지고 더 이상 학원 강의나 과외 교습을 하지 못하게 되는 것을 두려워하여 역학조사관에게 사실과 다른 진술을 한 것이 발각되어 「감염병예방법」상 역학조사 시 금지행위 위반으로 기소되었다. 1심인 인천지방법원 2020. 10. 8. 선고 2020고단6613 판결은 징역 6월을

---

37) 계인국·이성엽, 위의 논문, 153-154면.
38) 김현준·정승현·이경희·조완섭, "개인 정보를 보호하는 보건의료 빅데이터 연계 및 표준화 프로세스, Session II-A: IT 기반기술", 「한국콘텐츠학회 2017년도 춘계 종합학술대회 논문집」, 2017. 5. 12, 31-32면.
39) 한국경제 2020. 5. 13.자 기사, "이태원 다녀온 인천 미추홀구 학원강사 거짓말 일파만파"

선고하였고, 이후 2심인 인천지방법원 2020. 12. 4. 선고 2020노3558 판결도 이를 유지하였다.

코로나19 사태의 초기 역학조사를 통해 코로나19 확진자로 확인되는 순간부터 개인은 사회로부터 낙인을 찍히는 것과 동시에, 치료를 위해 필요한 격리조치로 신체의 자유가 제한되고 생계가 곤란해지는 경제적 타격을 입게 되었다. 감염병위기를 타개하기 위한 정부 주도의 방역도 중요하지만 역학조사를 통하여 보건의료 빅데이터를 수집하는 과정에서 방역과 무관한 개인정보가 인입되면서 개인의 인권까지 침해되는 상황이 발생한 것이다. 이후 「감염병예방법」의 개정을 통하여 감염병위기 시 정보공개의 범위가 조정되었고, 「확진 환자의 이동 경로 등 정보공개 지침」의 범위가 조정되기도 하였다.[40]

나. 「가축전염병예방법」상 역학조사와 개인정보자기결정권 침해 사건

가축의 전염성 질병이 발생하거나 퍼지는 것을 막음으로써 축산업의 발전과 공중위생의 향상에 이바지함을 목적으로 하는 「가축전염병예방법」에서(동법 제1조) 가축전염병의 발생 예방 및 확산 방지를 위해 축산관계시설 출입차량에 차량무선인식장치를 설치하여 이동경로를 파악할 수 있도록 하는 동법 제17조의3과 제17조의4에 대하여 축산관계시설에 출입하는 청구인들은 자신의 개인정보자기결정권이 침해된다는 이유로 헌법재판소에 그 위헌확인을 구하는 청구를 하였다. 즉, 청구인들은 "축산관계시설에 출입하는 차량(이하 '시설출입차량'이라 한다)의 소유자에게 축산관계시설에 대한 출입정보를 무선으로 인식하는 장치(이하 '차량무선인식장치'라 한다)를 장착할 의무를 부과하고, 운전자에게 운행 중이거나 축산관계시설을 출입하는 경우에 차량무선인식장치의 전원을 끄거나 훼손·제거하지 아니할 의무를 부담시킴으로써 청구인들의 이동경로와 같은 위치정보가 국가가축방역통합정보시스템(Korea Animal Health Integrated System)에 수집되거나 차량무선인식장치에 일정기간 보관되도록 하는 것이

---

40) 백경희, "감염병 위기 시 정보공개 후 감염병 환자에 대한 인격권 침해와 피해 구제에 관한 고찰", 「미디어와 인격권」 제7권 제2호, 언론중재위원회, 2021, 128-130면.

헌법에 위반된다"고 주장하였다.[41)]

　이에 대하여 헌법재판소는 "심판대상조항은 축산관계시설 출입차량의 출입 정보를 국가가축방역통합정보시스템으로 송신하여 차량의 이동경로를 신속하게 파악함으로써 구제역과 같은 가축전염병이 발생한 경우 신속한 역학조사를 통해 가축전염병의 확산을 방지하고 효과적으로 대응하고자 하는 것으로 입법목적의 정당성과 수단의 적절성이 인정된다. 예방접종만으로는 감염 자체를 완전히 방지하기 어렵고, 축산관계시설 운영자에게 시설출입차량 정보를 기록하게 하더라도 현실적으로 이를 철저하게 작성하기 어려울 뿐만 아니라 설사 철저하게 작성되었다 하더라도 시설출입차량의 출입기록만으로는 전후 이동경로까지 파악할 수는 없으며, 가축전염병예방법상의 이동중지명령은 원칙적으로 48시간을 초과할 수 없고 1회 연장될 수 있을 뿐이어서 확산 방지에는 한계가 있다. 또한 차량무선인식장치 장착대상 차량의 범위를 최소한으로 한정하고 차량출입정보의 수집 범위와 용도를 제한하는 등 심판대상조항으로 인한 기본권 침해를 최소화하기 위한 조치들이 마련되어 있고, 이로 인해 제한되는 청구인들의 개인정보자기결정권에 비하여 가축전염병의 확산 방지를 통해 달성하고자 하는 공익이 결코 작다고 할 수 없으므로, 심판대상조항은 청구인들의 개인정보자기결정권을 침해하지 아니한다."고 하여 합헌 결정을 하였다.[42)]

4. 보건의료데이터와 보건의료 빅데이터의 상호성

　보건의료데이터와 보건의료 빅데이터 사이의 관계성을 가장 잘 보여 주는 사례로 전 국민을 상대로 한 '전자처방전 시스템의 구축'의 사례가 있다. 이 부분에 관하여 우리나라와 같이 의약분업 체계를 지니고 있는 일본은 2022년 여름까지 '데이터헬스

---

41) 동 사건은 현재의 코로나19 사태와 같은 감염병 위기대응의 측면과 같은 상황은 아니지만 적어도 역학조사를 위해 개인의 위치정보를 확인하는 차량무선인식장치를 활용하고 이로써 가축전염병의 확산 방지와 대응을 한다는 목적의 유사성이 있으므로, 그러한 측면에서 개인정보자기결정권의 침해가 문제되는 사안이다.

42) 헌법재판소 2013헌마81, 2015. 4. 30. 결정.

〈그림 20-7〉 일본 전자 처방전 운용 흐름[43]

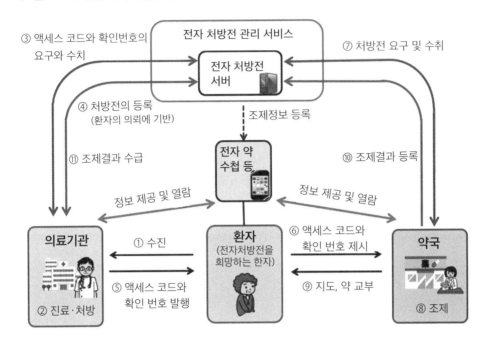

개혁' 추진의 하나로 전자처방전 시스템의 전국적 범용화를 추진하고 있다. 그 골자는 의료기관이 전자처방전 관리 서비스 운영 주체의 서버에 처방정보를 등록하고, 약국은 같은 서버로부터 처방 정보를 확인하고 조제한 후 조제정보를 동일한 서버에 등록하도록 하는 시스템이다.

위와 같이 보건의료데이터의 주체인 환자의 동의를 전제로 복수의 의료기관이나 약국 등에서 조제가 끝난 전자처방전의 이력(履歷)을 데이터화하여 공유함으로써, 약국과 환자 모두 환자의 약력의 일원관리, 복수의 의료기관에서 처방된 약의 상호작용에 의한 부작용의 위험이나 중복투약의 유무 등을 점검할 수 있게 된다. 이렇게 전자처방전 시스템을 통하여 수집된 보건의료데이터는 국민의 건강 수명의 추가 연장 및 효율적인 의료·간호 서비스의 제공을 목적으로 ICT를 활용하여 건강·의료·개호 영

---

43) 厚生労働省, 電子処方箋の運用ガイドライン 第2版, 令和2年 4月 30日, 13頁.

역의 빅데이터를 집약·활용하기 위한 플랫폼을 구축하는 사업에 활용할 예정이라고 한다.

한편 전자처방전 관리서비스 운영주체는 온라인청구 네트워크나 온라인자격 확인시스템 등의 기존 시스템과의 중복 투자를 회피하는 관점에서 사회보험 진료보수 지불기금 및 국민건강보험중앙회가 되는 방향으로 검토하고 있다. 또한 전자처방전에 사용되는 전자서명도 국가자격을 전자적으로 확인하여 보건의료복지 분야에서 전문직 간에 전자화된 의료정보 등의 문서를 안전하게 교환하기 위한 공적 전자서명인 보건의료분야 공개키 기반(HPKI: Healthcare Public Key Infrastructure)의 전자서명을 권장하고 있다.

우리나라도 전자처방전 시스템화에 대하여 보건복지부와 국민건강보험공단의 주도하에 공적 시범사업이 진행되고 있으나, 대한의사협회, 대한병원협회, 대한약사회 사이에 보건의료 데이터의 집중과 유출의 우려, 시스템 오류로 인한 폐해 발생 가능성, 그리고 관리 운영의 주체 및 비용에 관한 문제가 현안으로 논의 중에 있다.[44]

---

44) 팜뉴스 2022. 5. 26.자 기사, "공적 전자처방전, 중앙 서버 통해 비용 제한 없이 사용해야"(https://www.pharmnews.com/news/articleView.html?idxno=204258)

찾아보기

ㅅ

ㅎ

저자소개

김원오 인하대학교 법학전문대학원 교수, 법학연구소장

김창화 한밭대학교 공공행정학과 교수

김현경 서울과학기술대학교 IT정책전문대학원 교수

백경희 인하대학교 법학전문대학원 교수

성희활 인하대학교 법학전문대학원 교수

손승우 한국지식재산연구원 원장

손영화 인하대학교 법학전문대학원 교수

심우민 경인교육대학교 입법학센터 교수

이동진 서울대학교 법학전문대학원 교수

이상우 인하대학교 AI · 데이터법센터 책임연구원, 법학 박사

이상직 법무법인 태평양 변호사

이용민 법무법인 율촌 변호사

이종호 인하대학교 AI · 데이터법센터 책임연구원, 경제학 박사

전응준 법무법인 로고스 변호사

정영진 인하대학교 법학전문대학원 교수

정용찬 정보통신정책연구원 데이터분석예측센터장

정원준 한국법제연구원 부연구위원

정윤경 인하대학교 AI · 데이터법센터 책임연구원, 법학 박사

정찬모 인하대학교 법학전문대학원 교수

차상육 경북대학교 법학전문대학원 교수

데이터법

초판 1쇄 인쇄   2022년 8월 25일
초판 1쇄 발행   2022년 8월 30일
—

편   자 ǀ 인하대학교 법학연구소 AI · 데이터법 센터
발행인 ǀ 이방원
—

발행처 ǀ 세창출판사
　　　　신고번호 · 제1990-000013호 ǀ 주소 · 서울 서대문구 경기대로 58 경기빌딩 602호.
　　　　전화 · 02-723-8660 ǀ 팩스 · 02-720-4579
　　　　http: / /www.sechangpub.co.kr ǀ e-mail: edit@sechangpub.co.kr

—

ISBN 979-11-6684-123-1 93360